"十三五"国家重点图书出版规划项目

秦史与秦文化研究丛书

王子今 主编

秦交通史

王子今 著

西北大学出版社
·西安·

图书在版编目(CIP)数据

秦交通史／王子今著．--西安：西北大学出版社，2021.2
（秦史与秦文化研究丛书／王子今主编）
ISBN 978-7-5604-4664-6

Ⅰ.①秦… Ⅱ.①王… Ⅲ.①交通运输史—研究—中国—秦代 Ⅳ.①F512.9

中国版本图书馆 CIP 数据核字(2020)第 270290 号

中国人民大学科学研究基金(中央高校基本科研业务费专项资金资助)项目"秦史与秦文化研究"(项目批准号:18XNLG02)成果

秦交通史
QINJIAOTONGSHI　　　　王子今　著

责任编辑	李奕辰
装帧设计	谢　晶
出版发行	西北大学出版社
地　　址	西安市太白北路 229 号　　邮　编　710069
网　　址	http://nwupress.nwu.edu.cn　　E-mail　xdpress@nwu.edu.cn
电　　话	029-88303593　88302590
经　　销	全国新华书店
印　　装	陕西博文印务有限公司
开　　本	710 毫米×1020 毫米　1/16
印　　张	38.25
字　　数	645 千字
版　　次	2021 年 2 月第 1 版　2021 年 2 月第 1 次印刷
书　　号	ISBN 978-7-5604-4664-6
定　　价	232.00 元

如有印装质量问题，请与本社联系调换，电话 029-88302966。

"秦史与秦文化研究丛书"

编辑出版委员会

顾　问　柳斌杰　朱绍侯　方光华

主　任　徐　晔

副主任　卜宪群　马　来

委　员　卜宪群　马　来　王子今　王彦辉　田明纲
　　　　邬文玲　孙家洲　李禹阶　李振宏　张德芳
　　　　张　萍　陈松长　何惠昂　杨建辉　高大伦
　　　　高彦平　晋　文　贾二强　徐　晔　徐兴无
　　　　梁亚莉　彭　卫　焦南峰　赖绍聪

主　编　王子今

总　序

公元前221年，秦王嬴政完成了统一大业，建立了中国历史上第一个高度集权的"大一统"帝国。秦王朝执政短暂，公元前207年被民众武装暴动推翻。秦短促而亡，其失败，在后世长久的历史记忆中更多地被赋予政治教训的意义。然而人们回顾秦史，往往都会追溯到秦人从立国走向强盛的历程，也会对秦文化的品质和特色有所思考。

秦人有早期以畜牧业作为主体经济形式的历史。《史记》卷五《秦本纪》说秦人先祖柏翳"调驯鸟兽，鸟兽多驯服"①，《汉书》卷一九上《百官公卿表上》则作"蕃作朕虞，育草木鸟兽"②，《汉书》卷二八下《地理志下》说"柏益……为舜朕虞，养育草木鸟兽"③，经营对象包括"草木"。所谓"育草木""养育草木"，暗示农业和林业在秦早期经济形式中也曾经具有相当重要的地位。秦人经济开发的成就，是秦史进程中不宜忽视的文化因素。其影响，不仅作用于物质层面，也作用于精神层面。秦人在周人称为"西垂"的地方崛起，最初在今甘肃东部、陕西西部活动，利用畜牧业经营能力方面的优势，成为周天子和东方各个文化传统比较悠久的古国不能忽视的政治力量。秦作为政治实体，在两周之际得到正式承认。

关中西部的开发，有周人的历史功绩。周王朝的统治重心东迁洛阳后，秦人在这一地区获得显著的经济成就。秦人起先在汧渭之间地方建设了畜牧业基地，又联络草原部族，团结西戎力量，"西垂以其故和睦"，得到周王室的肯定，秦于是立国。正如《史记》卷五《秦本纪》所说："邑之秦，使复续嬴氏祀，号曰秦嬴。"④秦国力逐渐强盛，后来向东发展，在雍（今陕西凤翔）定都，成为西方诸侯

---

① ［汉］司马迁：《史记》，中华书局，1959年，第173页。
② 颜师古注引应劭曰："蕃，伯益也。"《汉书》，中华书局，1962年，第721、724页。
③ ［汉］班固：《汉书》，中华书局，1962年，第1641页。
④ 《史记》卷五《秦本纪》，第177页。

国家，与东方列国发生外交和战争关系。雍城是生态条件十分适合农耕发展的富庶地区，与周人早期经营农耕、创造农业奇迹的所谓"周原膴膴"①的中心地域东西相邻。因此许多学者将其归入广义"周原"的范围之内。秦国的经济进步，有利用"周余民"较成熟农耕经验的因素。秦穆公时代"益国十二，开地千里，遂霸西戎"，"广地益国，东服强晋，西霸戎夷"，②是以关中西部地区作为根据地实现的政治成功。

秦的政治中心，随着秦史的发展，呈现由西而东逐步转移的轨迹。比较明确的秦史记录，即从《史记》卷五《秦本纪》所谓"初有史以纪事"的秦文公时代起始。③秦人活动的中心，经历了这样的转徙过程：西垂—汧渭之会—平阳—雍—咸阳。《中国文物地图集·陕西分册》中的《陕西省春秋战国遗存图》显示，春秋战国时期西安、咸阳附近地方的渭河北岸开始出现重要遗址。④而史书明确记载，商鞅推行变法，将秦都由雍迁到了咸阳。《史记》卷五《秦本纪》："（秦孝公）十二年，作为咸阳，筑冀阙，秦徙都之。"⑤《史记》卷六《秦始皇本纪》："孝公享国二十四年……其十三年，始都咸阳。"⑥《史记》卷六八《商君列传》："于是以鞅为大良造……居三年，作为筑冀阙宫庭于咸阳，秦自雍徙都之。"⑦这些文献记录都明确显示，秦孝公十二年（前350）开始营造咸阳城和咸阳宫，于秦孝公十三年（前349）从雍城迁都到咸阳。定都咸阳，既是秦史上具有重大意义的事件，实现了秦国兴起的历史过程中的显著转折，也是秦政治史上的辉煌亮点。

如果我们从生态地理学和经济地理学的角度分析这一事件，也可以获得新的

---

① 《诗·大雅·绵》，[清]阮元校刻：《十三经注疏》，中华书局据原世界书局缩印本1980年10月影印版，第510页。

② 《史记》卷五《秦本纪》，第194、195页。《史记》卷八七《李斯列传》作"并国二十，遂霸西戎"。第2542页。《后汉书》卷八七《西羌传》："秦穆公得戎人由余，遂霸西戎，开地千里。"中华书局，1965年，第2873页。

③ 《史记》，第179页。

④ 张在明主编：《中国文物地图集·陕西分册》，西安地图出版社，1998年，上册第61页。

⑤ 《史记》，第203页。

⑥ 《史记》，第288页。

⑦ 《史记》，第2232页。

有意义的发现。秦都由西垂东迁至咸阳的过程,是与秦"东略之世"①国力不断壮大的历史同步的。迁都咸阳的决策,有将都城从农耕区之边缘转移到农耕区之中心的用意。秦自雍城迁都咸阳,实现了重要的历史转折。一些学者将"迁都咸阳"看作商鞅变法的内容之一。翦伯赞主编《中国史纲要》在"秦商鞅变法"题下写道:"公元前356年,商鞅下变法令","公元前350年,秦从雍(今陕西凤翔)迁都咸阳,商鞅又下第二次变法令"。②杨宽《战国史》(增订本)在"秦国卫鞅的变法"一节"卫鞅第二次变法"题下,将"迁都咸阳,修建宫殿"作为变法主要内容之一,又写道:"咸阳位于秦国的中心地点,靠近渭河,附近物产丰富,交通便利。"③林剑鸣《秦史稿》在"商鞅变法的实施"一节,也有"迁都咸阳"的内容。其中写道:"咸阳(在咸阳市窑店东)北依高原,南临渭河,适在秦岭怀抱,既便利往来,又便于取南山之产物,若浮渭而下,可直入黄河;在终南山与渭河之间就是通往函谷关的大道。"④这应当是十分准确地反映历史真实的判断。《史记》卷六八《商君列传》记载,商鞅颁布的新法,有扩大农耕的规划,奖励农耕的法令,保护农耕的措施。⑤ 于是使得秦国在秦孝公——商鞅时代实现了新的农业跃进。而指导这一历史变化的策划中心和指挥中心,就在咸阳。咸阳附近也自此成为关中经济的重心地域。《史记》卷二八《封禅书》说"霸、产、长水、沣、涝、泾、渭皆非大川,以近咸阳,尽得比山川祠"⑥,说明"近咸阳"地方水资源得到合理利用。关中于是"号称陆海,为九州膏腴"⑦,被看作"天府之国"⑧,因其丰饶,千百年居于经济优胜地位。

回顾春秋战国时期列强竞胜的历史,历史影响比较显著的国家,多位于文明程度处于后起地位的中原外围地区,它们的迅速崛起,对于具有悠久的文明传统

---

① 王国维:《秦都邑考》,《王国维遗书》,上海古籍书店,1983年,《观堂集林》卷一二第9页。
② 翦伯赞主编:《中国史纲要》,人民出版社,1979年,第75页。
③ 杨宽:《战国史》(增订本),上海人民出版社,1998年,第206页。
④ 林剑鸣:《秦史稿》,上海人民出版社,1981年,第189页。
⑤ 商鞅"变法之令":"民有二男以上不分异者,倍其赋。""僇力本业,耕织致粟帛多者复其身。事末利及怠而贫者,举以为收孥。"《史记》,第2230页。
⑥ 《史记》,第1374页。
⑦ 《汉书》卷二八下《地理志下》,第1642页。
⑧ 《史记》卷五五《留侯世家》,第2044页。

的"中国",即黄河中游地区,形成了强烈的冲击。这一历史文化现象,就是《荀子·王霸》中所说的:"虽在僻陋之国,威动天下,五伯是也。""故齐桓、晋文、楚庄、吴阖闾、越句践,是皆僻陋之国也,威动天下,强殆中国。"①就是说,"五霸"虽然都崛起在文明进程原本相对落后的"僻陋"地方,却能够以新兴的文化强势影响天下,震动中原。"五霸"所指,说法不一,如果按照《白虎通·号·三皇五帝三王五伯》中的说法:"或曰:五霸,谓齐桓公、晋文公、秦穆公、楚庄王、吴王阖闾也。"也就是除去《荀子》所说"越句践",加上了"秦穆公",对于秦的"威""强",予以肯定。又说:"《尚书》曰'邦之荣怀,亦尚一人之庆',知秦穆之霸也。"②秦国力发展态势之急进,对东方诸国有激励和带动的意义。

在战国晚期,七雄之中,以齐、楚、赵、秦为最强。到了公元前3世纪的后期,则秦国的军威,已经势不可当。在秦孝公与商鞅变法之后,秦惠文王兼并巴蜀,宣太后与秦昭襄王战胜义渠,实现对上郡、北地的控制,使秦的疆域大大扩张,时人除"唯秦雄天下"③之说外,又称"秦地半天下"④。秦国上层执政集团可以跨多纬度空间控制,实现了对游牧区、农牧并作区、粟作区、麦作区以及稻作区兼行管理的条件。这是后来对统一王朝不同生态区和经济区实施全面行政管理的前期演习。当时的东方六国,没有一个国家具备从事这种政治实践的条件。

除了与秦孝公合作推行变法的商鞅之外,秦史进程中有重要影响的人物还有韩非和吕不韦。《韩非子》作为法家思想的集大成者,规范了秦政的导向。吕不韦主持编写的《吕氏春秋》为即将成立的秦王朝描画了政治蓝图。多种渊源不同的政治理念得到吸收,其中包括儒学的民本思想。

秦的统一,是中国史的大事件,也是东方史乃至世界史的大事件。对于中华民族的形成,对于后来以汉文化为主体的中华文化的发展,对于统一政治格局的定型,秦的创制有非常重要的意义。秦王朝推行郡县制,实现中央对地方的直接控制。皇帝制度和官僚制度的出现,也是推进政治史进程的重要发明。秦始皇时代实现了高度的集权。皇室、将相、后宫、富族,都无从侵犯或动摇皇帝的权

---

① [清]王先谦撰,沈啸寰、王星贤点校:《荀子集解》,中华书局,1988年,第205页。
② [清]陈立撰,吴则虞点校:《白虎通疏证》,中华书局,1994年,第62、64页。
③ 《史记》卷八三《鲁仲连邹阳列传》,第2459页。
④ 《史记》卷七〇《张仪列传》,第2289页。

威。执掌管理天下最高权力的,唯有皇帝。"夫其卓绝在上,不与士民等夷者,独天子一人耳。"①与秦始皇"二世三世至于万世,传之无穷"②的乐观设想不同,秦的统治未能长久,但是,秦王朝的若干重要制度,特别是皇帝独尊的制度,却成为此后两千多年的政治史的范式。如毛泽东诗句所谓"百代犹行秦政法"③。秦政风格延续长久,对后世中国有长久的规范作用,也对东方世界的政治格局形成了影响。

秦王朝在全新的历史条件下带有试验性质的经济管理形式,是值得重视的。秦时由中央政府主持的长城工程、驰道工程、灵渠工程、阿房宫工程、丽山工程等规模宏大的土木工程的规划和组织,表现出经济管理水平的空前提高,也显示了相当高的行政效率。秦王朝多具有创新意义的经济制度,在施行时各有得失。秦王朝经济管理的军事化体制,以极端苛急的政策倾向为特征,而不合理的以关中奴役关东的区域经济方针等方面的弊病,也为后世提供了深刻的历史教训。秦王朝多以军人为吏,必然使各级行政机构都容易形成极权专制的特点,使行政管理和经济管理都具有军事化的形制,又使统一后不久即应结束的军事管制阶段在实际上无限延长,终于酿成暴政。

秦王朝的专制统治表现出高度集权的特色,其思想文化方面的政策也具有与此相应的风格。秦王朝虽然统治时间不长,但是所推行的文化政策却在若干方面对后世有规定性的意义。"书同文"原本是孔子提出的文化理想。孔子嫡孙子思作《中庸》,引述了孔子的话:"今天下车同轨,书同文,行同伦。"④"书同文",成为文化统一的一种象征。但是在孔子的时代,按照儒家的说法,有其位者无其德,有其德者无其位,"书同文"实际上只是一种空想。战国时期,分裂形势更为显著,书不同文也是体现当时文化背景的重要标志之一。正如东汉学者许慎在《说文解字·叙》中所说,"诸侯力政,不统于王",于是礼乐典籍受到破坏,天下分为七国,"言语异声,文字异形"。⑤秦灭六国,实现统一之后,丞相李

---

① 章太炎:《秦政记》,《太炎文录初编》卷一,《章太炎全集》第4卷,上海人民出版社,1985年,第71页。
② 《史记》卷六《秦始皇本纪》,第236页。
③ 《建国以来毛泽东文稿》第13册,中央文献出版社,1998年,第361页。
④ [清]阮元校刻:《十三经注疏》,第1634页。
⑤ [汉]许慎撰,[清]段玉裁注:《说文解字注》,上海古籍出版社据经韵楼藏版1981年10月影印版,第757页。

斯就上奏建议以"秦文"为基点,欲令天下文字"同之",凡是与"秦文"不一致的,通通予以废除,以完成文字的统一。历史上的这一重要文化过程,司马迁在《史记》卷六《秦始皇本纪》的记载中写作"书同文字"与"同书文字",①在《史记》卷一五《六国年表》与《史记》卷八七《李斯列传》中分别写作"同天下书""同文书"。② 秦王朝的"书同文"虽然没有取得全面的成功,但是当时能够提出这样的文化进步的规划,并且开始了这样的文化进步的实践,应当说,已经是一个值得肯定的伟大的创举。秦王朝推行文化统一的政策,并不限于文字的统一。在秦始皇出巡各地的刻石文字中,可以看到要求各地民俗实现同化的内容。比如琅邪刻石说到"匡饬异俗",之罘刻石说到"黔首改化,远迩同度",表示各地的民俗都要改造,以求整齐统一;而强求民俗统一的形式,是法律的规范,就是所谓"普施明法,经纬天下,永为仪则"。③ 应当看到,秦王朝要实行的全面的"天下""同度",是以秦地形成的政治规范、法律制度、文化样式和民俗风格为基本模板的。

秦王朝在思想文化方面谋求统一,是通过强硬性的专制手段推行有关政策实现的。所谓焚书坑儒,就是企图全面摈斥东方文化,以秦文化为主体实行强制性的文化统一。对于所谓"难施用"④"不中用"⑤的"无用"之学⑥的否定,甚至不惜采用极端残酷的手段。

秦王朝以关中地方作为政治中心,也作为文化基地。关中地方得到了很好

---

① 《史记》,第 239、245 页。

② 《史记》,第 757、2547 页。

③ 《史记》,第 245、250、249 页。

④ 《史记》卷二八《封禅书》:"始皇闻此议各乖异,难施用,由此绌儒生。"第 1366 页。

⑤ 《史记》卷六《秦始皇本纪》:"(秦始皇)大怒曰:'吾前收天下书不中用者尽去之。'"第 258 页。

⑥ 《资治通鉴》卷七《秦纪二》"始皇帝三十四年":"魏人陈馀谓孔鲋曰:'秦将灭先王之籍,而子为书籍之主,其危哉!'子鱼曰:'吾为无用之学,知吾者惟友。秦非吾友,吾何危哉!吾将藏之以待其求;求至,无患矣。'"胡三省注:"孔鲋,孔子八世孙,字子鱼。"[宋]司马光编著,[元]胡三省音注,"标点资治通鉴小组"校点:《资治通鉴》,中华书局,1956 年,第 244 页。承孙闻博副教授提示,据傅亚庶《孔丛子校释》,《孔丛子》有的版本记录孔鲋说到"有用之学"。叶氏藏本、蔡宗尧本、汉承弼校跋本、章钰校跋本并有"吾不为有用之学,知吾者唯友。秦非吾友,吾何危哉?"语。中华书局,2011 年,第 410、414 页。参看王子今:《秦文化的实用之风》,《光明日报》2013 年 7 月 15 日 15 版"国学"。

的发展条件。秦亡,刘邦入咸阳,称"仓粟多"①,项羽确定行政中心时有人建议"关中阻山河四塞,地肥饶,可都以霸",都说明了秦时关中经济条件的优越。项羽虽然没有采纳都关中的建议,但是在分封十八诸侯时,首先考虑了对现今陕西地方的控制。"立沛公为汉王,王巴、蜀、汉中,都南郑",又"三分关中","立章邯为雍王,王咸阳以西,都废丘","立司马欣为塞王,王咸阳以东至河,都栎阳;立董翳为翟王,王上郡,都高奴"。② 因"三分关中"的战略设想,于是史有"三秦"之说。近年"废丘"的考古发现,有益于说明这段历史。所谓"秦之故地"③,是受到特殊重视的行政空间。

汉代匈奴人和西域人仍然称中原人为"秦人"④,汉简资料也可见"秦骑"⑤称谓,说明秦文化对中土以外广大区域的影响形成了深刻的历史记忆。远方"秦人"称谓,是秦的历史光荣的文化纪念。

李学勤《东周与秦代文明》一书中将东周时代的中国划分为7个文化圈,就是中原文化圈、北方文化圈、齐鲁文化圈、楚文化圈、吴越文化圈、巴蜀滇文化圈、秦文化圈。关于其中的"秦文化圈",论者写道:"关中的秦国雄长于广大的西北地区,称之为秦文化圈可能是适宜的。秦人在西周建都的故地兴起,形成了有独特风格的文化。虽与中原有所交往,而本身的特点仍甚明显。"关于战国晚期至于秦汉时期的文化趋势,论者指出:"楚文化的扩展,是东周时代的一件大事","随之而来的,是秦文化的传布。秦的兼并列国,建立统一的新王朝,使秦文化成为后来辉煌的汉代文化的基础"。⑥ 从空间和时间的视角进行考察,可以注意

---

① 《史记》卷八《高祖本纪》,第362页。
② 《史记》卷七《项羽本纪》,第315、316页。
③ 《史记》卷九九《刘敬叔孙通列传》:"陛下入关而都之,山东虽乱,秦之故地可全而有也。""今陛下入关而都,案秦之故地,此亦扼天下之亢而拊其背也。"第2716页。
④ 《史记》卷一二三《大宛列传》,第3177页;《汉书》卷九四上《匈奴传上》,第3782页;《汉书》卷九六下《西域传下》,第3913页。东汉西域人使用"秦人"称谓,见《龟兹左将军刘平国作关城诵》,参看王子今:《〈龟兹左将军刘平国作关城诵〉考论——兼说"张骞凿空"》,《欧亚学刊》新7辑,商务印书馆,2018年。
⑤ 如肩水金关简"☐所将胡骑秦骑名籍☐"(73EJT1:158),甘肃简牍保护研究中心、甘肃省文物考古研究所、甘肃省博物馆、中国文化遗产研究院古文献研究室、中国社会科学院简帛研究中心编:《肩水金关汉简》(壹),中西书局,2011年,下册第11页。
⑥ 李学勤:《东周与秦代文明》,上海人民出版社,2007年,第10—11页。

到秦文化超地域的特征和跨时代的意义。秦文化自然有区域文化的含义,早期的秦文化又有部族文化的性质。秦文化也是体现法家思想深刻影响的一种政治文化形态,可以理解为秦王朝统治时期的主体文化和主导文化。秦文化也可以作为一种积极奋进的、迅速崛起的、节奏急烈的文化风格的象征符号。总结秦文化的有积极意义的成分,应当注意这样几个特点:创新理念、进取精神、开放胸怀、实用意识、技术追求。秦文化的这些具有积极因素的特点,可以以"英雄主义"和"科学精神"简要概括。对于秦统一的原因,有必要进行全面的客观的总结。秦人接受来自西北方向文化影响的情形,研究者也应当予以关注。

秦文化既有复杂的内涵,又有神奇的魅力。秦文化表现出由弱而强、由落后而先进的历史转变过程中积极进取、推崇创新、重视实效的文化基因。

对于秦文化的历史表现,仅仅用超地域予以总结也许还是不够的。"从世界史的角度"估价秦文化的影响,是秦史研究者的责任。秦的统一"是中国文化史上的重要转折点",继此之后,汉代创造了辉煌的文明,其影响,"范围绝不限于亚洲东部,我们只有从世界史的高度才能估价它的意义和价值"。① 汉代文明成就,正是因秦文化而奠基的。

在对于秦文化的讨论中,不可避免地会导入这样一个问题:为什么在战国七雄的历史竞争中最终秦国取胜,为什么是秦国而不是其他国家完成了"统一"这一历史进程?

秦统一的形势,翦伯赞说,"如暴风雷雨,闪击中原",证明"任何主观的企图,都不足以倒转历史的车轮"。② 秦的"统一",有的学者更愿意用"兼并"的说法。这一历史进程,后人称之为"六王毕,四海一"③,"六王失国四海归"④。其实,秦始皇实现的统一,并不仅仅限于黄河流域和长江流域原战国七雄统治的地域,亦包括对岭南的征服。战争的结局,是《史记》卷六《秦始皇本纪》和卷一一

---

① 李学勤:《东周与秦代文明》,第294页。
② 翦伯赞:《秦汉史》,北京大学出版社,1983年,第8页。
③ [唐]杜牧:《阿房宫赋》,《文苑英华》卷四七,[宋]李昉等编:《文苑英华》,中华书局,1966年,第212页。
④ [宋]莫济《次梁安老王十朋咏秦碑韵》:"六王失国四海归,秦皇东刻南巡碑。"[明]董斯张辑:《吴兴艺文补》卷五〇,明崇祯六年刻本,第1103页。

三《南越列传》所记载的桂林、南海、象郡的设立。① 按照贾谊《过秦论》的表述，即"南取百越之地，以为桂林、象郡，百越之君俛首系颈，委命下吏"②。考古学者基于岭南秦式墓葬发现，如广州淘金坑秦墓、华侨新村秦墓，广西灌阳、兴安、平乐秦墓等的判断，以为"说明了秦人足迹所至和文化所及，反映了秦文化在更大区域内和中原以及其他文化的融合"，"两广秦墓当是和秦始皇统一岭南，'以谪徙民五十万戍五岭，与越杂处'的历史背景有关"。③ 岭南文化与中原文化的融合，正是自"秦时已并天下，略定杨越"④起始。而蒙恬经营北边，又"却匈奴七百余里"⑤。南海和北河方向的进取，使得秦帝国的国土规模远远超越了秦本土与"六王"故地的总和。⑥

对于秦所以能够实现统一的原因，历来多有学者讨论。有人认为，秦改革彻底，社会制度先进，是主要原因。曾经负责《睡虎地秦墓竹简》定稿、主持张家山汉简整理并进行秦律和汉律对比研究的李学勤指出："睡虎地竹简秦律的发现和研究，展示了相当典型的奴隶制关系的景象"，"有的著作认为秦的社会制度比六国先进，笔者不能同意这一看法，从秦人相当普遍地保留野蛮的奴隶制关系来看，事实毋宁说是相反"。⑦

秦政以法家思想为指导。法家虽然经历汉初的"拨乱反正"⑧受到清算，又经汉武帝时代"罢黜百家，表章《六经》"⑨"推明孔氏，抑黜百家"⑩，受到正统意

---

① 王子今：《论秦始皇南海置郡》，《陕西师范大学学报》（哲学社会科学版）2017年第1期。
② 《史记》卷六《秦始皇本纪》，第280页。
③ 叶小燕：《秦墓初探》，《考古》1982年第1期。
④ 《史记》卷一一三《南越列传》，第2967页。
⑤ 《史记》卷六《秦始皇本纪》，第280页；《史记》卷四八《陈涉世家》，第1963页。
⑥ 参看王子今：《秦统一局面的再认识》，《辽宁大学学报》（哲学社会科学版）2013年第1期。
⑦ 李学勤：《东周与秦代文明》，第290—291页。
⑧ 《汉书》卷六《武帝纪》，第212页；《汉书》卷二二《礼乐志》，第1030、1035页。《史记》卷八《高祖本纪》："拨乱世反之正。"第392页。《史记》卷六〇《三王世家》："高皇帝拨乱世反诸正。"第2109页。
⑨ 《汉书》卷六《武帝纪》，第212页。
⑩ 《汉书》卷五六《董仲舒传》，第2525页。

识形态压抑,但是由所谓"汉家自有制度,本以霸王道杂之,奈何纯任德教,用周政乎"①可知,仍然有长久的历史影响和文化惯性。这说明中国政治史的回顾,有必要思考秦政的作用。

在总结秦统一原因时,应当重视《过秦论》"续六世之余烈,振长策而御宇内"的说法。② 然而秦的统一,不仅仅是帝王的事业,也与秦国农民和士兵的历史表现有关。是各地万千士兵与民众的奋发努力促成了统一。秦国统治的地域,当时是最先进的农业区。直到秦王朝灭亡之后,人们依然肯定"秦富十倍天下"的地位。③ 因农耕业成熟而形成的富足,也构成秦统一的物质实力。

有学者指出,应当重视秦与西北方向的文化联系,重视秦人从中亚地方接受的文化影响。这是正确的意见。但是以为郡县制的实行可能来自西方影响的看法还有待于认真的论证。战国时期,不仅秦国,不少国家都实行了郡县制。有学者指出:"郡县制在春秋时已有萌芽,特别是'县',其原始形态可以追溯到西周。到战国时期,郡县制在各国都在推行。"④秦人接受来自西北的文化影响,应当是没有疑义的。周穆王西行,据说到达西王母之国,为他驾车的就是秦人先祖造父。秦早期养马业的成功,也应当借鉴了草原游牧族的技术。青铜器中被确定为秦器者,据说有的器形"和常见的中国青铜器有别,有学者以之与中亚的一些器物相比"。学界其实较早已经注意到这种器物,以为"是否模仿中亚的风格,很值得探讨"。⑤ 我们曾经注意过秦风俗中与西方相近的内容,秦穆公三十二年(前628),发军袭郑,这是秦人首创所谓"径数国千里而袭人"的长距离远征历史记录的例证。晋国发兵在殽阻截秦军,"击之,大破秦军,无一人得脱者,虏秦三将以归"。⑥ 四年之后,秦人复仇,《左传·文公三年》记载:"秦伯伐晋,济河焚舟,取王官及郊。晋人不出,遂自茅津渡,封殽尸而还。"⑦《史记》卷五《秦本

---

① 《汉书》卷九《元帝纪》,第 277 页。
② 《史记》卷六《秦始皇本纪》,第 280 页。
③ 《史记》卷八《高祖本纪》,第 364 页。
④ 李学勤:《东周与秦代文明》,第 289—290 页。
⑤ 李学勤:《东周与秦代文明》,第 146 页。
⑥ 《史记》卷五《秦本纪》,第 190—192 页。
⑦ 《春秋左传集解》,上海人民出版社,1977 年,第 434 页。

纪》:"缪公乃自茅津渡河,封殽中尸,为发丧,哭之三日。"①《史记》卷三九《晋世家》:"秦缪公大兴兵伐我,度河,取王官,封殽尸而去。"②封,有人解释为"封识之"③,就是筑起高大的土堆以为标识。我们读记述公元14年至公元15年间史事的《塔西佗〈编年史〉》第1卷,可以看到日耳曼尼库斯·凯撒率领的罗马军队进军到埃姆斯河和里普河之间十分类似的情形:"据说伐鲁斯和他的军团士兵的尸体还留在那里没有掩埋","罗马军队在六年之后,来到这个灾难场所掩埋了这三个军团的士兵的遗骨","在修建坟山的时候,凯撒放置第一份草土,用以表示对死者的衷心尊敬并与大家一同致以哀悼之忱"。④罗马军队统帅日耳曼尼库斯·凯撒的做法,和秦穆公所谓"封殽尸"何其相像!罗马军人们所"修建"的"坟山",是不是和秦穆公为"封识之"而修建的"封"属于性质相类的建筑形式呢?相关的文化现象还有待于深入考论。但是关注秦文化与其他文化系统之间的联系可能确实是有意义的。

秦代徐市东渡,择定适宜的生存空间定居⑤,或许是东洋航线初步开通的历史迹象。斯里兰卡出土半两钱⑥,似乎可以看作南洋航线早期开通的文物证明。理解并说明秦文化的世界影响,也是丝绸之路史研究应当关注的主题。

"秦史与秦文化研究丛书"系"十三五"国家重点图书出版规划项目,共14种,由陕西省人民政府参事室主持编撰,西北大学出版社具体组织实施。包括以下学术专著:《秦政治文化研究》(雷依群)、《初并天下——秦君主集权研究》(孙闻博)、《帝国的形成与崩溃——秦疆域变迁史稿》(梁万斌)、《秦思想与政治研究》(臧知非)、《秦法律文化新探》(闫晓君)、《秦祭祀研究》(史党社)、《秦礼仪研究》(马志亮)、《秦战争史》(赵国华、叶秋菊)、《秦农业史新编》(樊志民、

---

① 《史记》,第193页。
② 《史记》,第1670页。
③ 《史记》卷五《秦本纪》裴骃《集解》引贾逵曰,第193页。
④ 〔罗马〕塔西佗著,王以铸等译:《塔西佗〈编年史〉》,商务印书馆,1981年,上册,第1卷,第51—52页。
⑤ 《史记》卷一一八《淮南衡山列传》:"徐福得平原广泽,止王不来。"第3086页。
⑥ 查迪玛(A. Chandima):《斯里兰卡藏中国古代文物研究——兼谈古代中斯贸易关系》,山东大学博士学位论文,导师:于海广教授,2011年4月;〔斯里兰卡〕查迪玛·博嘎哈瓦塔、柯莎莉·卡库兰达拉:《斯里兰卡藏中国古代钱币概况》,《百色学院学报》2016年第6期。

李伊波)、《秦都邑宫苑研究》(徐卫民、刘幼臻)、《秦文字研究》(周晓陆、罗志英、李巍、何薇)、《秦官吏法研究》(周海锋)、《秦交通史》(王子今)、《秦史与秦文化研究论著索引》(田静)。

  本丛书的编写队伍,集合了秦史研究的学术力量,其中有较资深的学者,也有很年轻的学人。丛书选题设计,注意全方位的研究和多视角的考察。参与此丛书的学者提倡跨学科的研究,重视历史学、考古学、民族学与文化人类学等不同学术方向研究方法的交叉采用,努力坚持实证原则,发挥传世文献与出土文献及新出考古资料相结合的优长,实践"二重证据法""多重证据法",力求就秦史研究和秦文化研究实现学术推进。秦史是中国文明史进程的重要阶段,秦文化是历史时期文化融汇的主流之一,也成为中华民族文化的重要构成内容。对于秦史与秦文化,考察、研究、理解和说明,是历史学者的责任。不同视角的观察,不同路径的探究,不同专题的研讨,不同层次的解说,都是必要的。这里不妨借用秦汉史研究前辈学者翦伯赞《秦汉史》中"究明"一语简要表白我们研究工作的学术追求:"究明"即"显出光明"。①

王子今
2021 年 1 月 18 日

---

① 翦伯赞:《秦汉史》,第 2 页。

目 录

总　序 …………………………… 1

绪论　秦史与秦交通史 …………………………… 1
　一　"交通""交往"与历史进步 …………………… 3
　二　秦人的交通经营与秦的崛起 ………………… 9
　三　秦人的交通经营与秦的统一 ………………… 12
　四　统一政治格局下大规模交通建设的奠基 …… 14
　五　西北方向交通实践的活跃与"秦人"称谓 …… 15

第一章　秦先祖传说的交通史意义 ……………… 20
　一　大费事迹:"与禹平水土""佐舜调驯鸟兽" … 20
　二　秦人"善御"传统 ……………………………… 23
　三　"蜚廉善走"故事 ……………………………… 23
　四　"造父"神话 …………………………………… 25
　五　"木禺车马":秦人信仰世界中的交通因素 … 28
　六　"善走"事迹与"轻足""利足""走士"身份 … 34

第二章　交通与秦建国史 ………………………… 37
　一　秦人西迁历程 ………………………………… 37
　二　西汉水流域盐产资源与秦人的盐运控制 …… 43
　三　马大蕃息:汧渭之间的畜牧经营 …………… 46
　四　从丰镐到雒邑:平王东迁的卫队 …………… 47
　五　秦人经营的陇山通路 ………………………… 49

第三章 秦文化史资料中的交通史信息 ······ 67
一 《诗·秦风》交通史料 ······ 67
二 《石鼓文》交通史料 ······ 72
三 《诅楚文》交通史料 ······ 76
四 秦人姓名体现的"车马"之好 ······ 89
五 秦穆公故事 ······ 95
六 伯乐、九方堙为秦穆公"求马" ······ 101

第四章 蜀道开发与秦的帝业基础 ······ 112
一 "南山大梓"神话 ······ 114
二 "金牛""五丁"传说 ······ 115
三 蜀道与秦兼并蜀地的战争 ······ 117
四 咸阳文化重心地位的形成与蜀道主线路的移换 ······ 120
五 蜀道对于秦实现统一的意义 ······ 135

第五章 秦的国家运输与民间商运 ······ 137
一 汎舟之役 ······ 137
二 予楚粟五万石 ······ 138
三 民间商运及其管理 ······ 139

第六章 秦国君主的远程出行 ······ 162
一 从襄公始国到穆公图霸 ······ 162
二 军争与会盟 ······ 165
三 "昭襄业帝"的交通史考察 ······ 169
四 "霸事""帝业"追求 ······ 174
五 秦王政"之河南""之邯郸""游至郢陈" ······ 177

第七章 秦军的远征与军事运输 ······ 190
一 径数国千里而袭人 ······ 192

二　秦军的"远攻" …………………… 194
　三　秦对军运的重视 …………………… 198
　四　军运与统一战争中的大兵团作战 …………………… 200
　五　秦战地运输的军事化管理形式 …………………… 213

第八章　秦皇帝"巡行郡县" …………………… 215
　一　秦始皇二十七年西巡 …………………… 215
　二　秦始皇东巡 …………………… 226
　三　秦二世出巡 …………………… 231
　四　关于《赵正书》言"秦王""出游天下" …………………… 249

第九章　秦道路建设 …………………… 261
　一　武关道栈道 …………………… 261
　二　子午道栈道 …………………… 277
　三　驰道与驰道制度 …………………… 279
　四　秦始皇直道 …………………… 287
　五　北边道与并海道 …………………… 297
　六　关于"甬道" …………………… 299
　七　农田道路的开通和养护 …………………… 304
　八　复道与宫廷建设 …………………… 307
　九　交通道路工程技术 …………………… 309
　十　澄清历史成见：非秦帝国交通网"以咸阳为中心"说 …………………… 311

第十章　秦舟车制造业 …………………… 317
　一　"车马之好"与车制革命 …………………… 317
　二　秦造船技术的进步 …………………… 324

第十一章　秦交通动力开发之一：畜力运输 …………………… 340
　一　马政 …………………… 340

二　牛车的应用 ……………………………………………… 351

　　三　驶骡故事 ………………………………………………… 356

　　四　驴和骆驼早期引入的文物实证 ………………………… 367

第十二章　秦交通动力开发之二：水运 ………………………… 370

　　一　"水通粮"：秦"不可与战"的运输能力强势 ………… 370

　　二　李冰开通水道，"坐致材木" …………………………… 371

　　三　司马错"浮江伐楚" ……………………………………… 372

　　四　灵渠工程 ………………………………………………… 373

　　五　放马滩木板地图水运史料 ……………………………… 375

　　六　"厎柱丞印"封泥 ………………………………………… 376

　　七　孙家南头遗址与秦汧河水运 …………………………… 383

第十三章　秦桥梁建造技术 ……………………………………… 385

　　一　秦后子鍼"造舟于河" …………………………………… 387

　　二　秦昭襄王"初作河桥" …………………………………… 390

　　三　李冰造七桥 ……………………………………………… 393

　　四　咸阳"渭桥" ……………………………………………… 394

　　五　《燕丹子》："秦王为机发之桥" ………………………… 396

　　六　基层行政："为桥"及"道桥毋有绝不通者" ………… 399

　　七　直道九原"度河"方式 …………………………………… 400

　　八　海上"秦桥" ……………………………………………… 405

第十四章　秦地交通枢纽的形成 ………………………………… 409

　　一　雍的交通地位与战国秦代"西—雍"交通 …………… 409

　　二　栎邑"东通三晋" ………………………………………… 416

　　三　咸阳"四方辐凑" ………………………………………… 421

第十五章　秦交通礼俗 …………………………………………… 429

　　一　《日书》"行归宜忌"选择 ……………………………… 429

二　刑弃灰于道者 …………………………………… 451
　　三　行神崇拜 ……………………………………… 462
　　四　关于"马禖祝" ………………………………… 471

第十六章　秦通信制度 ……………………………… 477
　　一　军事情报与行政信息的获取与传递 ………… 477
　　二　邮驿形式 ……………………………………… 479
　　三　烽燧制度 ……………………………………… 491

第十七章　秦交通管理 ……………………………… 498
　　一　关制 …………………………………………… 498
　　二　津桥管理 ……………………………………… 501
　　三　军事交通与交通工程建设的军事化形式 …… 503
　　四　军事交通与交通经营管理的军事化形式 …… 505
　　五　国家交通控制 ………………………………… 506
　　六　秦皇帝的"远近"理念与"巡行"实践 ………… 511
　　七　秦王朝的交通"数"学 ………………………… 517

第十八章　秦政终结：交通史视角的考察 ………… 528
　　一　秦始皇出行"逢盗"与政治危局的发生 ……… 528
　　二　平舒道有人持璧遮使者 ……………………… 535
　　三　蜚刍挽粟 ……………………………………… 538
　　四　陈胜暴动的直接起因："会天大雨，道不通，度
　　　　已失期" ………………………………………… 539
　　五　秦二世的噩梦与秦帝国的灭亡 ……………… 558
　　六　轵道与白马素车：秦王子婴终结秦史的仪式 …… 563

**附论一 神秘的"四十六日":秦史特殊记录的交通史
视角解读** ······ 567
　一 秦史中的第一个"四十六日":白起"遮绝赵救
及粮食" ······ 567
　二 秦史中的第二个"四十六日":宋义"留四十六
日不进" ······ 568
　三 秦史中的第三个"四十六日":子婴"白马素车"
"降轵道旁" ······ 569
　四 信疑之间 ······ 570
　五 宋义"四十六日"事及子婴"四十六日"事试
辨正 ······ 573
　六 秦人传说中又一例"四十六日":梁玉清子
"骖乘""回驭" ······ 577
　七 "四十六日"的文化象征意义及其交通史
考察 ······ 578

附论二 秦始皇时代海上航路的开通 ······ 582
　一 秦始皇"东游海上" ······ 583
　二 "琅邪"与"秦东门" ······ 585
　三 徐市远航与东洋航路的早期通行 ······ 586
　四 南海置郡与南洋航路的早期通行 ······ 588
　五 "梦与海神战""连弩射海鱼":秦始皇的航海
实践 ······ 589

后　记 ······ 591

绪论　秦史与秦交通史

秦史在中国古代历史进程中有特别引人注目的闪光点,亦显示出极其长久的影响力。秦人崛起于西北,在东周时期逐渐形成军事强势,最终击灭东方六强,实现了统一。大一统的秦帝国虽存在时段短暂,然而政治格局的形成、官僚机构的设计、法制规范的完备、行政方式的确定,对后世都形成了规范性的历史影响。除了执政方式的建设性创制而外,秦王朝神祀体制的构建、法制规范的完备、郡县建设的定局、度量衡与币制的统一、对海洋的特殊关注等,都有开创性的历史意义。劳榦曾经指出:"秦汉两代不惟给后世画出一个明确的区域,而且给后世一些明确的制度。""战国时期较详的制度,已无从追溯,因此秦汉时期的制度,对于后世更显著重要。在秦汉时期,不论官制、兵制、法律、地方制度、学校制度、选举制度、财政及货币制度,以至于现在所用的度量衡制度、现在中国的文字,无一不是树立了稳固而长久的基础。这些制度,沿袭了两千多年,虽然其中有些改变,但假如不明了设制的根源,也就无法推证制度中的精神及关键之所在。"①劳榦并说"秦汉",而秦汉制度的连续性,史家总结为"汉承秦制"。《汉书》卷一〇〇上《叙传上》:"汉家承秦之制,并立郡县,主有专己之威,臣无百年之柄。"②班固所谓"汉家承秦之制",应当就是后来人们平素常用的"汉承秦制"

---

① 劳榦:《秦汉史》,台湾中国文化大学出版部,1980年,第1—2页。
② [汉]班固:《汉书》,中华书局,1962年,第4207页。

之说的完整的经典话语。① 所谓"汉承秦制",后世为史家习用。② 对于秦代重要历史地位的肯定,李学勤指出:在东周历史演进之后,"是秦文化的传布"。他写道:"秦的兼并列国,建立统一的新王朝,使秦文化成为后来辉煌的汉代文化的基础。"③ 林剑鸣指出:"(秦)在中国历史,甚至在世界历史上影响是十分深远的。"④ 更早则有瞿兑之说:秦皇帝制度等政制,"新天下耳目",各方面建设,"制

---

① "汉承秦制"这种明朗简洁的表述,屡见于记述东汉史的文献。《后汉书》卷四〇上《班彪传》记载班彪对隗嚣分析比较战国与当时形势,说道:"周之废兴,与汉殊异。昔周爵五等,诸侯从政,本根既微,枝叶强大,故其末流有从横之事,势数然也。汉承秦制,改立郡县,主有专己之威,臣无百年之柄。"中华书局标点本"校勘记":"'汉承秦制改立郡县',按:张森楷《校勘记谓》'改'当依《前书》作'并',既承秦制,则非汉所改也。"[宋]范晔撰,[唐]李贤等注:《后汉书》,中华书局,1965年,第1323、1352页。又如《续汉书·礼仪志中》刘昭注补引《魏书》记载有司奏言回顾"讲武"制度:"汉承秦制,三时不讲,唯十月车驾幸长安水南门,会五营士,为八阵进退,名曰乘之。"《续汉书·舆服志上》说乘舆等级:"汉承秦制,御为乘舆,所谓孔子乘殷之路者也。"《续汉书·礼仪志中》刘昭注补引《魏书》:"建安二十一年三月,曹公亲耕藉田。有司奏:'四时讲武于农隙。汉承秦制,三时不讲,唯十月车驾幸长安水南门,会五营士,为八阵进退,名曰乘之。今金革未偃,士民素习,可无四时讲武,但以立秋择吉日大朝车骑,号曰治兵。上合礼名,下承汉制也。'"《后汉书》,第3124页。又[晋]陈寿《三国志》卷一《魏书·武帝纪》裴松之注引《魏书》,中华书局,1959年,第47页。《续汉书·舆服志上》说乘舆等级:"秦并天下,阅三代之礼,或曰殷瑞山车,金根之色。汉承秦制,御为乘舆,所谓孔子乘殷之路者也。"《续汉书·舆服志上》:"天子玉路,以玉为饰,锡樊缨十有再就,建太常,十有二斿,九仞曳地,日月升龙,象天明也。夷王以下,周室衰弱,诸侯大路。秦并天下,阅三代之礼,或曰殷瑞山车,金根之色。汉承秦制,御为乘舆,所谓孔子乘殷之路者也。"《后汉书》,第3643页。《续汉书·舆服志下》言佩玉制度:"秦乃以采组连结于璲,光明章表,转相结受,故谓之绶。汉承秦制,用而弗改,故加之以双印佩刀之饰。"《后汉书》,第3671—3672页。

② 如[唐]房玄龄等:《晋书》卷三〇《刑法志》,中华书局,1974年,第922页;[梁]沈约:《宋书》卷一八《礼乐志五》,中华书局,1974年,第504页;[北齐]魏收:《魏书》卷一〇八之四《礼乐志四》,中华书局,1974年,第2814页;[后晋]刘昫等:《旧唐书》卷二三《礼仪志三》,中华书局,1975年,第896页;[清]张廷玉等:《明史》卷六五《舆服志一》,中华书局,1974年,第1597页。参看王子今:《秦汉时期的历史特征与历史地位》,《石家庄学院学报》2018年第4期。

③ 李学勤:《东周与秦代文明》,文物出版社,1984年,第12页。

④ 林剑鸣:《秦史稿》,上海人民出版社,1981年,第1页。

极宏伟",而"齐一文字"等,"实为一统之基"。①

秦帝国在各项创新性建置之外,对交通建设的重视,也显现出政治设计者的卓识,王朝决策者的魄力,以及国家机器的行政效率。

秦立国西北,逐步强盛,进而攻伐进取,实现统一,建设了强大的专制主义王朝。秦史的每一步进程,交通开发与交通建设都表现出重要的作用。秦王朝短促而亡。在秦史的终点,可见若干史迹表现出交通文化层面的象征意义,也透露出当时社会的交通理念。秦交通史的科学考察和确切理解,有益于秦史的深入认识与科学说明。

一 "交通""交往"与历史进步

马克思和恩格斯十分重视"生产"对于历史进步的意义。然而我们又注意到,他们同时又突出强调"交往"的作用。马克思和恩格斯认为:

> ……而生产本身又是以个人彼此之间的交往(Verkehr)为前提的。
> 这种交往的形式又是由生产决定的。

除了"个人之间的交往"而外,他们又指出"一个民族本身的整个内部结构"以及"一个民族与其他民族的关系",除了取决于"生产""生产力"和"分工"的"发展程度"之外,亦取决于其"内部和外部的交往的发展程度":

> 各民族之间的相互关系取决于每一个民族的生产力、分工和内部交往的发展程度。这个原理是公认的。然而不仅一个民族与其他民族的关系,而且这个民族本身的整个内部结构也取决于自己的生产以及自己内部和外部的交往的发展程度。②

马克思和恩格斯对历史的观察,瞩目"交往"的发展变化,"奴隶制"与"战争和交易这种外部交往的扩大"的关系,"工业和海外贸易之间的对立","商业停滞或

---

① 瞿兑之:《秦汉史纂》,见杨家骆:《中国学术类编》,鼎文书局,1979年,第44、53、69页。

② 卡·马克思和弗·恩格斯:《德意志意识形态》,见中共中央马克思恩格斯列宁斯大林著作编译局编译:《马克思恩格斯选集》第1卷,人民出版社,2012年,第147页。

被迫中断",均受到关注。① 马克思和恩格斯指出,"城乡之间的对立""贯穿着文明全部的历史直至现在",而乡村的特征是"隔绝和分散",即与"交往的发展"相"对立"。② 他们又说:"受到迄今为止一切历史阶段的生产力制约同时又反过来制约生产力的交往形式,就是市民社会。"③马克思和恩格斯认为,"只有随着生产力的这种普遍发展,人们的普遍交往才能建立起来"。"普遍交往","最后"可以使得"地域性的个人为世界历史性的、经验上普遍的个人所代替"。④ 他们对自己的历史考察有这样的判断:"到现在为止,我们主要只是考察了人类活动的一个方面——人改造自然。另一方面,是人改造人……"据编者注:"马克思加了边注:'交往和生产力。'"这里"交往"列在"生产力"之先。马克思和恩格斯对"交往"在历史进程中的重要作用的强调,还见于以下这段话:"各个相互影响的活动范围在这个发展进程中越是扩大,各民族的原始封闭状态由于日益完善的生产方式、交往以及因交往而自然形成的不同民族之间的分工消灭得越是彻底,历史也就越是成为世界历史。"⑤

  马克思和恩格斯《德意志意识形态》所谓"交往"的含义,《马克思恩格斯选集》2012年版的注释有这样的说明:"'交往'(Verkehr)这个术语在《德意志意识形态》中含义很广。它包括单个人、社会团体以及国家之间的物质交往和精神交往。马克思和恩格斯在这部著作中指出:物质交往,首先是人们在生产过程中的交往,这是任何其他交往的基础。《德意志意识形态》中使用的'交往形式''交往方式''交往关系''生产关系和交往关系'这些术语,表达了马克思和恩格

---

① 卡·马克思和弗·恩格斯:《德意志意识形态》,《马克思恩格斯选集》第1卷,第148—149页。

② 卡·马克思和弗·恩格斯:《德意志意识形态》,《马克思恩格斯选集》第1卷,第184页。

③ 卡·马克思和弗·恩格斯:《德意志意识形态》,《马克思恩格斯选集》第1卷,第167页。

④ 卡·马克思和弗·恩格斯:《德意志意识形态》,《马克思恩格斯选集》第1卷,第166页。

⑤ 卡·马克思和弗·恩格斯:《德意志意识形态》,《马克思恩格斯选集》第1卷,第167—168页。

斯在这个时期形成的生产关系概念。"① 其实，马克思和恩格斯在《德意志意识形态》中所论"交往"，可能并非"生产关系概念"一语能够概括。他们在这里所说的"交往"，在很大程度上或许可以认定与人们通常所谓"交通"近义。有交通学理论及交通经济学理论研究者曾经指出，"交通这个术语，从最广义的解释说来，是指人类互相间关系的全部而言"②。此所谓"人类互相间关系的全部"，正近似马克思和恩格斯在《德意志意识形态》中所说的"交往"。

已经有学者提出，按照马克思的观点，交往形成了人类积累、传递、继承和发展生产力的社会机制。代际交往以及民族交往和国家交往，促成了生产力的进步和社会的发展。长时间内，马克思的交往理论并未得到应有的重视。③ 我们的交通史研究更为重视的，是突破传统空间限定的区域之间的交往。

中国古代文献中，我们也可以看到"交往"与"交通"语义相近的例证。《尉缭子》卷三《分塞令》：

> 中军，左、右、前、后军皆有分地，方之以行垣，而无通其交往。将有分地，帅有分地，伯有分地，皆营其沟域，而明其塞令。使非百人无得通。非其百人而入者，伯诛之；伯不诛，与之同罪。
>
> 军中纵横之道，百有二十步，而立一府柱，量人与地。柱道相望，禁行清道。非将吏之符节，不得通行。采薪刍牧者，皆成行伍，不成行伍者，不得通行。吏属无节，士无伍者，横门诛之。逾分干地者，诛之。故内无干令犯禁，则外无不获之奸。④

所谓"无通其交往"，也就是"令""无得通"，"禁行清道"，"不得通行"，可知"交往"与"通""行""通行"即通常可以理解为交通行为的关系。

古代文献常见"交"字本身并有"往来""交通"意义之例证。《周礼·秋官司寇·大行人》："归脤以交诸侯之福。"郑玄注："'交'，或往或来者也。"又："凡诸侯之邦交，岁相问也，殷相聘也，世相朝也。"贾公彦疏："'凡诸侯之邦交'者，

---

① 中共中央马克思恩格斯列宁斯大林著作编译局编译：《马克思恩格斯选集》第 1 卷，第 888 页。

② 鲍尔格蒂（R. Von der Borght）：《交通论》（*Das Verkehrswesen*）。转引自余松筠：《交通经济学》，商务印书馆，1936 年，第 3—4 页。

③ 侯振武、杨耕：《关于马克思交往理论的再思考》，《哲学研究》2018 年第 7 期。

④ 毕陆综注译：《尉缭子注译》，中华书局，1979 年，第 56 页。

谓侯国君臣交接往来之事。"①《周礼·秋官司寇·司仪》:"凡诸侯之交,各称其邦而为之币,以其币为之礼。"贾公彦疏:"言'交'者,两国一往一来谓之'交'。"②《诗·小雅·桑扈》:"交交桑扈。"郑玄笺:"交交,犹佼佼,飞往来貌。"③《黄帝内经素问》中《方盛衰论》有"阴阳并交"语,王冰注:"'交',谓交通也","'阴阳并交'者"即"阴阳之气并行而交通于一处者"。④

《管子·度地》:"桓公曰:'当何时作之?'管子曰:'春三月,天地干燥,水纠列之时也。山川涸落,天气下,地气上,万物交通。故事已,新事未起,草木荑生可食。寒暑调,日夜分。分之后,夜日益短,昼日益长,利以作土功之事……'"⑤这里所谓"交通",是体现出生机、活力和新鲜气息的运动形式。有关秦史的文献记录中可以看到"交通"取交往之意的情形。《史记》卷九一《黥布列传》:"布已论输丽山,丽山之徒数十万人,布皆与其徒长豪桀交通。"⑥而《礼记·乐记》:"周道四达,礼乐交通。"⑦"交通"与"四达"并称,明确说到交通建设的发达可以促进礼乐文明的传布。历史的进步因交通而实现。

陶渊明《桃花源记》所谓"阡陌交通,鸡犬相闻"⑧,"交通"语义已经接近于现今的理解。所描述的理想农耕生活景象,即《老子》第八十章:"小国寡民,使有什伯之器而不用,使民重死而不远徙。虽有舟舆,无所乘之;虽有甲兵,无所陈之;使民复结绳而用之。甘其食,美其服,安其居,乐其俗。邻国相望,鸡犬之声相闻,民至老死不相往来。"⑨其中"重死而不远徙","虽有舟舆,无所乘之","邻

---

① [清]孙诒让撰,王文锦、陈玉霞点校:《周礼正义》,中华书局,1987年,第2949、2989页。
② [清]阮元校刻:《十三经注疏》,中华书局据原世界书局缩印本1980年10月影印版,第899页。
③ [清]阮元校刻:《十三经注疏》,第480页。
④ [唐]王冰注,[宋]林亿等校证:《黄帝内经素问》卷二四《方盛衰论》,文渊阁《四库全书》本。
⑤ 黎翔凤撰,梁运华整理:《管子校注》,中华书局,2004年,第1062—1063页。
⑥ 《史记》,第2597页。
⑦ 孔颖达疏:"周之道德,四方通达,礼乐交通,无所不备。"[清]阮元校刻:《十三经注疏》,第1543页。
⑧ 袁行霈:《陶渊明集笺注》,中华书局,2018年,第469页。
⑨ [魏]王弼注,楼宇烈校释:《老子道德经注校释》,中华书局,2008年,第190页。

国相望,鸡犬之声相闻,民至老死不相往来",都涉及交通发展的进程。《庄子·胠箧》关于"至德之世"的描述:"民结绳而用之,甘其食,美其服,乐其俗,安其居,邻国相望,鸡狗之音相闻,民至老死而不相往来。若此之时,则至治已。"①所谓对"至德""至治"境界的崇敬体现的回归古朴的文化倾向,是明朗的。而这种社会理想的重要表象之一,即对交通进步的反动。《淮南子·齐俗》:"邻国相望,鸡狗之音相闻,而足迹不接诸侯之境,车轨不结千里之外者,皆得其所安。"②可知直到西汉前期,这种文化态度依然有颇显著的影响。《论衡·说日》讨论天象与人文"行"与"不行"的问题时,也说道:"古者质朴,邻国接境,鸡犬之声相闻,终身不相往来焉。"在解答"人何以行"的疑问时,王充说:"人之行,求有为也。人道有为,故行求。"③这样的回答,以当时的哲学能力,发表了"人道有为",而"人之行,求有为"的认识。以"行求""有为"强调了"行"即交通的进步符合"人道",符合文明进步之规律的合理的交通史观与文明史观。

在漫长的人类社会的发展历程中,交通受到重视的程度以及交通能力的进步总是大致同人口数量和消费需求的增长,同生产力的发展,同文化的演进呈同步的趋势。

早在人类历史的初年,远古先民们在艰难的环境条件下为求得生存和发展,往往不得不辗转迁徙,"筚路蓝缕""跋涉山林"④。在经营农耕养殖,迈进文明初步之后,依然"披山通道,未尝宁居"⑤。早期交通的发展,是人类文明进程中富于开创意义的重要成就。克服山水险阻的最原始的道路和航线,形成人类社会在这个星球上留下的最初的印迹。以秦岭南北交通为例,老官台文化"分布于

---

① [清]郭庆藩辑,王孝鱼整理:《庄子集释》,中华书局,1961年,第357页。
② 何宁:《淮南子集释》,中华书局,1998年,第772—773页。
③ 黄晖:《论衡校释》,中华书局,1990年,第502页。
④ 《左传·昭公十二年》,[春秋]左丘明撰,[晋]杜预集解:《春秋左传集解》,上海人民出版社,1977年,第1357页。
⑤ 《史记》卷一《五帝本纪》:"天下有不顺者,黄帝从而征之,平者去之,披山通道,未尝宁居","东至于海,登丸山,及岱宗。西至于空桐,登鸡头。南至于江,登熊、湘。北逐荤粥,合符釜山,而邑于涿鹿之阿。迁徙往来无常处"。第3—6页。参看王子今:《轩辕传说与早期交通的发展》,《炎黄文化研究》第8期(《炎黄春秋》增刊,2001年);《神农"连山"名义推索》,《炎黄文化研究》第11辑,大象出版社,2010年;《交通史视角的早期国家考察》,《历史研究》2017年第5期。

关中的渭、泾河流域和陕南的汉江、丹江上游地区"①。同一文化形态跨秦岭的分布,体现出秦岭严重的交通阻障已经能够初步克服,形成了文化传播的基本条件。有些考古学者将相关地区的遗存纳入"大地湾文化"的范畴之中。对于大地湾文化的分布区域,有这样的分析:"主要分布于甘肃的陇东地区和陕西的关中地区,以渭河下游地区较为密集,另外,陕南的汉水上游地区也有分布。"根据《中国考古学·新石器时代卷》的表述,大地湾文化可以划分为两个文化类型,即大地湾类型和李家村类型。大地湾类型遗址主要分布在渭河流域,个别分布在丹江上游。而属于李家村类型的遗址"分布比较集中,多分布在汉水流域"。《中国考古学·新石器时代卷》的执笔者指出,通过年代分析可以知道,"从总体上看,大地湾类型的绝对年代普遍早于李家村类型"。② 也就是说,从渭河流域得到早期发育条件的这种新石器时代文化,后来越过秦岭,扩展到了汉江流域。而"代表了中国新石器时代的一个非常重要的发展阶段"的仰韶文化,"中心分布区"包括"关中"和"陕南"。汉江流域的两处遗址西乡何家湾和南郑龙岗寺,被列入半坡文化的"典型遗址"之中。③ 半坡文化遗存在汉江流域的典型性存在,说明秦岭交通开发已经达到新的历史阶段。汉江流域居民全面复制了渭河流域的文化创造,反映出跨越秦岭的早期道路已经实现了文化沟通的职能。

中国神话传说中著名的夸父追日④、愚公移山⑤等故事,皆借助神异形象颂扬了远古先民开拓交通事业的英雄业绩。

---

① 张在明主编:《中国文物地图集·陕西分册》,西安地图出版社,1998年,上册第3页。
② 中国社会科学院考古研究所:《中国考古学·新石器时代卷》,中国社会科学出版社,2010年,第114—115页,第120—121页,第126、123页。
③ 中国社会科学院考古研究所:《中国考古学·新石器时代卷》,第208—209页,第211、215页。
④ 《山海经·海外北经》:"夸父与日逐走,入日,渴欲得饮,饮于河渭。河渭不足,北饮大泽,未至,道渴而死。弃其杖,化为邓林。"郭郛注:《山海经注证》,中国社会科学出版社,2004年,第630页。
⑤ 《列子·汤问》:"太形王屋二山,方七百里,高万仞;本在冀州之南,河阳之北。北山愚公者,年且九十,面山而居。惩山北之塞,出入之迂也,聚室而谋,曰:'吾与汝毕力平险,指通豫南,达于汉阴,可乎?'……遂率子孙荷担者三夫,叩石垦壤,箕畚运于渤海之尾……帝感其诚,命夸蛾氏二子负二山,一厝朔东,一厝雍南。自此,冀之南、汉之阴无陇断焉。"杨伯峻:《列子集释》,中华书局,1979年,第159—161页。

清代地理学者胡渭考论"华阳"的空间位置,指出"夸父"传说的发生背景在秦地:

> 《武成》云:归马于华山之阳,放牛于桃林之野。《乐记》《周本纪》并有此文。华山之阳即《禹贡》之华阳也。《水经注》曰:湖水出桃林塞之夸父山,广员三百仞。武王伐纣,天下既定,王及岳滨放马华阳,散牛桃林,即此处也。其中多野马,造父于此得骅骝、绿耳、盗骊之乘,以献周穆王。又曰:洛水枝流自上洛县东北出为门水。又东北历阳华之山,即华阳。《山海经》所谓"阳华之山,门水出焉"者也。见第四卷《河水》。渭按:《周礼》豫州镇曰华山。杜氏谓其山连延东出,故属豫州。夸父正所谓"连延东出"者,乃西岳支峰,古通谓之华山。夸父山在今阌乡县东南二十五里。桃林在夸父北,寔华山之阴。《山海经》曰:夸父山其北有桃林。杜预注《左传》云:桃林在华阴东。即潼关也。而阳华在夸父西南,今洛南县东北,故以为华山之阳。秦魏冉同父弟芈戎封华阳君,昭王立太子爱姬为华阳夫人皆此地。又按《吕氏春秋》九薮有秦之阳华,在今华阴县与洛南接界。《县志》云:西南之瓮谷为商洛径道。入谷五十里至瓮岭,东转为华阳川,即古阳华之薮也。盖薮因山而得名,山薮并在华山之阳。正《禹贡》之华阳。或谓今洛南、商南二县当属豫,非也。①

"夸父"神话以"华山之阳"为背景,其路线经历"河""渭"。而"夸父"行走表演的重要道具"杖"化为"桃林"。"桃林"据说"其中多野马",应有畜牧业发展的条件。这里良马的发现,与秦人先祖造父有关。这些文化迹象,都值得我们在考察秦交通史的时候参考。

二 秦人的交通经营与秦的崛起

秦人曾经长期经历游徙生活与此相关,传说中秦先祖事迹多以致力于交通活动著称于世。"费昌当夏桀之时,去夏归商,为汤御,以败桀于鸣条。"孟戏、中衍亦有杰出才技,"帝太戊闻而卜之使御,吉,遂致使御而妻之"。而"蜚廉善

---

① [清]胡渭著,邹逸麟整理:《禹贡锥指》,上海古籍出版社,1996年,第262—263页。

走",曾"以材力事殷纣"。其后造父更是交通史上著名的人物。《史记》卷五《秦本纪》还写道:"造父以善御幸于周缪王,得骥、温骊,骅𫘧、骤耳之驷,西巡狩,乐而忘归。徐偃王作乱,造父为缪王御,长驱归周,一日千里以救乱。"①秦人先祖造父为周穆王驾车远行,可以"一日千里",是中国古代交通史上著名的神异故事。②

秦人有重视交通的传统。史籍多有记载体现出秦在交通能力方面也显示出明显的优势。

有历史迹象表明,秦人经历由东而西的迁徙。这一部族可能来自东方的判断,现在得到许多学者的认可。

徐旭生提出"我国古代部族三集团"说,"三集团"即华夏集团、东夷集团和苗蛮集团。东夷集团所居的地域"最盛时也或者能达到山东的北部全境。西至河南的东部,西南至河南的极南部。南至安徽的中部;东至海"。他指出,秦"为殷末蜚廉的子孙西行以后所建立的国家"③。关于秦人族源的考证,有的学者以鸟图腾为线索。林剑鸣论"秦人来自东方","来自我国的东海之滨",即指出秦与殷有"共同的'图腾崇拜'","都奉'玄鸟'为祖先","都以燕为图腾"。④ 鸟之"疾飞"⑤"远翔"⑥,可用以比拟秦人先祖千里远徙的经历,以及后世四方扩张的功业。

《史记》卷五《秦本纪》记载:"秦之先,帝颛顼之苗裔孙曰女修。女修织,玄

---

① 《史记》,第174—175页。

② 有人曾经就此质疑:"人非翼鸟,安能一日千程?即使造父称神,骤骊称骏,而车中人亦不能堪此一日千里之风驰电掣而奔也。且天子,行必有副车。后乘岂能尽驾千里之马?抑岂可以一乘独驰归乎?"[清]邵泰衢:《史记疑问》卷上,文渊阁《四库全书》本。我们则认为,造父传说中包含着反映优越交通条件的历史真实的内核。

③ 徐旭生:《中国古史的传说时代》(增订本),文物出版社,1985年,第56页。

④ 林剑鸣:《秦史稿》,上海人民出版社,1981年,第14—15页。

⑤ 王循《晨风行》题解:"《晨风》,本秦诗也。《晨风》诗曰:'鴥彼晨风,郁彼北林。'《传》曰:'鴥,疾飞貌。晨风,鹯也。言穆公招贤人,贤人往之,疾如晨风之入北林也。'"[宋]郭茂倩:《乐府诗集》卷六八,中华书局,1979年,第982页。

⑥ 《说苑·尊贤》:"鸿鹄高飞远翔,其所恃者六翮也。"[汉]刘向撰,赵善诒疏证:《说苑疏证》,华东师范大学出版社,1985年,第221页。曹植《闲居赋》:"感阳春之发节,聊轻驾而远翔。"[魏]曹植著,赵幼文校注:《曹植集校注》,人民文学出版社,1984年,第130页。

鸟陨卵,女修吞之,生子大业。大业取少典之子,曰女华。女华生大费,与禹平水土。已成,帝锡玄圭。""(大费)佐舜调驯鸟兽,鸟兽多驯服,是为柏翳。舜赐姓嬴氏。"又记载:"大费生子二人:一曰大廉,实鸟俗氏。"司马贞《索隐》:"以仲衍鸟身人言,故为鸟俗氏。"《秦本纪》又写道:"大廉玄孙曰孟戏、中衍,鸟身人言。"张守节《正义》:"身体是鸟而能人言。又云口及手足似鸟也。"①《艺文类聚》卷九〇引《史记》:"秦仲知百鸟之音,与之语皆应焉。"②这些传说,似乎可以体现以鸟"为祖先"、以鸟"为图腾"的信仰传统。

人们注意到飞鸟可以"逸游""飘扬",有"玩流气""弄长风"的能力。③ 秦人早期能够迅速崛起并胜利远征,也顺应了时势条件。有意思的是,考察秦史后来时段的文化迹象,仍然可以发现人们以"鸟"比喻秦国力军力的情形。《史记》卷四〇《楚世家》:"秦为大鸟,负海内而处,东面而立,左臂据赵之西南,右臂傅楚鄢郢,膺击韩魏,垂头中国,处既形便,势有地利,奋翼鼓翅,方三千里,则秦未可得独招而夜射也。"④称"秦为大鸟",而所谓"奋翼鼓翅,方三千里",以"鸟"为象征性符号,肯定了秦崛起之后"东面而立"显示的强盛国力。又《史记》卷八六《刺客列传》:"以雕鸷之秦,行怨暴之怒。"⑤也以"鸟"形容秦的暴烈政风。《文选》卷三张衡《东京赋》有"嬴氏搏翼,择肉西邑"以及"七雄并争"时代"秦政利觜长距,终得擅场"的说法,⑥也可以理解为对秦人远古信仰倾向的遥远记忆。

秦人早期在西垂的经营,促进了畜牧业的发展。正如有的学者曾经指出的,"甘肃陇南礼县一带地处西汉水流域,这里山间谷地开阔,自然条件优越,并且有较为丰富的盐业资源,非常适宜于进行大规模的马匹养殖"。后来"周孝王选

---

① 《史记》,第173—174页。
② [唐]欧阳询撰,汪绍楹校:《艺文类聚》,上海古籍出版社,1982年,第1556页。
③ 《艺文类聚》卷九〇引晋侯湛《观飞鸟赋》:"见逸游之高鸟,邈飘扬而殊逝。擢华毛以迅骛,回劲翼以扬势。披六翮之联翩,振轻体之迢递。遂乃矜形辽廓,冯虚安翔,翩翻徘徊,上下颉颃。动素羽之习习,乱白质于日光。玩流气以差池,弄长风以抑扬。摄双翅以高举,舒修颈以仪佯。……蹠高凌于景外,又抑身乎云崖。乍来乍往,若悬若垂。象流星之离天,似圆物之坠危。何斯游之自得,谅逸豫之可希。苟临川而羡鱼,亦观翔而乐飞。"第1557页。
④ 《史记》,第1731页。
⑤ 《史记》,第2529页。
⑥ [梁]萧统编,[唐]李善注:《文选》,中华书局,1977年,第51页。

择关中西部的汧渭之间让非子主持马政,这里虽然远离宗周,地近陇山,但却水草肥美,而当时该地尚处于西周王朝的牢固控制之下,非常适宜于畜养周王室所急需的马匹资源"①。秦人因养马技能方面的优长,赢得周天子的肯定与信任,部族活动空间得以向东扩展。

秦人得以正式立国,直接与一次重要的交通活动有关,即周"避犬戎难,东徙雒邑,襄公以兵送周平王"。秦襄公的军事护送,使得周平王平安将政权转移到雒邑。于是,"平王封襄公为诸侯,赐之岐以西之地"②。

秦人最初的崛起,利用了畜牧业经营方面的优势。新的运输车辆的制作,也体现出技术层面的突出进步。《史记》卷二八《封禅书》记载秦时四方诸祠,唯地处关中者有车马之祭,谓"此皆在雍州之域,近天子之都,故加车一乘,𩧢驹四"。雍有四畤,"畤驹四匹,木禺龙栾车一驷,木禺车马一驷,各如其帝色"③。秦人祭祀天帝时奉献车马或车马模型,表现出与东方列国不同的传统,突出显示了其信仰体系中基本交通条件的重要地位。

秦人克服陇山险阻,大步迈进关中。蜀道的早期经营,又实现了对秦岭险阻的征服。④ 高山大岭的东西阻障和南北阻障相继为秦人的交通道路开发所打通,开拓了秦发展的新空间。开通秦岭巴山通路,是黄河流域与长江流域文明发展史上最重要的交通进步,在世界交通史上也应当有重要地位。

三 秦人的交通经营与秦的统一

从技术层面考察秦之所以能够实现统一的条件,我们注意到交通方面的优势有重要的作用。

秦岭川陕古道的最初开通,秦人曾经付出过积极的努力。至于战国时期,有

---

① 陶兴华:《秦早期文明追迹》,甘肃教育出版社,2016 年,第 81 页。
② 《史记》卷五《秦本纪》,第 179 页。
③ 《史记》,第 1374、1376 页。
④ 王子今:《秦人的蜀道经营》,《咸阳师范学院学报》2012 年第 1 期。

关秦国势的论述已见"栈道千里于蜀、汉""栈道千里,通于蜀汉"语。① 秦人对蜀道的经营为世人瞩目。由于秦人修筑通往巴蜀的栈道,显著改善了秦岭巴山道路的通行条件。征服秦巴山地交通险阻的建设,在世界交通史上也有重要的地位。秦军循栈道据有巴蜀,取得这一地区的人力物力资源,改变了与东方强国的实力对比,形成了对主要敌国——楚国优越的战略态势,对于最终实现统一有极其重要的意义。②

秦人对武关道的经营,便利了对丹江通道及商於地区的控制。就对楚国的攻伐而言,也创造了争胜的条件。

能够体现秦人重视交通的现象,还包括秦国君的交通实践。秦国君的这种交通行为,有时属于高层外交活动的内容之一,有时则是战争过程中以亲身从事实地战役组织和前线指挥督战为主要目的的,后来则又有行政视察的性质,如《史记》卷六《秦始皇本纪》记载秦始皇东巡刻石所谓"东抚东土,以省卒士""勤劳本事""临察四方"。③

在秦人军事扩张的历程中,秦军善于"远攻"④,较早创大军团长距离远征的历史记录。秦穆公谋取郑国,即派遣大军"径数国千里而袭人"⑤。秦军还曾远至宋、楚等国境内作战。秦统一战争中,调动数以十万计的大军连年出击,无疑也需要凭借强大的运输力量保证后勤供给。秦人开发和利用水运资源的努力,曾经形成被敌国视为"不可与战"的优势。⑥

秦国最终能够完成击灭六国、实现一统的伟业,有强劲的交通实力可以借助,无疑也是重要因素之一。⑦

---

① 《战国策·秦策三》:"栈道千里于蜀、汉。"姚宏注:"鲍本'于'上补'通'字。"吴师道补注:"《史》,'于'上有'通'字。"[西汉]刘向集录:《战国策》,上海古籍出版社,1985年,第216、219页。《史记》卷七九《范雎蔡泽列传》,第2423页。
② 参看王子今:《中国蜀道·历史沿革》,三秦出版社,2015年,第55—107页。
③ 参看王子今:《秦国君远行史迹考述》,《秦文化论丛》第8辑,陕西人民出版社,2001年。
④ 《史记》卷七九《范雎蔡泽列传》,第2409页。
⑤ 《史记》卷五《秦本纪》,第190—191页。
⑥ 王子今:《秦统一原因的技术层面考察》,《社会科学战线》2009年第9期。
⑦ 参看王子今:《秦国交通的发展与秦的统一》,《史林》1989年第4期。

四 统一政治格局下大规模交通建设的奠基

公元前221年,秦王嬴政完成了统一大业,建立了中国历史上第一个高度集权的"大一统"的专制主义帝国。

秦统一后,对于交通建设投注了相当多的力量。这种建设是通过国家行政系统推行的。《史记》卷六《秦始皇本纪》记载,秦始皇二十七年(前220),开启了"治驰道"的宏大工程。① 驰道的修筑,是秦汉交通建设事业中最具时代特色的成就。通过秦始皇和秦二世出巡的路线,可以知道驰道当时已经结成全国陆路交通网的基本要络。曾经作为秦中央政权主要决策者之一的左丞相李斯被赵高拘执,在狱中上书自陈,历数功绩有七项,其中包括"治驰道,兴游观,以见主之得意"②。可见修治驰道是秦王朝最高行政决策集团设计规划并指挥的工程。

另一重要工程,是秦直道的修筑。《史记》卷六《秦始皇本纪》记载:"三十五年,除道,道九原抵云阳,堑山堙谷,直通之。"③《史记》卷一五《六国年表》记载:"(秦始皇)三十五年,为直道,道九原,通甘泉。"又写道:"三十七年,十月,帝之会稽、琅邪,还至沙丘崩。子胡亥立,为二世皇帝。杀蒙恬。道九原入。"④关于所谓"道九原入",《秦始皇本纪》的记述是:"行从直道至咸阳,发丧。太子胡亥袭位,为二世皇帝。"⑤《史记》卷一一〇《匈奴列传》又明确写道:"秦灭六国,而始皇帝使蒙恬将十万之众北击胡,悉收河南地。因河为塞,筑四十四县城临河,徙适戍以充之。而通直道,自九原至云阳,因边山险堑溪谷可缮者治之,起临洮至辽东万余里。又度河据阳山北假中。"⑥秦直道由秦始皇决策开筑,工程策划与指挥者是北边军事防线最高军事长官将军蒙恬。直道与长城结为一体,构成

---

① 《史记》,第241页。又《史记》卷一五《六国年表》:秦始皇二十八年(前219),"治驰道"。第757页。
② 《史记》卷八七《李斯列传》,第2561页。
③ 《史记》,第256页。
④ 《史记》,第758页。
⑤ 《史记》,第265页。
⑥ 《史记》,第2886页。

完备的国防体系。

在帝制时代,由中央政权机构统一规划组织重要交通工程的传统,自秦代起始。秦政的定式得以在汉代延续。西汉交通建设与交通管理,大体继承了秦代由国家管理最上层进行规划,由军事方式进行组织的方式。这一情形,或许也可以看作"汉承秦制"的例证之一。汉武帝元光五年(前130)"发巴蜀治南夷道,又发卒万人治雁门阻险",元封四年(前107)"通回中道"等事,都分别录入正史帝纪。① 作褒斜道,也由汉武帝亲自决策动工。② 重要道路的修筑工程要由最高统治集团统一规划。汉宣帝时黄霸为京兆尹,"坐发民治驰道不先以闻",竟致"劾乏军兴,连贬秩"。③ 东汉时期,重要道路的施工,也往往奉诏而行。④

五 西北方向交通实践的活跃与"秦人"称谓

《史记》卷四《周本纪》说东周形势:"周室衰微,诸侯强并弱,齐、楚、秦、晋始大,政由方伯。"⑤《史记》卷五《秦本纪》:"齐、晋为强国。"⑥《史记》卷三二《齐太公世家》也说:"是时周室微,唯齐、楚、秦、晋为强。"⑦《史记》卷一一〇《匈奴列传》:"当是之时,秦晋为强国。"⑧原先处于边缘地位的政治实体迅速强盛,出现了《荀子·王霸》所谓"虽在僻陋之国,威动天下","皆僻陋之国也,威动天下,强

---

① 《汉书》卷六《武帝纪》,第164、195页。
② 《史记》卷二九《河渠书》:"天子以为然,拜(张)汤子卬为汉中守,发数万人作褒斜道五百余里。"第1411页。
③ 《汉书》卷八九《循吏传·黄霸》,第3631页。
④ 《开通褒斜道石刻》:"永平六年,汉中郡以诏书受广汉、蜀郡、巴郡徒二千六百九十人,开通褒余道。"《金石萃编》卷五。《后汉书》卷六《顺帝纪》:延光四年(125),"诏益州刺史罢子午道,通褒斜路"。第251页。《司隶校尉杨君孟文石门颂序》:"至于永平,其有四年,诏书开余,凿通石门",后杨孟文"深执忠伉,数上奏请,有司议驳,君遂执争,百辽(寮)咸从,帝用是听"。开通重要道路,有时经有司辩议,皇帝裁决。
⑤ 《史记》,第149页。
⑥ 《史记》,第183页。
⑦ 《史记》,第1491页。
⑧ 《史记》,第2883页。

殄中国"的局面。①

春秋时期崛起,战国时期据有强势地位,称为"七雄"的大国②,都在与中原文化早期发育重心有一定距离的边缘地带获得发展机会,形成了当时较为先进的各具特色的文化。这些强国政治经济的成功,都不可排除边地少数族文化影响的因素。

前引《史记》卷一一〇《匈奴列传》"秦晋为强国"句后,司马迁写道:"晋文公攘戎翟,居于河西圁、洛之间,号曰赤翟、白翟。秦穆公得由余,西戎八国服于秦,故自陇以西有绵诸、绲戎、翟、獂之戎,岐、梁山、泾、漆之北有义渠、大荔、乌氏、朐衍之戎。而晋北有林胡、楼烦之戎,燕北有东胡、山戎。各分散居溪谷,自有君长,往往而聚者百有余戎,然莫能相一。"③秦、晋、燕北边皆与"戎翟"相邻,而秦西边地方的民族构成尤为复杂。由所谓"秦穆公得由余,西戎八国服于秦",可知秦与这些民族的交往取得了成功。秦人曾经被东方人看作与"戎翟"接近的落后部族:"秦杂戎翟之俗,先暴戾,后仁义"④,"秦与戎翟同俗,有虎狼之心,贪戾好利无信,不识礼义德行"⑤,"秦戎翟之教,父子无别,同室而居",于是,"诸夏宾之,比于戎翟"⑥,"中国诸侯","夷翟遇之"⑦。史家分析区域文化,甚至有"秦、翟"并说的情形。⑧ 秦人通过与"戎翟""夷翟"的密切交往,受到西北少

---

① [清]王先谦撰,沈啸寰、王星贤点校:《荀子集解》,中华书局,1988年,第205页。

② 《文选》卷三张衡《东京赋》:"嬴氏搏翼,择肉西邑。是时也,七雄并争竞,相高以奢丽。"薛综注:"七雄,谓韩、魏、燕、赵、齐、楚、秦也。"李善注:"《答宾戏》曰:'七雄虓阚。'"[梁]萧统编,[唐]李善注:《文选》,中华书局,1977年,第51页。《汉书》卷一〇〇上《叙传上》:"曩者王涂芜秽,周失其御,侯伯方轨,战国横骛,于是七雄虓阚,分裂诸夏……"颜师古注:"应劭曰:'七雄,秦及六国也。'"第4227页。

③ 《史记》,第2883页。

④ 《史记》卷一五《六国年表》,第685页。

⑤ 《史记》卷四四《魏世家》,第1857页。

⑥ 《史记》卷六八《商君列传》,第2234页;《史记》卷一五《六国年表》,第685页。

⑦ 《史记》卷五《秦本纪》,第202页。

⑧ 《史记》卷一二九《货殖列传》:"(三河)西贾秦、翟,北贾种、代。"关于"西贾秦、翟",张守节《正义》:"秦,关内也。翟,隰、石等州部落稽也。延、绥、银三州皆白翟所居。"第3263页。

数族文化影响,性格特征与民俗风貌体现好勇尚力、积极进取的倾向。① 秦人全方位开放的文化气度,具有重要的历史价值。

有学者论说"秦人势力""未及河西走廊",以为"位处今兰州以西的河西地区自始至终从未纳入秦帝国的实际统治范围之内","秦人虽然建立了大秦帝国,但其西界始终未能跨越黄河因而也未能踏入河西走廊半步"。② 如果说"统治范围",如果说实际的国"界",秦国与秦王朝确实没有介入河西走廊地方的行政管理。但是简单断言秦人势力"未及河西走廊",恐怕并不符合历史真实。

王辉曾经分析这条通路上多民族的活动:"秦穆公霸西戎事件的影响巨大。很可能引起了欧亚草原上游牧民族的一次迁徙活动,月氏和大夏的向西迁徙。由于这次民族迁徙,于是在欧亚草原上出现了一条东西方贸易的商道。控制商道东段的应该是西戎,控制西段的是斯基泰人(或称塞人)。秦人为了维持统一六国战争的需要,从西戎的手中交换马匹。秦始皇还对从事秦戎贸易的戎人商人乌氏倮以封君的待遇,以表彰他在秦戎贸易之中的贡献。"③陶兴华赞同这样的判断,以为"王辉先生的这一说法是在考古遗存和文献资料基础上做出的合理推测"④。其实,欧亚草原上"东西方贸易的商道"之"出现",未必因"秦穆公霸西戎事件的影响"导致的"月氏和大夏的向西迁徙"。而对于秦人势力所及,通过所谓"秦戎贸易"达到的"西界"的推定,似不宜过于保守。通过曲折辗转的交通活动,"秦人势力"以及秦文化间接的影响,可能达到相当遥远的地方。

事实上,早在张骞"凿空"之前,中原文化与中亚文化、西亚文化已经发生联系,相互有所影响。⑤ 秦人的交通行为对于这种联系与影响的形成与维护,可能发挥过重要的作用。

因秦经营西北联络各族曾经形成长久的历史影响,汉代北方和西北方向国家部族称中原人为"秦人"。《史记》卷一二三《大宛列传》记载:"贰师与赵始

---

① 参看王子今:《略说秦"力士"——兼及秦文化的"尚力"风格》,《秦汉研究》第7辑,陕西人民出版社,2013年。
② 陶兴华:《秦早期文明追迹》,甘肃教育出版社,2016年,第162、188页。
③ 王辉:《甘肃发现的两周时期的"胡人"形象》,《考古与文物》2013年第6期。
④ 陶兴华:《秦早期文明追迹》,第197页。
⑤ 参看王子今:《前张骞的丝绸之路与西域史的匈奴时代》,《甘肃社会科学》2015年第2期。

成、李哆等计:'闻宛城中新得秦人,知穿井,而其内食尚多。所为来,诛首恶者毋寡。毋寡头已至,如此而不许解兵,则坚守,而康居候汉罢而来救宛,破汉军必矣。'军吏皆以为然,许宛之约。宛乃出其善马,令汉自择之,而多出食食给汉军。"①"新得秦人""食给汉军",所谓"秦人"和"汉军"之"秦""汉"区别是明白的。然而《汉书》卷六一《李广利传》则写道:"是时,康居候视汉兵尚盛,不敢进。贰师闻宛城中新得汉人,知穿井,而其内食尚多。计以为来诛首恶者毋寡,毋寡头已至,如此不许,则坚守,而康居候汉兵罢来救宛,破汉军必矣。军吏皆以为然,许宛之约。宛乃出其马,令汉自择之,而多出食食汉军。"②《史记》"闻宛城中新得秦人,知穿井",《汉书》则作"闻宛城中新得汉人,知穿井",所说"秦人""汉人",其实都来自当时的汉地。《汉书》卷九四上《匈奴传上》记载:"卫律为单于谋:'穿井筑城,治楼以藏谷,与秦人守之。汉兵至,无奈我何。'即穿井数百,伐材数千。或曰胡人不能守城,是遗汉粮也,卫律于是止。"③对于"与秦人守之",颜师古注:"秦时有人亡入匈奴者,今其子孙尚号'秦人'。"又《汉书》卷九六下《西域传下》记载汉武帝"下诏,深陈既往之悔"。其中写道:

> 囊者,朕之不明,以军候弘上书言"匈奴缚马前后足,置城下,驰言'秦人,我匄若马'",又汉使者久留不还,故兴遣贰师将军,欲以为使者威重也。

这是匈奴人直呼汉人为"秦人"的明确例证。汉武帝诏文引录此语,可知这一说法为汉王朝执政集团上层所熟悉。颜师古注:"谓中国人为'秦人',习故言也。"④顾炎武《日知录》卷二七《汉书注》就此有所讨论:

> "卫律为单于谋:'穿井筑城,治楼以藏穀,与秦人守之。'"师古曰:"秦时有人亡入匈奴者,今其子孙尚号秦人。"非也。彼时匈奴谓中国人为秦人,犹今言汉人耳。《西域传》:"匈奴缚马前后足,置城下,驰言:'秦人,我匄若马。'"师古曰:"谓中国人为秦人,习言故也。"是矣。其言"与秦人守"者,匈奴以转徙为业,不习守御,凡穿井筑城之事,非

---

① 《史记》,第3177页。
② 《汉书》,第2701—2702页。
③ 《汉书》,第3782页。
④ 《汉书》,第3912—3913页。

秦人不能为也。《大宛传》:"闻宛城中新得秦人,知穿井。"亦谓中国人。①

匈奴人和西域人称中原人为秦人,史籍文献《史记》《汉书》所见均西汉史例,《龟兹左将军刘平国作关城诵》作为出土文献资料则告知我们,至于东汉时期,西域地方依然"谓中国人为'秦人'"。②

两汉时期,匈奴人、西域人称中原人为秦人,是体现秦人在交通史及文化交流史方面曾经发挥重要历史作为的宝贵信息。秦人曾经创立有世界历史意义的开发交通事业、从事交通建设、提升交通能力、扩张交通影响的功绩,因这一称谓符号的通行,保留了长久的历史记忆。现今中国的国家代号"CHINA",不少学者以为与"秦"直接相关。考察中华民族史以及中国的世界地位,也应当重视秦史及秦交通史的标本性意义。

---

① "【原注】《后汉书·邓训传》:'发湟中秦、胡。'《袁绍传》:'许赏赐秦、胡。'秦者,中国人。胡者,胡人。犹后人之言'蕃、汉'也。"[清]顾炎武著,黄汝成集释,栾保群、吕宗力校点:《日知录集释》(全校本),上海古籍出版社,2006年,第1546页。

② 《龟兹左将军刘平国作关城诵》:"龟兹左将军刘平国以七月廿六日发家,与秦人孟伯山、狄虎贲、赵当卑、万口羌、石当卑、程阿羌等六人,共来作列亭,得谷关,八月一日始斫山石,作孔,至廿日。坚固万岁人民喜长寿亿年宜子孙,永寿四年八月甲戌朔十二日乙酉直建,纪此。东乌累关城,皆将军所作也。"黄文弼著,黄烈编:《西域史地考古论集》,商务印书馆,2015年。释文参看王炳华:《"刘平国刻石"及有关新疆历史的几个问题》,《新疆大学学报》(哲学社会科学版)1980年第3期,收入《西域考古历史论集》,中国人民大学大学出版社,2008年。

第一章 秦先祖传说的交通史意义

以"秦"为代表性符号的在西北得到发育条件的风格鲜明的文化,后来因军事政治强势实体完成了统一。秦人的初期发展与建国历程,值得早期文明史研究者关注。

《史记》记述有关秦早期先祖的传说有"善御""善走"情节,相关故事体现出传说时代历史文化信息所见秦部族引人注目的文化个性。这一现象与秦人早期移徙行为有关,也与秦人很早就通过畜牧业经营成功开发交通动力有关。秦人得到中原王朝的重视即以"马大蕃息"为标志的交通能力的优越为重要条件。以"秦"为标志性符号的早期国家重视通过移动流徙找寻适宜的发展空间,创造崛起的历史机会,择定正确的进取路径,终于获得成功。秦于西部兴起,得到草原生态环境、游牧民俗影响等多方面的优越条件。秦早期文明的发育,有"善御""善走"的特殊资质因素。相关文化基因对秦人重视交通建设的传统形成影响。

我们在考察秦统一的历史因素时,发现交通方面的优势,甚至成为统一的秦帝国成立的重要条件。

一 大费事迹:"与禹平水土""佐舜调驯鸟兽"

远古传说时代的若干神话,体现出交通进步与文明奠基的关系。[①] 而秦史

---

① 参看王子今:《轩辕传说与早期交通的发展》,《炎黄文化研究》第 8 期(《炎黄春秋》增刊,2001 年);《神农"连山"名义推索》,《炎黄文化研究》第 11 辑,大象出版社,2010 年;《交通史视角的早期国家考察》,《历史研究》2017 年第 5 期。

与秦文化的早期迹象中,也可以发现相关信息。

《史记》卷五《秦本纪》记述"秦之先"事迹,自"帝颛顼之苗裔"起,有与"禹""舜"相关的光荣:

> 秦之先,帝颛顼之苗裔孙曰女脩。女脩织,玄鸟陨卵,女脩吞之,生子大业。大业取少典之子,曰女华。女华生大费,与禹平水土。已成,帝锡玄圭。禹受曰:"非予能成,亦大费为辅。"帝舜曰:"咨尔费,赞禹功,其赐尔皂游。尔后嗣将大出。"乃妻之姚姓之玉女。大费拜受,佐舜调驯鸟兽,鸟兽多驯服,是为柏翳。舜赐姓嬴氏。①

大费"与禹平水土","赞禹功",禹称"非予能成,亦大费为辅",肯定了他作为主要助手的功绩。而"禹平水土",是以艰辛的交通实践取得成功的。《史记》卷二《夏本纪》记载:"禹乃遂与益、后稷奉帝命,命诸侯百姓兴人徒以傅土,行山表木,定高山大川。禹伤先人父鲧功之不成受诛,乃劳身焦思,居外十三年,过家门不敢入。……陆行乘车,水行乘船,泥行乘橇,山行乘檋。左准绳,右规矩,载四时,以开九州,通九道,陂九泽,度九山。"国家经济管理与行政控制的交通规划也因此得以成就:"食少,调有余相给,以均诸侯。禹乃行相地宜所有以贡,及山川之便利。"②大费通过交通实践"赞""辅"夏禹"平水土"的历史功业。其作用,应当影响了秦史的走向与秦文化的面貌。

帝舜宣布奖励大费:"其赐尔皂游。"司马贞《索隐》:"游音旒。谓赐以皂色旌旆之旒,色与玄玉色副,言其大功成也。然其事亦当有所出。"③"旌旆"即旗帜,是首先在交通行为中发挥宣传作用,实现炫耀威权的效能的。所谓"言其大功成也",即标示其政治功绩,扩展其政治影响。所谓"然其事亦当有所出",推定此传说情节应当反映了历史真实。

大费"佐舜调驯鸟兽,鸟兽多驯服,是为柏翳"。所谓"调驯鸟兽,鸟兽多驯服",体现出与野生动物的亲和关系,亦暗示在野生动物驯化方面有所贡献。"驯"的成功,应当是后来实现畜牧业发展的历史先声。现代动物考古学的知识告诉我们,马应是自西传入。但是这种传入过程的延续,也有"调驯"的程序。

---

① 《史记》,第173页。
② 《史记》,第51页。
③ 《史记》卷五《秦本纪》,第174页。

早期畜牧业的进步,与"调驯鸟兽,鸟兽多驯服"的成就相关。其中,作为主要交通动力的马的"调驯""驯服",有特别重要的意义。《史记》卷五《秦本纪》记载周孝王言申侯曰:"昔伯翳为舜主畜,畜多息,故有土,赐姓嬴。今其后世亦为朕息马,朕其分土为附庸。"于是"邑之秦,使复续嬴氏嗣,号曰秦嬴"①。明确说大费即"柏翳"或曰"伯翳","佐舜调驯鸟兽,鸟兽多驯服",主要的任务是"主畜",主要的成就是"畜多息"。由所谓"今其后世亦为朕息马",说明秦先祖大费的经营,其实可以看作秦人后来畜牧业获得突出成就的历史先声。有学者又引据《帝王世纪》"伯翳为舜主畜多",《论衡·谈天》"禹主治水,益主记物",《论衡·别通》"禹主治水,益主记异物",《潜夫论·志氏姓》"伯翳佐舜禹,扰驯鸟兽",《后汉书》卷六〇下《蔡邕传》"伯翳综声于鸟语"等记载,认为"伯益通鸟语,驯鸟兽,直接推进了畜牧业的发展,进一步扩大了生产领域,有利于提高百姓的生活"。②

后来秦人对养马业的技术保障的重视③,对畜种引进与改良的重视④,其实都是大费以来畜牧业经营传统的继承。

---

① 《史记》,第 177 页。

② 雍际春:《秦早期历史研究》,中国社会科学出版社,2017 年,第 75—76 页,第 78 页。

③ 《史记》卷八七《李斯列传》所谓"刑弃灰于道者",张守节《正义》:"弃灰于道者黥也。韩子云:'殷之法,弃灰于衢者刑。子贡以为重,问之。仲尼曰:"灰弃于衢必燔,人必怒,怒则斗,斗则三族,虽刑之可也。"'"第 2555—2556 页。对于所谓"刑弃灰于道者",[明]张萱《疑耀》卷三"秦法弃灰"条与张燧《千百年眼》卷四"秦法弃灰有故"条均写道:"马性畏灰,更畏新出之灰,马驹遇之辄死,故石矿之灰,往往令马落驹。秦之禁弃灰也,其为畜马计耶?"参看王子今:《秦法"刑弃灰于道者"试解:兼说睡虎地秦简〈日书〉"鬼来阳(扬)灰"之术》,《陕西历史博物馆馆刊》第 8 辑,三秦出版社,2001 年;《河西汉简所见"马禖祝"礼俗与"马医""马下卒"职任》,《秦汉研究》第 8 辑,陕西人民出版社,2014 年。

④ 李斯《谏逐客书》说到秦王"外厩"中的"骏良駃騠",许多研究者以为即骡。参看王子今:《李斯〈谏逐客书〉"駃騠"考论——秦与北方民族交通史个案研究》,《人文杂志》2013 年第 2 期。

二　秦人"善御"传统

秦人先祖多有善"御"的特殊能力。《史记》卷五《秦本纪》中有几代秦人相继为政治领袖承担"御"这种技艺要求甚高的劳作的故事：

> 大费生子二人：一曰大廉，实鸟俗氏；二曰若木，实费氏。其玄孙曰费昌，子孙或在中国，或在夷狄。费昌当夏桀之时，去夏归商，为汤御，以败桀于鸣条。大廉玄孙曰孟戏、中衍，鸟身人言。帝太戊闻而卜之使御，吉，遂致使御而妻之。自太戊以下，中衍之后，遂世有功，以佐殷国，故嬴姓多显，遂为诸侯。①

"费昌当夏桀之时，去夏归商，为汤御，以败桀于鸣条。""为汤御"的费昌是"鸣条"之战大败夏桀的功臣。"御"的技能在车战时代表现出十分重要的意义。后来，"大廉玄孙曰孟戏、中衍，鸟身人言。帝太戊闻而卜之使御，吉，遂致使御而妻之"。又一位秦人先祖中衍因"御"得到信用，甚至得到了"帝太戊""妻之"的荣耀。

我们尚不明确"自太戊以下，中衍之后，遂世有功，以佐殷国"是以怎样的资质能力服务于"殷国"而"有功"。但是在世官制时代，他们以"御"的专长为最高权力者贡献高等级的服务，自己因此成为贵族，即所谓"故嬴姓多显，遂为诸侯"的可能性是存在的。

三　"蜚廉善走"故事

《史记》卷五《秦本纪》关于秦早期历史的记述，涉及恶来与蜚廉的特殊能力：

> 其玄孙曰中潏，在西戎，保西垂。生蜚廉。蜚廉生恶来。恶来有力，蜚廉善走，父子俱以材力事殷纣。周武王之伐纣，并杀恶来。是时

---

① 《史记》，第 174 页。

蜚廉为纣石北方,还,无所报,为坛霍太山而报,得石棺,铭曰"帝令处
父不与殷乱,赐尔石棺以华氏"。死,遂葬于霍太山。①

所谓"蜚廉生恶来。恶来有力,蜚廉善走,父子俱以材力事殷纣",《水经注·汾
水》作:"飞廉以善走事纣,恶来多力见知。"②李瀚《蒙求》也写作"恶来多力,蜚
廉善走"③。

《史记》卷三《殷本纪》记载纣王时代政治危局的发生,也涉及"恶来":"费
中善谀,好利,殷人弗亲。纣又用恶来。恶来善毁谗,诸侯以此益疏。"关于"恶
来",司马贞《索隐》:"秦之祖蜚廉子。"④《史记》卷五《秦本纪》"恶来有力"⑤,
"父子俱以材力事殷纣",与《水经注·汾水》"恶来多力",都说到对"力"的尊
崇。这是符合秦文化的基本取向的。⑥

而因"善走"之特殊行进能力,体现出其才质有益于在战争生活与政治生活
中实现较快的节奏与较高的效能。"蜚廉善走"之"善走",是说其体能善于奔
跑,表现出高度的机动性。"善走"一语的使用,《史记》中除蜚廉事迹而外,只有
一例。见于《史记》卷四九《外戚世家》褚少孙补述关于女子"贞好"发表的议论,
说到"马"的"善走":"褚先生曰:浴不必江海,要之去垢;马不必骐骥,要之善走;
士不必贤世,要之知道;女不必贵种,要之贞好。传曰:'女无美恶,入室见妒;士
无贤不肖,入朝见嫉。'美女者,恶女之仇。岂不然哉!"⑦所谓"马不必骐骥,要之
善走"提示我们古文献中"善走"一语所形容的奔跑速度。后世史书记录中关于
魏晋南北朝至于唐宋人物如苻生"走及奔马"⑧、伊馛"走及奔马"⑨,达奚震"走

---

① 《史记》,第 174—175 页。
② [北魏]郦道元著,陈桥驿校证:《水经注校证》,中华书局,2007 年,第 161 页。
③ [清]彭定求等校点:《全唐诗》,中华书局,1960 年,第 9962 页。
④ 《史记》,第 106—107 页。
⑤ 《史记》,第 174 页。裴骃《集解》:"《晏子春秋》曰:'手裂虎兕。'"《史记》,第 175 页。
⑥ 参看王子今:《略说秦"力士"——兼及秦文化的"尚力"风格》,《秦汉研究》第 7 辑,陕西人民出版社,2013 年。
⑦ 《史记》,第 1984—1985 页。
⑧ 《晋书》卷一一二《苻生载记》,第 2872 页。《魏书》卷九五《临渭氐苻生传》,第 2074 页。
⑨ 《魏书》卷四四《伊馛传》,第 989 页。[唐]李延寿:《北史》卷二五《伊馛传》,中华书局,1974 年,第 911 页。

及奔马"①,麦铁杖"日行五百里,走及奔马"②,高开道"走及奔马"③,史弘肇"日行二百里,走及奔马"④,高彦筠"走及奔马"⑤,王进"走及奔马"⑥,侯霸荣"走及奔马"⑦等事迹,可以作为参考,帮助我们理解"蜚廉善走"的行进速度。⑧

四 "造父"神话

《史记》卷五《秦本纪》记载造父为周穆王驾车曾经有远游千里的"西巡狩"实践:

> 皋狼生衡父,衡父生造父。造父以善御幸于周缪王,得骥、温骊、骅骝、騄耳之驷,西巡狩,乐而忘归。徐偃王作乱,造父为缪王御,长驱归周,一日千里以救乱。缪王以赵城封造父,造父族由此为赵氏。自蜚廉生季胜已下五世至造父,别居赵。赵衰其后也。恶来革者,蜚廉子也,蚤死。有子曰女防。女防生旁皋,旁皋生太几,太几生大骆,大骆生非子。以造父之宠,皆蒙赵城,姓赵氏。⑨

---

① [唐]令狐德棻等:《周书》卷一九《达奚震传》,中华书局,1971 年,第 306 页;《北史》卷六五《达奚震传》,第 2301 页。

② [唐]魏徵等:《隋书》卷六四《麦铁杖传》,中华书局,1973 年,第 1511 页;《北史》卷七八《麦铁杖传》,第 2633 页。

③ 《旧唐书》卷五五《高开道传》,第 2256 页;[宋]欧阳修、宋祁:《新唐书》卷八六《高开道传》,中华书局,1975 年,第 3711 页。

④ [宋]薛居正:《旧五代史》卷一〇七《汉书·史弘肇传》,中华书局,1976 年,第 1401 页;[宋]欧阳修撰、[宋]徐无党注:《新五代史》卷三〇《汉臣传·史弘肇传》,中华书局,1974 年,第 330 页。

⑤ 《旧五代史》卷一二三《周书·高彦筠传》,第 1622 页。

⑥ 《旧五代史》卷一二四《周书·王进传》,第 1629 页;《新五代史》卷四九《杂传·王进传》,第 558 页。

⑦ [元]脱脱等:《宋史》卷四八二《北汉刘氏世家》,中华书局,1974 年,第 13937 页。

⑧ 王子今:《论秦先祖"善御""善走"传说》,《秦汉研究》第 12 辑,西北大学出版社,2018 年。

⑨ 《史记》卷五《秦本纪》,第 175 页。

《左传·昭公十二年》说到"昔穆王欲肆其心,周行天下"的事迹。① 与《穆天子传》同出于汲冢的《竹书纪年》也有周穆王西征的明确记载。《艺文类聚》卷九一引《纪年》曰:"穆王十三年,西征,至于青鸟之所憩。"《艺文类聚》卷七引《纪年》曰:"周穆王十七年,西征,至昆仑丘,见西王母,王母止之。"② 除了《史记》卷五《秦本纪》之外,司马迁在《史记》卷四三《赵世家》中,也记述"缪王使造父御,西巡狩,见西王母"③故事。"造父以善御幸于周缪王""西巡狩"事,是传说时代秦史的重要情节。

《穆天子传》记载周穆王率领有关官员和七萃之士,随从"六师","北征""西征",经"昆仑之丘""群玉之山","至于西王母之邦",又"畋于旷原","还归于周"的行程。一些研究者认为,周穆王西巡行程,到达中亚甚至西亚地方,有的学者甚至认为,穆天子西行可能已经在欧洲中部留下了足迹。顾实推定周穆王西行路线,"大抵穆王自宗周瀍水以西首途,逾今河南直隶山西,出雁门关,由归化城西,绕道河套北岸,而西南至甘肃之西宁,入青海,登昆仑。复下昆仑而走于阗,升帕米尔(Pamir)大山,至兴都库士山(Hindukush M. t. s)"。再折而北,东还至喀什噶尔河,循叶尔羌河,至群玉之山,再西逾帕米尔,经达尔瓦兹(Darwarz)、撒马尔干(Samarkand)、布哈尔(Bokhara),然后入西王母之邦,即今波斯之第希兰(Teheran)也。又自今阿拉拉特(Ararat)山,逾第弗利斯(Tifris)之库拉(Kura)河,走高加索山之达利厄尔(Dariel)峡道,北入欧洲大平原。盖在波兰(Poland)华沙(Warsaw)附近,休居三月,大猎而还,经今莫斯科(Moscow)北之拉独加(Ladoga)湖,再东南傍伏尔加(Volga)河,逾乌拉尔(Ural)山之南端,通过里海(Caspian Sea)北之干燥地(Ard Region),及今阿拉尔海(Aral Sea)中,循吹(Chu)河南岸,至伊锡克库尔(Issik Kul)湖南,升廓克沙勒山,而走乌什、阿克苏、焉耆。再由哈密,长驱千里,还归河套北,逾阴山山脉,经乌喇特旗,归化城,走朔平府右玉县,而南逾洪涛山,入雁门关之旁道,南升井陉山之东部,通过翟道太行

---

① [春秋]左丘明撰,[晋]杜预集解:《春秋左传集解》,上海人民出版社,1977年,第1357页。
② 方诗铭、王修龄:《古本竹书纪年辑证》,上海古籍出版社,1981年,第46—48页。
③ 《史记》,第1779页。

山而还归宗周。"①《穆天子传》一书很早就已经产生了广泛的文化影响。② 其中所记述的内容富有神话色彩,因而关于《穆天子传》的性质,历来存在不同的认识。有人曾经把它归入"起居注类",有人则将其列入"别史类"或者"传记类"之中。大致都看作历史记载。然而清人编纂的《四库全书》却又将其改隶"小说家类"。不过,许多学者注意到《穆天子传》中记录的名物制度一般都与古代礼书的内容大致相合,因此认为内容基本可信。可能正是出于这样的考虑,《四部丛刊》和《四部备要》仍然把《穆天子传》归入"史部"之中。

对于周穆王西征线路,还可以进行认真的考察。关于造父行迹以及这位传说人物在早期交通史中的地位,也可以因此得到更深入的认识。《穆天子传》明确记载造父的内容,有卷一:"天子之骏:赤骥、盗骊、白义、逾轮、山子、渠黄、华骝、绿耳。""天子之御:造父、三百、耿翛、芍及。"卷四:"天子命驾八骏之乘:右服䯄骝而左绿耳,右骖赤蘬而左白䮗;天子主车,造父为御,卤菌为右。次车之乘:右服渠黄而左逾轮,右骖盗骊而左山子;柏夭主车,参百为御,奔戎为右。天子遂东南翔行,驰骋千里,至于巨蒐氏。""驰驱千里,遂入于宗周。官人进白鹄之血,以饮天子,以洗天子之足。造父乃具羊之血,以饮四马之乘,一。"③

"造父"后来成为天上星座的名号。《晋书》卷一一一《天文志上》:"传舍南河

---

① 顾实:《穆天子传西征讲疏》,中国书店,1990年,第23—24页。
② 陶渊明《读山海经诗十三首》之一:"泛览周王传,流观山海图。俯仰终宇宙,不乐复何如?"逯钦立注:"周王传,指《穆天子传》。"逯钦立校注:《陶渊明集》,中华书局,1979年,第133页。或题《读山海经十三首》。"泛览周王传",袁行霈注:"李善注:'周王传,《穆天子传》也。'""《春秋正义》引王隐《晋书·束晳传》曰:'《周王游行记》五卷,说周穆王游行天下之事,今谓之《穆天子传》。'晁公武《郡斋读书志》亦曰:'郭璞注本谓之《周王游行记》。'"袁行霈:《陶渊明集笺注》,中华书局,2018年,第386、388、389页。据《大业拾遗记》:"炀帝敕学士杜宝修《水势图经》十五卷,新成。以三月上巳日,会群臣于曲水,以观水势。""总七十二势"的大型表演中,有取材于《穆天子传》的所谓"穆天子奏《钧天乐》于玄池""猎于操津,获玄貉白狐""觞西王母于瑶池之上"三势。[宋]李昉等:《太平广记》,中华书局,1961年,第1735—1736页。更为人们所熟知的还有唐李商隐《瑶池》诗:"瑶池阿母绮窗开,黄竹歌声动地哀。八骏日行三万里,穆王何事不重来?"刘学锴、余恕诚:《李商隐诗歌集解》,中华书局,1988年,第567页。
③ 顾实校定:《新校定本穆天子传》,见顾实:《穆天子传西征讲疏》,中国书店,1990年,第6、11、12、13页。

中五星曰造父，御官也，一曰司马，或曰伯乐。"①在"造父"之后还有"公仲"曾经以御车技术在周宣王身边服务。《史记》卷四三《赵世家》："自造父已下六世至奄父，曰公仲，周宣王时伐戎，为御。"②看来，"造父"家族"为御"的技术优长，得以世代继承。

五 "木禺车马"：秦人信仰世界中的交通因素

秦人所立诸畤中，先后相继有秦襄公所立西畤、秦文公所立鄜畤和秦献公所立畦畤。鄜畤和畦畤位于陕西关中，西畤位于甘肃礼县，礼祀对象都是白帝。三处白帝之祠，反映了秦人神秘主义信仰体系中白帝的崇高地位。白帝是西方天帝，白帝崇拜应与秦人以西北作为主要根据地的历史事实有关。而以少暤为名号的白帝三畤的确立，又使人联想到秦人东来的传说，且与秦人向东方奋进的历史趋势一致。这三处祠白帝畤的位置关系，很可能也体现了秦人政治地理观的某些特征。西汉"五帝"祭祀制度化以后，白帝仍是"五帝"之一。③

《史记》卷五《秦本纪》说，襄公"始国"，"乃用骝驹、黄牛、羝羊各三，祠上帝西畤"。④《史记》卷二八《封禅书》记载秦时四方诸祠，唯地处关中者有车马之祭，谓"此皆在雍州之域，近天子之都，故加车一乘，骝驹四"。雍有四畤，"畤驹四匹，木禺龙栾车一驷，木禺车马一驷，各如其帝色"⑤。所谓"加车一乘，骝驹四"，以及所谓"驹四匹"，应是指车马实物。而所谓"木禺龙栾车一驷，木禺车马一驷"，司马贞《索隐》："禺，一音寓，寄也。寄龙形于木，寓马亦然。一音偶，亦谓偶其形于木也。"⑥木禺应同木偶，实即木制模型。《汉书》卷二五上《郊祀志

---

① 《晋书》，第 290 页。又《隋书》卷一九《天文志上》，第 530 页。
② 《史记》，第 1780 页。
③ 王子今：《秦人的三处白帝之祠》，《早期秦文化研究》，三秦出版社，2006 年，第 21—34 页。
④ 《史记》，第 179 页。
⑤ 《史记》，第 1374、1376 页。
⑥ 《史记》，第 1377 页。

上》则作"木寓龙一驷,木寓车马一驷"。① 这一以木制车马模型作为祭品的祭祀方式,很可能是秦人的神学发明。汉代沿用这种郊祀形式,体现了对秦人喜好车马之传统的继承。

汉文帝十三年(前167),以"方内艾安,民人靡疾,间者比年登",于是"增诸神祠","其河、湫、汉水加玉各二,及诸祠,各增广坛场,珪币俎豆以差加之",唯关西诸畤不同,"增雍五畤路车各一乘,驾被具;西畤、畦畤禺车各一乘,禺马四匹,驾被具"。② 献物用车马,意义并不在于"此皆在雍州之域,近天子之都",而实际上是"且因秦故祠"③,沿袭统一前秦国本土的制度,西汉一仍其旧,表现出秦地传统风习的长久影响。

车马,是提高交通效率的极其重要的条件。秦人祭祀天帝时奉献车马或车马模型,可以从一个侧面反映其传统观念中对于交通的重视。秦人祭祀使用"木禺车马",也许有深层次的文化含义。

荷马史诗关于特洛亚战争的内容中,有著名的"木马计"故事。《奥德塞》中讲述,希腊人围攻特洛亚十年,久攻不下,后来采用了俄狄修斯的木马计,一举取胜。盲人歌手德莫多克斯关于"木马"故事的歌唱:"许多英雄与著名的俄狄修斯一起,藏身于木马留在特洛亚人的广场,因为特洛亚人自己把它拖进卫城里……命运注定他们遭毁灭,让城市接纳那高大的木马,里面藏着阿尔戈斯人的杰出英雄,给特洛亚人带来屠杀和灭亡。"有学者讨论:"希腊人为什么偏偏使用'木马计'呢,为什么是木'马',而不是别的其他动物呢?""俄狄修斯之所以想出木马计,乃是因为在荷马时代马的地位举足轻重。大约在公元前4200年,马已经在草原上被人驯养。最初人类养马是用作食物,后来才用于骑行。骑马放牧大大地提高了放牧的效率。亚当·尼科尔森《荷马3000年》中写道:'马的速度,马嚼与马勒的发明及其赋予骑手的控制力,骑马放牧所产生的大量牛羊肉储备,以及突袭、从聚居点的迅速撤离,以上种种改变了人的生活方式,也改变了人类的历史。'马带来迅捷的移动和无穷的魅力,马即是一种力量,只有英雄豪杰才能将其驯服、控制。草原文化开始崇拜马的魅力,将人的力量与马的俊美融合

---

① 《汉书》,第1209页。
② 《史记》卷二八《封禅书》,第1381页。
③ 《汉书》卷二五下《郊祀志下》载匡衡语,第1257页。

到一起。在原始印欧语中,'马'(horse)这个词的词根意义是'迅速',而马的速度,马身上肌肉的轮廓和光泽,渐渐成为人们心目中对'伟大'的定义。马逐渐成为英雄的化身。在荷马时代,波塞罗和雅典娜都是马的神,其神力来自不可预知的,来自马的遒劲身躯,来自于暗含欲发的暴力和迅捷,来自于眼中的火焰。希腊人和特洛亚人都崇拜马。"论者又引录了这样一段话:"正是这种双方共有的、北地的、对马的崇拜意识,使希腊人想到了能送给特洛亚人的'最好'的东西,那是这个城市无法拒绝的'礼物'。特洛亚人会将其看作波塞冬——特洛亚人守护神、海神、马神,特洛亚城墙的建造者——的赏赐:一个像巨型堡垒一样的木马。将心比心,两个文化中共通的信仰,交汇于对这种雄壮生物的敬畏。"论者又写道:"海神与海马、骏马的形象常常是连在一起的,当希腊人与特洛亚人激战正酣时,海神来到了他的海底宫殿:把他那两匹奔驰迅捷、长着金色鬃毛的铜蹄马驾上战车,他自己披上黄金铠甲,抓起精制的黄金长鞭,登上战车催马破浪;海中怪物看见自己的领袖到来,全都蹦跳着从自己的洞穴里出来欢迎他。大海欢乐地分开,战马飞速地奔驰,甚至连青铜车轴都没有被海水沾湿载着他径直驶向阿开奥斯人的船只。"海神与骏马的形象联系在一起,论者归结为"海神、马神",使我们联想到秦人祠畤"木寓龙栾车一驷,木寓车马一驷"制度中"龙"与"马"的神秘关联。论者接着写道:"海神便是特洛亚人的保护神。较之希腊人,特洛亚人与马的关系更为密切。特洛亚人是原始印欧人的后代,尽管他们筑城而居,但他们仍然保留先人在大草原上的一些习俗。跟希腊人一样,他们也是草原的后代,是荷马世界中善用马的人。《荷马史诗》中,最好的马来自特洛亚的盟军色雷斯(Thrace)。在维吉尔的《埃涅阿斯纪》中,埃涅阿斯回忆起,在特洛亚城出现之前,这里是一个凭着养马即能发财的地方。那些马匹俊美至极,迅捷如飞。想当年凄厉的北风南下时化作一匹黑鬃的公马,与特洛亚的母马交配,一共产下12匹神奇的马驹。这些马'飞掠过香熟的麦穗,不会踢断一根茎柱'。① 特洛亚于是成为驯马之地,特洛亚人成为驯马人。"论者接着写道:

> 果然,特洛亚人在阵前呐喊的词是"驯马人",这位著名的驯马人指的就是特洛亚英雄赫克托耳。"驯马的"赫克托耳就像一匹奔驰的骏马:

---

① 推定文意,这里应当是说不会毁伤一根麦秆。

>如同一匹棚厩里的骏马,在石槽上吃得甜香,
>挣脱缰绳,蹄声隆隆,飞跑在平原之上,
>直奔常去的澡池,一条水流清疾的长河边旁,
>神气活现地高昂马头,颈背上长鬃飘扬,
>他陶醉于自己的勇力,迅捷的脚步
>载着他扑向草场,马儿爱去的地方。

因为特洛亚人有如此深厚的"驯马情结",因此,一旦突然面对如此神奇而又巨大的木马时,可想而知,特洛亚人的内心非常纠结,难以决断:

>木马停在广场,特洛亚人争论不休,
>坐在木马周围;他们有三种意见,
>或是用无情的铜器戳穿中空的木马,
>或是把它拖往悬崖的高处推下,
>或是把它如珍珠保留取悦神明,
>后来他们正是遵循了这一种建议。

于是,木马计终成现实,特洛亚的毁灭不可避免。

论者写道,维吉尔的《埃涅阿斯纪》对木马计有较为详尽的记述。说到故事的后续情节:"面对希腊人留下的木马,当特洛亚人正在吵吵嚷嚷,拿不定主意时,阿波罗的祭祀拉奥孔高声喊道:'可怜的公民们……不是这匹木马里暗藏着希腊人,就是他们造了这部机器是为了攻城的……再不就是其中隐藏着其他什么花招;特洛亚的人们,你们不要相信这匹马。'他说完后便用足力气将一根长矛向马腹刺去,空心的马腹发出一阵回声,像人叹息。然而,神已经注定要毁灭特洛亚,于是,从海里越出两条水蛇,将拉奥孔和他的两个儿子缠住,咬死了。""特洛亚人见此情景,惊恐万状,他们以为拉奥孔曾用长矛投掷神圣的木马,才遭此横祸。于是,特洛亚人来不及仔细思忖便急忙将木马拉进城里,并纷纷向神祈祷。此后发生的事人所共知:世界文学史上也就终于有了那个流传久远的、令人惊魂不定、惨不忍睹的木马屠城的故事。"[①]

汉与匈奴战争中,我们看到匈奴于汉军城下缚马置之的情形。与希腊人置木马于特洛亚城下之事颇为相近。

---

① 曾艳兵:《为什么是"木马计"》,《文汇报》2018年2月11日7版"笔会"。

《汉书》卷九六下《西域传下》记载汉武帝"下诏,深陈既往之悔",直接涉及对匈奴的战争。其中写道:

> 曩者,朕之不明,以军候弘上书言"匈奴缚马前后足,置城下,驰言'秦人,我匄若马'",又汉使者久留不还,故兴遣贰师将军,欲以为使者威重也。古者卿大夫与谋,参以蓍龟,不吉不行。乃者以缚马书遍视丞相御史二千石诸大夫郎为文学者,乃至郡属国都尉成忠、赵破奴等,皆以为"虏自缚其马,不祥甚哉!"或以为"欲以见强,夫不足者视人有余"。《易》之,卦得《大过》,爻在九五,匈奴困败。公车方士、太史治星望气,及太卜龟蓍,皆以为吉,匈奴必破,时不可再得也。又曰:"北伐行将,于釜山必克。"卦诸将,贰师最吉。故朕亲发贰师下釜山,诏之必毋深入。今计谋卦兆皆反缪。重合侯得虏侯者,言:"闻汉军当来,匈奴使巫埋羊牛所出诸道及水上以诅军。单于遗天子马裘,常使巫祝之。缚马者,诅军事也。"又卜"汉军一将不吉"。匈奴常言:"汉极大,然不能饥渴,失一狼,走千羊。"乃者贰师败,军士死略离散,悲痛常在朕心。

关于"匈奴缚马前后足,置城下,驰言'秦人,我匄若马'",颜师古注:"谓中国人为秦人,习故言也。匄,乞与也。若,汝也。"①

所谓"匈奴使巫埋羊牛所出诸道及水上以诅军"以及"单于遗天子马裘,常使巫祝之",都是战争中使用巫术的形式。而"匈奴缚马前后足,置城下,驰言'秦人,我匄若马'",按照被捕"虏侯"供词,"缚马者,诅军事也",也是如此。

对于"匈奴缚马前后足,置城下,驰言'秦人,我匄若马'"的神秘意义,汉王朝上下颇为迷惑。"卿大夫与谋,参以蓍龟","计谋卦兆皆反缪",也与特洛亚战争中"木马停在广场,特洛亚人争论不休"的情形十分相似。

对于秦人信仰世界中的"五帝"组合,李零提出"秦系五帝"的说法,认为:"秦祭五帝,作为一种完备的制度,或许形成于秦灵公(前424—前415)作吴阳上下畤之后,吕不韦(前292—前235)作《吕氏春秋》之前,更大可能在战国时期,特别是秦惠文王(前337—前311)以来,属于秦并天下的预告。""秦系五帝以二暤为主,黄炎为辅,外加颛顼。这种五帝与周系五帝不同,周系五帝是黄帝以下分颛顼、帝喾二系,颛顼(帝)喾以下分尧、舜二系,属于垂直系统,其中没有

---

① 《汉书》,第3913—3914页。

二皞集团。秦系五帝是以五帝配五方五色，属于平面系统，兼赅东西南北中。"① 所谓"秦系五帝"与"周系五帝"的区别值得探讨。而用"木禺车马"或称"木寓车马"的方式与秦人交通理念的关系，特别是所透露出的秦人关于"帝"的崇拜系统中"车马"的意义，我们应当予以特别的重视。

汉文帝时，设立"渭阳五帝庙"，"上亲郊见渭阳五帝庙"，又有长门"五帝庙"的营建："文帝出长门，若见五人于道北，遂因其直北立五帝坛，祠以五牢具。"汉文帝时代的"渭阳、长门五帝"之祠，"祠所用及仪亦如雍五畤"，可以看作"雍五畤"五帝纪念仪程向西汉王朝统治中心的延伸。② 而"出长门，若见五人于道北"情节中"长门""道北"之交通结构定位，也是不可以忽视的。

中国传说时代流传远古英雄开创交通事业的故事。如夸父追日③、愚公移山④等。秦人在自己的信仰体系中为"帝"设计了"车马"等交通条件，符合交通能力成就早期文明进步的历史真实，也显现出秦人意识中交通理念的地位。

---

① 李零：《帝系、族姓的历史还原——读徐旭生〈中国古史的传说时代〉》，《文史》2017年第3期。
② 参看王子今：《论秦汉雍地诸畤中的炎帝之祠》，《文博》2005年第6期；《秦陇地方的姜炎文化纪念遗存》，《宝鸡文理学院学报》（社会科学版）2009年第5期。
③ 《山海经·海外北经》："夸父与日逐走，入日。渴欲得饮，饮于河渭。河渭不足，北饮大泽。未至，道渴而死。弃其杖，化为邓林。"《山海经·大荒北经》："大荒之中，有山，名曰成都载天。……夸父不量力，欲追日景，逮之于禺谷。将饮河而不足也，将走大泽，未至，死于此。"袁珂校注：《山海经校注》，上海古籍出版社，1980年，第238、427页。
④ 《列子·汤问》："太形王屋二山，方七百里，高万仞；本在冀州之南，河阳之北。北山愚公者，年且九十，面山而居。惩山北之塞，出入之迂也，聚室而谋，曰：'吾与汝毕力平险，指通豫南，达于汉阴，可乎？'……遂率子孙荷担者三夫，叩石垦壤，箕畚运于渤海之尾……帝感其诚，命夸蛾氏二子负二山，一厝朔东，一厝雍南。自此，冀之南、汉之阴无陇断焉。"杨伯峻：《列子集释》，中华书局，1979年，第159—161页。又《列子·汤问》："龙伯之国有大人，举足不盈数步而暨五山之所。"《列子集释》，154页。也可以读作交通神话。

六　"善走"事迹与"轻足""利足""走士"身份

秦国曾经组织大规模的运输。① 秦国历代国君多崇尚远行。② 这些历史迹象反映的秦人对于交通的看重,以及秦国力表现于交通方面的优势,甚至成为秦实现统一的重要的历史条件。③

秦先祖"善御""善走"故事,在秦后来的历史文化形象中依然保留有遗存。除"造父以善御幸于周缪王"外,还有"善御"者伯乐服务于秦穆公的说法。④

在秦史与秦文化的遗存中,也可以看到与"善走"有关的信息。如秦出土文

---

① 最著名者,有《左传·僖公十三年》:"晋荐饥,使乞籴于秦。""秦于是乎输粟于晋,自雍及绛,相继。命之曰汎舟之役。"《春秋左传集解》,第284页。"汎舟之役"而外,秦史上另一次大规模粮运的记载,是秦昭襄王十二年(前295)"予楚粟五万石"。《史记》卷五《秦本纪》,第210页。《九章算术·均输》中有关"均输粟"的算题,所列条件有"一车载二十五斛""车载二十五斛"。白尚恕:《〈九章算术〉注释》,科学出版社,1983年,第191、195页。根据居延汉简中有关粮运的简文,可知这一数额是符合汉代运输生产的实际的。裘锡圭:《汉简零拾》,《文史》第12辑,中华书局,1981年。按照汉代运粮车辆的载重指标每车25石计,运送5万石粮食需组织多达2 000辆运车的浩荡车队。

② 参看王子今:《秦国君远行史迹考述》,《秦文化论丛》第8辑,陕西人民出版社,2001年。

③ 参看王子今:《秦国交通的发展与秦的统一》,《史林》1989年第4期;《秦统一原因的技术层面考察》,《社会科学战线》2009年第9期。

④ 《史记》卷一一七《司马相如列传》:"阳子骖乘,纤阿为御。"司马贞《索隐》:"张揖云:'阳子,伯乐也。孙阳字伯乐,秦缪公臣,善御者也。'"第3009—3010页。《汉书》卷五七上《司马相如传上》"阳子骖乘,孅阿为御",颜师古注引郭璞曰:"孅阿,古之善御者。"第2539—2540页。《汉书》卷六四下《王褒传》:"王良执靶,韩哀附舆,纵驰骋骛,忽如景靡,过都越国,蹶如历块;追奔电,逐遗风,周流八极,万里壹息。何其辽哉?人马相得也。"关于"王良执靶",颜师古注:"张晏曰:'王良,邮无恤,字伯乐。'晋灼曰:'靶音霸,谓辔也。'"颜师古说:"参验《左氏传》及《国语》《孟子》,邮无恤、邮良、刘无止、王良,总一人也。《楚辞》云'骥踌躇于敝輂,遇孙阳而得代'。王逸云孙阳,伯乐姓名也。《列子》云伯乐,秦穆公时人。考其年代不相当,张说云良字伯乐,斯失之矣。"第2823—2824页。《后汉书》卷八〇下《文苑列传下·祢衡》:"飞兔、騕褭,绝足奔放,良、乐之所急。"李贤注:"王良、伯乐,善御人也。"第2654—2655页。《三国志》卷一九《魏书·陈思王植传》:"伯乐善御马。"第573页。

献资料中可见"轻足""利足""走士"身份，其称谓符号的使用，很可能与秦先祖"善走"的传统有关。

睡虎地秦简《秦律十八种》中《田律》中有要求将关于农作的信息及时上报上级行政部门的法律规定：

> 雨为澍〈澍〉，及诱（秀）粟，辄以书言澍〈澍〉稼、诱（秀）粟及豤（垦）田畼毋（无）稼者顷数。稼已生后而雨，亦辄言雨少多，所（1）
>
> 利顷数。早〈旱〉及暴风雨、水潦、螽（蝱）虫、群它物伤稼者，亦辄言其顷数。近县令轻足行其书，远（2）
>
> 县令邮行之，尽八月□□之。　　田律（3）

睡虎地秦墓竹简整理小组译文："下了及时的雨和谷物抽穗，应即书面报告受雨、抽穗的顷数和已开垦而没有耕种的田地的顷数。禾稼生长后下了雨，也要立即报告雨量多少和受益田地的顷数。如有旱灾、暴风雨、涝灾、蝗虫、其他害虫等灾害损伤了禾稼，也要报告受灾顷数。距离近的县，文书由走得快的人专程递送，距离远的县由驿站传送，在八月底以前【送达】。"①

律文中的"轻足"，整理小组解释为"走得快的人"。上古文献可见"轻足者"之说。《前汉纪》卷四《高祖四》："秦失其鹿，天下争逐之，高材轻足者先得。"②《淮南子·览冥》也写道："质壮轻足者为甲卒千里之外。"③这里所说的"轻足者"，大致也是指足力轻捷矫健，"走得快的人"。或直接作"轻足善走者"，《吴子·图国》："能逾高超远，轻足善走者，聚为一卒。"④然而这些言及"轻足"的文例，与睡虎地秦简《田律》作为身份称谓之所谓"轻足"在文字表现形式上有所不同。也有以"轻足"指代"轻足者"的文例。如《淮南子·齐俗》："江河决沉一乡，父子兄弟相遗而走，争升陵阪，上高丘，轻足先升，不能相顾也。"⑤又《东观汉

---

① 睡虎地秦墓竹简整理小组：《睡虎地秦墓竹简》，文物出版社，1990 年，释文注释第 19—20 页。
② ［汉］荀悦、［晋］袁宏著，张烈点校：《两汉纪》，中华书局，2002 年，第 51 页。
③ 《淮南子集释》，第 494 页。
④ 《续古逸丛书》景宋刻《武经七书》本。
⑤ 《淮南子集释》，第 825 页。

记》卷一《世祖光武皇帝》："……连胜。乃遂令轻足将书与城中诸将……"①此"令轻足将书与……"与睡虎地秦简《田律》"令轻足行其书"句式大致相同。刘秀有意透露援军已到的情报，其具体情节是"令轻足将书与城中诸将，言宛下兵复到，而阳坠其书"，可知这里所说的"轻足"，应当是传递军书的邮驿系统从业人员。

里耶秦简可见"邮利足"身份。如"☐迁陵以邮利足行洞庭，急"（8-90）、"☐迁陵以邮利足行洞☐"（8-527背），有研究者指出，"利足"，"指善于行走。《荀子·劝学》：'假舆马者，非利足也，而致千里。'睡虎地秦简《秦律十八种·田律》简2-3'近县令轻足行其书，远县令邮行之'，其中'轻足'指走得快的人，与'利足'文义相近。不过里耶简'利足'和'邮'连言，似指邮人中行走尤快者"。②

对于"轻足""利足"及相关历史文化现象的考察，应当有利于理解秦的交通能力以及秦政的节奏特征。③

此外，西安中国书法艺术博物馆藏秦封泥有"走士""走士丞印"④，可知秦时有"走士"身份，也有以"走士"为名号的行政机构。"走士"称谓，或许可以理解为与秦先祖遥远的"善走"传说有所对应。

---

① 《东观汉记》记载："（王）寻、（王）邑遣步骑数千合战，帝奔之，斩首数十级。诸部将喜曰：'刘将军平生见小敌怯，今见大敌勇甚，可怪也！'帝复进，寻、邑兵却，诸部共乘之，斩首百千级，连胜。乃遂令轻足将书与城中诸将，言宛下兵复到，而阳坠其书。寻、邑得书，读之，恐。帝遂选精兵三千人，从城西水上奔阵，寻、邑兵大奔北。于是杀寻，而昆阳城中兵亦出，中外并击。会天大雷风，暴雨下如注，水潦成川，滍水盛溢。邑大众遂溃乱，奔走赴水，溺死者以数万，滍水为之不流。邑与严尤、陈茂轻骑乘死人渡滍水逃去。"[东汉]刘珍等撰，吴树平校注：《东观汉记校注》，中州古籍出版社，1987年，第4、5页。
② 陈伟：《里耶秦简牍校释》第1卷，武汉大学出版社，2012年，第60、173页。
③ 参看王子今：《里耶秦简"邮利足"考》，《首都师范大学学报》（社会科学版）2018年第2期。
④ 《秦封泥选——西安中国书法艺术博物馆藏》，《书法》2017年第10期。

第二章　交通与秦建国史

秦人建国,有特殊的交通条件。秦人来自东方,西迁之后在陇东地方获得了良好的发展空间,随即通过畜牧业、农业和林业的经营逐步强大自身,交往诸戎,又争取向东发展的机会,得以在关中地方成功立国。这一发展线索越来越清晰。而经济生活与文化生活,政治实力与军事实力,都因交通条件实现了进步。

一　秦人西迁历程

通过讲述西迁故事回顾秦人起源的学者,无疑重视西迁历程的交通史意义。秦人先祖因此经历长途徙居的交通实践。这一交通过程有益于这一部族生存能力的锤炼,文化眼界的扩展,历史经验的积累,从而实现综合资质的提升。而交通实力方面的优化,必然因此已经实现。特别值得肯定的,是他们一代代传递的对于交通行为的感觉,会有异于累世定居的人群。也就是说,这一部族很可能因此生成了积极进取、百折不挠、勇于克服各种艰难险阻的文化精神。他们的交通文化理念,也会因此具备视界广阔、追求宏远的基因。

(一)"东来"说与"西来"说

关于秦人的族源和秦文化早期发生的基地,有"东来"和"西来"两种意见。"东来"说和"西来"说都有强有力的学术支撑。

主张秦人起源于西方说的代表性论著,有王国维《秦都邑考》[1],蒙文通《秦

---

[1] 王国维:《秦都邑考》,《观堂集林》卷一二《史林四》,《王国维遗书》,上海古籍书店据商务印书馆1940年版1983年9月影印版,第2册。

之社会》①《秦为戎族考》②,俞伟超《古代"西戎"和"羌""胡"文化归属问题的探讨》③《关于"卡约文化"和"唐汪文化"的新认识》④,刘庆柱《试论秦之渊源》⑤等。

主张秦人起源于东方的代表性论著,有卫聚贤《中国民族的起源》⑥,黄文弼《嬴秦为东方民族考》⑦,邹衡《论先周文化》⑧,林剑鸣《秦史稿》⑨,韩伟《关于"秦文化是西戎文化"质疑》⑩《关于秦人族属及文化渊源管见》⑪等。这样的意见,清华大学藏战国简又有新的资料可以印证。

对于秦人东来还是西来的争论现在还没有止息。

李零认为:"长期以来,史学界一直有秦人是'东来'还是'西来'"的争论。人们争论的其实并不是秦人本身。秦人本身,居住活动范围很清楚。他们争论的是秦人的族属来源和文化来源。诚然,这个问题可以追溯得很远,司马迁说,秦与徐氏、郯氏、莒氏、终黎氏(亦作钟离氏)、运奄氏、菟裘氏、将梁氏、黄氏、江氏、修鱼氏、白冥氏等东方嬴氏部族有着姓氏同源关系(它们大多属于东夷和淮夷系统)。但秦人不属于东方各支,他们是来自早在殷代末年即已定居在西戎地区的中潏一支。因此至少从殷末起,秦的直系祖先是受西戎文化后则受周文化影响,在这些影响下形成自己的文化面貌,这一点完全可以肯定。⑫

---

① 蒙文通:《秦之社会》,《史学季刊》1940年1卷第1期。
② 蒙文通:《秦为戎族考》,《禹贡》1936年6卷第7期。
③ 俞伟超:《古代"西戎"和"羌""胡"文化归属问题的探讨》,《青海考古学会会刊》1979年第1期。
④ 俞伟超:《关于"卡约文化"和"唐汪文化"的新认识》,《先秦两汉考古学论集》,文物出版社,1985年。
⑤ 刘庆柱:《试论秦之渊源》,《先秦史论文集》,《人文杂志》1982年增刊。
⑥ 卫聚贤:《中国民族的起源》,《古史研究》第3集,上海商务印书馆,1934年。
⑦ 黄文弼:《嬴秦为东方民族考》,《史学杂志》创刊号,1945年,收入康世荣:《秦西垂文化论集》,文物出版社,2005年,第28—31页。
⑧ 邹衡:《论先周文化》,《夏商周考古学论文集》,文物出版社,1980年。
⑨ 林剑鸣:《秦史稿》,上海人民出版社,1981年。
⑩ 韩伟:《关于"秦文化是西戎文化"质疑》,《青海考古学会会刊》1981年第2期。
⑪ 韩伟:《关于秦人族属及文化渊源管见》,《文物》1986年第4期。
⑫ 李零:《〈史记〉中所见秦早期都邑葬地》,《文史》第20辑,中华书局,1983年。

其实,在关于秦人渊源的考察中,无论"东来"说或是"西来"说,都承认在秦崛起于陇东与关中西北之前,经历过远程迁徙的交通过程,接受过多方位部族文化交往的影响。秦文化的早期发育,有因这种交通实践而形成的历史基因。

(二)秦人"东来"说考论

卫聚贤论"秦民族"的来源,注意到"'嬴'姓多在山东、河南",所举列有郯国、谷国、黄国、梁国、葛国、徐国、江国、奄国。只有梁国在陕西韩城。于是以为"嬴姓之国,原蔓延于山东、江苏北部及河南、湖北"。"秦民族发源于山东,至山西、陕西、甘肃,然后再向东发展。"① 黄文弼也提出"秦为东方民族"说,论证"秦之民族在殷之将亡,周之将兴以前,原居诸东方"。他认为:"秦既西迁,杂于戎狄,且通婚媾,故其俗多杂戎,……受西北民俗之影响,然不能即此遂论秦为戎狄也。"② 陈秀云《秦族考》也认为"秦为东方民族",以以下事实说明:(1)秦人先世的神话传说与殷人传说相同;(2)秦人与殷商有密切的关系;(3)嬴姓诸国多在东方。论者认为,"秦人是在周人再度东征之后,被周人掳迁到今之陕西方面去"③。

林剑鸣探索秦人早期历史,认为"他们最早是属于生活在我国东部的部落集团中的一支"。所提出的证据:"首先,中观念信仰方面考察,秦人和殷人都把玄鸟奉为自己的祖先。""经济生产方面,秦人的祖先同殷人的祖先也是最接近的。""秦人同殷人政治上的关系亦非常密切。""秦人来自东方,还可从殷人早期活动的地域中得到最有力的证据。"综合多种材料,他认为可以说明,"秦人最早活动于东方,大约在今山东境内"。④ 黄灼耀也在讨论秦人早期历史时分析,秦人"原是殷商的从属"。⑤ 值得关注的相关论文,还有何汉文《嬴秦人起源于东方

---

① 卫聚贤:《赵秦楚民族的来源》《中国民族的来源》《古史的研究》三集,收入康世荣:《秦西垂文化论集》,文物出版社,2005年,第19—20页。
② 黄文弼:《嬴秦为东方民族考》,《史学杂志》创刊号,1945年,收入康世荣:《秦西垂文化论集》,2005年,第25—27页。
③ 陈秀云:《秦族考》,《文理学报》(哲学社会科学版)1946年第2期,收入康世荣:《秦西垂文化论集》,文物出版社,2005年。
④ 林剑鸣:《秦人早期历史探索》,《西北大学学报》(哲学社会科学版)1978年第1期。
⑤ 黄灼耀:《秦人早期史迹初探》,《学术研究》1980年第6期。

和西迁情况初探》①、林剑鸣《周公东征和嬴姓西迁》②、段连勤《关于夷族的西迁和嬴秦的起源地、族属问题》③、高福洪《秦人族源刍议》④、严宾《秦人发祥地刍论》⑤。

利用考古文物资料对秦人"东来"说有所论证的有伍仕谦,他认为"秦民族系东方民族而非戎族"⑥。韩伟则较细致地分析了一些学者判定秦人西来,秦文化应属西戎文化的主要认识基础,即屈肢葬、铲形袋足鬲、洞室墓既是戎人或羌人的文化特征,又是秦人自身的文化传统的意见,认为"屈肢葬、铲形袋足鬲、洞室墓不是秦人自身的文化传统",又指出通过秦人的祭祀形式可以发现,"嬴秦的宗教观念与东夷有着血肉联系"。又提示我们,秦"在政治制度方面与西戎有着区别"。从国家关系、民族关系的视角看,"秦与戎始终处在对立的地位"。从文化继承关系看秦人族属,应当注意到"秦文化与殷周文化有着明显的继承关系,而与戎人文化距离较大"。

至于应当如何理解在春秋秦出现的河湟地区常见的屈肢葬式,以及在战国秦出现的铲形袋足鬲与洞室墓这些现象,韩伟认为:"文公、武公灭丰、彭戏之戎,穆公益国十二,孝公西斩獂王,惠文、昭王尽灭义渠等行动,除了扩充疆域外,更重要的是控制了大量的人口,建立了稳固的有雄厚兵员与劳力来源的基地。秦孝公时,秦可控制戎狄 92 国之众⑦,也就是说甘青一带许多后进的民族或部族沦为秦的种族奴隶了。《后汉书·西羌传》有'羌无弋爰剑者,秦厉公时为秦所拘执,以为奴隶'的记载,即可为证。随着甘青后进民族成员大批被俘获,屈肢葬、铲形袋足鬲、洞室墓等'西戎'文化因素融入关中地区的秦文化是完全可以理解的。"论者否定了"将秦墓中出现的这些现象,当成秦族及其文化属西戎系统的证据"的意见,同时,又指出秦文化经部族融合而形成的历史进程中,事

---

① 何汉文:《嬴秦人起源于东方和西迁情况初探》,《求索》1981 年第 4 期。
② 林剑鸣:《周公东征和嬴姓西迁》,《文史知识》1982 年第 11 期。
③ 段连勤:《关于夷族的西迁和嬴秦的起源地、族属问题》,《先秦史论文集》,《人文杂志》1982 年增刊。
④ 高福洪:《秦人族源刍议》,《内蒙古师院学报》(哲学社会科学版)1982 年第 3 期。
⑤ 严宾:《秦人发祥地刍论》,《河北学刊》,1987 年第 6 期。
⑥ 伍仕谦:《读〈秦本纪〉札记》,《四川大学学报》(哲学社会科学版)1981 年第 2 期。
⑦ 原注:"《后汉书·西羌传》。"

实上又曾经发生因"拘执""俘获"而导致的"甘青一带""民族或部族"向东移动的交通运动过程。①

运用考古学资料论证秦人西迁的,还有尚志儒《早期嬴秦西迁史迹的考察》。②

赵化成1987年发表的论文立足考古学,对韩伟的一些意见予以支持,但是又指出:"关于秦文化渊源及至于秦人来源现在还不宜过早下结论。""探索秦文化的渊源是一项长期的、艰苦的工作,需要许多方面的共同努力才能完成。"③

(三)清华简的新证

李学勤主持的清华大学藏战国简的研究,解决了若干比较重要的上古史的问题。对于秦人始源的考察,也提供了新的信息。

李学勤写道:"二〇〇八年七月入藏清华大学的战国竹简,性质主要是经、史一类书籍。其中有一种保存良好的史书,暂题为《系年》,一共有一百三十八支简,分成二十三章,记述了从周武王伐纣一直到战国前期的史事,将作为竹简的整理报告《清华大学藏战国竹简》的第二辑发表。作者在整理过程中发现,《系年》有许多可以补充或者修正传世史籍的地方,有时确应称为填补历史的空白,关于秦人始源的记载,就是其中之一。"李学勤说:"大家都知道,西周覆亡,周室东迁以后,秦人雄起西方,先是称霸西戎,随之逐步东进,终于兼并列国,建立秦朝,成就统一大业。秦朝存在的时间虽然短促,对后世的影响却相当深远。特别是秦人的文化,有其独具的特点,伴随着秦人的扩张发展,广被于全国各地。研究中国的传统文化,在很多方面不能不追溯到秦人,而秦人是从哪里来的,其文化有怎样的历史背景,历来有种种看法,是学术界争论已久的问题。"李学勤认为,秦人出自西方的意见,长期占上风。"关于这一问题,长期以来的主流意见,是秦人出自西方。司马迁在《史记·秦本纪》及《赵世家》中,曾经详述秦的先世,讲到商朝晚期有戎胥轩,娶郦山之女,生中潏,'在西戎,保西垂',看来秦人当时已在西方,并且与戎人有密切关系。蒙文通先生的《周秦少数民族研究》

---

① 韩伟:《关于秦人族属及文化渊源管见》,《文物》1986年第4期。
② 尚志儒:《早期嬴秦西迁史迹的考察》,《中国史研究》1990年第1期。
③ 赵化成:《寻找秦文化渊源的新线索》,《文博》1987年第1期。

便据此认为'秦为戎族'。"不同的见解也得到介绍:"然而也有一些学者持不同意见,比如钱穆先生的《国史大纲》主张'秦之先世本在东方,为殷诸侯,及中潏始西迁'。这是由于《秦本纪》提到:'秦之先为嬴姓,其后分封,以国为姓,有徐氏、郯氏、莒氏、终黎氏、运奄氏、菟裘氏、将梁氏、黄氏、江氏、脩鱼氏、白冥氏、蜚廉氏、秦氏。'这些国族,凡可考定的都在东方。近年这种东方说的代表作,是林剑鸣先生的《秦史稿》一书。出版于1981年的这本书,以为中潏只是'曾率一部分秦人替殷商奴隶主保卫西方的边垂',不能说明秦人即是戎族。中潏的儿子是飞(或作蜚)廉,飞廉的儿子是恶来,父子三代都是商朝末年的著名人物。《秦本纪》说:'恶来有力,蜚廉善走,父子俱以材力事殷纣。'他们助纣为虐,史有明文,但他们给秦人带来怎样的命运,却没有文献记载。"

新的学术推进,来自清华简《系年》的研究。"清华简《系年》的第三章,具体回答了这方面的疑问。简文叙述了周武王死后发现三监之乱,周成王伐商邑平叛。"简文写道:

飞(廉)东逃于商盍(盖)氏。成王伐商盍(盖),杀飞(廉),西迁商盍(盖)之民于邾,以御奴之戎,是秦先人。

李学勤说:"由《系年》简文知道,商朝覆灭之后,飞廉由商都向东,逃奔商奄。奄国等嬴姓东方国族的反周,飞廉肯定起了促动的作用。乱事失败以后,周朝将周公长子伯禽封到原来奄国的地方,建立鲁国,统治'商奄之民',同时据《尚书序》讲,把奄君迁往蒲姑,估计是看管起来。但在《系年》发现以前,没有人晓得,还有'商奄之民'被周人强迫西迁,而这些'商奄之民'正是秦的先人,这真是令人惊异的事。"

秦人西迁的具体路线及到达的地点,清华简《系年》也有说明。李学勤写道:"《系年》的记载还有一点十分重要,就是明确指出周成王把商奄之民西迁到'邾'这个地点,这也就是秦人最早居住的地方。""邾"字"在战国楚文字中常通读为'吾',因此'邾'即是《尚书·禹贡》雍州的'朱圄',《汉书·地理志》天水郡冀县的'朱圄',在冀县南梧中聚,可确定在今甘肃甘谷县西南。"[①]

传世文献与出土文献的结合,可以解决若干重要的历史疑案。清华简《系年》推进了秦人西迁问题的认识,可以作为一例。

---

① 李学勤:《清华简关于秦人始源的重要发现》,《光明日报》2011年9月8日。

二 西汉水流域盐产资源与秦人的盐运控制

回顾秦人早期发展的历史,可以看到重视盐产资源与盐运路线的迹象。

在秦文化崛起的最初根据地,曾经占有盐业生产的优势。《水经注》卷二〇《漾水》可见相关记述:"……西汉水又西南径始昌峡。《晋书·地道记》曰:天水,始昌县故城西也,亦曰清崖峡。西汉水又西南径宕备戍南,左则宕备水自东南、西北注之,右则盐官水南入焉。水北有盐官,在㠶冢西五十许里。相承营煮不辍,味与海盐同。故《地理志》云西县有盐官是也。① 其水东南迳宕备戍西,东南入汉水。"②《元和郡县图志》卷二五《成州·长道县》写道:"西汉水东北自秦州上封县界流入。"随后说到"盐井":"盐井在县东三十里,水与岸齐,盐极甘美,食之破气。"在说到"盐官故城"时,也言及盐产的质量:"盐官故城在县东三十里在㠶冢西四十里相承营煮味与海盐同。"③《太平寰宇记》卷一五〇《陇右道一·秦州》"长道县"条写道:"南岈北岈,二岈万有余家。诸葛武侯《表》言:'祁山县去沮五百里,有人万户,瞻其丘墟,信为殷矣。'即谓此。《周地图记》:'其城,汉时所筑也。'盐官水,在县北一里。自天水县界流来。"④《明一统志》卷三五《巩昌府·山川》有"盐官水"条:"盐官水,在西和县北,自秦州旧天水县界流入。《汉地理志》陇西亦有盐官。唐因号为盐官镇。"⑤

《嘉庆重修一统志》卷二五七《巩昌府·山川》说到"盐官水",引录了《水经注》及《太平寰宇记》文字:"盐官水,在西和县东北。《水经注》:'盐官水'在㠶冢西五十许里,相承营煮不辍,味与海盐同。故《地理志》云:'西县有盐官是也。其水东南径宕备戍西,东南入汉水。'《寰宇记》:'盐官水,在长道县北一里,自天

---

① 《汉书》卷二八下《地理志下》:"陇西郡,秦置。莽曰厌戎。户五万三千九百六十四,口二十三万六千八百二十四。有铁官、盐官。"第1610页。
② [北魏]郦道元著,陈桥驿校证:《水经注校证》,中华书局,2007年,第479页。
③ 文渊阁《四库全书》本。[唐]李吉甫撰,贺次君点校:《元和郡县图志》卷二〇《山南道一》"阙"。中华书局,1983年,第525页。
④ 《太平寰宇记》,第2903页。
⑤ 文渊阁《四库全书》本。

水县界流来。'《府志》：'在县东北九十里，源出嶓冢山，西南流经长道川，入白水江。'"同卷《巩昌府·古迹》又说到"盐川城"："盐川城，在漳县西北。《九域志》：'熙宁六年，置盐川寨，在通远军西三十里，后改为镇。开禧二年，金分道来伐，使舒穆尔出盐川。嘉定十三年，安丙分遣王仕信等伐金，自宕昌进克盐川镇。'《金史·地理志》：'定西州领盐川镇。'《明统志》：'元初并盐川镇入陇西县，至元中，置漳县。'按：今漳县，在府南七十里，与《九域志》所纪不同。元以盐川镇地置县，非即镇为县治。旧《志》皆为盐川寨即县治，误。'舒穆尔'旧作'石抹仲'，今改。"此外，又有"盐官城"："盐官城，在西和县东北九十里。《元和志》：'在长道县东三十里，嶓冢西四十里，相承营煮，味与海盐同。'《唐书·地理志》：'成州有静戎军，宝应元年，徙马邑州于盐井城置'即此。"①

齐召南《水道提纲》卷一一《入江巨川一·嘉陵江》有"西汉水"条，其中对"盐官水"的位置与流向有较为具体的记述："西汉水亦曰沔水，即《汉志》误指为《禹贡》之嶓冢导漾者，源出秦川西南之嶓冢山，西南流，曰'漾水'。有小水自东南来会，又西北曲曲流，曰'盐官水'。稍北有横水岭水，南自西和县城东来会。又北有永平水，东北自刑马山来会。折西流至礼县东，有水西北自柏林青阳东，南流经县城东北来注之。又西经县城南，又西折，西南流数十里，曰'长道河'。经西和县西北境折，东南流过仇池山西麓。有岷峨江自西北岷峨山东麓来注之……"②"盐官水"与"礼县"等地的关系，体现这条河流正是秦人早期活动区域的主要水道。"盐官水"名义，自然与"盐官"密切相关。

清代学者储大文《存研楼文集》卷七《杂著》篇首即"三谷"条，言"秦人蜀汉道，古纪'三谷'"。其中说到"盐官水"川道的交通地位："宋郭思《祁山神庙记》又以县西北四十里屏风峡为正祁山，而宝泉山在北二十里，上有湫池。汉水在县旧长道县南，源亦出嶓冢，与西汉水合，入白水。武侯军垒比比在其间。夫西汉水者，今盐官水也，在县东北九十里。驿秦州天水界流入汉，白水江在北二里。驿西东流经阶州，会嘉陵江。军垒在汉水、西汉水、白水之间，是趋天水道也。"③

---

① 《嘉庆重修一统志》，中华书局，1986年，第12784页，第12804—12805页。"《唐书·地理志》'成州有静戎军，宝应元年，徙马邑州于盐井城置'即此"句后，文渊阁《四库全书》本又有如下文字："《旧志》：'在今县东北九十里。'"

② 文渊阁《四库全书》本。

③ 文渊阁《四库全书》本。

所谓"夫西汉水者,今盐官水也"的意见值得注意。"盐官水"很可能与盐运通道有关。而所谓"武侯军垒比比在其间",说明诸葛亮六出祁山,可能有与曹魏军争夺盐产资源与盐运路线的战略意图。其实,早在一千多年之前,后人称作"盐官"和"盐官水"的盐产优势,很可能已经为秦人先祖所关注。他们就近控制了这一具有战略意义的地方,除满足人畜用盐需求外,可以面对周边占据显著的优势地位,得以逐步发展,迅速扩张。

西北大学王建新教授在与笔者谈及秦人在甘肃礼县附近之早期遗存的区域文化意义时,曾提出秦在这里取得生存和发展的优越条件,当与附近的盐业资源有关的判断。此说信是。后来有学者发表了相关论说。① 就此专题进行的讨论,其实还可以做深入考察。相信今后的考古工作,可以提供能够说明这一情形的可靠证据。

考古学者对礼县秦早期遗址的调查获得丰富收获。其中对盐官镇附近遗址的考古调查值得重视。《西汉水上游考古调查报告》介绍了 98 处遗址,而盐官镇相关遗址有多达 13 处,竟然占总数的 13.27%。报告执笔者写道:"据说当地在汉代以前还生产池盐,唐代以后才转为生产井盐,而唐代这里产盐的盛况可见于杜甫的相关诗篇。"就遗址地理分布与交通形势进行的分析,关注了盐运与秦文化发展的关系:"沿红河、上寺河溯流而上可至天水,进入渭河河谷;顺流而下可到盐官镇。这是一条历史悠久的古道,秦人迁徙亦有可能循此路径。"②

有的学者在进行秦早期历史的探索时已经注意到"盐业资源"的利用与控制这一重要因素。如前引陶兴华的论著中即指出:"甘肃陇南礼县一带地处西汉水流域,这里山间谷地开阔,自然条件优越,并且有较为丰富的盐业资源,非常适宜于进行大规模的马匹养殖。"③

秦人早期活动与盐产及盐运的关系,通过进一步的考察,或可获得更真切更具体的认识。

---

① 赵琪伟《闻名陇上的盐官盐井》一文说:"广开卤池是秦人在此牧马成名不可或缺的因素,煮水成盐也是秦人在此'安营扎寨'最终东图关中一统六国的重要战略物资。"《甘肃日报》2018 年 11 月 25 日 2 版。
② 甘肃省文物考古研究所、中国国家博物馆、北京大学考古文博学院等:《西汉水上游考古调查报告》,文物出版社,2008 年,第 32、291 页。
③ 陶兴华:《秦早期文明追迹》,甘肃教育出版社,2016 年,第 81 页。

三 马大蕃息：汧渭之间的畜牧经营

《史记》卷五《秦本纪》记述秦人早期发展历程中曾为周孝王"主马于汧渭之间"的情形：

> 非子居犬丘，好马及畜，善养息之。犬丘人言之周孝王，孝王召使主马于汧渭之间，马大蕃息。孝王欲以为大骆適嗣。申侯之女为大骆妻，生子成为適。申侯乃言孝王曰："昔我先郦山之女，为戎胥轩妻，生中潏，以亲故归周，保西垂，西垂以其故和睦。今我复与大骆妻，生適子成。申骆重婚，西戎皆服，所以为王。王其图之。"于是孝王曰："昔伯翳为舜主畜，畜多息，故有土，赐姓嬴。今其后世亦为朕息马，朕其分土为附庸。"邑之秦，使复续嬴氏祀，号曰秦嬴。亦不废申侯之女子为骆適者，以和西戎。①

周天子"分土为附庸"，"邑之秦，使复续嬴氏祀，号曰秦嬴"地位的实现，因"昔伯翳为舜主畜，畜多息"畜牧经营传统之继承，能够"好马及畜，善养息之"。所谓"孝王召使主马于汧渭之间，马大蕃息"，或看说明秦非子实际上已经成为周王朝马政的主管。周王朝交通动力方面的需求，应赖秦人得以满足。

可以说，正是在"主畜，畜多息""马大蕃息"，即在交通动力方面取得特殊优势的基础上，秦完成了立国的基本程序，并进而向东发展。秦人对交通的长期重视，通过交通推进政治军事方面进取的成功努力，成为秦崛起的重要条件。

"保西垂，西垂以其故和睦"，以及"西戎皆服"，说明秦人活动于畜牧区与农耕区之间，曾经成为周王朝处理民族关系的缓冲及调节力量，于是有"以和西戎"的期待。而"孝王召使主马于汧渭之间，马大蕃息"，表现出对秦人的特殊信任。而"犬丘"②"郦山"地望，均接近周王室统治中枢。

---

① 《史记》，第177页。
② 犬丘，裴骃《集解》："徐广曰：'今槐里也。'"张守节《正义》："《括地志》云：'犬丘故城一名槐里，亦曰废丘，在雍州始平县东南十里。《地埋志》云扶风槐里县，周曰犬丘，懿王都之，秦更名废丘，高祖三年更名槐里也。'"《史记》，第177页。

所谓"邑之秦",裴骃《集解》:"徐广曰:'今天水陇西县秦亭也。'"张守节《正义》引《括地志》云:"秦州清水县本名秦,嬴姓邑。《十三州志》云秦亭,秦谷是也。周太史儋云'始周与秦国合而别',故天子邑之秦。"①自"秦"即甘肃天水地方至"汧渭之间"地方的交通,秦人应有长期的经营。

四 从丰镐到雒邑:平王东迁的卫队

两周之际,国家行政中心向东转移。《史记》卷五《秦本纪》记载了平王东迁这一政治史与交通史重大事件中秦人发挥的重要作用:

> 秦襄公将兵救周,战甚力,有功。周避犬戎难,东徙雒邑,襄公以兵送周平王。平王封襄公为诸侯,赐之岐以西之地。曰:"戎无道,侵夺我岐、丰之地,秦能攻逐戎,即有其地。"与誓,封爵之。襄公于是始国,与诸侯通使聘享之礼,乃用骝驹、黄牛、羝羊各三,祠上帝西畤。

"周避犬戎难,东徙雒邑",而"襄公以兵送周平王",是一次成功的非常重要的军事交通行为。② 秦"始国"的时代条件,是以秦襄公率军"送周平王"为标志的。

从丰镐到雒邑,是联系关中中部与河洛地方这两处黄河中游文明发展最重要基地的交通线路。秦统一后,在咸阳与洛阳都有宫殿区经营。此后自汉至唐,被称为两京或两都的经济文化中心之间的交通,因两地之间最高等级的道路实现最高的效率。③ "襄公以兵送周平王",是保障高层政治中心转移的意义重大的军事交通实践,也是这一交通路段发生政治效能的早期交通史记录。

据《史记》卷五《秦本纪》,平王东迁五年之后,"(秦襄公)十二年,伐戎而至

---

① 《史记》,第 178 页。

② 《史记》,第 179 页。秦人后来类似举动,又有秦穆公派兵护卫晋文公归国的史例。《史记》卷三九《晋世家》:"文公欲召吕、郤,吕、郤等党多,文公恐初入国,国人卖己,乃为微行,会秦缪公于王城,国人莫知。三月己丑,吕、郤等果反,焚公宫,不得文公。文公之卫徒与战,吕、郤等引兵欲奔,秦缪公诱吕、郤等,杀之河上,晋国复而文公得归。夏,迎夫人于秦,秦所与文公妻者卒为夫人。秦送三千人为卫,以备晋乱。"第 1661、1662 页。

③ 参看王子今:《秦汉驿道虎灾——兼质疑几种旧题"田猎"图像的命名》,《中国历史文物》2004 年第 6 期。

岐"。三年之后，"(秦文公)三年，文公以兵七百人东猎"。这可能是一次试探性远行。次年，"四年，至汧渭之会"。经卜居，占曰吉，"即营邑之"。①秦于是成为初具规模的诸侯国家。"襄公以兵送周平王"得封，以及"伐戎""至岐"，文公"东猎""营邑"等国家建设程序中，护送周平王"东徙雒邑"的交通行为意义特别重要。

宋王应麟《困学纪闻》卷三一《考史》以为秦襄公实际控制的地方，可能还要向东扩展：

> 赐襄公岐以西之地。襄公生文公，于是文公遂收周余民有之，地至岐，岐以东献之周。《诗·秦谱》正义曰：郑氏《诗谱》言"横有周西都宗周畿内八百里之地"，则是全得西畿，与《本纪》异。按，终南之山在岐之东南。大夫之戒襄公，已引终南为喻，则襄公亦得岐东，非唯自岐以西也。如《本纪》之言，文公献岐东于周，则秦之东境终不过岐。而春秋之时，秦境东至于河，明襄公救周即得之矣。《本纪》之言不可信也。

翁元圻注就此有所辨析，特别提出"文公逾陇"对于后来"拓土开疆""东竟至河""与齐桓、晋文侯伯侔矣"的意义：

> 秦之列为诸侯，始于襄公，更一百十九年而穆公立，遂霸西戎。《史记·六国表序》："太史公读《秦记》，至犬戎败幽王，周东徙洛邑，秦襄公始封为诸侯。及文公逾陇，攘夷狄，尊陈宝，营岐雍之间，而穆公修政，东竟至河，则与齐桓、晋文侯伯侔矣。"可见拓土开疆非一日之积，《史记》未必全非。②

翁元圻的论证方式以《史记》之言证《史记》未尝全非，不合学术逻辑。然而"拓土开疆非一日之积"的分析，是合理的。不过，秦人控制的地方，或许确实可以说"襄公亦得岐东，非唯自岐以西也"。秦人护送周平王东至河洛平原，顺势也自然可以适当扩张其势力范围。

---

① 《史记》，第179页。
② ［宋］王应麟著，［清］翁元圻等注，栾保群、田松青、吕宗力校点：《困学纪闻》，上海古籍出版社，2008年，第1341页。

五 秦人经营的陇山通路

探讨秦文化的源流,不能不涉及秦先祖所居所谓"西垂"地区与后来成为秦文化中心的关中地区的交通。西垂与关中的交通需要逾越分隔陕甘的大致南北走向的陇山。陇山古称陇坻,山势陡峻。《通典》卷一七四《州郡四·古雍州下·天水郡》:"郡有大坂,名曰陇坻,亦曰陇山。《三秦记》曰:其坂九回,上者七日乃越,上有清水四注下,俗歌曰:'陇头流水,鸣声幽咽,遥见秦川,肝肠断绝。'"①秦文化经过这一通路发展演进,并且影响了中华民族文化的总体面貌。在抵御北边游牧族侵袭的战争中,这条通路具有联系西北边防的重要战略意义,因而对于社会的安定与历史的进步发挥出积极的作用。作为沟通世界东西不同文化体系的"丝绸之路"的重要路段,这一通路对于世界文明进程的影响也是不可否认的。

(一)秦人早期活动与陇山通路的最初开拓

《史记》卷五《秦本纪》记载:秦先祖很早就在西戎地区活动,西垂是其居地的空间坐标,"自太戊以下,中衍之后,遂世有功,以佐殷国,故嬴姓多显,遂为诸侯。其玄孙曰中潏,在西戎,保西垂"。其后,"非子居犬丘,好马及畜,善养息之。犬丘人言之周孝王,孝王召使主马于汧渭之间,马大蕃息"。是为秦人第一次越过陇山东行的明确记载。周孝王说:"昔伯翳为舜主畜,畜多息,故有土,赐姓嬴。今其后世亦为朕息马,朕其分土为附庸。"于是"邑之秦,使复续嬴氏祀,号曰秦嬴"。秦人在陇山以东地方为周人创建并管理畜牧业基地,然而当时秦文化的重心,依然在"西垂旧地"。"周宣王时,以秦仲为大夫,诛西戎,西戎杀秦仲。"②《毛诗序》:"《车邻》,美秦仲也。秦仲始大,有车马、礼乐、侍御之好焉。"③

---

① [唐]杜佑:《通典》,中华书局据原商务印书馆万有文库十通本1984年2月影印版,第921页。

② 《史记》,第174—178页。

③ [清]阮元校刻:《十三经注疏》,中华书局据原世界书局缩印本1980年10月影印版,第368页。

秦人领袖以"车马"为第一嗜好，可以说明他们对于交通的重视，这一事实也许还意味着在秦人活动的主要地区西垂与汧河流域之间，已经开拓了可以通行车辆的道路。

秦仲死后，其子庄公昆弟五人受周宣王命伐西戎，破之。秦庄公被任命为西垂大夫，居其故西犬丘。年代当于公元前820年左右的不其簋盖，有铭文曰：

> 惟九月初吉戊申，伯氏曰："不其，驭（朔）方严允广伐西俞（隅），王命我羞追于西。余来归献擒，余命汝御追于䍙，汝以我车宕伐严允于高陶（陶），汝多折首执讯。戎大同从追汝，汝及戎大敦博，汝休，弗以我车函（陷）于艰，汝多擒，折首执讯。"伯氏曰："不其，汝小子，汝肇诲（敏）于戎工，锡汝弓一矢束、臣五家、田十田，用从乃事。"不其拜稽手，休，用作朕皇祖公伯孟姬尊簋，用匃多福，眉寿无疆，永纯灵终，子子孙孙，其永宝用享。

李学勤说："这篇铭文记述与严狁的一次战事，严狁是我国古代西北的少数民族。严狁'广伐西俞'，与禹鼎'广伐南国东国'同例，'西俞'是泛指的地区名，应读为'西隅'，意即西方。严狁侵扰周朝的西部，周王命簋铭中的伯氏和不其抗击，进追于西。西是具体地名，即秦公簋刻铭之'西'，也就是秦汉陇西郡的西县，古时又叫作西垂，在今甘肃天水西南。不其随伯氏对严狁作战得胜，伯氏回朝向周王献俘，命不其率领兵车继续追击，又与戎人搏战，有所斩获。铭中事件始末大抵如此。"李学勤认为，"不其簋所记是周宣王时秦庄公破西戎的战役"，又引《史记》卷五《秦本纪》："公伯立三年，卒。生秦仲。……周宣王即位，乃以秦仲为大夫，诛西戎。西戎杀秦仲。秦仲立二十三年，死于戎。有子五人，其长者曰庄公。周宣王乃召庄公昆弟五人，与兵七千人，使伐西戎，破之。于是复予秦仲后，及其先大骆地犬丘并有之，为西垂大夫。"李学勤判断："不其和他所称的伯氏（长兄）就是本纪的庄公昆弟，不其的'皇祖公伯'就是本纪所载的庄公昆弟的祖父公伯。"①李学勤说："'西俞'是泛指的地区名，应读为'西隅'，意即西方。"即"周朝的西部。"然而以"广伐西俞"，与禹鼎"广伐南国东国"同例，则"西俞"可与"西国"对应。"西国"即"西域"，在汉代文献中有相关文例。② 以"西"

---

① 李学勤：《秦国文物的新认识》，《文物》1980年第9期。
② 王子今：《"西域"名义考》，《清华大学学报》（哲学社会科学版）2010年第3期。

为方向标志的戎与秦人争夺的地方,从周文化重心的视角看,可以说是"西俞""西国""西域"。

不其簋铭文中两次出现关于"我车"的文句,似乎可以说明当时兵车已可以经陇山通路直至于西。

秦庄公死后,秦襄公代立。是时周幽王专宠褒姒,废太子而立褒姒子为嫡,于是引起政治动乱。《史记》卷五《秦本纪》:"西戎犬戎与申侯伐周,杀幽王郦山下。而秦襄公将兵救周,战甚力,有功。周避犬戎难,东徙雒邑,襄公以兵送周平王。"王玉哲曾经指出,《史记》本于《秦记》,行文不免偏袒嬴秦,而历史真相,实为秦人侵周。① 无论"救周"抑或"侵周",秦人后来的足迹,已经踏行至于中游的黄河。

《史记》卷五《秦本纪》说:"平王封襄公为诸侯,赐之岐以西之地。曰:'戎无道,侵夺我岐、丰之地,秦能攻逐戎,即有其地。'与誓,封爵之。襄公于是始国,与诸侯通使聘享之礼,乃用骝驹、黄牛、羝羊各三,祠上帝西畤。"②秦立国,并至少部分取得关中地区的实际控制权,但是从君主所居及祭祀地点看,其统治中心仍在西垂。③"(秦襄公)十二年,伐戎而至岐,卒。"④死于与"戎"的战事中,而战地在"岐"。

秦人自非子为周王畜、秦仲为大夫到襄公始国,这个逐步壮大的部族往复活动于西垂与汧渭流域之间。正是经由陇山通路,完成了文明发展历程中的跃进。

根据《史记》卷五《秦本纪》的记述,在秦文公时代,秦文化的重心开始正式向东方转移:

> 文公元年,居西垂宫。三年,文公以兵七百人东猎。四年,至汧渭之会。曰:"昔周邑我先秦嬴于此,后卒获为诸侯。"乃卜居之,占曰吉,即营邑之。十年,初为鄜畤,用三牢。十三年,初有史以纪事,民多化者。十六年,文公以兵伐戎,戎败走。于是文公遂收周余民有之,地至岐,岐以东献之周。⑤

---

① 王玉哲:《周平王东迁乃避秦非避犬戎说》,《天津社会科学》1986年第3期。
② 《史记》,第179页。《汉书》卷二五上《郊祀志上》:"秦襄公攻戎救周,列为诸侯,而居西,自以为主少昊之神,作西畤,祠白帝,其牲用骝驹黄牛羝羊各一云。"第1194页。
③ 西垂,有人曾以为应即"西陲",但现在大多数学者认为是具体的地名。
④ 《史记》卷五《秦本纪》,第179页。
⑤ 《史记》,第179页。

历时13年,秦人从西垂东出而终于在关中立足,建设起体制逐渐完备的政权。"东猎","至汧渭之会""卜居""营邑""地至岐",除了空间位置的转移而外,又有"初为鄜畤""初有史以纪事,民多化者""收周余民有之"等体现文化品级提升的迹象。这一历史过程,在司马迁笔下,是以"文公逾陇"①作为开创标志的。

秦襄公卒于岐,然而据《史记》卷六《秦始皇本纪》,又还葬西垂。② 后人以为《史记》附载《秦记》遗文③,应当较为准确。秦文公在关中初奠立国之基,死后却仍旧归"葬西垂"。④ 文公之后,宁公徙居平阳。大致自宁公起,秦公开始在关中择定葬处。

秦武公十年(前688),"伐邽、冀戎,初县之"⑤。邽、冀,即今甘肃天水地区。《史记》卷五《秦本纪》的这一记载,说明西垂之地在秦人向东发展之后又为戎人所占据,秦武公"初县之",可能重新又恢复了秦的统治。天水放马滩秦墓出土竹简《丹》中有"邸丞赤敢谒御史"简文,李学勤认为"邸""即氐道,在今天水西南"。⑥ 张德芳、孙占宇以为"此说似可商榷"⑦。而"丹"活动的地方,涉及"北

---

① 《史记》卷一五《六国年表》:"文公逾陇,攘夷狄,尊陈宝,营岐雍之间。"第685页。

② 《史记》卷六《秦始皇本纪》:"襄公立,享国十二年。初为西畤。葬西垂。"司马贞《索隐》:"此已下重序列秦之先君立年及葬处,皆当据《秦纪》为说,与正史小有不同,今取异说重列于后。襄公,秦仲孙,庄公子,救周,周始命为诸侯。初为西畤,祠白帝。立十三年,葬西土。"第285页。

③ 梁玉绳《史记志疑》卷五:"此篇是《秦记》,魏了翁《古今考》谓班固明帝时所得也。史公言秦烧书,独《秦记》不灭,故东汉时犹有存者,后人遂并班固语附载《本纪》之末,以备参证。""此记简古有法,先秦文字,不可多见,非它附益者比。"[清]梁玉绳:《史记志疑》,中华书局,1981年,第193页。金德建也认为"可以断定它实际就是《秦记》的节要梗概无疑"。他还指出:"《秦记》的叙事开端,便是从秦襄公时候开头的。"金德建:《〈秦记〉考征》,《司马迁所见书考》,上海人民出版社,1963年,第419页。

④ 《史记》卷六《秦始皇本纪》:"葬西垂。"第285页。《史记》卷五《秦本纪》:"葬西山。"《集解》引徐广曰:"皇甫谧云葬于西山,在今陇西之西县。"第180—181页。

⑤ 《史记》卷五《秦本纪》,第182页。

⑥ 李学勤:《放马滩简中的志怪故事》,《简帛佚籍与学术史》,时报文化出版企业有限公司,1994年,第181—182页。

⑦ 张德芳主编,孙占宇著:《天水放马滩秦简集释》,甘肃文化出版社,2013年,第270页。

地",李学勤以为"北地,地名,即北地郡"①。李零则释作"北邽"②。简文"邸丞赤敢谒御史",或释为"邽丞赤敢谒御史"。有学者以为,县丞得以直接向御史大夫呈文,说明当时邽县的级别之高。③ 有关"氐道""邽""西邽""北地"等理解,都体现这一时期的陇山道路已经成为使用频率较高,通过能力可观的交通干线。

(二)秦穆公时代:"自陇以西"诸戎"服于秦"

《史记》卷五《秦本纪》记载,秦穆公三十七年(前623),发动了一次规模较大具有重要历史意义的平定西部的战争。"秦用由余谋伐戎王,益国十二,开地千里,遂霸西戎。天子使召公过贺穆公以金鼓。"④

秦依恃武力在西方形成的霸权得到了周王室的承认,西北方向因军事强势获得的成功,《史记》卷一一〇《匈奴列传》记载:"秦穆公得由余,西戎八国服于秦,故自陇以西有绵诸、绲戎、翟、豲之戎,岐、梁山、泾、漆之北有义渠、大荔、乌氏、朐衍之戎。"⑤所谓"益国十二",作"八国服于秦"。《史记》卷八七《李斯列传》作"并国二十,遂霸西戎"⑥。《文选》卷三九《李斯上秦始皇书》作"并国三十"⑦。总之,秦人取得了西北地区的实际控制权。而"自陇以西有绵诸、绲戎、翟、豲之戎",是秦穆公时代征服"西戎"的首要军功。所谓"益国""开地""霸西戎",必然经历艰苦的军事交通实践。

《汉书》卷五二《韩安国传》说:"秦穆公都雍,地方三百里,知时宜之变,攻取西戎,辟地千里,并国十四,陇西、北地是也。"⑧则言"并国十四"。秦国的这一战略胜利,使西北地区成为秦后来向东方作战的安定的后方。秦穆公的成功,显然

---

① 李学勤:《放马滩简中的志怪故事》,《简帛佚籍与学术史》,第183页。
② 李零:《秦简的定名与分类》,《简帛》第6辑,上海古籍出版社,2011年。张德芳、孙占宇以为"北地"释文不误。张德芳主编,孙占宇著:《天水放马滩秦简集释》,第273页。
③ 甘肃省文物考古研究所、天水市北道区文化馆:《甘肃天水放马滩战国秦汉墓群的发掘》,《文物》1989年第2期。
④ 《史记》,第194页。
⑤ 《史记》,第2883页。
⑥ 《史记》,第2542页。
⑦ [梁]萧统编,[唐]李善注:《文选》,中华书局,1977年,第544页。
⑧ 《汉书》,第2401页。

是以陇山通路的畅通为基础的。

(三)陇山的"道"

《汉书》卷一九上《百官公卿表上》说到县级行政区划中,"列侯所食县曰国,皇太后、皇后、公主所食曰邑,有蛮夷曰道"①。《汉官旧仪》卷下又说:"内郡为县,三边为道。"②严耕望《唐代交通图考》在《序言》中指出:"汉制,县有蛮夷者曰道,正以边疆少数民族地区,主要行政措施惟道路之维持与控制,以利政令之推行,物资之集散,祈渐达成民族文化之融合耳。"③我们注意到,"道"之所在,大都处于交通条件恶劣的山区。很可能"道"之得名,正在于强调交通道路对于在这种特殊地理条件和特殊民族条件下实施政治管理的重要作用。也可能在这种交通条件较为落后的少数民族聚居地区,政府当时所能够控制的,仅仅限于联系主要政治据点的交通道路,即中央政府在这些地区实际只控制着若干点与线,尚无能力实施全面的统治。王莽大规模更改地名时,对西汉"道"确定的新名称多体现在这种"有蛮夷"的地区对少数民族的管理和镇压。④ 但是也有体现"道"的交通作用的,如南郡夷道改称江南,标志这是由南阳南下游历江南首先进入的行政区,此外陇西氐道改称亭道,北地除道改称通道,仍强调"道"这一行政设置的交通意义。⑤ 已经有学者指出,秦代已经有"道"的设置。⑥ 与陇山通路有关的,目前已知有:

狄道 《太平御览》卷八六引《淮南子》:"秦之时","发边戍,入刍

---

① 《汉书》,第742页。

② [清]孙星衍等辑,周天游点校:《汉官六种》,中华书局,1990年,第50页。又《汉旧仪》卷下:"内郡为县,三边为道。"第82页。

③ 严耕望:《唐代交通图考》第1卷《京都关内区》,历史语言研究所(台湾),1985年,第1页。

④ 如广汉甸氐道改称"致治",阴平道改称"摧虏",蜀郡严道改称"严治",犍为郡僰道改称"僰治",武都郡故道改称"善治",陇西狄道改称"操虏",天水郡戎邑道改称"填戎亭",安定月氏道改称"月顺"等。

⑤ 王子今:《秦汉交通史稿》(增订版),中国人民大学出版社,2013年,第515—518页。

⑥ 骈宇骞:《秦"道"考》,《文史》第9辑,中华书局,1980年。

蒌","丁壮丈夫西至临洮狄道。"①《太平寰宇记》卷一五一《陇右道二·兰州》"狄道县"条:"本秦旧县也,其地故西戎别种所居,秦取以为县。《汉书·地理志》狄道属陇西。"②

氐道 《水经注》卷三三《江水》:"县,本秦始皇置。"③

黄以周《汉县道考》注意到作为行政区划的"道"对于交通史研究的意义,他认为:"所谓道者,为蛮夷水陆往来之通衢,非指土著而言。《说文》云:'道,所行道也。《鲁语》:武王克商,遂通道于九夷八蛮。'班氏于《百官志》以为'有蛮夷曰道',于《地里志》各道下又自注'某水所出',则道为蛮夷水陆往来之通衢明矣。县治土著之民,故虽官蛮夷亦谓之县。道治蛮夷行旅之事,故惟属内地乃谓之道。有县不设道,境内虽有道,必其小者也,其事亦杂治于县。如《地志》西河郡增山下云'有道,西出眩雷塞',朔方郡窳浑下云'有道,出西北鸡鹿塞',是皆有蛮夷道而无其官者也。有道不设县,其土著之民盖又通辖于道。亦有地大事剧,有非道所能兼辖者,则又道与县并设。如《地志》上郡有雕阴道,复有雕阴县,是县治土著之民,道治蛮夷之事,而各有其职者也。"④《汉书》卷二八《地理志》总列全国行政区分,谓"道三十二",而所记县邑之以道名者,只得三十,又巴郡阆中下云"彭道沮池在南,彭道鱼池在西南",说明巴郡又有彭道。而《汉书》卷三《高后纪》:"(二年)春正月乙卯,地震,羌道、武都道山崩。"颜师古注:"武都道属武都郡。"⑤这样,"道三十二"之数可以补全。其中与陇山通道有关的地区,就有陇西郡4道:狄道、氐道、予道、羌道;天水郡4道:戎邑道、绵诸道、略阳道、獂道;安定郡1道:月氏道。不能排除这些道为秦时设置之可能。从秦交通史的发展走向看,即使对于西汉时道的分布,似乎在某种程度上也可以发现秦人对这一地区交通的特殊重视的历史遗痕。

---

① [宋]李昉等:《太平御览》,中华书局用上海涵芬楼影印宋本1960年2月复制重印本,第410页。
② [宋]乐史撰,王文楚等点校:《太平寰宇记》,中华书局,2007年,第2928页。
③ [北魏]郦道元著,陈桥驿校证:《水经注校证》,中华书局,2007年,第765页。
④ [清]黄以周:《儆季杂著三·史说略二》,见[清]黄以周撰,詹亚园、程继红点校:《黄以周全集》,上海古籍出版社,2014年,第10册第389页。
⑤ 《汉书》,第96—97页。

(四)秦人"逾陇"路线的经由与走向

通过陇山的古代交通道路,一些学者经勘察论证,以为有南北两条路线。

鲜肖威讨论丝绸之路东段的路线时,指出其北线的走向,即"沿泾河西北向,经陇山(六盘山是其主峰),过固原(唐代之萧关在其东南)"。① 吴礽骧根据汉简资料,对这一认识进行了补充和印证:"一九七三年甘肃金塔县汉金关遗址曾出土一枚有关长安至河西一带驿置里程的汉简(EPT59:582)。根据现存简文,与现今的地名对照,北线平凉以东的一段,大致与宋代以后的驿道相同,即从长安出发,沿泾河西北向,经咸阳、兴平(茂陵在县东北)、礼泉(汉谷口县故城在今县东北)、乾县(汉好畤县故城在今县东)、彬县(汉漆县治)、长武(汉阴盘县治)、泾川(汉安定县故城在今县北),至平凉(汉泾阳县故城在今县西)。"②

这条东段大体循泾水河谷而行的逾陇道路,可以称作泾水道。

鲜肖威指出南线的走向,"自长安出发沿渭河而上至宝鸡东,为了绕过宝鸡—天水间的峡谷险道,乃沿千河西北向过陇县,越陇山,度陇关(又名大震关),到甘肃秦安(古成纪)境"。③ 吴礽骧也认为,这条路线"大致沿渭河西行",即由长安出发,经咸阳、兴平、武功(汉斄县故城在今县西南)、眉县(汉郿县故城在今县渭水北)、宝鸡(汉虢县故城在今县西),折向西北,沿汧河,经凤翔(汉雍县故城在今县南)、千阳(汉隃糜故城在今县东南),折向西,越陇关,溯通关河北上,经马鹿折向西北,经阎家、恭门、张家川(汉陇县治,东汉凉州刺史治)、陇城(汉略阳道地),至秦安(当成纪县故城在今县北)。④

这条循汧水河谷西北行的逾陇道路,可以称作汧水道。

除了泾水道和汧水道路两条路线之外,是否还有其他的陇山通路呢?

《后汉书》卷一三《隗嚣传》记述刘秀军由关中西进,击破隗嚣军的战役。关于陇山防线的攻守,有如下文字:

---

① 鲜肖威:《甘肃境内的丝绸之路》,《兰州大学学报》(社会科学版)1980年第2期。
② 吴礽骧:《两关以东的"丝绸之路"——兼与鲜肖威同志商榷》,《兰州大学学报》(社会科学版)1980年第4期。
③ 鲜肖威:《甘肃境内的丝绸之路》,《兰州大学学报》(社会科学版)1980年第2期。
④ 吴礽骧:《两关以东的"丝绸之路"——兼与鲜肖威同志商榷》,《兰州大学学报》(社会科学版)1980年第4期。

（建武）八年春,来歙从山道袭得略阳城。(隗)嚣出不意,惧更有大兵,乃使王元拒陇坻,行巡守番须口,王孟塞鸡头道,牛邯军瓦亭,嚣自悉其大众围来歙。公孙述亦遣其将李育、田弇助嚣攻略阳,连月不下。帝乃率诸将西征之,数道上陇。①

可见当时克服陇山天险,确实有"数道"相通。据注文,陇坻、番须口在汧水道上,鸡头道、瓦亭在泾水道上,至于来歙"从山道袭得略阳城"所经由的陇道,《后汉纪》卷六《光武皇帝纪》记载:"(建武)八年春正月,来歙自阳城将二千人斩山开道,经至略阳。"②《后汉书》卷一五《来歙传》说:"伐山开道,从番须、回中径至略阳。"③阳城、番须、回中,在今陕西陇县西北。来歙所部大约是从今陇县西北山地进军,奇袭略阳的。刘秀率领的主力部队,则是由泾水道西征,经漆(今陕西彬县)、高平第一(今宁夏固原)逼进隗嚣军的。④

　　由于东方发生意外变乱,刘秀在战役进行之时匆忙东归。《后汉书》卷一下《光武帝纪下》:

　　颍川盗贼寇没属县,河东守守兵亦叛,京师骚动。

　　秋,大水。

　　八月,帝自上邽晨夜东驰。九月乙卯,车驾还宫。

又由九月"戊寅,至自颍川"⑤的记载,可知"九月乙卯",必定在九月的前 7 日之内,如此则刘秀从上邽到洛阳,行程绝不可能超过 37 天。刘秀东归,应当经行较为近便的路线,所谓"晨夜东驰",可能并不向北绕行泾水道或汧水道。

《史记》卷五《秦本纪》说,宁公"葬西山"。《正义》:"《括地志》:'秦宁公墓在岐州陈仓县西北三十七里秦陵山。《帝王世纪》云秦宁公葬西山大麓,故号秦陵山

---

① 《后汉书》,第 528 页。
② [东晋]袁宏撰,张烈点校:《后汉纪》,中华书局,2002 年,第 102 页。
③ 《后汉书》,第 587 页。
④ 《后汉书》卷一五《来歙传》:"帝乃大发关东兵,自将上陇。"第 587 页。《后汉书》卷一下《光武帝纪下》:"窦融率五郡太守与车驾会高平。"第 53 页。王子今:《"高平第一城"与丝绸之路"陇道"交通》,《丝绸之路暨秦汉时期固原区域文化国际学术研讨会论文集》,宁夏人民出版社,2016 年。
⑤ 《后汉书》,第 54 页。

也.'按:文公亦葬西山,盖秦陵山也。"①李零认为,秦陵山应即今宝鸡市北之陵塬②,这一见解应当是可以成立的。他认为"西山"之称,是相对陈仓城址的位置而言。其实所谓"西山大麓",已经明确陵塬是西山即陇山的余脉的认识。陵塬之东,有河南向注入渭水,即《水经注》卷一七《渭水》所谓"楚水","世所谓长蛇水"③,现称金陵河。循河北上至县功,再西折吴山、香泉、赤沙、通洞西北行,也可以逾陇山抵达今甘肃清水。这条道路对于连接天水地区和宝鸡地区来说,是相当近捷的道路,虽然无法全程通行车辆,然而避开了渭水深切的峡谷,又不必迂远数百里绕道汧河、泾河。很可能秦文公就是循这条道路"东猎",而至于"汧渭之会"的。

上文我们谈到"道"的设置同交通道路的关系。《汉书》卷二八下《地理志下》言天水郡戎邑道的方位,恰恰就在这条道路上。"戎邑道,莽曰填戎亭。"④据谭其骧主编《中国历史地图集》,"戎邑道"在今甘肃清水北。⑤ 关于"戎邑",有讨论的必要。有关战国秦汉历史的文献信息中,可见"邽戎邑""獂戎邑""骊戎邑"等。陇西郡,王莽改称"厌戎"。陇西郡上邽县,颜师古注:"应劭曰:'《史记》故邽戎邑也。'师古曰:'邽音圭。'"⑥钱坫《新斠注地里志》:"戎邑道,在今清

---

① 《史记》,第 181 页。
② 李零:《〈史记〉中所见秦早期都邑葬地》,《文史》第 20 辑,中华书局 1983 年 9 月版。
③ 《水经注》卷一七《渭水》:"渭水又东南出石门,度小陇山,径南由县南,东与楚水合,世所谓长蛇水,水出汧县之数历山也。南流径长蛇戍东,魏和平三年筑,徙诸流民以遏陇寇。楚水又南流注于渭。"《水经注校证》,第 430 页。
④ 《汉书》,第 1612 页。
⑤ 谭其骧:《中国历史地图集》,中国地图出版社,1982 年,第 2 册第 33—34 页。
⑥ 《汉书》卷二八下《地理志下》,第 1610 页。《史记》卷五《秦本纪》:"(武公)十年,伐邽、冀戎,初县之。"裴骃《集解》:"《地理志》陇西有上邽县。应劭曰:'即邽戎邑也。'"第 182 页。秦孝公"西斩戎之獂王",裴骃《集解》:"《地理志》天水有獂道县。应劭曰:'獂,戎邑,音桓。'"第 202 页。《史记》卷一一〇《匈奴列传》:"秦穆公得由余,西戎八国服于秦,故自陇以西有绵诸、绲戎、翟、獂之戎,岐、梁山、泾、漆之北有义渠、大荔、乌氏、朐衍之戎。"关于"獂戎",裴骃《集解》:"徐广曰:'在天水。獂音丸。'"司马贞《索隐》:"《地理志》天水獂道。应劭以'獂戎邑,音桓'。"张守节《正义》:"《括地志》云:'獂道故城在渭州襄武县东南三十七里。古之獂戎邑。汉獂道,属天水郡。'"第 2883—2884 页。《史记》卷六《秦始皇本纪》:"十六年……秦置丽邑。"张守节《正义》:"《括地志》云:'雍州新丰县,本周时骊戎邑。《左传》云晋献公伐骊戎,杜注云在京兆新丰县,其后秦灭之以为邑。'"第 232 页。看来,"戎邑"在有的情况下可能是戎族之邑的统称。

水县东一百二十里。"①吕吴调阳《汉书地理志详释》:"戎邑道,今清水县东南赤沙镇。"②《新唐书》卷三七《地理志一》:陇州汧阳郡吴山,"西有安夷关"③。《元和郡县图志》卷二《关内道二·陇州》"南由县"条写道:"安夷关,在县西一百四十六里。长蛇川,在县西一百步。渭水,在县南四十里。"又说:"南由县,本汉汧县地,后魏孝明帝于县西南由谷口置县,因谷为名。隋开皇二年省长蛇县并入南由,属岐州,贞观四年割入陇州。"④南由县旧址在宝鸡武功镇附近,隋唐间曾"属岐州",又"割入陇州",可知处于东西交通方便的位置。安夷关的设置,自然是为了扼守这条交通道路。

这条东段循楚水(今金陵河)、傍陵塬北上再折而西行的逾陇道路,或许可以称作楚水道。

众所周知,陇山通路的北线涉及古萧关位置的确定,而南线的走向,则与历来争论纷纭的古街亭的所在有关。

陈可畏发表《街亭考》一文,以为街亭在今甘肃天水东南的街子镇。其判断的出发点,是认为诸葛亮的进军方向,是"循南山东进",控制"陈仓—陇山—上邽大道"。⑤ 此说受到诸多学者的驳难。一般共同的认识是,从今天宝天铁路路段之艰险,推想古时不大可能有道路通行。⑥ 交通史志工作者在以往的工作中对于是否有存在这条道路的可能,似乎也缺乏足够的论证。⑦

1986年甘肃天水放马滩1号秦墓出土7幅板绘地图。其年代判定为秦王政八年(前252)。这一批保存较好的目前所见年代最早的地图,经分析,其内容所反映的区域范围是以战国秦邽县为中心的地区。特别值得注意的是,第三块

---

① [清]钱坫撰,徐松集释:《新斠注地里志集释》卷一二《天水郡》,《二十五史补编》,中华书局用开明书局原版1955年2月重印版,第1139页。

② [清]吕吴调阳:《汉书地理志详释》三《天水郡》,《二十五史补编》,第1225页。

③ 《新唐书》,第968页。

④ [唐]李吉甫撰,贺次君点校:《元和郡县图志》,中华书局,1983年,第46页。

⑤ 陈可畏:《街亭考》,《地名知识》1981年第4、5期。

⑥ 参看刘满:《由秦陇通道和祁山之战的形势探讨街亭的地理位置》,《兰州大学学报》(社会科学版)1983年第3期。

⑦ 参看宝鸡市公路交通史志编写办公室:《宝鸡古代道路志》,陕西人民出版社,1988年。

木板 A 面地图上,沿渭河流向,标示出一条向东的交通道路。这条道路在大致相当于元龙以西地段,始终沿渭河南岸东行,此后或北,在"苦谷""虎谷"以东,道路行至渭北,有专门符号表现关隘设置。按照何双全对全图的编缀意见,第二块木板地图与此图相同,且用文字标示地名"燔史关"。道路设关,当然是比较重要的道路。"燔史关"所在,整理者以为在陕西宝鸡凤阁岭一带。而这恰恰是与流经此地的"通关河"的定名相吻合的,这条道路继续向东延伸,直到邽县东界,地点大致在陕西宝鸡胡店附近。按照第二块木板地图所示,在此东北方向,又有3处谷道有类似的关隘设置。① 可见沿渭水东向,当时确实曾有道路通行。其凤阁岭以东的地段,有可能为避开险峻的峡谷,有数条穿越山地的支线。有些支线,也有可能与楚水道部分重合。

1978 年 2 月,陕西宝鸡凤阁岭建河一座洞穴式秦墓中曾出土铜戈、铜弩机、铜蒜头壶、铁剑等秦代文物。铜弩机有"丞广"铭文。铜戈铭文为:"廿六年,□栖守□告(造),西工宰阉,工□",(背)"武库"。② 可能是陇西郡西县(今甘肃天水西南)出产。凤阁岭秦墓的发现,可以作为当时循渭河存在东西交通道路的佐证。宝鸡西有石窟称"佛岩"者,乾隆《重修凤翔府志》卷一《山川·宝鸡》"佛岩"条:"佛岩,县西四十里,俗名'西武当'。"③乾隆《宝鸡县志》卷一《山川》"佛岩"条写道:"佛岩,治西四十里,俗名西武当,洞开陡壁,石窍玲珑,悬楼飞阁,奇丽壮观。"④民国《宝鸡县志》卷二《山川》在"佛岩"之后说到"长坡原":"长坡原在县西二十里,北通吴山,南绕渭水,陆川在左,硖石带右,为秦川平原之尽处。"⑤关于"佛岩",写道:"佛岩在县西四十里,北连吴山,洞开陡壁,飞阁悬楼,

---

① 何双全:《天水放马滩秦墓出土地图初探》,《文物》1989 年第 2 期。
② 王红武、吴大焱:《陕西宝鸡凤阁岭公社出土一批秦代文物》,《文物》1980 年第 9 期。铜戈铭文释文参看李学勤:《秦国文物的新认识》,《文物》1980 年第 9 期。
③ 清乾隆三十一年刻本。
④ 原注:详见"景胜"。钞本。
⑤ 今按:"长坡原",今称"赵家坡原"。"陆川",今称"六川"。

实为奇丽。"①这处被称为"西武当"的石窟遗迹,地处今方塘铺附近,也可以说明沿渭河曾有道路相通。而称作"铺"的地名,又往往与古驿道系统有关。当然所反映的,可能是较晚近的交通史现象。

这条沟通陇山东西的通路,有相当长的地段循渭河而行,因而可以称作渭水道。

这样,我们知道比较重要的陇山通路,大致有:泾水道、汧水道、楚水道、渭水道。

天水放马滩秦墓出土地图的整理者认为,放马滩地图显示三条交通路线:第一条即东路,沿渭河出燔史关可达关中;第二条即西路,沿耤河可抵武都郡;第三条即所谓"南路","南路入东柯、永川河,经现在的甘泉、街子、麦积、党川、利桥乡,于嶓冢山下东去直入咸阳,又南可达汉中郡,过去很少注意南路,今放马滩墓群的发现,证实这条路线也是一条重要通道"②。曹婉如与张修桂都认为地图显示的交通线呈南北走向。③ 藤田胜久认为地图所表现的交通线是从天水经西汉水至武都的路线。雍际春认为:"以上三种观点只有藤田的分析是正确的。"④ 对

---

① 又录邑人诗四首:"邑人何毓藻诗:'一层楼阁一层山,人语喁喁峭岣间。下界钟声清梵顶,半山幡影挂禅关。悬崖密似蜂房结,古磴危如鸟道扳。岂是伽蓝凭慧剑,劈空削出石屏颜。'邑人强振志诗:'崖悬危石石撑楼,楼外青山映佛头。上界龛灯星点点,禅关香火日悠悠。云连磴道红墨画,洞响梵声鹤自投。此是西方真极乐,老僧不问世沈浮。'又诗:'密结蜂房浅销烟,灵岩每到辄参禅。晓峰澹似仙心净,夜月光依佛项圆。半壁凉风侵石骨,一龛爽气耸山肩。空中楼阁连云洞,金粟如来自在天。'邑人徐冲霄诗:'神仙洞府峭如削,接引世人悬铁索。青牛鼻孔路一通,空中结构成楼阁。五云深处涌莲台,佛法化身金石开。高卧西山百不管,如云士女拜尘埃。'"民国三十一年铅印本。所谓"人语喁喁""禅关香火""接引世人""如云士女"等语,说到现今难以想象的繁盛。佛教遗存与交通的关系,参见王子今:《北朝石窟分布的交通地理学考察》,《北朝史研究——中国魏晋南北朝史国际学术研讨会论文集》,商务印书馆,2004年。
② 何双全:《天水放马滩秦墓出土地图初探》,《文物》1989年第2期。
③ 曹婉如:《有关天水放马滩秦墓出土地图的几个问题》,《文物》1989年第12期;张修桂:《天水〈放马滩地图〉的绘制年代》,《复旦学报》(社会科学版)1991年第1期;《世界上最早的地图:〈天水放马滩地图〉》,《科学》1991年第2期;《两千三百多年前的〈放马滩地图〉》,《地理知识》1992年第1期;《当前考古所见最早的地图——天水〈放马滩地图〉研究》,《历史地理》第10辑,上海人民出版社,1992年。
④ 雍际春:《天水放马滩木板地图研究》,甘肃人民出版社,2002年,第145页。

于天水地方通往武都附近的战国秦时交通道路的判定,看来还有待于进一步的论证。不过这条道路即使存在,也并非"逾陇"道路,因而已经超出"陇山通道"这一主题所讨论的范围了。

(五)陇山通路的经营

史籍中虽然有诸如非子"好马及畜","犬丘人言之周孝王",也就是说有犬丘人较早经行陇山通路这样的记载,然而这条道路的真正开通并对文化史进程发生重大影响,还应当归功于秦人的经营。

秦人由犬丘、西垂之地东进,很可能最初是经由渭水道及楚水道。这两条路线虽然崎岖艰险,然而就联系"西垂"与"汧渭之间"说来,路程最为捷近。对于尚未普遍使用车辆的早期交通活动,由这两条路线通行,显然是较汧水道和泾水道更为合理的选择。

关于"文公逾陇"事,《史记》卷五《秦本纪》记载:"文公元年,居西垂宫。三年,文公以兵七百人东猎。四年,至汧渭之会。"[①]这次交通活动,很可能是本无既定目标的试探性的出行,因而有卜居营邑之举。由历时之久,可以想见踌躇犹疑之状及行途之艰难。秦人假若世代困居西垂,就只能与邻近的氐、狄、獂羌诸戎同列。秦人逾越陇山的行动,成为开拓秦文化辉煌前景的创举。

随着秦人交通条件的进步和运输范围的扩大,旧有的陇山通路逐渐不完全满足交通活动的需要,于是汧水道得以开通。汧水道的开通当然也是以汧水流域经济的开发为条件的。

陕西陇县边家庄发现一处范围较大的春秋墓葬区。在 1986 年清理发掘的 5 号墓中,发现丰富的青铜礼器、车马器等随葬器物。墓葬中还发现将随葬木车与墓主同置于一个墓室的特殊葬俗。这种葬俗似乎可以说明墓主对于车辆的专好。木车衡木两端各有一木俑,似体现木车是以人力为动力的辇。主持发掘的考古工作者指出这一墓葬区位于一座春秋故城遗址附近。据判断,此城址"应为秦襄公徙汧所都之地"。[②] 已经有学者著文论述"襄公徙都汧之说不可靠"。

---

① 《史记》,第 179 页。

② 陕西省考古研究所宝鸡工作站、宝鸡市考古工作队:《陕西陇县边家庄五号春秋墓发掘简报》,《文物》1988 年第 11 期。

这座春秋城址的文化内涵固然尚待通过进一步的发掘与研究方能确定,但陇县边家庄 5 号春秋墓的发现,毕竟向人们提供了可以增进对早期秦文化面貌的认识的重要资料。我们认为,这一发现似乎有助于说明汧水的开通对于运用车马的交通活动提供了远远优于渭水与楚水道的条件。

当秦的势力不再局限于"岐以西之地"时,汧水道已经逐渐不能满足交通发展的需要了,于是由咸阳、长安之地径向西北的泾水道得以开通。《史记》卷六《秦始皇本纪》记述秦统一后秦始皇第一次大规模出巡:二十七年(前 220),"始皇巡陇西、北地,出鸡头山,过回中"①。秦始皇兼并六国后这次具有重大政治意义的出行,既经历了汧水道,又部分经历了泾水道。同年,秦王朝开始把"治驰道"作为政府倾力经办的重要行政项目之一。道路勘测、选线以及施工能力的提高,必然也有益于陇山道路通行状况的改善。泾水道大约在西汉时成为与西北地区交通的重要干线。这是因为国家的统治中心早已由雍地东移,而西端所联系的也不仅仅是陇山西麓的天水、陇西地区,而延伸于河西乃至西域。泾水道是东西之间力求捷直而选定的路线,集中体现出当时交通道路建设的水平。

泾水道地位的上升,并不意味着汧水道以及楚水道、渭水道的废绝。这一事实可以通过东汉初刘秀对隗嚣的战争以及三国时期诸葛亮北伐之役的实际情况得到证明。

秦人原本僻处西隅,交通条件明显劣于"诸侯四通,条达辐凑"的中原各国。然而从列国争雄的历史看,恰恰是交通形势不利的国家,反而由于环境压力的刺激作用,往往奋发图强,逐渐拥有更雄厚的交通实力,于是军威国势也更为强盛。齐、楚、吴、越、燕、赵,都是边国,然而都曾称雄一时。战国晚期最强大的国家,正是处于中原四围的边僻的秦、楚、赵、齐。这种文化边缘地区由于交通方面的不利条件反而更为注重交往,以致由弱而强,甚至创造出领先于各国的先进的文化的事例,在世界历史中多不胜举。

还有一点需要说明的是,天水放马滩秦墓地图中标识道路的直线越渡渭河凡 13 次,若作为示意理解,似不能完全排除渭水道曾采用水陆并用的交通形式的可能。然而即使确实如此,在第三块木板 A 面地图中,所谓"燔史关"设在陆

---

① 《史记》,第 241 页。王子今:《秦始皇二十七年西巡考议》,《文化学刊》2014 年第 6 期;《秦文化探研——甘肃秦文化研究会第二届学术研讨会论文集》,甘肃人民出版社,2015 年。

路上,因而这条路线的交通仍必当以陆路为主。《水经注》卷一七《渭水》:"《东观汉记》曰:'隗嚣围来歙于略阳,世祖诏曰:桃花水出船艓,皆至郁夷、陈仓,分部而进者也。'"①或谓"船艓"为"转般"之误。其实既言"桃花水出",应当是指水运。②不过,这里主要考察论证逾越陇山的陆路交通途径,对于宝鸡、天水间渭河水运的可能性及最初开发的年代,可以另外专门讨论。

(六)"阴密"与"漆"

秦人经营的陇山通路,线路上有"阴密"与"漆"地方保留了有关秦史的珍贵记忆。其中有涉及交通史的信息。

《汉书》卷二八下《地理志下》"安定郡"条所见有关"阴密"的信息值得我们注意:

> 阴密,《诗》密人国。有嚣安亭。③

秦昭襄王时代名将白起悲剧人生的最后一幕,出现了与"阴密"相关的情节。《史记》卷七三《白起王翦列传》:"免武安君为士伍,迁之阴密。武安君病,未能行。居三月,诸侯攻秦军急,秦军数却,使者日至。秦王乃使人遣白起,不得留咸阳中。武安君既行,出咸阳西门十里,至杜邮。秦昭王与应侯群臣议曰:'白起之迁,其意尚怏怏不服,有余言。'秦王乃使使者赐之剑,自裁。"杜邮,司马贞《索隐》:"按:故咸阳城在渭北。杜邮,今在咸阳城中。"张守节《正义》:"《说文》云'邮,境上行舍',道路所经过。今咸阳县城,本秦之邮也,在雍州西北三十五里。"④经"杜邮"往"阴密",应经行咸阳往西北方向的交通干线。"阴密"在今甘肃泾川南,即咸阳往安定郡交通大道左近。

另一个地点也值得注意,即《汉书》卷二八上《地理志上》"右扶风"条说

---

① 《水经注校证》,第 432 页。
② 《后汉书》卷一一《刘盆子传》:赤眉由安定、北地还,"发掘诸陵,取其宝货","大司徒邓禹时在长安,遣兵击之于郁夷,反为所败"。李贤注:"郁夷,县,属右扶风也。"第 483—484 页。《水经注》卷一七《渭水》以为在汧渭之交附近。除引《东观汉记》曰"世祖诏曰:桃花水出船艓,皆至郁夷、陈仓"外,又有"渭水又东迳郁夷故城南",以及"汧水东南迳慈山,东南迳郁夷县平阳故城南"。《水经注校证》,第 432—433 页。
③ 《汉书》,第 1615 页。
④ 《史记》,第 2337—2338 页。

到的"漆":

> 漆,水在县西。有铁官。莽曰漆治。①

这里是"铁"的生产基地,也是"漆"的生产基地。考察生漆资源的开发,应当关注"漆"县的经济意义。

漆县是与秦行政中心咸阳有较密切联系的地方。例证之一,是可能出身于"漆"的女子"榛娥"服务于秦宫廷。《方言》卷二关于各个地方女子之美好的语言表示方式,有这样一段文字:

> 娃、嫷、窕,艳美也。吴、楚、衡、淮之间曰"娃"。南楚之外"嫷"②。宋、卫、晋、郑之间曰"艳"。陈、楚、周南之间曰"窕"。自关而西,秦、晋之间凡美色或谓之"好",或谓之"窕"。故吴有馆娃之宫,秦有榛娥之台。③ 秦、晋之间美貌谓之"娥"④,美状为"窕"⑤,美色为"艳"⑥,美心为"窈"⑦。

这里所谓"秦有榛娥之台",与"吴有馆娃之宫"并说,应当也是指宫廷建筑。以往关于秦宫廷文化研究的论著有涉及秦宫高台建筑者,然而都没有说到这处"榛娥之台"。《方言》中有关"秦有榛娥之台"的信息,值得我们珍视。《史记》卷二《夏本纪》引《禹贡》:"黑水西河惟雍州:弱水既西,泾属渭汭。漆、沮既从,沣水所同。"关于"漆",张守节《正义》:"《括地志》云:'漆水源出岐州普润县东南岐漆山漆溪,东入渭。'"⑧《汉书》卷二八上《地理志上》引《禹贡》同句,颜师古注:"漆、沮,即冯翊之洛水也。酆水出鄠之南山。言漆、沮既从入渭,酆水亦来同也。"⑨由《地理志》"漆,水在县西",可知"漆溪""漆水"与"漆"县县名有关。言

---

① 《汉书》,第1547页。
② 原注:"言矮嫷也。"
③ 原注:"皆战国时诸侯所立也。榛音七。"
④ 原注:"言娥娥也。"
⑤ 原注:"言闲都也。"
⑥ 原注:"言光艳也。"
⑦ 原注:"言幽静也。"华学诚汇证,王智群、谢荣娥、王彩琴协编:《扬雄〈方言〉校释汇证》,中华书局,2006年,第100页。
⑧ 《史记》,第65页。
⑨ 《汉书》,第1532页。

"漆溪""漆水",其字从水是自然的。如果强调作为经济林的漆木资源的优越,其字或可作"榛"。①

---

① 王子今:《论秦宫"榛娥之台"兼及漆业开发与"秦娥"称谓》,《四川文物》2018 年第 6 期。

第三章　秦文化史资料中的交通史信息

文学是社会的心声,也保留了生动鲜明的历史的印迹。文学史以及意识史、观念史、思想史,乃至民俗史遗存中可以发掘社会生产史与社会生活史的重要信息。我们统称为上古精神文化史资料中的有关内容,也可以片断反映交通事业的开发与交通能力的进步,以及交通与社会发展的关系。

一　《诗·秦风》交通史料

孔子所谓"《诗》三百"①,即《诗经》,是中国第一部诗歌总集。文学史研究者认为,《诗经》国风、小雅、大雅、颂四部分中,"风诗很多是民间歌谣",可以看作底层社会文化的写真。这些歌谣的编集,应当是经过交通程序,即"为各国的乐师所搜集",然后"汇集到王廷"的。汉朝人所周朝曾有采诗制度,有人说负责采诗的是"行人之官","行人"称谓体现出其职任与交通的关系。"行人采集歌谣献给太师(见《汉书·食货志》);有人说朝廷养了一些年老无子的人在民间搜寻歌谣,从乡到邑,从邑到国,最后聚集到王廷(见何休《公羊传注》)。"②

《诗经》中多有涉及交通行为的篇章,扬之水说:"很可以说,'诗三百',诗思一半在载驱载驰的驷马车中。"③如"有些典礼的诗"中"出兵、打猎的乐章",又

---

① 《论语·为政》:"子曰:'《诗》三百,一言以蔽之,曰:思无邪。'"《论语·子路》:"子曰:'诵《诗》三百,授之以政,不达;使于四方,不能专对:虽多,亦奚以为?'"杨树达著:《论语疏证》,上海古籍出版社,1986年,第36、308页。

② 中国科学院文学研究所中国文学史编写组:《中国文学史》,人民文学出版社,1962年,第20—21页。

③ 扬之水:《诗经名物新证》,北京古籍出版社,2000年,第29页。

如"《公刘》叙述周远祖公刘率领部族从有邰迁徙到豳……的经历",《小雅·采薇》"写军士为了防御猃狁,离乡远戍",《小雅·杕杜》"写征夫久戍,过期不得还乡",《小雅·北山》"不已于行""栖迟偃仰"等诗句,也是与交通生活有关的感叹。又有学者分析:"《豳风》里的《破斧》和《东山》两诗都是在'周公东征'的背景下产生的歌谣,是参加远征的军人所作。"而《大雅·常武》写宣王亲征徐夷,从命将写到凯旋","第五章写进攻的军队汹涌迅急:'如飞如翰,如江如汉,如山之苞,如川之流'"。① 当然也可以读作交通史料。

《诗经》中"风"的内容更多体现民间生活。其中新鲜活跃生动的品格,历来受到赞赏。叶舒宪研究《诗经》,进行"'风'的神话学还原",注意到《梨俱吠陀》第10卷中一首题为《风》的诗作,以为雅利安民族所崇奉的风神的有关描述,可能给我们以帮助。其中写道:"风的车子的威力;摧毁着,声声轰鸣;傍着天空行,散布红色;还沿着地面走,扬起灰尘。"还写道:"天神和她们一起同车乘。他是一切世界之君。""在空中道路上行走,连一天也不停留。""这位天神任意游行。只听得见他的声音,却不见形。"叶舒宪总结了"风"的功能和特性,计有八点。列在前面的两点值得我们特别注意:"第一,风神为一运动的表象,所谓在空中行走,一天也不停。这个表象可被幻想为一种'车子',风声便是'车子'发出的运动声。第二,风的车声又可类比为同样看不见却听得着的雷鸣,所谓'声声轰鸣'是也。这就使风与雷两种自然现象间产生了文化联系。"② 关注"风"与"行走""运动""游行"的关系,有益于我们对《诗经》中"风"的理解。

《诗经》诸篇的作者,"有思乡的旅人,有流离的逃民"③。他们经历交通实践的体会,成为文学的营养。而《国风》的内容中,多有感觉更深切的诗句。《唐风·鸨羽》被看作"行役诗",是"行役""征夫之歌",即"漂泊之感叹"。④ "如魏地之贫瘠,成人亦不得因此而歇息,常被政府征集。"《魏风·陟岵》的主题,据说

---

① 中国科学院文学研究所中国文学史编写组:《中国文学史》,第 21、24、27、28、25 页。
② 叶舒宪:《诗经的文化阐释——中国诗歌的发生研究》,湖北人民出版社,1994 年,第 570—572 页。
③ 〔日〕白川静著,杜正胜译:《诗经的世界》,东大图书股份有限公司,2001 年,封底。
④ 〔日〕白川静著,杜正胜译:《诗经的世界》,第 195—196 页。

"孝子行役,思念父母也","役乎大国,父母兄弟离散,而作是诗也",①写叙"役夫登丘冈瞻望故乡"的心情:"可恨行役别离,死生两不闻,累代未变,此所以深增戍人之浩叹也。"②

《秦风》中涉及"行役"生活者,最明确的是《无衣》篇:"岂曰无衣?与子同袍。王于兴师,修我戈矛,与子同仇!岂曰无衣?与子同泽。王于兴师,修我矛戟,与子偕作!岂曰无衣?与子同裳。王于兴师,修我甲兵,与子偕行!"毛亨《传》以为"刺用兵也。秦人刺其君,好攻战亟用兵,而不与民同欲焉"③。朱熹则肯定其中"强毅果敢"精神。④ 所谓"王于兴师",朱熹解释说:"以天子之命而兴师也。"⑤因"好攻战亟用兵"而"兴师",即组织大规模军事交通运动,是没有疑义的。

又《渭阳》诗:"我送舅氏,曰至渭阳。何以赠之?路车乘黄。我送舅氏,悠悠我思。何以赠之?琼瑰玉佩。"这也是记述交通行为的诗歌。郑玄笺:"秦是时都雍,'至渭阳'者,盖东行送舅氏于咸阳之地。""'乘黄',四马也。"孔颖达疏:"晋在秦东,行必渡渭,今言至于渭阳故云,盖东行送舅氏于咸阳之地。《地理志》云:右扶风渭城县,故咸阳也。其地在渭水之北。"⑥朱熹解释说:"'路车',诸侯之车也。'乘黄',四马皆黄也。"⑦

《诗·秦风》中的《蒹葭》:"蒹葭苍苍,白露为霜。所谓伊人,在水一方。溯

---

① 《诗·魏风·陟岵》毛亨《传》。其诗曰:"陟彼岵兮,瞻望父兮。父曰嗟予子行役,夙夜无已。上慎旃哉,犹来无止。陟彼屺兮,瞻望母兮。母曰嗟予季行役,夙夜无寐。上慎旃哉,犹来无弃。"《十三经注疏》,第 358 页。

② 〔日〕白川静著,杜正胜译:《诗经的世界》,第 191—192 页。

③ 《十三经注疏》,第 373—374 页。

④ 朱熹写道:"秦人之俗,大抵尚气概,先勇力,忘生轻死,故其见于诗如此。然本其初而论之,岐丰之地,文王用之以兴二南之化,如彼其忠且厚也。秦人用之,未几而一变其俗,至于如此,则已悍然有招八州而朝同列之气矣。何哉?雍州土厚水深,其民厚重质直,无郑卫骄堕浮靡之习。以善导之,则易以兴起而笃于仁义,以猛驱之,则其强毅果敢之资,亦足以强兵力农而成富强之业,非山东诸国所及也。"〔宋〕朱熹集注:《诗集传》,上海古籍出版社,1980 年,第 79 页。

⑤ 《诗集传》,第 79 页。

⑥ 《十三经注疏》,第 373—374 页。

⑦ 《诗集传》,第 79 页。

洄从之,道阻且长;溯游从之,宛在水中央。蒹葭凄凄,白露未晞。所谓伊人,在水之湄。溯洄从之,道阻且跻;溯游从之,宛在水中坻。蒹葭采采,白露未已,所谓伊人,在水之涘。溯洄从之,道阻且右;溯游从之,宛在水中沚。"毛亨《传》:"《蒹葭》,刺襄公也。未能用周礼,将无以固其国焉。"将诗歌主题提升到政治文明层次。但是一般读者的阅读感受,可能未必至于"礼",至于"国"。我们注意到,"道阻且长""道阻且跻""道阻且右",说的都是交通艰难。郑玄笺:"'跻',升也。笺云升者言其难至如升阪。"①"'右',出其右也。笺云右者言其迂回也。"②

《诗经》中多见有关车马出行的诗句,而《诗·秦风》中《车邻》《驷驖》《小戎》三篇,写述皆极细致真切。《车邻》:

有车邻邻,有马白颠。未见君子,寺人之令。

阪有漆,隰有栗。既见君子,并坐鼓瑟。今者不乐,逝者其耋。

阪有桑,隰有杨。既见君子,并坐鼓簧。今者不乐,逝者其亡。

毛亨《传》:"《车邻》,美秦仲也。秦仲始大,有车马、礼乐、侍御之好焉。"③朱熹说:"是时秦君始有车马及此寺人之官,将见者必先使寺人通之。故国人创见而夸美之也。""'邻邻',众车之声。'白颠',额有白毛,今谓之'的颡'。"④又《驷驖》篇:

驷驖孔阜,六辔在手。公之媚子,从公于狩。

奉时辰牡,辰牡孔硕。公曰左之,舍拔则获。

游于北园,四马既闲。輶车鸾镳,载猃歇骄。

毛亨《传》:"《驷驖》,美襄公也。始命有田狩之事,园囿之乐焉。"郑玄笺:"'始命',命为诸侯也。秦始附庸也。"孔颖达疏:"作《驷驖》诗者,美襄公也。秦自非子以来,世为附庸,未得王命。今襄公始受王命为诸侯,有游田狩猎之事,园囿之乐焉。故美之也。诸侯之君,乃得顺时游田,治民习武,取禽祭庙。附庸未成诸侯,其礼则阙。今襄公始命为诸侯,乃得有此'田狩之事',故云'始命'也。""言

---

① 朱熹也说:"'跻',升也。言难至也。"《诗集传》,第76页。

② 《十三经注疏》,第372页。

③ 《十三经注疏》,第368—369页。

④ 《诗集传》,第74页。

'园囿之乐'者,还是'田狩之事'。于园于囿,皆有此乐,故云'园囿之乐'焉。猎则就于囿中,……调习则在园中。""园者,种菜殖果之处,因在其内调习车马。""言襄公乘一乘,驷驖色之马,甚肥大也。马既肥大,而又良善,御人执其六辔在手,而已不须控制之也。"①朱熹说:"'驷驖',四马皆黑色如铁也。"②又《小戎》:

小戎俴收,五楘梁辀。游环胁驱,阴靷鋈续。文茵畅毂,驾我骐馵。

言念君子,温其如玉。在其板屋,乱我心曲。

四牡孔阜,六辔在手。骐駵是中,骝骊是骖。龙盾之合,鋈以觼軜。

言念君子,温其在邑。方何为期?胡然我念之。

俴驷孔群,厹矛鋈錞。蒙伐有苑,虎韔镂膺。交韔二弓,竹闭绲縢。

言念君子,载寝载兴。厌厌良人,秩秩德音。

毛亨《传》:"《小戎》,美襄公也。备其兵甲以讨西戎。西戎方强,而征伐不休。国人则矜其车甲,妇人能闵其君子焉。"郑玄笺:"'矜',夸大也。国人夸大其车甲之盛,有乐之意也。妇人闵其君子,恩义之至也。作者叙外内之志,所以美君政教之功。"孔颖达疏:"作《小戎》诗者,美襄公也。襄公能备具其兵甲,以征讨西方之戎。于是之时,西戎方渐强盛,而襄公征伐不休,国人应苦其劳,妇人应多怨旷。襄公能说以使之国人忘其军旅之苦,则矜夸其车甲之盛;妇人无怨旷之志,则能闵念其君子。皆襄公使之得所,故序外内之情以美之。"③

毛亨《传》关于《车邻》所谓"秦仲始大,有车马、礼乐、侍御之好焉"。许多迹象表明,这些歌谣,确实是比较集中地体现出秦人"有车马……之好焉"的心理特征。

年代较晚的文献中也可以看到相关迹象。例如,《华阳国志·蜀志》记蜀地风习,说到"工商致结驷连骑","归女有百两之徒车"④,并指出"原其由来,染秦

---

① 《十三经注疏》,第369页。
② 《诗集传》,第74页。
③ 《十三经注疏》,第369—370页。
④ 任乃强说:"'百两'谓嫁女之家,奁赠护送之车从人徒至百辆之多。卓王孙之赠卓文君也'僮百人,钱百万,及其嫁时衣被财物'(《司马相如传》),则当不止百两矣。此亦富室分财于子女之自然也。"

化故也"。① 由此可以得知秦地民间流行讲究车骑队列规模的习尚。

二 《石鼓文》交通史料

《石鼓文》是秦史重要资料。

侯外庐进行"秦文明和汉文明的比较",以为"西垂时代的秦人,据《史记》说,有所谓'好马及畜,善养息之'的生活,因此秦人和诸戎是没有什么分别的。至于秦人替周室养马,《史记》虽然有记载,如周孝王'召使主马于汧渭之间,马大蕃息',这却不大符合常识。因为养'马'是秦人自己的社会生活,和周人似无关系。秦人西垂树林里的生活无从考证,但他们到了汧渭之会,岐西耕植的地区,还是重视'马'的养息的。"所说"西垂树林",基于这样的认识:"西垂时代可能已经有'秦'的名称了。'秦'作𥞫,像森林区域,参照《史记》所说'好马及畜,善养息之','畜多息,故有土'(《秦本纪》),这个秦字是象征了游牧生活。"②重视秦人畜牧业经营的同时也有林业的开发,可能是符合历史真实的。③ 以为秦人为周孝王养马,"养'马'是秦人自己的社会生活,和周人似无关系"之说,我们不能同意。秦人在西垂的生活,经过考古学者和历史学者的综合研究,现在已经逐步明朗。侯外庐关于"他们到了汧渭之会"之后的经济文化,考论中使用了《石鼓文》提供的资料。

他特别注意到,《石鼓文》里"马"字很多。如:

  遴车既工,遴马既同。遴车既好,遴马既𩦺。(《甲鼓》)
  田车孔安,鋚勒□=,□□辔簋,左骖𫘨=,右骖騝=,遴以隮于原。
(《丙鼓》)

---

① [晋]常璩撰,任乃强校注:《华阳国志校补图注》,上海古籍出版社,1987 年,第 148 页。

② 侯外庐:《中国古代社会史论》,《侯外庐著作与思想研究》第 5 卷,长春出版社,2016 年,第 279、277 页。

③ 参看王子今:《秦汉民间信仰体系中的"树神"和"木妖"》,《周秦汉唐文化研究》第 3 辑,三秦出版社,2004 年;王子今、李斯:《放马滩秦地图林业交通史料研究》,《中国历史地理论丛》2013 年第 2 期。

第三章 秦文化史资料中的交通史信息

四马其写,六辔□□,徒駥孔庶,廓□宣搏……怼=□马,射之
䂫=,□□□虎,兽鹿如□。①(《丁鼓》)

涉马□流。(《戊鼓》)

□马既迓,䮧□康=,䮧骍□□,左〔骖〕□□,□□骤=,駊□□□。
(《壬鼓》)

侯外庐指出:"《石鼓文》残缺甚多,就保存的部分看来,马字和从马的字几乎是《石鼓文》里的主要词语,'马'的威风,也是形容得活现。可见马这一生产工具对于秦人生活的重要性。这和周人最早的文献《周颂》比较,便可看出一种相对照的生活。《周颂》的篇章大多数是农事,最长的篇章是关于农业收获的《载芟》《良耜》两篇。但是秦人最早的文献占首要地位的却是关于马事。《周颂》形容农获和农作有'万亿及秭''其崇如墉'和'千耦其耘'的语句,并引为'邦家之光',而没有一个马字出现。《石鼓文》却重视了马以及马在狩猎生产、交通工具、战争等方面的作用。'田车'的'田'是指田猎,如《丙鼓》:'秀弓寺(持)射,麋豕孔庶,麀鹿雉兔。'"②

侯外庐还指出,"《石鼓文》说到马的地方,可以和《诗经·秦风》参证。《秦风》首篇《车邻》说:'有车邻邻,有马白颠!'这和石鼓文形容的车马相似。次篇《驷驖》更说:'驷驖孔阜,六辔在手。公之媚子,从公于狩。奉时辰牡,辰牡孔硕。公曰左之,舍拔则获。游于北园,四马既闲。輶车鸾镳,载猃歇骄。'这又和《石鼓文》《甲鼓》《丙鼓》《丁鼓》内容相似。其次,在《周颂》的禋祀祖先章句里,首先描写收获了农产品很多,接着便描写怎样享孝氏族祖先,如说'万亿及秭,为酒为醴,烝畀祖妣,以洽百礼,有飶其香,邦家之光,有椒其馨,胡考之宁'(《载芟》篇)。反之,秦人祭祖的时候,没有像周人所形容的麦子的香味,而形容的却是所射获的肥大的兽牡。"除了炫耀田猎的车马之外,侯外庐又说到"关于征战所用车马的《小戎》篇":

小戎俴收,驾我骐馵……

---

① 原注:"王国维氏考释说:案句末脱字疑是兔字,兽即狩字,此二句虽残缺,意当是我马如虎,狩鹿如兔也。"

② 《丙鼓》除此句及前引"田车孔安,鋚勒□=,□□辑简,左骖旛=,右骖騜=,邀以隆于原"外,涉及"车"的还有"宫车其写""大车出各"等句。王辉:《耀县文庙清初石鼓文碑考略》;王辉、程学华:《秦文字集证》,艺文印书馆,2010年,第352页。

> 四牡孔阜，六辔在手。骐馏是中，騧骊是骖……
> 俴驷孔群，厹矛鋈镦……

侯外庐指出："《诗序》说《驷驖》和《小戎》都是赞美襄公的话，这未必合于时代。《小戎》在叙述出兵对西戎作战之前，首先夸大车马之盛况，这是和《石鼓文·癸鼓》又相类似的。《癸鼓》一半以上的字湮灭了，意义很难了解。末段残缺的地方必定有形容车马壮美的字样，如'大祝'两字以上所缺的七字里，'邀其'以下所缺的十六字里，应当是和《小戎》篇类似的车马形容词句所在的地方。"

侯外庐还注意到"比《石鼓文》为晚"的"经汉人编制的《急就》篇文字"，"里面从马的字很多"，列举 21 字。又列举"从革字"24 例。又说，"车马相连，这在《石鼓文》和《秦风》首三篇都是一样的。《急就》篇从车的字有三十多个"，列出 29 个。侯外庐说："从上面关于车马的文字看来，我们知道秦人直到春秋初叶建国的时候，还是保持着有关丰富的车马生产的生活。这种字汇，是秦人自己的传统，和周人传统的《诗》《书》文字大有距离。《急就》篇字书文字的体例当然是和经典文字不一样的，而且这一字书语句的意义本来就很难解释。虽然是成于汉人的手中，但是从所造的字或所改良的字汇的取材来看，却显示出秦人所抉择的文明的路径。《急就》篇开首便说：'罗列诸物名姓字，分别部居不杂厕'，其中所罗列的诸物，如果和秦国的生活没有密切关系，这种字书在当时便不会有实用的价值了。"①

侯外庐说："我们根据《石鼓文》来研究秦初文明史是适当的，同样地，我们根据《急就》篇的文字，来研究秦人变法以致统一的路径，也不违背于取材的方法。"②然而学者一般认为"《急就篇》是汉代西汉黄门令史游作"，是当时的"童蒙识字课本"。③ 或说"西汉史游编，是两汉魏晋南北朝隋唐时期通用的童蒙识字教材"④。判定《急就篇》"和秦国的生活"，"有密切关系"大概还需要用心论

---

① 侯外庐：《中国古代社会史论》，张岂之主编：《侯外庐著作与思想研究》第 5 卷，第 279—284 页。

② 侯外庐：《中国古代社会史论》，张岂之主编：《侯外庐著作与思想研究》第 5 卷，第 286 页。

③ 管振邦译注，宙浩审校：《颜注急就篇译释》，南京大学出版社，2009 年，第 1 页。

④ 张传官：《急就篇校理》，中华书局，2017 年，第 1 页。

证。所谓《急就篇》字汇"显示出秦人所抉择的文明的路径"自成一说,或许可备参考。而论者所指出的这一史实是明确可信的:"《石鼓文》里大部分是车马弓射的颂诗"①,"这不是说秦人到战国时代还过着渔猎生活,只是说在重耕战、尽地力的时期还保存着春秋初年的遗绪","秦人正是在这时脱离牧马生活,跳进了文明社会",但是对"车马"的特殊依恋,体现了可以和周人"相对照"的"秦人自己的社会生活"。②

有学者指出,《石鼓文》提供的信息可以说明秦国曾经充分利用水路运输条件发展航运。郭沫若引录题《石鼓文·霝雨》的文字:

藻藻□□,舫舟囟逮。

□□自廓,徒驭汤汤。

佳舟以衔(行),或阴或阳。

极深以㓜,□于水一方。

他以为这段文字"追叙由汧源出发攻戎救周时事"。"舫舟,竝船也。囟读为恩遽之恩。"廓,"当是蒲谷之蒲之本字"。"郑樵谓极即楫字,案乃假借为楫。"㓜,"疑是簋之古文,象形。"③按照这样的理解,说明秦人很早就沿境内河流从事水上运输。

这一论点,通过陕西凤翔孙家南头的考古工作收获,可以得到证实。经发掘,揭示了汧河东岸一处西汉大型仓储建筑遗址。④ 这处可以说明水运粮食方式的早期使用,或许可以上溯到战国秦代。

---

① 韩愈《石鼓歌》:"蒐于岐阳骋雄俊,万里禽兽皆遮罗。"[唐]韩愈著,钱仲联集释:《韩昌黎诗系年集释》,上海古籍出版社,1984年,第794页。与韩愈强调《石鼓文》与田猎为主题不同,苏轼《石鼓歌》则重视军事交通的内容:"我车既攻马亦同","北伏犬戎随指嗾"。诗人又将秦军事交通优势与统一大业的成功联系起来。而秦始皇巡行,也与《石鼓文》的"车""马"颂歌得以链接:"自从周衰更七国,竟使秦人有九有。""登山刻石颂功烈,后者无继前无偶。皆云皇帝巡四国,烹灭强暴救黔首。"[清]王文诰辑注,孔凡礼点校:《苏轼诗集》,中华书局,1982年,第104页。

② 侯外庐:《中国古代社会史论》,见张岂之主编:《侯外庐著作与思想研究》第5卷,第284—285页,第280、279页。

③ 郭沫若:《石鼓文研究 诅楚文考释》,科学出版社,1982年,第46—48页,第73页。

④ 陕西省考古研究院等:《凤翔孙家南头——周秦墓葬与西汉仓储建筑遗址发掘报告》,科学出版社,2015年。

三　《诅楚文》交通史料

秦国石刻文字所谓《诅楚文》者,多有学者以为作于秦楚相攻伐时。关于《诅楚文》真伪,学界讨论,异见纷呈。其版本考订,亦各有认真精审之说。① 以为原石文字不伪的判断,大致可以信从。《诅楚文》的主题为谴责楚王背盟,祈求神灵帮助秦人战胜入侵秦国的楚师。《诅楚文》既有战争史与外交史的重要信息,也透露了秦社会意识形态巫文化基因的深刻影响。秦人信仰世界的面貌因此有所显现。其中有关交通史的信息也值得战国秦汉史与战国秦汉考古研究者注意。《诅楚文》的内容可以反映当时秦国战争行为与外交活动的交通条件。对于秦交通史的若干细节的认识,《诅楚文》的研读也有积极的意义。交通史视角的《诅楚文》研究,也是交通考古的工作内容。

(一)"所述史事多为旧书所无"

《诅楚文》自北宋时代发现之后,传有三石,一为《巫咸文》,二为《大沈厥湫文》,三为《亚驼文》。② 郭沫若曾经指出,"文中所述史事多为旧书所无",可以提供"正足补史之缺文","可补史之阙文"的"意外的资料"。③

关于《诅楚文》的年代,据多位学者考定,当秦惠文王时。容庚以为楚怀王十六年(前313),秦惠文王后元十二年(前313)。④ 郭沫若则说,"我敢断定:《诅

---

① 施蛰存:《金石丛话·秦石刻文》,《北山金石录》,华东师范大学出版社,2012 年,第521 页;姜亮夫:《秦诅楚文考释:兼释亚驼、大沈久湫两辞》,《兰州大学学报》(社会科学版)1980 年第 4 期;陈炜湛:《〈诅楚文〉献疑》,《古文字研究》第 14 辑,中华书局,1986 年;史党社、田静:《郭沫若〈诅楚文考释〉订补》,《文博》1999 年第 4 期;张翀:《〈诅楚文〉真伪与版本问题新研》,《中国社会科学院历史研究所学刊》第 6 集,商务印书馆,2010 年;张海燕:《〈诅楚文〉补论》,首都师范大学硕士学位论文(考古学与博物馆学,导师:刘乐贤),2011 年。

② 或题《祀巫咸文》《祀大沈厥湫文》《祀亚驼文》,或题《告巫咸文》《告大沈厥湫文》《告亚驼文》。

③ 《石鼓文研究　诅楚文考释》,第 293、308、295 页。

④ 容庚:《石鼓文研究》,《古石刻零拾》,考古学社,1934 年。

文》之作实在怀王十七年——惠文王后元十三年"①。即公元前312年。

郭氏云:"惠文王后元七年,楚怀王十一年,楚怀王曾为纵长,牵山东六国兵共攻秦,此即文中所谓'牵诸侯之兵以临加我'当时。'秦出兵击六国,六国兵皆引而归',据史书所载,六国似毫无所获。但文中言'遂取吾边城'云云,正足补史之缺文。"郭沫若进行了《诅楚文》全文的考释。他以《大沈厥湫文》作为基础写出释文,同时注明与《巫咸文》的文字歧异:

又秦嗣王,敢用吉玉宣璧使其宗祝邵鼛,布憝告于不显大神厥湫,以底楚王熊相之多辠。昔我先君穆公及楚成王,是勠力同心,两邦若一。绊以婚姻,袗以斋盟。曰枼万子孙,毋相为不利。亲卬大沈厥湫而质②焉。今楚王熊相,康回无道,淫妢其乱,宣侈竞从,变输盟剌,内之则虣虐不姑,刑③戮孕妇,幽剌亲戚,拘围其叔父,寘者冥室椟棺之中。外之则冒改厥心,不畏皇天上帝,及大沈厥湫之光④列威神,而兼倍十八世之诅盟,衔者侯之兵以临加我。欲剗伐我社稷,伐威我百姓,求蔑灋皇天上帝及大神厥湫之卹祠,圭玉,羲⑤牲,述取吾边城新郪及赿、长、亲,吾不敢曰可。今又悉⑥兴其众,张矜意怒,饰甲底兵,奋士盛师,以偪吾边竞⑦,将欲复其贶述,唯是秦邦之嬴众敝赋,鞼輨栈舆,礼使介老,将之以自救也。亦⑧应受皇天上帝,及大沈厥⑨湫之几灵德赐,克剂楚师⑩,且复略我边城。敢数楚王熊相之倍盟犯诅。著者石章,以盟大神之威神。

郭沫若作为历史学者,期求通过对《诅楚文》的文字学考察,发现历史学的新知。

---

① 郭沫若:《石鼓文研究 诅楚文考释》,第291页。
② 郭注:"《巫咸文》作'亲卬不显大神巫咸而质'。"
③ 郭注:"《巫咸文》作'不辜'。"
④ 郭注:"《巫咸文》作'及不显大神巫咸'。"
⑤ 郭注:"《巫咸文》作'不显大神巫咸'。"
⑥ 郭注:"《巫咸文》夺'长'字,'又'作'有'。"
⑦ 郭注:"《巫咸文》夺'盛'字,'偪'作'倍'。"
⑧ 郭注:"《巫咸文》'也'作'殹'。"
⑨ 郭注:"《巫咸文》作'不显大神巫咸'。"
⑩ 郭注:"《巫咸文》夺'之'字。"

这样的努力是应当肯定的。

此前历代关注《诅楚文》者,大多视为虚妄之语,看作政治史的反面内容。相关评说,语气往往有强烈的批判色彩,或予抨击,或予耻笑。例如宋人苏轼《诅楚文》诗先引《诅楚文》文语,随即回顾商鞅诈虏魏将公子卬故事①,揭露"秦俗"对于"社鬼"也可以欺谩:"刳胎杀无罪,亲族遭圉绊。计其所称诉,何啻桀、纣乱。吾闻古秦俗,面许背不汗。岂惟公子卬,社鬼亦遭谩。辽哉千载后,发我一笑粲。"②王柏则写道:"昭襄诅楚,虐民慢神","言诬不怍,勒篆坚珉",以为其文字乃"稷诅遗丑","自播其恶"。关于秦史的演进,又有"强弩之末,六国自焚;曾不百年,吕已代嬴"③语,说秦始皇血统承继吕氏,秦政其实因此已经终结。④宋人谢采伯则说秦的"咒诅"最终回报自身:"秦《诅楚文》,……声楚王熊相之恶,著诸石章,以盟大神之威神。""后并天下,二世而亡。佛经云:咒诅、诸毒药,所欲害身者,还著于本人。"⑤

对于认定《诅楚文》为"言诬""慢神"的指责,郭沫若说:"秦国固然多诈,但国与国之间何国不然?秦人较原始,于信神之念实甚笃,观《史记·封禅书》所纪自明。故余信文中所述必非谩词,正足以补史之缺文。"⑥秦人"诅楚",自然站在自己的立场上言军事、外交、信仰。但《诅楚文》作为秦楚战争史与外交史的真实反映,应当大体是可信的。宋人方匋遗稿《秦诅楚文跋尾》其实就《诅楚文》真实纪史之"可贵"已经有所论说:"秦人尝与楚同好矣,楚人背盟,秦人疾之,幸于一胜,遍告神明,著诸金石,以垂后世,何其情之深切一至是欤!余尝固尝怪

---

① 《史记》卷六八《商君列传》:"(秦孝公)使卫鞅将而伐魏。魏使公子卬将而击之。军既相距,卫鞅遗魏将公子卬书曰:'吾始与公子欢,今俱为两国将,不忍相攻,可与公子面相见,盟,乐饮而罢兵,以安秦魏。'魏公子卬以为然。会盟已,饮,而卫鞅伏甲士而袭虏魏公子卬,因攻其军,尽破之以归秦。"第2232—2233页。

② [清]王文诰辑注,孔凡礼校点:《苏轼诗集》卷三《凤翔八观》,中华书局,1982年,第107—108页。

③ [宋]王柏:《诅楚文辞》,《鲁斋集》卷四《辞》,文渊阁《四库全书》本。

④ 如严肃的史家所言:"吕易嬴之说,战国好事者为之。""缘秦犯众怒,恶尽归之,遂有吕政之讥。"[清]梁玉绳:《史记志疑》,中华书局,1981年,第1308—1309页。

⑤ [宋]谢采伯:《密斋笔记》卷四,《丛书集成初编》,新文丰出版公司,1986年,第87册第36页。

⑥ 《石鼓文研究 诅楚文考释》,第293—298页。

秦、楚虎狼之国，其势若不能并立于天下，然以邻壤之近，十八世之久，而未闻以弓矢相加，及得此碑，然后知二国不相为害，乃在于盟诅之美、婚姻之好而已。战国之际，忠信道丧，口血未干，而兵难已寻者比比皆是，而二国独能守区区之信，历三百年有余岁而不变，不亦甚难得而可贵乎！然而《史记》及诸传记皆不及之也。"又就石刻文字与《史记》关于楚国世代及战事记录的差异，指出："知简策之不足尽信，而碑刻之尤可贵也。"①指出秦楚长期"难得而可贵"的友好自有"忠信"的意识基础，而《诅楚文》有关后来"兵难"的历史信息，也超越了"简策"的记载。

（二）"亲卬大沈厥湫而质"

正如郭沫若所说，重视《诅楚文》这种文物资料的历史价值，"是可以得到意外的资料的"。

从交通史的视角看，《诅楚文》透露的若干重要信息值得重视。例如，《诅楚文》可见对于秦楚两国长期以来外交关系的回顾：

> 又秦嗣王，敢用吉玉宣璧使其宗祝邵鼛，布憝告于不显大神厥湫，以底楚王熊相之多辠。昔我先君穆公及楚成王，是勠力同心，两邦若一。绊以婚姻，袗以斋盟。曰枼万子孙，毋相为不利。亲卬大沈厥湫而质焉。

秦穆公、楚成王时代所谓"两邦""同心""若一"，相互"婚姻""斋盟"，是要通过交通往来实现的。联系秦楚的"武关道"曾经发挥了重要的历史文化作用。②

关于《诅楚文》所谓"十八世之诅盟"，宋方勺《秦诅楚文跋尾》说："'熊相背十八世之诅盟。'今《世家》所载，自成王至熊相才十七世尔。"③这是依楚君世系

---

① ［宋］方勺撰，许沛藻、杨立扬点校：《泊宅编》卷二，中华书局，1983年，第7—8页。
② 王子今、焦南峰：《古武关道栈道遗迹调查简报》，《考古与文物》1986年第2期；王子今、周苏平、焦南峰：《陕西丹凤商邑遗址》，《考古》1989年第7期；商鞅封邑考古队：《陕西丹凤县秦商邑遗址》，《考古》2006年第3期；王子今：《武关·武候·武关候——论战国秦汉武关位置与武关道走向》，《中国历史地理论丛》2018年第1期。武关道联系秦楚的积极意义，还表现于秦史上一次大规模粮运的记载，即后来秦昭襄王十二年（前295）"予楚粟五万石"事。《史记》卷五《秦本纪》，第210页。
③ ［宋］方勺撰，许沛藻、杨立扬点校：《泊宅编》卷二，第8页。

的推算。郭沫若写道："依《秦本纪》，穆公之后为康、共、桓、景、哀、惠、悼、厉、共、躁、怀、灵、简、惠、出子、献、孝、惠文，恰为十八世。"①今按：悼公之后为厉共公。不应分为"厉、共"。"穆公之后"仅十七世，自穆公起始，则共"十八世"。郭氏上文写道："文为秦人所作，'十八世'的世代自当以秦史为本位。由秦穆公至惠文王恰当为'十八世'。"②这一说法可能是正确的。

《诅楚文》说秦楚两国"绊以婚姻，袗以斋盟。曰某万子孙，毋相为不利"。随即言："亲卬大沈厥湫而质焉。"似未可理解为"昔我先君穆公及楚成王"曾经一同亲临朝那湫，"亲卬大沈厥湫而质焉"。推想即使是秦穆公和楚成王均与中原文化保持一定距离，而彼此则相互比较亲近的时代，楚成王亲行远至秦地西北的可能性也不大。《史记》卷三二《齐太公世家》对秦楚当时与中原诸国的关系有如下表述："秦穆公辟远，不与中国会盟。楚成王初收荆蛮有之，夷狄自置。"③《史记》卷五《秦本纪》和《史记》卷四〇《楚世家》看不到有关秦穆公和楚成王直接交往的明确的情节。唯一一则记录楚成王可能与秦交好的史例，即："成王恽元年，初即位，布德施惠，结旧好于诸侯。"④不过这时的秦国，还是秦宣公时代，秦穆公即位，是在12年之后。

然而，《诅楚文》之《大沈厥湫文》所谓"亲卬大沈厥湫而质焉"，以及《巫咸文》所见"亲卬不显大神巫咸而质"，确实也都是"旧书所无"，"正足以补史之缺文"的记录。"又秦嗣王，敢用吉玉宣璧使其宗祝邵鼛，布憨告于不显大神厥湫，以底楚王熊相之多辠。昔我先君穆公及楚成王，是勠力同心，两邦若一。绊以婚姻，袗以斋盟。曰某万子孙，毋相为不利。亲卬大沈厥湫而质焉……"郭沫若说："'又秦嗣王'：凡有虞、有夏、有殷、有周之有，文献中均作有。此作又即左右之右，言无有出其右者而尊大也。'嗣王'乃秦惠文王。"⑤其实，"又秦嗣王"，可以读作"有秦嗣王"，同样显示"尊大"。"亲卬"，郭沫若未做解说，应当理解为"宗祝邵鼛"受命"布憨告于不显大神厥湫"，其实象征着秦惠文王亲自前往，"用吉玉宣璧"告神。

---

① 《石鼓文研究　诅楚文考释》，第307页。
② 《石鼓文研究　诅楚文考释》，第289页。
③ 《史记》，第1491页。
④ 《史记》卷四〇《楚世家》，第1697页。
⑤ 《石鼓文研究　诅楚文考释》，第298页。

《诅楚文》之《大沈厥湫文》:"治平中,渭之耕者得之于朝那湫旁。"①郭沫若写道:"(《史记》张守节)《正义》引《括地志》云:'朝那湫祠在原州平高县东二十里。'案今在甘肃平凉县境。《告厥湫文》出朝那湫旁,地望正合。"②李家浩也说:"《大沈厥湫文》出土于朝那(今甘肃平凉县)。"③其实,"甘肃平凉县"之说不确。唐代原州平高县在今宁夏固原。④"朝那湫"地望,正在宁夏固原。⑤ 作为秦穆公代表的"宗祝邵蒉"所经历辛苦的交通实践,其实是意味着"又秦嗣王"本人的虔诚恭敬的。这应当就是"亲印"的字义。

(三)战争与军事交通:"山东六国兵攻秦"与楚取秦"边城"

据郭沫若释文,《诅楚文》:"兼倍十八世之诅盟,衔者侯之兵以临加我。"⑥宋人方匋《秦诅楚文跋尾》:"以事论之,楚自成王之后,未尝与秦作难。及怀王熊槐十一年,苏秦为合从之计,六国始连兵攻秦,而楚为之长,秦出师败之,六国皆引而归。今碑云'熊相率诸侯之兵以加临我'者,真谓此举。盖《史记》误以熊相为熊槐耳。"⑦据郭沫若的解说:"此即怀王十一年,惠文王后元七年时事。《楚世家》'山东六国兵攻秦,楚怀王为纵长。至函谷关,秦兵出击六国,六国兵皆引而归。'《秦本纪》:'韩、赵、魏、燕、齐帅匈奴共攻秦,秦使庶长疾与战于修鱼,虏其将申差,败赵公子渴、韩太子奂,斩首八万二千。'"⑧

楚怀王以"纵长"身份"衔者侯之兵以临加我",当由"函谷关"通路西向攻秦,不经由武关道。

"者侯之兵"即"诸侯之兵"中,"燕、齐帅匈奴"都可以称作远征。"攻秦"联军中这些部队"至函谷关"的行军路径与交通方式,都值得考察。

---

① 《石鼓文研究 诅楚文考释》,第 282 页。
② 《石鼓文研究 诅楚文考释》,第 300 页。
③ 李家浩:《关于〈诅楚文〉"鞭輸"的释读》,见《中国语言学》工作委员会:《中国语言学(第一辑)》,山东教育出版社,2008 年。
④ 《中国历史地图集》,第 5 册第 61 - 62 页。
⑤ 王子今:《秦汉时期的朝那湫》,《固原师专学报》2002 年第 2 期。
⑥ 《石鼓文研究 诅楚文考释》,第 297 页。
⑦ 《泊宅编》卷二,第 7 页。
⑧ 《石鼓文研究 诅楚文考释》,第 307 页。

楚怀王作为"纵长",除了兵力调度、战事指挥而外,还需要进行军事交通方面的协调,这虽然有相当大的难度,却是"为纵长""卛者侯之兵""攻秦"必须承担的职任。

宋方崏《秦诅楚文跋尾》引《诅楚文》"楚取我边城新郢及鄀长",又言:"而《史记》只言六国败退而已。由是知简策之不足尽信,而碑刻之尤可贵也。"①据郭沫若说,此句应读作"遂取吾边城新郢及鄀、长、敹"。又指出:"新郢无可考。鄀当即商於之於。《集解》云'在顺阳郡南乡、丹水二县。有商城在於中,故谓之商於。'《通典》云:'今内乡县有於村亦曰於中,即古商於地。'此文之鄀当即於村、於中,其地必甚小。长亦丹水附近地名。夷王时器有《敔簋》者记淮夷内伐事云:'南淮夷殳,内伐溟、昂、叄泉、裕、敏阴、阳洛。王令敔追御于上洛、析谷,至于伊、班、长、榜。'二文可互证,均在今河南西部。敹当即是莘,春秋西虢地名有名莘者,《左传》庄公十二年'有神降于莘',地在今河南卢氏县境内。此等'边城'当是小地。据此可知六国攻秦时,其他五国均损兵折将,而楚独略有获,此可补史之阙文。"②

关于秦"边城新郢及鄀、长、敹"所在空间位置,其实还需要认真考定。而楚人"述取吾边城新郢及鄀、长、敹",也许并非"山东六国兵攻秦,楚怀王为纵长"时。很可能反映了此战役结束之后的秦楚边境冲突。

楚军夺取秦国多个"边城"与秦军的防卫,都必然有军事运输行为以为后勤保障。

所谓"边城新郢及鄀、长、敹",很可能就是在"商於"之地及邻近地方。还应当注意到,秦楚两国之间重要通路丹江川道,在两国关系史上的交通地理意义非常突出。③"边城"之争夺所体现出的战略意义,可以从交通条件的视角予以认识。

---

① 《泊宅编》卷二,第 8 页。
② 《石鼓文研究 诅楚文考释》,第 307—308 页。
③ 楚文化早期发展路径与丹江通道的关系,使得楚人对这一方向的领土得失异常重视。参看王子今:《丹江通道与早期楚文化——清华简〈楚居〉札记》,《简帛·经典·古史》,上海古籍出版社,2013 年。

（四）蓝田之战：军事交通的实时记录

所谓"今又悉兴其众"，"倔僪边竟"，及秦军抗击楚军的战争情势保存于《诅楚文》中，可能是这一文献最可宝贵的"正足以补史之缺文"，"可补史之阙文"的价值所在。

《诅楚文》写道，楚人"悉兴其众，张矜意怒，饰甲厎兵，奋士盛师，以倔僪边竟，将欲复其贶迹"，而"唯是秦邦之羸众敝赋，鞴輴栈舆，礼使介老，将之以自救也"。关于"今又悉兴其众""倔僪边竟"，宋方匋《秦诅楚文跋尾》写道："熊相率诸侯之兵以加临我。""其后五年，怀王忿张仪之诈，复发兵攻秦。故碑又云'今又悉兴其众，以倔我边境'也。是岁秦惠王二十六年也。王遣庶长章拒楚师，明年春，大败之丹阳，遂取汉中之地六百里。碑云'克齐，楚师复略我边城'是也。然则碑之作正在此时，盖秦人既胜楚而高于诸庙之文也。"①容庚以为战事发生在楚怀王十六年（前313），秦惠文王后元十二年（前313），时楚受秦张仪之间与齐绝，秦许以"商於之地六百里"，结果只允以"六里"。楚怀王大怒，遂发兵西击秦，秦亦发兵击之。并引王厚之说："《诅楚文》之作即在此时。"②

杨宽以为事在"楚怀王大怒"，"大举发兵进攻商於之地"时。"'新郢及郊'就是指'商於之地'，'郊'即是'於'，新郢当是秦取得商以后新改的地名。秦惠文王常以新得之地改名，如得魏阴晋改名'宁秦'，得魏少梁改名'夏阳'，因为晋、梁都是国名。得商而改名新郢，因为秦原有地名商（即商君封邑）。所谓'今又悉兴其众'，就是指楚王大怒，将要大举进攻商於之地了。"③

郭沫若考论："案此当在怀王十七年，是年春秦楚战于丹阳，楚兵大败。'怀王大怒，乃悉国兵复袭秦，战于蓝田'，有大败。此言'又悉兴其众'与'悉国兵复袭秦'一语可谓字字相合。盖春季之战规模尚小，此战乃倾国之师相敌，故秦人亦下总动员令，四处告神求祐也。"又说："《诅文》之作，可征当时情势甚为严重，在楚乃'悉兴其众'，即倾全国之师从事侵伐，而在秦亦等于下总动员令，所谓'唯是秦邦之羸众敝赋，鞴輴栈舆，礼使介老，将之以自救'，也是倾全国之师从

---

① 《泊宅编》卷二，第7页。
② 容庚：《诅楚文考释》，《古石刻零拾》，考古学社，1934年。
③ 杨宽：《战国史》（增订本），上海人民出版社，1998年，第361页。

事抵抗。为此,故需四处告神,连神鬼的力量都加以动员了。"①

蓝田之战,《史记》卷五《秦本纪》与《史记》卷一五《六国年表》都没有记录。《史记》卷四〇《楚世家》记载:"十七年春,与秦战丹阳,秦大败我军,斩甲士八万,虏我大将军屈匄、裨将军逢侯丑等七十余人,遂取汉中之郡。楚怀王大怒,乃悉国兵复袭秦,战于蓝田,大败楚军。韩、魏闻楚之困,乃南袭楚,至于邓。楚闻,乃引兵归。"张守节《正义》:"蓝田在雍州东南八十里,从蓝田关入蓝田县。"②秦史记录中不言蓝田之战,或许因为楚军袭秦,至于蓝田,已经深入秦国腹地,逼近秦政治中枢③,或《秦记》因为之讳。④ 齐湣王使使遗楚王书,说道:"王欺于张仪,亡地汉中,兵锉蓝田,天下莫不代王怀怒。"⑤说到蓝田战役。杨宽《战国史》肯定这一史实:"楚怀王因汉中失守而大怒,再发大军袭秦,一度深入到蓝田,结果又大败。"⑥所谓"深入",言及秦国所面对军事情势之极端严重。杨宽《战国史》多次修改增订,⑦这一认识超越了以前以为"蓝田"在楚地的意见。⑧

丹阳之战,秦军应当充分利用了武关道的交通条件。蓝田之战的军事形势

---

① 《石鼓文研究 诅楚文考释》,第 309、290 页。

② 《史记》,第 1724 页。

③ 后世又有楚军由武关道进军蓝田直抵秦帝国腹心的战例。《史记》卷八《高祖本纪》:"因袭攻武关,破之。又与秦军战于蓝田南,益张疑兵旗帜,诸所过毋得掠卤,秦人憙,秦军解,因大破之。又战其北,大破之。乘胜,遂破之。汉元年十月,沛公兵遂先诸侯至霸上。秦王子婴素车白马,系颈以组,封皇帝玺符节,降轵道旁。"第 361—362 页。刘邦"与秦军战于蓝田南","又战其北",两战均"大破之",终于结束了秦的统治。

④ 王蘧常《秦史》卷三《世纪第三》述秦惠文王后元十三年(前 312)"击楚于丹阳","又攻楚汉中,取地六百里,置汉中郡","十四年,伐楚,取召陵"。也不言蓝田战事。上海古籍出版社,2000 年,第 21 页。

⑤ 《史记》卷四〇《楚世家》,第 1725—1726 页。

⑥ 杨宽:《战国史》(增订本),上海人民出版社,1998 年,第 362 页。

⑦ 王子今:《战国史研究的扛鼎之作——简评新版杨宽〈战国史〉》,《光明日报》2003 年 9 月 2 日。

⑧ 上海人民出版社 1980 年 7 月版杨宽《战国史》写道:"战国时有两个蓝田,一在秦国,在今陕西省蓝田县西;一在楚国,在今湖北省钟祥县西北。《史记·楚世家》《正义》误以秦的蓝田解释楚的蓝田。"第 329 页。

演进,说明这条秦人付出甚多精力,长年苦心经营,达到极高技术等级的道路系统①,竟为敌方楚军所利用。

(五)关于"嬴众敝赋,鞴輸栈舆"

《诅楚文》写道,面对楚军的进犯,"唯是秦邦之嬴众敝赋,鞴輸栈舆,礼傁介老,将之以自救也"。

所谓"嬴众敝赋,鞴輸栈舆,礼傁介老",郭沫若说:"此三读为平列语,每二字为一项。'栈舆'即《周礼·春官·巾车》'士乘栈车'之栈车。郑玄云:'不革鞔而漆之',可知即是木板车,车之至贱者。"②李家浩说:"'栈舆',即栈车,是一种用竹木做成的简陋车子。《盐铁论·散不足》:'古者椎车无柔,栈舆无植及其后。'"《考工记·舆人》'栈车欲弇',郑玄注:'为其无革鞔,不坚,易坼坏也。'《列子·力命》记齐景公游于牛山,史孔、梁丘据曰'驽马棱车可得而乘也',殷敬顺《释文》:'棱,当作栈。'《晏子春秋》及诸书皆作'栈车',谓编木为之。"③《诅楚文》于是提供了直接的重要的交通史资料。"栈舆"应当是民间最普及的车型,在下层社会的劳动生活中,得到广泛的应用。这种简陋的车型,在汉代画像中仍有所表现。

《诅楚文》郭沫若释文其中所谓"鞴輸",学者释读多有分歧。李家浩则释为"鞴輸"。他列举了6种不同的解说,并提出了自己的意见:"我认为'鞴輸',其实就是'襜褕'。"李家浩还写道:"《左传》宣公十二年说楚之先王若敖、蚡冒'筚路蓝缕,以启山林',昭公十二年说楚之先王熊绎'筚路蓝缕,以处草莽'。《方言》卷三引宣公十二年'筚路蓝缕'作'筚路褴褛'。《史记·楚世家》跟昭公十二年'筚路蓝缕'相当的文字作'荜露蓝蒌'。据服虔、杜预等人注,'筚路'或'荜露'即'柴车',也就是栈车。《方言》卷四:'襜褕……以布而无缘,敝而纮之谓之褴褛。'于此可见,'鞴(襜)輸(褕)栈舆'与'筚路蓝(褴)缕(褛)'的文例相同,唯词序不同;文义相近,都是指简朴的衣服和简陋的车子。从这一点来说,也

---

① 王子今、焦南峰:《古武关道栈道遗迹调查简报》,《考古与文物》1986年第2期;王子今:《武关道蓝桥河栈道形制及设计通行能力的推想》,见贾大卫(Japp David)等:《栈道历史研究与3S技术应用国际学术研讨会论文集》,陕西人民教育出版社,2008年。

② 《石鼓文研究 诅楚文考释》,第309页。

③ 李家浩:《关于〈诅楚文〉"鞴輸"的释读》,见《中国语言学(第一辑)》。

可以证明我们把《诅楚文》的‘韐輸’读为‘襜褕’是合理的。”“按照上引《方言》的说法，襜褕这种服装名称还是秦国地区的方言。”“襜褕是短衣。”“秦始皇陵出土的武士俑，身多着长至膝的衣服，陕西的学者将其称为战袍。襜褕的长短或与之仿佛。这样长度的襜褕，对于当时流行的长至脚的深衣来说，当然是短衣了。”[①]我们还注意到，《晋书》卷一一一《慕容暐载记》载尚书左丞申绍上疏：“今帑藏虚竭，军士无襜褕之赍，宰相侯王迭以侈丽相尚，风靡之化，积习成俗，卧薪之谕，未足甚焉。”[②]可知“襜褕”与“宰相侯王”之“侈丽”形成强烈反差，正是下层“军士”最基本的衣装。

《诅楚文》言“赢众敝赋，韐輸栈舆，礼傻介老”，说士众羸弱疲老，军资贫乏，装备简陋，用以与“张矜意怒，饰甲底兵，奋士盛师”的楚军形成鲜明对照，以求取得神灵的哀怜和护佑。按照李家浩的说法，即“卑词以谀神”：“想借此卑词得到神灵的同情，保佑自己，赢得战争的胜利。”[③]

对于“韐輸”这种衣服的具体形制，认识有所不同。郭沫若从自己的见解出发，以为是适用于作战的军服：“惠文王与赵武灵王同时，即此可知，于时秦亦已采用胡服。”[④]从这一认识出发，则“韐輸”与“栈舆”同样，都可以理解为与交通行为有密切关系的军事装备。

（六）“四处告神”的交通史考察

杨宽曾经特别指出《诅楚文》“诅的巫术”的意义。[⑤] 有学者也强调《诅楚文》对于认识“先秦时代告神之礼”“祝祷”“神灵”礼俗以及“中国传统的巫的文化”的“参考价值”。[⑥] 据说《诅楚文》之《巫咸文》出土于凤翔（今陕西凤翔）开元寺土下，《大神厥湫文》出土于朝那（今宁夏固原）之朝那湫旁，《亚驼文》出土于

---

① 李家浩：《关于〈诅楚文〉“韐輸”的释读》，见《中国语言学（第一辑）》。

② 《晋书》，第 2856 页。

③ 李家浩：《关于〈诅楚文〉“韐輸”的释读》，见《中国语言学（第一辑）》。

④ 《石鼓文研究　诅楚文考释》，第 309 页。

⑤ 杨宽：《秦〈诅楚文〉所表演的“诅”的巫术》，《文学遗产》1995 年第 5 期。

⑥ 杜莉娜：《秦〈诅楚文〉浅释》，《文教资料》2012 年第 1 期；延娟芹：《论秦国的两篇祝祷辞》，《宝鸡文理学院学报》（社会科学版）2011 年第 3 期；万青：《〈诅楚文〉研究与整理》，天津师范大学硕士学位论文（汉语言文字学，导师：周宝宏），2009 年。

真宁(今甘肃正宁)要册湫旁。① 陈昭容指出:"亚驼神与要册湫之关系待考,然其为秦境内之水神则可知。"② 裘锡圭论证要册湫或与之有关的河流,在古代曾有过"亚驼",亦即"虖池"的可能性是存在的。"'亚驼',确应读为'虖池'(即'滹沱'),但其所指并非晋之虖池。汉代以前,在今甘肃东端泾川至正宁一带,应有一条河流与晋之虖池同名。西汉末年平帝时改为安民县的呼池苑即因之得名。要册湫当与此河有关,诅楚文的'亚驼'即指此湫或此河之神。"③ 雍际春又指出,《亚驼文》告神之地在属于泾水水系的支党河(阎子川河)上游的要册湫。④ 则《大沈厥湫文》"箸者石章,以盟大神之威神"事之空间定位,较《亚驼文》更偏向西北。

秦人重祠祀。《史记》卷二八《封禅书》说秦旧地祀所:"自华以西,名山七,名川四。曰华山,薄山。薄山者,衰山也。岳山,岐山,吴岳,鸿冢,渎山。渎山,蜀之汶山。水曰河,祠临晋;沔,祠汉中;湫渊,祠朝那;江水,祠蜀。亦春秋泮涸祷塞,如东方名山川;而牲牛犊牢具珪币各异。而四大冢鸿、岐、吴、岳,皆有尝禾。陈宝节来祠。其河加有尝醪。此皆在雍州之域,近天子之都,故加车一乘,駵驹四。汧、洛二渊,鸣泽、蒲山、岳嶃山之属,为小山川,亦皆岁祷塞泮涸祠,礼不必同。而雍有日、月、参、辰、南北斗、荧惑、太白、岁星、填星、辰星、二十八宿、风伯、雨师、四海、九臣、十四臣、诸布、诸严、诸逑之属,百有余庙。西亦有数十祠。于湖有周天子祠。于下邽有天神。沣、滈有昭明、天子辟池。于杜、亳有三社主之祠、寿星祠;而雍菅庙亦有杜主。杜主,故周之右将军,其在秦中,最小鬼之神者。各以岁时奉祠。唯雍四畤上帝为尊,其光景动人民唯陈宝。故雍四畤,春以为岁祷,因泮冻,秋涸冻,冬塞祠,五月尝驹,及四仲之月月祠,若陈宝节来一祠。春夏用骍,秋冬用駵。畤驹四匹,木禺龙栾车一驷,木禺车马一驷,各如其帝色。黄犊羔各四,珪币各有数,皆生瘗埋,无俎豆之具。三年一郊。秦以冬十月

---

① 参看吴郁芳:《〈诅楚文〉三神考》,《文博》1987年第4期。

② 陈昭容:《从秦系文字演变的观点论〈诅楚文〉的真伪及其相关问题》,《历史语言研究所集刊》第六十二本第四分,1993年。

③ 裘锡圭:《诅楚文"亚驼"考》,《文物》1998年第4期,《秦献公学术文集·金文及其他古文字卷》,复旦大学出版社,2012年。

④ 雍际春:《"亚驼""呼池"与要册湫考辨》,《陕西师范大学学报》(哲学社会科学版)2008年第2期。

为岁首,故常以十月上宿郊见,通权火,拜于咸阳之旁,而衣上白,其用如经祠云。西畤、畦畤,祠如其故,上不亲往。"①秦神祀系统的设置,名目相当繁多,结构亦极复杂。这应当与秦信仰世界构成之多元的特点有关。秦的神学体系部分继承了周礼祀传统,又有自身的创造,很可能有陆续杂入了多种文化因素的神巫成分。

其中所谓"常以十月上宿郊见,通权火,拜于咸阳之旁",涉及烽火传递的交通方式。②而《诅楚文》内容中值得特别我们注意的,是"湫渊,祠朝那",乃系西北方向距离秦统治中枢最遥远的祀所,而面对楚军全力入侵,大战来临,"秦嗣王,敢用吉玉宣璧使其宗祝邵鼇,布憨告于不显大神厥湫"。郭沫若说:"'宗祝邵鼇':宗祝,官名;邵鼇,人名。宗祝当如《周官》的大祝小祝。'大师宜于社,造于祖'。小祝'大师掌釁祈号祝,有寇戎之事则保郊祀于社'。今铭中所言正为师旅寇戎之事,故由宗祝以告于神。"③此"宗祝邵鼇"的礼祀,其交通实践颇为辛苦。而"宗祝邵鼇,布憨告于不显大神",当不止此所谓"厥湫"一处。事实当如前引郭沫若所指出的,楚人"悉兴其众,张矜意怒,饰甲厎兵,奋士盛师","乃倾国之师相敌"。这在秦人看来,确实"当时情势甚为严重",因而不得不认真对应,"亦下总动员令,四处告神求祐也"。"四处告神,连神鬼的力量都加以动员了。"裘锡圭也指出:"秦王此次诅楚,所告之神大概很多,所刻之石决不会仅有三块。但其余刻石尚未为后人发现,也可能发现时由于不受重视而即遭毁弃。"④

《左传·成公十三年》:"国之大事,在祀与戎。"⑤所谓"四处告神",或说"所告之神大概很多",是往多处"亲印""不显大神",企望予以助祐,以期"克剂楚师,且复略我边城"的与"戎"事密切相关的"祀"的行为。"宗祝邵鼇"或许还有其他专职官员"四处"辛苦奔走,有特定时限,又要表现绝对的恭敬,是我们在认识秦人信仰礼俗的同时应当注意到的特殊的交通史现象。

---

① 《史记》,第 1372—1377 页。
② 王子今:《试说秦烽燧——以直道军事通信系统为中心》,《文博》2004 年第 2 期。
③ 《石鼓文研究 诅楚文考释》,第 299—300 页。
④ 裘锡圭:《诅楚文"亚驼"考》,《文物》1998 年第 4 期,《裘锡圭学术文集·金文及其他古文字卷》,复旦大学出版社,2012 年。
⑤ 《春秋左传集解》,第 722 页。

四　秦人姓名体现的"车马"之好

姓名,是人用以标识的符号。姓名用字,可以表现文化倾向,应当看作包涵历史文化信息的值得重视的资料。《白虎通·姓名》:"人必有名何?所以吐情自纪,尊事人者也。《论语》曰:'名不正则言不顺。'"①有学者说:"人类的文化起于制名。""人名的研究亦是治史的一把钥匙。"②有学者指出:"古代命名,意义极其庄重。"③"人名的研究,有助于考史。"④

刘钊研究秦印所见姓名,发现了体现"车马"之好的特点。相关收获,可以给我们重要的启示。

(一) 司马氏

刘钊统计了秦姓名印中的姓氏"在目前已见秦姓名印中的数量""排在前十位的"依次是:(1)王;(2)李;(3)张;(4)赵;(5)杨;(6)任;(7)徐、公孙;(8)高;(9)桥、吕、郭;(10)苏、韩、司马、董。"司马"位列第十。

今按,秦私印封泥所见"司马",就有"司马木臣""司马武""司马歇""司马央""司马□"等。⑤

"司马",原本官职名,主持军事。《周礼正义》卷五四《夏官司马》题下引《郑目录》云:"象夏所立之官。马者,武也,言为武者也。夏整齐万物,天子立司

---

① 〔清〕陈立撰,吴则虞点校:《白虎通疏证》,中华书局,1994 年,第 406 页。
② 饶宗颐:《〈中国人名的研究〉序》,见〔马来西亚〕萧遥天:《中国人名的研究》,国际文化出版公司,1987 年,第 1—2 页。
③ 张孟伦:《汉魏人名考》,兰州大学出版社,1988 年,第 1 页。
④ 〔马来西亚〕萧遥天:《中国人名的研究》,国际文化出版公司,1987 年,第 2 页。
⑤ 任红雨:《中国封泥大系》,西泠印社出版社,2018 年,第 458—459 页。

马,共掌邦政,政可以平诸侯,正天下,故曰统六师平邦国。"①官职名"司马"成为姓氏,情形可能亦当如《史记》卷三〇《平准书》所说,"为吏者长子孙,居官者以为姓号"。裴骃《集解》:"如淳曰:'仓氏、庾氏是也。'"司马贞《索隐》:"注:'仓氏庾氏',按出《食货志》。"②《汉书》卷二四上《食货志上》有同样的说法。颜师古注引如淳曰:"时无事,吏不数转,至于生长子孙而不转职也。""《货殖传》仓氏、庾氏是也。"③《史记》卷一三〇《太史公自序》曾经自述"司马氏"之由来:"昔在颛顼,命南正重以司天,北正黎以司地。唐虞之际,绍重黎之后,使复典之,至于夏商,故重黎氏世序天地。其在周,程伯休甫其后也。当周宣王时,失其守而为司马氏。司马氏世典周史。惠襄之间,司马氏去周适晋。晋中军随会奔秦,而司马氏入少梁。""司马"一姓源自军务管理,又并非独出于秦。但分流之后"在秦"一支的活动是引人注目的:"自司马氏去周适晋,分散,或在卫,或在赵,或在秦。其在卫者,相中山。在赵者,以传剑论显,蒯聩其后也。在秦者名错,与张仪争论,于是惠王使错将伐蜀,遂拔,因而守之。错孙靳,事武安君白起。而少梁更名曰夏阳。靳与武安君坑赵长平军,还而与之俱赐死杜邮,葬于华池。靳孙昌,昌为秦主铁官,当始皇之时。蒯聩玄孙卬为武信君将而徇朝歌。诸侯之相王,王卬于殷。汉之伐楚,卬归汉,以其地为河内郡。昌生无泽,无泽为汉市长。无泽

---

① 又引《大戴礼记·千乘篇》云:"司马司夏,以教士车甲。"《说文·马部》云:"马,怒也,武也。"《左》襄六年传,宋平公谓华弱为司武。杜注云:'司武,司马。'"《艺文类聚·职官部》引韦昭《辩释名》云:"大司马,马,武也,大总武事也。"又《白虎通义·封公侯篇》云:"司马主兵,不言兵言司马者,马阳物,乾之所为,行兵用焉。不以伤害为文,故言马也。"[清]孙诒让撰,王文锦、陈玉霞点校:《周礼正义》,中华书局,1987年,第2235页。[清]陈立撰,吴则虞点校《白虎通疏证》标点有异:"司马主兵。不言兵言司马者,马阳物,《乾》之所为,行兵用焉。不以伤害为文,故言马也。"第132页。

② 《史记》,第1420页。

③ 《汉书》,第1136页。《汉书》卷八六《王嘉传》:"孝文时,吏居官者或长子孙,以官为氏,仓氏、库氏则仓库吏之后也。"第3490页。《后汉书》卷三三《朱浮传》:"而今牧人之吏,多未称职,小违理实,辄见斥罢,岂不粲然黑白分明哉!然以尧舜之盛,犹加三考,大汉之兴,亦累功效,吏皆积久,养老于官,至名子孙,因为氏姓。"李贤注:"《前书》:'武帝时,汉有天下已七十余年,为吏者长子孙,居官者以为姓号,人人自爱而重犯法。'《音义》曰:'时无事,吏不数转,至于子孙而不转职,今仓氏、库氏因以为姓,即仓库吏之后也。'"第1142页。

生喜,喜为五大夫,卒,皆葬高门。喜生谈,谈为太史公。"①

司马氏在秦的活跃,或武或文,未能直接体现与交通的关系。然而毕竟保留了绪统明朗的有关"司马氏"宗族渊源的重要信息。

(二)复姓所见"车""马"

秦人姓名资料中的其他例证,或许可以更鲜明地表现秦社会生活中"车""马"的特殊地位。

据刘钊的研究,秦印中的复姓,直接与"马"有关的,除"司马如《珍秦》"外,还有:"马適士《珍秦》""乘马邀《珍秦》""走马赣《集粹》""马矢莫如《印典》""乘马甲《印典》",复姓中还有"走马文印私人收藏"。

另外与"车"相关的,有"公乘聚《印典》""车成阑·臣阑《印典》"。

(三)以"车""马"和从"马"的字命名

刘钊指出,名字出现"车"字者,有:"刀右车(臣右车)《齐鲁》""隽左车《印典》""毛左车《滨玺》"。论者以为其名字"有关职官职掌",或许"车"用为人名,可以取其直接字义。

今按,秦私印封泥所见"丁𫘦",也可以理解为提供了类似信息的例证。②

刘钊以为使用"一些固定成词"者,有"韩将马《赫连》"。所列举秦史中人名,穆公时子车氏,孝公时公孙鞅,昭襄王时上卿蒙骜,始皇帝时内史腾、陈驰等,也与"车马"相关。又如秦陶文中的人名:咸郦里驲;秦兵器铭文所见人名:工驲(四十八年上郡假守戈)等。

刘钊指出,秦印人名中有以"马"为名的,如"王马私人收藏""公孙马《印数》"。"另外还有许多人名用的是以'马'为偏旁的字",如:

驲　王驲《珍秦》,任驲《珍秦》,王驲《秦代》,驲《珍秦》,驲《珍秦》,甘驲私人收藏,驲《印典》;

腾　腾《珍秦》,梁腾《印典》,臣腾私人收藏,腾私人收藏,黄腾《印

---

① 《史记》,第3285—3286页。
② 《中国封泥大系》,第441页。

典》，王腾《印汇》；①

骛　达骛《珍秦》，骛《辑存》，辅骛《印典》，王骛《珍秦》，王骛《秦代》，骛《辑存》；②

骊　臣骊《珍秦》，韩骊私人收藏，王骊《印典》，原骊《印汇》，和骊私人收藏，江骊《印典》，骊《印典》，骊《印汇》；

骜　公孙骜《珍秦》，李骜《秦代》，郭骜《秦代》，郭骜《秦代》，韩骜《秦代》，任骜《秦代》，启骜之印《印类》，石骜《集粹》，骜《集粹》，骜私人收藏；

骀　李骀《秦代》，李骀《秦代》，骀《秦代》，庄骀之印《秦代》，杨骀《印汇》，慕母骀《印汇》，骀《印典》，焦骀私人收藏，庄骀之印《印典》，赵骀《契斋》；

骚　弓骚《珍秦》，李骚《秦代》，赵骚《秦代》，骚《秦代》，骚《珍秦》，骚《印典》，苒骚《伏庐》；

驾　杨驾《秦代》，王驾《秦代》，韩驾《秦代》，杜驾《辑存》，庄驾《印典》，疏驾私人收藏；

骍　杨骍《秦代》，应骍《秦代》，骍《辑存》；

骦　宋骦《秦代》，杨骦私人收藏；

骓　杨骓私人收藏，杜骓《集古》；

骈　冀骈《秦代》，骈《印类》；

𫘝　田𫘝《衡斋》，𫘝私人收藏；

骊　王骊《秦代》；

骋　李骋《秦代》；

骇　淳于骇《秦代》；

驰　驰《秦代》；

驴　王驴《秦代》；

驹　驹印私人收藏，李驹私人收藏；

骑　苏骑《港集》；

---

① 今按：云梦睡虎地11号秦墓出土简牍可见人名"腾"。
② 今按：云梦睡虎地11号秦墓出土简牍可见人名"骛"。

騳　庄騳《印典》；

骄　赵骄《方氏》；

駥　王駥《印类》；

騒　李騒《印典》。

刘钊指出："这应该体现了秦国或秦代重视'马'的观念。战国至汉代战争频仍，马是战争的重要物资，所以重视马应该是当时社会的普遍习尚。秦国的历史与马有着千丝万缕的联系，史载秦的祖先大费之玄孙费昌当夏桀时，去夏归商，为汤御，以败桀与鸣条。大费之子大廉之玄孙仲衍为帝大戊御而妻之。造父习御，幸于周穆王，取远道而马不罢。得骥、纤离、骅骝、駥耳之驷，西巡守。徐偃王作乱，造父御，长驱归周，一日千里以救乱。非子居犬丘，好马及畜，善养息之。犬丘人言之周孝王，孝王召使主马与汧、渭之间，马大蕃息。善于相马的伯乐也是秦国人。以上这些都清楚地表明了秦国与马的密切联系，所以秦印中出现如此多的以马为偏旁的人名就很正常了。"①

史党社采用了刘钊的辑录，也认为"想来这个情况，自然与秦人的车马传统

---

① 刘钊：《关于秦印姓名的初步考察》，复旦大学出土文献与古文字研究中心编：《出土文献与传世典籍的诠释——纪念谭朴森先生逝世两周年国际学术研讨会论文集》，上海古籍出版社，2010 年，第 362—364 页，第 366 页，第 374—376 页，第 381—382 页。据"引用秦印著录简称表"，《珍秦》，萧春源编：《珍秦斋藏印·秦印篇》，临时澳门市政局、文化暨康体部，2000 年；《集粹》，〔日〕菅原一广辑：《中国玺印集粹》十六卷，平成八年（1996 年）二玄社影印本；康殷伯宽、任兆凤辑：《印典》，国际文化出版公司，1993—1994 年；《齐鲁》，高庆龄辑：《齐鲁古印攈》四卷续一卷，上海书店"中国历代印谱丛书"重印本，1989 年；《滨玺》，黄质辑：《滨虹草堂藏古玺印释文》，1999 年上海书画出版社《黄宾虹文集·金石编》收录；《赫连》，罗振玉辑：《赫连泉馆古印存》，上海书店"中国历代印谱丛书"重印本，1988 年；《秦代》，许雄志编：《秦代印风》，重庆出版社"中国历代印风系列"丛书本，1999 年；《辑存》，牟日易辑：《古代玺印辑存》，香港集古斋影印本，1999 年；《印汇》，傅嘉仪辑：《篆字印汇》，上海书画出版社，1999 年；《印类》，〔日〕小林庸浩编：《中国玺印类编》，天津人民美术出版社影印本，2004 年；《契斋》，商承祚辑：《契斋古印存》，民国二十三年钤印本；《伏庐》，陈汉第辑：《伏庐藏印》，历史语言研究所（台湾）据民国年间钤印本印重装本，1973 年；《集古》，顾从德辑：《顾氏集古印谱》六卷，西泠印社据所藏残册四册本重印，1998 年；《衡斋》，黄濬辑：《衡斋藏印》，民国二十四年钤印本；《港集》，王仁聪编：《香港中文大学文物馆藏印集》，香港中文大学文物馆，1980 年；《方氏》，方清霖辑：《方氏集古印谱》，清光绪年间钤印本。

相关。"①

秦私印封泥资料中有"姚司马"②也值得注意。又有"鲁马多"③,也许可以理解为对养马业经营获取成功的直接的祈祝。又有"凳羁"封泥④,"羁"字或近似于"羁"。《说文·网部》:"罵,马落头也。从网罵。罵,绊也。羁,罵或从革。"关于"马落头",段玉裁注:"落络古今字。许书古本必是作落。引申之为羁旅。"关于"罵,绊也",段玉裁注:"既绊其足,又网其头。"关于"羁,罵或从革",段玉裁注:"今字作羁,俗作羁。"⑤从革作"羁",从糸即作"羁"。除"绊其足"外,套其头,应是牧马驯马主要方式。

《史记》卷二四《乐书》:"……又尝得神马渥洼水中,复次以为《太一之歌》。"裴骃《集解》:"李斐曰:'南阳新野有暴利长,当武帝时遭刑,屯田燉煌界。人数于此水旁见群野马中有奇异者,与凡马异,来饮此水旁。利长先为土人持勒绊于水旁,后马玩习久之,代土人持勒绊,收得其马,献之。欲神异此马,云从水中出。'"⑥所谓"勒绊"之"绊",应是用以"绊其足"的皮革制作的"羁",如果是植物纤维制作者,应即"羁"。《汉书》卷九六下《西域传下》"缚马前后足"故事也可以参考:"匈奴缚马前后足,置城下,驰言'秦人,我句若马'。"⑦

(四)"以畜为名"及相关现象

鲁桓公"问名于申□",申□回答时说到"不以畜牲"的原则,言"以畜牲则废祀"。杜预《集解》:"名猪则废猪,名羊则废羊。"⑧命名与国家礼制有关,也反映

---

① 史党社:《日出西山——秦人历史新探》,陕西人民出版社,2013年,第161页。
② 《中国封泥大系》,第471页。
③ 《中国封泥大系》,第451页。
④ 《中国封泥大系》,第444页。
⑤ [汉]许慎撰,[清]段玉裁注:《说文解字注》,上海古籍出版社据经韵楼藏版,1981年,第356页。
⑥ 《史记》,第1178页。《汉书》卷六《武帝纪》颜师古注:"李斐曰:'南阳新野有暴利长,当武帝时遭刑,屯田敦煌界,数于此水旁见群野马中有奇者,与凡马异,来饮此水。利长先作土人,持勒绊于水旁。后马玩习,久之代土人持勒绊收得其马,献之。欲神异此马,云从水中出。'"第184—185页。
⑦ 《汉书》,第3913页。
⑧ 《春秋左传集解》,第92—94页。

社会经济生活和民俗现象。古代其实有"以畜牲"命名,"以六畜命名"的情形,或以为与"风俗质朴""风俗尚质"有关,①应当说有一定道理。而刘钊关注秦人用从"马"的字作为人名,以为"体现了秦国或秦代重视'马'的观念"无疑是有意义的判断。

尽管人名用字中"骚""骄"等字,意义或许已经离开了"马",而"和驩"一例,可能只是"和欢"吉语,但是将相关现象结合"秦国的历史与马有着千丝万缕的联系"进行分析,得出的意见是符合秦"社会的普遍习尚"的,也是有益于秦交通史的理解的。

对于许雄志编《秦代印风》收录"王驴"印的提示,就驴的引入的历史认识而言,无疑是新的重要的信息。

张孟伦《汉魏人名考》关于"以畜为名"情形,举出汉魏史例。汉魏"以畜为名"其中以"马""骏""骐骁"作为人名的情形②,与秦人名字取用从"马"的字,似有所不同。但是或许也存在某种承继关系。

五　秦穆公故事

秦穆公在位 39 年,是春秋时期执政时间仅次于秦景公的秦国国君。然而他在秦史中有文化记忆非常深刻的行迹。司马迁回顾秦的早期历史,四次说到

---

① 张孟伦:《汉魏人名考》,兰州大学出版社,1988 年,第 37 页。

② 张孟伦《汉魏人名考》写道:"马为六畜之首。以马为名的,则有淮阴侯梁马(《后汉书·梁冀传》),合浦太守修允的部曲督郭马(《吴志·孙皓传》),往来长沙、零陵三郡反对孙吴政权的苏马(《吴志·朱治传》)。马生二岁曰驹,吴王濞的儿子便叫刘驹(《汉书·闽粤王传》)。骏是一种'绝足'千里的良马,故孔融以之比喻贤才(《昭明文选·孔文举论盛孝章书》);而汉、魏人名骏的,则更是不少,诸如:官至御史大夫的王骏(《汉书·王吉传》)、王莽的奋威将军王骏(《汉书·王莽传上》)、司隶校尉为执金吾的王骏(《汉书·百官公卿表下》)、威虏将军冯骏(《后汉书·光武纪下》)、郭后的叔父郭骏(《后汉书·光武郭后纪》)、司马马骏(《后汉书·马防传》)、九江人鲍骏(《后汉书·丁鸿传》)、钟毓的儿子钟骏(《魏志·钟毓传》)、陆逊的父亲陆骏(《吴志·陆逊传》)、并州刺史夏侯骏(《魏志·夏侯渊传》注引《世语》),莫不都是的。骐骁,是一种好马,故汉太仆属官有骐骁监(《汉书·百官公卿表上》),临邑侯刘复之子名骐骁(《后汉书·北海靖王兴传》)。"第 41 页。

"秦之先"。第一次在《史记》卷五《秦本纪》的开篇。他说:"秦之先,帝颛顼之苗裔孙曰女修。女修织,玄鸟陨卵,女修吞之,生子大业。"第二次是在《秦本纪》最后的"太史公曰",即:"太史公曰:秦之先为嬴姓。其后分封,以国为姓,有徐氏、郯氏、莒氏、终黎氏、运奄氏、菟裘氏、将梁氏、黄氏、江氏、修鱼氏、白冥氏、蜚廉氏、秦氏。然秦以其先造父封赵城,为赵氏。"第三次说到"秦之先",见于《史记》卷六《秦始皇本纪》"太史公曰":"太史公曰:秦之先伯翳,尝有勋于唐虞之际,受土赐姓。及殷夏之间微散。至周之衰,秦兴,邑于西垂。自缪公以来,稍蚕食诸侯,竟成始皇。"这里说到了"自缪公以来,稍蚕食诸侯",为统一创造了条件。第四次说到"秦之先",即《史记》卷一三〇《太史公自序》关于《秦本纪》的总结:"维秦之先,伯翳佐禹;穆公思义,悼豪之旅;以人为殉,诗歌《黄鸟》;昭襄业帝。作《秦本纪》第五。"①这里只说到三个秦史人物:伯翳、秦穆公、秦昭襄王。关于秦穆公的评价,总计28字中占据了16字。

在有关秦穆公的历史文化记忆中,我们可以看到比较丰满的人物形象。

(一)《黄鸟》:"子车氏""子舆氏"悲剧

秦穆公文化形象之显赫,与《诗》中《黄鸟》篇的传播有关。《史记》卷五《秦本纪》:"三十九年,缪公卒,葬雍。从死者百七十七人,秦之良臣子舆氏三人名曰奄息、仲行、鍼虎,亦在从死之中。秦人哀之,为作歌《黄鸟》之诗。"张守节《正义》:"毛苌云:'良,善也,三善臣也。'《左传》云:'子车氏之三子。'杜预云:'子车,秦大夫也。'"张守节《正义》又引应劭云:"秦穆公与群臣饮酒酣,公曰'生共此乐,死共此哀'。于是奄息、仲行、鍼虎许诺。及公薨,皆从死。《黄鸟》诗所为作也。"②

秦穆公虽然有强国拓土的丰功伟绩,然而由于"良臣""从死"事,负面历史评价影响了其形象。《史记》卷五《秦本纪》:"君子曰:'秦缪公广地益国,东服强晋,西霸戎夷,然不为诸侯盟主,亦宜哉。死而弃民,收其良臣而从死。且先王

---

① 《史记》,第173、221、276、3302页。
② 张守节《正义》:"杜预云:'以人葬为殉也。'《括地志》云:'三良冢在岐州雍县一里故城内。'"

崩,尚犹遗德垂法,况夺之善人良臣百姓所哀者乎?是以知秦不能复东征也。'"①所谓《黄鸟》之诗即《诗·秦风·黄鸟》:"交交黄鸟,止于棘。谁从穆公?子车奄息。维此奄息,百夫之特。临其穴,惴惴其慄。彼苍者天,歼我良人。如可赎兮,人百其身!交交黄鸟,止于桑。谁从穆公?子车仲行。维此仲行,百夫之防。临其穴,惴惴其慄。彼苍者天,歼我良人。如可赎兮,人百其身!交交黄鸟,止于楚。谁从穆公?子车鍼虎。维此鍼虎,百夫之御。临其穴,惴惴其慄。彼苍者天,歼我良人。如可赎兮,人百其身!"所谓"子车氏""子舆氏",《毛诗正义》:"《左传》作'子舆','舆''车'字异义同。"所谓"百夫之特",郑玄笺:"百夫之中最雄俊也。""百夫之防",郑玄笺:"防犹当也,言此一人当百夫。"所谓"百夫之御",毛亨也解释说:"御,当也。"②

"缪公子四十人"③,未闻有"从死"者。而"子车氏""子舆氏"从死,据应劭云:"秦穆公与群臣饮酒酣,公曰'生共此乐,死共此哀'。于是奄息、仲行、鍼虎许诺。及公薨,皆从死。"其具体情形已未可知。而现有信息告知我们,"子车氏""子舆氏"为"百夫之特""百夫之防""百夫之御",又是秦穆公可以"生""死"与"共"的最亲近的人。他们因与"车""舆"的特殊关系作为"百夫之中最雄俊"者,"一人当百夫"者,竟至"从死",应当是我们在考察秦交通史时应当关注的事件。

(二)"弄玉"传说

在涉及秦史的文学遗产中,关于秦穆公的女儿"弄玉",有乘凤飞天的传说。《水经注》卷一八《渭水》记述雍城秦宫形势,说到"弄玉"传说:"……又有凤台、凤女祠。秦穆公时有箫史者,善吹箫,能致白鹄、孔雀。穆公女弄玉好之,公为作凤台以居之。积数十年,一旦随凤去。云雍宫世有箫管之声焉。今台倾祠毁,不复然矣。"④《后汉书》卷八三《逸民传·矫慎》李贤注引《列仙传》:"箫史,秦缪公时。善吹箫,公女弄玉好之,以妻之,遂教弄玉作凤鸣。居数十年,吹

---

① 《史记》,第194—195页。
② 《十三经注疏》,第373页。
③ 《史记》卷五《秦本纪》,第195页。
④ 《水经注校证》,第441页。

凤皇声,凤来止其屋。为作凤台,夫妇止其上。一旦皆随凤皇飞去。"①《艺文类聚》卷四四引《列仙传》:"萧史者,秦穆公时人,善吹箫,能致孔雀白鹤。穆公女弄玉好之,公妻焉。一旦随凤飞去,故秦楼作凤女祠,雍宫世有箫声云。"②唐人乐府诗作多有对这一历史故事的歌咏,体现出文化记忆之深刻。

如王无兢《凤台曲》:"凤台何逶迤,嬴女管参差。一旦彩云至,身去无还期。遗曲此台上,世人多学吹。一吹一落泪,至今怜玉姿。"李白《凤台曲》:"尝闻秦帝女,传得凤凰声。是日逢仙子,当时别有情。人吹彩箫去,天借绿云迎。曲在身不返,空余弄玉名。"李白又有《凤凰曲》:"嬴女吹玉箫,吟弄天上春。青鸾不独去,更有携手人。影灭彩云断,遗声落西秦。"③所谓"遗声落西秦",正与传说发生在秦穆公时代,且雍城有凤台、凤女祠的文化遗存相符合。然而"秦帝女",又将时代限定于秦昭襄王之后。④ 李贺《上云乐》也说到"嬴女",然而却并非"弄玉"故事咏怀:"飞香走红满天春,花龙盘盘上紫云。三千宫女列金屋,五十弦瑟海上闻。大江碎碎银沙路,嬴女机中断烟素。断烟素,缝舞衣,八月一日君前舞。"⑤此"嬴女"是从事机织的劳动妇女。然而"三千宫女列金屋",则渲染宫苑上层生活。"紫云""金屋""飞香走红",绝等华贵香艳。所谓"五十弦瑟海上闻",则使读者隐约感觉到对秦帝业扩张至于"海上"之政治成功的颂扬。

---

① 《后汉书》,第2772页。
② [唐]欧阳询撰,汪绍楹校:《艺文类聚》,上海古籍出版社,1982年,第790—791页。《艺文类聚》卷七八引《列仙传》曰:"萧史,秦缪公时,善吹箫,能致白鹄孔雀。公女字弄玉,好之,以妻焉。遂教弄玉作凤鸣。居数十年,凤凰来止其屋。为作凤台。夫妇止其上,不下数年,一旦皆随凤皇飞去。故秦氏作凤女祠,雍宫世有箫声。"第1327页。《太平御览》卷六六二引葛洪《神仙传》:"萧史,秦缪公时人,善吹箫,能致孔雀白鹄。公女字弄玉,好之,以妻焉。遂教弄玉作凤鸣。居十数年,凤凰来止。公为作凤台,夫妇止其上,数年仙去。故秦人为作凤女祠,雍宫世有箫声。"《太平御览》,第2956页。
③ 《乐府诗集》卷五一,第748页。
④ 庾信《奉和赵王西京路春旦》:"直城龙首抗,横桥天汉分。风乌疑近日,露掌定高云。新渠还入渭,旧鼎更开汾。汉猎熊攀槛,秦田雉失群。宜年动春律,御宿敛寒氛。弄玉迎萧史,东方觅细君。杨柳成歌曲,蒲桃学绣文。鸟鸣还独解,花开先自熏。谁知灞陵下,犹有故将军。"[北周]庾信撰,[清]仇璠注,许逸民标点:《庾子山集》卷四,中华书局,1980年,第297页。所说都是咸阳、长安附近地方的故事,而"弄玉迎萧史"即在其中。
⑤ 《乐府诗集》卷五一,第748页。

李群玉《升仙操》写道:"嬴女去秦宫,璃箫飞碧空。凤台闭烟雾,鸾吹飘天风。复闻周太子,亦遇浮邱公。丛簧发天弄,轻举紫霞中。浊世不久驻,清都路何穷。一去霄汉上,世人那得逢。"①所谓"秦宫""嬴女"的神秘音乐表演与"清都""霄汉""紫霞"相联系,因而被称作"世人"不能体味的"霄汉上"的"天弄"。又有将"嬴女台"故事与瑶池王母神话联系起来者。中原传说与西北神仙世界元素结合②,营造出丝绸之路不同民族之间乐舞交流的历史场景。而这种文化沟通,曾经是双向共同取主动态势的。③ 而秦人在这种文化交流史中的积极作用④,因"嬴女台"故事有曲折的体现。

---

① 《李群玉集》卷上,文渊阁《四库全书》本。《乐府诗集》卷六〇引李群玉《升仙操》文字略有不同:"嬴女去秦宫,琼箫生碧空。凤台闭烟雾,鸾吹飘天风。复闻周太子,亦遇浮丘公。丛簧发仙弄,轻举紫霞中。浊世不久住,清都路何穷。一去霄汉上,世人那得逢。"第880页。"弄玉"传说与神仙追求的联系,有相当离奇的情节。《古今注》卷中"粉"条:"自三代以铅为粉。秦穆公女弄玉有容德,感仙人。箫史为烧水银作粉,与涂,亦名飞云丹。传以箫曲终而同上升。"文渊阁《四库全书》本。

② 如王融《神仙篇》:"命驾瑶池侧,过息嬴女台。长袖何靡靡,箫管清且哀。璧门凉月举,珠殿秋风回。青鸟骛高羽,王母停玉杯。举手惭别,千年将复来。"《乐府诗集》卷六四,第924页。

③ 胡地乐舞传入中原,典型例证有《续汉书·五行志一》:"灵帝好胡服、胡帐、胡床、胡坐、胡饭、胡空侯、胡笛、胡舞,京都贵戚皆竞为之。"《后汉书》,第3272页。相反,也有"胡族"接受汉地"音乐"的史例。如《汉书》卷九六下《西域传下》:"乌孙公主遣女来至京师学鼓琴。"此女后来成为龟兹王夫人。王与夫人"来朝贺","赐以车骑旗鼓,歌吹数十人"。龟兹王归其国,"出入传呼,撞钟鼓,如汉家仪"。第3916—3917页。《后汉书》卷八九《南匈奴传》:"二十八年,北匈奴复遣使诣阙,贡马及裘,更乞和亲,并请音乐……"第2946页。也是匈奴喜好中原"音乐"的例证。

④ 汉代北方和西北方向国家部族称中原人为"秦人",因秦经营西北联络各族曾经形成长久的历史影响。《史记》卷一二三《大宛列传》,第3177页;《汉书》卷九四上《匈奴传上》,第3782页;《汉书》卷九六下《西域传下》,第1912—1913页。顾炎武《日知录》卷二七《汉书注》:"彼时匈奴谓中国人为'秦人',犹今言'汉人'耳。"[清]顾炎武著,黄汝成集释,栾保群、吕宗力校点:《日知录集释》(全校本),上海古籍出版社,2006年,第1546页。匈奴人和西域人称中原人为"秦人",史籍《史记》《汉书》所见均西汉史例,《龟兹左将军刘平国作关城诵》作为出土文献资料则告知我们,至于东汉时期,西域地方依然"谓中国人为'秦人'"。黄文弼:《释刘平国治关城诵》,收入黄文弼著,黄烈编:《西北史地考古论集》,商务印书馆,2015年。

"弄玉"传说发生在"咸阳""长安"的说法,又见元人《类编长安志》卷三《馆阁楼观·楼》"秦楼"条:"新说曰:'长安旧有秦楼。古词云:秦楼东风里,燕子还来寻旧垒。又云:吞汉武之金茎沉潆,吹弄玉之秦楼凤箫。又曲名有《秦楼月》。'"①有"弄玉迎萧史"句的庾信《奉和赵王西京路春旦》为乾隆《西安府志》卷六七所收录。② 编者也是相信"弄玉之秦楼凤箫"事是发生在长安的。有"嬴女偷乘凤去时,洞中潜歇弄琼枝"句的白居易诗,也编入《长安志》。③ 故事发生地点在雍,或者咸阳、长安,也许并不重要。我们更为注意的,是"随凤""乘凤""轻举紫霞中""一去霄汉上",体现了最神异的交通方式。故事中与"凤皇"及"白鹄、孔雀"等相关的情节,可以与前说"黄雀"产生联想,是可以考虑到与秦人以鸟"为祖先",以鸟"为图腾"的信仰传统的关系的。

(三)"亡善马"得士

《吕氏春秋·爱士》讲述"贤主"应哀怜"人之困穷",因此可以得"士"的道理:"衣,人以其寒也;食,人以其饥也。饥寒,人之大害也。救之,义也。人之困穷,甚如饥寒,故贤主必怜人之困也,必哀人之穷也。如此则名号显矣,国士得矣。"所举的第一个例子,就是秦穆公失马而野人食之,不以为罪反而予酒令其"遍饮",终于得到回报的故事:

> 昔者秦缪公乘马而车为败,右服失而埜人取之。缪公自往求之,见埜人方将食之于歧山之阳。缪公叹曰:"食骏马之肉而不还饮酒,余恐其伤女也!"于是遍饮而去。处一年,为韩原之战,晋人已环缪公之车矣,晋梁由靡已扣缪公之左骖矣,晋惠公之右路石奋投而击缪公之甲,中之者已六札矣。埜人之尝食马肉于歧山之阳者三百有余人,毕力为缪公疾斗于车下,遂大克晋,反获惠公以归。此《诗》之所谓曰"君君子则正,以行其德;君贱人则宽,以尽其力"者也。人主其胡可以无务行

---

① [元]骆天骧撰,黄永年点校:《类编长安志》,中华书局,1990年,第99页。
② [清]舒其绅修,严长明纂:乾隆《西安府志》卷六七《艺文志中·诗》,清乾隆刻本。
③ [宋]宋敏求纂,[元]李好文绘:熙宁《长安志》卷九《唐京城三》,民国二十年铅印本;[元]骆天骧撰,黄永年点校:《类编长安志》卷五《寺观·宫观》"唐昌观"条,第147页;王子今:《唐人乐府所见"咸阳"记忆》,《中原文化研究》2019年第1期。

德爱人乎？行德爱人则民亲其上，民亲其上则皆乐为其君死矣。①
这一因"行德爱人"致使"民亲其上则皆乐为其君死矣"故事，《史记》卷五《秦本纪》有这样的记载：

> 十四年，秦饥，请粟于晋。晋君谋之群臣。虢射曰："因其饥伐之，可有大功。"晋君从之。十五年，兴兵将攻秦。缪公发兵，使丕豹将，自往击之。九月壬戌，与晋惠公夷吾合战于韩地。晋君弃其军，与秦争利，还而马骛。缪公与麾下驰追之，不能得晋君，反为晋军所围。晋击缪公，缪公伤。于是岐下食善马者三百人驰冒晋军，晋军解围，遂脱缪公而反生得晋君。初，缪公亡善马，岐下野人共得而食之者三百余人，吏逐得，欲法之。缪公曰："君子不以畜产害人。吾闻食善马肉不饮酒，伤人。"乃皆赐酒而赦之。三百人者闻秦击晋，皆求从，从而见缪公窘，亦皆推锋争死，以报食马之德。于是缪公虏晋君以归。②

秦穆公失马而"自往求之"，甚至有"岐下野人共得而食之者三百余人，吏逐得，欲法之"的惩处设想，体现出对"骏马""善马"的爱重。而所谓"食骏马之肉而不还饮酒，余恐其伤女也"或说"吾闻食善马肉不饮酒，伤人"，体现出这位君主有关"马"的知识的全面。

六　伯乐、九方堙为秦穆公"求马"

《庄子》说伯乐"善治马"。陆德明《释文》则言"善驭马"。而更多文献资料告知我们，伯乐是早期相马技术经验的总结者与传递者。关于伯乐身份，有晋人、秦人（或赵人、秦人）的不同说法。有学者认为，春秋末年可能"有两伯乐"，一为"赵人"，"另一伯乐为秦人也"。而《吕氏春秋·观表》说到"古之善相马者"以"秦之伯乐、九方堙，尤尽其妙矣"。《淮南子·道应》有伯乐推荐九方堙为秦穆公"求马"的故事，说到"相马"的技术与理念。伯乐举荐九方堙为秦穆公求"良马"，"三月而反报""得马"于"沙丘"，"马至，而果千里之马"，或说"马至，果

---

① 陈奇猷校释：《吕氏春秋校释》，学林出版社，1984年，第458—459页。
② 《史记》，第188—189页。

天下之马也"的故事,使人联想到汉武帝时代向西北方向寻求"天马"以改良马种,提升汉王朝骑兵军团战马作战能力的努力。伯乐、九方堙为秦穆公求"天下之马"故事,书写了中国古代养马史重要的一页,可以看作汉武帝时代"天马"追求的历史先声。

(一) 伯乐"善治马""善驭马"说

《庄子·马蹄》借寓言方式以"治马"言"治天下",说到"伯乐善治马"。所谓"善治马",应当是驯马的专家。但是《庄子·马蹄》有关"治"的政治哲学论辩中,伯乐是以负面形象出现的:

> 马,蹄可以践霜雪,毛可以御风寒。龁草饮水,翘足而陆,此马之真性也。虽有义台路寝,无所用之。及至伯乐,曰:"我善治马。"烧之,剔之,刻之,雒之,连之以羁絷,编之以皂栈,马之死者十二三矣;饥之,渴之,驰之,骤之,整之,齐之,前有橛饰之患,而后有鞭策之威,而马之死者已过半矣。陶者曰:"我善治埴,圆者中规,方者中矩。"匠人曰:"我善治木,曲者中钩,直者应绳。"夫埴木之性,岂欲中规矩钩绳哉?然且世世称之曰"伯乐善治马而陶匠善治埴木",此亦治天下者之过也。

陆德明《释文》:"伯乐,姓孙,名阳,善驭马。石氏《星经》云:伯乐,天星名,主典天马。① 孙阳善驭,故以为名。"成玄英《疏》:"《列子》云:姓孙,名阳,字伯乐,秦穆公时善治马人。"②

《庄子·马蹄》论"治天下"的合理方式,认为善于"治天下"者,"以不治治之,乃善治也"。③ 而伯乐"治马"的方式,是错误的:

> 夫马,陆居则食草饮水,喜则交颈相靡,怒则分背相踶。马知已此矣。夫加之以衡扼,齐之以月题,而马知介倪、闉扼、鸷曼、诡衔、窃辔。故马之知而态至盗者,伯乐之罪也。

---

① 《晋书》卷一一《天文志上》:"传舍南河中五星曰造父,御官也,一曰司马,或曰伯乐。"第 290 页。

② [清]郭庆藩辑,王孝鱼整理:《庄子集释》,中华书局,1981 年,第 330—332 页。马非百引作:"伯乐者,秦人也,姓孙名阳氏。(《庄子·马蹄篇·释文》)盖乐天星名,主典天马,故以为名云。(《开元占经》引《石氏星经》)"马非百:《秦集史》,中华书局,1982 年,第 334 页。

③ 《庄子集释》,第 334 页。

《庄子》以为"伯乐之罪"是以反自然的方式强力违背马的天性,按照郭象注的解说:"御其真知,乘其自然,则万里之路可致,而群马之性不失。"按照成玄英的解说:"夫马之真知,适于原野,驰骤过分,即矫诈心生,诡窃之态,罪归伯乐也。"但是在技术层面上说,是否可以理解为伯乐"治马"方式确实应当彻底否定呢?郭象的以下注文或许接近《庄子》的本意:"夫善御者,将以尽其能也。尽能在于自任,而乃走作驰步,求其过能之用,故有不堪而多死焉。若乃任驽骥之力,适迟疾之分,虽则足迹接乎八荒之表,而众马之性全矣。而惑①者闻任马之性,乃谓放而不乘;闻无为之风,遂云行不如卧;何其往而不返哉!斯失乎庄生之旨远矣。"②

关于"伯乐",有"善治马""善驭马"两种说法。《庄子》说"世世称之曰'伯乐善治马'"。《史记》卷八四《屈原贾生列传》:"伯乐既殁兮,骥将焉程兮?"司马贞《索隐》:"《战国策》曰:'夫骥服盐车上太山中阪,迁延负辕不能上,伯乐下车哭之也。'"③《史记》卷一一七《司马相如列传》:"阳子骖乘。"司马贞《索隐》:"张揖曰:'阳子,伯乐也。孙阳字伯乐,秦缪公臣,善御者也。'"④"伯乐"后来成为天上星座的名号,也是因为胜任"御官"。《晋书》卷一一《天文志上》:"传舍南河中五星曰造父,御官也,一曰司马,或曰伯乐。"⑤

(二)《韩非子》伯乐相马故事

但是,从更多的文化迹象看,在当时以及稍后的历史记忆中,伯乐是著名的相马专家。

《韩非子·说林下》记述了"伯乐"教人"相踶马"的故事:

> 伯乐教二人相踶马,相与之简子厩观马。一人举踶马,其一人从后而循之,三抚其尻而马不踶,此自以为失相。其一人曰:"子非失相也。此其为马也,蹶肩而肿膝。夫踶马也者,举后而任前,肿膝不可任也,故后不举。子巧于相踶马而拙于任肿膝。"夫事有所必归,而以有所,肿

---

① 整理者校:"世德堂本惑作或。"《庄子集释》,第 334 页。
② 《庄子集释》,第 339—340 页,第 333 页。
③ 《史记》,第 2490、2494 页。
④ 《史记》,第 3009—3010 页。
⑤ 《晋书》,第 290 页。

膝而不任,智者之所独知也。惠子曰:"置猿于柙中,则与豚同。"故势不便,非所以逞能也。

又有一则伯乐教人"相千里之马"与"相驽马"的故事:

伯乐教其所憎者相千里之马,教其所爱者相驽马。千里之马时一,其利缓,驽马日售,其利急。此《周书》所谓"下言而上用者惑也"。

陈奇猷引孙诒让说,以为"此《周书》所谓'下言而上用者惑也'"盖《逸周书》佚文。① 《韩非子·显学》也说到"伯乐"相马:

夫视锻锡而察青黄,区冶不能以必剑;水击鹄雁,陆断驹马,则臧获不疑钝利。发齿吻形容,伯乐不能以必马;授车就驾而观其末涂,则臧获不疑驽良。观容服,听辞言,仲尼不能以必士;试之官职,课其功伐,则庸人不疑于愚智。故明主之吏,宰相必起于州部,猛将必发于卒伍。夫有功者必赏,则爵禄厚而愈劝;迁官袭级,则官职大而愈治。夫爵禄大而官职治,王之道也。

其中,"发齿吻形容,伯乐不能以必马;授车就驾而观其末涂,则臧获不疑驽良",都说考察"马"的"驽良"。陈奇猷注:"王先谦曰:按五字不成句。形容在外,不待发也。吻下当有二字,与'视锻锡'句相配,而今夺之。物双松曰:观马必启其口而视其齿。蒲阪圆曰:一本形上有相字。津田凤卿曰:按形上恐脱察字,上下文可例。奇猷案:此言相马事,伯乐为善相马者,则一本形上补相字是。《说文》:'吻,口边也。'《十过篇》:'晋献公欲假道于虞以伐虢,乃使荀息以垂棘之璧与屈产之乘赂虞公而求假道焉,(虞公)遂假之道,荀息伐虢以还,反处三年,兴兵伐虞,又克之,荀息牵马操璧而报献公,献公说曰:璧则犹是也,虽然,马齿亦益长矣。'据此,知察马之老幼,必发其口而观其齿,故曰'发齿吻'也。形容者,形貌也。《说林下》:'伯乐教二人相踶马,一人举踶马,其一人从后而循之,三抚其尻而马不踶,此人以为失相。其一人曰:子非失相也。此其为马也,踒肩而肿膝。夫踶马也者,举后而任前,肿膝不可任也,故后不举,子巧于相踶马,而拙于任肿膝。'据此,知相马之形貌足明马之踶与否,则马之驽良亦当能于此形貌观察而得,故云'相形容'也。今脱相字,义遂不可通。"②

---

① 陈奇猷校注:《韩非子集释》,上海人民出版社,1974年,第448、453、454页。
② 《韩非子集释》,第1093—1094页。

《韩诗外传》卷七记录孔子语,在论说"贤不肖者,材也。遇不遇者,时也。今无有时,贤安所用哉"这一主题时,说到伯乐和造父:"夫骥罢盐车,此非无形容也,莫知之也,使骥不得伯乐,安得千里之足,造父亦无千里之手矣。"①造父是可以表现"千里之手"的高明的御者。伯乐是善于辨识良马"形容",能够纵其"千里之足"的相马专家。伯乐和造父并说的情形亦见于《盐铁论·利议》载文学言:"夫骥之才千里,非造父不能使;禹之知万人,非舜为相不能用。……骥,举之在伯乐,其功在造父。造父摄辔,马无驽良,皆可取道。周公之时,士无贤不肖,皆可与言治。故御之良者善调马,相之贤者善使士。今举异才而使臧驺御之,是犹扼骥盐车而责之使疾。此贤良、文学多不称举也。"②对于"伯乐"的评价又见于《盐铁论·讼贤》载文学语:"骐骥之挽盐车垂头于太行之阪,屠者持刀而睨之。太公之穷困,负贩于朝歌也,蓬头相聚而笑之。当此之时,非无远筋骏才也,非文王、伯乐莫知之贾也。子路、宰我生不逢伯乐之举,而遇狂屠,故君子伤之,若'由不得其死然','天其祝予'矣。"③

(三)伯乐"赵人秦人"异说

对于《韩非子》所见"伯乐"的身份,陈奇猷有所考论。

"伯乐"有晋人、秦人两说。陈奇猷写道:"太田方曰:伯乐,晋大夫邮无恤,伯乐其字也,《左传》杜注:'王良也。'按《淮南》诸书以伯乐、王良为二人,且为秦穆公臣者非也。奇猷案:王良与伯乐当非一人。《汉书·古今人表》以王良与伯乐(《汉书》作柏乐,字同。)相距一格,则显以王良、伯乐为二人(梁玉绳《人表考》以《人表》中'王良、伯乐'四字为邮无恤下之注文,而今误为大字,未确。)本书之王良、伯乐为二人亦极明显。王良乃善御者,即王於期,亦称王子期,《喻老篇》:'赵襄主学御于王子期',《外储说右下》:'王於期为赵简子取道争千里之表',又云:'王於期为宋君为千里之逐',又云:'王良、造父共车',《难势篇》:'良马固车,使臧获御之,则为人笑,王良御之而日取千里',(本书此例尚多,不列举)明王良为善御者。至于伯乐则为善相马者,此文云'伯乐教二人相踶马',

---

① 屈守元笺疏:《韩诗外传笺疏》,巴蜀书社,1996年,第600页。
② 王利器校注:《盐铁论校注》(定本),中华书局,1992年,第324页。
③ 《盐铁论校注》(定本),第284页。

下'伯乐教其所憎者相千里马',《显学篇》云:'发齿吻形容,伯乐不能以必马',明伯乐为善相马者,与王良非为一人甚明。据下文知伯乐为赵简子时人,据《喻老》及《外储说右下》王良亦赵简子时人,《汉书·人表》亦列二人与赵简子同时,则王良、伯乐同时同地又皆与马有关,故有误为一人者矣。又案春秋之末似有两伯乐,此伯乐为赵人。《吕氏春秋·观表篇》:'赵之王良,秦之伯乐',《列子·说符篇》:'穆公谓伯乐曰'云云,《庄子·马蹄篇》成玄英《疏》云:'伯乐,秦穆公时善治马人',则另一伯乐为秦人也。(《外储说右下》:'王於期为宋君为千里之逐',以宋言,或宋字为误文,或王於期偶一至宋则未可知矣,诸书未有言宋王於期者,则宋无王於期似可断言也。)"①

说"宋无王於期似可断言也"大致是可靠的。所谓"春秋之末似有两伯乐",一为"赵人","另一伯乐为秦人也",也有依据。

伯乐"晋人秦人"与"赵人秦人"之异说,以及一为"赵人",一为"秦人""两伯乐"说法的出现,或许与秦、赵部族文化渊源本原由一,即所谓"赵氏之先,与秦共祖","赵氏之系,与秦同祖"有关。②

我们可以不讨论大致同时的晋与秦或赵与秦"两伯乐"事,只关注《吕氏春秋·观表》"赵之王良,秦之伯乐"所谓"秦之伯乐"对于说明秦交通史的意义。陈奇猷以为"观表"即"形法家之言":"此篇言观事物之征表而知吉凶善恶,盖即《汉书·艺文志》所叙数术六种中形法家之言也。《艺文志》云:'形法者,形人及

---

① 《韩非子集释》,第448—449页。
② 《史记》卷五《秦本纪》说秦先祖事迹:"自太戊以下,中衍之后,遂世有功,以佐殷国,故嬴姓多显,遂为诸侯。其玄孙曰中潏,在西戎,保西垂。生蜚廉。蜚廉生恶来。恶来有力,蜚廉善走,父子俱以材力事殷纣。周武王之伐纣,并杀恶来。是时蜚廉为纣石北方,还,无所报,为坛霍太山而报,得石棺,铭曰'帝令处父不与殷乱,赐尔石棺以华氏'。死,遂葬于霍太山。蜚廉复有子曰季胜。季胜生孟增。孟增幸于周成王,是为宅皋狼。皋狼生衡父,衡父生造父。造父以善御幸于周缪王,得骥、温骊、骅駵、騄耳之驷,西巡狩,乐而忘归。徐偃王作乱,造父为缪王御,长驱归周,一日千里以救乱。缪王以赵城封造父,造父族由此为赵氏。自蜚廉生季胜已下五世至造父,别居赵。赵衰其后也。恶来革者,蜚廉子也,蚤死。有子曰女防。女防生旁皋,旁皋生太几,太几生大骆,大骆生非子。以造父之宠,皆蒙赵城,姓赵氏。"第174—175页。《史记》卷四三《赵世家》:"赵氏之先,与秦共祖。至中衍,为帝大戊御。其后世蜚廉有子二人,而命其一子曰恶來,事纣,为周所杀,其后为秦。恶来弟曰季胜,其后为赵。"《索隐述赞》:"赵氏之系,与秦同祖。"第1779、1833页。

六畜骨法之度数,器物之形容,以求其声气贵贱吉凶,犹律有长短,而各征其声,非有鬼神,数自然也。然形与器相首尾,亦有有形而无其气,有其气而无其形,此精微之独异也',并著录《相人》二十四卷,《相六畜》三十八卷。本篇所言寒风是等十人相马,'见马之一征而知节之高卑,足之滑易,材之坚脆,能之长短',正是相畜之法。"①

(四)《吕氏春秋》:"古之善相马者""秦之伯乐、九方堙,尤尽其妙"

《吕氏春秋·观表》说到"古之善相马者"即对于马之"骨法之度数"有精到研究的专家:

> 古之善相马者:寒风是相口齿,麻朝相颊,子女厉相目,卫忌相髭,许鄙相胸,投伐褐相胸胁,管青相膹肠②,陈悲相股脚,秦牙相前,赞君相后。凡此十人者,皆天下之良工也,若赵之王良,秦之伯乐、九方堙,尤尽其妙矣。其所以相者不同,见马之一征也,而知节之高卑,足之滑易,材之坚脆,能之长短。非独相马然也,人亦有征,事与国皆有征。圣人上知千岁,下知千岁,非意之也,盖有自云也。绿图幡薄,从此生矣。

其中,"若赵之王良,秦之伯乐、九方堙,尤尽其妙矣"17 字,毕沅做了这样的解释:"以上十七字,旧本无,据《七命》注补。孙云:'又见《七发》及《荐祢衡表》《与吴季重书》注,无九方堙。'"③

而陈奇猷虽然如前引,在《韩非子集释》中引录了"《吕氏春秋·观表篇》:'赵之王良,秦之伯乐'",他在《吕氏春秋校释》中却明确表示不认可毕沅据"《七命》注""《七发》及《荐祢衡表》、《与吴季重书》注"补入的"若赵之王良,秦之伯乐……,尤尽其妙矣"等字。他在"凡此十人者,皆天下之良工也"句后这样写道:"毕沅于此下增'若赵之王良,秦之伯乐、九方堙,尤尽其妙矣'十七字,曰:以上十七字旧本无,据《七命》注补。孙云:'又见《七发》及《荐祢衡表》、《与吴季重书》注,无九方堙。'马叙伦曰:以上下文观之,当无此十七字,盖高注也。蒋维乔等曰:毕校疑非是。马叙伦说是已。下句云'其所以相者不同,见马之一征也',即承前十人各能相马之一端而言……加此十七字则前后文义不贯矣。奇

---

① 陈奇猷校释:《吕氏春秋校释》,学林出版社,1984 年,第 1414—1422 页。
② 毕沅曰:"李善注《文选》张景阳《七命》作'唇吻',《御览》八百九十六同。"
③ 许维遹撰,梁运华整理:《吕氏春秋集释》,中华书局,2009 年,第 579—580 页。

猷案:毕增非是。王良乃善御者。""与此言相马者无关。此其一也。《淮南·道应》云:'伯乐曰:良马者,可以形容筋骨相也。'明伯乐系相全马者,与此言相马之一征不同。此其二也。九方堙,《列子·说符》《淮南·道应》谓其相马,'所观者天机也',是其相马非相马之一征,与此亦不可相提并论。《庄子·徐无鬼》'堙'作'歅',字通。谓九方堙为善相人者,与此文之义尤不相蒙。此其三也。不但《吕氏》不当有此文,高诱亦不当有此注。马、蒋说亦非。"①陈奇猷校注《韩非子集释》,上海人民出版社1974年7月出版。陈奇猷校释《吕氏春秋校释》,学林出版社1984年4月出版。时隔近10年。对于"若赵之王良,秦之伯乐……,尤尽其妙矣"等字,"不但《吕氏》不当有此文,高诱亦不当有此注"的坚定的否决的判断,应是《韩非子集释》面世之后的新见解。所指出的三条意见,现在看来似仍然不能有力支持决断的否定意见。我们在这里不就毕沅"增'若赵之王良,秦之伯乐、九方堙,尤尽其妙矣'十七字"的是非进行具体的讨论。其实,只是注意《七命》注和《七发》及《荐祢衡表》《与吴季重书》注中出现的"若赵之王良,秦之伯乐……,尤尽其妙矣"等字样,已经可以充实我们关于"伯乐"对于秦交通史进步之意义的认识了。

(五)九方堙为秦穆公求"天下之马"

《淮南子·道应》有伯乐推荐九方堙为秦穆公"求马"的故事,说到"相马"的技术与理念:

> 秦穆公谓伯乐曰:"子之年长矣。子姓有可使求马者乎?"对曰:"良马者,可以形容筋骨相也。相天下之马者,若灭若失,若亡其一。若此马者,绝尘弭辙。臣之子,皆下材也,可告以良马,而不可告以天下之马。臣有所与供儋缠采薪者九方堙,此其于马,非臣之下也。请见之。"穆公见之,使之求马。三月而反报曰:"已得马矣。在于沙丘。"穆公曰:"何马也?"对曰:"牡而黄。"使人往取之,牝而骊。穆公不说,召伯乐而问之曰:"败矣!子之所使求者,毛物、牝牡弗能知,又何马之能知!"伯乐喟然大息曰:"一至此乎!是乃其所以千万臣而无数者也。若堙之所观者,天机也。得其精而忘其粗,在内而忘其外,见其所见而

---

① 《吕氏春秋校释》,第1414、1423页。

不见其所不见,视其所视而遗其所不视。若彼之所相者,乃有贵乎马者。"马至,而果千里之马。故老子曰:"大直若屈,大巧若拙。"①

看来,伯乐与九方堙为秦穆公"求马"的故事,似乎是说明老子"大直若屈,大巧若拙"道理的一则文化寓言。

《列子·说符》记录了大致相同的故事,具体情节稍有差异,其中,"九方堙"作"九方皋"②:

> 秦穆公谓伯乐曰:"子之年长矣,子姓有可使求马者乎?"伯乐对曰:"良马可形容筋骨相也。天下之马者,若灭若没,若亡若失。若此者绝尘弭辙。臣之子皆下才也,可告以良马,不可告以天下之马也。臣有所与共担缠薪菜者,有九方皋,此其于马非臣之下也。请见之。"穆公见之,使行求马。三月而反报曰:"已得之矣,在沙丘。"穆公曰:"何马也?"对曰:"牝而黄。"使人往取之,牡而骊。穆公不说,召伯乐而谓之曰:"败矣,子所使求马者!色物、牝牡尚弗能知,又何马之能知也?"伯乐喟然太息曰:"一至于此乎?是乃其所以千万臣而无数者也。若皋之所观天机也,得其精而忘其粗,在其内而忘其外;见其所见,不见其所不见;视其所视,而遗其所不视。若皋之相者,乃有贵乎马者也。"马至,果天下之马也。

---

① 何宁撰:《淮南子集释》,中华书局,1998 年,第 859—862 页。

② 有学者指出,《淮南子·道应》"九方堙",《列子·说符》作"九方皋",《庄子·徐无鬼》作"九方歅"。陈广忠:《淮南子斠诠》,黄山书社,2008 年,第 619 页。《庄子·徐无鬼》:"子綦有八子,陈诸前,召九方歅曰:'为我相吾子,孰为祥?'九方歅曰:'梱也为祥。'子綦瞿然喜曰:'奚若?'曰:'梱也将与国君同食以终其身。'子綦索然出涕曰:'吾子何为以至于是极也?'九方歅曰:'夫与国君同食,泽及三族,而况父母乎!今夫子闻之而泣,是御福也。子则祥矣,父则不祥。'子綦曰:'歅,汝何足以识之。而梱祥邪?尽于酒肉,入于鼻口矣,而何足以知其所自来?吾未尝为牧而牂生于奥,未尝好田而鹑生于宎,若勿怪,何邪?吾所与吾子游者,游于天地。吾与之邀乐于天,吾与之邀食于地。吾不与之为事,不与之为谋,不与之为怪;吾与之乘天地之诚,而不以物与之相撄,吾与之一委蛇而不与之为事所宜,今也然,有世俗之偿焉!凡有怪征者,必有怪行,殆乎!非我与吾子之罪,几天与之也!吾是以泣也。'无几何而使梱之于燕,盗得之于道,全而鬻之则难,不若刖之则易。于是刖而鬻之于齐,适当渠公之街,然身食肉而终。"陆德明《释文》:九方歅,"善相马人。《淮南子》作九方皋"。《庄子集释》,第 856—860 页。《庄子·徐无鬼》"九方歅"故事只说相人,不涉及马。

关于伯乐身份,晋张湛注:"伯乐,善相马者。"关于"天下之马",张湛解释说:"天下之绝伦者,不于形骨毛色中求,故髣髴恍惚,若存若亡,难得知也。"①

《韩非子》所谓"臣有所与供儋缠采薪者九方堙,此其于马,非臣之下也",《列子》所谓"臣有所与共担缠薪菜者,有九方皋,此其于马非臣之下也",都说伯乐与九方堙(九方皋)的相马经验来自底层劳动生活。

马非百《秦集史》中《人物传》十二之三传主名称"伯乐"与"九方皋"并列,引录文献用《列子·说符》而不用《淮南子·道应》②,似不妥。

(六)九方堙"得马""沙丘"与汉武帝西北方向的"天马"追求

伯乐举荐九方堙为秦穆公求"良马","三月而反报""得马""沙丘","马至,而果千里之马",或说"马至,果天下之马也"的故事,使人联想到汉武帝时代向西北方向寻求优良马种以充实天子之厩并提升汉王朝骑兵军团战马素质的努力。

《史记》卷二四《乐书》:"尝得神马渥洼水中,复次以为《太一之歌》。歌曲曰:'太一贡兮天马下,沾赤汗兮沫流赭。骋容与兮跇万里,今安匹兮龙为友。'后伐大宛得千里马,马名蒲梢,次作以为歌。歌诗曰:'天马来兮从西极,经万里兮归有德。承灵威兮降外国,涉流沙兮四夷服。'"所谓"尝得神马渥洼水中",裴骃《集解》:"李斐曰:'南阳新野有暴利长,当武帝时遭刑,屯田燉煌界。人数于此水旁见群野马中有奇异者,与凡马异,来饮此水旁。利长先为土人持勒靽于水旁,后马玩习久之,代土人持勒靽,收得其马,献之。欲神异此马,云从水中出。'"关于"后伐大宛得千里马,马名蒲梢",裴骃《集解》:"应劭曰:'大宛旧有天马种,蹋石汗血,汗从前肩膊出如血,号一日千里。'"③又《史记》卷一二三《大宛列传》:"(大宛)多善马,马汗血,其先天马子也。""初,天子发书《易》,云'神马当从西北来'。得乌孙马好,名曰'天马'。及得大宛汗血马,益壮,更名乌孙马曰'西极',名大宛马曰'天马'云。""及天马多,外国使来众,则离宫别观旁尽种蒲萄、苜蓿极望。"《索隐述赞》:"大宛之迹,元因博望。始究河源,旋窥海上。

---

① 《列子集释》,中华书局,1979年,第255—258页。
② 马非百:《秦集史》,中华书局,1982年,第334页。
③ 《史记》,第1178—1179页。

条枝西入,天马内向。葱岭无尘,盐池息浪。旷哉绝域,往往亭障。"①

"九方堙""九方皋"名号之"九方",有学者指出或与"鬼方"有关。解说《列子·说符》"九方皋",胡怀琛写道:"九方,姓;皋,名。《庄子》有九方堙。《通志》谓九方皋、九方堙是一个人。余窃谓九与鬼声近通用。《史记·殷本纪》'以西伯、九侯、鄂侯三公',徐广注:'一作鬼侯',是其证。然则九方即殷时鬼方,以地为姓也。"②也指出"天下之马"的寻求,在北方或西北方向。伯乐、九方堙为秦穆公求"天下之马"事,或许可以看作汉武帝时代"天马"追求的历史先声。

伯乐、九方堙故事中,"天下之马"是远远超越"良马"的。按照晋代学者张湛的解说,"天下之马"即"天下之绝伦者"。张骞说"(大宛)多善马,马汗血,其先天马子也"。裴骃《集解》:"《汉书音义》曰:'大宛国有高山,其上有马,不可得,因取五色母马置其下,与交,生驹汗血,因号曰天马子。'"③此言高山"其上有马,不可得"者为"天马"。《汉书》卷二二《礼乐志》载《天马》歌诗"天马徕,龙之媒"句,颜师古注:"应劭曰:'言天马者乃神龙之类,今天马已来,此龙必至之效也。'"④则取"天马""神龙"说,言"天马"来自"天"。而参考伯乐、九方堙故事,以"天下之马"即马的"天下之绝伦者"理解"天马"语义,或者也是一种解说。

伯乐、九方堙为秦穆公求"天下之马"故事,可以与秦穆公"失善马"得士故事联系起来理解,看作秦人"好马及畜,善养息之","主马"而"马大蕃息"悠远历史传统的延续。

秦国以"秦马之良"体现交通动力开发方面的特殊优势,成为统一战争中决胜因素之一的情形,也可以因伯乐、九方堙事迹得到深入理解的条件。⑤

---

① 《史记》,第3160、3170页,第3173—3174页,第3180页。
② 胡怀琛:《列子张湛注补正》,《大陆杂志》1934年第8期;《列子集释》,第256页。
③ 《史记》,第3160页。
④ 《汉书》,中华书局,1962年,第1061页。
⑤ 王子今:《论伯乐、九方堙为秦穆公"求马"》,《重庆师范大学学报》2018年第2期。

第四章　蜀道开发与秦的帝业基础

回顾华夏文明初步萌生的历史,可以看到秦岭巴山是几大基本文化区之间相互联系的最大的天然阻障。可以说,穿越秦岭巴山的早期道路,是我们民族文化显现出超凡创造精神和伟大智慧和勇力的历史纪念。而秦岭巴山古道路系统中,连通重要区域方向的蜀道地位尤其重要。在中国古代道路中,蜀道在经济联系、文化沟通、政令宣达、军事攻防等方面的历史作用,乃至工程规划组织水准所体现的领先性和代表性,都是历史学者和地理学者应当认真关注的研究课题。

徐中舒曾经指出:"从地理和民族的分布来看,古代四川和中原的联系,肯定是存在的。至于《史记·五帝本纪》说皇帝的儿子昌意,降居若水,娶蜀山氏,后来《华阳国志》和《十三州志》,以为这就是蜀的先代。严格地说,这些传说并出西汉以后,除牵合若水蜀山地名人名一二字外,并无其他史迹可据,其可信的条件并不具备,这里姑置不论。中华人民共和国成立以后,在四川基本建设及农业的开发中,地下遗物出土渐多,且有出土纪录可据,对于古代四川的历史,提供了许多坚强可信的资料,使我们更清楚地看出它与中原的联系。"[①]对于这种文化联系和文化交往的交通史探索,也具有了初步的条件。早期蜀道的考察,自应注重考古学资料的理解和利用。有学者在论证川西平原早期蜀文化的构成中存在北方文化"南下"的影响时写道:早在四五千年

---

① 徐中舒:《论巴蜀文化》,四川人民出版社,1982年,第3—4页。

前,甘肃青海地区的马家窑、半山类型彩陶遗存,就在川北地区有所发现。①商周时期,川西平原早期蜀文化与甘青地区寺洼、安国类型文化和辛店文化的关系更是为人们所关注的一个重要问题。不少研究者以为两者之间没有任何共同之处。②但若仔细对比它们的陶器,还是可以发现其中的种种联系。学界大致公认,新石器时代秦岭南北的重要遗址已经表现出共同的文化面貌。③商周时期蜀道已得早期开通。④在中原地方为殷商王国统治,以精美的青铜器作为精神文明和物质文明标志的时代,成都平原有表现出独异风格的青铜文化发育。位于川西平原北部的广汉三星堆的发现,使人们对这一时期的蜀文化的面貌得到了全新的认识。正如宋新潮所指出的,"在四川三星堆文化中,虽然主要的铜器,如大型的青铜人像、人头像、大小面具以及青铜树等与中原商文化的铜器有极大的差别,但是,从其文化总体来考察,也不乏类似于中原商文化的器物,如铜器中的尊、罍、盘、瓿、器盖以及青铜兵器中的戈、钺等。这些类似于中原商文化

---

① 原注:"童恩正:《古代的巴蜀》,四川人民出版社。"今按:可以直接据童恩正先生的表述领会原意:"1964 年在理县建山寨和汶川姜维城发现了彩陶,纹饰与西北地区的马家窑文化相似,证明川西北与黄河中上游地区自古以来即有紧密的联系。""在远古时代,我国黄河上游,主要是氐羌民族的活动范围。""远在传说中的三皇五帝时,他们就不断沿着青藏高原的横断山脉向南迁徙","在四川阿坝藏族自治州的理县和汶川县境内,曾经发现与甘肃马家窑文化相类似的石斧、石凿和彩陶,可能即和这种南下的民族有关系"。原注均为:"四川大学历史系考古教研组:《四川理县汶川县考古调查简报》,《考古》1965 年第 12 期。"《古代的巴蜀》,重庆出版社,1998 年,第 9—10 页,第 62—63 页,第 73 页。

② 原注:"李伯谦:《城固铜器群与早期蜀文化》,《考古与文物》1983 年第 2 期。"

③ 考古学者对于新石器时代大地湾文化的分布区域,指出:"主要分布于甘肃的陇东地区和陕西的关中地区,以渭河下游地区较为密集,另外,陕南的汉水上游地区也有分布。"汉水地区的遗址包括西乡李家村、何家湾,紫阳白马石、马家营,南郑龙岗寺等。仰韶文化的分布,"包括关中—陕南—晋南—豫西区"。半坡文化的典型遗址包括南郑龙岗寺、西乡何家湾等。中国社会科学院考古研究所:《中国考古学·新石器时代卷》,中国社会科学出版社,2010 年,第 114—115 页,第 208—209 页,第 211、215 页。

④ 有学者指出,"在四川三星堆文化中,虽然主要的铜器,如大型的青铜人像、人头像、大小面具以及青铜树等与中原商文化的铜器有极大的差别,但是,从其文化总体来考察,也不乏类似于中原商文化的器物,如铜器中的尊、罍、盘、瓿、器盖以及青铜兵器中的戈、钺等。这些类似于中原商文化的成分,只能理解为是商文化向外辐射的结果"。宋新潮:《殷商文化区域研究》,陕西人民出版社,1991 年,第 262 页。

的成分,只能理解为是商文化向外辐射的结果"①。周原甲骨所见"[克]蜀"文字(H11:97)②,也证明了蜀道交通条件已经得到初步开发的事实。周武王伐纣,从行有"蜀"人。③《水经注》卷一七《渭水》:扞水"出周道谷,北迳武都故道县之故城西"④。而西周中晚期铜器散氏盘铭文中亦有"周道"。据王国维考定,周散国在散关一带,此"周道"即《水经注》"周道谷"之"周道"。⑤ 可见这条道路的开通年代相当早。至于影响周王朝命运的褒姒的故事,更是人们熟知的。⑥ 而春秋战国我们民族文化得到显著跃进和空前积累的时期,这一山地通道的建设又实现了新的历史进步。对于蜀道交通的开发,以秦人的历史贡献最为突出。

蜀道连接了关中和蜀地两处"天府",为秦的统一准备了条件。西部地区因蜀道的沟通,以经济文化区域的突出优势,长期成为统一帝国的基础。

一 "南山大梓"神话

在陇山以西的早期发展历程中,秦人有早期经营畜牧业与林业,创建经济基础,取得突出成果的表现。⑦

秦人的扩张呈向东发展的基本趋势,但是不能排除曾经进行多方向寻求发展空间,选择进取路径的试探的可能。循这一思路,我们应当关注秦人在"南

---

① 宋新潮:《殷商文化区域研究》,陕西人民出版社,1991年,第262页。
② 曹玮:《西周甲骨文》,世界图书出版公司,2002年,第71页。
③ 《尚书·牧誓》:"王曰:'嗟!我友邦冢君,御事司徒、司马、司空、亚旅、师氏、千夫长、百夫长,及庸、蜀、羌、髳、微、卢、彭、濮人,称尔戈,比尔干,立尔矛,予其誓。'"
④ 《水经注校证》,第431页。
⑤ 王国维《散氏盘跋》写道:"'散氏'者即《水经·渭水注》'大散关''大散岭'之'散',又铭中'濂水'即《渭水注》中之'扞水','周道'即'周道谷','大沽'者即《漾水注》之'故道水'。"《观堂集林》卷一八,《王国维遗书》第3册,上海古籍书店,1983年。
⑥ 《国语·晋语一》:"周幽王伐有褒,褒人以褒姒女焉,褒姒有宠,生伯服,于是乎与虢石甫比,逐太子宜臼而立伯服。太子出奔申,申人、鄫人召西戎以伐周,周于是乎亡。"上海师范大学古籍整理组校点:《国语》,上海古籍出版社,1978年,第255页。
⑦ 就秦人早期畜牧业经营,学者多有论说。关于秦人林业成就,可参看王子今、李斯:《放马滩秦地图林业交通史料研究》,《中国历史地理论丛》2013年第2期。

山""武都"的开拓。《史记》卷五《秦本纪》记载:"(秦文公)二十七年,伐南山大梓,丰大特。"裴骃《集解》写道:

> 徐广曰:"今武都故道有怒特祠,图大牛,上生树本,有牛从木中出,后见丰水之中。"

《秦本纪》张守节《正义》引《括地志》则记录了另外的说法:

> 大梓树在岐州陈仓县南十里仓山上。《录异传》云"秦文公时,雍南山有大梓树,文公伐之,辄有大风雨,树生合不断。时有一人病,夜往山中,闻有鬼语树神曰:'秦若使人被发,以朱丝绕树伐汝,汝得不困耶?'树神无言。明日,病人语闻,公如其言伐树,断,中有一青牛出,走入丰水中。其后牛出丰水中,使骑击之,不胜。有骑堕地复上,发解,牛畏之,入不出,故置髦头。汉、魏、晋因之。武都郡立怒特祠,是大梓牛神也"。①

张守节按:"今俗画青牛障是。"其实,也有可能《录异传》的这段文字为张守节《正义》直接引录,而并非由《括地志》转引。②

对于这一"大梓牛神"的传说发生地和祠祀纪念地,有"武都故道"和"岐州陈仓县南十里仓山上""雍南山"等不同的说法。"武都故道"明确可知是蜀道的一条线路。所谓"岐州陈仓县南十里仓山上""雍南山"等,应当也可以和蜀道联系起来考虑。

特别值得注意的,是这一传说中"牛""青牛""大牛""大梓牛"以及"大特""怒特"等情节,都与秦人经营畜牧业的生产经验有关,也使人联想到后来蜀道"石牛"传说。

二 "金牛""五丁"传说

秦与蜀的交通往来,有久远的历史记录。《华阳国志》卷三《蜀志》说,"蜀之

---

① 《史记》,第180—181页。
② 王子今:《秦汉民间信仰体系中的"树神"和"木妖"》,《周秦汉唐文化研究》第3辑,三秦出版社,2004年。

为国","北与秦分"。"与秦同分,故多悍勇。"蜀人传说时代的先王"卢帝"当政时,曾经"攻秦,至雍"。① 春秋战国时期,秦蜀之间的联系更为频繁。《史记》卷五《秦本纪》记载:"厉共公二年,蜀人来赂。"又秦惠公十三年(前387),"伐蜀,取南郑"。② 同一史实《史记》卷一五《六国年表》则写作"蜀取我南郑"③。又《秦本纪》:"惠文君元年"(前337),"蜀人来朝"。④ 同一史实《六国年表》写作"秦惠文王元年","蜀人来"。⑤

《华阳国志》卷三《蜀志》记录了反映秦巴山地道路早期开通的著名的"石牛""五丁"故事:

> 时蜀有五丁力士,能移山,举万钧。……周显王之世,蜀王有褒汉之地,因猎谷中,与秦惠王遇。惠王以金一笥遗蜀王。王报珍玩之物。物化为土,惠王怒。群臣贺曰:"天奉我矣!王将得蜀土地。"惠王喜,乃作石牛五头,朝泻金其后,曰:"牛便金。"有养卒百人。蜀王悦之,使使请石牛,惠王许之。蜀遣五丁迎石牛。既不便金,怒遣还之。乃嘲秦人曰:"东方牧犊儿。"秦人笑之曰:"吾虽牧犊,当得蜀也。"⑥

秦王和蜀王"褒汉""谷中"之遇,反映蜀道的早期开通,已经具备了比较好的通行条件。《水经注》卷二七《沔水》引来敏《本蜀论》:

> 秦惠王欲伐蜀而不知道,作五石牛,以金置尾下,言能屎金。蜀王负力,令五丁引之,成道。秦使张仪、司马错寻路灭蜀,因曰"石牛道"。⑦

所谓"使使请石牛"和"遣五丁迎石牛""令五丁引之,成道",体现因交通需求的变化,道路形制有所进步。

《华阳国志》卷三《蜀志》中,又可以看到有关秦"许嫁五女于蜀",而"蜀遣五丁迎之"的记载:

---

① 《华阳国志校补图注》,第113、122页。
② 《史记》,第199—200页。
③ 《史记》,第713页。
④ 《史记》,第205页。
⑤ 《史记》,第727页。
⑥ 《华阳国志校补图注》,第122—123页。
⑦ 《水经注校证》,第645页。

周显王三十二年,蜀侯使朝秦。秦惠王数以美女进,蜀王感之,故朝焉。惠王知蜀王好色,许嫁五女于蜀。蜀遣五丁迎之。还到梓潼,见一大蛇入穴中。一人揽其尾,掣之,不禁。至五人相助,大呼抴蛇。山崩,同时压杀五人及秦五女,并将从;而山分为五岭。直顶上有平石。蜀王痛伤,乃登之。因命曰五妇冢山。川平石上为望妇堠。作思妻台。今其山,或名五丁冢。①

蜀使朝秦,秦王嫁女,五丁迎之,都是秦蜀交通过程。堠,是古道路记程的土堆。② 因而这一传说,也可以与"蜀王负力,令五丁引之,成道"之说对照理解,看作蜀道早期开通的历史真实的反映。③

通过相关传说"蜀王有褒汉之地,因猎谷中,与秦惠王遇","秦惠王欲伐蜀而不知道,作五石牛","蜀王负力,令五丁引之,成道",以及秦惠王"许嫁五女于蜀,蜀遣五丁迎之"等情节,可知早期蜀道的开通,是秦人和蜀人共同的历史功绩。然而由"石牛""五女"谋略之设计,可以得到秦人可能发挥了更多的主动性这一认识。

三 蜀道与秦兼并蜀地的战争

秦惠文王时代,秦完成了对蜀地的占有。秦人兼并蜀地,是秦首次实现面积达数十万平方公里的大规模的领土扩张,于是为后来统一事业的成功奠定了基

---

① 《华阳国志校补图注》,第123页。
② 古代交通道路管理曾经有以所谓"封堠"划界分程的制度,据说"十里双堠,五里只堠"。有的学者引据经典,指出黄帝游幸天下时,"道路有记里堆",因而以为"封堠"之制,始于黄帝时代。[明]杨慎:《丹铅总录》卷二《地理类》"封堠壦圬"条,文渊阁《四库全书》本。
③ 《华阳国志》还有其他有关"五丁"开路的传说。卷二《汉中志》:"梓潼县,(梓潼)郡治。有五妇山,故蜀五丁士所拽蛇崩山处也。"《华阳国志校补图注》,第91页。卷三《蜀志》:"时蜀有五丁力士,能移山。""武都有一丈夫,化为女子,美而艳,盖山精也。蜀王纳为妃。不习水土,欲去。王必留之,乃为《东平》之歌以乐之。无几,物故。蜀王哀之。乃遣五丁之武都担土,为妃作冢,盖地数亩,高七丈。"第122—123页。其中"遣五丁之武都担土"情节,也反映了交通过程。

础。通过这一历史过程,我们也可以看到秦文化在与其他地域文化体系相互融合、相互影响时保持主动地位,体现积极态势的事实。

(一)"伐韩""伐蜀"争议

秦惠文王确定出兵伐蜀的战略决策之前,最高统治集团中曾经就此发生争论。据《史记》卷七〇《张仪列传》记载:"苴、蜀相攻击,各来告急于秦。秦惠王欲发兵以伐蜀,以为道险狭难至,而韩又来侵秦,秦惠王欲先伐韩,后伐蜀,恐不利,欲先伐蜀,恐韩袭秦之敝,犹豫未能决。司马错与张仪争论于惠王之前,司马错欲伐蜀,张仪曰:'不如伐韩。'"司马错则说:"臣闻之,欲富国者务广其地,欲强兵者务富其民,欲王者务博其德,三资者备而王随之矣。今王地小民贫,故臣愿先从事于易。夫蜀,西僻之国也,而戎翟之长也,有桀纣之乱。以秦攻之,譬如使豺狼逐群羊。得其地足以广国,取其财足以富民缮兵,不伤众而彼已服焉。拔一国而天下不以为暴,利尽西海而天下不以为贪,是我一举而名实附也,而又有禁暴止乱之名。"秦惠文王对于司马错的见解表示:"善,寡人请听子。"予以赞同。

可以看到,司马错作为秦人,张仪作为关东人,各自的政见在某种程度上表现出不同的地域文化的传统。而前者,尤以务实为基本特色。还应当指出,关东人张仪的政治视野中,自然主要为关东地区的大政治舞台所占据,而作为秦人的司马错,却并不对所谓"西僻之国","而戎翟之长"的蜀地存有文化偏见。事实上秦地与蜀地之间,原本也具有若干文化共性。

(二)蜀道与伐蜀战略决策

秦人似乎并不掩饰其进取蜀地的意图。据《史记》卷六九《苏秦列传》,世人其实很早就已经注意到"秦有举巴蜀并汉中之心"。我们以为尤其应当关注的,是秦惠文王进行决策时"欲发兵以伐蜀",又"以为道险狭难至"的考虑。蜀道的通行条件,影响着秦国君的战略思维。

对于秦兼并蜀地这一重要的历史事实,我们在《史记》中可以看到司马迁如下的记述:

表 1　秦并蜀进程表

年代	公元	史事	出处
秦惠文王更元九年	前 316	(1) 司马错伐蜀,灭之 (2) 击蜀,灭之 (3) 起兵伐蜀,十月,取之,遂定蜀,贬蜀王更号为侯,而使陈庄相蜀	《秦本纪》 《六国年表》 《张仪列传》
秦惠文王更元十四年	前 311	(4) 蜀相壮杀蜀侯来降 (5) 蜀相杀蜀侯	《秦本纪》 《六国年表》
秦武王元年	前 310	(6) 诛蜀相壮 (7) 诛蜀相壮 (8) 蜀侯辉、相壮反,秦使甘茂定蜀	《秦本纪》 《六国年表》 《樗里子甘茂列传》
秦昭襄王六年	前 301	(9) 蜀侯辉反,司马错定蜀 (10) 蜀反,司马错往诛蜀守辉,定蜀	《秦本纪》 《六国年表》

其中(8)与(9)(10)有关"蜀侯辉""蜀守辉"的记载相互抵牾,当有一误,疑(8)中"侯辉"二字为衍文。①

从起初(1)(2)(3)的"伐蜀,灭之""击蜀,灭之""伐蜀……取之,遂定蜀",到(9)(10)之最终"定蜀",秦人征服蜀地,都必然通行蜀道路线进军。

"蜀侯辉",《华阳国志》作"蜀侯恽"。据说蜀侯恽死后,"蜀人葬恽郭外"。《华阳国志》卷三《蜀志》又记载了这样的神奇故事:

(周赧王)十七年②,(秦昭襄王)闻恽无罪冤死,使使迎丧入葬之郭内。初则炎旱,三月后又霖雨;七月,车溺不得行。丧车至城北门,忽陷入地中。蜀人因名北门曰咸阳门,为蜀侯恽立祠。其神有灵,能兴云致雨,水旱祷之。

---

① 参看王子今:《秦兼并蜀地的意义与蜀人对秦文化的认同》,《四川师范大学学报》(社会科学版)1998 年第 2 期。

② 今按:公元前 298 年。

《太平御览》卷一一引《蜀本纪》则写道：

> 秦王诛蜀侯恽，后迎葬咸阳，天雨，三月不通，因葬成都。故蜀人求雨，祠蜀侯必雨。

二者参照，可能"后迎葬咸阳"之说较为接近史实，"炎旱"及"霖雨"连续数月之久，正形成对枢车远程行进的阻碍。而所谓"名北门曰咸阳门"，也因为成都北门是北上通向咸阳道路的起点。这两则传说所谓"车溺不得行"，"忽陷入地中"，所谓"三月不通"，都可以理解为蜀道交通艰难的象征性表述。

（三）伐蜀进军路线

秦军伐蜀行进道路，《史记》卷七〇《张仪列传》张守节《正义》引《华阳国志》："秦遣张仪从子午道伐蜀。"今本《华阳国志》卷三《蜀志》："周慎王五年秋，秦大夫张仪、司马错、都尉墨等从石牛道伐蜀。"究竟是"从子午道伐蜀"还是"从石牛道伐蜀"呢？任乃强《华阳国志校补图注》说："《史记正义》引作'从子午道伐蜀'，当是张守节据误本。宋刻'从石牛道'，与上文相应。石牛道，谓自汉入蜀之西道。其路线，自汉中入阳平关，循水道至葭萌，自葭萌溯清水河谷，逾马鸣阁(今马角坝)至江油(今彰明)，历涪、雒，至成都。与今宝成铁路线同。"①所谓"马鸣阁"者，不排除"阁"是指"阁道"即栈道的可能。

其实，"从子午道伐蜀"和"从石牛道伐蜀"两说并不矛盾。可能经过秦岭"从子午道"，由巴山南行"从石牛道"。

蜀道的作用为秦兼并蜀地的军事行动提供了条件。秦军进取蜀地对于最终实现统一有重要的战略意义。

四　咸阳文化重心地位的形成与蜀道主线路的移换

李白《蜀道难》有"不与秦塞通人烟"②名句。指出扼守蜀道秦岭关隘的

---

① 任乃强注文还写道："马鸣阁，秦汉梓潼县地。五妇冢山在其侧，为梓潼水源。梓潼蜿蜒似蛇行，《汉志》称为'虵水'。故蜀人有五丁拽蛇(同虵)之说也。"《华阳国志校补图注》，第127页。

② ［唐］李白：《李太白文集》卷二《歌诗三十一首·乐府一》。

"塞"的存在。作者和读者并不明究此"秦塞"是何处关塞,是因为蜀道秦岭线路本有多条,而"秦塞"亦实有多处。

在蜀道历史中,几条秦岭线路在当时交通格局中的位置,先后各有主次轻重的变化。也就是说,不同历史时期蜀道秦岭区段有不同的主线路。这种变化的发生有多种因素,而关中地方文化重心的变化也显现重要的作用。

分析咸阳—长安文化重心地位的形成与蜀道主线路移换的关系,可以深化对区域史和交通史以及相关社会文化现象的认识。

(一)"故道"主线路时代

从蜀道秦岭线路开通的年代先后来推断,位于陕西宝鸡以南的散关很可能是最早的蜀道"秦塞"。

从文化遗存分布的密度而言,关中平原西部地区较中部地区和东部地区获得较早的开发。被神化的农学经验总结者曾经在这里活动。[①] 蜀道的出发点因此曾经由自关中西部。

秦即有"故道"县,县治在今陕西宝鸡南。《水经注·渭水上》:捍水"出周道谷北,迳武都故道县之故城西"。地名可见"周道"和"故道"。而西周中晚期铜器散氏盘铭文中亦有"周道"字样。据王国维考论,周散国在散关一带,此周道即《水经注》"周道谷"之"周道"。[②] 可见这条道路的开通年代相当早。《后汉书》卷一三《隗嚣传》所谓"白水险阻,栈道败绝",是说故道在今陕西略阳白水江一带的地段。故道又有由此通向天水地区的栈道。

所谓"故道",应是蜀道其他秦岭线路得以开通并逐渐成为主线路之后的称谓。这条道路北端的"秦塞"即散关。散关被看作"关中"区域的界限标志之一。《史记》卷八《高祖本纪》记载:"怀王乃以宋义为上将军,项羽为次将,范增为末将,北救赵。令沛公西略地入关。与诸将约,先入定关中者王之。"司马贞《索隐》:"韦昭云:'函谷、武关也。'又《三辅旧事》云:'西以散关为界,东以函谷为

---

① 参看王子今:《论秦汉雍地诸畤中的炎帝之祠》,《文博》2005 年第 6 期。
② 王国维《散氏盘跋》:"……顷闻之陕人言克鼎出处在宝鸡县南之渭水南岸。此地既为克之故虚,则散氏故虚必距此不远。因知'散氏'者即《水经·渭水注》'大散关''大散岭'之'散'。……'周道'即'周道谷','大沽'者即《漾水注》之'故道水'。"《观堂集林》卷一八,《王国维遗书》第 3 册,上海古籍书店,1983 年。

界,二关之中谓之关中。'"①《史记》卷七《项羽本纪》也写道:"人或说项王曰:'关中阻山河四塞,地肥饶,可都以霸。'"裴骃《集解》引徐广曰:"东函谷,南武关,西散关,北萧关。"②又《史记》卷二二《汉兴以来将相名臣年表》:"入都关中。"司马贞《索隐》:"咸阳也。东函谷,南峣武,西散关,北萧关。在四关之中,故曰'关中'。"③关于"关中"区域限定的理解有所不同。也有说函谷关以内者。也有只说两关者,言函谷关、武关④,或者函谷关、散关。关于老子出关的传说,有解释"关"是散关的意见。⑤ 散关因散国得名。可知这条道路的开通当在西周甚至更早。

周原甲骨所见"[克]蜀"文字(H11:97)⑥,"蜀人"参与武王伐纣军事行动的历史记录⑦,都反映蜀道早期开通的事实。而当时蜀道的主线路,很可能即秦汉人所称"故道"。

---

① 《史记》,第356页。
② 《史记》,第315页。
③ 《史记》,第1120页。
④ 如前引《史记》卷八《高祖本纪》:"怀王……令沛公西略地入关。与诸将约,先入定关中者王之。"司马贞《索隐》:"韦昭云:'函谷、武关也。'又《三辅旧事》云:'西以散关为界,东以函谷为界,二关之中谓之关中。'"
⑤ 《史记》卷六三《老子韩非列传》说:"居周久之,见周之衰,乃遂去。至关,关令尹喜曰:'子将隐矣,强为我著书。'于是老子乃著书上下篇,言道德之意五千余言而去,莫知其所终。"其中"至关"的"关",有函谷关和散关两说。司马贞《索隐》:"李尤《函谷关铭》云'尹喜要老子留作二篇',而崔浩以尹喜又为散关令是也。"张守节《正义》:"《抱朴子》云:'老子西游,遇关令尹喜于散关,为喜著《道德经》一卷,谓之《老子》。'或以为函谷关。《括地志》云:'散关在岐州陈仓县东南五十二里。函谷关在陕州桃林县西南十二里。'"第2141页。
⑥ 曹玮:《西周甲骨文》,世界图书出版公司,2002年,第71页。
⑦ 《尚书·牧誓》:"千夫长、百夫长,及庸、蜀、羌、髳、微、卢、彭、濮人。"孔安国传:"八国皆蛮夷戎狄属文王者国名。羌在西。蜀,叟。髳、微在巴蜀。卢、彭在西北。庸、濮在江汉之南。"《十三经注疏》,第183页。《史记》卷四《周本纪》:"千夫长、百夫长,及庸、蜀、羌、髳、微、纑、彭、濮人。"裴骃《集解》:"孔安国曰:'八国皆蛮夷戎狄。羌在西。蜀,叟。髳、微在巴蜀。纑、彭在西北。庸、濮在江汉之南。'马融曰:'武王所率,将来伐纣也。'"张守节《正义》:"髳音矛。《括地志》云:'房州竹山县及金州,古庸国。益州及巴、利等州,皆古蜀国。陇右岷、洮、丛等州以西,羌也。姚府以南,古髳国之地。戎府之南,古微、泸、彭三国之地。濮在楚西南。有髳州、微、濮州、泸府、彭州焉。武王率西南夷诸州伐纣也。'"第122—123页。

所谓"故道"早期开通并成为蜀道秦岭主线路,很可能与周人在关中西部农耕经营的成功有关。《国语·晋语四》:"炎帝以姜水成。"故"炎帝为姜"①。炎帝传说和"姜水"的关系,暗示炎帝部族活动的地域。早有学者指出,"姜姓起源于陕西西部黄土原上",探索炎帝传说的发生,应当注意宝鸡"姜城堡""清姜河""神农庙""磻溪水""姜氏城"地名的存在。② 应当注意到,这一地方,正在散关左近。

秦汉所谓"故道"者,有可能在早期开通的时代曾经称作"周道"。

(二)褒斜道的开通和使用

《华阳国志》卷三《蜀志》较早记载了蜀道"石牛"传说,已见前述。不仅"石牛道"故事值得注意,我们还看到,秦人观念中另一有关"牛"的神秘传说,也与交通开发有关。即前说《史记》卷五《秦本纪》:"(秦文公)二十七年,伐南山大梓,丰大特。"由裴骃《集解》引徐广曰所谓"武都故道"、张守节《正义》引《括地志》所谓"岐州陈仓县南"、张守节《正义》引《录异传》所谓"雍南山"等信息,应当理解道路北端的方位。如果联想到姜姓而"长于姜水"的炎帝"人身牛首"传说,③可以推知其发生时代很可能在秦人"地至岐",因"周余民"多归服,与"姜"

---

① 《国语》,第356页。
② 徐旭生:《中国古史的传说时代》(增订本),文物出版社,1985年,第122页。
③ 《艺文类聚》卷一一引《帝王世纪》:"炎帝神农氏,姜姓也,人身牛首,长于姜水。有圣德。"[唐]欧阳询撰,汪绍楹校:《艺文类聚》,上海古籍出版社,1982年,第209页。《初学记》卷九引《帝王世纪》:"神农氏,姜姓也。母曰姙姒,有乔氏之女,名女登,游于华阳,有神龙首感,女登于尚羊,生炎帝,人身牛首,长于姜水。有圣德,以火承木,位在南方,主夏,故谓之炎帝。"第196页。

有关的地名移用至于渭北之后。①

清华简《系年》有涉及"褒姒"故事的文字:"王或取孚(褒)人之女,是孚(褒)㠯(姒)。"②《史记》卷四《周本纪》:"幽王嬖爱褒姒。"司马贞《索隐》:"褒,国名。"张守节《正义》:"《括地志》云:'褒国故城在梁州褒城县东二百步,古褒国也。'"③《汉书》卷二七下之上《五行志下之上》:"幽王暴虐,妄诛伐,不听谏,迷于褒姒,废其正后。"颜师古注:"褒姒,褒人所献之女也。"④又《汉书》卷八五《谷永传》:"昔褒姒用国,宗周以丧。"颜师古注:"褒姒,褒人所献之女也。幽王惑之,卒有犬戎之祸。"⑤可知基由汉代人的交通史知识,西周末年关中往"褒人"所居"褒国"的道路已经可以通行。《华阳国志》卷三《蜀志》记载的秦王和蜀王"褒汉""谷中"之遇以及"石牛""五丁"传说,反映"周显王之世"褒谷已经成为"秦""蜀"政治领袖可以亲行的南北交通走廊。

---

① 《太平御览》卷七〇引《三辅旧事》:"姜泉在岐山县。皇甫谧《帝王世纪》云:炎帝,神农氏。母有乔氏女登,为少典妃,游华阳,感神而生炎帝。长于姜水,因以氏焉。郦元注《水经》云:炎帝长于姜水,即此水是焉。"[宋]李昉等撰:《太平御览》,中华书局用上海涵芬楼影印宋本复制重印版1960年2月影印版,第331页。《水经注》卷一八《渭水》写道:"岐水又东径姜氏城南为姜水,按《世本》:炎帝,姜姓。《帝王世纪》曰:炎帝,神农氏,姜姓。母女登游华阳,感神而生炎帝,长于姜水,是其地也。东注雍水。"[北魏]郦道元著,陈桥驿校证:《水经注校证》,中华书局,2007年,第442页。姜水应是雍水的支流。《太平寰宇记》卷三〇《关西道六·凤翔府》"岐山县"条:"郦道元注《水经》云:'炎帝长于姜水。'即此水也。"[宋]乐史撰,王文楚等点校:《太平寰宇记》,中华书局,2007年,第639页。《元丰九域志》卷三《陕西路·秦凤路·凤翔府扶风郡凤翔节度》"岐山"条说到"姜水"。[宋]王存撰,王文楚、魏嵩山点校:《元丰九域志》,中华书局,1984年,第122页。看来,与炎帝传说密切相关的姜泉、姜水、姜氏城,应当都在雍城近旁。而渭水以南的姜水、姜城,其地名形成的时代以及与炎帝传说的关系,可以另外考察。王子今:《论秦汉雍地诸畤中的炎帝之祠》,《文博》2005年第6期。现在看来,渭北的"姜泉""姜水""姜氏城"等,不能排除来自渭南以"姜"命名地方的移民将地名带到新的居地的可能。《史记》卷五《秦本纪》:"十六年,文公以兵伐戎,戎败走。于是文公遂收周余民有之,地至岐,岐以东献之周。"第179页。所谓"周余民",可能就是导致涉及"姜"的地名移用的移民。

② 刘国忠:《从清华简〈系年〉看周平王东迁的相关史实》,《简帛·经典·古史》,上海古籍出版社,2013年。

③ 《史记》,第147页。

④ 《汉书》,第1451—1452页。

⑤ 《汉书》,第3444—3445页。

自"平王封襄公为诸侯,赐之岐以西之地",后来文公"至汧渭之会","卜居之","营邑之",以至宁公"徙居平阳","德公元年初居雍城大郑宫",很可能秦人通过"褒",与"汉"维持着经济交往和文化联系。

(三)傥骆道早期交通

《史记》卷五《秦本纪》记载:"(秦)厉共公二年(前475),蜀人来赂。"①"(秦惠公)十三年(前387),伐蜀,取南郑。"②同一史实《史记》卷一五《六国年表》则写作"蜀取我南郑"③。又《秦本纪》:"惠文君元年"(前337),"蜀人来朝"。④ 这一历史阶段的蜀道交通,很可能经由褒斜道或傥骆道。

《禹贡》分划九州地域,关于雍州与梁州区界都说到黑水:"华阳黑水惟梁州。""黑水西河惟雍州。"对于《禹贡》黑水的理解,历来歧议纷纭。阮元以为"《禹贡》黑水有二,一在雍州,一在梁州,名同而地异"⑤。陈澧也认为"不能分为二也"⑥。各地多有以"黑水"命名的河流。《水经注》中所见称"黑水"者即多达十数例。《禹贡》孔颖达疏引郦元《水经》:"黑水出张掖鸡山,南流至敦煌,过三危山,南流入南海。"⑦《禹贡锥指》卷九释"华阳黑水惟梁州":"《汉志》:滇池泽在滇池县西北,有黑水祠。《后汉志》:县北有黑水祠。或以为武帝开置益州郡始立之,非也。使帝知郡界有黑水而立此祠,则班史必知其所在而能言之矣。窃谓此祠盖彼中相承已久,黑水即金沙江,东经会无县南,南直滇池县,县故滇王国,于其北立祠祭之宜矣。自周衰以迄汉初,声教阻绝,故《尚书》家莫能言梁州黑水之所在,千载而下,赖有此祠可以推测而得之。语云'天子失官,学在四夷'。又云'礼失而求之野'。此亦其一端也。杜佑以漾潩水经会川县者为黑水,樊绰以丽水合弥沰江者为黑水,程大昌以西洱河贯叶榆泽者为黑水,元人则以阑沧江至交趾入海者为黑水,而明李元阳引张立道之事以为证。此皆转相附

---

① 《史记》,第199页。又《史记》卷一五《六国年表》,第688页。
② 《史记》,第200页。
③ 《史记》,第713页。
④ 《史记》,第205页。
⑤ [清]阮元:《云南黑水图考》,《揅经室集》续一集卷一,《四部丛刊》景清道光本。
⑥ [清]陈澧:《黑水说》,《东塾集》卷一,清光绪十八年菊坡精舍刻本。
⑦ 《十三经注疏》,第151页。

会,以求合于入南海之文,非实有所验也。以是为雍界之黑水,吾不敢知。如谓梁界之黑水亦即斯川,则梁州奄有云南,极于交趾。以一州而兼数州之地,何至若是之广远,此可以理断之而信其必不然者也。"①《隋书》卷二九《地理志上》说到同昌郡(开皇七年改曰扶州)"有黑水"②,即今四川南坪白水江上游。宋代学者程大昌《禹贡山川地理图》驳《隋志》扶州黑水之说,以西洱河贯叶榆泽者为黑水,即今澜沧江。③ 唐樊绰《蛮志》卷二《山川江源》又曾以丽水合瀰诺江为黑水,杜佑《通典》则曾以漾鼻江经会川县者为黑水。宋薛季宜《书古文训》谓"黑水即泸水"。清王鸣盛认为"此虽未有以见其必然,亦未有以见其必不然也"④。周用锡也说"黑水即泸水"⑤。邹汉勋则以为此说"不可用也",提出"黑水其为大金沙江乎"。⑥ 李绂不同意"以叶榆澜沧为黑水"之说,认为黑水应为怒江即当时称"潞江"者:"不如径指潞江为黑水,其源流既与澜沧江相等,又实有黑水江之名,尚为略有依据也。"⑦似乎《禹贡》黑水所在,已成千百年学者未能明断的疑案。

历来探寻黑水的努力,往往求之于荒远绝域。其实,《禹贡》时代中原人的地理知识,大约并不能超逾华夏文化圈的有限区域。这部早期地理书作为战国时魏人的作品⑧,所谓"黑水"当不至于远至藏北高原或横断山区。

从界定雍梁二州的意义认识"黑水",或许有助于揭发学界悬疑多年的谜底,同时对于古代交通史研究亦可以提供新的线索。

《史记》卷二《夏本纪》:"华阳黑水惟梁州。"裴骃《集解》:"孔安国曰:'东据华山之南,西距黑水。'"张守节《正义》:"《括地志》云:'黑水源出梁州城固县西北太山。'"⑨《水经注》卷二七《沔水》:"汉水又东,黑水注之,水出北山,南流入

---

① [清]胡渭著,邹逸麟整理:《禹贡锥指》,上海古籍出版社,1996年,第267页。
② 《隋书》,第821页。
③ 又见《读史方舆纪要》卷一一三《云南·澜沧江》,文渊阁《四库全书》本。
④ [清]王鸣盛:《蛾术编》卷三九《说地三》,清道光二十一年世楷堂刻本。
⑤ [清]周用锡:《尚书证义》卷三,清嘉庆友伏斋刻本。
⑥ [清]邹汉勋:《敩艺斋文存》卷三《安顺沿革》,清光绪八年刻《邹叔子遗书》本。
⑦ [清]李绂:《黑水考》,《穆类初稿》初稿卷一九,清道光十一年奉国堂刻本。
⑧ 从史念海说。参看史念海:《论〈禹贡〉的著作年代》,见史念海:《河山集》二集,生活·读书·新知三联书店,1981年。
⑨ 《史记》,第63—64页。

汉。庚仲雍曰：黑水去高桥三十里。《诸葛亮笺》云：朝发南郑，暮宿黑水，四五十里。指谓是水也，道则百里也。"①此所谓"黑水"，可能即今灙水。灙水河谷又写作"傥谷"②，"旧置傥城郡"③。"党"写作"黨"，字本从"黑"。《说文·黑部》："黨，不鲜也。从黑，尚声。"段玉裁注："新鲜字当作鱻。屈赋《远游》篇：时暧暧其曭莽。王注曰：日月晻黮而无光也。黨曭古今字。"④所谓"暧暧其曭莽"，"晻黮而无光"，正说明"黨水"与"黑水"义近。

认识《禹贡》雍州、梁州黑水，还应当注意到陕西周至北流入渭的黑河。俞正燮考论《禹贡》黑水所在时曾经写道："自南山黑谷北流于盩厔西南入就水者，亦名黑水。后魏正光末，秦州贼东侵岐雍军于黑水，魏将崔延伯军马嵬以拒之，又西渡黑水向贼营。"⑤然而俞正燮认为虽称"黑水"，然"此亦非雍州、梁州两界之黑水也"⑥。其实，秦岭南坡南流入汉之黑水与秦岭北坡北流入渭之黑水，都可以看作雍州与梁州界分的标志，同时南北正相对应的两条黑水谷道，又构成了雍州与梁州之间相互交往的主要通道。而华阳长期以来正是雍州与梁州之间古道上的重要关镇。这条古道，正与后来所谓骆谷道、灙骆道走向大体一致。

《说文·黑部》："黑，北方色也。火所熏之色也。从炎，上出囧。"⑦"黑"有正对北方的文化象征意义，因而形成"黑是北方正"⑧的观念定式。"黑水"命名，或许即由于梁州人起初视此为北上交通雍州的正道。《元和郡县图志》卷二二《山南道三·洋州·兴道县》：

傥谷，一名骆谷，在县北三十里。后主延熙二十年，诸葛诞反于淮

---

① 《水经注校证》，第646页。
② 《元和郡县图志》卷二五。［宋］楼钥：《李大下知洋州》，《攻媿集》卷三八《外制》，清《武英殿聚珍版丛书》本。
③ 《隋书》卷二九《地理志上》，第817页。
④ 《说文解字注》，第488—489页。
⑤ 《魏书》卷七三《崔延伯传》："贼众甚盛，进屯黑水。""延伯结垒马嵬"，"选精兵数千，下渡黑水，列陈西进以向贼营"。第1637—1638页。
⑥ ［清］俞正燮：《黑水解》，《癸巳类稿》卷一，见［清］俞正燮著，涂小马、蔡建康、陈松泉校点：《癸巳类稿》，辽宁教育出版社，2001年，第16页。
⑦ 段玉裁注："囧，古文窗字。"应是出烟的天窗。《说文解字注》，第487页。
⑧ 《礼记·玉藻》："衣正色。"孔颖达说："玄是天色，故为正。"皇侃说："黑是北方正。"《十三经注疏》，第1477页。

南,分关中兵东下,姜维欲乘虚向秦川,率数万人出骆谷,闻诞已破,遂还。

骆谷路,在今洋州西北二十里,州至谷四百二十里。晋司马勋出骆谷,破赵戍,壁于悬钩,去长安二百里。

按骆谷在长安西南,南口曰傥谷,北口曰骆谷。①

秦岭南北两条黑水大致相对应,形成南北交通要道的情形,恰与子午道上秦岭南北各有以"直水"命名的河流大致相对应②同样。"直",音近"子午"快读合音。而秦岭子午道又与北行子午岭上之秦始皇直道遥相接应。由此亦可以认识古人方位观念的某些特征。③

又"黨"与"當"古字相通。《庄子·天下》:"公而不當。"陆德明《经典释文·庄子音义下》:"不當","崔本作黨,云:至公无黨也。"卢文弨曰:"作不黨是。"④黄焯《经典释文汇校》:"景宋本古逸本作黨。卢云:作不黨是。"⑤《战国策·魏策二》:"忠不必當,當必不忠。"姚宏本注:"一本作'黨'。"鲍彪本改字:"'當'作'黨'。"⑥《说文·田部》:"當,田相值也。"段玉裁注:"值者,持也。田与田相持也。引申之,凡相持相抵皆曰當。"《说文·人部》:"值,持也。"段玉裁又解释说:"值,持也,引伸为當也。凡彼此相遇相當曰值,亦持之意也。《史》《汉》多用直为之。姚

---

① 〔唐〕李吉甫撰,贺次君点校:《元和郡县图志》,中华书局,1983年,第562页。
② 宋敏求《长安志》卷一一《县一·万年》写道:"福水。即交水也。《水经注》曰:'上承樊川御宿诸水,出县南山石壁谷,南三十里,与直谷水合,亦曰子午谷水。'"〔宋〕宋敏求、〔元〕李好文撰,辛德勇、郎洁点校:《长安志·长安志图》,三秦出版社,2013年,第65页。而汉晋子午道南段,据李之勤考定,曾沿今池河南下汉江川道。李之勤:《历史上的子午道》,《西北大学学报》(哲学社会科学版)1981年第2期。"池河"应即"直河"音转。严耕望《唐代交通图考》第三卷《秦陵仇池区》图十一《唐代秦岭山脉东段诸谷道图》中,这条北方正对"子午镇""子午谷""子午关"的河流,正是被标注为"直水(迟河)(池河)"的。严耕望:《唐代交通图考》第三卷《秦岭仇池区》,第811页后附图十一《唐代秦岭山脉东段诸谷道图》。
③ 参看王子今:《秦直道的历史文化观照》,《人文杂志》2005年第5期。
④ 《庄子集释》,第1086页。
⑤ 〔唐〕陆德明撰,黄焯汇校:《经典释文汇校》,中华书局,2006年,第826页。
⑥ 〔西汉〕刘向集录:《战国策》,上海古籍出版社,1985年,第840—841页。

察云：'古字例以直为值。'是也。"①联想汉时"直"字确有"正见"的含义，②可以体味到古黑水通路与子午道之间，似存在某种表现出规律性的共同之处。

《隶释》卷第四《司隶校尉杨孟文石门颂》："高祖受命，兴于汉中。道由子午，出散入秦。建定帝位，以汉诋焉。后以子午，涂路涩难。更随围谷，复通堂光。凡此四道，垓鬲尤艰。"③辛德勇曾据此考论，以为所谓"堂光"中的"堂"应当就是"党（灙）"的同音假借字。他又指出，"在灙骆道的北口围谷口外稍西的渭河南岸，有西汉武功县城"。《汉书》卷九九上《王莽传上》："以武功县为安汉公采地，名曰汉光邑。"④《汉书》卷二八上《地理志上》又说到武功县"莽曰新光"⑤。"'党光'中的'光'，应该就是指这个'汉光'或'新光'。"因此，堂光道应该就是灙骆道的前身。除名称有所差异而外，堂光道与灙骆道的取道也略有不同，即堂光道在秦岭北坡走围谷（韦谷，即今泥河），灙骆道走骆（洛）谷（即今西骆峪）。⑥

辛文关于"堂光道"的讨论发前人所未发，予研究者以重要启示。然而某些具体见解仍可进一步商榷。

"围谷即韦谷"，辛文从黄盛璋说。⑦ 其实，由灙水谷道北上，在华阳镇西南省地名称"围子坝"，或许所谓"围谷"，本是指与此相近的谷道。此外，所谓"'党光'中的'光'"应与"汉光"或"新光"有关，然而何以确定"党光"道名取自"汉光"或"新光"地名，则所据不详。现在分析，似乎不能完全排除"汉光"或"新光"地名确定于后，而"党光"道名应用于先的可能；也不能完全排除这条古道路虽未必早已定名"堂光"，然而实际开通却先于"汉光""新光"地名的可能。

这样，辛文所谓"现在最早只能把灙骆道有据可依的开通时间上限定在西

---

① 《说文解字注》，第697、382页。
② 《说文·乚部》："直，正见也。"《说文解字注》，第634页。
③ ［宋］洪适：《隶释·隶续》，中华书局1985年11月据洪氏晦木斋刻本影印版，第49—50页。
④ 《汉书》，第4079页。
⑤ 《汉书》，第1547页。
⑥ 辛德勇：《汉〈杨孟文石门颂〉堂光道新解——兼析灙骆道的开通时间》，《中国历史地理论丛》1990年第1期。
⑦ 黄盛璋：《褒斜道与石门石刻》，见黄盛璋：《历史地理论集》，人民出版社，1982年。

汉平帝元始五年十二月以后"的意见,其认识基础似已动摇,其结论,可能亦失之于保守。黄盛璋推定:"围谷开辟或在汉初。"①可能也有同样的问题。

那么,这条道路定名"堂光"之所谓"光",有没有可能是另有所据呢?

褒斜道定名取义褒谷与斜谷。堂光道除定名用字先南后北的形式与褒斜道相同外,可能也取河谷名称而不用行政地名。

今发源于太白山南麓折行东北,在周至县东入渭的黑河,先曾称芒水。《水经》:"(渭水)又东,芒水从同来流注之。"《水经注》卷一八《渭水》:"芒水出南北芒谷。北流迳玉女房,水侧山际有石室,世谓之玉女房。芒水又北迳盩厔县之竹圃中,分为二水。汉冲帝诏曰:'翟义作乱于东,霍鸣负倚盩厔芒竹。'②即此也。"③"芒"正与"光"相通。《史记》卷二七《天官书》:"岁阴在酉,星居午。以八月与柳、七星、张晨出,日长王。作作有芒。"④"芒"即"光"。

王莽时代更改地名往往取原义而变换文字。仅三辅地区就有长安改称常安、粟邑改称粟城、谷口改称谷喙、临晋改称监晋、郁夷改称郁平、漆改称漆治、好畤改称好邑诸例。"汉光""新光"地名用"光"字,有可能取义于"芒水""芒谷"之"芒"。如果"堂光道"定名确与芒水有关,则王莽专政前可能先自有名,其路线之北段当经由今黑河谷道。《水经注》所谓"玉女房""石室",说明"水侧山际"存在交通道路。而《汉书》卷八四《翟方进传》所谓负倚芒竹,《魏书》卷七三《崔延伯传》所谓军屯黑水,都说明黑水谷道路以战略地位之重要久已为军事家所看重。此外,《三国志》卷三三《蜀书·后主传》:"(延熙)二十年,闻魏大将军诸葛诞据寿春以叛,姜维复率众出骆谷,至芒水。"⑤《三国志》卷四四《蜀书·姜维传》:"维前往芒水,皆倚山为营。"⑥卢弼《三国志集解》引梁章钜曰:

《盩厔县志》:黑水谷在县东志,即芒谷也。水黑色,亦名黑水谷。⑦

---

① 黄盛璋:《褒斜道与石门石刻》,见黄盛璋:《历史地理论集》,人民出版社,1982年。
② 据《汉书》卷八四《翟方进传》载孺子婴居摄二年(7)诏,文句略有不同。
③ 《水经注校证》,第443页。
④ 《史记》,第1315页。
⑤ 《三国志》,第899页。
⑥ 《三国志》,第1065页。《三国志》四五《蜀书·杨戏传》也说:"延熙二十年,随大将军姜维出军至芒水。"第1077页。
⑦ 卢弼:《三国志集解》,中华书局据古籍出版社1957年版1982年12月影印版。

《新唐书》卷二二五下《逆臣列传下·黄巢》记载:"朱玫以泾、岐、麟、夏兵八万营兴平,巢亦遣王璠营黑水,玫战未能胜。"①可见芒水即黑水谷口以据交通之要隘,历来往往兵家必争。

被认定为骆谷的西骆峪以东与黑水谷之间的东骆峪和辛口峪也多有战事发生,说明先期曾称堂光道,后期则称骆谷道、灙骆道的这条古代道路的北段,可能曾先后有多条通路。《宋史》卷二九《高宗本纪六》:绍兴十年(1140)秋七月,"辛未,金人犯盩厔县,王俊逆战于东洛谷,却之"②。

《隶释》卷四《李翕析里桥郙阁颂》所谓"路当二州"③一语,正可用来借以说明黑水谷古道路的特殊作用。在明确得名"堂光道"之前,这条可能久已开通的古道不妨称之为"黑水道"。由这一分析出发理解《禹贡》所谓"华阳黑水惟梁州","黑水西河惟雍州",或许也可以得到接近历史真实的认识。④

1987年10月,张在明、秦建明、周苏平、王子今曾经自陕西周至,经太白、佛坪、洋县至汉中,对灙骆道交通线路进行过实地考察。考察收获部分载录张在明主编《中国文物地图集·陕西分册》。⑤

(四)商鞅时代交通形势

《史记》卷五《秦本纪》记载:"(秦孝公)十二年,作为咸阳,筑冀阙,秦徙都之。"⑥《史记》卷六《秦始皇本纪》:"孝公享国二十四年。……其十三年,始都咸阳。"⑦《史记》卷六八《商君列传》也写道:"于是以鞅为大良造。……居三年,作为筑冀阙宫庭于咸阳,秦自雍徙都之。"⑧定都咸阳,是秦史具有重大意义的事件,也形成了秦国兴起的历史过程中的显著转折。定都咸阳,是秦政治史上的辉

---

① 《新唐书》,第6460页。
② [元]脱脱等:《宋史》,第546页。
③ 《隶释·隶续》,第53页。
④ 参看王子今:《〈禹贡〉黑水与堂光古道》,《文博》1994年第2期,《汉水文化研究》2017年第2期。
⑤ 张在明主编:《中国文物地图集·陕西分册》,西安地图出版社,1998年。
⑥ 《史记》,第203页。
⑦ 《史记》,第288页。
⑧ 《史记》,第2232页。

煌亮点。① 这一商鞅时代的重要决策,也影响到交通史的进程。

秦迁都咸阳的决策,有将都城从农耕区之边缘转移到农耕区之中心的用意。迁都咸阳实现了重要的历史转折。一些学者将这一举措看作商鞅变法的内容之一,是十分准确的历史认识。②《史记》卷六八《商君列传》记载,商鞅颁布的新法,有这样的内容:"僇力本业,耕织致粟帛多者复其身。事末利及怠而贫者,举以为收孥。"③扩大农耕的规划,奖励农耕的法令,保护农耕的措施,使得秦国掀起了一个新的农业跃进的高潮。而推进这一历史变化的策划中心和指挥中心,就设在咸阳。

秦经营咸阳的时代,交通战略也有了新的思路。因东向进取的需要,函谷关和武关道路首先受到重视。而蜀地的占领,必须有蜀道的交通条件以为可靠的军事保障。对于秦兼并蜀地这一重要的历史事实,我们在《史记》中可以看到司马迁如下的记述:秦惠文王更元九年(前316),(1)司马错伐蜀,灭之(卷五《秦本纪》),(2)击蜀,灭之(卷一五《六国年表》),(3)起兵伐蜀,十月,取之,遂定蜀,贬蜀王更号为侯,而使陈庄相蜀(卷七〇《张仪列传》);秦惠文王更元十四年(前311),(4)蜀相壮杀蜀侯来降(卷五《秦本纪》),(5)蜀相杀蜀侯(卷一五《六

---

① 参看王子今:《秦定都咸阳的生态地理学与经济地理学分析》,《人文杂志》2003年第5期。在秦定都雍与定都咸阳之间,有学者提出曾经都栎阳的意见。笔者认为,司马迁的秦史记录多根据《秦记》,因而较为可信的事实,是值得重视的。而可靠的文献记载中并没有明确说明秦迁都栎阳的内容。就考古文物资料而言,栎阳的考古工作也没有提供秦曾迁都栎阳的确凿证据,其城址遗迹年代均判定为秦代或汉代。中国社会科学院考古研究所栎阳发掘队:《秦汉栎阳城遗址的勘探和试掘》,《考古学报》1985年第3期。根据现有材料依然可以肯定:栎阳始终未曾作为秦都。参看王子今:《秦献公都栎阳说质疑》,《考古与文物》1982年第5期;《栎阳非秦都辨》,《考古与文物》1990年第3期。

② 翦伯赞主编《中国史纲要》在"秦商鞅变法"题下写道:"公元前356年,商鞅下变法令。""公元前350年,秦从雍(今陕西凤翔)迁都咸阳,商鞅又下第二次变法令……"人民出版社,1979年,第75页。杨宽《战国史》(增订本)在"秦国卫鞅的变法"一节"卫鞅第二次变法"题下,将"迁都咸阳,修建宫殿"作为变法主要内容之一,又写道:"咸阳位于秦国的中心地点,靠近渭河,附近物产丰富,交通便利。"上海人民出版社,1998年,第206页。林剑鸣《秦史稿》在"商鞅变法的实施"一节,也有"迁都咸阳"的内容。其中写道:"咸阳(在咸阳市窑店东)北依高原,南临渭河,适在秦岭怀抱,既便利往来,又便于取南山之产物,若浮渭而下,可直入黄河;在终南山与渭河之间就是通往函谷关的大道。"上海人民出版社,1981年,第189页。

③ 《史记》,第2230页。

国年表》);秦武王元年(前310),(6)诛蜀相壮(卷五《秦本纪》),(7)诛蜀相壮(卷一五《六国年表》),(8)蜀侯𪸩、相壮反,秦使甘茂定蜀(卷七一《樗里子甘茂列传》),秦昭襄王六年(前301),(9)蜀侯𪸩反,司马错定蜀(卷五《秦本纪》),(10)蜀反,司马错往诛蜀守𪸩,定蜀(卷一五《六国年表》)。从起初(1)(2)(3)的"伐蜀,灭之","击蜀,灭之","伐蜀","取之,遂定蜀",到(9)(10)之最终"定蜀"①,秦人征服蜀地,经历了三代秦王前后十数年的时间。这一系列军事行动的顺利完成,都必然以蜀道畅通为基本条件。

(五)秦始皇的"南阙"和汉王刘邦的"蚀中"

《史记》卷六《秦始皇本纪》记载:秦始皇三十五年(前212),"始皇以为咸阳人多,先王之宫廷小,吾闻周文王都丰,武王都镐,丰镐之间,帝王之都也。乃营作朝宫渭南上林苑中。先作前殿阿房,东西五百步,南北五十丈,上可以坐万人,下可以建五丈旗。周驰为阁道,自殿下直抵南山。表南山之颠以为阙。为复道,自阿房渡渭,属之咸阳,以象天极阁道绝汉抵营室也"②。秦始皇规划咸阳的建设时,曾经有"周驰为阁道",又"自(阿房宫)殿下直抵南山,表南山之颠以为阙"的设想。"表南山之颠以为阙"这一特别值得重视的构想,说明当时的建筑蓝图包含有贯通南北即"子午"的意识。"南山"之"阙"的设计,可以说明秦都咸阳有南行的重要通路。这样的规划,与沿子午岭北上直通九原的"直道"形成对应关系。而"子午"快读,与"直"音近。在咸阳、长安以南,确实有"子午道"通往汉中巴蜀。而子午道也有与"直道"—"子午岭"类似的情形。宋敏求《长安志》卷一一《县一·万年》写道:"福水即交水也。《水经注》曰:'上承樊川、御宿诸水,出县南山石壁谷③南三十里,与直谷水合,亦曰子午谷水。'"④所谓"直谷水",也就是"子午谷水"。又《长安志》卷一二《县二·长安》:"豹林谷⑤水。'出南山,北

---

① 参看王子今:《秦兼并蜀地的意义与蜀人对秦文化的认同》,《四川师范大学学报》(社会科学版)1998年第2期。
② 《史记》,第256页。
③ 今案:亦作石鳖谷,今称石砭峪。
④ 今本《水经注》无此文。《太平寰宇记》文与此同,而不云出《水经注》。
⑤ 今案:今称抱龙峪。

流三里有竹谷水自南来会,又北流二里,有子午谷水自东来会①,自此以下,亦谓之子午谷水。"② "直谷"应当也是"子午谷"的快读合音。③ 另外,还特别值得我们注意的是,汉魏子午道秦岭南段又曾经沿池河南下至汉江川道。"池"或为"直"之音转。也就是说,很可能子午道循行的河道,也曾经被称作"直河"。④

《汉书》卷一上《高帝纪上》记载,汉王之国,"从杜南入蚀中"。⑤ 程大昌《雍录》卷五"汉高帝入关"条说:"关中南面皆碍南山,不可直达,其有微径可达汉中者,惟子午关。子午关在长安正南。""此之蚀中,若非骆谷,即是子午也。"⑥《资治通鉴》(胡三省注)、《读史方舆纪要》、《史记会注考证》等都据《司隶校尉杨君孟文石门颂序》所谓"高祖受命,兴于汉中,道由子午,出散入秦",以为"蚀中"可能就是子午谷。《三国志》卷四〇《蜀书·魏延传》记述魏延向诸葛亮建议:"欲请兵万人,与亮异道会于潼关,如韩信故事……"裴松之注引《魏略》说,其具体路线是"直从褒中出,循秦岭而东,当子午而北",直抵长安。⑦ 由三国时人所谓"韩信故事",可知"道由子午,出散入秦"或许确是刘邦北定三秦的路线。看来,子午道在秦汉之际已经通行大致是没有疑义的。

李之勤曾经对子午道的历史变迁进行过深入的考证。⑧ 我们在对子午道秦岭北段遗迹进行实地考察时,也发现了相当丰富的古栈道的遗存。⑨《汉书》卷九九上《王莽传上》颜师古将"子午岭"和"子午道"并说,这位唐代学者应当引起我们重视的意见,还有将直道所循子午岭和子午道所循子午谷"计南北直相当"者联系在一起的说法,即所谓"此则北山者是'子',南山者是'午',共为'子午道'"。

---

① 今案:"自东来会"疑当作"自西来会"。
② 《长安志·长安志图》,第 388 页。
③ 《咸宁县志》卷一《南山诸谷图》中,"石鳖峪"旁侧标注"竹",由此可以推想"竹谷"或许也应从音读的线索考虑与"子午谷"的关系。
④ 参看王子今:《秦直道的历史文化观照》,《人文杂志》2005 年第 5 期。
⑤ 《汉书》,第 29 页。
⑥ [宋]程大昌:《雍录》卷五"汉高帝入关"条,明《今古逸史》本。
⑦ 《三国志》,第 1003 页。
⑧ 李之勤:《历史上的子午道》,《西北大学学报》(哲学社会科学版)1981 年第 2 期。
⑨ 王子今、周苏平:《子午道秦岭北段栈道遗迹调查简报》,《文博》1987 年第 4 期。

五　蜀道对于秦实现统一的意义

战国秦汉时期关中称"天府"。《史记》和《汉书》六见"天府"的说法,其中五次都是指关中。如《史记》卷九九《刘敬叔孙通列传》载娄敬语:"秦地被山带河,四塞以为固,卒然有急,百万之众可具也。因秦之故,资甚美膏腴之地,此所谓天府者也。"① 通过相关论说,可以得知关中与巴蜀交通的方便也受到重视。② 自汉末起,已经能够看到巴蜀亦称"天府"的史例。如《三国志》卷三五《蜀书·诸葛亮传》:"益州险塞,沃野千里,天府之土,高祖因之以成帝业。"③ 和《三国志》卷三七《蜀书·法正传》:"资益州之殷富,冯天府之险阻,以此成业,犹反掌也。"④

蜀道使得关中平原和四川平原这两处公认最早的"天府"相互连接,于是形成了中国西部相当长的历史时期内的文化优势、经济强势和军事威势。直到江南得到开发以后,以所谓"扬一益二"⑤ 为标志,显示出四川平原富足实力外在影响的长久。这种影响也是通过蜀道实现的。

蜀道高效能使用,使得中国西部连通为一个实力雄厚的整体。这一情形自秦惠文王时代就已经出现。就天文与人文的对应关系而言,出现了所谓"(蜀

---

① 《史记》,第2716页。
② 如《史记》卷六九《苏秦列传》苏秦语:"秦四塞之国,被山带渭,东有关河,西有汉中,南有巴蜀,北有代马,此天府也。"第2242页。又《史记》卷五五《留侯世家》张良语:"夫关中左殽函,右陇蜀,沃野千里,南有巴蜀之饶,北有胡苑之利,阻三面而守,独以一面东制诸侯。诸侯安定,河渭漕挽天下,西给京师;诸侯有变,顺流而下,足以委输。此所谓金城千里,天府之国也。"第2044页。
③ 《三国志》,第912页。
④ 《三国志》,第957页。
⑤ 《资治通鉴》卷二五九"唐昭宗景福元年":"时人称'扬一益二'。"胡三省注:"言扬州居一,益州为次也。"[宋]司马光编著,[元]胡三省音注,"标点资治通鉴小组"校点:中华书局,1956年,第8430页。《全唐诗》卷八七七《盐铁谚》:"唐世盐铁转运使在扬州,尽笼利权,商贾如织。天下之盛,扬为首而蜀次之。故谚曰'扬一益二'。"中华书局,1960年,第9937页。

地)星应舆鬼,故君子精敏,小人鬼黠;与秦同分,固多悍勇"①的说法。所谓蜀地"与秦同分",与所谓"巴、蜀亦关中地也"②可以对照理解。秦汉"关西""山西"也就是"大关中"区域因此成为统一帝国成立之基础。③ 兼并蜀地之后,秦国虽然尚未征服东方文化基础深厚的地区,但是已经远远超越其他六个强国,成为版图面积最大的国度。秦国领土南北纵跨纬度超过12°这是战国七雄中其他国家无一能够相比的。对包括畜牧区、粟麦耕作区和稻米耕作区的广大区域的综合管理,自然可以提高秦国领导集团的执政能力,而为后来统一帝国的行政提供了预演的条件。

秦征服蜀地的战争,使包括运输能力在内的军力经历了考验。蜀道,可以看作秦国军运能力的试验场和考场。

秦汉帝国的崛起,影响了东方史的方向,也影响了世界史的格局。而蜀道对于这一具有世界意义的历史变化的作用,是十分显著的。

---

① 《华阳国志》卷三《蜀志》,《华阳国志校补图注》,第113页。
② 《史记》卷七《项羽本纪》,第316页。
③ 参看王子今:《秦汉区域地理学的"大关中"概念》,《人文杂志》2003年第1期;王子今、刘华祝:《说张家山汉简〈二年律令·津关令〉所见五关》,《中国历史文物》2003年第1期。

第五章　秦的国家运输与民间商运

秦国的崛起,在列国争相"富国强兵"①的形势中占据优越地位。《史记》卷六八《商君列传》裴骃《集解》引《新序》论曰:"(秦)国富兵强,长雄诸侯,周室归籍,四方来贺,为战国霸君,秦遂以强,六世而并诸侯。"②对于其国力优势的表现,历史文献所记录秦国两次大规模的外援型国际运输,值得交通史研究者重视。其运输能力的体现,可以帮助我们理解统一战争中大规模军运的交通基础。

秦的民间商运,也有相当可观的规模。对商运的管理方式,可能不同的历史时期有所不同。

一　汎舟之役

秦史数见运输车队多至"千乘"的记录。如《左传·昭公元年》记载,秦景公三十六年(前541),秦后子鍼适晋,"其车千乘"③。《史记》卷七二《穰侯列传》记载,秦昭襄王三十六年(前271),穰侯免相,出关就封邑时,"辎车千乘有余"④。对发展交通事业的重视,有益于秦逐步进取,持续扩张。

《左传·僖公十三年》记载,"晋荐饥","秦于是乎输粟于晋,自雍及绛,相继。命之曰'汎舟之役'"。杜预《集解》:"从渭水运入河、汾。"⑤这是我国历史

---

① 《史记》卷六二《管晏列传》,第2132页。
② 《史记》,第2238页。
③ 《春秋左传集解》,第1151页。
④ 《史记》,第2329页。
⑤ 《春秋左传集解》,第284页。

上第一次大规模河运的记录。《国语·晋语三》:"是故汜舟于河,归籴于晋。"①这是关于政府组织河渭水运的第一次明确的记载。《史记》卷五《秦本纪》:

> 晋旱,来请粟。丕豹说缪公勿与,因其饥而伐之。缪公问公孙支,支曰:"饥穰更事耳,不可不与。"问百里傒,傒曰:"夷吾得罪于君,其百姓何罪?"于是用百里傒、公孙支言,卒与之粟。以船漕车转,自雍相望至绛。②

所谓"船漕车转",指出取水陆联运形式。

这一史称"汜舟之役"的著名的交通行为,体现出秦国已经具有领先于列国的运输能力,也可以策动组织并成功实施大规模的运输活动。

清胡渭《禹贡锥指》卷二"既载壶口,治梁及岐"条:"昔秦输粟于晋,自雍及绛相继,命之曰汜舟之役。盖由渭泝河,由河入汾,绛与平阳,均此一路。禹甸梁山之野,通渭水之漕,其为帝都艰食计也,切矣。"③《禹贡锥指》卷九"浮于潜,逾于沔,入于渭,乱于河"条:"按《左传》:僖十三年,晋饥,秦输粟于晋,自雍及绛相继,命之曰汜舟之役。《正义》曰:秦都雍,雍临渭。晋都绛,绛临汾。渭水从雍而东,至华阴入河。从河逆流而北上,至河东汾阴乃东入汾。逆流东行而通绛。此即尧时雍、梁之贡道。一水可达,焉用陆行哉。"④朱鹤龄《尚书埤传》卷五《禹贡》写道:"《春秋》:'秦输粟于晋,自雍及绛相继,命曰汜舟之役。'秦都雍,雍临渭。晋都绛,绛临汾。由渭入河,由河泝汾,疑即《禹贡》西南之贡道也。"⑤

二 予楚粟五万石

"汜舟之役"而外,秦史上另一次大规模粮运的记载,是秦昭襄王十二年(前

---

① 《国语》,第 323 页。
② 《史记》,第 188 页。
③ [清]胡渭著,邹逸麟整理:《禹贡锥指》,上海古籍出版社,1996 年,第 29—30 页。
④ [清]胡渭著,邹逸麟整理:《禹贡锥指》,上海古籍出版社,1996 年,第 298 页。
⑤ 文渊阁《四库全书》本。他的《禹贡长笺》卷九《黑水西河惟雍州》也有大致相同的论说:"春秋时,秦输粟于晋,自雍及绛相继,命曰泛舟之役。秦都雍,雍临渭。晋都绛,绛临汾。由渭入河,由河溯汾,汾水至,疑即雍州之西南贡道。"文渊阁《四库全书》本。

295)向楚国进行的粮食支援。《史记》卷五《秦本纪》:"予楚粟五万石。"①此次粮运所经历路径,应通过武关道。这条道路的经营,是秦人的交通建设贡献。②

按照汉代运粮车辆的载重指标每车 25 石计③,运送 5 万石粮食需组织多达 2 000 辆运车的浩荡车队。

《史记》卷六六《伍子胥列传》记载,伍胥与太子建之子胜"俱奔吴","到昭关,昭关欲执之。伍胥遂与胜独身步走,几不得脱。追者在后。至江,江上有一渔父乘船,知伍胥之急,乃渡伍胥。伍胥既渡,解其剑曰:'此剑直百金,以与父。'父曰:'楚国之法,得伍胥者赐粟五万石,爵执珪,岂徒百金剑邪!'不受"。④ 所谓"伍胥"与"渔父"故事与秦"予楚粟五万石"时间临近,然而"楚国之法,得伍胥者赐粟五万石"者,此"粟五万石"悬赏额度惊人,然而实际上与长途运输行为无关。

三　民间商运及其管理

考察秦民间商运的情形,对于认识秦交通运输史有重要意义。了解秦史相关资料,可知简单地绝对地判定秦坚持"抑商"传统的成见,也许并不完全符合历史的真实。

秦制对于民间商运活动的管理,具体形式与实际效能还需要认真研究。

---

① 《史记》,第 210 页。
② 王子今、焦南峰:《古武关道栈道遗迹调查简报》,《考古与文物》1986 年第 2 期;王子今、周苏平、焦南峰:《陕西丹凤商邑遗址》,《考古》1989 年第 7 期;王子今:《武关道蓝桥河栈道形制及设计通行能力的推想》,《栈道历史研究与 3S 技术应用国际学术研讨会论文集》,陕西人民教育出版社,2008 年;王子今:《"武候"瓦当与战国秦汉武关道交通》,《文博》2013 年第 6 期;王子今:《说地湾"武关候"简文》,《湖南省博物馆馆刊》第 13 辑,岳麓书社,2017 年;王子今:《武关·武候·武关候——论战国秦汉武关位置与武关道走向》,《中国历史地理论丛》2018 年第 1 期。
③ 《九章算术·均输》中有关"均输粟"的算题,所列条件有"一车载二十五斛"。根据居延汉简中有关粮运的简文,可知这一数额是符合汉代运输生产的实际的。裘锡圭:《汉简零拾》,《文史》第 12 辑,中华书局,1981 年。
④ 《史记》,第 2173 页。

（一）民间运力

在以人力为运输动力的情况下，可以人口数量特别是可以承任"负担"劳作的劳动力数量，曾经是民间重要运力。根据通常的交通史常识，民间所拥有车辆与牛马等可以充作运输动力的牲畜的数量，共同构成民间运输能力的主体。

直到汉代，"千里负担馈粮"①在特定交通道路条件下，依然是主要的运输形式。汉并天下之初，蒯通说韩信："夫随厮养之役者，失万乘之权；守儋石之禄者，阙卿相之位。"颜师古注："应劭曰：'齐人名小罂为儋，受二斛。'晋灼曰：'石，斗石也。'师古曰：'儋音都滥反。或曰，儋者，一人之所负担也。'"②由所谓"名小罂为儋，受二斛"以及"儋者，一人之所负担也"可以大略推知"一人之所负担"通常的劳动定额。秦时的"负担"劳作，应当大致也是这种情形。解释军运"粮重"，《汉书》卷九四上《匈奴传上》颜师古注有"负戴粮食者"之说。③ 关于"负戴"，《汉书》卷九四上《朱买臣传》："其妻亦负戴相随。"④汉代社会人力"负担""负戴"的形式，画像资料可以提供具体的实证说明。⑤

《荀子·富国》论守国难易之法："持国之难易：事强暴之国难，使强暴之国事我易。事之以货宝，则货宝单而交不结；约信盟誓，则约定而畔无日；割国之锱

---

① 《史记》卷三〇《平准书》："汉通西南夷道，作者数万人，千里负担馈粮，率十余锺致一石……"裴骃《集解》："《汉书音义》曰：'锺六石四斗。'"第1421—1422页。《史记》卷一一〇《匈奴列传》："其明年春，汉谋曰'翕侯信为单于计，居幕北，以为汉兵不能至'。乃粟马发十万骑，私负从马凡十四万匹，粮重不与焉。令大将军青、骠骑将军去病中分军，大将军出定襄，骠骑将军出代，咸约绝幕击匈奴。"所谓"私负从马"，张守节《正义》："谓负担衣粮，私募从者，凡十四万匹。"第2910页。这里也出现了"负担"的说法。《后汉书》卷七二《董卓传》记载，汉献帝从关中仓皇东归，流落大阳，"百官饥饿，河内太守张杨使数千人负米供饷"。第2340页。《三国志》卷四〇《蜀书·魏延传》注引《魏略》记载，诸葛亮北伐，魏延献计由子午谷突袭长安，请率"精兵五千，负粮五千，直从褒中出"。第1003页。据《三国志》卷二五《魏书·杨阜传》，曹真伐蜀，杨阜上疏也说到"转运之劳，担负之苦，所费以多"。第706页。

② 《汉书》卷四五《蒯通传》，第2164—2165页。

③ 《汉书》，第3769—3770页。

④ 《汉书》，第2791页。

⑤ 王子今：《四川汉代画像中的"担负"画面》，《四川文物》2002年第1期。

铢以赂之,则割定而欲无厌。事之弥烦,其侵人愈甚,必至于资单国举然后已。虽左尧而右舜,未有能以此道得免焉者也。辟之是犹使处女婴宝珠,佩宝玉,负戴黄金而遇中山之盗也,虽为之逢蒙视,诎要桡䐉,君卢屋妾,由将不足以免也。"①说明战国时期社会生活中,"负戴"是非常普遍的运输方式。

《左传·昭公元年》记载,秦景公三十六年(前541),秦后子鍼适晋,"其车千乘"。②

《史记》卷七二《穰侯列传》说,秦昭襄王三十六年(前271),穰侯免相,出关就封邑时,有大队"辎车"随行:

> 范雎言宣太后专制,穰侯擅权于诸侯,泾阳君、高陵君之属太侈,富于王室。于是秦昭王悟,乃免相国,令泾阳之属皆出关,就封邑。穰侯出关,辎车千乘有余。③

所谓"令泾阳之属皆出关,就封邑",其中"穰侯出关,辎车千乘有余"应是最典型的一例。其他"泾阳之属"等,应当也有一定数量的车队载运私产。

《华阳国志》卷三《蜀志》记述为秦人征服的蜀地风习,说到成规模的车队出行,形成民间礼俗:

> 然秦惠文、始皇,克定六国,辄徙其豪侠于蜀;资我丰土,家有盐铜之利,户专山川之材,居给人足,以富相尚。故工商致结驷连骑,豪族服王侯美衣,娶嫁设太牢之厨膳,归女有百两之徒车,送葬必高坟瓦椁,祭奠而羊豕夕牲,赠禭兼加,赗赙过礼,此其所失。原其由来,染秦化故也。④

蜀地民俗"以富相尚"以致"过礼"收到批评。其中所谓"工商致结驷连骑""归女有百两之从车"⑤,指其根源,竟然是秦文化的影响:"原其由来,染秦化故也。"

---

① [清]王先谦撰,沈啸寰、王星贤点校:《荀子集解》,中华书局,1988年,第199—200页。
② 《春秋左传集解》,第1151页。
③ 《史记》,第2329页。
④ 《华阳国志校补图注》,第150、148页。
⑤ 任乃强说:"'百两'谓嫁女之家奁赠护送之车从、人徒至百辆之多。卓王孙之赠卓文君也'僮百人,钱百万,及其嫁时衣被财物'(《司马相如传》),则当不止百两矣。此亦富室分财于子女之自然也。"

蜀地交通风习的奢侈,从一个侧面反映了秦地社会的交通条件。

(二)秦"抑商"说与秦"重商"说

有一种传统学术意见,以为商鞅变法即压抑商贾的地位。秦"抑商"说成为对秦史经济政策判断的学术成见。另一方面,亦有否定秦"抑商",甚至以为秦"重商"的观点。亦可见秦"限商"的意见发表。认真考察秦史,可知"抑商"政策在秦行政方针中其实并不占据特别重要的地位。"抑商"曾经是"重农"的辅助策略,其力度远不如汉初刘邦时代强劲。秦的"市"曾经相当繁荣,成为秦经济生活的重要构成。由秦律遗存可知,秦管理"市"的制度已经相当成熟。商路的畅通也促成了富国强兵事业的成功。李商隐诗云:"嬴氏并六合,所来因不韦。"①通过吕不韦的政治表演可以察知,秦的政治传统并非绝对压抑商人,甚至不排斥商人参政。秦始皇时代不仅允许吕不韦这样的出身商人者把握最高执政权,在嬴政亲政之后对于乌氏倮和巴寡妇清的非常礼遇,以及《史记》卷一二九《货殖列传》记录的诸多秦商的成就,也可以真切反映当时工商业者的地位。相关历史事实的说明,有助于增进我们对秦行政史和经济史,以及秦统一前后政策风格的认识。

李剑农总结"商君变法之条款,与经济改革有关系者",第一项即"奖励农业生产,抑制商贾"。他指出:"非但孟子,即孟子以前之政治家如管仲、子产、晏子以及儒家之大师孔子,亦从无重农抑商之主张;有此主张并实行此种政策者,实自商鞅始。自此视农为'本富',商为'末富',所谓'崇本抑末'之思想,渐成为中国流行的经济思想。"②钱穆《秦汉史》写道:"今据《史记·商君列传》,商鞅变法有极关重要者几端……"凡列10项:①废贵族世系,②行县制,③禁大家族聚居,④行新田制,⑤推行地方自治,⑥制军爵,⑦奖农织,⑧建新都,⑨统一度量衡,⑩法律上之平等。关于其中"⑦奖农织",钱穆又写道:"耕织致粟帛多者复其身,事末利及怠而贫者举以为收孥。收录为官奴婢。"③《史记》卷六八《商君列传》

---

① 李商隐:《井泥四十韵》,见刘学锴、余恕诚著:《李商隐诗歌集解》,中华书局,1988年,第1404页。
② 李剑农:《先秦两汉经济史稿》,中华书局,1962年,第120页。
③ 钱穆:《秦汉史》,生活·读书·新知三联书店,2004年,第7页。

的记述是：

> 僇力本业,耕织致粟帛多者复其身。事末利及怠而贫者,举以为收孥。

司马贞《索隐》："末谓工商也。盖农桑为本,故上云'本业耕织'也。怠者,懈也。《周礼》谓之'疲民'。以言懈怠不事事之人而贫者,则纠举而收录其妻子,没为官奴婢,盖其法特重于古也。"①

林剑鸣《秦史稿》分析"商鞅变法的实施",对于这条史料的解释是："凡经营商业及怠惰而贫困的,要连其妻子儿女一同没入官府为奴。"又说："当时,将农业称为'本业',将从事商业称为'末业',重本抑末从此成为秦国的传统。"②林剑鸣《秦汉史》说："'重农抑商'是自商鞅变法以来秦国一贯实行的国策。""为保护地主阶级的经济基础,秦王朝继续推行'重农抑商'政策。""秦始皇采纳了李斯的建议,将'上农除末'作为一种指导方针向全国公开宣布。""表示'上农除末'是秦王朝的根本方针。"③郑良树说："无可否认,商鞅是一位重农抑商的极力主张者。他似乎没有提出任何理论上的根据,不过,以当时的社会形态和结构而言,重农是应该可以理喻的;至于抑商,应该被视为重农的另一面而已,至少商鞅就这么地认为的。""为了达到重农的目标,商鞅不惜采用各种方法,'无所不用其极'地裁抑商人及商业活动。"④有的论著写道："商鞅采取种种措施严格限制商业活动,几乎走到了取消商业的地步。"⑤一些以秦经济史为研究对象的论著均认同秦"抑商"之说,或以为"由于封建国家实行抑商政策",商人"在政治上和经济上""受到不同程度的歧视",⑥或以为商鞅"控制商业"的政策即"耕战抑商政策"导致了"秦国的商品经济落后"。⑦有学者说："只有秦国由于从商鞅到秦始皇都是坚决实行重农抑商的政策,才防止了大商人向封建君主闹独立性,才粉

---

① 《史记》,第 2230—2231 页。
② 林剑鸣:《秦史稿》,上海人民出版社,1981 年,第 185—186 页。
③ 林剑鸣:《秦汉史》,上海人民出版社,1989 年,第 140—141 页。
④ 郑良树:《商鞅及其学派》,上海古籍出版社,1989 年,第 171—172 页。
⑤ 何汉:《秦史述评》,黄山书社,1986 年,第 98 页。
⑥ 林甘泉主编:《中国经济通史·秦汉经济卷》,中国社会科学出版社,2007 年,第 592 页。
⑦ 蔡万进:《秦国粮食经济研究》,内蒙古人民出版社,1996 年,第 111 页。

碎了拥有大量奴隶的大商人同新兴地主争夺统治权的篡权阴谋（吕不韦等），也在一定程度上抑制了商人的剥削和兼并农民的不利于巩固封建经济的活动……"①或说"秦代厉行""'抑末'即抑制私人工商业的政策"，"秦代严厉摧残和打击商贾的做法"，"西汉建立之后"方得以"调整"。② 类似的意见，又有："至于秦国，由商鞅时期所建立的抑制商人的法令，到商鞅死后，仍然存在。商业更难发展。""中国全国范围内，商业的进一步发展，还要到西汉全国统一之后。"③

以为秦"抑商"的意见，在战国秦汉史研究领域形成了主导性的影响。一些具有教科书性质的著作采用此说。如安作璋主编《中国史简编》即强调"重农抑商"是商鞅变法的"主要内容"。④ 傅筑夫、王毓瑚编《中国经济史资料·秦汉三国编》于"经济政策及行政"一章中专列"抑商附禁奢侈"一节，与另一节"重农"并列。史料自《史记》卷六《秦始皇本纪》秦始皇三十三年（前214）发"贾人"略取陆梁地事起载录。⑤《剑桥中国秦汉史》第一章"秦国和秦帝国"中"实行变法"部分，论"经济政策"的内容中写道："商鞅的主要目的是建立一个以勤劳的农民和有纪律的军队为基础的统一而强大的国家，军队的士兵实际上征自农民。农战'本业'得到鼓励，经营和制造奢侈品的'末业'要加以限制。目标是建立一个靠满足现状和定居的农民的劳动和不受追逐利润的商人和手工业者的活动干扰的静态的农业社会。事实上，所发生的许多社会的其他方面的变化势必阻止这种空想的实现。但是，如同汉代初期儒家采取的方针那样，法家反对私人经商活动的措施一直有力地阻止了工商业者在以后的中国社会中取得支配地位。"⑥

---

① 吴慧：《桑弘羊研究》，齐鲁书社，1981年，第31页。
② 晋文：《桑弘羊评传》，南京大学出版社，2005年，第15页。
③ 宋叙五：《西汉的商人与商业》，新亚教育文化有限公司，2010年，第14页。
④ 安作璋：《中国史简编·古代卷》，高等教育出版社，2014年，第86页。
⑤ 傅筑夫、王毓瑚：《中国经济史资料·秦汉三国编》，中国社会科学出版社，1982年，第483页。
⑥ 卜德：《秦国和秦帝国》，〔英〕崔瑞德、鲁惟一编，杨品泉等译：《剑桥中国秦汉史》，中国社会科学出版社，1992年，第52—53页。

台湾译本的译文有所不同。① 大陆译本所谓商鞅的"空想",台湾译本作"商鞅的理想",虽表述不同,都指出这种理念未能实现。还应当注意到,论者对商鞅"抑商"的判断是有所保留的,一译"经营和制造奢侈品的'末业'要加以限制",一译"抑制贸易和制造奢侈品的'末业'",应当都并不是指所有的"商业"。

这种对"抑商"有所分析的认识又见于田昌五、安作璋主编《秦汉史》。他们对"事末利及怠而贫者,举以为收孥"的理解是"如果弃农经商,或懒惰游荡而贫穷的,则举以为收孥,即没收其本人为官奴婢"。论者明确写道:"应当指出,这项法令不适用于从事正当商业和手工业的人,对他们另有安排,是不能'举以为收孥'的。如然,整个社会经济生活岂不要陷于瘫痪吗?"②这样的意见,值得我们重视。

但是也有一些学者并不认为秦推行"抑商"政策。何兹全指出:"秦的统一,是春秋战国以来,社会经济,即商品货币关系发展的必然结果。""商鞅变法以后,秦国的国家权力集中在国君手里,国君的权力是强大的。政府解决了土地问题,氏族贵族土地所有制改变为自由买卖的土地所有制,旧的氏族贵族阶级在政治、经济、社会上的特权取消了,在旧的社会秩序下没有地位的新的商人贵族可依自己的才能取得政治地位和社会荣誉。当时,东方各国虽然都是秦国敌国,但在这些国家内,代表新的商人贵族阶级的进步势力,却无不以为秦国政府是代表他们利益的政府,各国有才能的人,这些被客观条件决定在本国没有出路的人,无不跑到秦国来找出路,帮助秦国完成统一工作。"他还认为,秦统一后,"货币和度量衡制的统一,是商品货币关系发展的必然要求;货币和度量衡制统一后,

---

① 韩复智主译本译文:"商鞅的主要目标,是要建立一个由勤奋农民和训练有素的军队所组成的统一而强盛的国家;其军队的士兵,是由农民征募而来。商鞅鼓励农战的'本业';抑制贸易和制造奢侈品的'末业'。其目标是要建立一个不受钻营私利润的商人和手工业者干扰;而是由满足现状,采取定居生活方式的勤劳农民,所组成的静态农业社会。事实上,当时所发生的许多社会或其他方面的改变,却阻挠了商鞅的理想实现。但是,汉朝初年,儒家学者所提出的改革,却有法家的反对私人商业交易活动的主张。此主张一直有效地阻止了工商业者,在日后中国社会中,取得领导的地位。"Denis Twitchett and Michael Loewe 编,韩复智主译:《剑桥中国史》第 1 册《秦汉篇,前 221—220》,南天书局有限公司,1996 年,第 45 页。

② 田昌五、安作璋主编:《秦汉史》,人民出版社,1993 年,第 24—25 页。

又必然反转来促进商品货币关系发展"。① 瞿兑之《秦汉史纂》在秦史部分"社会经济"内容中"商业"题下不仅不言"抑商",反而发表了秦"重商"的评断:

  秦之重商。远在穆公以前。

  商业既繁。商人势力益大。进执国政。

"秦之重商。远在穆公以前"句下引录《史记》卷一二九《货殖列传》:"及秦文秦缪居雍。隙陇蜀之货物而多贾。献孝公徙栎邑,栎邑北却戎翟,东通三晋,亦多大贾。武昭治咸阳……四方辐凑并至而会,地小人众,故其民益玩巧而事末也。"②明确言"秦之重商",瞿兑之书可谓标新立异。③

  不过,吕思勉《秦汉史》也说到当时的时代风习和社会形势:"晚周以来,盖封建势力日微,而资本势力方兴之会。封建势力,如死灰之不可复然矣,而或不知其不可然而欲然之;资本势力,如洪水之不可遽湮也,而或不知其不可湮而欲湮之;此为晚周至先汉扰攘之由。"他引录《汉书》卷九一《货殖传》:"及周室衰,礼法堕,诸侯刻桷丹楹,大夫山节藻棁,八佾舞于庭,雍彻于堂。其流至乎士庶人,莫不离制而弃本,稼穑之民少,商旅之民多,谷不足而货有余。陵夷至乎桓、文之后,礼谊大坏,上下相冒,国异政,家殊俗,耆欲不制,僭差亡极。于是商通难得之货,工作亡用之器,士设反道之行,以追时好而取世资。伪民背实而要名,奸夫犯害而求利……"④以为:"此文最能道出东周以后社会之变迁,及其时之人之见解。"⑤

  翦伯赞认为商鞅变法实现了"商人"地位的上升。"新兴的商人地主,首先在秦国获得了政权。商鞅变法,正是秦国历史之新的转向的表现。""秦自孝公

---

① 何兹全:《秦汉史略》,上海人民出版社,1955 年,第 4、5、10 页。

② 《史记》卷一二九《货殖列传》:"及秦文、德、缪居雍,隙陇蜀之货物而多贾。献公徙栎邑,栎邑北却戎翟,东通三晋,亦多大贾。孝、昭治咸阳,因以汉都,长安诸陵,四方辐凑并至而会,地小人众,故其民益玩巧而事末也。"中华书局,1959 年,第 3261 页。"及秦文、德、缪居雍,隙陇蜀之货物而多贾。献公徙栎邑,栎邑北却戎翟,东通三晋,亦多大贾。孝、昭治咸阳,因以汉都,长安诸陵,四方辐凑并至而会,地小人众,故其民益玩巧而事末也。"中华书局 2013 年 9 月点校本二十四史修订本,第 3930 页。

③ 瞿兑之:《秦汉史纂》,见杨家骆:《中国学术类编》,鼎文书局,1979 年,第 74—75 页。

④ 《汉书》,第 3681—3682 页。

⑤ 吕思勉:《秦汉史》,上海古籍出版社,1983 年,第 2—3 页。

用商鞅变法之后，秦国的政权已经是商人地主的政权，因而秦国的武力，也就是商人地主的武力，从而秦国所收夺的土地，也就是商人地主的土地。"他认为："秦代的统一，城市手工业的发达是一个主要的历史动力。因为作为秦国政权之主要支持者的商人地主，正是城市手工业中成长起来的一种新的历史因素；秦代的统一，正是这种新的历史因素之成熟。""当初期封建主义的政治体制一旦成为商业资本之发展的障碍时，他就必须被废除。六国的灭亡与秦代的统一，正是这一历史原理的实现。"秦统一的意义，在于"扫除以前障碍商业交换之发展的领主政治和领主之间的混战"。"这样，秦代的政府，就创造了商业资本走向全面发展的客观条件。所以当秦始皇统一天下以后，巡行全国各地的时候，到处都得到商人地主的欢迎。"①有的学者说："秦商业起初较落后，但战国中叶以后，发展很快。秦统一后，又有了进一步的发展。"以为秦的崛起与统一的实现，均与商业发展同步。"秦统一后，秦始皇为发展封建经济的需要，除大力发展官营工商业外，亦曾鼓励商人经营致富，加以统一货币、度量衡、车轨等措施的推行，使秦代的工商业较前有了进一步的发展。秦代的工商业主要是官营工商业，同时亦有私营工商业，其中包括大工商业主和小手工业者、小商人。"②

秦"重商"之说是否成立，可以讨论。秦对商业和商人之政策的确切内容及其历史文化影响，有必要进行符合历史真实的说明。商鞅一类人物与商贾对于传统宗法社会有同样的不满情绪和破除意向，也许也是应当注意到的。③

祝中熹在《秦国商业及货币形态析述》中写道："战国时期曾普遍流行抑商思想，秦国由于影响巨大的商鞅变法含有抑商的内容而特别引人瞩目。""商鞅变法的基本内容，核心在耕、战二字，通过强农达到强军、强国的目的。很显然，商业的过度兴盛同变法的战略方针背道而驰。""不过我们必须看到，商鞅的抑商只是重农的辅策，只着眼于防止农业劳动力的分流，意在减少、降低商业的负

---

① 翦伯赞：《秦汉史》，北京大学出版社，1983年，第7、25、32、36页。
② 原注："《秦律·司空》规定一般人以劳役抵偿赎赎和欠官府债务，可以找年龄相当的人代替，唯有'作务及贾而负债者，不得代'。可见秦存在着经济上极不稳定，容易负债的小手工业者和小商人……"王云度、张文立：《秦帝国史》，陕西人民教育出版社，1997年，第138、132、144页。
③ 范文澜说："法家一般也代表商贾（地主常兼作商贾）的利益，商鞅抑末是在秦国的特殊措施。"《中国通史》，人民出版社，1978年，第1册第190页。

面影响,而并未从根本上扼杀商业的生命力。"论者指出:"以被认为是抑商政策最鲜明的一条'事末利及怠而贫者,举以为收孥'而言,也是仅言'末利'而不直言经商。那个时代'末'的含义并非专指商业,而多指奇巧奢靡的物品或技艺。""商鞅的'事末利'是个模糊概念,具有较大的伸缩性,完全可以把他认为对国家不利的一些商业经营纳入其中,肯定反映了变法的抑商倾向。这对商人群体无疑是个警诫,但并不意味着否定商业的合法性和正当性。变法中有些内容在客观上还有利于商业的长远发展,如'平斗、桶、权、衡、丈、尺'……是政府严格市场管理,建立商品交易秩序,强化国家职能的作为,对正常的商业发展具有促进作用。"①

考察秦"抑商"或"重商",关键在于对《商君列传》"事末利及怠而贫者,举以为收孥"之"末利"的理解。与"末利"相关的概念,是"末作""末业"。

余英时将《商君书》看作"战国晚期所集结的"论著。他分析《商君书·算地》中关于"五民"的文字,指出:"最后两类人即是工与商,法家和儒家同把他们看作社会上的寄生虫。……追溯到最后,这五类份子的政治危害性无疑是来自一个共同的根源,即他们的专门知识和技能。"②郑良树说:"在《垦令篇》里,他曾经不很有系统地开列了许多抑商的办法:第一,商人不得卖粮","第二,提高酒肉价钱","第三,废除旅馆的经营","第四,加重商品销售税","第五,商家的奴仆必须服役"。"上述五种办法,有的是从积极方面着手,如不得卖粮、提高酒肉价钱、加重商品销售税;有的是从消极方面着手,如废除旅馆、奴仆服役,都间接、直接地在裁抑商人,减少商人的数量和活动。"③

《商君书·垦令》提出了发展农耕的政策导向,其中涉及"商"对于农产品的经营:"使商无得籴,农无得粜。农无得粜,则窳惰之农勉疾。商不得籴,则多岁不加乐。多岁不加乐,则饥岁无裕利。无裕利则商怯,商怯则欲农。窳惰之农勉疾,商欲农,则草必垦矣。"又说到对饮食业经营的控制:"贵酒肉之价,重其租,令十倍其朴,然则商贾少,农不能喜酣奭,大臣不为荒饱。商贾少,则上不费粟。

---

① 祝中熹:《秦史求知录》,上海古籍出版社,2012年,第311页,第315—316页。
② 余英时:《反智论与中国政治传统》,《历史与思想》,联经出版事业公司,1976年,第22、24页。
③ 《商鞅及其学派》,第172—173页。

民不能喜酣奭,则农不慢。大臣不荒,则国事不稽,主无过举。上不费粟,民不慢农,则草必垦矣。"关于"军市"管理的内容,《垦令》篇写道:"令军市无有女子;而命其商人自给甲兵,使视军兴;又使军市无得私输粮者,则奸谋无所于伏,盗输粮者不私稽,轻惰之民不游军市。盗粮者无所售,送粮者不私,轻惰之民不游军市,则农民不淫,国粟不劳,则草必垦矣。"

《商君书·农战》说到"教民"的原则:"善为国者,其教民也,皆作壹而得官爵,是故不官无爵。国去言则民朴。民朴则不淫。民见上利之从壹空出也,则作壹。作壹则民不偷营。民不偷营,则多力。多力则国强。今境内之民皆曰:'农战可避,而官爵可得也。'是故豪杰皆可变业,务学《诗》《书》,随从外权,上可以得显,下可以求官爵;要靡事商贾,为技艺,皆以避农战。具备,国之危也。民以此为教者,其国必削。"在论说"善为国者,仓廪虽满,不偷于农,国大民众,不淫于言,则民朴壹"一节,又说道:"豪杰务学《诗》《书》,随从外权;要靡事商贾,为技艺,皆以避农战。民以此为教,则粟焉得无少,而兵焉得无弱也!"在危害国家社会的"避农战"者之中,有"事商贾"的"商民":"今为国者多无要。朝廷之言治也,纷纷焉务相易也。是以其君惛于说,其官乱于言,其民惰而不农。故其境内之民,皆化而好辩乐学,事商贾,为技艺,避农战,如此则不远矣。① 国有事,则学民恶法,商民善化,技艺之民不用,故其国易破也。夫农者寡而游食者众,故其国贫危。今夫螟、螣、蚼、蠋春生秋死,一出而民数年乏食。今一人耕而百人食之,此其为螟、螣、蚼、蠋亦大矣。"②"商民善化"会导致"其国易破"。"学民""商民""技艺之民"都是一如"螟、螣、蚼、蠋"之类害虫的"游食者"。"夫农者寡而游食者众,故其国贫危。"

《商君书·农战》又论证"明君修政作壹,去无用③,止浮学事淫之民,壹之农,然后国家可富,而民力可抟也",指出:"夫民之亲上死制也,以其旦暮从事于农。夫民之不可用也,见言谈游士事君之可以尊身也,商贾之可以富家也,技艺

---

① 高亨注:"或说:'不远上当增亡国二字。'"高亨注译:《商君书注译》,中华书局,1974年,第38页。

② 《商君书注译》,第21—27页,第31—33页,第36—37页。

③ 通过《商君书》"去无用"理念,有益于理解秦文化重视"实用"的传统。参看王子今:《秦文化的实用之风》,《光明日报》2013年7月15日;《秦"功用"追求的极端性及其文化影响》,《陕西历史博物馆馆刊》第20辑,三秦出版社,2013年。

之足以糊口也。民见此三者之便且利也,则必避农。避农,则民轻其居。轻其居,则必不为上守战也。凡治国者,患民之散而不可抟也,是以圣人作壹,抟之也。"①

《商君书·去强》:"农少商多,贵人贫、商贫、农贫。三官贫,必削。"同篇又说:"粟生而金死,粟死而金生。本物贱,事者众,买者少,农困而奸劝,其兵弱,国必削至亡。金一两生于竟内,粟十二石死于竟外;粟十二石生于竟内,金一两死于境外。国好生金于竟内,则金粟两死,仓府两虚,国弱;国好生粟于竟内,则金粟两生,仓府两实,国强。"②可知《商君书》的政治设计,并非绝对排斥"金"的追求,而是希望"金粟两生,仓府两实,国强"。这一谋求的基本要素,是"国好生粟于境内"。《商君书·算地》:"夫治国舍势而任说说,则身修而功寡。故事《诗》《书》谈说之士,则民游而轻其君;事处士,则民远而非其上;事勇士,则民竞而轻其禁;技艺之士用,则民剽而易徙;商贾之士佚且利,则民缘而议其上。故五民加于国用,则田荒而兵弱。谈说之士资在于口;处士资在于意;勇士资在于气;技艺之士资在于手;商贾之士资在于身。故天下一宅,而圜身资。民资重于身,而偏托势于外。"而"所加务者过",体现出"千乘惑乱""万乘失数",与"圣人之为国"所谓"胜敌而草不荒"之"富强之功"相去甚远。③

祝中熹指出:"细审《商君书》诸篇,有些主张目的在于抑制商贾势力的膨胀,如规定对商贾之家的奴婢进行登记,课以赋、役,对某些商品提高税收,必须防止商贾垄断市场等等,但均未超越危及商业生存的底线。"④应当说,即使这些政策可以称作"抑商",其规模和力度,都并不形成对商贾的迫害和对商业的扼杀。《商君列传》所谓"事末利及怠而贫者,举以为收孥",如理解"事末利"即商业经营,与此有相当大的距离。

《剑桥中国秦汉史》写道:"以他命名的一部重要的法家著作《商君书》由几种材料组成,其中可能没有一种是商鞅写的。但是有的部分,特别是较早期的部

---

① 《商君书注译》,第37—38页。
② 《商君书注译》,第44、49页。
③ 《商君书注译》,第66—67页,第64—65页。据高亨《商君书作者考》,《算地》"很明确是作者献给秦君的书奏"。《商君书注译》,第8页。
④ 他的另一意见也值得注意:"《商君书·去强篇》明言:'农、商、官三者,国之常官也。'显然对商业并不歧视。"祝中熹:《秦史求知录》,上海古籍出版社,2012年,第316页。

分,可能反映了他的思想。"在讨论商鞅变法时,"要考虑到这些困难"。①

高亨《商君书作者考》以为今本《商君书》是商鞅遗著与其他法家遗著的合编,其中"《垦令》一篇,当是商鞅所作",强调"这是有明证的"。② 我们在思考商鞅变法是否"抑商"的问题时更多对其中政策设定的出发点予以关注,是必要的。还应当注意到,高亨《商鞅与商君书略论》肯定商鞅"实行重农重战政策",却不言是否"抑商"。他对于《商君列传》"僇力本业,耕织致粟帛多者复其身;事末利及怠而贫者,举以为收孥"是这样解释的:"这是说:奴隶努力务农,则升为庶民,庶民不努力务农,则贬为奴隶。""首先是以解放奴隶为赏,以贬为奴隶为罚,来推行重农政策。"③

对《商君书》农商政策的理解,有学者提出"限商"的认识。论者指出,《商君书》中,"只有《垦令》中谈到对商人的限制措施"。"对商人限制措施有以下几条:第一条是提高酒肉价格,'重其租,令十倍其朴'。""第二条是要求商人自备兵甲,随时供应军需,也没有'抑制''打击'的含义。第三条是'重关市之赋'即提高商人过关、入市的赋税,这五个字的后面就是'则农恶商,商有疑惰之心。农恶商,商疑惰,则草必垦矣'。"这些措施"都是对商人的限制,以免他们的 势力过分扩张","以免损害农战政策"。依据《商君列传》中"僇力本业,耕织致粟帛多者复其身;事末利及怠而贫者,举以为收孥"而认定商鞅"是主张'重农抑商'的人","没有很充分的根据或理由"。商鞅关于农商关系的倾向是"限商"而非"抑商"。④

---

① 卜德:《秦国和秦帝国》,〔英〕崔瑞德、鲁惟一编,杨品泉等译:《剑桥中国秦汉史》,第49页。韩复智主译本的译文是:"《商君书》(由好几个人所写的法家的重要著作)中,虽然注明是商鞅所写的,但是其中可能没有一篇是商鞅写的。此书有的部分,特别是较早的部分,或许能反应他的想法。因为上述材料的限制,以下只能概述商鞅的改革……"Denis Twitchett and Micheal Loewe 编,韩复智主译:《剑桥中国史》第1册《秦汉篇,前221—220》,第41页。今按:"或许能反应他的想法","反应"应为"反映"。

② 《商君书注译》,第10页,

③ 《商君书注译》,第9页,

④ 汤勤福:《商子答客问》,上海人民出版社,1999年,第177—182页。

(三)秦"市"及商路的繁荣

对于商鞅否定"事末利"的政策,除却政治史的特殊年代的简单化公式化评断①,不少学者从自己的学理思路分析,以为即"抑商"。傅筑夫说:"末,包括商品生产和商业。"②范文澜说:"商鞅抑末政策,意在防止商贾高利贷者兼并土地,使秦民专力从耕织与战争中求富贵。"不过,他又认为,"末"的含义比较宽泛,"文学游说之士,属于末一类,不许入秦"。③

从秦的经济史记录看,商业的发展也自有传统。

《史记》卷六《秦始皇本纪》记载:"献公立七年,初行为市。""(惠文王)立二年,初行钱。"④安作璋主编《中国史简编》虽然以为"重农抑商"是商鞅变法的"主要内容"。不过,论者仍承认秦献公"'初行为市',允许在国内从事商业性活动","为商鞅变法准备了必要的条件"。⑤

商鞅变法的第一个动作"徙木立信",即将表演的舞台设定在都城雍的"市"。《史记》卷六八《商君列传》:"令既具,未布,恐民之不信,已乃立三丈之木于国都市南门,募民有能徙置北门者予十金。民怪之,莫敢徙。复曰'能徙者予五十金'。有一人徙之,辄予五十金,以明不欺。卒下令。"⑥对于"国都市南门",有人理解为"栎阳城闹市区的南门"⑦,以"闹市区"释"市",似未能准确理解"市"的意义。

睡虎地秦简《金布律》有关于"市"的管理的律文:"百姓市用钱,美恶杂之,勿敢易。"又如:

> 贾市居列者及官府之吏,毋敢择行钱、布;择行钱、布者,列伍长弗告,吏循之不谨,皆有罪。　金布

---

① 如《商君书新注》说,商鞅的改革方案包括"实行重农抑商的法家政策,限制、打击奴隶主工商业者"。《商君书新注》编辑组:《商君书新注》,陕西人民出版社,1975年,第11页。
② 傅筑夫:《中国封建社会经济史》第1卷,人民出版社,1981年,第355页。
③ 范文澜:《中国通史》,人民出版社,1978年,第1册第190页。
④ 《史记》,第289页。
⑤ 安作璋:《中国史简编·古代卷》,高等教育出版社,2014年,第85页。
⑥ 《史记》,第2231页。
⑦ 李存山:《商鞅评传——为秦开帝业的改革家》,广西教育出版社,1997年,第21页。

有买卖及买殹(也),各婴其贾(价);小物不能各一钱者,勿婴。

　　金布①

又有《关市律》:

为作务及官府市,受钱必辄入其钱缿中,令市者见其入,不从令者赀一甲。　　关市②

可见秦对"市"的管理,有十分成熟的制度。

司马迁在《史记》卷一二九《货殖列传》中言关中经济形势,说到周人的农耕基础,随后秦人经营,则以农耕的进步和商运的开发,促成了新的繁荣:"及秦文、德、缪居雍,隙陇蜀之货物而多贾。献公徙栎邑,栎邑北却戎翟,东通三晋,亦多大贾。孝、昭治咸阳,因以汉都,长安诸陵,四方辐凑并至而会,地小人众,故其民益玩巧而事末也。"所谓"隙""通",以及"四方辐凑并至而会",体现了商业交通的开发成就。在总结咸阳、长安诸陵经济优势地位之后,又写道:"南则巴蜀。巴蜀亦沃野,地饶卮、姜、丹沙、石、铜、铁、竹、木之器。南御滇僰,僰僮。西近邛笮,笮马、旄牛。然四塞,栈道千里,无所不通,唯褒斜绾毂其口,以所多易所鲜。天水、陇西、北地、上郡与关中同俗,然西有羌中之利,北有戎翟之畜,畜牧为天下饶。然地亦穷险,唯京师要其道。故关中之地,于天下三分之一,而人众不过什三;然量其富,什居其六。"③

商鞅变法迁都咸阳确定的新的经济重心,与巴蜀的交通联系,"栈道千里,无所不通,唯褒斜绾毂其口",与"天水、陇西、北地、上郡"的交通联系,"唯京师要其道",前者联系的物资来源区域:"地饶卮、姜、丹沙、石、铜、铁、竹、木之器。南御滇僰,僰僮。西近邛笮,笮马、旄牛。"后者则"西有羌中之利,北有戎翟之畜,畜牧为天下饶"。这正继承了"隙陇蜀之货物而多贾"的传统经济优势。正是以咸阳为中心"四方辐凑并至而会"的商业交通形势,形成了可以被称为"大

---

① 睡虎地秦墓竹简整理小组:《睡虎地秦墓竹简》,文物出版社,1990年,释文注释第36—37页。
② 睡虎地秦墓竹简整理小组:《睡虎地秦墓竹简》,文物出版社,1990年,释文注释第42页。
③ 《史记》,第3261—3262页。

关中"的经济地理格局。① 其经济地理优势之成就,与"以所多易所鲜"的商业活动有密切关系。

以为"关中之地,于天下""其富什居其六"的优势地位的形成只是农耕收获的单一积累,恐怕是不符合经济规律,也不符合历史真实的。

(四)吕不韦、乌氏倮、巴寡妇清与《货殖列传》秦地成功商人

范文澜说:"商鞅重农抑商政策,不仅不能行施于山东六国,即在秦国也不能遏阻重商的趋势,到战国末年,大商人吕不韦终于参加了秦国的政权。"②所谓"抑商政策"与"重商的趋势"并说,是很有意思的事。而一个重要人物在这样的历史纠结中上升。这个人物,就是吕不韦。

据《史记》卷八五《吕不韦列传》记载,吕不韦出身富商,"往来贩贱卖贵,家累千金"。其中"往来"二字,涉及交通行为,值得我们重视。他凭借非同寻常的政治敏感,发现质于赵国的秦贵族子楚"奇货可居",于是决心进行政治投机,出谋、出资支持这位"秦诸庶孽孙"取得王位继承权。吕不韦不惜"破家"以"钓奇"的政治策划终于取得成功。其思路与言行,透露出典型的商贾气息。公元前249年,子楚即位,是为秦庄襄王,吕不韦任丞相,封为文信侯,食洛阳十万户。其政治投资获得回报。三年后,秦庄襄王去世,太子嬴政立为王。这就是后来的秦始皇。吕不韦为相国,号称"仲父"。③

从秦庄襄王元年(前249)起,到秦王政十年(前237)免职,吕不韦在秦国专权十三年。而这一历史阶段,正是秦国军威大振,统一战争取得决定性胜利的时期。秦庄襄王元年(前249),吕不韦亲自率领秦军灭东周,扫荡了周王室的残余,真正结束了以周天子为天下宗主的时代。如《吕氏春秋·谨听》所说:"今周室既灭,而天子已绝,乱莫大于无天子……今之世当之矣。"④提出了新的"天子"当政的时代要求。同年,秦军伐韩,取得成皋和荥阳,置三川郡。次年(前248),秦军强攻魏、赵,得赵地37城。秦庄襄王三年(前247),秦军又攻韩、赵,置太原

---

① 王子今、刘华祝:《说张家山汉简〈二年律令·津关令〉所见五关》,《中国历史文物》2003年第1期;王子今:《秦汉区域地理学的"大关中"概念》,《人文杂志》2003年第1期。
② 《中国通史》,第1册第211页。
③ 《史记》,第2505—2506页,第2508—2509页,第2513、2515页。
④ 《吕氏春秋校释》,第705页。

郡，并瓦解了进逼函谷关的五国联军。秦王政幼弱，而吕不韦实际执政的数年间，秦军顺利进取韩、赵、魏，又击破五国联军，逼迫楚国迁都。在吕不韦时代，秦国的经济实力已经远远优越于东方六国，秦国的军事实力也已经强锐无敌。当时，"以天下为事"，期望"得志于天下"，已经成为秦人直接的政治目标。应当说，秦实现统一，在吕不韦专权时大势已定。后来大一统的中央集权的秦王朝的建立，吕不韦是当之无愧的奠基者之一。秦国用客可以专信，如商鞅、楼缓、张仪、魏冉、蔡泽、吕不韦、李斯等，如明人张燧《千百年眼》卷四所说，"皆委国而听之不疑"①，而论其功业，吕不韦可以与商鞅并居前列。值得我们特别注意的，是吕不韦的商人出身。

吕不韦是中国历史上以个人财富影响政治进程的第一人。从这一角度认识当时的社会与经济，或可有所新知。吕不韦以富商身份参政，并取得非凡成功，就仕进程序来说，也独辟新径。秦政治文化实用主义的特征，与东方文化"迂大而闳辩"②风格大异。而商人务实即追求实利的精神，正与此相合。③ 司马迁笔下洛阳巨商白圭自称"权变""决断"类同"商鞅行法"④，也是发人深思的。

瞿兑之《秦汉史纂》在关于秦"商业"的内容中，于"商业既繁，商人势力益大，进执国政"句后，先说吕不韦事迹，接着引录《史记》卷一二九《货殖列传》文字："乌氏倮，畜牧及众，斥卖求奇缯物，间献遗戎王。戎王什倍其偿与之畜，畜至用谷量马牛。秦始皇帝令倮比封君，以时与列臣朝请。而巴寡妇清，其先得丹穴，而擅其利数世，家亦不訾。……秦皇帝以为贞妇而客之，为筑女怀清台。夫倮鄙人牧长，清，穷乡寡妇，礼抗万乘，名显天下，岂非以富邪。"⑤应当注意到，乌

---

① ［明］张燧：《千百年眼》，河北人民出版社，1987年，第53页。
② 《吕氏春秋校释》，第2348页。
③ 王子今：《秦文化的实用之风》，《光明日报》2013年7月15日。
④ 《史记》卷一二九《货殖列传》，第3259页。
⑤ 瞿兑之：《秦汉史纂》，第75页。《史记》卷一二九《货殖列传》："乌氏倮畜牧，及众，斥卖，求奇缯物，间献遗戎王。戎王什倍其偿，与之畜，畜至用谷量马牛。秦始皇帝令倮比封君，以时与列臣朝请。而巴（蜀）寡妇清，其先得丹穴，而擅其利数世，家亦不訾。……秦皇帝以为贞妇而客之，为筑女怀清台。夫倮鄙人牧长，清穷乡寡妇，礼抗万乘，名显天下，岂非以富邪？"中华书局，1959年，第3260页。中华书局，2013年9月点校本二十四史修订本第3929页，"巴（蜀）寡妇清"作"巴寡妇清"。

氏倮"斥卖求奇缯物"又"间献遗戎王",以及"戎王什倍其偿与之畜",巴寡妇清开发"丹穴""擅其利"等行为,都是需要经过运输方式实现的。

宋儒吕祖谦就"乌氏倮"和"巴寡妇清"事迹,又联系秦汉其他历史人物的表现和待遇,有这样的评论:

> 乌氏嬴,秦始皇令比封君,以时与列臣朝请。
>
> 巴寡妇清,始皇以为贞妇而客之,为筑女怀清台。
>
> 张长叔、薛子仲訾十千万,王莽皆以为纳言。
>
> 罗裒致数千万,举其半赂遗曲阳定陵侯,依其权力赊贷,郡国人莫敢负,擅盐井之利,期年所得自倍。
>
> 凡邪臣之以货事君,入于君者锱铢,而假君之势,入于己者丘山矣。
>
> 乃反谓之忠,岂不惑哉?观罗裒之事,可以解其惑。①

以"罗裒之事"比况乌氏倮和巴寡妇清事,其实并不妥当。乌氏倮和巴寡妇清并非因"以货事君"得到地位和荣誉的"邪臣"。

元代学者陈高称此为史著"美谈":"昔巴寡妇清以财自守,秦始皇帝为筑台而礼之,作史者列之传纪,以为美谈。"②明代学者王立道则写道:"予每读《史记·货殖传》至巴寡妇清,未尝不叹子长之多爱,而讥其谬也。夫传货殖,已非所以为训,清以一妇人,而且得托名不朽,贪夫婪人将日皇皇焉。畜聚积实,耻一妇人之不如,使天下见利而不闻义,则子长之罪也。"③他站在传统儒学义利观的立场上批评司马迁"传货殖",推崇对"利"的追求,而"清以一妇人,而且得托名不朽",更刺激了"贪夫婪人"们的逐"利"狂热。

明代学者王世贞曾经三次就秦始皇尊礼巴寡妇清事发表议论。他说:"今夫秦皇帝至暴狼戾也,然贤巴寡妇清而尊之,为立女怀清台。"④似乎发现"秦皇帝至暴狼戾"的另一面,又有"尊""贤"为表现的重视道德的温和情怀。王世贞又说:"昔者秦皇帝盖客巴寡妇清云,传称清寡妇,饶财,财能用自卫,不见侵。天子尊礼之,制诏有司筑女怀清台。夫秦何以客巴妇为也?妇行坚至兼丈夫任,

---

① [宋]吕祖谦:《读汉史手笔》,《东莱别集》卷一五《读书杂记四》,文渊阁《四库全书》本。
② [元]陈高:《诸公赠赵夫人卷跋》,《不系舟渔集》卷一四《铭》,文渊阁《四库全书》本。
③ [明]王立道:《跋叶母还金传》,《具茨文集》卷六《杂著》,文渊阁《四库全书》本。
④ [明]王世贞:《王节妇项安人祠记》,《弇州四部稿》卷七五《文部·记》,文渊阁《四库全书》本。

难矣！客之，志风也，此其意独为右赀殖乎哉？"①他理解秦始皇"客巴寡妇清"的积极意义，有"志风"即推崇巴寡妇清"行坚至兼丈夫任"的意图。此说当然不能简单否定，但是秦始皇的深层动机，大概还是司马迁所赞许的"不訾""饶财"的尊重。司马迁的原话值得我们认真品读："夫倮鄙人牧长，清穷乡寡妇，礼抗万乘，名显天下，岂非以富邪？"

王世贞还曾发表如此的感叹："余始读秦皇帝礼巴寡妇清事，而卑秦风之不逮贫也。"②他有关"秦皇帝礼巴寡妇清事"与"秦风"之传统的内在关系的发现，是值得重视的。

有学者以为，"令乌氏倮比封君为巴寡妇筑怀清台是吕不韦当权时搞的名堂，不是秦始皇的本意"③，其说不符《史记》卷一二九《货殖列传》"秦始皇帝令倮比封君，以时与列臣朝请"，"清，寡妇也，能守其业，用财自卫，不见侵犯。秦皇帝以为贞妇而客之，为筑女怀清台"的记载。④ 其中"秦始皇帝""秦皇帝"称谓的使用，说明并非"吕不韦当权时搞的名堂"。

吕不韦曾经参与高层行政，乌氏倮与巴寡妇清享有盛名，体现商人在秦社会生活中的地位。他们的成功，都与商业"往来"有密切关系。辛苦的交通运输实践有益于他们形成"以天下为事"的经营理念。

（五）民间运输史例

《史记》卷一二九《货殖列传》写道："夫山西饶材、竹、谷、纻、旄、玉石；山东多鱼、盐、漆、丝、声色；江南出柟、梓、姜、桂、金、锡、连、丹沙、犀、瑇瑁、珠玑、齿革；龙门、碣石北多马、牛、羊、旃裘、筋角；铜、铁则千里往往山出棋置：此其大较也。皆中国人民所喜好，谣俗被服饮食奉生送死之具也。故待农而食之，虞而出之，工而成之，商而通之。此宁有政教发征期会哉？人各任其能，竭其力，以得所欲。故物贱之征贵，贵之征贱，各劝其业，乐其事，若水之趋下，日夜无休时，不召

---

① ［明］王世贞：《明故郑母唐孺人墓志铭》，《弇州四部稿》卷九二《文部·墓志铭》，文渊阁《四库全书》本。
② ［明］王世贞：《严节妇诸传》，《弇州四部稿》卷八五《文部·传》，文渊阁《四库全书》本。
③ 吴慧：《桑弘羊研究》，齐鲁书社，1981年，第31页。
④ 《史记》，第3260页。

而自来,不求而民出之。岂非道之所符,而自然之验邪?"①四个经济区中,司马迁首列"山西"。所谓"中国人民所喜好,谣俗被服饮食奉生送死之具",皆"商而通之"。农、工、商、虞,如司马迁所说,"此四者,民所衣食之原也。原大则饶,原小则鲜。上则富国,下则富家。贫富之道,莫之夺予,而巧者有余,拙者不足"。"山西"商人之活跃,在史家视野中留下的深刻印象,又见于司马迁对于秦地成功商人的表扬。

《货殖列传》应是司马迁政治意识、经济意识、文化意识的集中表达。有人说,"就中有至理,有妙用,有深心"②。但是《货殖列传》既称"列传",仍有重要人物事迹的载录。司马迁首先记述了范蠡、子赣的成功经营。随即在白圭、猗顿、郭纵之后,即说到秦始皇时代对乌氏倮、巴寡妇清声誉与地位的抬升。司马迁在当代史记录中,指出"汉兴,海内为一,开关梁,弛山泽之禁,是以富商大贾周流天下,交易之物莫不通,得其所欲,而徙豪杰诸侯强族于京师"的形势。在阐发经济地理学等论说之后,司马迁写道:"请略道当世千里之中,贤人所以富者,令后世得以观择焉。"在所列举"当世""贤人所以富者"之中,可以看到秦商的成功事迹。例如:

> 蜀卓氏之先,赵人也,用铁冶富。秦破赵,迁卓氏。卓氏见虏略,独夫妻推辇,行诣迁处。诸迁虏少有余财,争与吏,求近处,处葭萌。唯卓氏曰:"此地狭薄。吾闻汶山之下,沃野,下有蹲鸱,至死不饥。民工于市,易贾。"乃求远迁。致之临邛,大喜,即铁山鼓铸,运筹策,倾滇蜀之民,富至僮千人。田池射猎之乐,拟于人君。
>
> 程郑,山东迁虏也,亦冶铸,贾椎髻之民,富埒卓氏,俱居临邛。
>
> 宣曲任氏之先,为督道仓吏。秦之败也,豪杰皆争取金玉,而任氏独窖仓粟。楚汉相距荥阳也,民不得耕种,米石至万,而豪杰金玉尽归任氏,任氏以此起富。富人争奢侈,而任氏折节为俭,力田畜。田畜人争取贱贾,任氏独取贵善。富者数世。然任公家约,非田畜所出弗衣食,公事不毕则身不得饮酒食肉。以此为闾里率,故富而主上重之。

---

① 《史记》,第3253—3254页。
② [明]钟惺:《钟伯敬评史记》,明天启五年刻本,转自[明]葛鼒、金蟠:《史记》卷一二九,明崇祯十年刻本。

塞之斥也,唯桥姚已致马千匹,牛倍之,羊万头,粟以万锺计。

吴楚七国兵起时,长安中列侯封君行从军旅,赍贷子钱,子钱家以为侯邑国在关东,关东成败未决,莫肯与。唯无盐氏出捐千金贷,其息什之。三月,吴楚平,一岁之中,则无盐氏之息什倍,用此富埒关中。①蜀卓氏和程郑迁居蜀地,在这里重新致富。以"大关中"②的经济地理观判断,他们是可以归入秦地商人之列的。任氏之先"为督道仓吏",裴骃《集解》:"韦昭曰:'督道,秦时边县名。'"③《汉书》卷九一《货殖传》"督道仓吏",刘奉世曰:"督道者,仓所在地名耳,犹后传注《汉宫阙疏》所称细柳仓也。"④其起家应在秦地。桥姚居边塞之地经营畜牧业成功,作为秦边塞居民的可能性是很大的。无盐氏于长安"赍贷子钱",得以"富埒关中"。获"息什倍"之时在汉景帝时,我们不能排除其家在秦代已经积累财富可以具有"出捐千金贷"之实力的可能。

司马迁还写道:"关中富商大贾,大抵尽诸田,田啬、田兰。韦家栗氏,安陵、杜杜氏,亦巨万。"⑤"诸田"等富家,秦时迁居关中,他们在关中地区重新暴发,应依据原有资本和经营经验,而秦地适应商业发育的文化背景和经济生态,应当也是重要的条件。

《史记》卷三〇《平准书》写道:"天下已平,高祖乃令贾人不得衣丝乘车,重租税以困辱之。"⑥《汉书》卷一下《高帝纪下》的记载较为具体:"(八年)春三月,行如雒阳。令……贾人毋得衣锦绣绮縠絺纻罽,操兵,乘骑马。"⑦可知汉高祖刘邦建国之初,曾经推行严厉的"抑商"政策。有经济史学者指出:"原来在战国时期颇为发达的商业,到秦始皇统治期间曾一度趋于消沉。进入汉朝以后,又迅速地发展起来,并显示了特殊的繁荣,一时'富商大贾,周流天下,交易之物莫不

---

① 《史记》,第3277—3278页,第3280—3281页。
② 王子今:《秦汉区域地理学的"大关中"概念》,《人文杂志》2003年第1期;王子今、刘华祝:《说张家山汉简〈二年律令·津关令〉所见五关》,《中国历史文物》2003年第1期。
③ 《史记》,第3280页。
④ 《史记》卷一二九考证,文渊阁《四库全书》本。
⑤ 《史记》,第3281页。
⑥ 《史记》,第1418页。
⑦ 《汉书》,第65页。

通,得其所欲',在中国古代封建社会中,成为商业的一个突出的发展时期。"①商业是否"到秦始皇统治期间曾一度趋于消沉"是可以讨论的。而汉初"抑商"政策与秦代商业管理形式相比较,究竟是继承还是变换,也值得我们认真思考。

刘邦"困辱""贾人"的禁令,当然是针对秦汉之际的生活消费生活形势的。汉时"富商大贾,周流天下,交易之物莫不通,得其所欲"的情形,其实可以在秦经济生活记录中发现历史的先声。

(六)关于《商君书》"送粮无取僦"

《商君书·垦令》记录的关于"商"予以压抑以促成"垦"的发展的建议,有涉及私营运输业的文字:

> 令送粮无取僦,无得反庸,车牛舆重设必当名,然则往速徕疾,则业不败农。业不败农,则草必垦矣。②

这是关于"僦"这种经营关系的最早的资料。战国时期有关"僦"的史料,仅见秦国此一例。

对于秦"僦"运的具体形式,目前没有条件详细说明,我们可以通过汉代相关信息予以推定。

"僦"即运输生产过程中发生的经济关系。"僦钱""僦费"即运输费,应属于有关"僦"的财务形式。《说文通训定声》"孚部弟六":"僦,《广雅·释言》:僦,赁也。《通俗文》:雇车载曰僦。《商子·垦令》篇:令送粮无取僦。《史记·平准书》:不偿其僦。服虔注:雇也。《汲郑传》:为大农僦人。徐广注:兴生财利如今方宜矣。《汉书·郑当时传》:任人宾客僦。《王莽传》:僦载烦费。《田延年传》:取民牛车三万两为僦。注皆训送也。"③

《史记》卷三〇《平准书》:"弘羊以诸官各自市,相与争,物故腾跃,而天下赋输或不偿其僦费,乃请置大农部丞数十人,分部主郡国,各往往县置均输盐铁官,

---

① 傅筑夫、王毓瑚:《中国经济史资料·秦汉三国编》,中国社会科学出版社,1982年,第357页。

② 《商君书注译》,第21、24、27、29页。据高亨《商君书作者考》,《垦令》"当是商君所作"。《商君书注译》,第10页。

③ [清]朱骏声撰:《说文通训定声》,武汉市古籍书店临啸阁版1983年6月影印版,第296页。

令远方各以其物贵时商贾所转贩者为赋,而相灌输。"司马贞《索隐》:"不偿其佣。服虔云:'雇载云佣,言所输物不足偿其雇载之费也。'"①汉代"佣"的运输生产方式,可以在秦交通史料中发现其渊源。

---

① 《史记》,第 1441 页。

第六章 秦国君主的远程出行

秦人对交通的特殊重视,有多方面的表现。我们通过秦国君主较频繁远程出行的交通实践,也可以发现重要的历史迹象。

一 从襄公始国到穆公图霸

司马迁在《史记》中有关秦国君远行的记录,以《史记》卷五《秦本纪》最为集中。春秋时期的有关记载,已经值得引起秦史研究者注意。

如秦立国故事:"(襄公)七年春,周幽王用褒姒废太子,立褒姒子为适,数欺诸侯,诸侯叛之。西戎犬戎与申侯伐周,杀幽王郦山下。而秦襄公将兵救周,战甚力,有功。周避犬戎难,东徙雒邑,襄公以兵送周平王。平王封襄公为诸侯,赐之岐以西之地。曰:'戎无道,侵夺我岐、丰之地,秦能攻逐戎,即有其地。'与誓,封爵之。襄公于是始国。"[1]

又如文公东进事迹:"文公元年,居西垂宫。三年,文公以兵七百人东猎。四年,至汧渭之会。"于是"卜居之,占曰吉,即营邑之"。"十六年,文公以兵伐戎,戎败走。于是文公遂收周余民有之,地至岐,岐以东献之周。"[2]

"武公元年,伐彭戏氏,至于华山下……"[3]"(宣公)四年……与晋战河阳,胜之。"[4]

---

[1] 《史记》,第 179 页。
[2] 《史记》,第 179 页。
[3] 《史记》,第 182 页。
[4] 《史记》,第 184—185 页。

关于秦穆公时代的有关史事,我们可以看到如下记载:

(1)缪公任好元年,自将伐茅津,胜之。(《史记》卷五《秦本纪》)①

(2)四年,迎妇于晋,晋太子申生姊也。(《史记》卷五《秦本纪》)②

(3)五年……秋,缪公自将伐晋,战于河曲。(《史记》卷五《秦本纪》)③

(4)十五年,(晋)兴兵将攻秦。缪公发兵,使丕豹将,自往击之。九月壬戌,与晋惠公夷吾合战于韩地。晋君弃其军,与秦争利,还而马骛。缪公与麾下驰追之,不能得晋君,反为晋军所围。晋击缪公,缪公伤。于是岐下食善马者三百人驰冒晋军,晋军解围,遂脱缪公而反生得晋君。……于是缪公虏晋君以归。……是时秦地东至河。(《史记》卷五《秦本纪》)④

(5)(二十四年)其秋,周襄王弟带以翟伐王,王出居郑。二十五年,周王使人告难于晋、秦。秦缪公将兵助晋文公入襄王,杀王弟带。(《史记》卷五《秦本纪》)⑤

(6)三十六年,缪公复益厚孟明等,使将兵伐晋,渡河焚船,大败晋人,取王官及鄗,以报殽之役。晋人皆城守不敢出。于是缪公乃自茅津渡河,封殽中尸,为发丧,哭之三日。(《史记》卷五《秦本纪》)⑥

显然,秦穆公所以能够"益国十二,开地千里,遂霸西戎",致使周天子"使召公过贺缪公以金鼓"⑦,是以行程空前的交通实践为条件的。凡此6例,其中(1)(2)(3)至于晋边境,(4)至于韩地,(5)至于郑地,(6)则深入晋地,又于茅津(今河南三门峡西)南渡,在今三门峡与渑池间的崤山炫耀武力。王官在今山西闻喜

---

① 《史记》,第185页。
② 《史记》,第185页。
③ 《史记》,第186页。
④ 《史记》,第188—189页。《吕氏春秋·爱士》:"为韩原之战,晋人已环缪公之车矣,晋梁由靡已扣缪公之左骖矣,晋惠公之右路石奋投而击缪公之甲,中之者已六札矣。野人之尝食马肉于歧山之阳者三百有余人,毕力为缪公疾斗于车下,遂大克晋,反获惠公以归。"
⑤ 《史记》,第190页。
⑥ 《史记》,第193—194页。
⑦ 《史记》卷五《秦本纪》,第194页。

南,郑在今河南新郑。① 由雍至郑,以现今公路交通营运里程计,已经超过 780 公里。按照《九章算术·均输》记载汉代"重车日行五十里"②的运输效率计算,辎重行程竟然需要 48 天左右。③ 当时与秦穆公交通实践堪称伯仲相当的,只有齐桓公、晋文公等少数国君。而秦穆公自雍至郑的直线距离,超过了齐桓公北上孤竹以及南击召陵的路程。从交通史的视角分析"五霸"事业,并进而认识和理解秦穆公时代秦人对于东方的关注以及相应的进取意识,或许是有益的。

《史记》卷六《秦本纪》记载:"(秦康公)六年,秦伐晋,取羁马。战于河曲,大败晋军。"④《左传·文公十二年》记录了秦康公六年(前 615)率军侵入晋地的战事:

> 秦为令狐之役故,冬,秦伯伐晋,取羁马。晋人御之。赵盾将中军,荀林父佐之。郤缺将上军,臾骈佐之。栾盾将下军,胥甲佐之。范无恤御戎,以从秦师于河曲。臾骈曰:"秦不能久,请深垒固军以待之。"从之。
>
> 秦人欲战,秦伯谓士会曰:"若何而战?"对曰:"赵氏新出其属曰臾骈,必实为此谋,将以老我师也。赵有侧室曰穿,晋君之婿也,有宠而弱,不在军事,好勇而狂,且恶臾骈之佐上军也,若使轻者肆焉,其可。"秦伯以璧祈战于河。十二月戊午,秦军掩晋上军。赵穿追之。不及。反,怒曰:"裹粮坐甲,固敌是求。敌至不击,将何俟焉?"军吏曰:"将有待也。"穿曰:"我不知谋,将独出。"乃以其属出。宣子曰:"秦获穿也,获一卿矣。秦以胜归,我何以报?"乃皆出战,交绥。秦行人夜戒晋师曰:"两君之士皆未憖也,明日请相见也。"臾骈曰:"使者目动而言肆,惧我也,将遁矣。薄诸河,必败之。"胥甲、赵穿当军门呼曰:"死伤未收而弃之,不惠也;不待期而薄人于险,无勇也。"乃止。秦师夜遁。复侵

---

① 《中国历史地图集》,第 1 册第 22—23 页。

② 《春秋左传集解》,第 482—483 页。

③ 杨宽《中国历代尺度考》(商务印书馆 1955 年重版)说,汉制 1 里相当于 414 米。陈梦家则根据对居延地区汉代邮程的考证,认为"一汉里相当于 325 米的直线距离","用 400 或 414 米折合则太大"。《汉简考述》,《考古学报》1963 年第 1 期。此据陈梦家说。

④ 《史记》,第 195 页。

晋,入瑕。①

所谓"秦不能久",正是轻师远征的缘故。"薄诸河,必败之"的策略未能实施而"秦师夜遁",也证实了"秦不能久"。秦军"伐晋""侵晋"所到达的地点:羁马在今山西风陵渡东北;瑕在今河南灵宝西。② 晋人"从秦师于河曲"以及"秦伯以璧祈战于河"应当都在河渭相会处附近。

二　军争与会盟

秦穆公之后的有关国君远行的记录,又有《左传·成公十一年》:"秦、晋为成,将会于令狐,晋侯先至焉。秦伯不肯涉河,次于王城,使史颗盟晋侯于河东。晋郤犨盟秦伯于河西。""秦伯归而倍晋成。"③以及《史记》卷五《秦本纪》:"(秦景公)二十七年,景公如晋,与平公盟。"④

此后秦国君远行的记录,益为频繁。会盟,是国际外交活动密集的表现。秦与其他国家的会盟,地点逐渐向河洛地方移动。出于战略规划、战地考察、战争动员等军事目的的远行,也见于史籍记载。

《史记》卷五《秦本纪》记载,秦孝公"七年,与魏惠王会杜平"。杜平,张守节《正义》:"在同州澄城县界也。"⑤其地在今陕西澄城与合阳之间秦魏边界上。⑥马非百《秦集史》指出:"案《魏世家》作社平,误。"⑦《史记》卷一五《六国年表》:

---

① 《春秋左传集解》,第482—483页。
② 《中国历史地图集》,第1册第22—23页。
③ 《春秋左传集解》,第715页。《史记》卷五《秦本纪》记载:"(秦桓公)二十四年,晋厉公初立,与秦桓公夹河而盟。"第196页。《史记》卷三九《晋世家》:"厉公元年,初立,欲和诸侯,与秦桓公夹河而盟,归而秦倍盟,与翟谋伐晋。"第1679页。
④ 据《史记》卷五《秦本纪》,秦景公三十六年(前541),"景公母弟后子鍼有宠,景公母弟富,或谮之,恐诛,乃奔晋,车重千乘。""景公立四十年卒,子哀公立。鍼子复来归秦。"第196—197页。作为秦公室贵族,后子鍼以"车重千乘"远行"奔晋"的史例,也值得注意。
⑤ 《史记》,第203页。
⑥ 《中国历史地图集》,第1册第35—36页。
⑦ 马非百:《秦集史》,中华书局,1982年,上册第48页。

"(魏惠王二十一年)与秦遇彤。"《史记》卷四四《魏世家》:"二十一年,与秦会彤。"①应当看作秦孝公东行至于彤的记录。彤在今陕西华县西南。②

(一)秦惠文王行"褒汉之地"与"游之北河"

承商鞅变法之余烈的秦惠文王,除东行而外,又曾经有南行和北行的事迹。除了《史记》卷五《秦本纪》,《华阳国志》及《水经注》等史籍对其行迹也有所反映:

(1)周显王之世,蜀王有褒汉之地。因猎谷中,与秦惠王遇。(《华阳国志》卷三《蜀志》)

(2)(九年)与魏王会应。(《史记》卷五《秦本纪》)

(3)(十二年)会龙门。(《史记》卷一五《六国年表》)

(4)(更元)五年,王游之北河。(《史记》卷五《秦本纪》)

(5)(更元)十二年,王与梁王会临晋。(《史记》卷五《秦本纪》)

(6)魏襄王七年,秦王来见于蒲坂关。(《水经注·河水四》引《汲冢竹书纪年》)

(1)原文为:"惠王以金一笥遗蜀王。王报珍玩之物,物化为土。惠王怒。群臣贺曰:'天承我矣!王将得蜀土地。'惠王喜。乃作石牛五头,朝泻金其后,曰'牛便金'。有养卒百人。蜀人悦之,使使请石牛,惠王许之。乃遣五丁迎石牛。既不便金,怒遣还之。乃嘲秦人曰:'东方牧犊儿。'秦人笑之,曰:'吾虽牧犊,当得蜀也。'"虽有传奇色彩,但是与《史记》卷五《秦本纪》"惠文君元年,……蜀人来朝","(更元)九年,司马错伐蜀,灭之","(更元十一年)公子通封于蜀","(更元十四年)蜀相壮杀蜀侯来降"等记载对照读,可知秦惠文王曾经南行至于"褒汉之地"是可能的。(2)"与魏王会应",张守节《正义》引《括地志》:"故应城因应山为名,古之应国,在汝州鲁山县东三十里。"③其地在今河南宝丰南。④《史记》卷四四《魏世家》则记载:"(魏襄王)六年,与秦会应。"则事在秦惠文王更元十二年(前313)。⑤

---

① 《史记》,第723、1845页。
② 《中国历史地图集》,第1册第43—44页。
③ 《史记》,第206页。
④ 《中国历史地图集》,第1册第35—36页。
⑤ 对于应地,《史记》卷四四《魏世家》裴骃《集解》:"徐广曰:'颍川父城有应乡也。'"张守节《正义》:"《括地志》云:'故应城,故应乡也,在汝州鲁山县东三十里。'"第1848页。

(3)"会龙门",应理解为秦惠文王外交事迹。龙门在今陕西韩城北。① (4)"(更元)五年,王游之北河。"北河,裴骃《集解》:"徐广曰:'戎地,在河上。'"张守节《正义》:"按:王游观北河,至灵、夏州之黄河也。"《史记》卷一五《六国年表》记载:"(秦惠文王五年)王北游戎地,至河上。"②所至已经抵达秦国君王行迹的北方极点。《汉书》卷二七下之上《五行志下之上》:"秦孝文王五年,斿朐衍,有献五足牛者。"③马非百以为"孝文王当是惠文王之误"④。颜师古注指出:"朐衍,地名,在北地。"⑤(5)(6)所言临晋在今陕西大荔东南,蒲坂在今山西永济西,两地间黄河上津关,西称临晋关,东称蒲坂关。《史记》卷四四《魏世家》写道:"(魏哀王六年)与秦会临晋。"⑥《史记》卷一五《六国年表》:"(魏哀王六年)与秦王会临晋。"⑦也记录这一史事。所谓"与秦王会临晋"明确说到秦惠文王更元十二年(前313)曾经亲临临晋。

(1)所言秦惠文王与蜀王会褒谷中,与南向巴蜀的战略取向有密切关系。蜀道交通条件的完善与占有巴蜀的军事胜利,由此改变了秦与东方强国的战略关系。

(二)秦武王"车通三川"

秦惠文王去世,秦武王即位。这是秦国第二代称"王"的君主,他在执政的第四年与力士"举鼎"因意外事故致胫骨骨折去世。"武王有力好戏",几位力士"皆至大官"。这一情形并不能说明秦武王是无能的昏主。"好力"其实是秦文化的传统倾向。⑧ 秦武王在短暂的四年内,有与魏王和韩王的成功会盟,表达了"窥周室"的雄心,并出军拔取宜阳,逼近周王室所在洛阳。对义渠也予以攻伐。⑨ 对于秦国的持续进取与不断扩张,秦武王有积极有效的推进。《史记》卷五《秦

---

① 《中国历史地图集》,第 1 册第 35—36 页。
② 《史记》,第 731 页。
③ 《汉书》,第 1447 页。
④ 马非百:《秦集史》,中华书局,1982 年,上册第 55 页。
⑤ 《汉书》,第 1447 页。
⑥ 《史记》,第 1850 页。
⑦ 《史记》,第 733 页。
⑧ 王子今:《略说秦"力士"——兼及秦文化的"尚力"风格》,《秦汉研究》第 7 辑,陕西人民出版社,2013 年。
⑨ 《史记》卷五《秦本纪》:"武王元年,……伐义渠、丹、犁。"第 209 页。

本纪》和《史记》卷一五《六国年表》都突出记录了秦武王二年(前309)"初置丞相"事,前者还记载:"樗里疾、甘茂为左右丞相。""初置丞相"是对后世有长久影响的重要的政制发明。秦武王"伐义渠""窥周室",都成为后来秦昭襄王时"宰割天下,分裂河山"的历史先声。贾谊《过秦论》总结秦始皇事业,有"续六世之余烈,振长策而御宇内"语。所谓"六世",裴骃《集解》引张晏的解说:"孝公、惠文王、武王、昭王、孝文王、庄襄王。"是包括秦武王的。

　　杨宽在《战国史》中曾经使用"战国初期""战国前期""战国中期"等时段概念。他写道:"春秋末年晋国六卿分别进行了田亩制度的改革,其中赵、魏、韩三家取得成效较大,于是在兼并过程中造成'三家分晋'的局面。到战国初期三晋顺着这个潮流的趋势,进一步谋求改革","战国前期各国先后进行变法","战国前期秦连续攻魏,迫使魏献给河西之地","战国中期以后,铁工具能够普遍使用于农业生产,使得耕作技术飞跃地进步"。① 如果对战国史进行分期,也许以公元前308年作为战国晚期的起点是适宜的。《史记》卷五《秦本纪》记载,在这一年,秦武王表示了"欲容车通三川,窥周室"的愿望。② 事又见《史记》卷七一《樗里子甘茂列传》及《战国策·秦策二》。③ 秦武王于是与甘茂有息壤之盟。这是秦史中所仅见的君臣之盟的史例。甘茂随即艰苦作战,攻克宜阳④,事在公元前307年。⑤ 发

---

① 杨宽:《战国史》(增订本),上海人民出版社,1998年,正文第188页,前言第1—2页,正文第7页。

② 《史记》,第209页。

③ 《史记》卷七一《樗里子甘茂列传》:"寡人欲容车通三川,以窥周室,而寡人死不朽矣。"第2311页。《战国策·秦策二》:"寡人欲车通三川,以窥周室,而寡人死不朽乎!"[西汉]刘向集录:《战国策》,上海古籍出版社,1985年,第148页。

④ 《战国策·秦策二》:"甘茂攻宜阳,三鼓之而卒不上。秦之右将有尉对曰:'公不论兵,必大困。'甘茂曰:'我羁旅而得相秦者,我以宜阳饵王。今攻宜阳而不拔,公孙衍樗里疾挫我于内,而公中以韩穷我于外,是无伐之日已!请明日鼓之而不可下,因以宜阳之郭为墓。'于是出私金以益公赏,明日鼓之,宜阳拔。"[西汉]刘向集录:《战国策》,第154页。

⑤ 秦始皇帝陵博物院收藏的一件战国青铜鼎,口沿有"宜阳""咸""临晋厨鼎"等刻铭,"文物专家们鉴定认为,此鼎为战国晚期韩国所铸,秦统一战争时进入咸阳,秦亡后归汉所有"。杨永林:《一战国青铜鼎回归西安故里》,《光明日报》2006年4月11日。今按:"宜阳"之鼎归于"咸",或与秦军宜阳之战的胜利有关。"宜阳"与"咸"铭文,也可以作为战国晚期秦人对河洛地区特别关注的物证之一。

生于河洛地区的这一事件,开始了秦军凯歌东进的历程,也宣告历史进入了秦逐步实现统一的阶段。①

秦武王曾经与魏、韩两国君王两次会见于临晋一带。《史记》卷五《秦本纪》:"武王元年,与魏惠王会临晋。"②"三年,与韩襄王会临晋外。"③秦武王三年(前308)的外交活动,《史记》卷一五《六国年表》又可见"(魏哀王十一年)与秦会应"的记载。④《史记》卷四四《魏世家》也写道:"(魏哀王)十一年,与秦武王会应。"⑤《史记》卷五《秦本纪》记录的秦武王有志于远行东方的言辞,颇可显示其个性:

> 武王谓甘茂曰:"寡人欲容车通三川,窥周室,死不恨矣。"⑥

《史记》卷七一《樗里子甘茂列传》则写道:"秦武王三年,谓甘茂曰:'寡人欲容车通三川,以窥周室,而寡人死不朽矣。'"⑦《史记》卷五《秦本纪》:"其秋,使甘茂、庶长封伐宜阳。四年,拔宜阳,斩首六万。涉河,城武遂。"⑧这些军事行动,可能都与秦武王的东行之志有关。据说"武王有力好戏,力士任鄙、乌获、孟说皆至大官",而他终因这种追求刺激的游戏而死去。"王与孟说举鼎,绝膑。八月,武王死。族孟说。"秦武王即位4年即去世。从其继承者秦昭襄王在位时间长达56年可以推知,秦武王逝世于青壮之年。如《史记》卷七一《樗里子甘茂列传》所说:"武王竟至周,而卒于周。"他的人生足迹,竟终止于"容车通三川"的远行理想实现之日。

三 "昭襄业帝"的交通史考察

秦昭襄王在位56年。司马迁《史记》卷一三〇《太史公自序》以"昭襄业

---

① 王子今:《论战国晚期河洛地区成为会盟中心的原因》,《中州学刊》2006年第4期。
② 《史记》卷四四《魏世家》:"(魏哀王)九年,与秦王会临晋。"1851页。《六国年表》有同样记载。第733页。
③ 《史记》卷四五《韩世家》:"襄王四年,与秦武王会临晋。"第1872页。《六国年表》:"(韩襄王四年)与秦会临晋。"第734页。
④ 《史记》,第734页。
⑤ 《史记》,第1852页。
⑥ 《史记》,第209页。
⑦ 《史记》,第2311页。
⑧ 《史记》,第209页。

帝"①作为《史记》卷五《秦本纪》内容总结概括的关键性词语,肯定了这一时期秦国帝业的基础得以奠立。

秦昭襄王出行的历史记录,体现了不宜忽视的信息。

(一) 宣太后"北游"推想

秦武王之后,"宣太后专制"②,在数十年的秦史记录中,这位女子以她的智慧和勇力从事政治经营、军事谋略和外交设计,取得了诸多成功。秦史的宣太后时代,进取是显著的。这一历史阶段,实现了"唯秦雄天下"③"秦地半天下"④的局面,从而为秦始皇后来的统一奠定了基础。宣太后以"起兵伐残"的方式解决了义渠问题,⑤即大致控制了西北方面。从魏国得到的西河、上郡以及此次平定的陇西、北地,使得陕甘宁地区成为秦稳定的后方。秦军东进因此不再有后顾之忧于是可以全力对付六国,"以诸侯为事,兵不西行"⑥。《资治通鉴》卷五"周赧王四十九年"也是这样记载的:"(周赧王)四十九年,……(秦昭襄王)废太后,逐穰侯、高陵、华阳、泾阳君于关外,以范雎为丞相,封为应侯。"《资治通鉴》卷五"周赧王五十年":"(周赧王)五十年秦宣太后薨,九月,穰侯出之陶。"⑦秦惠文

---

① 《史记》,第 3302 页。
② 《史记》卷七二《穰侯列传》,第 2329 页。
③ 《史记》卷八三《鲁仲连邹阳列传》,第 2459 页。
④ 《史记》卷七〇《张仪列传》,第 2289 页。
⑤ 《史记》卷一一〇《匈奴列传》:"宣太后诈而杀义渠戎王于甘泉,遂起兵伐残义渠。"第 2885 页。
⑥ 《后汉书》卷八七《西羌传》,第 2876 页。
⑦ [宋]司马光编著,[元]胡三省音注,"标点资治通鉴小组"校点:《资治通鉴》,中华书局,1956 年,第 161、162 页。宋代学者邵雍撰《皇极经世书》卷六上《观物篇三十一》记述,乙未年,秦"罢穰侯相国及宣太后权,以客卿范雎为相,封应侯。魏冉就国"。次年,丙申年,"宣太后卒"。[宋]邵雍:《皇极经世书》,文渊阁《四库全书》本。朱熹对邵雍的记述表示赞许:"《皇极经世》纪年甚有法。史家多言秦废太后,逐穰侯,《经世》书只言秦夺宣太后权,……盖实不曾废。"《朱子语类》卷一〇〇《邵子之书》,文渊阁《四库全书》本。朱熹认为宣太后与秦昭襄王的权力交递,大概并未曾出现激烈形式。宣太后被"罢""权"或说"夺""权"的次年,即走到人生终点。看来宣太后交出国家最高权力时,很可能执政能力已经因年龄和健康出现了问题。

王十一年(前327),"义渠君为臣"①。秦惠文王更元五年(前320),"王北游戎地,至河上"②。秦惠文王通过义渠控制的地方北至"河上"。这正是芈八子为"惠王之妃"的时候。③ 虽然《史记》卷一一〇《匈奴列传》说"秦昭王时,义渠戎王与宣太后乱,有二子",《后汉书》卷八七《西羌传》也记载"及昭王立,义渠王朝秦,遂与昭王母宣太后通,生二子"④,如果芈八子当时随秦惠文王"北游",或许此即她与"义渠君"初识之时。

(二) 秦昭襄王频繁出行与长平之战"自之河内"

司马迁"昭襄业帝"⑤的评价,肯定了秦昭襄王与宣太后合作执政时期与秦昭襄王单独执政时期的成就。秦昭襄王出行空前密集。这一时期,是秦国外交活动空前活跃的时期。除参与会盟之外,视察地方,如"之宜阳""之汉中""之上郡、北河""之南郑"等,表现出勤政的风格。而战争的组织、策划,意义尤为重要。《史记》所见秦昭襄王远行的记录,有:

(1) 三年,王冠。与楚王会黄棘。(《史记》卷五《秦本纪》)⑥

(2)(十七年)王之宜阳。(《史记》卷五《秦本纪》)

(3) 二十年,王之汉中。(《史记》卷五《秦本纪》)

(4)(二十年)又之上郡、北河。(《史记》卷五《秦本纪》)

(5)(二十二年)与楚王会宛。(《史记》卷五《秦本纪》)⑦

(6)(二十二年)与赵王会中阳。(《史记》卷五《秦本纪》)⑧

---

① 《史记》卷五《秦本纪》,第 206 页。
② 《史记》卷一五《六国年表》,第 731 页。
③ 《史记》卷七二《穰侯列传》司马贞《索隐》,第 2323 页。
④ 《后汉书》,第 2874 页。
⑤ 《史记》卷一三〇《太史公自序》,第 3302 页。
⑥ 《史记》,第 210 页。《史记》卷一五《六国年表》:"(楚怀王二十五年)与秦王会黄棘。"第 735 页。
⑦ 《史记》,第 212 页。《史记》卷一五《六国年表》:"(楚顷襄王十四年)与秦会宛。"第 740 页。《楚世家》:"(楚顷襄王)十四年,楚顷襄王与秦昭王好会于宛,结和亲。"第 1729 页。
⑧ 《史记》,第 212 页。《史记》卷一五《六国年表》:"(赵惠文王十四年)与秦会中阳。"第 740 页。《史记》卷四三《赵世家》:"与秦会中阳。"第 1816 页。

(7)（二十三年）王与魏王会宜阳。(《史记》卷五《秦本纪》)①

(8)（二十三年）与韩王会新城。(《史记》卷五《秦本纪》)

(9)二十四年,与楚王会鄢。(《史记》卷五《秦本纪》)

(10)（二十四年,与楚王）又会穰。(《史记》卷五《秦本纪》)②

(11)（二十五年）与韩王会新城。(《史记》卷五《秦本纪》)③

(12)（二十五年）与魏王会新明邑。(《史记》卷五《秦本纪》)④

(13)（二十八年,与赵惠文王）会黾池。(《史记》卷一五《六国年表》)

(14)（二十九年）王与楚王会襄陵。(《史记》卷五《秦本纪》)

(15)（四十六年）王之南郑。(《史记》卷一五《六国年表》)

(16)（四十七年）秦王闻赵食道绝,王自之河内,赐民爵各一级,发年十五以上悉诣长平,遮绝赵救及粮食。(《史记》卷七三《白起王翦列传》)

我们看到,(3)至(12),秦昭襄王二十年(前287)及二十三年(前284)至二十五年(前282)这4年,这位秦国君主每年均曾两次出行。

《史记》卷五《秦本纪》:"(秦昭襄王)五年,魏王来朝应亭。"⑤《史记》卷四四《魏世家》:"(魏哀王)十七年,与秦会临晋。"⑥同一史事,魏人称"与秦会临晋",而秦史记录则称对方"来朝",可能是因为临晋已是秦国土的缘故。《史记》卷一五《六国年表》同一年事:"(韩襄王十年)太子婴与秦王会临晋,因至咸阳而归。"⑦秦史则不见记载。上文说到秦惠文王"与梁王会临晋",而秦昭襄王时同样的交通行为则不被看作远行记录。

---

① 《史记》,第212页。

② 《史记》,第212页。《史记》卷一五《六国年表》:"(秦昭襄王二十四年)与楚会穰。""(楚顷襄王十六年),与秦王会穰。"第741页。

③ 《史记》,第213页。《史记》卷一五《六国年表》:"(韩釐王十四年)与秦会两周间。"第741页。《史记》卷四五《韩世家》:"(韩釐王)十四年,与秦会两周间。"第1876页。

④ 《史记》,第213页。

⑤ 裴骃《集解》:"徐广曰:'《魏世家》云会临晋。'"第210页。

⑥ 《史记》卷一五《六国年表》:"(秦昭襄王五年)魏王来朝。""(魏哀王)十七年,与秦会临晋。"第736页。

⑦ 《史记》,第736页。

(1)黄棘在今河南南阳南。(2)(7)宜阳在今河南宜阳西。(3)汉中郡在今陕西汉中、安康地方。(4)上郡在今陕西榆林、延安地方。北河大略指今内蒙古五原、包头黄河两岸地方。(5)宛在今河南南阳。(6)中阳在今山西中阳。战国时地名可见三新城,一在今河南伊川西南,一在今河南密县东南,一在今河南襄城。(8)(11)秦昭襄王会见韩釐王之新城地望未能确指。(9)鄢在今河南漯河。(10)穰在今河南邓州。(12)新明邑位置未可确知。(13)《史记》卷一五《六国年表》写道:"(赵惠文王二十年)与秦会黾池,蔺相如从。"①《史记》卷四三《赵世家》则说:"(赵惠文王二十年)王与秦昭王遇西河外。"②黾池或渑池,在今河南渑池西。又《史记》卷八一《廉颇蔺相如列传》记载:"秦王使使者告赵王,欲与王为好会于西河外渑池。③ 赵王畏秦,欲毋行。廉颇、蔺相如计曰:'王不行,示赵弱且怯也。'赵王遂行,相如从。廉颇送至境,与王诀曰:'王行,度道里会遇之礼毕,还,不过三十日。三十日不还,则请立太子为王。以绝秦望。'王许之,遂与秦王会渑池。秦王饮酒酣,曰:'寡人窃闻赵王好音,请奏瑟。'赵王鼓瑟。秦御史前书曰'某年月日,秦王与赵王会饮,令赵王鼓瑟'。蔺相如前曰:'赵王窃闻秦王善为秦声,请奏盆缻秦王,以相娱乐。'秦王怒,不许。于是相如前进缻,因跪请秦王。秦王不肯击缻。相如曰:'五步之内,相如请得以颈血溅大王矣!'左右欲刃相如,相如张目叱之,左右皆靡。于是秦王不怿,为一击缻。相如顾召赵御史书曰'某年月日,秦王为赵王击缻'。秦之群臣曰:'请以赵十五城为秦王寿。'蔺相如亦曰:'请以秦之咸阳为赵王寿。'秦王竟酒,终不能加胜于赵。赵亦盛设兵以待秦,秦不敢动。"④蔺相如故事富于传奇色彩,但是秦昭襄王于渑池会见赵惠文王一事,应当是确实的。《史记》卷七〇《张仪列传》说"赵入朝渑池","今赵王已入朝渑池",如果是指此次会见,则反映渑池可能已经是秦国领土。⑤

---

① 《史记》,第742页。
② 《史记》,第1820页。
③ 《史记》,第2442页。司马贞《索隐》:"在西河之南,故云'外'。"
④ 《史记》,第2442页。
⑤ 据《史记》卷七〇《张仪列传》,张仪又说赵王:"臣窃为大王计,莫如与秦王遇于渑池。"此后则又"北之燕,说燕昭王曰","今赵王已入朝渑池"。第2296、2298页。而秦昭襄王二十八年(前279)会赵惠文王于渑池,而是年已是燕昭王三十三年(前279),即其在位的最后一年,可见张仪辩士之辞不足信。

(14)襄陵在今河南睢县。(15)南郑在今陕西汉中。

(16)说长平之战史事,河内相当于今河南新乡、淇县地方。① 秦昭襄王"赐民爵各一级,发年十五以上悉诣长平,遮绝赵救及粮食",做出了对于保障战事胜利的重要决策。他亲临河内发出的指令,对于动员兵员,督察粮运,全力加强长平前线的作战能力,无疑有积极的意义。对长平赵军之兵员与军粮的远方来援的堵截,也因此具备了成功的条件。秦昭襄王此行对于长平之战的最后获得全胜的定局,有重要的作用。②

四 "霸事""帝业"追求

秦国君远行的方向,以东方为主,由渭至河,又饮马淮、汉、汾、漳,时愈晚而行愈远,这是与秦国起初欲"立威诸侯",继而又逐鹿中原,奋力追求"霸事""帝业"③的战略目标相一致的。而秦惠文王南至"褒汉之地",秦昭襄王"二十年,王之汉中"以及四十六年(前261)"王之南郑",则是南行记录。又秦惠文王"(更元)五年,王游之北河",秦昭襄王二十年(前287)"又之上郡、北河",以及后来秦王政"还,从太原、上郡归"的北边之行,反映了秦国执政者的军事政治眼光对北方草原地区的注视,所谓"北逐胡、貉""以见秦之疆"④,已经成为政治规划的重要内容之一。

《史记》卷二八《封禅书》中对于秦史的记录,虽多神秘色彩,亦提供了值得深思的文化线索。其中,体现秦人"帝"崇拜之传统的记录,或许主要来自秦官修史书《秦记》。⑤ 例如关于"畤"的设置与"帝"的祠祀,被看作秦史演进的重要节点:

---

① 《中国历史地图集》,第 1 册第 35—36 页,第 45—46 页。
② 王子今:《长平之战的历史记录与历史评价》,《秦文化论丛》第 7 辑,西北大学出版社,1999 年。
③ 《史记》卷七九《范雎蔡泽列传》,第 2422、2410、2423 页。《史记》卷八七《李斯列传》三见"成帝业"。第 2540、2542、2563 页。
④ 《史记》卷八七《李斯列传》,第 2561 页。
⑤ 《史记》卷一五《六国年表》:"太史公读《秦记》,至犬戎败幽王,周东徙洛邑,秦襄公始封为诸侯,作西畤用事上帝,僭端见矣。"第 685 页。参看王子今:《〈秦记〉考识》,《史学史研究》1997 年第 1 期;《〈秦记〉及其历史文化价值》,《秦文化论丛》第 5 辑,西北大学出版社,1997 年。

"秦襄公攻戎救周,始列为诸侯。秦襄公既侯,居西垂,自以为主少皞之神,作西畤,祠白帝,其牲用骝驹、黄牛、羝羊各一云。其后十六年,秦文公东猎汧渭之间,卜居之而吉。文公梦黄蛇自天下属地,其口止于鄜衍。文公问史敦,敦曰:'此上帝之征,君其祠之。'于是作鄜畤,用三牲郊祭白帝焉。""作鄜畤后七十八年,秦德公既立,卜居雍,'后子孙饮马于河',遂都雍。雍之诸祠自此兴。用三百牢于鄜畤。""德公立二年卒。其后四年,秦宣公作密畤于渭南,祭青帝。其后十四年,秦缪公立,病卧五日不寤;寤,乃言梦见上帝,……而后世皆曰秦缪公上天。……缪公立三十九年而卒。其后百有余年,而孔子论述六艺,传略言易姓而王,封泰山禅乎梁父者七十余王矣……""其后百余年,秦灵公作吴阳上畤,祭黄帝;作下畤,祭炎帝。""后四十八年,……栎阳雨金,秦献公自以为得金瑞,故作畦畤栎阳而祀白帝。""其后百二十岁而秦灭周。""其后百一十五年而秦并天下。"①

秦国发展史与秦君王有关"帝"的信仰史同步,体现于如下系列行为:秦襄公"作西畤,祠白帝"—秦文公"作鄜畤……郊祭白帝"—秦德公"用三百牢于鄜畤"—秦宣公"作密畤……祭青帝"—秦灵公"作吴阳上畤,祭黄帝;作下畤,祭炎帝"—秦献公"作畦畤……祀白帝"。②而随后秦昭襄王短暂称"帝"。《史记》卷五《秦本纪》记载了公元前288年秦王称"东帝",齐王称"西帝"的史事:"(秦昭襄王)十九年,王为西帝,齐为东帝,皆复去之。"③《史记》卷四三《赵世家》:"(赵惠文王)十年,秦自置为西帝。"④《史记》卷四四《魏世家》:"(魏昭王)八年,秦昭王为西帝,齐湣王为东帝,月余,皆复称王归帝。"⑤《史记》卷七二《穰侯列传》:"昭王十九年,秦称西帝,齐称东帝。月余,……而齐、秦各复归帝为王。"⑥齐王和秦王虽然很快就分别放弃了帝号,但这一事件透露的政治文化信息依然值得治史者关注。

《史记》卷四六《田敬仲完世家》对于此事记载较为详细:"(齐湣王)三十六

---

① 《史记》,第1358—1360页,第1361—1366页。
② 参看王子今:《论秦汉雍地诸畤中的炎帝之祠》,《文博》2005年第6期;《秦人的三处白帝之祠》,《早期秦文化研究》,三秦出版社,2006年。
③ 《史记》,第212页。
④ 《史记》,第1816页。
⑤ 《史记》,第1853页。
⑥ 《史记》,第2325页。

年,王为东帝,秦昭王为西帝。苏代自燕来,入齐,见于章华东门。齐王曰:'嘻,善,子来!秦使魏冉致帝,子以为何如?'"苏代建议"明释帝以收天下","于是齐去帝复为王,秦亦去帝位"。① 然而,我们又看到"秦为西帝,燕为北帝,赵为中帝"之说。据《史记》卷六九《苏秦列传》,苏代又曾经建议燕王使辩士说秦王提出"并立三帝"的设想:"秦为西帝,燕为北帝,赵为中帝,立三帝以令于天下。韩、魏不听则秦伐之,齐不听则燕、赵伐之,天下孰敢不听?"②苏代建议齐王"释帝",又设计"并立三帝"的外交格局,而两种意见,都尊秦为"西帝"。这是符合当时秦据有强势地位的实际,也符合秦王对"帝"的名号的追求的。

所谓"秦自置为西帝",齐王曰"秦使魏冉致帝",可知"西帝""东帝"名号的出现,原本是秦人的政治设计。而"秦为西帝,燕为北帝,赵为中帝"之说,不过是苏代拾秦人唾余。通过秦始皇"其议帝号"指令及"采上古'帝'位号,号曰'皇帝'"的最终择定,可知秦执政集团高层对"帝"字的看重。

从秦昭襄王到秦始皇,都对"帝"这一来自"上古"的崇高"位号"深心记念,满怀向往。这种心态是雄图在胸的反映,也充分体现了一种对于"成功"以及将这种"成功"传于"后世"的政治自信。

秦文化注重交通的传统③,使得秦帝王多能保持以乐于远程出行,在当时的交通条件下,甘愿"触尘埃,蒙霜露"④,"犯晨夜,冒霜雪"⑤为重要表现形式之一的勤政风格。秦国君的这种交通行为,有时属于高层外交活动的内容之一,有时则是战争过程中以亲身从事实地战役组织和前线指挥督战为主要目的的。后来则又有行政视察的性质,如秦始皇东巡刻石所谓"皇帝之功,勤劳本事","皇帝之明,临察四方"。⑥ 这一历史现象又使我们看到,重视实绩、讲究效率,追求较

---

① 《史记》,第 1898—1899 页。

② 《史记》,第 2270 页。

③ 参看王子今:《睡虎地秦简〈日书〉秦楚行忌比较》,《秦文化论丛》第 2 辑,西北大学出版社,1993 年;《睡虎地秦简〈日书〉所反映的秦楚交通状况》,《国际简牍学会会刊》第 1 号,兰台出版社,1993 年;《睡虎地秦简〈日书〉所见行归宜忌》,《江汉考古》1994 年第 2 期。

④ 《战国策·赵策一》。[西汉]刘向集录:《战国策》,上海古籍出版社,1985 年,第 603 页。

⑤ 《史记》卷一二九《货殖列传》,第 3271 页。

⑥ 《史记》卷六《秦始皇本纪》,第 245 页。

为急烈的节奏,成为秦政治文化的典型特色之一。所谓"兴之必疾,夜以椄(接)日"①的秦之"急政",如果用可以将秦陵出土铜车马作为实物标本的往往在宽阔驰道上飞驰疾进的秦帝王乘舆作为象征,可能也是适宜的。

五　秦王政"之河南""之邯郸""游至郢陈"

秦王政生于邯郸,"年十三岁,庄襄王死,政代立为秦王。当是之时,秦地已并巴、蜀、汉中,越宛有郢,置南郡矣;北收上郡以东,有河东、太原、上党郡;东至荥阳,灭二周,置三川郡"②。尽管秦国版图已经空前广大,秦王政仍然在少年就已经有行历域外的经验。即位之后,曾经因年少,委国事大臣。亲政后,则又东行远方的交通实践。

关于秦王政十三年(前 234)至二十三年(前 224)秦国最高执政者个人的活动,《史记》卷六《秦始皇本纪》记载:"十三年,……王之河南。""十九年,……秦王之邯郸。""二十三年,……秦王游至郢陈。"③这是秦统一战争期间秦王政三次出巡的记录。"王之河南"有清除吕不韦势力影响的意义,"秦王之邯郸"有回归故地的意义,"秦王游至郢陈"有威慑反秦势力最强劲地方的意义。但总体而言,这三次出巡应看作秦王政出行视察新占领地方的军事交通行为。"之河南""之邯郸""游至郢陈"的主题,包括慰问劳军与前敌指挥。作为交通史现象,秦王政这三次出巡,继承了秦国君乐于远行的传统,也是统一帝国建立之后秦始皇帝五次长途出巡,"览省远方"④,"周览远方"⑤的历史先声。总结秦统一战争的进程,回顾秦交通史,都不宜忽视秦王政此三次行程及相关历史文化现象。

---

① 睡虎地秦简《为吏之道》,见睡虎地秦墓竹简整理小组:《睡虎地秦墓竹简》,文物出版社,1990 年,释文注释第 172 页。
② 《史记》卷六《秦始皇本纪》,第 223 页。
③ 《史记》,第 232—234 页。
④ 秦始皇之罘刻石,《史记》卷六《秦始皇本纪》,第 250 页。
⑤ 秦始皇会稽刻石,《史记》卷六《秦始皇本纪》,第 261 页。

（一）十三年"王之河南"

秦王政十三年（前234），秦军攻赵，取得胜利。《史记》卷六《秦始皇本纪》记述秦军东进形势，涉及秦王政"之河南"的行迹：

> 十三年，桓齮攻赵平阳，杀赵将扈辄，斩首十万。王之河南。正月，彗星见东方。十月，桓齮攻赵。

赵平阳，张守节《正义》写道："《括地志》云：'平阳故城在相州临漳县西二十五里。'又云：'平阳，战国时属韩，后属赵。'"① 其地在今河北磁县东南。② "桓齮攻赵平阳，杀赵将扈辄，斩首十万"，从战役规模和歼敌人数来说，这是秦王政即位后最重要的军事胜利，也是秦王政九年（前238）四月"己酉，王冠，带剑"③，继而平定嫪毐蕲年宫之变④，真正亲政后最重要的军事胜利。

《史记》卷一五《六国年表》"秦王政十三年"条大致与《秦始皇本纪》相同，又有"因东击赵"的记载：

> 桓齮击平阳，杀赵扈辄，斩首十万，因东击赵。王之河南。彗星见。

"桓齮击平阳，杀赵扈辄，斩首十万，因东击赵。王之河南。"中华书局1959年9月标点本作："桓齮击平阳，杀赵扈辄，斩首十万，因东击。赵王之河南。"⑤ 所谓"因东击。赵王之河南"是明显的错误。中华书局"点校本二十四史修订本"《史记》2014年8月版已予改正。⑥

---

① 《史记》，第232页。
② 《中国历史地图集》，第1册第35—36页。
③ 《史记》，第227页。
④ 《史记》卷六《秦始皇本纪》："嫪毐封为长信侯。予之山阳地，令毐居之。宫室车马衣服苑囿驰猎恣毐。事无小大皆决于毐。又以河西太原郡更为毐国。九年，彗星见，或竟天。攻魏垣、蒲阳。四月，上宿雍。己酉，王冠，带剑。长信侯毐作乱而觉，矫王御玺及太后玺以发县卒及卫卒、官骑、戎翟君公、舍人，将欲攻蕲年宫为乱。王知之，令相国昌平君、昌文君发卒攻毐。战咸阳，斩首数百，皆拜爵，及宦者皆在战中，亦拜爵一级。毐等败走。即令国中：有生得毐，赐钱百万；杀之，五十万。尽得毐等。卫尉竭、内史肆、佐弋竭、中大夫令齐等二十人皆枭首。车裂以徇，灭其宗。及其舍人，轻者为鬼薪。及夺爵迁蜀四千余家，家房陵。"第227—228页。
⑤ 《史记》，第753页。
⑥ 《史记》"点校本二十四史修订本"，中华书局，2014年，第903页。

秦王政"之河南","河南"在今河南洛阳。河南当时虽已为秦所据有,但是秦王政亲临河南,有特意置最高指挥中心临近统一战争前线,实现前敌指挥的意义。类同秦昭襄王四十七年(前260)长平之战时的表现:"秦王闻赵食道绝,王自之河内,赐民爵各一级,发年十五以上悉诣长平,遮绝赵救及粮食。"①秦王政此行也有军事成功之后慰问前方军人的意义,如秦始皇二十八年(前219)琅邪刻石所谓"东抚东土,以省卒士"②。

(二)桓齮军的推进与吕不韦的死葬

《史记》纪事"桓齮击平阳,杀赵扈辄,斩首十万,因东击赵"在先,"王之河南"在后,两事的关系十分重要。赵平阳,张守节《正义》写道:"《括地志》云:'平阳故城在相州临漳县西二十五里。'又曰:'平阳,战国时属韩,后属赵。'"其地在今河北磁县东南。③秦王政亲至"河南"即今洛阳,与秦军"平阳"大胜之后"因东击赵"应当有直接的关系。

当然人们也会注意到,蕲年宫之变后,"(秦王政)十年,相国吕不韦坐嫪毐免。桓齮为将军。"④桓齮应是秦王政解除吕不韦相权后亲自任命的新的军事将领。《史记》卷六《秦始皇本纪》还记载:"十一年,王翦、桓齮、杨端和攻邺,取九城。王翦攻阏与、橑杨,皆并为一军。翦将十八日,军归斗食以下,什推二人从军取邺安阳,桓齮将。"⑤看来,桓齮的战功确实不辜负秦王政的信用。于是,"十三年,桓齮击平阳,杀赵扈辄,斩首十万,因东击赵"之战事发展形势使秦王政心怀欣慰,受到鼓舞,于是亲自有所举措,应当是很自然的。

另一历史迹象也值得关注。"(秦王政)十年,相国吕不韦坐嫪毐免",而"桓齮为将军"的记述告知我们,与桓齮任将大致同时,吕不韦免相。秦国最高权力职掌发生变化与秦王政"之河南"在某种意义上似有因果关联。《史记》卷八五《吕不韦列传》,秦王政年少时,尊为"相国","号称'仲父'"的吕不韦因嫪毐事,执政地位被颠覆:

---

① 《史记》卷七三《白起王翦列传》,第2334页。
② 《史记》卷六《秦始皇本纪》,第245页。
③ 《中国历史地图集》,第1册第35—36页。
④ 《史记》,第227页。
⑤ 《史记》,第231页。

始皇九年,有告嫪毐实非宦者,常与太后私乱,生子二人,皆匿之。与太后谋曰"王即薨,以子为后"。于是秦王下吏治,具得情实,事连相国吕不韦。九月,夷嫪毐三族,杀太后所生两子,而遂迁太后于雍。诸嫪毐舍人皆没其家而迁之蜀。王欲诛相国,为其奉先王功大,及宾客辩士为游说者众,王不忍致法。

　　秦王十年十月,免相国吕不韦。及齐人茅焦说秦王,秦王乃迎太后于雍,归复咸阳,而出文信侯就国河南。①

所谓"迎太后于雍,归复咸阳,而出文信侯就国河南",一"迎"一"出",似乎体现出秦王政对于太后与文信侯可能再次联手的防范意识。这对于当时把握权势、稳定政局,是必要的。

　　据《史记》卷六《秦始皇本纪》记载,秦王政即位初,"年十三岁",尚是未成年人。"当是之时,秦地已并巴、蜀、汉中,越宛有郢,置南郡矣;北收上郡以东,有河东、太原、上党郡;东至荥阳,灭二周,置三川郡。吕不韦为相,封十万户,号曰文信侯。招致宾客游士,欲以并天下。"②吕不韦封地就在所兼并"二周"之地,新置三川郡③,亦东进"欲以并天下"的战略前沿。《史记》卷八五《吕不韦列传》写道:"庄襄王元年,以吕不韦为丞相,封为文信侯,食河南雒阳十万户。"④而据《史记》卷七八《春申君列传》记述:"秦庄襄王立,以吕不韦为相,封为文信侯。取东周。"⑤强调"东周"之地的占领,就是吕不韦策划指挥。《史记》卷五《秦本纪》记载:"东周君与诸侯谋秦,秦使相国吕不韦诛之,尽入其国。秦不绝其祀,以阳人地赐周君,奉其祭祀。"⑥吕不韦对于"东周"地方,有曾经"诛""取""尽入其国"

---

① 《史记》,第2509页,第2512—2513页。司马迁还写道:"太史公曰:不韦及嫪毐贵,封号文信侯。人之告嫪毐,毐闻之。秦王验左右,未发。上之雍郊,毐恐祸起,乃与党谋,矫太后玺发卒以反蕲年宫。发吏攻毐,毐败亡走,追斩之好畤,遂灭其宗。而吕不韦由此绌矣。孔子之所谓'闻'者,其吕子乎?"第2513—2514页。

② 《史记》,第223页。

③ 秦置三川郡时间,《史记》卷三四《燕召公世家》言燕王喜六年(前249),《史记》卷五《秦本纪》、《史记》卷一五《六国年表》及《史记》卷八八《蒙恬列传》言秦庄襄王元年(前249)。第1560页,第219页,第749—750页,第2565页。

④ 《史记》,第2509页。

⑤ 《史记》,第2396页。

⑥ 《史记》,第290页。

的战功。因此形成的军事威权和社会声望,有可能使秦王政心怀不安。

吕不韦免相"就国河南"后,又有新的政治动向引起秦王政进一步的疑虑与警觉。《史记》卷八五《吕不韦列传》:

> 岁余,诸侯宾客使者相望于道,请文信侯。①

因吕不韦的政治影响力和追随者的活跃,秦王政产生可能引发政治变故的担心,于是令其离开被称为"天下之中"的"河南"地,②"徙处"偏远的"蜀"地:

> 秦王恐其为变,乃赐文信侯书曰:"君何功于秦?秦封君河南,食十万户。君何亲于秦?号称仲父。其与家属徙处蜀!"吕不韦自度稍侵,恐诛,乃饮鸩而死。③

秦王政更严厉的处置使得"吕不韦自度稍侵,恐诛",于是自杀。

> 十二年,文信侯不韦死,窃葬。其舍人临者,晋人也逐出之;秦人六百石以上夺爵,迁;五百石以下不临,迁,勿夺爵。自今以来,操国事不道如嫪毐、不韦者籍其门,视此。秋,复嫪毐舍人迁蜀者。当是之时,天下大旱,六月至八月乃雨。

关于所谓"窃葬",司马贞《索隐》:"按:不韦饮鸩死,其宾客数千人窃共葬于洛阳北芒山。"④

秦王政对于吕不韦所谓"秦封君河南,食十万户"的疑忌,可能还有吕不韦原本阳翟富商,而洛阳地方商人势力特别集中的因素。《史记》卷一二九《货殖列传》说,"三河"地方除"好农而重民"外,"加以商贾"。"洛阳东贾齐、鲁,南贾梁、楚。"俨然是联系地域相当宽远的经济中心。当地取得特殊成功的富商如白圭、师史等,其行为风格其实也表现出河洛地区的区域文化特征。师史"转毂以

---

① 《史记》,第 2513 页。

② 《逸周书·作雒》说,河洛地区"为天下之大凑"。黄怀信:《逸周书校补注释》,西北大学出版社,1996 年,第 255 页。《史记》卷一二九《货殖列传》:"洛阳街居在齐秦楚赵之中。"第 3279 页。《史记》卷九九《刘敬叔孙通列传》:"成王即位,周公之属傅相焉,乃营成周洛邑,以此为天下之中也,诸侯四方纳贡职,道里均矣。"第 2716 页。

③ 《史记》,第 2513 页。

④ 《史记》,第 231 页。参看王子今:《论吕不韦及其封君河南事》,《洛阳工学院学报》(社会科学版)2002 年第 1 期。

百数,贾郡国,无所不至","能致七千万"。① 而按照《盐铁论·力耕》的说法,周地"商遍天下","商贾之富,或累万金"。②《盐铁论·通有》又说,"三川之二周,富冠海内","为天下名都"。③

洛阳地方的经济影响力确实十分重要。④ 不过,在当时统一战争激烈进行的情势下,秦王政"之河南"最重要最直接的动机,可能还是出于军事的考虑。

(三)十九年"秦王之邯郸"

秦王政十九年(前228),在"攻赵"战争取得决定性胜利,秦军主力开始"攻燕"的背景下,秦王政亲自前往邯郸,回到幼年经历艰难生活的地方:

> 十八年,大兴兵攻赵,王翦将上地,下井陉,端和将河内,羌瘣伐赵,端和围邯郸城。十九年,王翦、羌瘣尽定取赵地东阳,得赵王。引兵欲攻燕,屯中山。秦王之邯郸,诸尝与王生赵时母家有仇怨,皆坑之。⑤

东阳在今河北元氏、邢台地方。中山在今河北定县、灵寿地方。⑥《史记》关于

---

① 《史记》,第3270、3265、3258、3279页。
② 《盐铁论校注》(定本),第29页。
③ 《盐铁论校注》(定本),第41页。
④ 汉武帝时代的理财名臣桑弘羊,就是洛阳商人之子。桑弘羊曾经推行"均输"制度,以改善运输业的管理。据《后汉书》卷一一《刘盆子传》,两汉之际河南郡荥阳仍然存留"均输官"设置。第486页。由此也可以看到河洛地区经济地位的特殊。《汉书》卷二八下《地理志下》在分析河洛地区的区域文化特征时指出,"周地"风习,有"巧伪趋利,贵财贱义,高富下贫,意为商贾,不好仕宦"的特点。班固说,这是"周人之失"。第1651页。然而,如果承认商业对于增益经济活力的积极作用,则"周人"对于经济流通的贡献,其实是值得肯定的。《汉书》卷二四下《食货志下》记载,王莽"于长安及五都立五均官"。"五都",即洛阳、邯郸、临淄、宛、成都,而"洛阳称中"。第1180页。也说明随着关东地区经济文化的发展,洛阳的地位愈益重要。东汉洛阳及其附近地区在全国经济格局中居于领导地位,商业活动尤其繁荣,以致如《后汉书》卷四九《王符传》所说:"牛马车舆,填塞道路,游手为巧,充盈都邑,务本者少,浮食者众。"第1633页。亦如《后汉书》卷四九《仲长统传》所谓"船车贾贩,周于四方,废居积贮,满于都城"。第1648页。洛阳成为全国"利之所聚"的最重要的商业大都市。当时,据说"其民异方杂居","商贾胡貊,天下四会"。《三国志》卷二一《魏书·傅嘏传》注引《傅子》,第624页。参看王子今:《河洛地区——秦汉时期的"天下之中"》,《河洛史志》2006年第1期。
⑤ 《史记》卷六《秦始皇本纪》,第233页。
⑥ 《中国历史地图集》,第1册第37—38页。

"皆坑之"的记载凡六见,两例为秦始皇事迹,两例为项羽事迹。除此"秦王之邯郸,诸尝与王生赵时母家有仇怨,皆坑之"外,又有《史记》卷六《秦始皇本纪》:"(侯生卢生)亡去。始皇闻亡,乃大怒曰:'吾前收天下书不中用者尽去之。悉召文学方术士甚众,欲以兴太平,方士欲练以求奇药。今闻韩众去不报,徐巿等费以巨万计,终不得药,徒奸利相告日闻。卢生等吾尊赐之甚厚,今乃诽谤我,以重吾不德也。诸生在咸阳者,吾使人廉问,或为訞言以乱黔首。'于是使御史悉案问诸生,诸生传相告引,乃自除。犯禁者四百六十余人,皆坑之咸阳,使天下知之,以惩后。"①此即著名的"坑儒"事件。《史记》卷七《项羽本纪》:"项羽别攻襄城,襄城坚守不下。已拔,皆坑之。"②"外黄不下。数日,已降,项王怒,悉令男子年十五已上诣城东,欲坑之。外黄令舍人儿年十三,说项王曰:'彭越强劫外黄,外黄恐,故且降,待大王。大王至,又皆坑之,百姓岂有归心?从此以东,梁地十余城皆恐,莫肯下矣。'项王然其言,乃赦外黄当坑者。"③此外,又有《史记》卷四三《赵世家》:"(孝成王四年)七月,廉颇免而赵括代将。秦人围赵括,赵括以军降,卒四十余万皆坑之。"④长平杀降悲剧,是战争史上的惨痛记录。《史记》卷七三《白起王翦列传》说到白起自悔之意:"武安君引剑将自刭,曰:'我何罪于天而至此哉?'良久,曰:'我固当死。长平之战,赵卒降者数十万人,我诈而尽坑之,是足以死。'遂自杀。"⑤作"尽坑之"。又《史记》卷八一《廉颇蔺相如列传》:"括军败,数十万之众遂降秦,秦悉坑之。"⑥作"悉坑之"。所谓"尽坑之""悉坑之",与"皆坑之"近义。

"秦王之邯郸,诸尝与王生赵时母家有仇怨,皆坑之",也许是透露秦王政品性的一个使人印象深刻的历史镜头。但是考察"秦王之邯郸"事,应当更多关注

---

① 《史记》,第258页。

② 《史记》,第299、300页。《史记》卷八《高祖本纪》:"怀王诸老将皆曰:'项羽为人僄悍猾贼。项羽尝攻襄城,襄城无遗类,皆坑之,诸所过无不残灭。'"第356页。

③ 《史记》,第329页。

④ 《史记》,第1826页。

⑤ 《史记》,第2337页。参看王子今:《长平之战的历史记录与历史评价》,《秦文化论丛》第7辑,西北大学出版社,1999年;《"长平之坑"与"新安之坑"》,《秦始皇帝陵博物院2017》,三秦出版社,2017年。

⑥ 《史记》,第2447页。

此前"王翦、羌瘣尽定取赵地东阳,得赵王"的军事进展,以及前一年秦"大兴兵攻赵,王翦将上地,下井陉,端和将河内,羌瘣伐赵,端和围邯郸城"的战略态势。秦军将领"引兵欲攻燕,屯中山"的动向亦值得注意。军事前沿已经推进至"中山"以北。此时"秦王之邯郸",与前说秦赵决战长平时"(秦昭襄)王自之河内"的情形十分相似。

(四)"秦王还,从太原、上郡归"

在我们讨论的秦统一战争期间秦王政三次出行中,此次"之邯郸",与另外两次不同,回程路线明确见诸史籍。《史记》卷六《秦始皇本纪》记载:

<blockquote>秦王还,从太原、上郡归。①</blockquote>

太原对于秦王政执政权的真正把握,有重要的意义。前说嫪毐曾封太原,"以河西太原郡更为毐国","河西"应作"汾西"。②《汉书》卷二七中之下《五行志中之下》:"秦始皇帝即位尚幼,委政太后,太后淫于吕不韦及嫪毐,封毐为长信侯,以太原郡为毐国,宫室苑囿自恣,政事断焉。故天冬雷,以见阳不禁闭,以涉危害,舒奥迫近之变也。"③

"秦王还,从太原、上郡归。"行程相当辽远,然而秦王政此行对秦此后经营北边的决策,有重要的意义。与此前秦惠文王"(更元)五年,王游至北河"④,以及秦昭襄王二十年(前287)"又之上郡、北河"⑤相联系,可以发现秦国执政者对于北方的重视。同类史实,又可以与秦统一后秦始皇行历北边的交通实践联系起来理解。关于"从上郡归",《史记》卷六《秦始皇本纪》记载了统一实现之后行走同一次路径的另一次出巡:"三十二年,始皇之碣石,使燕人卢生求羡门、高誓。刻碣石门。坏城郭,决通堤防。""因使韩终、侯公、石生求仙人不死之药。

---

① 《史记》,第233页。

② "以河西太原郡更为毐国",裴骃《集解》引徐广曰:"'河',一作'汾'。"《史记》卷六《秦始皇本纪》,第227—228页。参看王子今:《公元前3世纪至公元前2世纪晋阳城市史料考议》,《晋阳学刊》2010年第1期。

③ 《汉书》,中华书局,1962年,第1422页。

④ 张守节《正义》:"王游观北河,至灵、夏州之黄河也。"《史记》卷五《秦本纪》,第207、208页。

⑤ 《史记》卷五《秦本纪》,第212页。

始皇巡北边,从上郡入。燕人卢生使入海还,以鬼神事,因奏录图书,曰'亡秦者胡也'。始皇乃使将军蒙恬发兵三十万人北击胡,略取河南地。"①《史记》卷二八《封禅书》则写作"从上郡归":"游碣石,考入海方士,从上郡归。"②

还应当注意,"秦王还,从太原、上郡归"与秦始皇三十七年(前 210)去世后"秘不发丧",车队"自直道归"咸阳的路线③,有某种程度的契合。

由"太原"而"上郡"路线的规划,应与秦人对北边的特殊注意有关。从秦惠文王"游至北河"到秦昭襄王控制上郡,秦灭义渠,有上郡,是秦战略进攻的关键。"秦有陇西、北地、上郡,筑长城以拒胡",北方和西北方向的成功扩张,使得秦疆土的南北纵向幅度从北纬 39°直到北纬 29°。当时东方六国都绝没有如此的规模。"秦地半天下"④的局面得以形成。秦执政集团开始积累管理生态条件与经济形式复杂的包括内蒙古高原草原、荒漠、畜牧区,黄土高原和渭河谷地粟麦作区,汉江上游和四川盆地稻作区的行政经验。《史记》卷一三〇《太史公自序》所谓"昭襄业帝"⑤,指出了秦昭襄王时代为后来统一帝国的管理,已经进行了早期演练。⑥ 秦"伐赵""攻燕"的"逐北"攻势⑦,对于统一的实现意义重大。新成立的大一统帝国的执政者对北河的经营,《史记》卷八八《蒙恬列传》所谓

---

① 《史记》,第 251、252 页。

② 《史记》,第 1370 页。

③ 《史记》卷六《秦始皇本纪》:"(秦始皇三十七年)七月丙寅,始皇崩于沙丘平台。丞相斯为上崩在外,恐诸公子及天下有变,乃秘之,不发丧。棺载辒凉车中,故幸宦者参乘,所至上食。百官奏事如故,宦者辄从辒凉车中可其奏事。独子胡亥、赵高及所幸宦者五六人知上死。""行,遂从井陉抵九原。会暑,上辒车臭,乃诏从官令车载一石鲍鱼,以乱其臭。""行从直道至咸阳,发丧。太子胡亥袭位,为二世皇帝。九月,葬始皇郦山。"第 264—265 页。特意绕行北边,很可能由于此次出行的既定路线是巡行北边之后回归咸阳。参看王子今:《秦汉长城与北边交通》,《历史研究》1988 年第 6 期。

④ 《史记》卷七〇《张仪列传》,第 2289 页。

⑤ 《史记》,第 3302 页。

⑥ 参看王子今:《秦史的宣太后时代》,《光明日报》2016 年 1 月 20 日 14 版。

⑦ 秦"追亡逐北","宰割天下"体现的军事优势,见于贾谊:《过秦论》,《史记》卷六《秦始皇本纪》,第 279 页;《史记》卷四八《陈涉世家》,第 1963 页。

"北逐戎狄"①,《史记》卷六《秦始皇本纪》所谓"西北斥逐匈奴"②,贾谊《过秦论》所谓"(秦始皇)乃使蒙恬北筑长城而守藩篱,却匈奴七百余里,胡人不敢南下而牧马,士不敢弯弓而报怨"③,或言"逐""斥逐",或言"却",均显著强调了主动进击的战略趋向。④

(五)二十三年"秦王游至郢陈"

秦王政在统一战争期间的另一次出行,在进攻楚国的战役中至于楚地。此前"二十一年","攻荆"战事出现反复:

> 二十一年,王贲攻荆。……王翦谢病老归。新郑反。昌平君徙于郢。大雨雪,深二尺五寸。

"二十二年,王贲攻魏,引河沟灌大梁,大梁城坏,其王请降,尽取其地。"中原已定,于是再度攻楚。《史记》卷六《秦始皇本纪》还记载:

> 二十三年,秦王复召王翦,强起之,使将击荆。取陈以南至平舆,虏荆王。秦王游至郢陈。荆将项燕立昌平君为荆王,反秦于淮南。二十四年,王翦、蒙武攻荆,破荆军,昌平君死,项燕遂自杀。⑤

陈在今河南淮阳,平舆在今河南平舆北。"秦王游至郢陈",即行抵今河南淮阳地方。一说郢陈即陈⑥,一说郢在今安徽寿春。⑦ 此次出行,成为秦王政行临距离统一战争前线最近地方的记录。

"二十三年,秦王复召王翦,强起之,使将击荆。取陈以南至平舆,虏荆王"事,《史记》卷七三《白起王翦列传》记载:"秦始皇既灭三晋,走燕王,而数破荆师。秦将李信者,年少壮勇,尝以兵数千逐燕太子丹至于衍水中,卒破得丹,始皇以为贤勇。于是始皇问李信:'吾欲攻取荆,于将军度用几何人而足?'李信曰:

---

① 《史记》,第2565页。
② 《史记》,第253页。
③ 《史记》卷六《秦始皇本纪》,第280页。
④ 参看王子今:《秦"北边"战略与统一进程》,《西安财经学院学报》2016年第4期。
⑤ 《史记》,第233—234页。
⑥ 《中国历史地图集》,第1册第45—46页。
⑦ 马非百《秦集史》在"郢陈"之"郢"字下注曰:"按指楚新都寿春。"中华书局,1982年,上册第90页。

'不过用二十万人。'始皇问王翦,王翦曰:'非六十万人不可。'始皇曰:'王将军老矣,何怯也!李将军果势壮勇,其言是也。'遂使李信及蒙恬将二十万南伐荆。王翦言不用,因谢病,归老于频阳。"李信军败,秦王政复请王翦。"王翦果代李信击荆。荆闻王翦益军而来,乃悉国中兵以拒秦。王翦至,坚壁而守之,不肯战。荆兵数出挑战,终不出。王翦日休士洗沐,而善饮食抚循之,亲与士卒同食。久之,王翦使人问军中戏乎?对曰:'方投石超距。'于是王翦曰:'士卒可用矣。'荆数挑战而秦不出,乃引而东。翦因举兵追之,令壮士击,大破荆军。至蕲南,杀其将军项燕,荆兵遂败走。秦因乘胜略定荆地城邑。岁余,虏荆王负刍,竟平荆地为郡县。因南征百越之君。"①

秦军"平荆地为郡县"之后即"南征百越之君",体现南海置郡也是秦统一战争的主题之一。②

睡虎地秦简《编年记》记载"今""廿三年"即秦王政"廿三年"事,可以与《秦始皇本纪》相关内容对照理解:

　　廿三年,兴,攻荆,□□守阳□死。四月,昌文君死。

整理小组注释:"兴,指军兴,征发军队。""荆,即楚。《吕氏春秋·音初》注:'荆,楚也,秦庄王讳楚,避之曰荆。'""昌文君,据《史记·秦始皇本纪》曾与昌平君同

---

① 《史记》,第 2339—2341 页。关于王翦受命代李信击楚,《史记》卷七三《白起王翦列传》有较详尽的记述:"李信攻平与,蒙恬攻寝,大破荆军。信又攻鄢郢,破之,于是引兵而西,与蒙恬会城父。荆人因随之,三日三夜不顿舍,大破李信军,入两壁,杀七都尉,秦军走。始皇闻之,大怒,自驰如频阳,见谢王翦曰:'寡人以不用将军计,李信果辱秦军。今闻荆兵日进而西,将军虽病,独忍弃寡人乎!'王翦谢曰:'老臣罢病悖乱,唯大王更择贤将。'始皇谢曰:'已矣,将军勿复言!'王翦曰:'大王必不得已用臣,非六十万人不可。'始皇曰:'为听将军计耳。'于是王翦将兵六十万人,始皇自送至灞上。王翦行,请美田宅园池甚众。始皇曰:'将军行矣,何忧贫乎?'王翦曰:'为大王将,有功终不得封侯,故及大王之向臣,臣亦及时以请园池为子孙业耳。'始皇大笑。王翦既至关,使使还请善田者五辈。或曰:'将军之乞贷,亦已甚矣。'王翦曰:'不然。夫秦王怛而不信人。今空秦国甲士而专委于我,我不多请田宅为子孙业以自坚,顾令秦王坐而疑我邪?'"第 2339—2340 页。

② 参看王子今:《秦统一局面的再认识》,《辽宁大学学报》(哲学社会科学版)2013 年第 1 期;《论秦始皇南海置郡》,《陕西师范大学学报》(哲学社会科学版)2017 年第 1 期。

时为秦臣,参预攻嫪毐。"①从简文内容可知,当时战争形势尚十分险恶。秦王政在这样的情况下"游至郢陈",表现出对楚地军情战况的特殊重视,而作为最高执政者和军事统帅的这一行为,不仅有益于振奋军心、鼓舞士气,自然也可以对把握战机、控制局势产生积极的作用。

(六)上古交通发展进程中的历史亮点

秦有重视交通的传统。秦的交通发展方面的优势,成为秦统一大业实现的重要条件。② 秦王政在统一战争中"之河南""之邯郸""游至郢陈"这三次出行,在秦交通史进程中,具有重要的意义。

秦国君主有乐于远行的历史表现。③ 而秦王政"之河南",是在全面控制河洛地区,即"灭二周,置三川郡"的新形势下。至于"之邯郸""游至郢陈",于击灭东方两个军事强国赵国和楚国之后,意义尤其重要。

秦王政实现统一之后,确定始皇帝称号的这位最高执政者启动了行程更为辽远的出巡。秦始皇成为历代出巡频率和出巡里程均十分显赫的君主。在位12年期间,他出巡5次,其中4次行至海滨,曾与随行群臣"与议于海上"④,甚至有"梦与海神战"故事:"自以连弩候大鱼出射之。自琅邪北至荣成山",又"至之罘,见巨鱼,射杀一鱼"。⑤ 所谓"南游勒石,东瞰浮梁"⑥,踏遍战国时东方六国故地,而多次"并海"行进的经历⑦,不仅超越千古,后世可能只有秦二世、汉武帝曾经仿拟,或在出行次数和出行里程方面有所突破。观察更为宏观的历史视野,秦始皇表现出"不懈于治""勤劳本事"⑧之行政风格的交通实践,可以说实现了

---

① 睡虎地秦墓竹简整理小组:《睡虎地秦墓竹简》,文物出版社,1990年,释文注释第7—10页。
② 参看王子今:《秦国交通的发展与秦的统一》,《史林》1989年第4期;《秦统一原因的技术层面考察》,《社会科学战线》2009年第9期。
③ 参看王子今:《秦国君远行史迹考述》,《秦文化论丛》第8辑,陕西人民出版社,2001年。
④ 张守节《正义》:"王离以下十人从始皇,咸与始皇议功德于海上。"《史记》,第246—247页。
⑤ 《史记》卷六《秦始皇本纪》,第263页。
⑥ 《史记》卷六《秦始皇本纪》司马贞《索隐述赞》,第294页。
⑦ 参看王子今:《秦汉时代的并海道》,《中国历史地理论丛》1988年第2期。
⑧ 秦始皇琅邪刻石,《史记》卷六《秦始皇本纪》,第243、245页。

先古圣王"巡狩"的政治目标。① 而统一战争期间"之河南""之邯郸""游至郢陈",可以看作秦始皇时代交通史壮举的历史先声。

后人言"始皇巡狩遍天下"②,秦始皇自称"亲巡远方"③"经理宇内"④的交通实践,其实既是行政方式,也是宣传方式。沿途刻石文字,往往都在一定意义上具有大一统国家政治宣言的性质。而统一战争期间"之河南""之邯郸""游至郢陈",虽然首先出自军事动机,可以看作战争行为,然而也应当具有提升行政操作效率和树立政治威权,即之罘刻石所谓"威燀旁达"⑤及秦二世后来语赵高所谓"示强,威服海内"⑥的意义。

---

① 参看王子今:《"巡狩"——文明初期的交通史记忆》,《中原文化研究》2016 年第 6 期。
② [明]张萱:《疑耀》卷一"洞庭湘妃墓辩"条,文渊阁《四库全书》本。
③ 秦始皇琅邪刻石,《史记》卷六《秦始皇本纪》,第 243 页。
④ 秦始皇之罘刻石,《史记》卷六《秦始皇本纪》,第 250 页。
⑤ 《史记》卷六《秦始皇本纪》,第 249 页。
⑥ 《史记》卷六《秦始皇本纪》:"二世与赵高谋曰:'朕年少,初即位,黔首未集附。先帝巡行郡县,以示强,威服海内。今晏然不巡行,即见弱,毋以臣畜天下。'春,二世东行郡县……"第 267 页。

第七章　秦军的远征与军事运输

据《史记》卷六《秦始皇本纪》，统一实现之后，"丞相绾、御史大夫劫、廷尉斯等""议帝号"建议"王为'泰皇'"时说："昔者五帝地方千里，其外侯服夷服诸侯或朝或否，天子不能制。今陛下兴义兵，诛残贼，平定天下，海内为郡县，法令由一统，自上古以来未尝有，五帝所不及。"①指出统一事业的实现，是通过军事手段和战争方式，即所谓"兴义兵，诛残贼，平定天下"②。与"义兵"类似的说法，见于东巡刻石。如之罘刻石："大圣作治，建定法度，显箸纲纪。外教诸侯，光施文惠，明以义理。六国回辟，贪戾无厌，虐杀不已。皇帝哀众，遂发讨师，奋扬武德。义诛信行，威燀旁达，莫不宾服。烹灭强暴，振救黔首，周定四极。"其东观曰："圣法初兴，清理疆内，外诛暴强。武威旁畅，振动四极，禽灭六王。阐并天下，甾害绝息，永偃戎兵。"会稽刻石写道："秦圣临国，始定刑名，显陈旧章。初平法式，审别职任，以立恒常。六王专倍，贪戾傲猛，率众自强。暴虐恣行，负力而骄，数动甲兵。阴通间使，以事合从，行为辟方。内饰诈谋，外来侵边，遂起祸殃。义威诛之，殄熄暴悖，乱贼灭亡。"③这些文字，其实都可以理解为"兴义兵，

---

① 《史记》，第236页。
② "义兵"之说又曾为刘邦所用。《史记》卷八《高祖本纪》："汉王项羽相与临广武之间而语。项羽欲与汉王独身挑战。""汉王数项羽……罪十"，又曰："吾以义兵从诸侯诛残贼，使刑余罪人击杀项羽，何苦乃与公挑战！"第376页。《史记》卷九二《淮阴侯列传》载韩信语刘邦曰："项王所过无不残灭者，天下多怨，百姓不亲附，特劫于威强耳。名虽为霸，实失天下心。故曰其强易弱。今大王诚能反其道：任天下武勇，何所不诛！以天下城邑封功臣，何所不服！以义兵从思东归之士，何所不散！"第2612页。也说到"义兵"。又如："成安君，儒者也，常称义兵不用诈谋奇计……"第2615页。《史记》卷九七《郦生陆贾列传》："郦生曰：'必聚徒合义兵诛无道秦，不宜倨见长者。'"第2692页。可知秦汉之际，所谓"义兵"作为战争正义性的宣传方式已经深入人心。考察这一现象，不妨理解为秦帝国政治宣传实现的某种成功。
③ 《史记》，第249—250页，第261页。

诛残贼"的不同表现形式。"义兵"在统一战争中的作用,写作"义诛"或"义威诛之"。①

"义兵"之说频繁见于《吕氏春秋》,出现凡14次。如《吕氏春秋·荡兵》:"古圣王有义兵而无有偃兵。""义兵之为天下良药也亦大矣。""古之圣王有义兵而无有偃兵"语重复两次。②《吕氏春秋·振乱》言"当今之世,浊甚矣,……世主恣行,与民相离,黔首无所告愬",而"义兵至,则世主不能有其民矣"。③《吕氏春秋·禁塞》:"取攻伐者不可,非攻伐不可,取救守不可,非救守不可,惟义兵为可。兵苟义,攻伐,救守亦可。兵不义,攻伐,救守不可。"④《吕氏春秋·怀宠》又说到兼并战争中"义兵""得民","民服若化"情形:"义兵至,则邻国之民归之若流水,诛国之民望之若父母,行地滋远,得民滋众,兵不接刃而民服若化。"⑤《吕氏春秋·论威》又言"义兵"之"隆","义兵之胜"。⑥

与"义兵"有一定关联,"义"是秦政治文化更高等级的目标,也是秦人政治宣传自我标榜时常用语。如秦始皇琅邪刻石:"圣智仁义,显白道理。"泰山刻石:"大义休明,垂于后世,顺承勿革。"之罘刻石:"皇帝明德,经理宇内,视听不怠。作立大义,昭设备器,咸有章旗。"均提出"义"与"大义"的道德口号。之罘

---

① 有学者指出,"义兵"被秦统治者作为"对政治道义的宣示",作为"秦统一合理化宣传策略","强调了兼并战争的所谓正义性",于是"从政治伦理方面将统一事业合理化"。论者亦将这种宣传与"贾谊认为秦为了实现统一而施行非仁义的政策具有特定历史阶段的合理性"进行了比较。崔建华:《秦统一合理化宣传策略的形成及改进——以"初并天下"诏为中心的探讨》,《人文杂志》2015年第11期。
② 《吕氏春秋校释》,第383—384页。
③ 《吕氏春秋校释》,第393—394页。
④ 《吕氏春秋校释》,第401页。
⑤ 《吕氏春秋校释》,第413页。
⑥ 《吕氏春秋校释》,第431页。

刻石又言"外教诸侯,光施文惠,明以义理"①。所谓"义理"语义,或许可以结合"圣智仁义,显白道理"文句予以理解。

秦"兴义兵","平定天下",秦王"遂发讨师,奋扬武德",秦军"威燀旁达,莫不宾服","烹灭强暴","周定四极",或说"武威旁畅,振动四极",往往经历艰苦的远征。回顾秦军事史,秦人崛起于西北,以军力的强势,"追亡逐北","宰割天下",最终在嬴政时代"振长策而御宇内,吞二周而亡诸侯,履至尊而制六合,执棰拊以鞭笞天下,威振四海"②,实现了统一。对于秦统一的因素,可以进行多视角的综合分析。我们曾经注意到秦人重视交通的传统对于统一事业成功的意义。③ 直接就军事行为和战争方式而言,亦应当关注秦国军运能力方面的优势所产生的积极作用。所谓"清理疆内,外诛暴强"的战争征服,有强有力的军事运输组织提供保障。

一 径数国千里而袭人

秦立国,是由于一次军事交通行为。《史记》卷五《秦本纪》记载:"西戎犬戎与申侯伐周,杀幽王郦山下。而秦襄公将兵救周,战甚力,有功。周避犬戎难,东徙雒邑,襄公以兵送周平王。平王封襄公为诸侯,赐之岐以西之地。"此后虽僻在西方,却积极参与中原军事外交活动。

秦国较早创大军团长距离远征的历史记录。秦穆公曾经谋取郑国。《史记》卷五《秦本纪》记载:

---

① 《史记》,第 245、243、250 页。胡亥对于赵高非法取得地位的建议,曾有"废兄而立弟,是不义也"语,以为加上"不孝""不能","三者逆德,天下不服,身殆倾危,社稷不血食"。《史记》卷八七《李斯列传》,第 2548—2549 页。可知"义"对于最高权力接递的意义。子婴说:"丞相高杀二世望夷宫,恐群臣诛之,乃详以义立我。"《史记》卷六《秦始皇本纪》,第 275 页。也指出"义"和"立"的关系。对于"义"的推崇,在秦汉之际仍然可以看到显著的社会影响。例如"义帝"尊号的确立。《史记》卷一六《秦楚之际月表》:"诸侯尊怀王为义帝。"第 775 页。《史记》卷八《高祖本纪》:"天下共义帝,北面事之。"第 370 页。

② 《史记》卷六《秦始皇本纪》引贾谊《过秦论》,第 280 页。

③ 参看王子今:《秦国交通的发展与秦的统一》,《史林》1989 年第 4 期。

> 郑人有卖郑于秦曰:"我主其城门,郑可袭也。"缪公问蹇叔、百里傒,对曰:"径数国千里而袭人,希有得利者。且人卖郑,庸知我国人不有以我情告郑者乎?不可。"缪公曰:"子不知也,吾已决矣。"遂发兵,使百里傒子孟明视,蹇叔子西乞术及白乙丙将兵。①

这次派遣大军远征,被有经验的长者批评为"径数国千里而袭人"。②

其实,此前一年,秦国已经有一次攻击郑国的军事行为。据《史记》卷五《秦本纪》:

> (秦穆公)三十年,缪公助晋文公围郑。郑使人言缪公曰:"亡郑厚晋,于晋而得矣,而秦未有利。晋之强,秦之忧也。"缪公乃罢兵归。晋亦罢。③

事又见《史记》卷三九《晋世家》:

> (晋文公)七年,晋文公、秦缪公共围郑,以其无礼于文公亡过时,及城濮时郑助楚也。围郑,欲得叔瞻。叔瞻闻之,自杀。郑持叔瞻告晋。晋曰:"必得郑君而甘心焉。"郑恐,乃间令使谓秦缪公曰:"亡郑厚晋,于晋得矣,而秦未为利。君何不解郑,得为东道交?"秦伯说,罢兵。晋亦罢兵。④

在秦战争史历程中,秦军还曾远至宋、楚、齐等国境内作战。远征的距离其实都超过了进攻郑国所谓"径数国千里而袭人"。

---

① 《史记》,第 190—191 页。

② 《左传·僖公三十二年》:"穆公访诸蹇叔。蹇叔曰:'劳师以袭远,非所闻也。师劳力竭,远主备之,无乃不可乎?师之所为,郑必知之,勤而无所,必有悖心。且行千里,其谁不知?'"《春秋经传集解》,上海人民出版社,1977 年,第 403 页。《公羊传·僖公三十三年》:"百里子与蹇叔子谏曰:'千里而袭人,未有不亡者也。'"《穀梁传·僖公三十三年》:"百里子与蹇叔子谏曰:'千里而袭人,未有不亡者也。'"又有"秦越千里之险入虚国,进不能守,退败其师徒"的说法。《十三经注疏》,第 2264、2403、2403 页。

③ 《史记》,第 190 页。

④ 《史记》,第 1669 页。

二 秦军的"远攻"

范雎向秦昭襄王建议推行"远交近攻"的战略:"王不如远交而近攻,得寸则王之寸也,得尺亦王之尺也。今释此而远攻,不亦缪乎!"①批评秦以往"远攻"战略之"缪"。所谓"远交而近攻",或说"远交近攻",是合理的明智的军事外交方针。② 其实也是古来习用政治策略,亦见于秦史。③ 然而秦军事进取的基本态势,依然被看作"远攻"。汉元帝时,讨论珠崖政策,贾捐之发表了著名的论议。他说:"含气之物各得其宜。武丁、成王,殷、周之大仁也,然地东不过江、黄,西不过氐、羌,南不过蛮荆,北不过朔方。是以颂声并作,视听之类咸乐其生,越裳氏重九译而献,此非兵革之所能致。及其衰也,南征不还,齐桓揪其难,孔子定其文。以至乎秦,兴兵远攻,贪外虚内,务欲广地,不虑其害。然地南不过闽越,北不过太原,而天下溃畔,祸卒在于二世之末,《长城之歌》至今未绝。"④汉代政论家回顾秦军事史的特点,以为"兴兵远攻"尤为醒目。

据林剑鸣《秦史稿》附录二:《秦史大事年表》,可以看到秦军如下"行千里"远征战例⑤:

---

① 《史记》卷七九《范雎蔡泽列传》,第2470页。
② [清]王夫之《尚书稗疏》卷三《商书汤诰》:"盖远交近攻,必然之势。"文渊阁《四库全书》本。
③ [明]吕柟编《二程子抄释》卷二《猎自谓第七》:"兵法远交近攻,须是审行此道。"乾隆《日讲春秋解义》卷一二《庄公二十有三年》"荆人来聘"条:"楚迩年加兵于蔡、郑,而聘使至鲁,盖远交近攻之术。介人欲侵萧而先朝鲁,秦人归禭来聘,而有河曲之师。盖鲁为春秋望国,而亲于齐、晋,故介人来朝欲藉以为援,秦、楚来聘,欲以间齐、晋之交也。"卷二四《文公九年》"冬楚子使椒来聘"条:"乘晋霸之衰,围江、围巢,灭江,灭六,灭蓼,伐郑,侵陈,侵宋,其聘鲁,乃远交近攻之术,亦所以窥伺东夏耳。"文渊阁《四库全书》本。
④ 《汉书》卷六四下《贾捐之传》,第2831页。
⑤ 林剑鸣:《秦史稿》,上海人民出版社,1981年,第452—462页。

时间	秦国大事
前六二二年	(穆公三十八年)秦取都
前五六一年	(景公十六年)与楚伐宋
前五〇五年	(哀公三十二年)秦发兵五百乘救楚,大败吴师
前三一二年	(惠文王更元十三年)庶长魏章击楚于丹阳,虏其将屈匄,斩首八万。又攻楚汉中,置汉中郡
前三一一年	(惠文王更元十四年)伐楚取召陵。丹、犁臣,蜀相(陈)庄杀楚侯来降
前三〇三年	(昭王四年)齐、韩、魏共伐楚,秦救楚,三国引去
前三〇〇年	(昭王七年)攻克楚新城(又称襄城),杀楚将景缺
前二九八年	(昭王九年)秦攻楚,大败楚军,斩首五万,取十余城
前二八五年	(昭王二十二年)蒙武率兵攻齐,得九城,设立九县
前二八四年	(昭王二十三年)大夫起贾至魏主持燕、赵、韩、魏、秦五国攻齐
前三八三年	(昭王二十四年)攻齐取胜,夺得陶
前二八〇年	(昭王二十七年)攻楚取黔中,楚献汉北及上庸
前二七九年	(昭王二十八年)白起率兵攻楚取鄢
前二七八年	(昭王二十九年)白起率兵攻下楚国安陆,拔楚都郢,火烧夷陵,夺取竟陵,至洞庭。楚迁都于陈
前二七七年	(昭王三十年)攻楚黔中、巫郡

这只是长平之战之前秦军在宋、楚、齐作战的记录。然而都是"径数国千里"的行途甚远的军事行为。远征是对军力的极其严峻的考验。克劳塞维茨在《战争论》中指出:"在大多数情况下,深入敌国腹地不是别的,正是一次猛烈的进攻获得成功的结果,因而同进攻是没有什么区别的。"① 克劳塞维茨在关于"行军"的论述中曾指出:"缺乏给养和宿营条件,道路很坏或破坏严重,军队要经常保持战斗准备,这些都会造成军队力量的过分的消耗,使人员、牲畜、车辆和被服受到损失。""如果必须在战区内,即在敌人的眼前进行长途行军,那么战区行军和长

---

① 〔德〕克劳塞维茨著,中国人民解放军军事科学院译:《战争论》第3卷,解放军出版社,1965年,第1139页。

途行军两种不利的条件就会同时出现。在人数众多而且其他条件不利时，损失就可能达到令人难以置信的程度。"他举出拿破仑远征莫斯科的战例。1812 年 6 月 24 日拿破仑渡过涅曼河时，他准备进攻莫斯科用的巨大的中央军团有 30.1 万人，8 月 15 日到达斯摩棱斯克附近时，已经损失了 10.55 万人，在 52 天内连续行军大约 70 普里的过程中，仅病号和掉队的就损失了 9.5 万人，约占总兵力的 1/3，三星期以后，在博罗迪诺进行会战时，法军损失已经达到 14.4 万人（包括战斗伤亡）。又过了 8 天，到达莫斯科时，法军损失已经达到 19.8 万人。而法军退却后追击法军的俄军从卡卢加地区出发时为 12 万人，到达维尔那时就只剩下 3 万人了。当时俄军在战斗中的伤亡多么少，这是尽人皆知的。克劳塞维茨指出："因此，如果人们想要在战争中进行频繁的行军，那就必须做好兵力将遭受大量损失的准备。"①此外，这种"径数国千里"的远征，无疑需要及时而充备的粮运保障。

范雎进言秦昭襄王，献远交近攻之策，对称为"远攻"的军事行为取批评态度："王不如远交而近攻，得寸则王之寸也，得尺亦王之尺也。今释此而远攻，不亦缪乎！"②所谓"远交而近攻，得寸则王之寸也，得尺亦王之尺也"，体现出秦人注重实利的传统策略。③ 明代军事家刘基《郁离子·省敌》写道："远交近攻，秦之宿计也。"武力兼并，必然"先近而后远"。④ 然而避开外交策略考虑，只言军事

---

① 《战争论》第 2 卷，第 574—579 页。
② 《史记》卷七九《范雎蔡泽列传》，第 2479 页。
③ 《史记》卷四四《魏世家》："秦与戎翟同俗，有虎狼之心，贪戾好利无信，不识礼义德行。"第 1857 页。明确指出秦"贪戾好利"。秦政治语汇中对"利"的重视，亦见于《史记》卷六《秦始皇本纪》载泰山刻石："夙兴夜寐，建设长利。"琅邪刻石："诛乱除害，兴利致福。"又贾谊《过秦论》："因利乘便，宰割天下，分裂河山，强国请服，弱国入朝。"第 243、245、279 页。
④ ［明］刘基：《郁离子·省敌》："秦恶楚而善于齐。王翦帅师伐楚，田璆谓齐王：'盍救诸齐？'王曰：'秦王与吾交善，而救楚，是绝秦也。'邹克曰：'楚非秦敌也，必亡。不如起师以助秦，犹可以为德而固其交。'田璆曰：'不然。秦虎狼也。天下之强国六，秦已取其四，所存者齐与楚耳。譬如摘果，先近而后远。其所未取者，力未至也。其能终留之乎？今秦岂诚恶楚而爱齐也？齐、楚若合，犹足以敌秦。以地言之，则楚近而齐远。远交而近攻，秦之宿计也。故将伐楚，先善齐，以绝其援。然后专其力于楚。楚亡，齐其能独存乎？谚有之曰：攒矢而折之，不若分而折之之易也。此秦之已效计也。楚国朝亡，齐必夕亡。'秦果灭楚，而遂伐齐，灭之。"《诚意伯文集》卷一八，文渊阁《四库全书》本。

进程的"远攻",其实突出显示了秦军的机动性、持久性和长途奔袭的强大优势。兼并天下的战争,最终必然要进行"远攻"。而"远攻"的必要保障,是效率可靠的军运。

前说秦穆公时秦军攻郑"径数国千里而袭人"事,因军情败露而不得不放弃。归途中灭滑,因此遭到晋军袭击,导致崤之惨败。两年后,秦军攻晋,不胜。又过了一年,秦军大败晋师,成功复仇。在这一算不得"远攻"的战役中,我们看到秦军以决战决胜的精神英勇克敌的事迹:"伐晋,渡河焚船,大败晋人,取王官及鄗,以报殽之役。晋人皆城守不敢出。"①这一战役,《左传·文公三年》的记载是:"秦伯伐晋,济河焚舟,取王官及郊,晋人不出,……遂霸西戎。"②后来项羽巨鹿之战破釜沉舟故事,其实是秦军"济河焚舟""渡河焚船"事的翻版。只是项羽故事"破釜"情节更突出地强调了军粮问题。

秦统一战争中,调动数以十万计的大军连年出击,无疑需要凭借强大的运输力量保证后勤供给。战争必然充分动员交通力量,即《孙子·作战》:"孙子曰:凡用兵之法,驰车千驷,革车千乘,带甲十万,千里馈粮,内外之费,宾客之用,胶漆之材,车甲之奉,日费千金,然后十万之师可举矣。"决策者必须重视其政治成本。"善用兵者,役不再籍,粮不三载。取用于国,因粮于敌,故军食可足也。国之贫于师者,远输,远输则百姓贫;故智将务食于敌,食敌一钟,当吾二十钟;萁秆一石,当吾二十石。"银雀山汉墓竹简《孙子兵法》作:"孙子曰:凡用兵之法,驰□千驷……里而馈䉼(粮),则外内……车甲之奉,日□□□内□……""……䉼(粮)于敌〔□□〕食可足也。国之贫于师者,远者远输则百姓贫……"银雀山汉墓竹简整理小组注:"……里而馈䉼,十一家本作'千里馈粮',《御览》卷三〇六引此,'千里'下有'而'字,与简本合。'䉼'当为'糧'之异体。""国之贫于师者远者远输则百姓贫,十一家本作'国之贫于师者,远输,远输则百姓贫。'《通典》卷一五六引作'国之贫于师者,远师远输,远师远输者则百姓贫。'此简简身右侧残缺,据《通典》引文,疑简文'远者远输'四字原有重文号。如此则此句当读为:

---

① 《史记》卷五《秦本纪》,第 193 页。
② 《春秋经传集解》,上海人民出版社,1977 年,第 434 页。

'国之贫于师者,远者远输,远者远输则百姓贫。'"①研究秦的军事文化,不能不考察军运问题。而军事运输,在当时交通史诸现象中规模、效率及社会影响均有非常重要的地位。秦的军事运输,属于"远师远输"或说"远者远输"情形,历史表现尤为突出。

三 秦对军运的重视

《史记》卷五《秦本纪》记载,"(秦昭襄王)十二年,……予楚粟五万石"②。以汉代运输车辆的装载规格一车二十五石计算,③"五万石"需用运车两千辆。这是继支援晋国抗灾发起的"泛舟之役"之后最大规模的一次运输行为。这种跨国远程运输,实际上都可以看作统一战争中为前线提供军需供应的军运行为的一种演练。

这是对当时友好国家的粮运。对于敌对国家,则全力破坏其粮运系统。在直接的军事竞争中尤其如此。

典型的史例是长平之战中秦军的有关表现。长平之战是在"海内争于战功","务在强兵并敌"④的秦昭襄王时代发生的一次对于天下形势具有决定性的意义的战役。秦军于长平(今山西高平西北)歼灭赵军主力,确定了在兼并战争中的胜局。司马迁所谓"昭襄业帝"⑤,即肯定了秦军在这一时期的历史性胜利的意义。

秦昭襄王四十七年,即赵孝成王六年(前260)九月,在长平山地,秦军与赵

---

① 银雀山汉墓竹简整理小组编:《银雀山汉墓竹简孙子兵法》,文物出版社,1976年,第113页,第33—35页。

② 《史记》,第210页。

③ 《九章算术·均输》:"一车载二十五斛。"裘锡圭指出:"居延简里有很多关于用车运粮的数据,每车所载粮食一般为二十五石。""雇佣的傣人和服役的将车者输送粮食的时候,大概一般比较严格地遵守二十五石一车的常规。"《汉简零拾》,《文史》第12辑,中华书局,1981年。

④ 《史记》卷一五《六国年表》,第685页。

⑤ 《史记》卷一三〇《太史公自序》,第3302页。

军决战。上将军白起指挥的秦军完成了对赵括属下四十余万赵军的分割包围。被围困的长平赵军,军粮补给已经完全断绝。出于对长平之战特殊的战略意义的重视,秦昭襄王风尘仆仆,亲自前往河内。这是秦国的国君巡幸秦国国土所至于最东端的空前的历史纪录。①《史记》卷七三《白起王翦列传》记载:"秦王闻赵食道绝,王自之河内,赐民爵各一级,发年十五以上悉诣长平,遮绝赵救及粮食。"秦昭襄王的河内之行,对于动员兵员,督察粮运,全力加强长平前线的作战能力,无疑有积极的意义。对长平赵军之兵员与军粮的远方来援的堵截,也因此具备了成功的条件。"赵食道绝"是白起的初步成功,"遮绝赵救及粮食",是秦昭襄王亲自主持的决定性的确保胜局的后续工作。秦人这两个阶段的做法,都强调了对断绝长平赵国主力之军"粮"军"食"来路的努力。

从《白起王翦列传》所谓秦昭襄王"发年十五以上悉诣长平",可知秦国是倾全国之力面对决战的。以此推想,对赵国所投入的军力,也不应当作过于保守的估计。分析这些历史记载,大致可以得到这样的认识:长平之战,秦国破赵国之军,前后共四十余万,赵军投降后被坑杀者计有"数十万"之多。② 如此数量的部队集中作战,军粮需求必然形成很大压力。长平可能有少量储备,③但必须仰赖来自邯郸附近平原粮产区的输送。秦军断绝粮路之后,"至九月,赵卒不得食四十六日,皆内阴相杀食"。突围不成,不得不投降。"卒四十万人降武安君。"④

对长平大规模杀降事件如果做客观的分析,应当说,历史悲剧之发生,除了

---

① 参看王子今:《秦国君远行史迹考述》,《秦文化论丛》第 8 辑,陕西人民出版社,2001 年。
② 参看王子今:《长平之战的历史记录与历史评价》,《秦文化论丛》第 7 辑,西北大学出版社,1999 年。
③ 长平战区廉颇积粮之处,后来称作"米山"。明末人李雪山曾经作《咏米山》诗,由米山胜迹追念名将廉颇,其中写道:"积雪如山夜唱筹,廉颇为赵破秦谋。将军老去三军散,一夜青山尽白头。"《山西通志》卷二二六《艺文四十五·诗六》。
④《史记》,第 2334—2335 页。

秦文化的传统风格与东方列国有明显差异之外,①另一主要的因素可能还在于体制的弊端。白起杀降的动机可能与生活消费品的运输有直接关系。在秦国的新占领区,军事长官实际上集军政大权于一身。他们在承担军事指挥任务的同时,也要负责地方的行政管理事务。就长平地区的局势而言,在受降之后,上将军白起首要负责组织调运数十万降卒的口粮。在战争中已经付出很多的河内地方要承当这一压力,是非常艰难的。

四　军运与统一战争中的大兵团作战

战国时期的战争规模空前宏大。兵员的集结往往数以十万计。大兵团作战需要调集转运数量巨大的军需物资,形成沉重的交通压力。秦军能够常胜,并最终能够灭六国实现统一,有强大的军运能力以为基本条件。

(一)"百姓内粟"

秦长期的经济积累服务与军事扩张。秦储运体系的完备,形成了持续东进的物质基础。

然而在统一战争进入炽热阶段之后,我们看到有的历史迹象或许体现军粮运输面临不能及时满足前线需求的危机。《史记》卷六《秦始皇本纪》记载了秦王政即位之初的东方战局:

　　晋阳反,元年,将军蒙骜击定之。二年,麃公将卒攻卷,斩首三万。三年,蒙骜攻韩,取十三城。王齮死。十月,将军蒙骜攻魏氏畼、有诡。

---

① 《荀子·议兵》:"秦人,其生民也狭陋,其使民也酷烈。"卢文弨曰:"'狭陋',俗本作'狭隘',今从宋本。"郝懿行:"狭陋,犹狭隘也。"[清]王先谦撰,沈啸寰、王星贤点校:《荀子集解》,中华书局,1988年,第273页。"酷烈"体现政治文化的风格,或许可以与《史记》卷六八《商君列传》所谓"商君,其天资刻薄人也"对照读。第2237页。《商君书·垦令》又说到"褊急之民""很刚之民"。《商君书注译》,第24页。秦以国势之强盛、军威之勇进以及民气之急烈,于东方得"虎狼之国"的恶名。见《史记》卷六九《苏秦列传》苏秦语、楚威王语,《史记》卷七一《樗里子甘茂列传》游腾语,《史记》卷七五《孟尝君列传》苏代语,《史记》卷八四《屈原贾生列传》屈平语,第2261、2308、2354、2484页。

岁大饥。四年,拔畹、有诡。三月,军罢。秦质子归自赵,赵太子出归国。十月庚寅,蝗虫从东方来,蔽天。天下疫。百姓内粟千石,拜爵一级。五年,将军骜攻魏,定酸枣、燕、虚、长平、雍丘、山阳城,皆拔之,取二十城。初置东郡。冬雷。六年,韩、魏、赵、卫、楚共击秦,取寿陵。秦出兵,五国兵罢。拔卫,迫东郡,其君角率其支属徙居野王,阻其山以保魏之河内。①

如果以秦王政元年(前246)至秦王政六年(前241)为一个年代单元,在这一时段秦军进攻韩国,"取十三城",进攻魏国,"拔畹、有诡",又"取二十城",成功对抗"韩、魏、赵、卫、楚共击秦"的严峻局面,"秦出兵,五国兵罢",又事实上控制了卫国。②

在这一时段的中间,即秦王政四年(前243),有"百姓内粟千石,拜爵一级"事。③ 这是特殊的征集军粮的方式。

在此之前,"三年,蒙骜攻韩,取十三城"。"十月,将军蒙骜攻魏氏畹、有诡。四年,拔畹、有诡。三月,军罢。"与韩、魏的战事激烈,而"军罢",不排除军需供应紧张的可能。另一方面,三年(前244)"岁大饥",四年(前243)"十月庚寅,蝗虫从东方来,蔽天",又"天下疫"。天灾的发生以及疾疫的流行,会导致军运的极大困难。

然而"百姓内粟千石,拜爵一级"政策推行之后,情况似有好转。《史记》卷六《秦始皇本纪》随后记述:"五年,将军骜攻魏,定酸枣、燕、虚、长平、雍丘、山阳城,皆拔之,取二十城。初置东郡。""六年,韩、魏、赵、卫、楚共击秦,取寿陵。秦出兵,五国兵罢。拔卫,迫东郡,其君角率其支属徙居野王……"④看来,"百姓内粟",大致解决了军粮问题。

这种特殊的军粮征集方式,汉初仍然有所继承。据《史记》卷三〇《平准书》记载:"匈奴数侵盗北边,屯戍者多,边粟不足给食当食者。于是募民能输及转粟于边者拜爵,爵得至大庶长。"司马贞《索隐》:"《汉书·食货志》云文帝用晁错

---

① 《史记》,第224页。
② 《史记》卷六《秦始皇本纪》,第224页。
③ 《史记》卷六《秦始皇本纪》,第224页。
④ 《史记》卷六《秦始皇本纪》,第224页。

言,'令人入粟边六百石,爵上造;稍增至四千石,为五大夫;万二千石,为大庶长;各以多少为差'。"《平准书》还写道:"孝景时,上郡以西旱,亦复修卖爵令,而贱其价以招民;及徒复作,得输粟县官以除罪。"①

(二)军运与白起指挥的长平之战

长平之战,是发生于战国晚期秦国与赵国之间的规模空前的历史性决战。秦军于长平(今山西高平西北)歼灭赵军主力,确定了在兼并战争中的胜局。

白起作为主将第一次和赵军直接作战,是秦昭襄王二十七年(前280),他率军攻赵,占领了太行山区的光狼城(今山西高平西)。

白起将军最为显赫的战功,是秦昭襄王二十八年至二十九年(前279—前278)进攻楚国时所取得的。当时,秦军兵锋凌厉,起初即一举攻克楚国鄢(今湖北宜城)、邓(今湖北襄樊北)等5城,第二年又出其不意,以神奇的跃进速度,插入楚国腹地,竟然攻陷了楚国国都郢城(今湖北江陵),火烧夷陵(今湖北宜昌)。秦军的前锋甚至一直推进到临近汉江和长江交汇处的竟陵(今湖北潜江西)。楚顷襄王被迫出逃,后来不得不把国都迁移到陈地。秦国在郢城设立了南郡。于是,秦的疆土第一次扩张到江汉平原的富庶地区。将军白起因此再次得以升迁,被封为武安君。武安君白起又继续挥师渡江南下,控制了巫郡和黔中郡的广大地区。

秦昭襄王三十四年(前273),武安君白起又率军进攻魏国,攻克华阳城(今河南郑州南),威胁韩国国都郑(今河南新郑),歼灭三晋联军13万,又击败赵将贾偃部,沉杀其部卒2万人于黄河中。

秦昭襄王四十三年(前264),白起以进攻韩国陉城(今山西曲沃西北)为起点,连续拔5城,斩首5万。第二年,他率领的秦军又完成了切断南阳太行山交通道路的战略任务。光狼城争夺战和这两次军事行动,都是在交通条件相对恶劣的太行山地进行的。

关于长平之战秦军歼灭赵军兵员数目,大致应有四十余万人。《史记》卷五《秦本纪》:"大破赵于长平,四十余万尽杀之。"②卷一五《六国年表》:"白起破赵

---

① 《史记》,第1419页。

② 《史记》,第213页。

长平,杀卒四十五万。""白起破(赵)括四十五万。"①卷三四《燕召公世家》:"秦败赵于长平四十余万。"②卷四三《赵世家》:"秦人围赵括,赵括以军降,卒四十余万皆坑之。""赵氏壮者皆死长平。"③卷四五《韩世家》:"秦拔赵上党,杀马服子卒四十余万于长平。"④卷四六《田敬仲完世家》:"秦破赵于长平四十余万。"⑤卷七三《白起王翦列传》:"前后斩首虏四十五万人。""长平之战,赵卒降者数十万人,我诈而尽坑之。"⑥卷七六《平原君虞卿列传》:"赵陷长平兵四十余万众。"⑦卷七八《春申君列传》:"秦破赵之长平军四十余万。"⑧卷七九《范雎蔡泽列传》:"(白起)又越韩、魏而攻强赵,北坑马服,诛屠四十余万之众,尽之于长平之下,流血成川,沸声若雷,遂入围邯郸,使秦有帝业。"⑨卷八一《廉颇蔺相如列传》:"(赵)括军败,数十万之众遂降秦,秦悉坑之。赵前后所亡凡四十五万。"⑩卷八三《鲁仲连邹阳列传》:"秦王使白起破赵长平之军前后四十余万。"⑪战争的另一方,白起指挥的秦军的数量,也可以参照赵军被歼灭数目估计。

长平前线秦军军粮的供应,并没有非常明确的记载。我们可以参看赵军的军粮运输与储备形势,推知秦军的后勤事务效率。

秦军初获小胜,据《史记》卷七三《白起王翦列传》:"秦斥兵斩赵裨将茄;六月,陷赵军,取二鄣四尉;七月,赵军筑垒壁而守之,秦又攻其垒,取二尉,败其阵,夺西垒壁。"⑫秦虽"数败赵军",但是不久就因赵军名将廉颇"固壁不战",避其锐气的战术而受到阻滞。"秦数挑战,廉颇不肯。"⑬廉颇准备以这样的方式首先

---

① 《史记》,第747页。
② 《史记》,第1559页。
③ 《史记》,第1826、1828页。
④ 《史记》,第1877页。
⑤ 《史记》,第1902页。
⑥ 《史记》,第2335、2337页。
⑦ 《史记》,第2376页。
⑧ 《史记》,第2395页。
⑨ 《史记》,第2423页。
⑩ 《史记》,第2447页。
⑪ 《史记》,第2459页。
⑫ 《史记》,第2333页。
⑬ 《史记》卷八一《廉颇蔺相如列传》,第2446页。

挫杀秦军的锐势，然后等待有利时机出击。而两军长期相持，对于远征千里的秦军来说，实际上意味着走向失败。秦军历来善于突进急击，只有速胜才能成就大功，而攻势一旦受挫，往往就会导致士气的凋败和进攻实力的摧折。秦军主将王龁长期求战不得，秦军所面临的高山夜寒，粮草不继，士卒病伤等不利条件，都使他为久困长平而深深忧虑。而廉颇坚守"壁""垒壁"，应具备军粮充备的自信。长平战区廉颇积粮之处，后来称作"米山"。《元和郡县图志》卷一五《河东道四·潞州·高平》"米山"条："米山，在县东十里。赵将廉颇，积粮此山，因名。"①长平古战场附近又有所谓"空仓山""大粮山"等地名，均与长平之战军粮储运有关。② 明人李雪山曾经作《咏米山》诗："积雪如山夜唱筹，廉颇为赵破秦谋。将军老去三军散，一夜青山尽白头。"③可惜将军之胜谋，却最终没有条件能够得以实践，名将廉颇无故被赵王解职，使战局急转。赵孝成王命令由赵括取代廉颇，任长平赵军的最高统帅。赵括开始在长平前线行使指挥权之后，两军相峙的形势果然发生了明显的变化。秦昭襄王四十七年，即赵孝成王六年（前260）九月，在长平山地，秦军与赵军的决战开始了。经过激战，上将军白起指挥的秦军完成了对赵括属下四十余万赵军的分割包围。被围困的长平赵军，军粮补给已经完全断绝。这成为秦军决胜的关键。

出于对长平之战特殊的战略意义的重视，秦昭襄王风尘仆仆，亲自前往河内。这是秦国的国君巡幸秦国的国土，所至于最东端的空前的历史记录。《史记》卷七三《白起王翦列传》："秦王闻赵食道绝，王自之河内，赐民爵各一级，发年十五以上悉诣长平，遮绝赵救及粮食。"④秦昭襄王的河内之行，对于动员兵员，督察粮运，全力加强长平前线的作战能力，无疑有积极的意义。对长平赵军

---

① [唐]李吉甫撰，贺次君点校：《元和郡县图志》，中华书局，1983年，第424页。
② 《七国考》卷一四《赵琐微》："《一统志》：'米山在山西泽州高平县东一十里。赵将廉颇积米于此，俗呼大粮山。'"[明]董说原著，缪文远订补：《七国考订补》，上海古籍出版社，1987年，第762页。雍正《山西通志》卷一四《关隘六·泽州府高平县》："空仓山，西南四十五里。白起诡运米置仓于此以给赵括。""大粮山，东十里。赵将廉颇积米于此，又名'米山'，中多邃谷。"雍正《山西通志》卷二三《山川七·泽州府高平县》："米山，在县东十里。赵将廉颇积米于此。土人名'大粮山'。"文渊阁《四库全书》本。
③ 雍正《山西通志》卷二二四《艺文四十三·诗四》，文渊阁《四库全书》本。
④ 《史记》，第2334页。

之兵员与军粮的远方来援的堵截,也因此具备了成功的条件。

长平被秦军牢牢围定的赵军士卒,绝粮长达46天。数十万人经历了空前严峻的生存能力的考验。在赵军主力被秦军分割,并且陷入秦军包围之后,赵括将军只能把摆脱困境,反败为胜的全部希望,寄托在围外来援上。但是他没有想到秦昭襄王竟然会亲临河内,亲自督察长平战事,阻断各国援赵的通路;也没有想到秦军主将白起竟然会有全歼数十万赵军的魄力。在已经找寻不到出路的情况下,心傲而志高的赵括发起了拼死的最后一搏。据《史记》卷七三《白起王翦列传》:"至九月,赵卒不得食四十六日,皆内阴相杀食。来攻秦垒,欲出。为四队,四五复之,不能出。其将军赵括出锐卒自搏战,秦军射杀赵括。括军败,卒四十万人降武安君。"① 赵军的惨败,在于"食道绝","不得食"。秦军主力与赵军主力的长平决战,在某种意义上其实可以看作军事运输能力的较量。

如何妥善地处置这些赵军降卒,成为上将军白起面临的难题。他再三考虑,确定了一种彻底解决的方式。长平,于是在历史上留下了永远不能磨灭的悲苦记忆。《史记》卷七三《白起王翦列传》记载:"武安君计曰:'前秦已拔上党,上党民不乐为秦而归赵。赵卒反覆。非尽杀之,恐为乱。'乃挟诈而尽坑杀之,遗其小者二百四十人归赵。前后斩首虏四十五万人。赵人大震。"②

对长平大规模杀降事件如果进行全面的分析,除了关注秦文化的传统风格与东方列国的明显差异之外,也应当了解,在受降之后,上将军白起在军事部署的同时所面对空前严峻的物资运输任务的工作难度。③

(三) 军运与王翦指挥的灭楚之战

调集兵员有明确数额记载的远征,是王翦灭楚的战役。

王翦击楚,动员的秦军多至六十万人。《史记》卷六《秦始皇本纪》记载:"(秦王政)二十三年,秦王复召王翦,强起之,使将击荆。取陈以南至平舆,虏荆王。秦王游至郢陈。荆将项燕立昌平君为荆王,反秦于淮南。二十四年,王翦、

---

① 《史记》,第2335页。
② 《史记》,第2335页。
③ 参看王子今:《长平之战的历史记录与历史评价》,《秦文化论丛》第7辑,西北大学出版社,1999年;《"长平之坑"与"新安之坑"》,《秦始皇帝陵博物院2017》,三秦出版社,2017年。

蒙武攻荆,破荆军,昌平君死,项燕遂自杀。"①关于"复召王翦,强起之"的细节,《史记》卷七三《白起王翦列传》有更具体的记述:"秦始皇既灭三晋,走燕王,而数破荆师。秦将李信者,年少壮勇,尝以兵数千逐燕太子丹至于衍水中,卒破得丹,始皇以为贤勇。于是始皇问李信:'吾欲攻取荆,于将军度用几何人而足?'李信曰:'不过用二十万人。'始皇问王翦,王翦曰:'非六十万人不可。'始皇曰:'王将军老矣,何怯也!李将军果势壮勇,其言是也。'遂使李信及蒙恬将二十万南伐荆。王翦言不用,因谢病,归老于频阳。李信攻平与,蒙恬攻寝,大破荆军。信又攻鄢郢,破之,于是引兵而西,与蒙恬会城父。荆人因随之,三日三夜不顿舍,大破李信军,入两壁,杀七都尉,秦军走。始皇闻之,大怒,自驰如频阳,见谢王翦曰:'寡人以不用将军计,李信果辱秦军。今闻荆兵日进而西,将军虽病,独忍弃寡人乎!'王翦谢曰:'老臣罢病悖乱,唯大王更择贤将。'始皇谢曰:'已矣,将军勿复言!'王翦曰:'大王必不得已用臣,非六十万人不可。'始皇曰:'为听将军计耳。'于是王翦将兵六十万人,始皇自送至灞上。"②

《孙子·军争》:"军无辎重则亡,无粮食则亡,无委积则亡。"③军队必须得到

---

① 《史记》,第234页。

② 王翦进军又有"请美田宅园池"细节:"王翦行,请美田宅园池甚众。始皇曰:'将军行矣,何忧贫乎?'王翦曰:'为大王将,有功终不得封侯,故及大王之向臣,臣亦及时以请园池为子孙业耳。'始皇大笑。王翦既至关,使使还请善田者五辈。或曰:'将军之乞贷,亦已甚矣。'王翦曰:'不然。夫秦王怚而不信人。今空秦国甲士而专委于我,我不多请田宅为子孙业以自坚,顾令秦王坐而疑我邪?'"第2340页。宋人李復撰《王翦》诗言此事:"少李轻兵去不回,荆人胜气鼓如雷。将军料敌元非怯,能使君王促驾来。"《潏水集》卷一六《七言律诗》,文渊阁《四库全书》本。"王翦既至关,使使还请善田者五辈"的所谓"关",是函谷关还是武关,我们目前尚不能确知。然而思考这一问题似不应忽略《史记》卷七八《春申君列传》中所见春申君客"观津人朱英谓春申君曰"对于"秦二十年而不攻楚"的原因的分析:"秦逾黾隘之塞而攻楚,不便;假道于两周,背韩、魏而攻楚,不可。"秦与楚之间最便捷的交通路线是武关道。《资治通鉴》卷七"秦始皇帝二十二年"记载:"王翦将六十万人伐楚王,王送至霸上,王翦请美田宅甚众。……王翦既行,至关,使使还请善田者五辈。"[宋]司马光编著,[元]胡三省音注,"标点资治通鉴小组"校点:《资治通鉴》,中华书局,1956年,第230页。与《秦始皇本纪》所说"二十三年"不同。所谓"既行至关"的"关",胡三省注:"此当是出武关也。"如此则经行武关道蓝桥河栈道。

③ 银雀山汉墓竹简整理小组:《银雀山汉墓竹简孙子兵法》,文物出版社,1976年,第118页。

充备的给养才能保持战斗力。克劳塞维茨在《战争论》中曾经写道:"能忍饥挨饿的确是士兵的最重要的美德之一,如果没有这种美德,军队就谈不上有什么真正的武德。但是,忍饥挨饿必须是暂时的,只能是迫于环境,不能成为一种可怜的制度,不能是对部队的需要进行抽象地苛刻地计算的结果。否则,每个士兵的体力和精神一定会不断地受到消弱。"①

秦军伐楚,出动的兵力达六十万。以秦简资料透露的秦时口粮供应的通例折算,全军每天作战人员的口粮数以万石计的数额需求,很难适应克劳塞维茨所谓"屋主供养或村镇供养"的方式,也不大可能通过"军队强征"的方式得以满足。楚地尽管有克劳塞维茨说到的若干有利条件:"在人口稠密的地方,陆上交通和水上交通也比较发达和便利,运输工具也比较多,商业交易也比较容易和可靠。"相反的情形,是"战争在贫穷、人烟稀少、居民多半怀有敌意的国家中进行"。如李斯谏止秦始皇发起攻击匈奴战争时所说:"轻兵深入,粮食必绝;踵粮以行,重不及事。"②楚地虽然有诸多便利的条件,但是确实是"居民多半怀有敌意的国家"③,而六十万秦军的数量又太大了。

据睡虎地秦墓竹简《仓律》:"城旦之垣及它事而劳与垣等者,旦半夕参;其守署及为它事者,参食之。"整理小组译文:"城旦筑墙和作其他强度与筑墙相当的劳作的,早饭半斗,晚饭三分之一斗;站岗和作其他事的,早晚饭各三分之一斗。"④睡虎地秦墓竹简《传食律》:"御史卒人使者,食精米半斗","使者之从者,食糲(粝)米半斗;仆,少半斗"。⑤整理小组译文:"御史的卒人出差,每餐粺米半

---

① 〔德〕克劳塞维茨著,中国人民解放军军事科学院译:《战争论》,解放军出版社,1964年,第593页。
② 《史记》卷一一二《平津侯主父列传》。
③ 《战争论》,第595—600页,第610、613页。
④ 睡虎地秦墓竹简整理小组:《睡虎地秦墓竹简》,文物出版社,1990年,释文注释第33—34页。
⑤ 《说文·米部》:"粝,粟重一秅,为十六斗大半斗,舂为米一斛曰粝。"段玉裁注:"粟十六斗大半斗为米十斗,即《九章筭术》粟米之法:粟率五十粝米三十也。张晏曰:一斛粟七斗米为粝,与《九章筭术》率异。""今皆作粝。从厉,古从万声。与牡蛎字正同。《汉书·司马迁传》'粝粱之食',与许篆体合。"[汉]许慎撰,[清]段玉裁注:《说文解字注》,上海古籍出版社据经韵楼藏版1981年10月影印版,第331页。

斗","出差者的随从,每餐粝米半斗;驾车的仆,粝米三分之一斗"。① 军人口粮可能超过这一定额。② 以秦灭楚出动兵力达60万,以居延汉简反映的通常情形折算,每天士卒口粮就多达66 600石左右,③若无法由当地征集,以车载25石计,则需要2 664辆运车转送。如若运程超过4日,则每日军粮都需10 656辆以上的辎重车队承运。这一数字尚不包括军马的食料刍藁。然而楚地战事持续长达"岁余"④,军运数额之巨可以想见。战争必然充分动员交通力量,即《孙子兵法·作战》中所谓"师者远输",而往往实际上亦成为交通运输能力即"破车罢马""丘牛大车"的较量。⑤

军队在战地劫掠消费物资是常见的情形。如《墨子·非攻下》所指责的:"今王公大人、天下之诸侯则不然,将必皆差论其爪牙之士,皆列其舟车之卒伍,于此为坚甲利兵,以往攻伐无罪之国。入其国家边境,芟刈其禾稼,斩其树木……攘杀其牲牷……"⑥但是这种暴力物资征集方式,不能保证确定的数额,难以持续满足基本消费需求,特别是在有意长期占领并力图有效管理该地区的情况下。克劳塞维茨《战争论》中写道:"人们力图用最直接的方法,即就地抢掠的方法来满足这种需要。但是,这种方法使作战受到另一种很大的限制。"就进攻敌国的远征军来说,"采用了这种方法军队就不能在一个地方久留"。若不能依赖当地条件满足供给,则必须"设置适当的军需机关,以便在部队休息的任何

---

① 睡虎地秦墓竹简整理小组:《睡虎地秦墓竹简》,文物出版社,1990年,释文注释第60页。

② 《盐铁论·散不足》:"十五斗粟,当丁男半月之食。"王利器注:"当时丁男,日食一斗。"王利器校注:《盐铁论校注》(定本),中华书局,1992年,第351、381页。《汉书》卷六九《赵充国传》:"愿罢骑兵、留弛刑应募,及淮阳、汝南步兵与吏士私从者,合凡万二百八十一人,用谷月二万七千三百六十三斛……"第2986页。士卒口粮每月2.66斛。而居延汉简显示的士兵口粮一般为月三石三斗三升少。参看赵宠亮:《行役戍备:河西汉塞吏卒的屯戍生活》,科学出版社,2012年,第165—169页。《汉书》卷六九《赵充国传》:"以一马自佗负三十日食,为米二斛四斗,麦八斛。"第2978页。则日近三斗五升,这一数额或包括战马饲料。

③ 军人口粮应超过这一定额。《盐铁论·散不足》说丁男口粮每月三石。

④ 《史记》卷七三《白起王翦列传》,第2341页。

⑤ 张预注:"兵以车马为本","始言'破车疲马'者,谓攻战之驰车也;次言'丘牛大车'者,即辎重之革车也"。

⑥ [清]孙诒让著,孙以楷点校:《墨子间诂》,中华书局,1986年,第130页。

时刻都能从远方运来粮食"。①

秦远征军六十万吏卒一天的口粮以车载二十五石计,则需两千辆运车转送。《九章算术·均输》:"重车日行五十里。"②如果确实"径数国千里",则运程超过二十日,则每日应有四万辆以上的辎重车队承运。这一数字尚不包括军马的食料刍藁。然而,楚地战事持续长达"岁余",军运数额之巨大可以想见。《九章算术·均输》"六人共车",是说人力牵挽情形。③ 计入空车返回及装卸等作业用时④,千里行程共需三十六日。六人食用的口粮也有十五石。就是说每辆运车实际运抵千里之外前线的军粮只有十石。如此则远征楚国的六十万秦军每天消耗的军粮,需要五千辆运车才能完成运输任务。当然,这样的计算方式,没有考虑在战区就食,或者就地征集粮食的可能,也没有考虑使用畜力牵挽运车的因素。固然伐楚之战未必出现主父偃批判秦始皇时代北边战争的发动,所说军运"率三十锺而致一石"⑤的情形,但是秦远征军军粮运输对于运力需求的数量十分巨大,是完全可以知的。

克劳塞维茨说,军需条件和战区"人口密度"有关。我们应当看到,尽管楚地有富足之地,但是仍多"环境不很有利,当地居民并不稠密","土地贫瘠或者

---

① 《战争论》,第594页。

② 郭书春汇校:《九章算术汇校》,辽宁教育出版社,2004年,第241、246页。

③ 郭书春汇校:《九章算术汇校》,第241页。《史记》卷九九《刘敬叔孙通列传》说娄敬"戍陇西,过洛阳","脱挽辂"见刘邦,就是这种情形。第2715页。汉代画像也可以看到表现人力挽车"车六人"的画面。

④ 《九章算术·均输》关于"今有均输粟"的算题写道:"重车日行五十里,空车日行七十里,载输之间各一日。"郭书春汇校:《九章算术汇校》,辽宁教育出版社,2004年,第241页。又有"今有程传委输"算题,言"空车日行七十里,重车日行五十里"。第246页。

⑤ 《史记》卷一一二《平津侯主父列传》,第2954页。锺,《左传·昭公三年》:"釜十则锺。"杜预注:"六斛四斗。"《春秋经传集解》,上海人民出版社,1977年,第1218、1221页。《小尔雅·量》:"锺二有半谓之秉,秉十六斛。"黄怀信汇校:"'有半'各本脱,从胡世琦本、朱氏本补。"黄怀信撰:《小尔雅汇校集释》,三秦出版社,2003年,第522页。[明]朱载堉《乐律全书》卷二四:"《小尔雅》曰:锺二谓之秉,秉十六斛。……则锺为八斛也。"文渊阁《四库全书》本。《淮南子·要略》:"一朝用三千锺赣。"许慎注:"锺,十斛也。"张双棣:《淮南子校释》,北京大学出版社,1997年,第2151、2157页。按照许慎的解释,"率三十锺而致一石",即只有1/300运抵目的地。这应当是夸张的说法。

已经数次驻过军队"的地方。司马迁在《史记》卷一二九《货殖列传》中说:"楚越之地,地广人希,饭稻羹鱼,或火耕而水耨,果隋蠃蛤,不待贾而足,地埶饶食,无饥馑之患,以故呰窳偷生,无积聚而多贫。是故江淮以南,无冻饿之人,亦无千金之家。"又所谓"江南卑湿,丈夫早夭"①,也值得我们参考。

正如克劳塞维茨所说:"给养方面的困难往往使军队的伟大胜利的光芒消失,各种力量耗尽,退却成为不可避免,尔后,真正战败的各种症候就会逐渐增加。"②显然,如果没有体制比较健全、效率有所保障的军运系统,秦军的克敌制胜,最终实现统一的战绩是不可想象的。

(四)灵渠的意义

兼并六国,是秦始皇时代意义重大的历史变化,后人或称之为"六王毕,四海一"③,"六王失国四海归"④。究其原始,我们看到《史记》卷六《秦始皇本纪》对于秦始皇二十六年(前221)纪事有"秦初并天下"的说法。嬴政"令丞相、御史""议帝号"时,有"六王咸伏其辜,天下大定"的词句。"丞相绾、御史大夫劫、廷尉斯等皆曰:'昔者五帝地方千里,其外侯服夷服诸侯或朝或否,天子不能制。今陛下兴义兵,诛残贼,平定天下,海内为郡县,法令由一统,自上古以来未尝有,五帝所不及。'"也有"平定天下,海内为郡县"的赞语。于是人们普遍以为随着所谓"六王咸伏其辜",统一局面已经形成。"六王毕",被看作统一实现的标志。⑤

---

① 《史记》,第 3270、3268 页。
② 《战争论》,第 597—598 页,第 614 页。
③ [唐]杜牧:《阿房宫赋》,《樊川集》卷一。
④ [宋]莫济:《次韵梁尉秦碑》,《宋诗纪事》卷四七,文渊阁《四库全书》本。
⑤ [宋]洪适《蛰寮记》:"六王毕而仪、秦蛰其辩。"《盘洲文集》卷三〇《记一》。[明]魏校《答胡孝思》:"六王毕,四海一,李斯适当同文之任。"《庄渠遗书》卷四《书》。[宋]独乐园主诗:"秦皇并吞六王毕,始废封建迷井田。功高自谓传万世,仁义不施徒托仙。"[清]沈季友编《檇李诗系》卷三六《宋》,文渊阁《四库全书》本。

以往学者似乎大致多认同这样的判断。① 然而仔细考察秦史,应当注意到秦始皇三十三年(前214)的历史记录中又有以北河和南海为方向的军事进攻的成就。秦帝国的版图因此空前扩张。这一历史变化,可以理解为规模更为宏大,意义更为深远的统一。《史记》卷六《秦始皇本纪》记"西北斥逐匈奴"与"略取陆梁地"事,系于秦始皇三十三年(前214)。② 然而据《史记》卷八八《蒙恬列传》"秦已并天下,乃使蒙恬将三十万众北逐戎狄,收河南"③及《秦始皇本纪》在二十六年(前221)记述中已言"南至北向户",二十八年(前219)琅邪刻石有"皇帝之土,……南尽北户"语,④可知这两个方向的拓进在兼并六国后随即开始。秦军远征南越的军事行动较早开始,可以引为助证的又有《史记》卷七三《白起王翦列传》的记载:"(王翦)大破荆军。至蕲南,杀其将军项燕。荆兵遂败走。秦因乘胜略定荆地城邑。岁余,虏荆王负刍,竟平荆地为郡县。因南征百越之君。而

---

① 吕思勉《秦汉史》言"秦王政二十六年"事,使用《史记》"初并天下"语,又说随后推行的一系列政策,"皆有大一统之规模"。上海古籍出版社,1983年,上册第5、8页。劳榦《秦汉史》说:"秦始皇二十六年(公元前二二一年),六国尽灭,新的帝国成立了。从十四年到这个时期,前后十三年间,秦王完全平定了天下。"台湾中国文化大学出版部,1980年,第5页。何兹全《秦汉史略》写道:"秦王政二十六年灭了六国,统一全中国。"上海人民出版社,1955年,第6页。林剑鸣《秦汉史》的表述则是"终于在公元前221年结束了诸侯割据称雄达数百年的局面,在中国建立起一个空前统一的封建王朝——秦"。上海人民出版社,1989年,上册第46页。田昌五、安作璋《秦汉史》说:"前后十年之内,韩、赵、魏、楚、燕、齐六国依次灭亡,天下归于一统。"人民出版社,1993年,第36页。傅乐成主编,邹纪万著《秦汉史》也以为"到了秦王政廿六年(前二二一年),完全统一了中国",创制了"史无前例的大一统之局"。重文图书有限股份公司,1994年,第9—10页。王云度、张文立主编《秦帝国史》照应了北边、南海战事对于统一的意义:"秦的统一战争前后历时十年,依此攻灭东方六国,天下归于一统。随后,又北伐匈奴,南定百越,把统一的范围拓展到周边地区。这种大规模的军事、政治和文化的统一,开辟了中国历史的新纪元,意义十分深远。"陕西人民教育出版社,1997年,第62页。
② 《史记》,第253页。
③ 《史记》,第2565页。
④ 《史记》,第239、245页。

王翦子王贲,与李信破定燕、齐地。秦始皇二十六年,尽并天下。"①此说以为在"秦始皇二十六年"之前,秦军已经在灭楚之后,开始"南征百越之君"。

灵渠的遗存,提供了秦人在统一战争期间开发水利工程以水力用于军运的确定的实例。据严安上书:"使尉屠睢将楼船之士南攻百越,使监禄凿渠运粮,深入越,越人遁逃。"②这一工程沟通了长江水系和珠江水系,体现了水利史上具有世界意义的伟大发明。有学者推断,灵渠宽度5~7米,水深1~2米,当时可以航行宽5米,装载500~600斛粮食的运船。"用这样的船只运粮,无疑比人力、畜力的运输能力提高了许多倍。这对保证秦军岭南战争的胜利,无疑起着不可估量的作用。"③有学者分析说,灵渠工程成功,"水路的畅通使得秦军增援的楼船之士乘水路而至,军粮的供给也得以解决"。④可能灵渠水路对于兵员运输实际意义并不突出,主要作用在于军粮运输。

石声汉总结战国水利成就,列举当时"空前宏伟的水利工程",包括"广西的灵渠"。⑤《史记》卷二九《河渠书》说水利事业的成就使得"秦以富强,卒并诸侯"。⑥应当肯定,直接服务于军运的灵渠的开通,也是秦实现统一的重要因素之一。⑦

---

① 《史记》,第2341页。参看王子今:《秦统一局面的再认识》,《辽宁大学学报》(哲学社会科学版)2013年第1期;《论秦始皇南海置郡》,《陕西师范大学学报》(哲学社会科学版)2017年1期。王云度、张文立主编《秦帝国史》说:"始皇统一六国的次年,即始皇二十七年(前220年),秦王朝开始大规模平定百越的战略行动。"论者依据《史记》卷一一三《南越列传》"与越杂处十三岁"上推十三年,确定"伐越年代在始皇二十七年"。又说:"林剑鸣《秦汉史》第二章中,依据后世《乐昌县志》的资料,将秦伐岭南年代定在始皇二十八年(前219年),可备一说。"陕西人民教育出版社,1997年,第55、74页。"二十八年"之说,可能由自二十八年(前219)琅邪刻石"皇帝之土,……南尽北户"文句。

② 《史记》卷一一二《平津侯主父列传》,第2958页。

③ 《广西航运史》编委会编:《广西航运史》,人民交通出版社,1991年,第4—7页;蔡万进:《秦国粮食经济研究》,内蒙古人民出版社,1996年,第89页。

④ 张卫星:《秦战争述略》,三秦出版社,2001年,第130页。

⑤ 石声汉:《中国农业遗产要略》,《中国古代农业科技》,农业出版社,1980年,第8页。

⑥ 《史记》,第1408页。

⑦ 王子今:《灵渠——秦代水利奇迹》,《人民日报》2020年10月31日5版。

五 秦战地运输的军事化管理形式

秦调发民役进行的大型工程,可能采取军事化的管理方式。秦始皇陵工程劳役人员在农民暴动武装逼近王朝中枢时,"授兵"即能够迅速组织成有战斗力的军队,可以看作例证之一。①

秦军运的组织形式,很可能也取军事化手段。汉代军运多使用"卒"的情形,可以作为旁证。汉代历史文化信息中,"卒"的身份与交通实践相关的史例颇多。居延汉简可见"戍卒""燧卒""卒"兼任"车父"的情形:如"戍卒梁国睢阳第四车父宫南里马广"(303.6,303.1)、"木中燧卒陈章车父"(E. P. T50:30)、"第卅二卒王弘车父"(E. P. T57:60)等。简文又直接可见"车父卒"(484.67,E. P. T52:167)与"车父车卒"(83.5A)称谓。"车父"同时又身为"卒",当大致与主要以转输为职任的《汉书》卷二四上《食货志上》所谓"漕卒"、《后汉书》卷一七《岑彭传》所谓"委输棹卒"身份相近。② 据《史记》卷二九《河渠书》,漕渠的开通,可以"损漕省卒"③,也说明漕运的主体力量是士兵。类似例证又有《汉书》卷二四上《食货志上》:"……又减关中卒五百人,转谷振贷穷乏。"《汉书》卷二九《沟洫志》:"是时方事匈奴,兴功利,言便宜者甚众。齐人延年上书言:'河出昆仑,经中国,注勃海,是其地势西北高而东南下也。可案图书,观地形,令水工准高下,开大河上领,出之胡中,东注之海。如此,关东长无水灾,北边不忧匈奴,可以省堤防备塞,士卒转输,胡寇侵盗,覆军杀将,暴骨原野之患。天下常备匈奴而

---

① 《史记》卷六《秦始皇本纪》:"(秦二世)二年冬,陈涉所遣周章等将西至戏,兵数十万。二世大惊,与群臣谋曰:'奈何?'少府章邯曰:'盗已至,众强,今发近县不及矣。郦山徒多,请赦之,授兵以击之。'二世乃大赦天下,使章邯将,击破周章军而走,遂杀章曹阳。二世益遣长史司马欣、董翳佐章邯击盗,杀陈胜城父,破项梁定陶,灭魏咎临济。楚地盗名将已死,章邯乃北渡河,击赵王歇等于钜鹿。"第270页。

② 《汉书》,第1141页。《后汉书》,第661页。王子今:《居延汉简所见〈车父名籍〉》,《中国历史博物馆馆刊》1992年总第18、19期;《关于居延"车父"简》,《简帛研究》第2辑,法律出版社,1996年。

③ 《史记》,第1410页。

不忧百越者,以其水绝壤断也。此功壹成,万世大利。'"①其中所谓"士卒转输",应是军事运输的通常形式。《三国志》卷四〇《蜀书·魏延传》裴松之注引《魏略》载录魏延的建议:"今假延精兵五千,负粮五千,直从褒中出,循秦岭而东,当子午而北,不过十日可到长安。"②"负粮"者也由军事长官统一指挥调动。

前引娄敬事迹"戍陇西,过洛阳","脱挽辂"见刘邦情形,也是戍卒前往戍所途中承担运输任务的实例。秦汉之际这一故事所反映的军运方式,可以理解为秦制的沿承。

汉代军事生活中大规模远征的军运调度,则有《汉书》卷二四上《食货志上》记载王莽击匈奴事,涉及"转委输"情节:"莽遂兴师,发三十万众,欲同时十道并出,一举灭匈奴;募发天下囚徒丁男甲卒转委输兵器,自负海江淮而至北边,使者驰传督趣,海内扰矣。"③这一情形,可以看作秦制的继承。

以军事化手段组织管理军事运输,可以保证有较高的效率。但是这种手段使用的极端化,则使得社会压力沉重,因而导致严重的政治危机。按照主父偃的说法,军运负担成为导致秦王朝灭亡的直接因素之一:"秦皇帝不听,遂使蒙恬将兵攻胡,辟地千里,以河为境。地固泽卤,不生五谷。然后发天下丁男以守北河。暴兵露师十有余年,死者不可胜数,终不能逾河而北。是岂人众不足,兵革不备哉?其势不可也。又使天下蜚刍挽粟,起于黄、腄、琅邪负海之郡,转输北河,率三十锺而致一石。男子疾耕不足于粮饷,女子纺绩不足于帷幕。百姓靡敝,孤寡老弱不能相养,道路死者相望,盖天下始畔秦也。"④所谓"使天下蜚刍挽粟,起于黄、腄、琅邪负海之郡,转输北河"这种长途军运造成的民众的过度负担,使得"百姓靡敝",甚至"道路死者相望",致使民怨沸腾,最终竟将秦政引向败亡。

---

① 《汉书》,第1686页。
② 《三国志》,第1003页。
③ 《汉书》,第1143页。
④ 《史记》卷一一二《平津侯主父列传》,第2954页。

第八章　秦皇帝"巡行郡县"

秦始皇、秦二世均曾辛苦出行。据《史记》卷六《秦始皇本纪》，秦二世胡亥称这种交通行为即"巡行郡县"。秦二世即位后，"与赵高谋曰：'朕年少，初即位，黔首未集附。先帝巡行郡县，以示强，威服海内。今晏然不巡行，即见弱，毋以臣畜天下'"。于是"东行郡县"①。

秦始皇"巡行郡县，以示强，威服海内"，以"臣畜天下"。宣示皇帝威权，实施政治控制，是出行目的。

秦皇帝"巡行郡县"，成为中国古代交通史册中醒目的一页。

一　秦始皇二十七年西巡

据《史记》卷六《秦始皇本纪》记述："二十七年，始皇巡陇西、北地，出鸡头山，过回中。"②这是秦实现统一之后秦始皇第一次出巡。此后秦始皇又曾四次出巡，均前往东方海滨。秦始皇二十七年（前220）"巡陇西、北地，出鸡头山，过回中"之行的目的和作用值得分析。对于秦帝国的行政史和交通史，秦始皇此次出巡均有重要的意义。

（一）咸阳—雍交通线路的延伸

《史记》卷六八《商君列传》记载：秦孝公任用商鞅主持变法，"作为筑冀阙宫

---

① 《史记》，第267页。
② 《史记》，第241页。

庭于咸阳,秦自雍徙都之"①是为改革运动中的重要措施。② 然而,雍虽然不再作为秦都,除宗庙所在外,"雍有日、月、参、辰、南北斗、荧惑、太白、岁星、填星、辰星、二十八宿、风伯、雨师、四海、九臣、十四臣、诸布、诸严、诸逑之属,百有余庙"。③ 仍然据有祭祀重心的地位。秦国国君往往频繁往来咸阳—雍之间。④

秦始皇本人也是如此。著名的蕲年宫之变,发生与平定,即发生于咸阳—雍之间。《史记》卷六《秦始皇本纪》:"九年,……四月,上宿雍。己酉,王冠,带剑。长信侯毐作乱而觉,矫王御玺及太后玺以发县卒及卫卒、官骑、戎翟君公、舍人,将欲攻蕲年宫为乱。王知之,令相国昌平君、昌文君发卒攻毐。战咸阳,斩首数百,皆拜爵,及宦者皆在战中,亦拜爵一级。毐等败走。即令国中:有生得毐,赐钱百万;杀之,五十万。尽得毐等。"秦王政十年(前233),相国吕不韦免。嬴政全面把握了国家权力。随即又有一次咸阳—雍之间的交通行为:"迎太后于雍而入咸阳,复居甘泉宫。"⑤

秦始皇二十七年(前220)"巡陇西、北地,出鸡头山,过回中",可以理解为咸阳—雍交通线路的向西延伸。这一交通方向,有明显的追溯秦由西而东迁徙旧迹的意图。

---

① 《史记》,第2232页。

② 参看王子今:《秦定都咸阳的生态地理学与经济地理学分析》,《人文杂志》2003年第5期;《从雍城到咸阳——秦国成就统一大业的经济动力》,《国家人文地理》2009年第9期;《从鸡峰到凤台——周秦时期关中经济重心的移动》,《咸阳师范学院学报》2010年第3期。

③ 《史记》卷二八《封禅书》。雍地作为信仰中心,据说有更悠久的传统。《封禅书》记载:"自未作鄜畤也,而雍旁故有吴阳武畤,雍东有好畤,皆废无祠。或曰:'自古以雍州积高,神明之隩,故立畤郊上帝,诸神祠皆聚云。盖黄帝时尝用事,虽晚周亦郊焉。'"其地位的空前上升,则由自定都于雍后秦人的经营:"作鄜畤后七十八年,秦德公既立,卜居雍,'后子孙饮马于河',遂都雍。雍之诸祠自此兴。用三百牢于鄜畤。作伏祠。磔狗邑四门,以御蛊菑。"第1359—1360页。参看王子今:《秦德公"磔狗邑四门"宗教文化意义试说》,《中国文化》1995年第12期;《论秦汉雍地诸畤中的炎帝之祠》,《文博》2005年第6期。

④ 由于"咸阳—雍"之间往来不超越秦本土政治文化重心地带,交通亦便捷,以往关注秦国国君远程出行的研究未予讨论。如王子今:《秦国君远行史迹考述》,《秦文化论丛》第8辑,陕西人民出版社,2001年。

⑤ 《史记》,第227页。

(二) 西:秦之旧都

在统一之后次年即西巡,体现了对秦国文化发祥地及统一战争中基本根据地的特别看重。

《汉书》卷五二《韩安国传》载王恢曰:"昔秦缪公都雍,地方三百里,知时宜之变,攻取西戎,辟地千里,并国十四,陇西、北地是也。"①《汉书》卷九四上《匈奴传上》:"秦昭王时,义渠戎王与宣太后乱,有二子。宣太后诈而杀义渠戎王于甘泉,遂起兵伐灭义渠。于是秦有陇西、北地、上郡,筑长城以距胡。"②汉代人回顾秦人的陇西、北地经营,言及秦穆公时代和秦昭襄王时代的突出成就,实际上也透露这一地区的实际控制曾经有反复。

按照《史记》卷一二九《货殖列传》表达的经济地理学理念,"陇西、北地"与关中同属于一个经济区:"天水、陇西、北地、上郡与关中同俗,然西有羌中之利,北有戎翟之畜,畜牧为天下饶。然地亦穷险,唯京师要其道。"③《货殖列传》的文字强调了三点:(1)"与关中同俗";(2)"畜牧为天下饶";(3)"地亦穷险"。这样,从三个方面分析了这一地区的文化、经济、交通地位:"与关中同俗",指出与"关中"区域文化的类同;"畜牧为天下饶",指出曾经成为秦富国强兵的重要条件;"地亦穷险,唯京师要其道",指出这里与东方联系必须经由"京师",然而另一方面,东方(包括"京师")与西方的联系,也必须利用这里"穷险"的交通条件。

张家山汉简《二年律令》相关内容显示的"大关中"的区域观念,也是将"陇西、北地"看作"关中"的共同经济地理与文化地理构成的。④

"始皇巡陇西、北地,出鸡头山,过回中"的表述很可能直接体现了出巡路线。即:陇西—北地—鸡头山—回中。

值得特别注意的,是近年考古学者发现秦比较集中的早期遗迹的甘肃甘谷、清水、天水地方,就在陇西郡。

---

① 《汉书》,第 2401 页。
② 《汉书》,第 3747 页。
③ 《史记》,第 3262 页。
④ 参看王子今:《秦汉区域地理学的"大关中"概念》,《人文杂志》2003 年第 1 期。

正是在这里,秦文化得到良好的发育条件。① 秦人团结奋起成就的政治实体迅速崛起,逐渐向东发展,最终影响了中国历史的走向。

秦人在陇西地方的早期活动,就发展取向来说,似曾有长江流域和黄河流域的选择。春秋战国时期列国之中,只有楚人也曾经有这样的经历。秦、楚均被中原人看作"夷狄"②,而最终并为强国。③

在《史记》卷二八《封禅书》言作为祭祀中心的雍地有"百有余庙"之后,又写道:

> 西亦有数十祠。

司马贞《索隐》:

> 西即陇西之西县,秦之旧都,故有祠焉。④

甘肃礼县发掘的祀所遗址,有的至西汉初期仍然进行祭祀活动。⑤ 秦始皇二十七年(前220)西巡,应当视察了"秦之旧都"与故祠。

人们熟知取得政治成功之后,汉高祖刘邦和汉光武帝刘秀"还归"故乡的生动故事。《史记》卷八《高祖本纪》:"高祖还归,过沛,留。置酒沛宫,悉召故人父老子弟纵酒,发沛中儿得百二十人,教之歌。酒酣,高祖击筑,自为歌诗曰:'大

---

① 参看王国维:《秦都邑考》,《观堂集林》卷一二;李学勤:《秦国发祥地》,《缀古集》,上海古籍出版社,1998年,第93—96页;雍际春:《秦人早期都邑西垂考》,《天水行政学院学报》2000年第4期;徐日辉:《甘肃东部秦早期文化的新认识》,《考古与文物》2001年第3期;张天恩:《试说秦西山陵区的相关问题》,《考古与文物》2003年第3期。

② 《史记》卷二七《天官书》:"秦、楚、吴、越,夷狄也,为强伯。"第1344页。《汉书》卷二六《天文志》:"秦、楚、吴、粤,夷狄也,为强伯。"第1301页。

③ 《战国策·秦策四》:"楚人有黄歇者,游学博闻,襄王以为辩,故使于秦。说昭王曰:'天下莫强于秦、楚……'"[西汉]刘向集录:《战国策》,上海古籍出版社,1985年,第242页。《史记》卷七八《春申君列传》:"(黄)歇乃上书说秦昭王曰:'天下莫彊于秦、楚……'"第2387页。《新序·善谋上》:"黄歇上书于秦昭王,欲使秦远交楚,而攻韩、魏,以解楚。其书曰:'天下莫强于秦楚……'"[汉]刘向编著,石光瑛校释,陈新整理:《新序校释》,中华书局,2001年,第1181—1183页。

④ 《史记》,第1375页。

⑤ 梁云:《对鸾亭山祭祀遗址的初步认识》,《中国历史文物》2005年第5期;甘肃省文物考古研究所、中国国家博物馆、北京大学考古文博学院等:《西汉水上游考古调查报告》,文物出版社,2008年,第290—291页。

风起兮云飞扬,威加海内兮归故乡,安得猛士兮守四方!'令儿皆和习之。高祖乃起舞,慷慨伤怀,泣数行下。谓沛父兄曰:'游子悲故乡。吾虽都关中,万岁后吾魂魄犹乐思沛。且朕自沛公以诛暴逆,遂有天下,其以沛为朕汤沐邑,复其民,世世无有所与。'沛父兄诸母故人日乐饮极欢,道旧故为笑乐。"①《后汉书》卷一下《光武帝纪下》:"(建武十七年冬十月)甲申,幸章陵。修园庙,祠旧宅,观田庐,置酒作乐,赏赐。时宗室诸母因酣悦,相与语曰:'文叔少时谨信,与人不款曲,唯直柔耳。今乃能如此!'帝闻之,大笑曰:'吾理天下,亦欲以柔道行之。'乃悉为舂陵宗室起祠堂。有五凤皇见于颍川之郏县。"②刘邦的"伤怀",刘秀的"大笑",都表达了对于故乡的特殊情感。沛于刘邦,章陵于刘秀,只是他们家族的居地,个人的故乡。而陇西西县之于秦始皇嬴政,则是秦人东向进取的精神原点,是秦整个部族的故乡。实现统一之后,秦始皇来到这里,不可能不产生强烈的心理冲动。

刘秀曾经往关中拜谒高庙,祭祀先帝之陵。"(建武六年)夏四月丙子,幸长安,始谒高庙,遂有事十一陵。"③在"有数十祠"的陇西西县,秦始皇也必然要进行隆重的拜祭典礼。他应当向先祖报告自己的成功,即泰山刻石所谓"二十有六年,初并天下,罔不宾服",琅邪刻石所谓"今皇帝并一海内,以为郡县,天下和平","六合之内,皇帝之土。西涉流沙,南尽北户。东有东海,北过大夏。人迹所至,无不臣者"。④

---

① 《史记》卷八《高祖本纪》又记载:"十余日,高祖欲去,沛父兄固请留高祖。高祖曰:'吾人众多,父兄不能给。'乃去。沛中空县皆之邑西献。高祖复留止,张饮三日。沛父兄皆顿首曰:'沛幸得复,丰未复,唯陛下哀怜之。'高祖曰:'丰吾所生长,极不忘耳,吾特为其以雍齿故反我为魏。'沛父兄固请,乃并复丰,比沛。于是拜沛侯刘濞为吴王。"第389—390页。

② 《后汉书》,第68—69页。《后汉书》卷一下《光武帝纪下》还记述:"(建武十九年)秋九月,南巡狩。壬申,幸南阳,进幸汝南南顿县舍,置酒会,赐吏人,复南顿田租岁。父老前叩头言:'皇考居此日久,陛下识知寺舍,每来辄加厚恩,愿赐复十年。'帝曰:'天下重器,常恐不任,日复一日,安敢远期十岁乎?'吏人又言:'陛下实惜之,何言谦也?'帝大笑,复增一岁。"第71页。

③ 《后汉书》卷一下《光武帝纪下》。李贤注:"有事谓祭也。《左传》曰:'有事于太庙。'高祖长陵,惠帝安陵,文帝霸陵,景帝阳陵,武帝茂陵,昭帝平陵,宣帝杜陵,元帝渭陵,成帝延陵,哀帝义陵,平帝康陵。"第48页。

④ 《史记》卷六《秦始皇本纪》,第243、247、245页。

(三) 秦西部战略成功的纪念

秦王政在统一战争进行期间，曾经 3 次出巡离开关中。《史记》卷六《秦始皇本纪》记载：(1)"十三年，桓齮攻赵平阳，杀赵将扈辄，斩首十万。王之河南。"(2)"十九年，王翦、羌瘣尽定取赵地东阳，得赵王。引兵欲攻燕，屯中山。秦王之邯郸，诸尝与王生赵时母家有仇怨，皆坑之。秦王还，从太原、上郡归。"(3)"二十三年，秦王复召王翦，强起之，使将击荆。取陈以南至平舆，虏荆王。秦王游至郢陈。"①(1)"王之河南"，其地在今河南洛阳。河南当时虽已为秦所据有，但是秦王政亲临河南，有特意置最高指挥中心临近统一战争前线的意义。(2)"秦王之邯郸"，邯郸在今河北邯郸。秦军"得赵王"后，秦王政即回到出生地赵国都城邯郸。"秦王还，从太原、上郡归。"行程相当辽远，然而秦王政此行对秦此后经营北边的决策，有重要的意义。与此前秦惠文王"(更元)五年，王游之北河"，以及秦昭襄王二十年(前 287)"又之上郡、北河"相联系，可以发现秦国执政者对于北方的重视。同类史实，又可以与秦统一后秦始皇行历北边的交通实践联系起来理解。(3)王翦"取陈以南至平舆，虏荆王"，陈在今河南淮阳，平舆在今河南平舆北。"秦王游至郢陈"，即行抵今河南淮阳地方。一说郢陈即陈②，一说郢在今安徽寿春③。此次出行，成为秦王政行临距离统一战争前线最近地方的记录。秦王政亲至楚地新占领区的这次出行，云梦睡虎地秦简《编年记》中对于当时楚地的战争背景有所记录。简文写道："廿三年，兴，攻荆，□□守阳□死。四月，昌文君死。"④

秦始皇统一之后的 5 次出巡，在西巡之后，"二十八年，始皇东行郡县，上邹峄山。""上泰山。""乃并勃海以东，过黄、腄，穷成山，登之罘。""南登琅邪。""二十九年，始皇东游。""登之罘。""旋，遂之琅邪，道上党入。""三十二年，始皇之碣石。""始皇巡北边，从上郡入。""三十七年十月癸丑，始皇出游。""十一月，

---

① 《史记》，第 232—234 页。
② 《中国历史地图集》，第 1 册第 45—46 页。
③ 马非百《秦集史》在"郢陈"之"郢"字下注曰："按指楚新都寿春。"中华书局，1982 年，上册第 90 页。
④ 睡虎地秦墓竹简整理小组：《睡虎地秦墓竹简》，文物出版社，1990 年，释文注释第 7 页。

行至云梦,望祀虞舜于九疑山。浮江下,观籍柯,渡海渚。过丹阳,至钱唐。临浙江。""上会稽,祭大禹,望于南海。""还过吴,从江乘渡。并海上,北至琅邪。""自琅邪北至荣成山……至之罘……遂并海西。"①

也就是说,秦始皇平生 8 次出巡,"二十七年,始皇巡陇西、北地,出鸡头山,过回中"是唯一一次西向巡行。

秦二世即位后与赵高商议:"朕年少,初即位,黔首未集附。先帝巡行郡县,以示强,威服海内。今晏然不巡行,即见弱,毋以臣畜天下。"②可知秦始皇"巡行郡县"的主要目的是"示强,威服海内"。这正是秦始皇屡屡东巡的原因。

西部地区是秦统一战争的后方。秦人东向兼并的历程中,对新占领区的控制,按照时间和空间分析,大致有三个梯次,或说三个阶段,即:秦昭襄王以前对巴蜀的控制——秦昭襄王时代对太行山、白河以西地方的控制——秦王政时代对六国故地更东区域的全面控制。前则精心行政取得成功,后则不免有所失误。秦关东政策的失败成为导致最终败亡的重要原因。当然,六国旧有政治领导集团的复国追求及持续反抗,也集中表现在关东地方秦最后占有的区域。由于前期政策的成功,使得西部地方成为秦稳定的根据地。实际上秦控制巴蜀之后,其版图纵跨纬度已经超过 10°以上,已经具有了对于草原、荒漠、游牧区,北地上郡游牧农耕交错地区,关中粟麦耕作区和巴蜀稻米耕作区进行管理的全面的执政能力。而当时的东方六国没有一个国家具有这样的能力。对西部地区的管理,是秦执政集团在领导统一的天下,力求实现"天下咸抚""远近毕清"境界之前的成功的演习。

在这一认识的基点上理解"始皇巡陇西、北地"的意义,应当注意到这次出巡实际上可以看作对"皇帝奋威,德并诸侯"的统一战争中西部成就后方之功业的军民的一次正式慰问,也是秦西部战略成功的一种历史纪念。秦始皇西巡经历地方依恃"畜牧为天下饶"的经济条件提供的军运动力以及行军速度和作战机动性的保证,想必对秦军的东方进击多有助益。

比较楚汉战争中萧何的功绩,可以深化对秦统一战争中西部之战略贡献的认识。刘项激战,刘邦屡战屡败,然而得到萧何组织的兵员和物资源源不断的补

---

① 《史记》卷六《秦始皇本纪》,第 242、244 页,第 249—252 页,第 260、263 页。
② 《史记》卷六《秦始皇本纪》,第 267 页。

充,最终击灭项羽。《史记》卷五三《萧相国世家》:"汉王引兵东定三秦,何以丞相留收巴蜀,填抚谕告,使给军食。汉二年,汉王与诸侯击楚,何守关中,侍太子,治栎阳。为法令约束,立宗庙社稷宫室县邑,辄奏上,可,许以从事;即不及奏上,辄以便宜施行,上来以闻。关中事计户口转漕给军,汉王数失军遁去,何常兴关中卒,辄补缺。上以此专属任何关中事。""汉五年,既杀项羽,定天下,论功行封。群臣争功,岁余功不决。高祖以萧何功最盛,封为酂侯,所食邑多。"在关于"位次"的讨论中,皆曰曹参"身被七十创,攻城略地,功最多,宜第一",而刘邦"心欲何第一"。"关内侯鄂君进曰:'群臣议皆误。夫曹参虽有野战略地之功,此特一时之事。夫上与楚相距五岁,常失军亡众,逃身遁者数矣。然萧何常从关中遣军补其处,非上所诏令召,而数万众会上之乏绝者数矣。夫汉与楚相守荥阳数年,军无见粮,萧何转漕关中,给食不乏。陛下虽数亡山东,萧何常全关中以待陛下,此万世之功也。今虽亡曹参等百数,何缺于汉?汉得之不必待以全。奈何欲以一旦之功而加万世之功哉!萧何第一,曹参次之。'高祖曰:'善。'于是乃令萧何第一,赐带剑履上殿,入朝不趋。"①《汉书》卷三九《萧何传》:"汉五年,已杀项羽,即皇帝位,论功行封。群臣争功,岁余不决。上以何功最盛,先封为酂侯,食邑八千户。"②所谓"萧何第一",所谓"功最盛,先封",体现出对"转漕给军","转漕关中,给食不乏","常兴关中卒,辄补缺","常从关中遣军补其处,非上所诏令召,而数万众会上之乏绝者数矣"功绩的肯定。

(四)"出鸡头山,过回中"

《史记》卷六《秦始皇本纪》关于"二十七年,始皇巡陇西、北地,出鸡头山,过回中"的记载,张守节《正义》:"陇西,今陇右;北地,今宁州也。"

关于"鸡头山",张守节《正义》引《括地志》云:"鸡头山在成州上禄县东北二十里,在京西南九百六十里。郦元云:'盖大陇山异名也。'《后汉书·隗嚣传》云'王莽塞鸡头',即此也。"张守节按:"原州平高县西百里亦有笄头山,在京西北八百里,黄帝鸡山之所。"据谭其骧主编《中国历史地图集》,"鸡头山"在今甘

---

① 《史记》,第 2014—2016 页。
② 《汉书》,第 2008 页。《后汉书》卷七〇《荀彧传》李贤注:"高祖既杀项羽,论功行封,以萧何为最。"中华书局,1965 年,第 2289 页。

肃泾原西北,大致六盘山东南的位置。①

关于"回中",裴骃《集解》写道:"应劭曰:'回中在安定高平。'孟康曰:'回中在北地。'"张守节《正义》:"《括地志》云:'回中宫在岐州雍县西四十里。'言始皇欲西巡陇西之北,从咸阳向西北出宁州,西南行至成州,出鸡头山,东还,过岐州回中宫。"②据谭其骧主编《中国历史地图集》,"回中"在今甘肃华亭南,陕西陇县西北。③ 马非百先生撰《秦集史》④,篇末列《遗迹表》,分列"今地""遗迹名称""传说""备考"(即资料出处),没有今甘肃省"遗迹"。⑤ 其实,搜检《嘉庆重修一统志》,是可以看到相关信息的。如卷二五九《平凉府·山川》"崆峒山"条:"在平凉县西,即笄头山。一作鸡头,一作开头,一作汧屯,又名牵屯,一名薄落。《史记》:黄帝西至空桐,登鸡头。又秦始皇二十七年,巡陇西北地,出鸡头山过回中。"又卷二六〇《平凉府·古迹》"回中宫"条:"在固原州境。汉武帝元封四年行幸雍,通回中道,遂出萧关。应劭曰:回中在安定平高,有险阻,秦置回中宫于此。"⑥当然,方志中相关信息不可看作历史确证,但是还是可以引为参考。

值得注意的是,与秦始皇实现统一后第一次出巡相对应,汉武帝"始巡郡国",也来到陇西北地。《史记》卷三〇《平准书》记载:"天子始巡郡国。东度河,河东守不意行至,不辨,自杀。行西逾陇,陇西守以行往卒,天子从官不得食,陇西守自杀。于是上北出萧关,从数万骑,猎新秦中,以勒边兵而归。新秦中或千里无亭徼,于是诛北地太守以下,而令民得畜牧边县,官假马母,三岁而归,及息

---

① 《中国历史地图集》,第2册第5—6页。
② 《史记》,第241—242页。
③ 《中国历史地图集》,第2册第5—6页。
④ 作者在书末写道:"一九七九年九月二十九日为庆祝中华人民共和国建国三十周年献礼,连日夜自撰自抄,全书初步完成。时年八十有四岁。于北京西城区受水河三十号。"马非百:《秦集史》,中华书局,1982年,第1043页。
⑤ 马非百:《秦集史》,第1022—1043页。
⑥ 《嘉庆重修一统志》,中华书局,1986年,第16册第12867—12868页,第12904—12905页。

什一,以除告缗,用充仞新秦中。"①而《汉书》卷六《武帝纪》的记载是:"(元鼎四年冬十月)行自夏阳,东幸汾阴。十一月甲子,立后土祠于汾阴脽上。""五年冬十月,行幸雍,祠五畤。遂逾陇,登空同,西临祖厉河而还。"②《资治通鉴》卷二〇的处理方式,则将"东度河,河东守不意行至,不辨,自杀",与"行西逾陇,陇西守以行往卒,天子从官不得食,陇西守自杀"以及"新秦中或千里无亭徼,于是诛北地太守以下"分隶元鼎四年(前113)和元鼎五年(前112):

> (元鼎四年)冬,十月,……是时,天子始巡郡、国;河东守不意行至,不办,自杀。

> (元鼎五年)冬,十月,上祠五畤于雍,遂逾陇,西登崆峒。陇西守以行往卒,天子从官不得食,惶恐,自杀。于是上北出萧关,从数万骑猎新秦中,以勒边兵而归。新秦中或千里无亭徼,于是诛北地太守以下。③

可以看到,汉武帝元鼎五年(前112)的这次出巡,几乎完全遵行秦始皇二十七年(前220)西巡旧迹。值得注意的是,河东太守和陇西太守均因交通服务条件"自杀",北地太守也因为军事交通系统建设未能达到要求被"诛"。

尽管汉武帝西巡的目的应当与秦始皇不同,但是两者路线的相近,值得交通史和区域文化史研究者深思。

(五)关于"治驰道"决策

《史记》卷六《秦始皇本纪》关于秦始皇二十七年(前220)政事的记述只有64字:

> 二十七年,始皇巡陇西、北地,出鸡头山,过回中。焉作信宫渭南,已更命信宫为极庙,象天极。自极庙道通郦山,作甘泉前殿。筑甬道,

---

① 《史记》,第1438页。《汉书》卷二四下《食货志下》:"天子始出巡郡国。东度河,河东守不意行至,不辩,自杀。行西逾陇,卒,从官不得食,陇西守自杀。于是上北出萧关,从数万骑行猎新秦中,以勒边兵而归。新秦中或千里无亭徼,于是诛北地太守以下,而令民得畜边县,官假马母,三岁而归,及息什一,以除告缗,用充入新秦中。"第1172页。

② 《汉书》,第183、185页。

③ [宋]司马光编著,[元]胡三省音注,"标点资治通鉴小组"校点:《资治通鉴》,中华书局,1956年,第660、665页。

自咸阳属之。是岁,赐爵一级。治驰道。①

而"治驰道",是非常重要的行政举措。

驰道的修筑,是秦汉交通建设事业中最具时代特色的成就。通过秦始皇和秦二世出巡的路线,可以知道驰道当时已经结成全国陆路交通网的基本要络。曾经作为秦中央政权主要决策者之一的左丞相李斯被赵高拘执,在狱中上书自陈,历数功绩有七项,其中包括"治驰道,兴游观,以见主之得意"②。李斯以丞相身份发起主持驰道工程,可见修治驰道是统治短暂的秦王朝行政活动的主要内容之一。

"治驰道"的工程在秦二世时代依然继续。《史记》卷八七《李斯列传》:"法令诛罚日益刻深,群臣人人自危,欲畔者众。又作阿房之宫,治直道、驰道,赋敛愈重,戍徭无已。于是楚戍卒陈胜、吴广等乃作乱,起于山东,杰俊相立,自置为侯王,叛秦……"③"驰道"工程成为导致秦亡的重要原因之一。

《说文·马部》:"驰,大驱也。"段玉裁注:"《诗》每以'驰''驱'并言。许穆夫人首言'载驰载驱',下言'驱马悠悠','驰'亦'驱'也,较大而疾耳。"④看来,驰道是区别于普通道路的高速道路,作为交通干线形成秦帝国交通网的主脉。历代地理书以及许多地方志中常常可以看到有关秦汉驰道遗迹的记载。驰道许多路段作为千古不易的交通通道的事实,也说明驰道设计选线的合理性能够经受历史的考验。

秦始皇二十七年(前220)"巡陇西、北地"后即宣布"治驰道",因而开启了在中国古代交通史进程中意义重要的全国交通建设的宏大工程。"治驰道"的设计,应当最初来自"陇西、北地"交通规划。现在看来,这一决策很可能与秦始皇此次出巡中经历"穷险"交通条件的切身体验有关。

---

① 裴骃《集解》:"应劭曰:'驰道,天子道也,道若今之中道然。'《汉书·贾山传》曰:'秦为驰道于天下,东穷燕齐,南极吴楚,江湖之上,滨海之观毕至。道广五十步,三丈而树,厚筑其外,隐以金椎,树以青松。'"《史记》,第241—242页。

② 《史记》卷八七《李斯列传》,第2561页。

③ 《史记》,第2553页。

④ [汉]许慎撰,[清]段玉裁注:《说文解字注》,上海古籍出版社据经韵楼藏版1981年10月影印版,第467页。

二 秦始皇东巡

东方是秦始皇巡行的主要方向。这首先因为统一战争时期的新占领区全在东方,"臣畜天下"的政治任务,主要面对东方。"示强,威服海内"的主要对象,也在东方。除了控制东方六国故地之外,对海洋的关注,也表现于秦始皇东巡的交通实践中。

(一)"二十八年,始皇东行郡县"

秦王朝建立之后秦始皇第二次出巡,即以东方新占领区为方向,琅邪刻石自称"东抚东土"。①《史记》卷六《秦始皇本纪》记载:"二十八年,始皇东行郡县,上邹峄山。立石,与鲁诸儒生议,刻石颂秦德,议封禅望祭山川之事。乃遂上泰山,立石,封,祠祀。"登泰山,禅梁父,刻所立石。其辞曰:

> 皇帝临位,作制明法,臣下修饬。二十有六年,初并天下,罔不宾服。亲巡远方黎民,登兹泰山,周览东极……②

所谓"亲巡远方黎民","周览东极",宣示了东巡行为的目的。

又沿渤海海岸东行,至于胶东半岛的东端,"于是乃并勃海以东,过黄、腄,穷成山,登之罘,立石颂秦德焉而去"。关于"黄、腄",裴骃《集解》:"《地理志》东莱有黄县、腄县。"张守节《正义》:"腄,逐瑞反。字或作'陲'。《括地志》云:'黄县故城在莱州黄县东南二十五里,古莱子国也。牟平县城在黄县南百三十里。《十三州志》云牟平县古腄县也。'"关于"成山""之罘",裴骃《集解》:"《地理志》之罘山在腄县。"张守节《正义》:"罘音浮。《括地志》云:'在莱州文登县东北百八十里。成山在文登县西北百九十里。'穷犹登极也。《封禅书》云:'八神,五曰阳主;祠之罘;七曰日主,祠成山,成山斗入海。'又云:'之罘山在海中。文登县,古腄县也。'"③

---

① 《史记》卷六《秦始皇本纪》,第 245 页。
② 《史记》,第 242—243 页。
③ 《史记》,第 244 页。

秦始皇又沿海岸南行,到达琅邪。裴骃《集解》:"今兖州东沂州、密州,即古琅邪也。"秦始皇在琅邪有十分特殊的表现:

> 南登琅邪,大乐之,留三月。乃徙黔首三万户琅邪台下,复十二岁。作琅邪台,立石刻,颂秦德,明得意。

裴骃《集解》:"《地理志》越王句践尝治琅邪县,起台馆。"司马贞《索隐》:"《山海经》琅邪台在渤海间。盖海畔有山,形如台,在琅邪,故曰琅邪台。"张守节《正义》引《括地志》云:"密州诸城县东南百七十里有琅邪台,越王句践观台也。台西北十里有琅邪故城。《吴越春秋》云:'越王句践二十五年,徙都琅邪,立观台以望东海,遂号令秦、晋、齐、楚,以尊辅周室,歃血盟。'即句践起台处。""琅邪山在密州诸城县东南百四十里。始皇立层台于山上,谓之琅邪台,孤立众山之上。秦王乐之,留三月,立石山上,颂秦德也。"刻石写道:

> 维二十八年,皇帝作始。端平法度,万物之纪。以明人事,合同父子。圣智仁义,显白道理。东抚东土,以省卒士。事已大毕,乃临于海。皇帝之功,劝劳本事。上农除末,黔首是富。普天之下,抟心揖志。器械一量,同书文字。日月所照,舟舆所载。皆终其命,莫不得意。应时动事,是维皇帝。匡饬异俗,陵水经地。忧恤黔首,朝夕不懈。①

其中"东抚东土,以省卒士",陈明了秦始皇东巡的行政任务。而"六合之内,皇帝之土",以及炫耀秦帝国疆域辽阔之所谓"西涉流沙,南尽北户""东有东海,北过大夏""人迹所至,无不臣者"等文字,也可以帮助我们体会秦始皇远行"乃临于海"的心理动机。

秦始皇此次出巡,回程经过彭城(今江苏徐州),南渡淮水,又浮江而行,最后自南郡(郡治在今湖北江陵)经由武关(今陕西商南南)回归。即《史记》卷六《秦始皇本纪》:"始皇还,过彭城,斋戒祷祠,欲出周鼎泗水。使千人没水求之,弗得。乃西南渡淮水,之衡山、南郡。浮江,至湘山祠。逢大风,几不得渡。上问博士曰:'湘君何神?'博士对曰:'闻之,尧女,舜之妻,而葬此。'于是始皇大怒,使刑徒三千人皆伐湘山树,赭其山。上自南郡由武关归。"②这一次出巡,云梦睡

---

① 《史记》,第244—245页。
② 《史记》,第248页。

虎地秦墓出土竹简《编年记》中也有反映,写作:"【二十八年】今过安陆。"①正是秦始皇"自南郡由武关归",途中经过安陆(今湖北云梦)的记录。

(二)"二十九年,皇帝东游"

《史记》卷六《秦始皇本纪》所记载秦王朝建立之后秦始皇第三次出巡的情形,竟有出入生死险境的经历。据说在阳武博浪沙(今河南郑州东北)地方,曾经遭到武装敌对者的袭击:"二十九年,始皇东游。至阳武博浪沙中,为盗所惊。"追捕未得,于是令天下戒严十天,进行大规模搜捕。博浪沙在今河南原阳。裴骃《集解》:"《地理志》河南阳武县有博狼沙。"②

秦始皇此行又登临位于今山东烟台的之罘山。之罘刻石写道:"维二十九年,时在中春,阳和方起。皇帝东游,巡登之罘,临照于海。""义诛信行,威燀旁达,莫不宾服。烹灭强暴,振救黔首,周定四极。"回程经过琅邪(今山东胶南南),由上党(郡治在今山西长治西)返回关中。《史记》卷六《秦始皇本纪》记述:"旋,遂之琅邪,道上党入。"③

(三)秦始皇"之碣石""巡北边"

此后第三年,秦始皇再一次东巡,亲临碣石。又巡视北边,从上郡(郡治在今陕西榆林南)返回咸阳。《史记》卷六《秦始皇本纪》记载:

> 三十二年,始皇之碣石,使燕人卢生求羡门、高誓。刻碣石门。坏城郭,决通堤防。

碣石刻石写道:

> 皇帝奋威,德并诸侯,初一泰平。堕坏城郭,决通川防,夷去险阻。地势既定,黎庶无繇,天下咸抚。男乐其畴,女修其业,事各有序。惠被诸产,久并来田,莫不安所。

"坏城郭,决通堤防"即"堕坏城郭,决通川防,夷去险阻",是交通建设的重

---

① 睡虎地秦墓竹简整理小组:《睡虎地秦墓竹简》,文物出版社,1990年,释文注释第7页。
② 《史记》,第249页。
③ 《史记》,第249—250页。

要主题。《史记》卷六《秦始皇本纪》记载:

> 因使韩终、侯公、石生求仙人不死之药。始皇巡北边,从上郡入。燕人卢生使入海还,以鬼神事,因奏录图书,曰"亡秦者胡也"。始皇乃使将军蒙恬发兵三十万人北击胡,略取河南地。①

《史记》卷六《秦始皇本纪》还记载:"西北斥逐匈奴。自榆中并河以东,属之阴山,以为四十四县,城河上为塞。又使蒙恬渡河取高阙、阳山、北假中,筑亭障以逐戎人。徙谪,实之初县。""三十四年,適治狱吏不直者,筑长城及南越地。"②三十二年(前215),秦始皇派将军蒙恬发兵三十万人北击匈奴,夺取了包括今河套地区的所谓"河南地"。次年,即秦始皇三十三年(前214),又于西北对匈奴用兵,成功地将匈奴势力逐出今陕西、内蒙古交界地区直至阴山一带,在当地置四十四县,沿河修筑城塞。又派蒙恬北渡河夺取了高阙(今内蒙古杭锦后旗东北)等军事要地,修筑亭障以防御草原游牧民族的侵扰。并且从内地移民以充实边县。三十四年(前213),又调发工役人员修筑长城。

可以推知,秦始皇经营北边的一系列重大决策,是在他出巡亲历北边,即在"巡北边,从上郡入"之后形成的。很显然,重要的区域政策的制定,是以他亲自对当地的实地考察为基础的。

而"三十五年,除道,道九原抵云阳,堑山堙谷,直通之",即直道工程的启动,应当也与秦始皇"巡北边"后"从上郡入"的交通实践有关。同年,"徙三万家丽邑,五万家云阳,皆复不事十岁"③。所谓徙"五万家云阳"应联系直道建设思考其决策的出发点,"云阳"是直道的终点。④ 秦始皇三十六年(前211),"始皇卜之,卦得游徙吉。迁北河榆中三万家。拜爵一级"。张守节《正义》:"谓北河胜州也。榆中即今胜州榆林县也。言徙三万家以应卜卦游徙吉也。"⑤"北河榆中"与"游徙"的关系,也使人联想到直道的起点九原。

---

① 《史记》,第251—252页。
② 《史记》,第253页。
③ 《史记》,第256页。
④ 王子今:《秦始皇直道起点辨正》,《人文杂志》2017年第1期。
⑤ 《史记》,第259—260页。

(四)秦始皇三十七年出巡

秦始皇三十七年(前210)最后一次出巡,行至云梦,望祀虞舜于九疑山,又浮江而下,过丹阳(今安徽马鞍山东),至钱唐(今浙江杭州西),临浙江,上会稽山,祭大禹,望于南海,又还过吴(今江苏苏州),沿海岸北上,最终病逝于行途中。

《史记》卷六《秦始皇本纪》记载:"三十七年十月癸丑,始皇出游。"这是唯一的有关秦始皇出行日期的记录。司马迁又写道:

> 左丞相斯从,右丞相去疾守。少子胡亥爱慕请从,上许之。十一月,行至云梦,望祀虞舜于九疑山。浮江下,观籍柯,渡海渚。过丹阳,至钱唐。临浙江,水波恶,乃西百二十里从狭中渡。上会稽,祭大禹,望于南海,而立石刻颂秦德。

刻石文字说到秦始皇出巡事:"皇帝休烈,平一宇内,德惠修长。三十有七年,亲巡天下,周览远方。"又写道:"圣德广密,六合之中,被泽无疆。皇帝并宇,兼听万事,远近毕清。""大治濯俗,天下承风,蒙被休经。皆遵度轨,和安敦勉,莫不顺令。黔首修絜,人乐同则,嘉保太平。"①

司马迁记述,秦始皇的车队循海岸行驶,即所谓"并海上",北行到达渤海沿岸:

> 方士徐市等入海求神药,数岁不得,费多,恐谴,乃诈曰:"蓬莱药可得,然常为大鲛鱼所苦,故不得至,愿请善射与俱,见则以连弩射之。"

随后"始皇梦与海神战,如人状。问占梦,博士曰:'水神不可见,以大鱼蛟龙为候。今上祷祠备谨,而有此恶神,当除去,而善神可致'"。于是,"乃令入海者赍捕巨鱼具,而自以连弩候大鱼出射之。自琅邪北至荣成山,弗见。至之罘,见巨鱼,射杀一鱼。遂并海西"②。随后"至平原津而病",不久就走到人生终点。

据《史记》卷八八《蒙恬列传》,秦始皇心怀"欲游天下"之志。③ 关于秦始皇

---

① 《史记》,第260—262页。
② 《史记》,第263—264页。
③ 《史记》,第2566页。

出行,《史记》卷八七《李斯列传》有"祷祠名山诸神以延寿命"的说法。①《史记》卷六《秦始皇本纪》又可见"东抚东土,以省卒士"词语,但是,秦始皇不避霜露,辛苦出行的目的,并不仅仅是祷祠各地名山诸神以求长生,也不仅仅是亲自慰抚镇守东方的秦军卒士。琅邪刻石所谓"皇帝之明,临察四方","皇帝之德,存定四极",其实也透露出秦始皇在当时的交通条件下,风尘仆仆,往来于东海北边的动机,有通过这种交通实践了解天下四方的文化风貌,从而巩固和完善秦王朝政治统治的因素。通过回顾秦立国至秦统一这一历史时段秦国君远行的记录,可以理解秦始皇的出巡行为是有特定的文化背景的,实际上也可以看作是一种有悠久渊源的历史传统的继承和延续。

三 秦二世出巡

秦始皇出巡途中去世,车队在"秘之,不发丧"的情况下继续行进。秦二世胡亥与载运秦始皇尸身的辒凉车经行直道回到咸阳。秦二世胡亥即位之后,曾效法"先帝巡行郡县,以示强,威服海内",以扩张行政权势为目的东巡,至辽东,还至咸阳,很可能再次经历直道。

(一) 沙丘阴谋与"行从直道至咸阳"

按照司马迁的记述,秦始皇最后一次出巡,途中病重去世。赵高与胡亥、李斯密谋策动沙丘政变,安排胡亥即位。《史记》卷六《秦始皇本纪》:

> 至平原津而病。始皇恶言死,群臣莫敢言死事。上病益甚,乃为玺书赐公子扶苏曰:"与丧会咸阳而葬。"书已封,在中车府令赵高行符玺事所,未授使者。七月丙寅,始皇崩于沙丘平台。丞相斯为上崩在外,恐诸公子及天下有变,乃秘之,不发丧。棺载辒凉车中,故幸宦者参乘,所至上食。百官奏事如故,宦者辄从辒凉车中可其奏事。独子胡亥、赵高及所幸宦者五六人知上死。赵高故尝教胡亥书及狱律令法事,胡亥私幸之。高乃与公子胡亥、丞相斯阴谋破去始皇所封书赐公子扶苏者,

---

① 《史记》,第2551页。

而更诈为丞相斯受始皇遗诏沙丘,立子胡亥为太子。更为书赐公子扶苏、蒙恬,数以罪,赐死。语具在《李斯传》中。行,遂从井陉抵九原。会暑,上辒车臭,乃诏从官令车载一石鲍鱼,以乱其臭。①

随后就有直道之行。随后又有秦二世即位,秦始皇入葬事:

> 行从直道至咸阳,发丧。太子胡亥袭位,为二世皇帝。九月,葬始皇郦山。②

司马迁的记叙非常简略,然而却描述了一个时代的庄严落幕,一个新的历史转变的冷酷的开启。

自秦王朝开始,许多代王朝都在第一代执政者与第二代执政者权力交递时发生政治危机。秦代如此,西汉王朝刘邦拟废太子刘盈立赵王刘如意引起上层朝臣恐慌也是如此,此后隋代、唐代都复演了同样的"节目"。明清史也可以看到重复的情节。这种历史活剧的第一幕的演出,秦直道作为重要的"布景",是值得我们注意的。

秦始皇设计规划,并指派"名为忠信"③,最为信任亲近的名将蒙恬主持修筑了这条直道。这一交通史的杰作,却没有能够迎来秦始皇本人的踏行。他只是在已"崩"之后,以"会暑,上辒车臭","车载一石鲍鱼,以乱其臭"的特殊的尴尬方式经行了这条道路。

秦二世胡亥可以说是第一位行经这一世界交通史上规模最宏伟的道路的权位最高的执政者。

(二)"巡狩"传统与"示强"追求

据司马迁在《史记》卷六《秦始皇本纪》中的记载,秦二世元年(前209),李斯、冯去疾等随从新主往东方巡行。这次出行,时间虽然颇为短暂,行程却甚为

---

① 《史记》,第264页。
② 《史记》,第265页。
③ 《史记》卷八八《蒙恬列传》:"始皇二十六年,蒙恬因家世得为秦将,攻齐,大破之,拜为内史。秦已并天下,乃使蒙恬将三十万众北逐戎狄,收河南。筑长城,因地形,用制险塞,起临洮,至辽东,延袤万余里。于是渡河,据阳山,逶蛇而北。暴师于外十余年,居上郡。是时蒙恬威振匈奴。始皇甚尊宠蒙氏,信任贤之。而亲近蒙毅,位至上卿,出则参乘,入则御前。恬任外事而毅常为内谋,名为忠信,故虽诸将相莫敢与之争焉。"《史记》,第2565—2566页。

辽远。《史记》卷一五《六国年表》止于秦二世三年（前207），然而不记此事。由于秦二世是所谓"以六合为家，崤函为宫，一夫作难而七庙隳，身死人手，为天下笑"①的亡国之君，后世史家对秦二世东巡也很少予以注意。可是从交通史研究的角度考察，其实是应当肯定这一以强化政治统治为目的的行旅过程的历史意义的。从文化史研究的角度分析，也可以由此深化对秦文化某些重要特质的认识。

《史记》卷六《秦始皇本纪》记载，"二世皇帝元年，年二十一"，即位初，就刻意维护专制的基础，炫耀皇权的尊贵，于是有巡行东方郡县之议：

> 二世与赵高谋曰："朕年少，初即位，黔首未集附。先帝巡行郡县，以示强，威服海内。今晏然不巡行，即见弱，毋以臣畜天下。"春，二世东行郡县，李斯从。到碣石，并海，南至会稽而尽刻始皇所立刻石，石旁著大臣从者名，以章先帝成功盛德焉：
>
> 皇帝曰："金石刻尽始皇帝所为也。今袭号而金石刻辞不称始皇帝，其于久远也如后嗣为之者，不称成功盛德。"丞相臣斯、臣去疾、御史大夫臣德昧死言："臣请具刻诏书刻石，因明白矣。臣昧死请。"制曰："可。"
>
> 遂至辽东而还……
>
> 四月，二世还至咸阳……②

根据这一记述，秦二世及其随从由咸阳东北行，"到碣石，并海，南至会稽"，又再次北上至辽东，然后回归咸阳。

上古圣王"巡狩"传说可能对秦代执政者有所影响。

炎帝有"连山氏"称号，早期易学亦有称作《连山》或《连山易》的文献。其相互关联值得重视。通过"连山"之"连"的字义分析，可以推进对早期交通的认识。轩辕名号与交通有关。轩辕神话也体现交通发明对文明进步的影响。先古圣王"巡狩"的传说记录，也保留了反映交通行为与早期国家形成之关系的宝贵信息。"巡狩"故事，可以看作体现交通实践与执政能力之关系的历史记忆。

《史记》卷一《五帝本纪》记述，帝尧"就之如日，望之如云"之名望与权威的

---

① 贾谊：《过秦论》，《史记》卷六《秦始皇本纪》，第282页。
② 《史记》，第267—268页。

形成,与"彤车乘白马"的交通形式有关。① 他选用帝舜作为执政权力继承人,首先注意到他的交通能力:"尧使舜入山林川泽,暴风雷雨,舜行不迷。尧以为圣,召舜曰:'女谋事至而言可绩,三年矣。女登帝位。'""舜入于大麓,烈风雷雨不迷,尧乃知舜之足授天下。"②所谓"使舜入山林川泽","入于大麓",直接理解,实际上是一种对于交通能力的测试。所谓"山林",司马贞《索隐》:"《尚书》云'纳于大麓',《谷梁传》云'林属于山曰麓',是山足曰麓,故此以为入山林不迷。孔氏以麓训录,言令舜大录万几之政,与此不同。"③显然《谷梁传》和《史记》的理解是正确的,而"孔氏以麓训录,令舜大录万几之政"之说未可信从。据《抱朴子·登涉》,抱朴子曰:"大华之下,白骨狼藉。"言行走山林,其境险恶。"山无大小,皆有神灵。山大即神大,山小即神小也。入山而无术,必有患害,或被疾病及刺伤,及惊怖不安;或见光影,或闻异声;或令大木不风而自摧折,岩石无故而自堕落,打击煞人,或令人迷惑狂走,堕落坑谷;或令人遭虎狼毒虫……"这些严重威胁交通安全的诸多因素,使得"古中国人把无论远近的出行认为一桩不寻常的事"。他们"对于过分新奇过分不习见的事物和地方,每生恐惧之心"。在他们看来,"对我必怀有异心的人们而外,虫蛇虎豹,草木森林,深山幽谷,大河急流,暴风狂雨,烈日严霜,社稷丘墓,神鬼妖魔,亦莫不欺我远人"。④ 在原始时代,对种种阻碍交通的"神灵""患害"的克服,可以为当时社会"以为圣",甚至被看作具有"足授天下"的资质,是符合早期交通史和早期文明史的实际的。

在帝尧在位期间,已经令帝舜主持行政。而执政的重要方式,是交通行为"巡狩":"尧老,使舜摄行天子政,巡狩。"⑤关于"巡狩"的具体形式,《史记》卷一《五帝本纪》有所记述:

> 于是帝尧老,命舜摄行天子之政,以观天命。舜乃在璇玑玉衡,以齐七政。遂类于上帝,禋于六宗,望于山川,辩于群神。揖五瑞,择吉月日,见四岳诸牧,班瑞。岁二月,东巡狩,至于岱宗,柴,望秩于山川。遂

---

① 《史记》,第15页。
② 《史记》,第22、38页。
③ 《史记》,第23页。
④ 江绍原:《中国古代旅行之研究——侧重其法术的和宗教的方面》,商务印书馆,1935年,第56、5页。
⑤ 《史记》,第38页。

见东方君长,合时月正日,同律度量衡,修五礼五玉三帛二生一死为挚,如五器,卒乃复。五月,南巡狩;八月,西巡狩;十一月,北巡狩:皆如初。归,至于祖祢庙,用特牛礼。五岁一巡狩,群后四朝。遍告以言,明试以功,车服以庸。

裴骃《集解》:"郑玄曰:'巡狩之年,诸侯见于方岳之下。其间四年,四方诸侯分来朝于京师也。'"①也就是说,"巡狩"与"来朝",是"天子"与"诸侯"自"京师"与"方岳之下"彼此交替的交通行为。对于"巡狩"四方的意义,张守节《正义》说:"王者巡狩,以诸侯自专一国,威福任己,恐其壅遏上命,泽不下流,故巡行问人疾苦也。""巡狩",是一种政治交通实践,通过这样的交通行为,使天下四方真正可以归为一统。

"尧老,使舜摄行天子政,巡狩",以及"帝尧老,命舜摄行天子之政",于是"岁二月,东巡狩……;五月,南巡狩;八月,西巡狩;十一月,北巡狩"的记载,是执行天子行政使命的程序性操作模式。《五帝本纪》记载:"尧立七十年得舜,二十年而老,令舜摄行天子之政,荐之于天。尧辟位凡二十八年而崩。"又说:"舜得举用事二十年,而尧使摄政。摄政八年而尧崩。"②大致此"二十八年"间,推行着"五岁一巡狩,群后四朝"的制度。

帝舜的"巡狩"是有直接成效的。《史记》卷二《夏本纪》记载:"当帝尧之时,鸿水滔天,浩浩怀山襄陵,下民其忧。尧求能治水者,群臣四岳皆曰鲧可。尧曰:'鲧为人负命毁族,不可。'四岳曰:'等之未有贤于鲧者,愿帝试之。'尧听四岳,用鲧治水。九年而水不息,功用不成。于是帝尧乃求人,更得舜。舜登用,摄行天子之政,巡狩。行视鲧之治水无状,乃殛鲧于羽山以死。天下皆以舜之诛为是。于是舜举鲧子禹,而使续鲧之业。"③"巡狩"而"行视……",促成了影响"天下""下民"生存安危的重大决策。

帝舜的生命竟然结束于"巡狩"途中:"舜年二十以孝闻,年三十尧举之,年五十摄行天子事,年五十八尧崩,年六十一代尧践帝位。践帝位三十九年,南巡

---

① 《史记》,第24、27页。
② 《史记》,第30、38页。
③ 《史记》,第50页。

狩,崩于苍梧之野。葬于江南九疑,是为零陵。"①

传说中接受帝舜的委命"续鲧之业"的"鲧子禹",治水大业的成功,与辛劳奔走的交通实践联系在一起。《史记》卷二《夏本纪》记载:"禹乃遂与益、后稷奉帝命,命诸侯百姓兴人徒以傅土,行山表木,定高山大川。禹伤先人父鲧功之不成受诛,乃劳身焦思,居外十三年,过家门不敢入。……陆行乘车,水行乘船,泥行乘橇,山行乘檋。左准绳,右规矩,载四时,以开九州,通九道,陂九泽,度九山。"国家经济管理与行政控制的交通规划也因此成就:"食少,调有余相给,以均诸侯。禹乃行相地宜所有以贡,及山川之便利。"②

由此我们或许可以说,早期国家的经济地理与行政地理格局的形成,是以交通地理知识以为基础的。

前引"禹乃行相地宜所有以贡,及山川之便利",这一"行"的举动,《史记》卷二《夏本纪》引《禹贡》这样记述了其路线:"禹行自冀州始。冀州……;沇州,……;青州……;徐州……;扬州……;荆州……;豫州……;梁州……;雍州……""道九山","道九川","于是九州攸同,四奥既居,九山刊旅,九川涤原,九泽既陂,四海会同"。③ 据裴骃《集解》引孔安国曰,"四奥既居","四方之宅已可居也"。"九山刊旅","九州名山已槎木通道而旅祭也"。"九川涤原","九州之川已涤除无壅塞也"。"九泽既陂","九州之泽皆已陂障无决溢也"。④ 这些成就,首先有益于社会经济秩序与国家行政控制的稳定。而这一局面的实现,又有交通建设的保障。"东渐于海,西被于流沙,朔、南暨:声教讫于四海。于是帝锡禹玄圭,以告成功于天下。天下于是太平治。"⑤政治的"成功","天下"的"太平治",因交通实践的努力成就了基础。

人们自然会注意到,"禹行"遵循的方向,正大略与帝舜"摄行天子政,巡狩"时"东巡狩……南巡狩……西巡狩……北巡狩……"的路线,即现今通常所谓顺时针的方向一致。

禹的功业与执政能力得到承认,竟然主要由于他通过交通实践表现出来的

---

① 《史记》卷一《五帝本纪》,第44页。
② 《史记》,第51页。
③ 《史记》,第52页,第54—56页,第58页,第60—65页,第67、69、75页。
④ 《史记》,第75页。
⑤ 《史记》,第77页。

勤恳。

特别值得注意的,是禹也在"巡狩"的行程中结束了他的人生。《史记》卷二《夏本纪》记载了他政治生涯亦可谓交通生涯的结束:

十年,帝禹东巡狩,至于会稽而崩。①

这是明确言"帝禹""巡狩"的记录。"崩"于"巡狩"途中的帝王,除了帝舜、帝禹外,后世还有继承者。

《诗·周颂·时迈》序:"时迈,巡守告祭柴望也。"郑玄注:"巡守告祭者,天子巡行邦国,至于方岳之下而封禅也。《书》曰:岁二月东巡守至于岱宗,柴望秩于山川,遍于群神远行也。"孔颖达疏:"武王既定天下,巡行其守土诸侯,至于方岳之下,作告至之,祭柴祭昊天,望祭山川,安祀百神,乃是王者盛事。周公既致太平,追念武王之业,故述其事而为此歌焉。"②如果此说成立,则周天子以"巡守"行为继承了帝禹的行政方式。有关周天子"巡狩"途中去世事,见于《史记》卷四《周本纪》的记载:"昭王南巡狩不返,卒于江上。"③

随后,周穆王"周行天下"的事迹见于《左传·昭公十二年》。④《史记》卷五《秦本纪》:"造父以善御幸于周缪王,得骥、温骊、骅骝、騄耳之驷,西巡狩,乐而忘归。"⑤《史记》卷四三《赵世家》:"缪王使造父御,西巡狩,见西王母,乐之忘归。"⑥都明确称"西巡狩"。对于周穆王"西征"行迹,有不同的说法。有以为西

---

① 《史记》,第83页。
② 《毛诗正义》,《十三经注疏》,第588页。
③ 《周本纪》记述:"其卒不赴告,讳之也。"张守节《正义》:"《帝王世纪》云:'昭王德衰,南征,济于汉,船人恶之,以胶船进王,王御船至中流,胶液船解,王及祭公俱没于水中而崩。其右辛游靡长臂且多力,游振得王,周人讳之。'"《史记》,第134—135页。
④ 《春秋左传集解》,第1357页。
⑤ 《史记》,第175页。
⑥ 《史记》,第1779页。

王母活动于青海的认识。① 或说周穆王所至昆仑即今阿尔泰山。② 或说周穆王所至"玄池"即"咸海"。而《穆天子传》随后说到的"苦山""黄鼠山"等,则更在其西。③ 或说西王母所居在"条支"。④ 也有学者认为,周穆王已经到达了波兰平原。⑤ 尽管对周穆王西征抵达的地点存在争议⑥,但是这位周天子曾经经历西域地方,是许多学者所认同的。⑦ 不过,《史记》中虽《秦本纪》和《赵世家》说到这位帝王的"西巡狩"经历,但是在《周本纪》中却没有看到相关记载。

秦始皇实现统一,继秦王政时代的三次出巡之后,曾有五次出巡。不过,《史记》有关秦史的记录中称"巡",称"行",称"游",不称"巡狩"。这应当是依

---

① 《汉书》卷二八下《地理志下》:金城郡临羌县,"西北至塞外,有西王母石室、仙海、盐池。北则湟水所出,东至允吾入河。西有须抵池,有弱水、昆仑山祠"。第1611页。《史记》卷一二三《大宛列传》:"太史公曰:《禹本纪》言河出昆仑。昆仑其高二千五百余里,日月所相避隐为光明也。其上有醴泉、瑶池。"第3179页。

② 余太山说:"穆天子西征的目的地是'昆仑之丘'","《穆天子传》所见昆仑山应即今阿尔泰山,尤指其东端"。又指出,"《穆天子传》所载自然景观和人文、物产与欧亚草原正相符合"。《早期丝绸之路文献研究》,商务印书馆,2013年,第6、8页。

③ 对于《穆天子传》中"天子西征至于玄池"的文句,刘师培解释说,"玄池"就是今天位于哈萨克斯坦和乌兹别克斯坦之间的咸海:"玄池即今咸海。《唐书》作雷翥海。""今咸海以西,波斯国界也。"《穆天子传补释》,《刘师培全集》,中共中央党校出版社,1997年,第2册第546页。

④ 《史记》卷一二三《大宛列传》:"传闻条枝有弱水、西王母,而未尝见。"第3163—3164页。

⑤ 顾实推定,周穆王出雁门关,西至甘肃,入青海,登昆仑,走于阗,登帕米尔山,至兴都库什山,又经撒马尔罕等地,入西王母之邦,即今伊朗地方。又行历高加索山,北入欧洲大平原。在波兰休居三月,大猎而还。顾实认为,通过穆天子西行路线,可以认识上古时代亚欧两大陆东西交通之孔道已初步形成的事实。《穆天子传西征讲疏·读穆传十论》,中国书店,1990年,第24页。

⑥ 这样的认识是有道理的:"在汉文典籍中,西王母多被置于极西之地。""《穆天子传》和后来的《史记》等书一样,将西王母位置于当时所了解的最西部。"余太山:《早期丝绸之路文献研究》,商务印书馆,2013年,第15页。有学者注意到"西王母之邦由东向西不断推进的过程",指出:"这一过程恰好与我国对西方世界认识水平加强的过程相一致,是我国对西方世界认识水平加深的一种反映。"杨共乐:《早期丝绸之路探微》,北京师范大学出版社,2011年,第42页。

⑦ 王子今:《前张骞的丝绸之路与西域史的匈奴时代》,《甘肃社会科学》2015年第2期。

据《秦记》的文字。① 如《史记》卷六《秦始皇本纪》记载:"二十七年,始皇巡陇西、北地。""二十八年,始皇东行郡县。"②"二十九年,始皇东游。"③"三十七年十月癸丑,始皇出游。"④多用"巡""行""游"等字而不称"巡狩",或许体现了秦文化与东方六国文化的距离。

不过,仍然有学者将这种交通行为与传说中先古圣王的"巡狩"联系起来。《史记》卷六《秦始皇本纪》记载"二十九年,始皇东游","登之罘,刻石",其文字开篇就写道:"维二十九年,时在中春,阳和方起。皇帝东游,巡登之罘,临照于海。"关于所谓"时在中春",张守节《正义》:"中音仲。古者帝王巡狩,常以中月。"⑤明丘濬撰《大学衍义补》卷四六《治国平天下之要·明礼乐》就秦始皇实现统一之后的第一次出巡"秦始皇二十七年,巡陇西、北地,出鸡头山,过回中"有所论说:"臣按:有虞之时,五年一巡守,周十有二年,王乃时巡,所以省方观民,非为游乐也。然又必以四岳为底止之地,出必有期,行必有方,未有频年出行,游荡如始皇者也。今年巡陇西、北地,至回中。明年上邹峄。继是渡淮浮江至南郡,登之罘,刻碣石门,至云梦,上会稽,直至沙丘崩而后已。"⑥论者以为帝舜和周天子的"巡"是"省方观民",秦始皇的"巡"则是"游乐""游荡",这样的指责当然是缺乏说服力的,但是指出秦始皇"频年出行",背离了先古圣王"出必有期,行必有方"的对出巡密度和出巡规模予以适当节度的传统,又是有一定道

---

① 王子今:《〈秦记〉考识》,《史学史研究》1997年第1期;《〈秦记〉及其历史文化价值》,《秦文化论丛》第5辑,西北大学出版社,1997年;《秦文化论丛选辑》,三秦出版社,2004年。

② 《史记》,第241—242页。泰山刻石称"亲巡远方黎民","周览东极";琅邪刻石称"东抚东土","乃抚东土"。《史记》,第243—246页。

③ 之罘刻石称"皇帝东游,巡登之罘,临照于海";"维二十九年,皇帝春游,览省远方"。《史记》,第249—250页。

④ 《史记》,第260页。会稽刻石称"三十有七年,亲巡天下,周览远方"。《史记》,第261页。

⑤ 《史记》,第249—250页。

⑥ 丘濬又联系汉武帝、隋炀帝的出巡史事发表了如下历史评论:"其后汉武、隋炀,亦效尤焉。汉武幸而不败,然海内虚耗,所损亦多矣。炀帝南游,竟死于江都。说者谓二君者假望秩省方之说,以济其流连荒亡之举,千乘万骑,无岁不出,遐方下国,无地不到,至于民怨盗起,覆祚殒身,曾不旋踵。虽秦、隋所以召亡者,固非一端。然傥非游荡无度,则河决鱼烂之势,亦未应如是其促也。"文渊阁《四库全书》本。

理的。

秦始皇出巡的目的,有"抚""览",即视察、慰问等因素,但炫耀权力也是重要动机。向被征服地方展示"得意",是"巡""行""游"的主题之一。曾经作为秦中央政权主要决策者之一的左丞相李斯被赵高拘执,在狱中上书自陈,历数七项重要功绩,其中包括"治驰道,兴游观,以见主之得意"。① 平民面对这种权力炫耀形式的反应,可见项羽所谓"彼可取而代也"②,刘邦所谓"大丈夫当如此也"③,都说明这种"见"帝王之"得意"的成功。秦二世以为,这种出巡的目的是"示强",以实现"威服海内"的效应。《史记》卷六《秦始皇本纪》:"二世与赵高谋曰:'朕年少,初即位,黔首未集附。先帝巡行郡县,以示强,威服海内。今晏然不巡行,即见弱,毋以臣畜天下。'"于是,"春,二世东行郡县"④。秦二世的出巡⑤,即试图仿效"先帝",以"巡行"显示的"强"和"威",保障最高政治权力的接递。

《史记》卷六《秦始皇本纪》所谓"始皇巡陇西、北地","始皇巡北边","先帝巡行郡县",秦皇帝巡游与先古圣王"巡狩"在形式上的继承关系,是明显的。《史记》卷一《五帝本纪》帝舜"岁二月,东巡狩"事,张守节《正义》:"王者巡狩,以诸侯自专一国,威福任己,恐其壅遏上命,泽不下流,故巡行问人疾苦也。"说"王者""巡行"就是"王者巡狩"。

有关上古圣王"巡狩"事迹的传说,儒学文献有经典性记述。如《尚书·舜典》:"岁二月,东巡守,至于岱宗","五月,南巡守,至于南岳","八月,西巡守,至于西岳","十有一月,朔巡守,至于北岳"。"五载一巡守。"⑥ 又《礼记·王制》:"天子五年一巡守。岁二月,东巡守,至于岱宗,……五月,南巡守至于南岳,如东巡守之礼。八月,西巡守,至于西岳,如南巡守之礼。十有一月,北巡守,至于

---

① 《史记》卷八七《李斯列传》,第 2561 页。
② 《史记》卷七《项羽本纪》,第 296 页。
③ 《史记》卷八《高祖本纪》,第 344 页。
④ 《史记》,第 267 页。
⑤ 王子今:《秦二世元年东巡史事考略》,《秦文化论丛》第 3 辑,西北大学出版社,1994 年。
⑥ 《尚书正义》,《十三经注疏》,第 127 页。

北岳,如西巡守之礼。"①而《史记》卷一《五帝本纪》:"二月,东巡狩,至于岱岳","五月,南巡狩;八月,西巡狩;十有一月,北巡狩"。"五岁一巡狩。"叙说大体是一致的。

对于帝舜四时"巡守""巡狩"四方的说法,或说"顺天道"②,或说"通乎人事"③,或说"随天道运行",有益于以"四时成"之季节秩序促成"万国宁"的政治功业④。然而亦有学者对暑季南行、寒日北行情形提出质疑。《邵氏闻见后录》卷一〇写道:"舜一岁而巡四岳。南方多暑,以五月之暑而南至衡山。北方多寒,以十一月之寒而至常山。世颇疑之。"⑤清人秦笃辉《易象通义》卷二:"朱氏震谓《夏小正》十一月万物不通,则至日闭关后不省方,夏之制也。周制十一月北巡狩,至于北岳矣。此说非是。孔子从周,决不以夏正取象。据此周实以至日闭关后不省方,十一月北巡狩之说,未可信矣。"⑥也对"十一月北巡狩"事提出质疑。

对于帝舜"巡狩"天下是否可以一年中遍及四方,学者有所讨论。宋黄伦《尚书精义》卷三:"伊川曰:自岁二月已下言巡守之事,非是当年二月便往,亦非一岁之中遍历五岳也。"⑦宋林之奇《尚书全解》卷二《舜典》对于"五月南巡守至于南岳,如岱礼;八月西巡守至于西岳,如初;十有一月朔巡守至于北岳,如西礼"有如下理解:"岱宗礼毕则南巡守,以五月至于南岳,其柴望秩于山川以下,

---

① 《礼记正义》,《十三经注疏》,第1327—1328页。
② [宋]史浩《尚书讲义》卷二:"此舜作行幸之法也。五月必至南方,八月必至西方,十有一月必至北方,各以其时也。以其时者,顺天道也。"文渊阁《四库全书》本。
③ [宋]薛季宣《浪语集》卷三〇《遁甲龙图序》:"帝尧平秩四序,有虞齐政玉衡,夏南巡,祁寒北狩,岂无天道?通乎人事而已。"清文渊阁《四库全书》补配清文津阁《四库全书》本。
④ [宋]黄伦《尚书精义》卷三:"无垢曰:二月东巡,五月南巡,八月西巡,十有一月朔巡,盖随天道运行,而合春分、夏至、秋分、冬至之节以有事也。天道一变而运于上,君道一变而运于下,天人交际,辅相裁成,弥纶范围于不言之中,而四时成矣,万国宁矣。"文渊阁《四库全书》本。
⑤ 邵博随即还汉武帝的巡行:"《汉书·郊祀志》:武帝自三月出行封禅,又并海至碣石,又巡辽西,又历北边,又至九原,五月还甘泉,仅以百日行八千余里,尤荒唐矣。"[宋]邵博撰,刘德权、李剑雄点校:《邵氏闻见后录》,中华书局,1983年,第75页。
⑥ 清《湖北丛书》本。
⑦ 文渊阁《四库全书》本。

皆如岱宗之礼。八月西巡,十有一月朔巡,礼亦皆然。曰岱礼,曰西礼,曰如初,皆史官之变文也。北岳礼毕,然后归于京师。盖一岁而巡四岳也。胡舍人则疑之,以谓计其地理,考其日程,岂有万乘之尊,六军之卫,百官之富,一岁而周万五千里哉？此说殊不然。叔恬问于文中子曰：舜一岁而巡守四岳,国不费而民不劳,何也？文中子曰：仪卫少而征求寡也。夫惟仪卫少而征求寡,故国不费而民不劳。元朔六年冬十月,勒兵十余万北巡朔方,东望缑山,登中岳少室,东巡海上,还封泰山,禅梁父,复之海上,并海北之碣石,历西朔方九原,以五月至于甘泉,周万八千里。夫武帝仪卫可谓多矣,征求可谓众矣,尚能八月之间,周历万八千里。而舜则仪卫少而征求寡,岂不能周历万五千里乎？胡氏之说不可为据。"①王夫之《尚书稗疏》卷一"巡守"条说："巡守之不可一年而遍,势之必然。虽有给辨,无所取也。"他认为,"乃由河东以至泰安,由泰安以至嵩县,由华州以至易北,皆千里而遥,吉行五十里,必三旬而后达。祁寒暑雨,登顿道路,天子即不恤己劳,亦何忍于劳人邪？……而一岁遍至四岳,则必不尔。抑或五载之内,初年春东巡,次年夏南巡,又次年秋西巡,又次年冬北巡"。他还就儒学经典中的成说提出质疑："《王制》亦有一岁四巡之说,要出于汉儒,不足深信。"②

朱熹对上古"巡守"历史记忆的合理性,进行了自己体现出某种历史主义理念的分析。《朱子语类》卷七八《尚书一·纲领》"舜典"条：

或问："舜之巡狩,是一年中遍四岳否？"

曰："观其末后载'归格于艺祖,用特'一句,则是一年遍巡四岳矣。"

问："四岳惟衡山最远,先儒以为非今之衡山,别自有衡山,不知在甚处？"

---

① [元]吴澄《书纂言》卷一："文中子曰：舜一岁而巡四岳,国不费而民不劳,何也？仪卫少而征求寡也。林氏曰：汉武帝元朔初,东巡海上,还封泰山,并北海之碣石,历朔方、九原,以至甘泉。武帝仪卫征求多矣,八月之间尚行一万八千里。则舜一岁而巡四岳可知也。"文渊阁《四库全书》本。

② 文渊阁《四库全书》本。对于"一岁之中遍历五岳"持否定态度的又有[宋]章如愚编《群书考索》续集卷四《经籍门·书》："舜五载一巡守。陈曰前言：岁二月东巡守,五月南巡守,八月西巡守,十有一月北巡守,非谓之遍历四岳也,但五岁之间以一巡守为率尔。"文渊阁《四库全书》本。

曰："恐在嵩山之南。若如此,则四岳相去甚近矣。然古之天子一岁不能遍及四岳,则到一方境上会诸侯亦可。《周礼》有此礼。"①古来"四岳"的空间坐标定位与后世不同,②确实是考察帝舜是否可以"一年遍巡四岳"时必须注意到的历史条件。

先古圣王"巡狩"故事为什么后世难以理解,应当有这一行政方式并没有被严格沿承方面的原因。有学者指出,"巡狩"是"封建"时代的历史遗存。而推行"郡县之制"后,已"不必"袭用"巡狩"方式。明丘濬撰《大学衍义补》卷四六《治国平天下之要·明礼乐》写道:"《虞书》:'岁二月东巡守,至于岱宗……。乃复五月南巡守,至于南岳,如岱礼。八月西巡守,至于西岳,如初。十有一月朔巡守,至于北岳,如西礼。'臣按:先儒有言,巡守所以维持封建,后世罢封建以为郡县之制,万方一国,四海一家,如肢体之分布,如心手之相应,万里如在殿廷,州县如在辇毂,挈其领而裘随,举其纲而网顺。政不必屈九重之尊,千乘万骑之禁卫,百司庶府之扈从,以劳民而伤财也。苟虑事久而弊生而欲有以考察而振作之,遣一介之臣,付方尺之诏,玺书所至,如帝亲行,天威不违,天颜咫尺,孰敢懈怠哉? 然则帝舜巡守非欤。臣故曰:巡守,所以维持封建也。"按照这一说法,"巡守"适用于"封建"行政,"郡县之制"实行之后,"万方""四海"一统,则"劳民而伤财"的"巡守"方式不得不更新。论者又引吕祖谦曰:"巡守之礼,此乃维持治具,提摄人心,圣人运天下妙处。大抵人心久必易散,政事久必有阙。一次巡守,又提摄整顿一次,此所以新新不已之意。然唐虞五载一巡守,周却十二年,何故? 盖周时文治渐成,礼文渐备,所以十二年方举巡守之事。此是成王知时变识会通处。"自"唐虞"而"周","巡守"间隔从"五载"变更为"十二年",也显现出"时变"。论者又发表了自己如下判断:"臣按:吕氏谓舜五载巡守,周十二年巡守,为成王知时变识会通。臣窃以谓在虞时则可五载,在周时则可十二年,在后世罢封建,立州郡之时,守令不世官,政令守成宪,虽屡世可也。在今日时变会通之要,所以提摄整顿颓者,诚能择任大臣,每五年一次,分遣巡行天下,如汉唐故

---

① [宋]黎靖德编,王星贤点校:《朱子语类》,中华书局,1986 年,第 1999 页。
② 王子今:《关于秦始皇二十九年"过恒山"——兼说秦时"北岳"的地理定位》,《秦文化论丛》第 11 辑,三秦出版社,2004 年;《〈封龙山颂〉及〈白石神君碑〉北岳考论》,《文物春秋》2004 年第 4 期。

事,虽非古典,亦古意也。"①后世特派大臣"分遣巡行天下"的形式,仍体现上古"巡狩"之"古意"。

考察秦始皇、秦二世出巡事迹,是交通史、交通观念史研究的重要课题。

(三)秦二世元年东巡史事考实

所谓秦二世"东行郡县",《史记》卷六《秦始皇本纪》记载:"到碣石,并海,南至会稽,而尽刻始皇所立刻石。"《史记》卷二八《封禅书》则记述说:"二世元年,东巡碣石,并海南,历泰山,至会稽,皆礼祠之,而刻勒始皇所立石书旁,以章始皇之功德。"②可见,秦二世此次出巡,大致曾行经碣石(秦始皇三十二年东行刻石)、邹峄山(秦始皇二十八年东行刻石)、泰山(秦始皇二十八年东行刻石)、梁父山(秦始皇二十八年东行刻石)、之罘(秦始皇二十八年东行立石,二十九年东行刻石)、琅邪(秦始皇二十八年东行刻石)、朐(秦始皇三十五年立石)、会稽(秦始皇三十七年东行刻石)等地。可以看到,秦二世此行所至,似乎在重复秦始皇十年内四次重大出巡活动的轨迹。

通过与《史记》卷六《秦始皇本纪》记载秦始皇三十七年(前210)出巡情形的比较,也可以认识秦二世东巡的行进速度:

> 三十七年十月癸丑,始皇出游。……十一月,行至云梦,望祀虞舜于九疑山。浮江下,观籍柯,渡海渚。过丹阳,至钱唐。临浙江,水波恶,乃西百二十里从狭中渡。上会稽,祭大禹,望于南海,而立石刻颂秦德。……还过吴,从江乘渡。并海上,北至琅邪。……自琅邪北至荣成山。……至之罘。……遂并海西。至平原津而病。……七月丙寅,始皇崩于沙丘平台。……棺载辒凉车中,……行,遂从井陉抵九原。……行从直道至咸阳,发丧。
>
> ……九月,葬始皇郦山。

秦始皇此次出行,总行程很可能不及秦二世元年(前209)东巡行程遥远,然而包

---

① 论者还写道:"时异世殊,上古之时风气淳朴,人用未滋,故人君所以奉身用度者,未至于华靡。故其巡行兵卫可以不备,而征求不至于过多。后世则不然,虽时君有仁爱之心、恭俭之德,然兵卫少则不足以防奸,征求寡则不足以备用,不若深居九重,求贤审官,内委任大臣以帅其属,外分命大臣以治其方,则垂拱仰成,不出国门而天下治矣。"文渊阁《四库全书》本。

② 《史记》,第1370页。

括"棺载辒辌车中"自沙丘平台回归咸阳(由于李斯等"为上崩在外,恐诸公子及天下有变,乃秘之,不发丧",甚至"百官奏事如故,宦者辄从辒辌车中可其奏事",行经这段路途的情形当一如秦始皇生前),历时竟然将近一年。从咸阳启程行至云梦以及从沙丘平台返回咸阳,有较为具体的时间记录。秦始皇仅行历这两段路程使用的时间,已经与秦二世元年(前209)东巡历时大致相当。

秦二世四月回到咸阳,七月就爆发了陈胜暴动。不久,秦王朝的统治就迅速归于崩溃。可以说,秦二世"巡行郡县,以示强,威服海内"的政治目的并没有实现,沿途山海之神"皆礼祠之"的虔敬也没有得到预想的回报。从政治史的视角考察,秦二世东巡不过是一次徒劳无功的迂拙表演。然而从交通史的视角看,却应当充分肯定。这一行旅过程虽然作为帝王出巡必然侍从浩荡、仪礼繁缛,却仍然表现出较高效率的重要意义。

秦二世元年(前209)东巡有各地刻石遗存,可知历史记载基本可信。《史记会注考证》于《史记》卷六《秦始皇本纪》有关秦二世刻石的记载之后引卢文弨曰:"今石刻犹有可见者,信与此合。前后皆称'二世',此称'皇帝',其非别发端可见。"①陈直指出:

> 秦权后段,有补刻秦二世元年诏书者,文云:"元年制诏丞相斯、去疾,法度量,尽秦始皇为之,皆有刻辞焉。今袭号而刻辞不称始皇帝,其于久远也,如后嗣为之者,不称成功盛德,刻此诏,故刻左,使毋疑。"与本文前段相同,而峄山、琅邪两石刻,后段与本文完全相同(之罘刻石今所摹存者为二世补刻之诏书,泰山刻石,今所摹存者,亦有二世补刻之诏书)。知太史公所记,本于秦纪,完全正确。②

马非百也曾经指出:

> 至二世时,始皇原刻石后面皆加刻有二世诏书及大臣从者名。今传峄山、泰山、琅邪台、之罘、碣石刻石拓本,皆有"皇帝曰"与大臣从者名,即其明证。③

---

① [汉]司马迁撰,〔日〕泷川资言考证,〔日〕水泽利忠校补:《史记会注考证附校补》,上海古籍出版社,1986年,第172页。
② 陈直:《史记新证》,天津人民出版社,1979年,第26页。
③ 马非百:《秦集史》,中华书局,1982年,下册第768页。

以文物遗存证史籍记录，可以得到真确无疑的历史认识。

《史记》卷六《秦始皇本纪》："三十七年十月癸丑，始皇出游。左丞相斯从，右丞相去疾守。少子胡亥爱慕请从，上许之。"于是才有"（赵）高乃与公子胡亥、丞相（李）斯阴谋破去始皇所封书赐公子扶苏者，而更诈为丞相斯受始皇遗诏沙丘，立子胡亥为太子。更为书赐公子扶苏、蒙恬，数以罪，赐死"的政变。① 可以说，秦二世的地位是随从秦始皇出巡方得以确立的。而秦二世即位之后，东巡也成为他最重要的政治活动之一。由于有随从秦始皇出巡的经历，秦二世元年（前209）东巡于是有轻车熟路的便利。而李斯曾经多次随秦始皇出巡，当然也可以使秦二世东巡路线的选择更为合理，日程安排和行旅组织也表现出更高的效率。②

对秦二世出巡历史真实性的怀疑，在于对秦汉交通事业的发达程度缺乏了解。宋人孔平仲曾批评汉武帝巡行的交通效率："《郊祀志》：汉武三月出，行封禅礼，并海上，北至碣石，巡自辽西，历北边至九原。五月复归于甘泉。百日之间周万八千里，呜呼！其荒唐甚矣。"③这当然也透露出宋代文士与秦汉时人交通理念存在明显的差异。

（四）秦二世"遵述旧绩"说

史念海很早以前论述秦汉交通路线时就曾经指出："东北诸郡濒海之处，地势平衍，修筑道路易于施工，故东出之途此为最便。始皇、二世，以及武帝皆尝游于碣石，碣石临大海，为东北诸郡之门户，且有驰道可达，自碣石循海东行，以至辽西、辽东二郡。"④秦二世元年（前209）东巡，往复两次循行并海道路，⑤三次抵临碣石。辽宁绥中发现分布较为密集的秦汉建筑遗址，其中占地达15万平方公里的石碑地遗址，有人认为"很可能就是秦始皇当年东巡时的行宫"，即所谓"碣

---

① 《史记》，第260、264页。

② 参看王子今：《秦二世元年东巡史事考略》，《秦文化论丛》第3辑，西北大学出版社，1994年。

③ ［宋］孔平仲：《孔氏杂说》卷一，民国景明《宝颜堂秘籍》本。

④ 史念海：《秦汉时期国内之交通路线》，《文史杂志》3卷第1、2期，收入《河山集》四集，陕西师范大学出版社，1991年，第573页。

⑤ 王子今：《秦汉时代的并海道》，《中国历史地理论丛》1988年第2期。

石宫"。① 对于这样的认识虽然有不同的意见②,但是与陕西临潼秦始皇陵园出土物相类似的所谓"高浮雕夔纹巨型瓦当"的发现,说明这处建筑遗址的性质很可能确实与作为天下之尊,"意得欲从,以为自古莫及己"③的秦皇帝的活动有关。

秦二世的辽东之行,是其东巡何以行程如此遥远的关键。史念海曾经说:"始皇崩后,二世继立,亦尝遵述旧绩,东行郡县,上会稽,游辽东。然其所行,率为故道,无足称者。"④其实,秦二世"游辽东",并不曾循行始皇"故道"。然而秦始皇三十七年(前210)出巡,"至平原津而病",后来在沙丘平台逝世,乘舆车队驶向往咸阳的归途。可是这位志于"览省远方""观望广丽"⑤的帝王,在"至平原津"之前,是不是已经有巡察辽东的计划呢?此后帝车"遂从井陉抵九原","行从直道至咸阳",只不过行历了北疆长城防线即所谓"北边"的西段,要知道如果巡视整个"北边",显然应当从其东端辽东起始。或许在秦始皇最后一次出巡时曾追随左右的秦二世胡亥对"先帝"的这一计划有所了解,于是有自会稽北折,辗转至于辽东的行旅实践。倘若如此,秦二世"游辽东"的行程,自然有"遵述旧绩"的意义。

(五)秦二世"至辽东而还""还至咸阳"经行直道的可能性

秦二世东巡,"到碣石,并海,南至会稽","遂至辽东而还","四月,还至咸阳"。这一路线"至辽东而还","还至咸阳",不能排除经行直道的可能性。

《史记》卷六《秦始皇本纪》:"始皇巡北边,从上郡入。"⑥秦史涉及"北边"的记录,又有《汉书》卷二七下之上《五行志下之上》:"秦大用民力转输,起负海至

---

① 辽宁省文物考古研究所:《辽宁绥中县"姜女坟"秦汉建筑遗址发掘简报》,《文物》1986年第8期。

② 参看董宝瑞:《"碣石宫"质疑》,《河北大学学报》(哲学社会科学版)1987年第4期;《"碣石宫"质疑——兼与苏秉琦先生商榷》,《河北学刊》1987年第6期。

③ 《史记》卷六《秦始皇本纪》,第258页。

④ 史念海:《秦汉时期国内之交通路线》,《河山集》四集,陕西师范大学出版社,1991年,第546页。

⑤ 《史记》卷六《秦始皇本纪》,第250页。

⑥ 《史记》,第252页。

北边。"①秦二世欲效法"先帝巡行郡县,以示强,威服海内",表示:"今晏然不巡行,即见弱,毋以臣畜天下。"要"示强"而不"见弱",方可以"威服海内","臣畜天下"。从这一理念出发,最重要的巡行方向,应当是传播"亡秦者胡也"谶语所暗示的北边。

理解秦二世"至辽东而还","还至咸阳",很可能经行直道,首先要注意的,是秦帝国对"胡"形成严重威胁的方向(即北边)的特别关注。这是秦帝国实现统一之后集结重兵的地方,也是秦始皇委派最信任的名将蒙恬主持军事事务的地方。

第二,应当注意秦始皇三十二年(前215)"巡北边"事:"三十二年,始皇之碣石,使燕人卢生求羡门、高誓。刻碣石门。坏城郭,决通堤防。""因使韩终、侯公、石生求仙人不死之药。始皇巡北边,从上郡入。燕人卢生使入海还,以鬼神事,因奏录图书,曰'亡秦者胡也'。始皇乃使将军蒙恬发兵三十万人北击胡,略取河南地。"②此次"巡北边",自"碣石"至"上郡","碣石"东至"辽东"方面未曾巡行。

第三,应当注意秦始皇最后一次东巡回程,"棺载辒凉车中,……行,遂从井陉抵九原。……行从直道至咸阳",以一种象征方式实现了对北边局部重要区段的视察。秦始皇车队"从井陉抵九原",可能性较大的经行路线,是太原郡—雁门郡—云中郡—九原郡。秦二世"至辽东而还","还至咸阳",有必要巡视自辽东至九原这一秦始皇三十七年(前210)可能在秦始皇三十七年(前210)年虽列入巡行计划之中却未能实际完成的北边区段。

第四,秦二世"至辽东而还","还至咸阳",最便捷的路线是沿北边道西行然后沿直道南下。③

无论从抗击匈奴之战略形势的需要出发,还是从继承"先帝"事业的志向出发,或是遵行最方便捷近通行条件较好的道路选择出发,秦二世巡行北边之后经直道南下"还至咸阳",都是合理的路线择定。

---

① 《汉书》,第1447页。
② 《史记》卷六《秦始皇本纪》,第251—252页。
③ 参看王子今:《秦汉长城与北边交通》,《历史研究》1988年第6期。

四 关于《赵正书》言"秦王""出游天下"

北京大学藏西汉竹书《赵正书》作为西汉时期有关秦史记忆的新的文献遗存,提供了若干重要文化信息。其中四次说到秦皇帝出巡,三次用"出游天下"语。《赵正书》有关"秦王赵正"和"秦王胡亥""出游天下"的文字,有助于我们认识和理解秦始皇和秦二世以出巡为形式的政治行为的动机和意义。如果从行政史、管理史、交通史、政治文化史等视角对秦统一这一重大历史变局进行考察,可以通过《赵正书》透露的新的信息获得新知。

(一)《赵正书》秦始皇、秦二世"出游天下"记忆

《赵正书》开篇及篇末都说到"出游天下"。"出游天下",是这篇秦政治史文书的重要主题之一。

按照赵化成整理意见,全篇文字分为六段。其中前三段涉及"出游天下",可以逐段讨论。

第一段言"秦王赵正出游天下",两次出现"出游天下"字样。

第三段言"王死而胡亥立"之后事,以"出游天下"结束。

第二段即许多研究者予以特别关注的关于秦帝国最高执政者继承人选择之程序的历史记录。① 《史记》卷六《秦始皇本纪》记载:"上病益甚,乃为玺书赐公子扶苏曰:'与丧会咸阳而葬。'书已封,在中车府令赵高行符玺事所,未授使者。七月丙寅,始皇崩于沙丘平台。丞相斯为上崩在外,恐诸公子及天下有变,乃秘之,不发丧。棺载辒凉车中,故幸宦者参乘,所至上食。百官奏事如故,宦者辄从辒凉车中可其奏事。独子胡亥、赵高及所幸宦者五六人知上死。赵高故尝教胡

---

① 如孙家洲:《兔子山遗址出土〈秦二世元年文书〉与〈史记〉纪事抵牾释解》,《湖南大学学报》(社会科学版)2015 年第 3 期。《赵正书》注释:"《史记·秦始皇本纪》记载,始皇临死前遗诏立公子扶苏为后,但赵高、李斯秘不发丧,篡改诏书,改立胡亥为太子。《赵正书》则说胡亥被立为继承人是经秦始皇认可的,与《史记》有重大差异。"北京大学出土文献研究所:《北京大学藏西汉竹书》(叁),上海古籍出版社,2015 年,第 190 页。据对于"本卷编撰人"的说明,《赵正书》的编撰人为赵化成。

亥书及狱律令法事,胡亥私幸之。高乃与公子胡亥、丞相斯阴谋破去始皇所封书赐公子扶苏者,而更诈为丞相斯受始皇遗诏沙丘,立子胡亥为太子。更为书赐公子扶苏、蒙恬,数以罪,赐死。"①《史记》卷八七《李斯列传》也记载:"始皇三十七年十月,行出游会稽,并海上,北抵琅邪。丞相斯、中车府令赵高兼行符玺令事,皆从。始皇有二十余子,长子扶苏以数直谏上,上使监兵上郡,蒙恬为将。少子胡亥爱,请从,上许之。余子莫从。其年七月,始皇帝至沙丘,病甚,令赵高为书赐公子扶苏曰:'以兵属蒙恬,与丧会咸阳而葬。'书已封,未授使者,始皇崩。书及玺皆在赵高所,独子胡亥、丞相李斯、赵高及幸宦者五六人知始皇崩,余群臣皆莫知也。李斯以为上在外崩,无真太子,故秘之。置始皇居辒辌车中,百官奏事上食如故,宦者辄从辒辌车中可诸奏事。赵高因留所赐扶苏玺书,而谓公子胡亥曰:'上崩,无诏封王诸子而独赐长子书。长子至,即立为皇帝,而子无尺寸之地,为之奈何?'"又说:"方今天下之权,存亡在子与高及丞相耳,愿子图之。"赵高说服胡亥,"乃谓丞相斯曰:'上崩,赐长子书,与丧会咸阳而立为嗣。书未行,今上崩,未有知者也。所赐长子书及符玺皆在胡亥所,定太子在君侯与高之口耳。事将何如?'斯曰:'安得亡国之言!此非人臣所当议也!'高曰:'君侯自料能孰与蒙恬?功高孰与蒙恬?谋远不失孰与蒙恬?无怨于天下孰与蒙恬?长子旧而信之孰与蒙恬?'斯曰:'此五者皆不及蒙恬,而君责之何深也'"?赵高说:"皇帝二十余子,皆君之所知。长子刚毅而武勇,信人而奋士,即位必用蒙恬为丞相,君侯终不怀通侯之印归于乡里,明矣。高受诏教习胡亥,使学以法事数年矣,未尝见过失。慈仁笃厚,轻财重士,辩于心而诎于口,尽礼敬士,秦之诸子未有及此者,可以为嗣。君计而定之。'""于是斯乃听高。""于是乃相与谋,诈为受始皇诏丞相,立子胡亥为太子。更为书赐长子扶苏曰:'朕巡天下,祷祠名山诸神以延寿命。今扶苏与将军蒙恬将师数十万以屯边,十有余年矣,不能进而前,士卒多耗,无尺寸之功,乃反数上书直言诽谤我所为,以不得罢归为太子,日夜怨望。扶苏为人子不孝,其赐剑以自裁!将军恬与扶苏居外,不匡正,宜知其谋。为人臣不忠,其赐死,以兵属裨将王离。'封其书以皇帝玺,遣胡亥客奉书赐扶苏于上郡。使者至,发书,扶苏泣,……即自杀。蒙恬不肯死,使者即以属吏,系于

---

① 《史记》,第264页。

阳周。"①《赵正书》第二段文字否定了司马迁所谓"沙丘之谋"②的复杂情节。这段记载,值得秦史研究者特别关注:

病即大甚,而(五)

不能前,故复召丞相斯曰:吾霸王之寿足矣,不奈吾子之孤弱何。……(六)

其后不胜大臣之分争,争侵主。吾闻之:牛马斗,而蚉? 死其下;大臣争,齌(齐)民古(苦)。吾(七)

衣(哀)令(怜)吾子之孤弱,及吾蒙容之民,死且不忘。其议所立。丞相臣斯昧死(八)

顿首言曰:"陛下万岁之寿尚未央也。且斯非秦之产也,去故下秦,右主左(九)

亲,非有强臣者也。窃善陛下高议,陛下幸以为粪土之臣,使教万民,臣(一〇)

窃幸甚。臣谨奉法令,阴修甲兵,饬正教,官斗士,尊大臣,盈其爵禄。使秦并(一一)

有天下,有其地,臣其王,名立于天下,执有周室之义,而王为天子。臣闻不仁(一二)

者有所尽其财,毋勇者有所尽其死。臣窃幸甚,至死及身不足。然而见疑(一三)

如此,臣等尽当僇死,以佖(报)于天下者也。"赵正流涕而谓斯曰:"吾非疑子也,子,(一四)

吾忠臣也。其议所立。"丞相臣斯、御史臣去疾昧死顿首言曰:"今道远而诏(一五)

期羣(群)臣,恐大臣之有谋,请立子胡亥为代后。"王曰:"可。"……(一六)③

这段记载并不直接涉及"出游天下"事,但是事情发生在秦始皇"出游天下"途

---

① 《史记》,第 2548—2551 页。
② 《史记》卷八七《李斯列传》,第 2552、2558 页。
③ 《北京大学藏西汉竹书》(叁),第 190 页。

中,又有"今道远而诏期寖(群)臣,恐大臣之有谋"情节,而随后的事变,又导致秦二世胡亥之"出游天下",因而也与本文主题有密切的关系。

还有一种情形也值得注意,即依《史记》卷八七《李斯列传》记述:"更为书赐长子扶苏曰:'朕巡天下,祷祠名山诸神以延寿命……'"①其文字也是直接关涉到"出游天下"行为的。

(二)"秦王赵正""出游天下"

《赵正书》第一段文字记述"秦王赵正出游天下",回程中"病笃几死",嘱"其谨微(微)密之,毋令群臣智(知)病"情形:

· 昔者,秦王赵正出斿(游)天下,环(还)至白(柏)人而病。病篤(笃),慁(喟)然流涕长大(太)息,谓左右曰:(一)

"天命不可变于(欤)?吾未尝病如此,悲□……"……(二)

而告之曰:"吾自视天命,年五十岁而死。吾行年十四而立,立卅七岁矣。吾当今(三)

【岁】死,而不智(知)其月日,故出斿(游)天下,欲以变气易命,不可于(欤)?今病篤(笃),几死矣。其(四)

亟日月榆(输)趣(趋),至白泉之置,毋须后者。其谨徽(微)密之,毋令群臣智(知)病。"……(五)②

"秦王赵正出游天下,环(还)至白(柏)人而病",即"出游天下"回程中患病,病情危重,即所谓"病篤(笃)",谓左右曰:"吾未尝病如此。"而告之曰:"病篤(笃),几死矣。"据"秦王赵正"自己的说法:"吾自视天命,年五十岁而死。吾行年十四而立,立卅七岁矣。吾当今【岁】死,而不智(知)其月日,故出游天下,欲以变气易命……"这里说到,"出游天下"的动机之一,即"欲以变气易命"。如果相信秦始皇出巡确有"变气易命"即"变""易""天命"的考虑③,则我们对于其此次巡行即秦始皇三十七年(前210)最后一次出巡的实际动机可以有新的思索。这也许

---

① 《史记》,第2551页。
② 《北京大学藏西汉竹书》(叁),第189页。
③ 赵化成注释:"'变气易命',改变气数与天命。"又引《史记·高祖本纪》:"秦始皇帝常曰:'东南有天子气。'于是因东游以厌之。"以为"所谓'变气'当与此有关"。《北京大学藏西汉竹书》(叁),第189页。

不仅是交通史研究的新的发现,也可以看作思想史或说信仰史研究的新的发现。而前引《史记》卷八七《李斯列传》确实有"更为书赐长子扶苏曰:'朕巡天下,祷祠名山诸神以延寿命……'"的说法,可以引为助证。《史记》卷二八《封禅书》也写道:"并海上,冀遇海中三神山之奇药。不得,还至沙丘崩。"①所谓"冀遇……不得",也说类似"变气易命""以延寿命"的期望归于破灭。

"亟日月揄趣",赵化成释文:"亟日月揄(输)趣(趋)。"也许"揄"不必改释为"输"。《说文·手部》:"揄,引也。"段玉裁注:"《汉郊祀歌》曰:'神之揄,临坛宇。'师古云:'揄,引也。'《史记》:'揄长袂。'《广韵》:'揄扬,诡言也。'皆其引申之义。"②"亟日月揄趣",言珍惜时日疾行。下文"毋须后者",赵化成注释:"《汉书·王莽传》'前后毋相须',颜师古注:'须,待也。'"③这一解说是正确的,即抓紧时间前行,不必考虑乘舆车列仪仗的完整。理解这一点,可以参考第三段文字言"秦王胡亥""出斿天下"计划所谓"起属车万乘"。

关于所谓"白泉之置",赵化成注释:"《广雅·释诂四》:'置,驿也。'从简文看来,秦王赵正当死于'白泉之置',与《史记》记载不同。《秦始皇本纪》:'七月丙寅,始皇崩于沙丘平台。'徐广曰:'沙丘去长安二千余里。赵有沙丘宫,在钜鹿,武灵王之死处。'《正义》引《括地志》:'沙丘台在邢州平乡县东北二十里。又云平乡县东北四十里。'今案:'沙丘平台'在今河北省邢台市平乡东北。'白泉之置'不见于文献记载,但简文说'至白(柏)人而病',于'白泉之置'病死,故其地当距柏人不远。"④

---

① 张守节《正义》:"《括地志》云:'沙丘台在邢州平乡东北三十里。'"《史记》,第1370页。
② [汉]许慎撰,[清]段玉裁注:《说文解字注》,上海古籍出版社据经韵楼藏版1981年10月影印版,第604页。
③ 《北京大学藏西汉竹书》(叁),第189—190页。
④ 《北京大学藏西汉竹书》(叁),第189—190页。

所谓"赵有沙丘宫,在钜鹿,武灵王之死处"①,言伟人"之死处"可能出现历史的复演。而"白(柏)人"地名的象征意义,见于刘邦事迹。《史记》卷八九《张耳陈余列传》:"汉八年,上从东垣还,过赵,贯高等乃壁人柏人,要之置厕。上过欲宿,心动,问曰:'县名为何?'曰:'柏人。''柏人者,迫于人也!'不宿而去。"关于"壁人柏人",司马贞《索隐》:"谓于柏人县馆舍壁中著人,欲为变也。"张守节《正义》:"柏人故城在邢州柏人县西北十二里,即高祖宿处也。"关于"要之置厕",裴骃《集解》:"韦昭曰:'为供置也。'"司马贞《索隐》:"文颖云:'置人厕壁中,以伺高祖也。'张晏云:'凿壁空之,令人止中也。'今按:云'置厕'者,置人于复壁中,谓之置厕,厕者隐侧之处,因以为言也。亦音侧。"②

"白泉之置"者,确实"不见于文献记载",然而似未可确指"其地"。"秦王赵正"言"亟日月揄(输)趣(趋),至白泉之置,毋须后者",未必明确预知"于'白泉之置'病死",希望急速"至白泉之置",或另有希求。在上古神秘主义意识中,"白泉"似有神奇的象征意义。《淮南子·地形》说到与"黄泉""青泉""赤泉""玄泉"并列的"白泉":

> 正土之气也御乎埃天,埃天五百岁生缺,缺五百岁生黄埃,黄埃五

---

① 沙丘曾有帝纣的经营。《史记》卷三《殷本纪》:"帝纣资辨捷疾,闻见甚敏;材力过人,手格猛兽;知足以距谏,言足以饰非;矜人臣以能,高天下以声,以为皆出己之下。好酒淫乐,嬖于妇人。爱妲己,妲己之言是从。于是使师涓作新淫声,北里之舞,靡靡之乐。厚赋税以实鹿台之钱,而盈钜桥之粟。益收狗马奇物,充仞宫室。益广沙丘苑台,多取野兽蜚鸟置其中。"关于"沙丘苑台",裴骃《集解》:"《尔雅》曰:'迤逦,沙丘也。'《地理志》曰在钜鹿东北七十里。"张守节《正义》:"《括地志》云:'沙丘台在邢州平乡东北二十里。《竹书纪年》自盘庚徙殷至纣之灭二百五十三年,更不徙都,纣时稍大其邑,南距朝歌,北据邯郸及沙丘,皆为离宫别馆。'"第105—106页。关于赵武灵王死于沙丘的故事,见《史记》卷四三《赵世家》:"主父及王游沙丘,异宫,公子章即以其徒与田不礼作乱,诈以主父令召王。肥义先入,杀之。高信即与王战。公子成与李兑自国至,乃起四邑之兵入距难,杀公子章及田不礼,灭其党贼而定王室。公子成为相,号安平君,李兑为司寇。公子章之败,往走主父,主父开之,成、兑因围主父宫。公子章死,公子成、李兑谋曰:'以章故围主父,即解兵,吾属夷矣。'乃遂围主父。令宫中人'后出者夷',宫中人悉出。主父欲出不得,又不得食,探爵鷇而食之,三月余而饿死沙丘宫。"第1815页。

② 《史记》,第2583—2584页。关于"复壁"形制,参看王子今:《汉代建筑中所见"复壁"》,《文物》1990年第4期。

百岁生黄颃,黄颃五百岁生黄金,黄金千岁生黄龙,黄龙入藏生黄泉,黄泉之埃上为黄云,阴阳相薄为雷,激扬为电,上者就下,流水就通,而合于黄海。

偏土之气御乎清天,清天八百岁生青曾,青曾八百岁生青颃,青颃八百岁生青金,青金八百岁生青龙,青龙入藏生青泉,青泉之埃上为青云,阴阳相薄为雷,激扬为电,上者就下,流水就通,而合于青海。

壮土之气御于赤天,赤天七百岁生赤丹,赤丹七百岁生赤颃,赤颃七百岁生赤金,赤金千岁生赤龙,赤龙入藏生赤泉,赤泉之埃上为赤云,阴阳相薄为雷,激扬为电,上者就下,流水就通,而合于赤海。

弱土之气御于白天,白天九百岁生白礜,白礜九百岁生白颃,白颃九百岁生白金,白金千岁生白龙,白龙入藏生白泉,白泉之埃上为白云,阴阳相薄为雷,激扬为电,上者就下,流水就通,而合于白海。

牝土之气御于玄天,玄天六百岁生玄砥,玄砥六百岁生玄颃,玄颃六百岁生玄金,玄金千岁生玄龙,玄龙入藏生玄泉,玄泉之埃上为玄云,阴阳相薄为雷,激扬为电,上者就下,流水就通,而合于玄海。①

或说"白泉"是出自"昆仑"神仙世界的"神物"。《太平御览》卷三八引《博物志》曰:"昆仑从广万一千里,神物集也。出五色云气,五色流水。其白水东南流入中国,名为河也。"②所谓"白水",或作"白泉水"。③ 在汉代有的神异记录中,"白泉"直接与长生梦想相关。《太平御览》卷五二二引《礼稽命征》曰:"得礼之制,泽谷之中有赤乌、白玉、赤蛇、赤龙、赤木、白泉生出,饮酌之,使寿长。"④又《太平御览》卷八七三引《礼稽命征》曰:"王者得礼之制,则泽谷之中白泉出,饮之,使寿长。"⑤所谓"白泉""饮酌之,使寿长","饮之,使寿长"的说法,或许有助于我们对《赵正书》"白泉之置"的理解。

---

① 张双棣:《淮南子校释》,北京大学出版社,1997年,第509—510页。《太平御览》卷八引《河图始开》也写道:"黄泉之埃上为黄云,青泉之埃上为青云,赤泉之埃上为赤云,白泉之埃上为白云,玄泉之埃上为玄云。"《太平御览》,第40页。

② 《太平御览》,第181页。

③ 文渊阁《四库全书》本。

④ 《太平御览》,第2374页。

⑤ 《太平御览》,第3870页。

(三)"秦王胡亥""出斿天下"

《赵正书》第三段文字说"王死而胡亥立"之后以秦帝国最高执政者身份"出斿天下"的政治表现:

> 王死而胡亥立,即杀其(一六)
> 兄夫(扶)胥(苏)、中尉恬。大赦(赦)罪人,而免隶臣高以为郎中令。因夷其宗族,壤(坏)其社稷,(一七)
> 燔其律令及古(故)世之臧(藏)。有(又)欲起属车万乘以扶(抚)天下,曰:"且与天下更始。"子婴进(一八)
> 间(谏)曰:"不可。臣闻之:芬苣未根而生周(凋)耆〈香〉同,天地相去远而阴阳气和,五国十二(一九)
> 诸侯,民之耆(嗜)欲不同而意不异。夫赵王钜杀其良将李徹(微)而用颜(颜)聚,燕王(二〇)
> 喜而鞠(轲)之谋而倍(背)秦之约,齐王建遂杀其古(故)世之忠臣而后胜之议。此三君(二一)
> 者,皆冬(终)以失其国而央(殃)其身。是皆大臣之谋,而社稷之神零福也。今王欲一日(二二)
> 而弃去之,臣窃以为不可。臣闻之:轻虑不可以治固〈国〉,蜀(独)勇不可以存将,同力(二三)
> 可以举重,比心壹智可以胜众,而弱胜强者,上下调而多力壹也。今国危适(敌)必(比),(二四)
> 斗士在外,而内自夷宗族,诛群忠臣,而立无节行之人。是内使群臣不相信,(二五)
> 而外使斗士之意离也。臣窃以为不可。"秦王胡亥弗听,遂行其意,杀其兄夫(扶)(二六)
> 胥(苏)、中尉恬,立高为郎中令,出斿(游)天下……(二七)①

"王死而胡亥立,即杀其兄夫(扶)胥(苏)、中尉恬","免隶臣高以为郎中令",与这段文字最后"秦王胡亥弗听,遂行其意,杀其兄夫(扶)胥(苏)、中尉恬,立高为

---

① 《北京大学藏西汉竹书》(叁),第190—191页。

郎中令"重复,文意存在问题。我们所注意的,主要是有关"出斿天下"的内容。

这段文字最后说"出斿天下",而上文于"因夷其宗族,壤(坏)其社稷,燔其律令及古世之臧"之外,说到胡亥"有(又)欲起属车万乘以扶(抚)天下,曰:'且与天下更始'",而"子婴进间(谏)曰:'不可……'",担心此举可能"失其国而央(殃)其身"。子婴的忧虑是多方面的,但是以为"欲起属车万乘以扶(抚)天下"是"轻虑不可以治固〈国〉,蜀(独)勇不可以存将",态度是明确的。

关于秦二世即位不久即大规模出巡,《史记》卷六《秦始皇本纪》有明确的历史记录:

> 二世与赵高谋曰:"朕年少,初即位,黔首未集附。先帝巡行郡县,以示强,威服海内。今晏然不巡行,即见弱,毋以臣畜天下。"春,二世东行郡县,李斯从。到碣石,并海,南至会稽,而尽刻始皇所立刻石,石旁著大臣从者名,以章先帝成功盛德焉:

> 皇帝曰:"金石刻尽始皇帝所为也。今袭号而金石刻辞不称始皇帝,其于久远也如后嗣为之者,不称成功盛德。"丞相臣斯、臣去疾、御史大夫臣德昧死言:"臣请具刻诏书刻石,因明白矣。臣昧死请。"制曰:"可。"

> 遂至辽东而还……

> 四月,二世还至咸阳……①

《史记》卷二八《封禅书》也有"二世元年,东巡碣石,并海南,历泰山,至会稽,皆礼祠之,而刻勒始皇所立石书旁,以章始皇之功德"的记述。② "二世东行郡县",自秦二世元年(前209)"春"至"四月"。这次出巡体现出较高的交通效率。③ 秦二世"东行郡县"的出发点,是"朕年少,初即位,黔首未集附","今晏然不巡行,即见弱,毋以臣畜天下"。而秦始皇的榜样在先:"先帝巡行郡县,以示强,威服海内。"而《赵正书》的表述则是"欲起属车万乘以扶(抚)天下,曰:'且与天下更始'"。"更始"一词的使用,较早见于《吕氏春秋·季冬纪》:"数将几终,岁将更

---

① 《史记》,第267—268页。
② 《史记》,第1370页。
③ 王子今:《秦二世元年东巡史事考略》,《秦文化论丛》第3辑,西北大学出版社,1994年。

始。"①而汉初"更始"已见用于人名。② 如果秦二世确有"且与天下更始"语,则是帝王言辞最早使用"更始"一语的信息。具有讽刺意味的是,贾谊《过秦论》对秦二世的指责,使用了"更始"一语:"……二世不行此术,而重之以无道,坏宗庙与民,更始作阿房宫,繁刑严诛,吏治刻深,赏罚不当,赋敛无度,天下多事,吏弗能纪,百姓困穷而主弗收恤。"③而司马迁则明确在表扬萧何对秦政拨乱反正时使用了"更始"一语,即《史记》卷五三《萧相国世家》以"太史公曰"形式对萧何历史功绩的评价:"因民之疾秦法,顺流与之更始。"④

秦二世东巡时,秦王朝已面临覆灭的危局。即《赵正书》载子婴语所谓"国危適(敌)必(比)",形势已经十分严重。不过,似乎没有明朗的迹象可以说明"秦王胡亥""出斿天下"是秦王朝灭亡的直接原因。秦政的失败,如《赵正书》所见子婴的警告,体现为"斗士在外,而内自夷宗族;诛群忠臣,而立无节行之人。是内使群臣不相信,而外使斗士之意离也"。

(四)秦皇帝"出斿天下"与秦帝国的交通建设

有学者曾经对有关秦二世出行速度与效率的历史记录的真实性表示怀疑。如刘敏等指出:"浩浩荡荡的巡行大军为什么要在同一条巡游路线上来回往返?秦二世此次东巡的目的,一是立威,二是游玩,不论是立威也好,还是游玩也好,都应尽量避免往返走同一条路,所到之处越多越好,皇威覆盖面越大越好。而按《史记》记载却恰好相反。从碣石所在的辽西郡南下到会稽,然后又北上返回辽西,再至辽东。这似乎是无任何意义的重复。这里的原因到底是什么?我们百思不得其解,禁不住怀疑'遂至辽东而还'几个字是否是错简衍文?""据《史记·秦始皇本纪》,秦二世是在元年的春天从咸阳出发东巡的,四月又返回了咸阳,这样算来,此次巡游满打满算是三个多月。在三个多月的时间里,二世君臣们从咸阳到碣石,从碣石到会稽,从会稽又返至辽东,从辽东又回到咸阳,加之中间还

---

① 《吕氏春秋集释》,第260页。
② 《史记》卷九《吕太后本纪》:"吕更始为赘其侯。""斩长乐卫尉吕更始。"第402、410页。"吕更始"事迹又见于《史记》卷一九《惠景间侯者年表》,第990页。西汉中期人"尹更始"则见于《史记》卷一一二《平津侯主父列传》,第2965页。
③ 《史记》卷六《秦始皇本纪》,第284页。
④ 《史记》,第2020页。

要登山观海,刻石颂功,游山玩水,秦朝那古老的车驾是否有如此的速度,三个多月辗过如此漫长的行程。这里我们可以同秦始皇第五次巡游做个对比。秦始皇最后一次巡游是十月从咸阳出发的,先到云梦,然后顺江东下至会稽,从会稽北上,最远到之罘,然后西归,至沙丘驾崩,是七月分(份)。这条路线明显短于二世东巡的路线,但秦始皇却走了十个月,而胡亥仅用三个多月,着实让人生疑。"①但是这种疑虑其实可以澄清。而轻易否定《史记》的记载似乎是不妥当的。其实,据《史记》卷六《秦始皇本纪》,秦始皇二十八年(前219)第一次出巡,"上自南郡由武关归",与三十七年(前210)最后一次出巡,"十一月,行至云梦",很可能也经由武关道,也是"同一条巡游路线"。这两次出巡经行胶东半岛沿海的路线,也是同样。秦二世以一次出巡复行"先帝巡行郡县,以示强,威服海内"的路线,出现"在同一条巡游路线上来回往返"的情形是可以理解的。而秦二世各地刻石的实际存在,证明了"二世东行郡县"历史记录的可靠性。以现今公路营运里程计,西安至秦皇岛1 379公里,秦皇岛至绍兴1 456公里,秦皇岛至辽阳416公里,均以"在同一条巡游路线上来回往返"计,共6 502公里。"春,二世东行郡县","四月,二世至咸阳",以100日计,每天行程65公里,并不是不可能的。而且应当知道,秦二世时代交通条件已经与秦始皇出行时有所不同。《史记》卷八七《李斯列传》写道:秦二世执政之后,"法令诛罚日益刻深,群臣人人自危,欲畔者众。又作阿房之宫,治直道、驰道,赋敛愈重,戍徭无已"。② 于是导致陈胜暴动及"山东""杰俊"反秦武装暴动。可知秦二世执政时代仍然在进行直道和驰道的修筑工程。③

《赵正书》在"秦王胡亥""出游天下"文字之后,记述"后三年,有(又)欲杀丞相斯"事。说到"斯且死,故上书",历数自己七条罪状,表示"若斯为人臣者,罪足以死久矣"。其中所谓"罪六",即交通建设方面的功绩:

---

① 刘敏、倪金荣:《宫闱腥风——秦二世》,四川人民出版社,1996年,第148—149页。今按:所谓"游玩","游山玩水"的想象,均无依据。而"遂至辽东而还"与辽西与会稽间的所谓"在同一条巡游路线上来回往返"完全无关,因而"错简衍文"之说无从谈起。辽西至辽东之间的路线"在同一条巡游路线上来回往返"则是可以理解的。

② 《史记》,第2553页。

③ 王子今:《西汉辽西郡的防务与交通》,《秦汉交通史新识》,中国社会科学出版社,2015年,第218—220页。

>治驰道,兴斿(游)观,以见王之得志者,吾罪六矣……(三六)①

《史记》卷八七《李斯列传》有相关记述:"治驰道,兴游观,以见主之得意,罪六矣。"②《赵正书》相关文字与《李斯列传》基本一致。

李斯以丞相身份主持交通建设工程,"治驰道,兴游观,以见主之得意",或说"治驰道,兴斿观,以见王之得志者",可知"治驰道"的工程规划、设计、施工,都是中央政府统筹指挥管理。而秦二世时代依然进行"治直道、驰道"工程,标志秦王朝终其灭亡,一直没有中止交通建设的事业。

《赵正书》言"秦王赵正""病篤(笃),几死矣","其亟日月揄(输)趣(趋)",且"毋令群臣智(知)病"情形,与《史记》卷六《秦始皇本纪》记载"始皇崩"后"置始皇居辒辌车中,百官奏事上食如故,宦者辄从辒辌车中可诸奏事"的保密方式是一致的。而秦始皇车队返程经过直道。《赵正书》两度出现"杀其兄夫(扶)胥(苏)、中尉恬"文字,这一事件也发生于直道交通线上的蒙恬军指挥中心。《赵正书》的相关记载有助于推进秦始皇直道研究的意义,应当引起秦史研究和中国古代交通史研究学者的重视。

---

① 《北京大学藏西汉竹书》(叁),第192页。
② 《史记》,第2561页。

第九章　秦道路建设

秦始皇二十六年(前221)实现统一之后,分天下以为三十六郡,以"诸侯初破,燕、齐、荆地远",急切需要加强交通以巩固统一。于是立即致力于全国交通网的建立,在战国交通的基础上,"决通川防,夷去险阻"①,经过修整与沟通,将各国道路纳入以全国为规模的交通系统之中。在秦始皇时代,一些主要交通干线纵横交错,结成了全国陆路交通网的大纲。

秦道路建设为交通的发展、经济的进步和文化的交流提供了条件。

一　武关道栈道

以"阁梁"方式跨越险阻的栈道,是东周与秦代交通建设者的重要发明。《史记》卷八《高祖本纪》记载:汉王之国,"从杜南入蚀中,去辄烧绝栈道"。司马贞《索隐》:"栈道,阁道也。""崔浩云:'险绝之处,傍凿山岩,而施版梁为阁。'"《战国策·齐策六》:田单"为栈道木阁而迎王与后于城阳山中"。这种交通道路形式的普遍应用标志着交通史上的重大进步。在中国山区居多的地理条件下,各地区间的政治沟通、经济联系和文化交往,凭借这种道路形式发展到了新的阶段。

(一)丹江通道的早期形成

清华简《楚居》的内容透露了早期楚文化的发生与流布涉及丹江上游的迹象。这一情形与考古发现获得的信息相印合。推想《楚居》所谓"逆上汌水",可

---

① 《史记》卷六《秦始皇本纪》,第252页。

能与今陕西商州区的"大荆川"有某种关联。西汉水流域的早期秦文化和丹江流域的早期楚文化都与秦岭以南的汉水及其重要支流上游地方的开发有关。同样崛起于"僻陋"地方的这两种文化后来有不同的走向,却都对中国文化进程产生了显著的影响。通过清华简《楚居》提供的信息,我们看到,"楚居"称"郢"的时代,已经迈出了发育于丹江上游地区的楚文化初期阶段。

　　由考古学工作揭示的丹江地方先秦文化风貌,显示楚人早期活动的历史印迹。在丹江上游的考古调查和发掘,得知"西周至秦代的遗存""明显地分别属于楚文化和秦文化这两种不同的文化",大致说来,"西周至战国中期前段属楚,战国中期晚段之后属秦"。① 对于丹凤古城村东周墓的发掘,判定年代为春秋中期、春秋晚期、战国早期、战国中期,体现出地方文化"连续不断的发展过程"。从文化属性看,尽管"这里已经远离了楚国的腹心之地而与秦、晋邻近",但是墓葬遗存的"总体特征与目前已知的同期楚墓基本上大同小异,而与关中、侯马等地所发现的同期秦墓和晋墓则有很大差别"。考古学者因此认为"这批墓葬应属楚系"。这一地区考古收获所见浓厚的楚文化的风格,使得考古学者得出了这样的结论:"从考古资料来看,约自春秋中期至战国中期,丹江上游所发现的考古遗存为楚文化遗存。"同样,"在山阳鹃岭东周墓地,战国早期和中期墓葬均属楚系"。许多考古遗存证明,"到了战国晚期,丹江上游地区的楚文化已经被秦文化所完全取代"②。此前时代更为古远的历史遗存的考古工作收获,也证明丹江地区与楚早期文化的密切关系。考古工作者指出,商州紫荆新石器时代遗址出土器物"带有屈家岭文化的因素",体现了"江汉地区和中原地区诸原始文化逆丹江而上"的发展历程。③ 时代稍后,丹凤巩家坡西周遗址出土器物的文化特征"与关中地区的宗周文化""存在有明显差异","而与湖北有些地区所出土的楚式陶鬲则比较接近"。主持发掘的考古学者认为,这一情形可以说明"丹江

---

　　① 杨亚长:《略论秦楚关系》,见陕西省考古研究所、商洛市博物馆:《丹凤古城楚墓》,三秦出版社,2006年,附录二,第193页。
　　② 《丹凤古城楚墓》,第164—166页。
　　③ 商县图书馆、西安半坡博物馆、商洛地区图书馆:《陕西商县紫荆遗址发掘简报》,《考古与文物》1981年第3期。

上游地区的西周中晚期遗存,应与楚人早期活动具有密切关系"。① 位于商州东南约 3 公里处丹江北岸的东龙山遗址,也是"西周时期的楚文化遗存"。"春秋时期的楚文化遗存以商南过风楼遗址为代表。"② 通过对丹江川道古代交通条件的考察,可以知道这里很早就形成了联系黄河流域和长江流域的文化走廊。③ 而探索楚文化的早期表现,特别是在丹江流域商州以北地方寻找相关遗存,也许会有新的收获。

李学勤曾经分析东周到秦代的区域文化形势,"楚文化的扩展,是东周时代的一件大事。春秋时期,楚人北上问鼎中原,楚文化也向北延伸。到了战国之世,楚文化先是向南大大发展,随后由于楚国政治中心的东移,又向东扩张,进入长江下游以至今山东省境。说楚文化影响所及达到半个中国,并非夸张之词"。"随之而来的,是秦文化的传布。秦兼并列国,建立统一的新王朝,使秦文化成为后来辉煌的汉代文化的基础。这样说,绝不意味其他几种文化圈对汉代文化没有作用。""楚文化对汉代文化的酝酿形成有过重大的影响④,而其他文化的作用同样不可抹杀。"⑤ 西汉水流域的早期秦文化和丹江流域的早期楚文化都与秦岭以南的汉水及其重要支流上游地方的初步开发有关。同样崛起于"僻陋"⑥地

---

① 陕西省考古研究所、商洛地区文管会:《陕西丹凤县巩家湾遗址发掘简报》,《考古与文物》2001 年第 6 期。
② 杨亚长、王昌富:《商州东龙山遗址考古获重要成果》,《中国文物报》1998 年 11 月 25 日;杨亚长:《略论秦楚关系》,《丹凤古城楚墓》,附录二,第 193—194 页。
③ 关于丹江上游的古代交通条件,可参看王子今、焦南峰:《古武关道栈道遗迹调查简报》,《考古与文物》1986 年第 2 期;王子今、周苏平、焦南峰:《陕西丹凤商邑遗址》,《考古》1989 年第 7 期。
④ 作者自注:"李学勤:《新出简帛与楚文化》,《楚文化新探》,湖北人民出版社,1981 年。"
⑤ 李学勤:《东周与秦代文明》,上海人民出版社,2007 年,第 11 页。
⑥ 《荀子·王霸》:"虽在僻陋之国,威动天下,五伯是也。非本政教也,非致隆高也,非綦文理也,非服人之心也,乡方略,审劳佚,谨畜积,修战备,齺然上下相信,而天下莫之敢当。"[清]王先谦撰,沈啸寰、王星贤整理:《荀子集解》,中华书局,2012 年,第 202 页。《战国策·楚策三》:"张子曰:'彼郑周之女,粉白墨黑,立于衢间,非知而见之者以为神。'楚王曰:'楚僻陋之国,未尝见中国之女如此其美也……'"[西汉]刘向集录,范祥雍笺证:《战国策笺证》,上海古籍出版社,2006 年,第 847—848 页。《史记》卷七〇《张仪列传》:"楚怀王闻张仪来,虚上舍而自馆之,曰:'此僻陋之国,子何以教之?'"第 2287 页。

方的这两种文化后来有不同的走向,却都对中国文化进程产生了显著的影响。特别值得注意的是,楚人较早开发了丹江通道,在这里与秦人发生了碰撞和争夺。

(二) 商於争夺与武关道的地位

秦文化向东发展至于关中中部和关中东部地方的历史时期,秦楚都已成为雄霸一方的强国,而且都有继续扩展发展,饮马于河及问鼎中原的雄心。秦楚的战略决斗,使得联系秦国和楚国的武关道的地位上升。

1. 商邑与武关道

秦人豪迈东进,以定都咸阳为重要标志。这时,秦国行政中心由关中地区的西北边缘迁徙到水资源和土壤资源条件均优越的关中中心地带。空间位置的优胜,便于秦执政集团施行对秦农耕经济跃进的规划和领导。这一决策,是秦孝公与卫鞅推行新法的重要内容之一。即《史记》卷六八《商君列传》所记载:"作为筑冀阙宫庭于咸阳,秦自雍徙都之。"随后,卫鞅因指挥对魏国战争的胜利,"秦封之於、商十五邑,号为商君"①。卫鞅得封商,史称商鞅,或作商君。考古学者调查发掘了位于陕西丹凤古城镇的商鞅封地商邑遗址②,使得司马迁记载的真实性得到确证。

商鞅以"大良造"身份,封地确定于商,也标志着秦人再一次向长江流域拓进的试探。丹江流域成为秦楚交往的走廊,秦楚竞争的舞台,秦楚攻夺的战场。蓝桥河栈道遗迹和武关遗存,是这一文化史进程的见证。商邑遗址出土的建筑构件、铜剑、铜镞等,自然也是宝贵的文物证明。

商鞅变法是影响秦史走向以及战国时期社会变化的重要的改革。秦人起始于西北的崛起与大踏步向东的拓进,因成功的政治变革、经济变革与社会变革形成不可抵挡的强势。此后在秦始皇时代实现统一,则影响了东方历史乃至世界历史的进程。陕西商洛因商邑这一历史亮点,据有了地方史与地方文化的光荣。

---

① 《史记》,第 2232—2233 页。
② 商鞅封邑考古队:《陕西丹凤县秦商邑遗址》,《考古》2006 年第 3 期;《丹凤古城发现商鞅封邑遗址,开始第二次考古发掘》,《在商洛》,网址 http://www.inshangluo.com/forum.php? mod = viewthread&tid = 59296。

由关中往东南通向南阳盆地的武关道,在历史上曾经发挥重要的作用。武关道行经的丹江川道曾为秦、楚两国反复争夺。武关道作为秦、楚通道也曾发挥出重要的作用。

吴王阖闾和伍子胥伐楚,攻破楚都,楚大夫申包胥由武关道奔秦告急,"立依于庭墙而哭,日夜不绝声,勺饮不入口,七日","秦师乃出"。① 秦师"五百乘以救楚",败吴师。② 秦军驰援楚国经由的道路,即武关道。秦昭襄王十二年(前295),"予楚粟五万石"③,大约2 000辆以上的运粮车队,也经行武关道赴楚。

武关道曾经是秦国和楚国之间交往的主要通路。

楚怀王与秦国的外交失败,最终客死于秦的悲剧,许多场面发生在武关道上。《史记》卷五《秦本纪》:"(秦昭襄王)十年,楚怀王入朝秦,秦留之。薛文以金受免。""十一年,……楚怀王走之赵,赵不受,还之秦,即死,归葬。"④《史记》卷四〇《楚世家》:"二十九年,秦复攻楚,大破楚,楚军死者二万,杀我将军景缺。怀王恐,乃使太子为质于齐以求平。三十年,秦复伐楚,取八城。秦昭王遗楚王书曰:'始寡人与王约为弟兄,盟于黄棘,太子为质,至欢也。太子陵杀寡人之重臣,不谢而亡去,寡人诚不胜怒,使兵侵君王之边。今闻君王乃令太子质于齐以求平。寡人与楚接境壤界,故为婚姻,所从相亲久矣。而今秦楚不欢,则无以令诸侯。寡人愿与君王会武关,面相约,结盟而去,寡人之愿也。敢以闻下执事。'楚怀王见秦王书,患之。欲往,恐见欺;无往,恐秦怒。昭雎曰:'王毋行,而发兵自守耳。秦虎狼,不可信,有并诸侯之心。'王子子兰劝王行,曰:'奈何绝秦之欢心!'于是往会秦昭王。昭王诈令一将军伏兵武关,号为秦王。楚王至,则闭武关,遂与西至咸阳,朝章台,如蕃臣,不与亢礼。楚怀王大怒,悔不用昭子言。秦因留楚王,要以割巫、黔中之郡。楚王欲盟,秦欲先得地。楚王怒曰:'秦诈我而又强要我以地!'不复许秦。秦因留之。""顷襄王横元年,秦要怀王不可得地,楚立王以应秦,秦昭王怒,发兵出武关攻楚,大败楚军,斩首五万,取析十五城而去。二年,楚怀王亡逃归,秦觉之,遮楚道,怀王恐,乃从间道走赵以求归。赵主父在

---

① 《左传·定公四年》。
② 《左传·定公五年》。
③ 《史记》卷五《秦本纪》,第210页。
④ 《史记》,第210页。

代,其子惠王初立,行王事,恐,不敢入楚王。楚王欲走魏,秦追至,遂与秦使复之秦。怀王遂发病。顷襄王三年,怀王卒于秦,秦归其丧于楚。"①

秦始皇出巡曾经行经武关道。《史记》卷六《秦始皇本纪》"(秦始皇)二十八年,……上自南郡由武关归",睡虎地秦简《编年记》"【二十八】年,今过安陆"②,正是此次出巡的记录。又《史记》卷六《秦始皇本纪》:"三十七年十月癸丑,始皇出游。……十一月,行至云梦,望祀虞舜于九疑山。"③也很可能经行武关道。

刘邦由此入关,结束了秦王朝的统治。《史记》卷八《高祖本纪》:"乃以宛守为殷侯,……引兵西,无不下者。至丹水,高武侯鳃、襄侯王陵降西陵。还攻胡阳,遇番君别将梅鋗,与皆,降析、郦。""及赵高已杀二世,使人来,欲约分王关中。沛公以为诈,乃用张良计,使郦生、陆贾往说秦将,啖以利,因袭攻武关,破之。又与秦军战于蓝田南,益张疑兵旗帜,诸所过毋得掠卤,秦人憙,秦军解,因大破之。又战其北,大破之。乘胜,遂破之。""汉元年十月,沛公兵遂先诸侯至霸上。秦王子婴素车白马,系颈以组,封皇帝玺符节,降轵道旁。"④

由《史记》卷一二九《货殖列传》"南阳西通武关"⑤可知,因南阳地方"成为当时联络南北地区的最大商业城市和经济重心",这条道路形成"交通盛况"。⑥

武关道是战国秦汉时期联系关中平原和江汉平原的重要道路,曾经在军事史和经济史上发挥过重要的作用。对于中国古代交通史研究来说,"武关道"是重要的学术主题。

在蓝桥河栈道考察之后,2001年5月,王子今、焦南峰、张在明又考察了蓝桥河栈道以及唐代诗人多有记述的七盘岭—蓝关道路。蓝桥河中的Ⅲ段栈道遗

---

① 《史记》,第1727—1729页。
② 睡虎地秦墓竹简整理小组:《睡虎地秦墓竹简》,文物出版社,1990年,释文注释第7页。
③ 《史记》,第260页。
④ 《史记》,第360—362页。
⑤ 《史记》,第3269页。
⑥ 王文楚:《历史时期南阳盆地与中原地区间的交通发展》,《古代交通地理丛考》,中华书局,1996年,第4—5页。王开主编《陕西古代道路交通史》也有关于武关道的考论。人民交通出版社,1989年。

迹,因为 312 国道的修筑,已经难以寻觅。然而考察者又发现了一段栈道遗迹。①

与"武关道"交通结构有关,商鞅封地商邑的考古发现值得重视。1984 年的武关道考察将丹凤故城镇遗址的调查列入工作对象。所取得的收获有助于商邑位置的确定。② 李学勤《东周与秦代文明》写道:"1984 年,在陕西丹凤西 3 公里的古城村进行调查,证实是战国至汉代的遗址。这里发现的鹿纹半瓦当、花纹类似雍城的圆瓦当,几种云纹圆瓦当则近于咸阳的出土品。有花纹的空心砖、铺地方砖,也同咸阳的相似。一件残瓦当有篆书'商'字,说明当地就是商鞅所封商邑。这是一个有历史价值的发现。"③ 商鞅封于商,有在秦楚争夺丹江流域的背景下强化秦国政治军事优势的意义。而商鞅最后的活动,其交通行为值得关注。《史记》卷六八《商君列传》:"秦孝公卒,太子立。公子虔之徒告商君欲反,发吏捕商君。商君亡至关下,欲舍客舍。客人不知其是商君也,曰:'商君之法,舍人无验者坐之。'商君喟然叹曰:'嗟乎,为法之敝一至此哉!'去之魏。魏人怨其欺公子卬而破魏师,弗受。商君欲之他国。魏人曰:'商君,秦之贼。秦强而贼入魏,弗归,不可。'遂内秦。商君既复入秦,走商邑,与其徒属发邑兵北出击郑。秦发兵攻商君,杀之于郑黾池。"④ 所谓"商君亡至关下,欲舍客舍"的位置,以及后来"去之魏",而"魏人"归之"内秦"的路线,我们均不得而知。"商君既复入秦,走商邑",则行经我们讨论的"武关道"。至于"与其徒属发邑兵北出击郑",而后"秦发兵攻商君,杀之于郑黾池",可知自商邑有北上"郑"(今陕西华县)、"黾池"(今河南渑池西)的交通路线。⑤ 由商邑往"郑",应行经"上雒"地方。这样的路线,应看作"武关道"交通体系的构成内容。

2. 武关位置考议

关于"武关"的空间位置,以往有不同的判断。史念海认为,武关道"为当时

---

① 王子今:《武关道蓝桥河栈道形制及设计通行能力的推想》,《栈道历史研究与 3S 技术应用国际学术研讨会论文集》,陕西人民教育出版社,2008 年。
② 王子今、周苏平、焦南峰:《陕西丹凤商邑遗址》,《考古》1989 年第 7 期。
③ 李学勤:《东周与秦代文明》,上海人民出版社,2007 年,第 308 页。
④ 《史记》,第 2236—2237 页。
⑤ 《中国历史地图集》,地图出版社,1982 年,第 1 册第 43—44 页,第 35—36 页。

之通衢,必由之道路也","秦汉时武关在今陕西和河南两省交界处丹江之北"。① 所说不很明确。

谭其骧主编《中国历史地图集》在战国时期地图中标志"武关"位置即"在今陕西和河南两省交界处丹江之北",在今陕西商南东南。② 秦代地图则标示在商南正南丹江北岸,较战国时期位置似稍有西移。③ 西汉地图向西略微偏移。④ 东汉时期则更向西移动,然而仍南临丹江。⑤ 三国西晋至东晋南北朝以及隋代都没有明显的变化。然而,到了唐代,武关的位置被标记在今丹凤与商南之间的武关河上,⑥也就是现今丹凤武关镇,亦曾称武关街、武关村所在。

严耕望《唐代交通图考》篇十六《蓝田武关驿道》曾考论武关位置:"由商洛又东南经桃花驿,层峰驿,亦九十里至武关(今关),有武关驿。此关'北接高山,南临绝涧',为春秋以来秦楚交通主道上之著名关隘,西去商州一百八十里,去长安约近五百里。或置武关防御使,以商州刺史兼充。"⑦谭其骧主编《中国历史地图集》唐代武关标示的位置,就大致在这里。

然而谭其骧主编《中国历史地图集》以为战国至秦汉的武关始终在丹江北岸,并不偏离丹江水道。严耕望则以为唐代武关"为春秋以来"历代承继,位置应无变化。两种认识的分歧是明显的。

1984年进行的"武关道"考察,据谭其骧主编《中国历史地图集》所标示的地点,曾经在竹林关一带寻找"武关"遗存,然而没有收获。然而丹凤武关镇附近却有值得重视的秦汉遗存。

3. 武关镇的秦汉遗存与"武候"文字瓦当

丹凤武关镇曾经发现重要的秦汉遗存。张在明主编《中国文物地图集·陕

---

① 史念海:《秦汉时代国内之交通路线》,《河山集》四集,第543页。
② 《中国历史地图集》,第1册第43—44页。
③ 《中国历史地图集》,第2册第5—6页,第7—8页。
④ 《中国历史地图集》,第2册15—16页,第22—23页。
⑤ 《中国历史地图集》,第2册42—43页,第49—50页。
⑥ 《中国历史地图集》,第5册52—53页。
⑦ 严耕望:《唐代交通图考》第3卷《秦岭仇池区》,第651页。

西分册》有所记录。①《中国文物地图集·陕西分册》的执笔者已经认定战国以来的武关遗址就在这里："据史载，战国时秦国于秦楚界地置武关。公元前299年秦昭襄王诱楚怀王会于此，执以入秦。公元前209年刘邦入秦，唐末黄巢军自长安撤往河南，均经此地。""武关城遗址"还有其他的发现。②

1984年春季，笔者进行战国秦汉武关道考察时，在谭其骧主编《中国历史地图集》标示"武关"位置的地点注意到当地出土"武"字瓦文板瓦，调查了发现汉代窑址的地点，也得知有关"武候"瓦当出土的信息。当时介绍者称瓦当文字是"武侯"。承李学勤先生教示，"武侯"应即"武候"，是"关候"所在的标志。如果确实，可以证明这里就是汉代武关遗址。笔者在一篇小文中曾经介绍，这件"武候"瓦当丹凤县博物馆和商洛博物馆均未陈列，两个博物馆的文物工作者甚至都说库房中也没有这件文物。笔者探寻多年，始终未能看到实物或拓片。2013年7月，承田爵勋先生惠送，得到他的大著《守望武关》。其中写道："1956年在武关小学西墙取土，发现五角形汉代陶质下水管道。历年多次出土铜鼎、铜钫、铜剑、铜矢及大量陶器及碎片。""1980年商洛文物普查，武关城址发现篆刻'武侯''千秋万岁'瓦当及篆书'武'字瓦当。"③并有"武关出土的千秋万岁瓦当、武侯瓦当"图版。④

我们看到，瓦当文字所谓"武侯"者，应是误读。原文应当读作"武候"。对

---

① 如："16-A₁₆武关城遗址〔武关乡武关村内外·战国~清·省文物保护单位〕：位于长坪公路之南，东、南、西三面临武关河。关城平面呈长方形，面积约4万平方米。墙体夯筑，尚存部分东、西墙，残高6.5米，宽2.5米，夯层10厘米。……城内发现汉代云纹瓦当、文字瓦当、五角形陶水管道、绳纹瓦等。关城内外还多次暴露汉代墓葬、窑址。"

② 如："A₁₆₋₁西河塬墓群〔武关乡武关村·汉代〕：位于武关河北岸台地上，南临长坪公路，面积约7000平方米。历代多次暴露墓葬，出土铜鼎、铜盆、灰陶弦纹罐等。""A₁₆₋₂武关墓群〔武关乡武关村·西汉〕面积不详。1977年前后多次暴露土坑墓及砖室墓，出土铜钫等6件〔青铜器〕，同出有陶器等。""A₁₆₋₃武关窑址〔武关乡武关村南300米·汉代〕位于武关河南岸二级台地上。在东西400米内发现窑址3座。东窑已坍塌，四周分布有红烧土。暴露烟道3处，烟道长3米，间距0.5米，其内壁呈青灰色。中窑及西窑均已破坏，仅存残迹。西窑周围散布粗绳纹板瓦、筒瓦残片。"张在明主编：《中国文物地图集·陕西分册》，西安地图出版社，1998年，下册第1187—1188页。

③ 田爵勋：《守望武关》，中国文联出版社，2011年，第15页。

④ 田爵勋：《守望武关》，图版第6页。

照汉印文字和简帛文字,也可以确认此瓦当文字应当读作"武候"。①

"武候"瓦当的发现,可以证实丹凤武关镇历代看作武关城的遗址,就是汉代武关的确定位置。这里也很可能是战国至秦代设置武关以来长期沿用的伺望守备的地点。②

4. 地湾出土"武关候"简文

河西汉代遗址地湾出土汉简可见"定阳令张□"与"武关候杨□"并列的简文,值得我们特别注意:

> 定阳令张□
>
> 武关候杨□(86EDT8:44)③

"定阳"为上郡属县。《汉书》卷二八下《地理志下》"上郡"条下写道:

> 上郡,秦置,高帝元年更为翟国,七月复故。匈归都尉治塞外匈归障。属并州。户十万三千六百八十三,口六十万六千六百五十八。县二十三:肤施,有五龙山、帝、原水、黄帝祠四所。独乐,有盐官。阳周,桥山在南,有黄帝冢。莽曰上陵畴。木禾,平都,浅水,莽曰广信。京室,莽曰积粟。洛都,莽曰卑顺。白土,圁水出西,东入河。莽曰黄土。襄洛,莽曰上党亭。原都,漆垣,莽曰漆墙。奢延,莽曰奢节。雕阴,推邪,莽曰排邪。桢林,莽曰桢干。高望,北部都尉治。莽曰坚宁。雕阴道,龟兹,属国都尉治。有盐官。定阳,高奴,有洧水,可䈰。莽曰利平。望松,北部都尉治。宜都。莽曰坚宁小邑。④

上郡直南对应长安执政中枢,战略地位十分重要。⑤ 上郡所辖"定阳",颜师古注:"应劭曰:'在定水之阳。'"⑥"定阳"见于张家山汉简《二年律令》中的《秩

---

① 罗福颐编:《汉印文字征》,文物出版社,1978 年;陈建贡、徐敏编:《简牍帛书字典》,上海书画出版社,1991 年,第 58—61 页。

② 王子今:《"武候"瓦当与战国秦汉武关道交通》,《文博》2013 年第 6 期。

③ 甘肃简牍博物馆、甘肃省文物考古研究所、出土文献与中国古代文明研究协同创新中心中国人民大学中心:《地湾汉简》,中西书局,2017 年,第 22 页。

④ 《汉书》,第 1617 页。

⑤ 参看王子今:《西汉上郡武库与秦始皇直道交通》,《秦汉研究》第 10 辑,陕西人民出版社,2016 年;《上郡"龟兹"考论——以直道史研究为视角》,《咸阳师范学院学报》2017 年第 3 期。

⑥ 《汉书》,中华书局,1962 年,第 1617 页。

律》,列于"秩各六百石"诸县之中(简四五二)。① "定阳"县名又见于《续汉书·郡国志五》:

> 上郡秦置。十城,户五千一百六十九,口二万八千五百九十九。

肤施、白土、漆垣、奢延、雕阴、桢林、定阳、高奴、龟兹属国、候官。②
"定阳"地名未见于《史记》。作为县名,仅出现于《汉书》卷二八下《地理志下》和《续汉书·郡国志五》。相关历史信息"前四史"再无记录。地湾简出现有关"定阳令"的简文,是汉简资料充实对汉代县级行政单位认识的重要一例。

就这条简文中的内容,我们更为注意的是"武关候杨□"透露的信息。"武关候"简文为我们考察"武关"和"武关道"提供了非常重要的文物资料。

5. 关于"武候""武关候"

瓦当文字"武候",就是"武关候"。我们提出这样的认识③,考虑到"玉门关候"的历史存在。《汉书》卷八七下《扬雄传下》:"西北一候。"颜师古注:"孟康曰:'敦煌玉门关候也。'"④《后汉书》卷八〇上《文苑列传上·杜笃》:"立候隅北,建护西羌。"对于"立候隅北"的解释,李贤注:"杨雄《解嘲》曰:'西北一候。'孟康注云:'敦煌玉门关候也。'"⑤或说"西北一候"秦代已置。《水经注·浪水》:"秦并天下,略定扬、越,置东南一尉,西北一候。"⑥《后汉书》卷八八《西域传》明确可见"玉门关候":"(永建)四年春,北匈奴呼衍王率兵侵后部,帝以车师六国接近北虏,为西域蔽扞,乃令敦煌太守发诸国兵,及玉门关候、伊吾司马,合

---

① 参看王子今:《说"上郡地恶"——张家山汉简〈二年律令〉研读札记》,《陕西历史博物馆馆刊》第 10 辑,三秦出版社,2003 年。
② 《后汉书》,中华书局,1965 年,第 3523 页。
③ 王子今:《"武候"瓦当与战国秦汉武关道交通》,《文博》2013 年第 6 期。
④ 《汉书》,第 3568—3569 页。
⑤ 《后汉书》,第 2600—2602 页。后世也有"西北一候"未必"玉门关候"的理解,如《文选》卷四五扬雄《解嘲》"西北一候",李善注:"如淳曰:《地理志》曰:龙勒玉门、阳关有候也。"[梁]萧统编,[唐]李善、吕延济、刘良、张铣、吕向、李周翰注:《六臣注文选》,中华书局,1987 年,第 843 页。以为"西北一候"也有可能是"阳关候"。《艺文类聚》卷五九引周庾信《庆平邺表》曰:"东南一尉,立于北景之南。西北一候,置于交河之北。"[唐]欧阳询撰,汪绍楹校:《艺文类聚》,上海古籍出版社,1982 年,第 1074 页。"交河之北"者,也不是"玉门关候"。
⑥ [北魏]郦道元著,陈桥驿校证:《水经注校证》,中华书局,2007 年,第 872—873 页。

六千三百骑救之，掩击北虏于勒山。"①《隶续》卷一二《刘宽碑阴门生名》可见："玉门关候□□□段琰元经。"②

《三国志》卷三九《蜀书·陈震传》记载了蜀汉与孙吴政权重归和好时，蜀汉卫尉陈震使吴"贺权践阼"的情形：

> （建兴）七年，孙权称尊号，以震为卫尉，贺权践阼，诸葛亮与兄瑾书曰："孝起忠纯之性，老而益笃，及其赞述东西，欢乐和合，有可贵者。"震入吴界，移关候曰："东之与西，驿使往来，冠盖相望，申盟初好，日新其事。东尊应保圣祚，告燎受符，剖判土宇，天下响应，各有所归。于此时也，以同心讨贼，则何寇不灭哉！西朝君臣，引领欣赖。震以不才，得充下使，奉聘叙好，践界踊跃，入则如归。献子适鲁，犯其山讳，《春秋》讥之。望必启告，使行人睦焉。即日张旍诰众，各自约誓。顺流漂疾，国典异制，惧或有违，幸必斟诲，示其所宜。"震到武昌，孙权与震升坛歃盟，交分天下：以徐、豫、幽、青属吴，并、凉、冀、兖属蜀，其司州之土，以函谷关为界。震还，封城阳亭侯。③

陈震"践界"方"入"，担心礼俗不同，"惧或有违"，"移关候曰"："幸必斟诲，示其所宜。"表现出充分的谨慎客气。陈震故事体现的外交史信息，应反映秦汉制度的承续。"驿使往来，冠盖相望"的边关，其长官"关候"是最初接待邻国来使的国家代表，地位相当重要。如张铣解释"西北一候"时所说："候所以伺候远国来朝之宾也。候亦官也。"④

肩水金关汉简可见或许类似"移关候"的文字，如："建平元年十二月己未朔辛酉橐他塞尉立移肩水金关候长宋敢自言与葆之觻得名县里年姓如牒书到出入如律令"（73EJT37∶1061A）⑤。然而与陈震事未必情形相同。河西汉简迄今尚

---

① 《后汉书》，第2930页。
② ［宋］洪适：《隶释·隶续》，中华书局据洪氏晦木斋刻本1985年11月影印版，第402页。
③ 《三国志》，第984—985页。
④ 《六臣注文选》，第843页。
⑤ 甘肃简牍博物馆、甘肃省文物考古研究所、甘肃省博物馆、中国文化遗产研究院古文献研究室、中国社会科学院简帛研究中心编：《肩水金关汉简（肆）》，中西书局，2015年，下册第87页。

未见"玉门关候""阳关候"字样。这也是我们以为应当特别珍视"武关候"简文的原因之一。

承故宫博物院熊长云博士见示,在函谷关附近采集到"中候"瓦当。① 瓦当文字所见"中候"名号或可作为我们理解"武候"意义的参考。"中候"可能是函谷关"关候"职名之一。《汉书》卷二七《五行志中之下》:"成帝元延元年正月,长安章城门门牡自亡,函谷关次门牡亦自亡。京房《易传》曰:'饥而不损兹谓泰,厥灾水,厥咎牡亡。'《妖辞》曰:'关动牡飞,辟为亡道臣为非,厥咎乱臣谋篡。'故谷永对曰:'章城门通路寝之路,函谷关距山东之险,城门关守国之固,固将去焉,故牡飞也。'"关于"函谷关次门",颜师古注:"韦昭曰:'函谷关边小门也。'师古曰:'非行人出入所由,盖关司曹府所在之门也。'"②韦昭和颜师古的说法或有推测成分,但以为函谷关门设置比较复杂的认识是可取的。函谷关"关法"严峻③,管理苛厉④,程序紊烦⑤,关门设置不会十分简单。由"函谷关次门"的有关记载推想,"中候"或许是函谷关中门的管理者。函谷关在秦汉关防中等

---

① 许雄志、谷松章:《新见汉弘农郡封泥初论》,《青少年书法》2012 年第 10 期。
② 《汉书》,第 1401—1402 页。
③ 《史记》卷七五《孟尝君列传》:"昭王释孟尝君。孟尝君得出,即驰去,更封传,变名姓以出关。夜半至函谷关。秦昭王后悔出孟尝君,求之已去,即使人驰传逐之。孟尝君至关,关法鸡鸣而出客,孟尝君恐追至,客之居下坐者有能为鸡鸣,而鸡齐鸣,遂发传出。"关于"更封传,变名姓以出关",司马贞《索隐》:"更者,改也。改前封传而易姓名,不言是孟尝之名。封传犹今之驿券。"第 2355 页。
④ 《史记》卷一二二《酷吏列传》:"上乃拜(宁)成为关都尉。岁余,关东吏隶郡国出入关者,号曰'宁见乳虎,无值宁成之怒'。"第 3145 页。《汉书》卷六《武帝纪》:"(天汉二年)冬十一月,诏关都尉曰:'今豪杰多远交,依东方群盗。其谨察出入者。'"第 204 页。《三国志》卷一《魏书·武帝纪》裴松之注引司马彪《续汉书》:"蜀郡太守因计吏修敬于(曹)腾,益州刺史种暠于函谷关搜得其笺,上太守,并奏腾内臣外交,所不当为,请免官治罪。"第 2 页。
⑤ 《汉书》卷六四下《终军传》:"初,军从济南当诣博士,步入关,关吏予军繻。军问:'以此何为?'吏曰:'为复传,还当以合符。'军曰:'大丈夫西游,终不复传还。'弃繻而去。"第 2819—2820 页。《后汉书》卷二七《郭丹传》:"买符入函谷关。"第 940 页。

级最高,有"函谷关都尉"设置。① 也有可能因函谷关地位的特殊性,"关候"在"函谷关都尉"属下有各有分职的数位,"中候"应是函谷关的"关候"之一。当然,就此进行确切的说明,还有待于新的资料的发现。②

(三) 蓝桥河栈道遗存

经调查,陕西蓝田蓝桥河和商县黑龙口等地都有栈道遗迹分布。前者的年代大致可以推定为战国秦汉时期。③

1984年4月,笔者在撰写硕士学位论文《秦汉时期的陆路运输》时,对武关道进行了实地考察。考察路线为西安—蓝田—蓝关—牧护关—商县—丹凤—竹林关—商南—梳妆楼—荆紫关—淅川—西峡—武关—商南—商县—黑龙口—蓝田—西安。在蓝桥河段和流域河段,发现两处比较集中的栈道遗迹。

蓝桥河栈道遗迹,发现于由蓝田沿蓝桥河登越秦岭,前往牧护关的行程中。栈道遗迹沿蓝桥河分布,与山区简易公路走向大体一致。

---

① 《汉书》卷一九上《百官公卿表上》:"关都尉,秦官。"第742页。由前引《汉书》卷六《武帝纪》:"(天汉二年)冬十一月,诏关都尉曰:'今豪杰多远交,依东方群盗。其谨察出入者。'"以及《汉书》卷七四《魏相传》:"武库令西至长安,大将军霍光果以责过相曰:'幼主新立,以为函谷京师之固,武库精兵所聚,故以丞相弟为关都尉,子为武库令。'"第3133—3134页。可知"关都尉"即"函谷关都尉"。《后汉书》卷一下《光武帝纪下》:"(建武九年)省关都尉","(建武十九年)复置函谷关都尉。"李贤注:"九年省,今复置。"第55、72页。说明东汉依然如此。《后汉书》卷三二《阴识传》:"帝甚美之,以为关都尉,镇函谷。"第1130页。也是同样的例证。《后汉书》卷八《灵帝纪》:"置八关都尉官。"第348页。是中平元年(184)黄巾起义爆发的特殊形势下的特殊情形。任"关都尉"者,还有尹齐(《汉书》卷一九下《百官公卿表下》,第778页)、锺恢(《汉书》卷七七《何并传》,第3268页)、翟宣(《汉书》卷八四《翟传》,第3424页)、黄赏(《汉书》卷八九《循吏传·黄霸》,第3634页)、文忠(《汉书》卷九六上《西域传上·罽宾国》,第3885页)。任"函谷关都尉"者,有杜钦(《汉书》卷六〇《杜钦传》,第2678页)、辛遵(《汉书》卷六九《辛庆忌传》,第2997页)、张敞(《汉书》卷七六《张敞传》,第3216—3217页)等。

② 参看王子今:《武关·武候·武关候——论战国秦汉武关位置与武关道走向》,《中国历史地理论丛》2018年第1期。

③ 王子今、焦南峰:《古武关道栈道遗迹调查简报》,《考古与文物》1986年第2期;王子今:《武关道蓝桥河栈道形制及设计通行能力的推想》,《栈道历史研究与3S技术应用国际学术研讨会论文集》,陕西人民教育出版社,2008年。

1984年10月,王子今、焦南峰再次对这处栈道遗迹进行了考察。最典型的路段,是蓝桥河Ⅲ段。调查简报写道:

Ⅲ段蓝桥河北向而流,在此向东北偏折。遗迹分布地段长达81米。两端之间,河水落差3.5米,在叠岭的巨石间穿过,冲积成面积约为200平方米的深潭。栈道遗迹并不随水势呈急落的陡坡。在遗迹分布地段的南端,栈道底孔有一部分没入水中。北端的栈道壁孔连线竟在积潭1984年4月水面7米以上。整个地段分布底孔113个。壁孔往往在高峻的山崖上,不能一一准确勘察,已发现的有29个。这处栈道遗迹的突出特点是底孔高度密集,与一个壁孔相对,或可凿有十数个底孔。底孔多为圆形,直径不一,多为15至30厘米,应说明所插立木柱的材料规格不同。个别的底孔也有方形的。壁孔多为长方形,亦有少量圆形壁孔。石孔的形制并不一致,似可说明栈道开通之后,又历经多次维修。值得重视的是底孔并不绝对作直线,从壁孔到最下层的底孔,有的地方纵列7个底孔,并依山势由上而下从一排而增加到二排。这是与栈道远山一侧更需加强强度的要求相适应的。最下层的底孔有一种特殊的排列形式,即两两并列,应该是为了使这最长而承重最大的立柱直立不偏,在道上交行重车时亦不致折毁。从遗迹分布的形式分析,当时栈道的宽度,可达5米左右。①

2001年5月,王子今、焦南峰、张在明又考察了蓝桥河栈道以及唐代诗人多有记述的七盘岭—蓝关道路。蓝桥河中的Ⅲ段栈道遗迹,因为312国道的修筑,已经难以寻觅。然而考察者又发现了一段栈道遗迹。可称之为Ⅲ-2段。1984年考察时定名为Ⅲ段者,可以改称Ⅲ-1段。Ⅲ-2段栈道遗迹最主要的特点,是设计路面宽度相当可观。据实地勘察,栈道遗迹多为立柱柱孔,最外端立柱距崖面一侧横梁起点距离约3米。最密集之处,横梁下侧竟然有6重立柱。可以推知当时栈道路面的宽度应当在3米以上。

与我们曾经进行现场考察的栈道遗迹比较,蓝桥河栈道与四川广元明月峡栈道有所不同,亦与陕西长安子午道栈道、陕西周至灙骆道栈道、陕西太白留坝褒斜道栈道等同样通过秦岭的栈道遗迹有所不同。与黄河栈道、三峡栈道亦不同。蓝桥河栈道的形制表现出独自的特点,显示出某种工程个性。可以推知蓝桥河栈道当时施工的设计要求,是能够适应车辆通行的需要的。

---

① 王子今、焦南峰:《古武关道栈道遗迹调查简报》,《考古与文物》1986年第2期。

蓝桥河栈道以其提供了可以满足车辆通行的必要宽度的特点，显现出形制的优越。从交通工程史的角度考察，应当注意到以下几方面的情形：(1)蓝桥河栈道的设计与开通，应当在秦国势空前强盛的历史时期。(2)秦人进取精神和军事强势在战略方向上的体现，当时已经对淮水上游和江汉平原的楚地予以空前的关注，这就是《史记》卷七八《春申君列传》中朱英所谓"见秦、楚之日斗也"①的形势。(3)武关道面对的是广阔的平原地方，最艰险的路程其实只是翻越秦岭的蓝桥河区段。这与子午道、傥骆道、褒斜道、故道等秦岭道路通行前程连续的艰险条件明显不同。(4)蓝桥河栈道的选线，充分利用了秦岭山势较为平缓的地形条件。而子午道、傥骆道、褒斜道、故道穿越秦岭之处均面对隆高险峻山势，是不可能采用蓝桥河栈道的形制的。②

---

① 《史记》，第2396页。
② 最后一种因素其实是相当重要的。诸葛亮北伐，六出祁山，否定了魏延由子午道奇袭关中的建议。《三国志》卷四〇《蜀书·魏延传》裴松之注引《魏略》："夏侯楙为安西将军，镇长安。亮于南郑与群下计议，延曰：'闻夏侯楙少，主婿也，怯而无谋。今假延精兵五千，负粮五千，直从褒中出，循秦岭而东，当子午而北，不过十日可到长安。楙闻延奄至，必乘船逃走。长安中惟有御史、京兆太守耳，横门邸阁与散民之谷足周食也。比东方相合聚，尚二十许日，而公从斜谷来，必足以达。如此，则一举而咸阳以西可定矣。'亮以为此县危，不如安从坦道，可以平取陇右，十全必克而无虞，故不用延计。"第1003页。历来人们多从"亮以为此县危"的角度分析。《朱子语类》卷一三六《历代三》："忠武侯天资高，所为一出于公。若其规模，并写《申子》之类，则其学只是伯。程先生云：'孔明有王佐之心，然其道则未尽。'其论极当。魏延请从间道出关中，侯不听。侯意中原已是我底物事，何必如此？故不从。不知先主当时只从孔明，不知孔明如何取荆取蜀。若更从魏延间道出，关中所守者只是庸人。从此一出，是甚声势！如拉朽然。侯竟不肯为之！""看史策，自有该载不尽处。如后人多说武侯不过子午谷路。往往那时节必有重兵守这处，不可过。今只见子午谷易过，而武侯自不过。史只载魏延之计，以为夏侯楙是曹操婿，怯而无谋，守长安，甚不足畏。这般所在，只是该载不尽。亮以为此危计，不如安从坦道。又扬声由斜谷，又使人据箕谷，此可见未易过去。"[宋]黎靖德编，王星贤点校：《朱子语类》，中华书局，1986年，第3235、3238页。其实诸葛亮特意迂回陇南，除了利用这一麦作基地的粮产以充实军需而外，应当也有便利军粮运输的考虑。所谓"安从坦道"，可以直接从交通条件理解。"木牛流马"的创制，也只能适用于坡度有限的山路。而魏延建议出子午道，所谓"精兵五千，负粮五千"，说明军运使用人力竟然和作战兵员相当。而运输方式是"负"，显然是不可以利用车辆的。《三国志》卷二七《魏书·王基传》："昔子午之役，兵行数百里而值霖雨，桥阁破坏，后粮腐败，前军县乏。"第756页。也说到子午道栈道运输条件的艰苦。

二　子午道栈道

《史记》卷八《高祖本纪》：汉王之国，"从杜南入蚀中"。程大昌《雍录》："此之蚀中，若非骆谷，即是子午谷。"《资治通鉴》（胡三省注）、《读史方舆纪要》《史记会注考证》都据《司隶校尉杨君孟文石门颂序》所谓"高祖受命，兴于汉中，道由子午，出散入秦"，以为"蚀中"或即子午谷。《三国志》卷四〇《蜀书·魏延传》记述魏延向诸葛亮建议，"欲请兵万人，与亮异道会于潼关，如韩信故事"。裴松之注引《魏略》说，其具体路线是"直从褒中出，循秦岭而东，当子午而北"，直抵长安。① 由所谓"韩信故事"，可知"道由子午，出散入秦"或许是刘邦分兵而出，北定三秦的路线。看来，子午道在秦汉之际已经通行大致是没有疑义的。

子午道栈道遗存，是中国早期交通道路建设成就的纪念。

（一）《石门颂》："道由子午"

《石门颂》涉及交通史的内容值得珍视。其中说到刘邦"兴于汉中"随即建立帝业的成功，涉及自关中平原翻越秦岭，进而通达巴蜀地方的"四道"，即四条交通干线。高帝建国之初汉中"四道"形成的特殊的交通结构，有征服山阻，联系南北文化交流的文化效能，也有便利刘邦在汉中稳定队伍、积蓄力量、确定战略、选择时机的历史作用。考察汉王在汉中的活动及其随后"还定三秦；诛籍业帝"②的政治成就，不能忽略"四道"提供的交通条件。

《隶释》卷四载《司隶校尉杨孟文石门颂》③：

> 惟《灵之位，川泽股躬，泽有所注，川有所通。余谷之川，其泽南隆，八方所达，益域为充。
>
> 高祖受命，兴于汉中。道由子午，出散入秦，建定帝位，以汉诋焉字。后以子午，萦路蓝难，更随围谷，复通堂光。凡此四道，垓鬲无尤

---

① 《三国志》，第1003页。
② 《史记》卷一三〇《太史公自序》，第3302页。
③ 原注：《华阳国志》杨君名涣。

字艰。①

高文《汉碑集释》：

> 惟山灵定位，川泽股躬，泽有所注，川有所通。余谷之川，其泽南隆。八方所达，益域为充。
>
> 高祖受命，兴于汉中。道由子午，出散入秦。建定帝位，以汉祇焉。
>
> 后以子午，途路壅难。更随围谷，复通堂光。凡此四道，垓鬲尤艰……

下文记述永平四年(61)"诏书开余，凿通石门"事，有涉及交通建设工程的具体的技术性记录。②

《石门颂》："高祖受命，兴于汉中。道由子午，出散入秦。建定帝位，以汉祇焉。"被认为明确指出刘邦往汉中是由子午道南下的记载。

"子午道"是自秦都咸阳、汉都长安向南通往汉中、巴蜀的道路。秦始皇规划咸阳的建设时，曾经有"周驰为阁道，自（阿房）殿下直抵南山。表南山之颠以为阙"③的设想，可知当时南向经"南山"即秦岭进入汉江平原的道路已经开通。

《史记》卷八《高祖本纪》说，汉王之国，"从杜南入蚀中"。裴骃《集解》："李奇曰：'蚀音力，在杜南。'如淳曰：'蚀，入汉中道川谷名。'"司马贞《索隐》："李奇音力，孟康音食。王劭按：《说文》作'鎋'，器名也。地形似器，故名之。音力也。"④程大昌《雍录》卷五"汉高帝入关"条写道："四月，汉王入蚀中，至南郑。蚀中之名地书皆不载，以地望求之，关中南面皆碍南山，不可直达，其有微径可达汉中者，惟子午关，子午关在长安正南，其次向西则有骆谷关，关之又西则褒斜也。此之蚀中，若非骆谷，即是子午也。若大散关则在汉中西南，不与咸阳对出，非其地矣。"⑤

---

① [宋]洪适：《隶释·隶续》，中华书局 1985 年 11 月据洪氏晦木斋刻本影印版，第 49—50 页。

② 王子今：《"汉三颂"交通工程技术史料丛说》，《南都学坛》2011 年第 1 期，《石门——汉中文化遗产研究 2010》，三秦出版社，2011 年。

③ 《史记》卷六《秦始皇本纪》，第 256 页。

④ 《史记》，第 367 页。今按：今本《说文·金部》无"鎋"字。

⑤ [宋]程大昌，黄永年点校：《雍录》，中华书局，2002 年，第 92—93 页。

（二）石羊关栈道遗存

李之勤曾对子午道的历史变迁进行深入的考证。① 其成果是秦汉交通地理研究重要收获。

秦岭交通道路建设需克服高山险阻，工程施行有很大的难度。我们在对子午道秦岭北段进行实地考察时，由沣峪口南进，在石羊关附近发现了丰富的迹象鲜明的古栈道遗存。数十处排列整齐的栈孔中，有的仍残留横插的石梁。遗迹现象非常密集，其形制亦十分整齐。圆形栈孔与少数残留的圆柱体石梁，所体现的施工方式，与蜀道其他路段发现的方形栈孔应有不同。就栈道遗存进行工程史的考察是有必要的。而石羊关栈道提供了具有代表性的标本。

石羊关，道光《宁陕厅志》卷一《关隘》："子午关即石羊关，在厅北四百二十里。"②民国《续修陕西通志稿》卷五五《宁陕厅》："子午关即石羊关，在厅北四百二十里。"③方志资料所见"石羊关"与发现栈道遗迹现象地点当地所称"石羊关"位置的关系，还需要考论说明。

在北对子午镇，旧称子午谷的石砭峪，也有发现古桥遗迹及古栈道遗存的考察收获。④

虽然不能判定这处栈道遗迹的明确年代，然而其线路应当对于我们认识秦子午道有所启示。

三 驰道与驰道制度

《史记》卷六《秦始皇本纪》记载：秦始皇二十七年（前220），"治驰道"⑤。驰道的修筑，是秦汉交通建设事业中最具时代特色的成就。通过秦始皇和秦二世出巡的路线，可以知道驰道当时已经结成全国陆路交通网的基本要络。曾经作

---

① 李之勤：《历史上的子午道》，《西北大学学报》（哲学社会科学版）1981年第2期。
② [清]林一铭修：《宁陕厅志》，清道光九年刻本。
③ 宋伯鲁等编纂：《续修陕西通志稿》，民国二十三年铅印本。
④ 王子今、周苏平：《子午道秦岭北段栈道遗迹调查简报》，《文博》1987年第4期。
⑤ 《史记》，第241页。

为秦中央政权主要决策者之一的左丞相李斯被赵高拘执,在狱中上书自陈,历数功绩有七项,其中包括"治驰道,兴游观,以见主之得意"。① 可见修治驰道是统治短暂的秦王朝行政活动的主要内容之一。

(一)龙岗秦简的发现

《礼记·曲礼》中说到国君遇灾年时自为贬损诸事,包括"驰道不除"。或许"驰道"之称很早就已经出现,然而当时可能尚未形成完备的道路制度。孔颖达解释说:"驰道,正道,如今御路也。是君驰走车马之处,故曰驰道也。"②《说文·马部》:"驰,大驱也。"段玉裁注:"《诗》每以'驰驱'并言。许穆夫人首言'载驰载驱',下言'驱马悠悠'。驰亦驱也,较大而疾耳。"③看来,驰道应当是区别于普通道路的高速道路。云梦龙岗秦简有涉及"驰道"的内容:

　　敢行驰道中者,皆罨(迁)之;其骑及以乘车、轺车☐(五四)

　　☐牛、牛☐(五五)

　　☐车☐☐(五六)

　　☐鞔车(五七)

　　行之,有(又)没入其车、马、牛县、道【官】,县、道☐(五八)

整理者以为这几枚简可以缀合,释文为:

　　敢行驰道中者,皆罨(迁)之;其骑及以乘车、轺车(五四)牛、牛(五五)车、鞔车(五七)行之,有(又)没入其车、马、牛县、道【官】,县、道☐(五八)。④

简文记录了禁行"驰道中"的制度。"敢行驰道中者"处以"迁"刑,其车辆及牵引用"马、牛"强制性没收。

这种规定,应是西汉禁行"驰道中"制度的雏形。由此可知,交通法规及交通管理方面相关鲜明体现帝权无上地位及相关等级制度的设定,同样表现出"汉承秦制"的沿袭关系。

---

① 《史记》卷八七《李斯列传》,第2561页。
② 《十三经注疏》,第1259页。
③ [汉]许慎撰,[清]段玉裁注:《说文解字注》,上海古籍出版社据经韵楼臧版1981年10月版,第467页。
④ 中国文物研究所、湖北省文物考古研究所:《龙岗秦简》,中华书局,2001年,第95页。

(二)贾山的回顾

关于驰道的形制,西汉人贾山说:"道广五十步,三丈而树,厚筑其外,隐以金椎,树以青松。为驰道之丽至于此,使后世曾不得邪径而托足焉。"①贾山关于"驰道之丽"的描述,有的学者曾以为真实性可疑,"或有辩士夸饰之言"。②"道广五十步",相当于现今尺度 69 米左右。

所谓"隐以金椎",王先谦《汉书补注》:"周寿昌曰:'隐'即'稳'字,以金椎筑之使坚稳也。"③陈直《汉书新证》写道:"周寿昌谓隐即稳字,以金椎筑之使坚稳也。考《全后汉文》卷九十八《开通褒斜道石刻》云:'益州东至京师,去就安隐(此段文字,现石刻已经摩泐,严文系根据宋代晏袤释文)。'借稳为隐,与本文同,周说是也。"④敦煌汉简可见"长中足下起居诸子途中皆安隐善不乃深表忧念"简文(161)⑤,亦可以为补证。

《史记》卷一一《孝景本纪》:六年(前 151),"后九月,伐驰道树,殖兰池"。裴骃《集解》引徐广曰以为"殖"应为"填"。⑥刘伯庄也以为"殖"当作"填"。⑦梁玉绳《史记志疑》以为,"此文曰'伐',则不得言'殖'矣",以为"作'填'""当是"。⑧然而"后九月"时已秋尽冬初,关中水害季节已过,不必伐木堰填。其实此处之"伐",是指砍斫采条,"殖"则是指蕃息栽植。兰池宫地势濒水,宜选作苗

---

① 《汉书》卷五一《贾山传》,第 2328 页。
② 劳榦:《论汉代之陆运与水运》,《历史语言研究所集刊》第 16 本,收入《劳榦学术论文集甲编》,艺文印书馆,1976 年。
③ 王先谦:《汉书补注》,中华书局据清光绪二十六年虚受堂刊本 1983 年 9 月影印版,第 1089 页。
④ 陈直:《汉书新证》,天津人民出版社,1979 年,第 300 页。
⑤ 甘肃省文物考古研究所:《敦煌汉简》,中华书局,1991 年,下册第 226 页。
⑥ 《史记》,第 443 页。
⑦ 《史记会注考证》引张守节《正义》刘伯庄云:"此时兰池毁溢,故堰填。"《史记会注考证附校补》,第 307 页。
⑧ [清]梁玉绳:《史记志疑》,中华书局,1984 年,第 269 页。

圃地。而"后九月",时令正宜扦插育苗。①《战国策·魏策二》:"今夫杨,横树之则生,倒树之则生,折而树之也生。"②可知扦插技术战国时期已经比较成熟。驰道行道树生长繁茂,因而用作采条基树,所育苗木,可能又植于新辟道路两旁。"伐驰道树殖兰池",是我国开始采用秋冬季采条覆土,春季掘土栽植的"休眠枝埋藏技术"的最早记载。《释名》卷一《释道》:"古者列树以表道。"③由"伐驰道树,殖兰池"可以推知,驰道两侧除贾山所谓"树以青松"外,又有杨柳一类易于扦插繁殖的苗木。用作行道树者,当时还有柏、梓、槐等树种。④

驰道形制所谓"厚筑其外",颜师古注:"筑令坚实,而使隆高耳。"即通过多层夯筑,使整个路面高于原有地表,以保证路基坚实并方便排水。由于当时道路多为土筑路面,雨雪之后往往积水泥泞。《淮南子·览冥》:"晚世之时,七国异族,诸侯制法,各殊习俗,纵横间之,举兵而相角,攻城滥杀,覆高危安,掘坟墓,扬人骸,大冲车,高重京,除战道,便死路,犯严敌,残不义,百往一反,名声苟盛也。是故质壮轻足者为甲卒千里之外,家老羸弱凄怆于内,厮徒马圉,辎车奉馈,道路辽远,霜雪亟集,短褐不完,人羸车弊,泥涂至膝,相携于道,奋首于路,身枕格而死。"⑤所谓"道路辽远","泥涂至膝",是交通行为面临严重困难的情形。秦二世元年(前209),陈胜、吴广等戍卒九百人屯大泽乡,"会天大雨,道不通,度已失期。失期,法皆斩"⑥。成为导致爆发推翻秦王朝的大起义的直接原因。《四民

---

① 曹丕《柳赋》序:"昔建安五年,上与袁绍战于官渡。时余始植斯柳。自彼迄今,十有五载矣。"曹袁官渡决战,正在秋九月至冬十月间。据郑万钧主编《中国树木志》,杨柳科树木扦插育苗,有"秋季落叶后采条"者。中国林业出版社,1985年,第1961页。参看王子今:《"伐驰道树殖兰池"解》,《中国史研究》1988年第3期。

② [西汉]刘向集录:《战国策》,上海古籍出版社,1985年,第838页。

③ 任继昉:《释名汇校》,齐鲁书社,2006年,第71页。

④ 《古诗十九首》:"驱车上东门,遥见郭北墓。白杨何萧萧,松柏夹广路。"马茂元:《古诗十九首初探》,陕西人民出版社,1981年,第89页。《乐府诗集》卷八四《杂歌谣辞二》载《离歌》:"晨行梓道中,梓叶相切磨。"[宋]郭茂倩编:《乐府诗集》,中华书局,1979年,第1187页。《隶释》卷三《张公神碑》:"□□□□大路畔兮,亭长阁□□扦难兮,列种槐梓方茂烂兮,天下远近□不见兮。"[宋]洪适:《隶释·隶续》,中华书局,1985年,第42页。

⑤ 张双棣:《淮南子校释》,北京大学出版社,1997年,第693页。

⑥ 《史记》卷四八《陈涉世家》,第1950页。

月令·五月》:"淋雨将降,储米谷薪炭,以备道路陷淖不通。"①可知雨季是这种情形极易发生的时段。另一方面,对于不可轻易中断的重要的交通线路,则不得不积极改善道路状况,特别注意加强其排水性能。高筑路基,并于道路两侧开掘排水沟是通常的措施。《汉书》卷八〇《宣元六王传·东平思王刘宇》:"哀帝时,无盐危山土自起覆草,如驰道状。"②也说明驰道路面一般高于原地表。从陕西甘泉桥镇方家河直道遗迹的路基断面,还可以看到清晰的夯层。③ 方家河秦直道遗迹据说在大面积夯筑填方的路基外侧"夯筑出数个平面方形隔墙,隔墙内填土以形成护坡或路面"。这种建筑形式亦见于陕西富县桦沟口段直道遗迹④,或可作为"厚筑其外"的解说。

贾山说,秦全国交通道路网的形成"为驰道于天下,东穷燕齐,南极吴楚,江湖之上,濒海之观毕至"。⑤ 据《史记》卷三〇《平准书》记载,汉武帝得宝鼎,立后土、太一祠,公卿开始讨论封禅事宜,于是"天下郡国皆豫治道桥,缮故宫,及当驰道县,县治官储,设供具,而望以待幸"。⑥ 汉武帝可能通过的驰道,当时几乎遍达"天下郡国"。史籍中明确可见的各地驰道,除前引邺地驰道外,又有《史记》卷五七《绛侯周勃世家》:击臧荼易下,"所将卒当驰道为多";击匈奴平城下,

---

① [东汉]崔寔著,缪启愉辑释,万国鼎审订:《四民月令辑释》,农业出版社,1981年,第54页。
② 《汉书》,第3325页。
③ 据陕西省考古研究所张燕所提供1984年实地考察所得资料。
④ 2009年陕西省考古研究院张在明研究员主持的对陕西富县直道遗迹桦沟口段的发掘,对于路基结构、路面状况、护坡形式、排水系统,以及规模可观的很可能性质为关卡的高等级道路附属建筑遗存进行了全面的揭露和分析,充实了我们对于秦汉交通建设成就的认识。参看张在明:《陕西富县秦直道遗址》,《2009年度全国十大考古新发现终评会》,第36—38页;张在明:《二〇〇九全国十大考古新发现·陕西富县秦直道遗址》,《中国文物报》2010年6月11日;王子今:《陕西富县秦直道遗址——秦代的国家级高速公路》,《光明日报》2010年6月12日。
⑤ 《汉书》卷五一《贾山传》,第2328页。
⑥ 《史记》,第1438页。

"所将卒当驰道为多"。司马贞《索隐》:"或以驰道为秦之驰道。"① 驰道伸展,直至北边。《汉书》卷六六《王䜣传》记载,右扶风至安定、北地一线,也有驰道。② 据《水经注》记载,在郦道元的时代,白马至长垣间,以及苦县、聊城等地,仍可见驰道遗迹。③ 西汉白马、长垣、苦县、聊城等,应当都是"当驰道县"。这些驰道的遗迹,正如《史记》卷五七《绛侯周勃世家》司马贞《索隐》所谓"驰道为秦之驰道",很可能都是秦代交通建设工程的成就。

(三)咸阳驰道遗存

考古工作者曾在陕西咸阳窑店镇南的东龙村以东 150 米处,发现一条南北向古道路遗迹,路宽 50 米,筑于生土之上,两侧为汉代文化层。④ 这条道路,北为秦都咸阳的宫殿区,向南正与汉长安城的横门相对。以秦宫布局"象天极"的规划意图分析⑤,这条道路应当是南北沟通咸阳宫与阿房宫的交通干道,当时自然当归入驰道交通系统之中。

另外,秦咸阳宫附近发现的 1 号大道位于北墙以北约 220 米处,"路面已有

---

① 《史记》,第 2068—2069 页。《汉书》卷四〇《周勃传》颜师古注谓"当驰道"即"当高祖所行之前"。第 2052 页。《汉书补注》:"刘敞曰:'驰道犹言乘舆耳。言勃将卒在驰道有功也。战功曰多。'沈钦韩曰:'谓敌人驰车冲突之道,当之者功为多也。注非。'"王先谦赞同颜、刘之说:"《索隐》:'或以驰道为秦之驰道,故《贾山传》云:秦为驰道,东穷燕、齐也。'先谦案:诸说颜、刘为优。"王先谦:《汉书补注》,中华书局据清光绪二十六年虚受堂刊本 1983 年 9 月影印版,第 994 页。其实以为"当驰道"即"当高祖所行之前"以及"驰道犹言乘舆耳",都是误解。陈直《史记新证》:"周勃攻战之地,属于燕之驰道。"天津人民出版社,1979 年,第 113 页。此说肯定周勃"当驰道"即秦代经营的燕地"驰道"。"当驰道",可能指在作战时攻守正当驰道,因而承担了冲击或阻挡敌军主力的任务。

② 《汉书》卷六六《王䜣传》:"征为右辅都尉,守右扶风。上数出幸安定、北地,过扶风,宫馆驰道修治,供张办。武帝嘉之。"第 2888 页。

③ 《水经注·济水二》:韦城"有驰道,自城属于长垣,濮渠东绝驰道,东径长垣县故城北"。《阴沟水》:苦县"城之四门,列筑驰道"。《河水五》:聊城县故城"南门有驰道,绝水南出"。《肥水》又有所谓"玄康南路驰道"。

④ 孙德润、李绥成、马建熙:《渭河三桥初探》,《考古与文物》丛刊第 3 号《陕西省考古学会第一届年会论文集》,1983 年。

⑤ 《史记》卷六《秦始皇本纪》:"焉作信宫渭南,已更命信宫为极庙,象天极。"第 241 页。《三辅黄图》卷一"阿房宫":"周驰为复道,度渭属之咸阳,以象天极阁道抵营室也。"第 256 页。

破坏,现存最宽处为54.4米,一般在40~50米之间,路面中间高于两侧10~15厘米,呈鱼脊状","大道南北两旁均为淤泥,似为路面泄水之阳沟"。① 从形制和规模分析,这条道路可能与驰道有关。

据有的学者调查,陕西潼关以东的秦汉驰道遗迹,路面宽达45米以上。②

看来贾山关于驰道规模与驰道制度的回顾,是大致符合历史真实的。

据陕西省考古研究院丁岩研究员告知,咸阳附近2020年又有新的驰道遗存经科学考古发掘工作得以发现。新的考古工作收获将丰富我们对秦交通史的认识。

(四)无得行中央三丈

贾山所谓"三丈而树",王先谦《汉书补注》:"王先慎曰:三丈,中央之地,惟皇帝得行,树之以为界也。《三辅黄图》云:'汉令:诸侯有制得行驰道中者,行旁道,无得行中央三丈也。不如令,没入其车马。'盖沿秦制。"③说汉代交通史料多见的执行"无得行中央三丈也"之"令"的情形,是继承了"秦制"。杨树达《汉书窥管》卷六则以为,"王说附会《黄图》,非是","三丈而树,谓道之两旁每三丈植一树"。④ 对于驰道制度"三丈"的理解,王先慎说应当接近历史真实。前引龙岗秦简"敢行驰道中者,皆罨(迁)之;其骑及以乘车、轺车(五四)牛、牛(五五)车、辎车(五七)行之,有(又)没入其车、马、牛县、道【官】,县、道☐(五八)"可以参照。所谓"驰道中",所谓驰道"中央之地",既有严格的禁行规定,当然必须设置醒目的标识,"树之以为界也"的理解是合理的。

驰道虽有严格禁行的制度,如《盐铁论·刑德》所谓"今驰道经营陵陆,纡周天下,是以万里为民阱也"⑤,然而事实上这种禁令的实际执行程度仍是有限的。

---

① 陕西省考古研究所:《秦都咸阳考古报告》,科学出版社,2004年,第212页。

② 胡德经:《洛阳—长安两京古道考察》,《中州今古》1986年第1期。

③ 王先谦:《汉书补注》,中华书局据清光绪二十六年虚受堂刊本1983年9月影印版,第1089页。

④ 杨树达:《汉书窥管》,上海古籍出版社,1984年,第389页。

⑤ 王利器注:"《孟子·梁惠王下》:'臣闻郊关之内,有囿方四十里,杀其麋鹿者,如杀人之罪,则是方四十里为阱于国中,民以为大,不亦宜乎!'此用其意。"王利器校注:《盐铁论校注》(定本),中华书局,1992年,第566、574页。所谓"是以万里为民阱也",即对于"民",以驰道沿途形成了长达"万里"的危险空间。

前引史念海说"畿辅之地"较"其他各地"禁令严格,"殆因车驾频出,故禁止吏人穿行"。其实,即使在畿辅之地,驰道禁行史例也仅见于汉武帝执政后。汉并天下之初,朝仪"简易",甚至"群臣饮酒争功,醉或妄呼,拔剑击柱",至叔孙通定仪礼后,方"莫不振恐肃敬"①,当时交通等级制度也不会十分严格。汉文帝有出行途中遭遇平民的故事。② 到汉宣帝时,当时人已经注意到驰道制度的弊病,《盐铁论》载大夫曰:"今驰道不小也,而民公犯之,以其罚罪之轻也。"而辩论对方文学又有前引"是以万里为民阱也"及"乘骑车马行驰道中,吏举苛而不止"的说法。③ 驰道制度实际上已受到质疑和否定,所谓"民公犯之",说明当权者已无法对违禁者进行严厉处罚。到了汉平帝元始元年(1)六月,终于不得不"罢明光宫及三辅驰道"。④ 所谓"罢""三辅驰道",不大可能是毁断已有道路,应理解为"三辅"地方严格禁行"驰道中"的制度终于废止。驰道制度的这一变化,不仅仅是皇权衰落的标志,应当说也是顺应了交通事业进一步发展的要求,是以乘马和高速车辆的空前普及为背景的。

《史记》卷六《秦始皇本纪》"治驰道"句下,裴骃《集解》引应劭曰:"道若今之中道然。"⑤可见东汉时仍有近似于驰道的皇家专用道路。《太平御览》卷一九五引陆机《洛阳记》:"宫门及城中大道皆分作三,中央御道,两边筑土墙,高四尺余,外分之,唯公卿、尚书、章服,道从中道,凡人皆行左右,左入右出。夹道种榆槐树。此三道四通五达也。"⑥曹植"尝乘车行驰道中,开司马门出。太祖大怒,

---

① 《史记》卷九九《刘敬叔孙通列传》,第2722—2723页。
② 《史记》卷一〇二《张释之冯唐列传》:"上行出中渭桥,有一人从桥下走出,乘舆马惊。于是使骑捕,属之廷尉。释之治问。曰:'县人来,闻跸,匿桥下。久之,以为行已过,即出,见乘舆车骑,即走耳。'廷尉奏当,一人犯跸,当罚金。文帝怒曰:'此人亲惊吾马,吾马赖柔和,令他马,固不败伤我乎?而廷尉乃当之罚金!'释之曰:'法者天子所与天下公共也。今法如此而更重之,是法不信于民也。且方其时,上使立诛之则已。今既下廷尉,廷尉,天下之平也,一倾而天下用法皆为轻重,民安所措其手足?唯陛下察之。'良久,上曰:'廷尉当是也。'"第2754—2755页。这一"犯跸"案例,论罪似并不依据禁行驰道中的制度。
③ 《盐铁论·刑德》,《盐铁论校注》(定本),第566—567页。
④ 《汉书》卷一二《平帝纪》,第351页。
⑤ 《史记》,第241—242页。
⑥ 《太平御览》,第941页。所谓"中央御道,两边筑土墙,高四尺余,外分之",也可以帮助我们理解贾山所谓"三丈而树"。

公车令坐死。由是重诸侯科禁,而植宠日衰"。① 汉魏之际都城中大约又有驰道制度,但可能只局限于宫城及附近大道的部分区段,不像秦代及西汉那样全线都禁止通行了。

四 秦始皇直道

在中国早期交通建设的历史记录中,秦直道的建设,是首屈一指的重要工程。特别是在陆路交通建设中,其规划、选线、设计和施工,显示出空前的技术水准和组织效率。秦直道的开通和应用,在中国古代交通史上具有极其重要的地位。对于军事交通的发展历程而言,秦直道也表现出里程碑式的意义。以文化史考察的视角关注秦直道,也可以获得有意义的发现。

(一)千八百里直通之

秦始皇直道是秦王朝营建的重大工程之一,以规模之宏大,意义之重要以及施工效率之惊人,可以看作秦政的纪念。关于秦始皇直道工程的起始时间,《史记》卷六《秦始皇本纪》有这样的记载:

三十五年,除道,道九原抵云阳,堑山堙谷,直通之。②

《史记》卷一五《六国年表》记载:

(秦始皇)三十五年,为直道,道九原,通甘泉。

又写道:

三十七年十月,帝之会稽、琅邪,还至沙丘崩。子胡亥立,为二世皇帝。杀蒙恬。道九原入。③

关于所谓"道九原入",《秦始皇本纪》的记述是:

行从直道至咸阳,发丧。太子胡亥袭位,为二世皇帝。④

---

① 《三国志》卷一九《魏书·陈思王植传》,第558页。
② 《史记》,第256页。
③ 《史记》,第758页。
④ 《史记》,第265页。

可知直道主体工程的大致完成,工期只有两年左右的时间。

"直道"沿线多处比较宽阔的路面遗存以及秦始皇、秦二世均曾"自直道归"的交通实践,证明这是一处可以保证很高通行效率的高等级的道路。

(二)直道考古调查与发掘

秦始皇直道形成了深刻的历史影响。但是长期以来少有以直道为主题的史学论著。

20世纪历史学者对秦直道有所关注,如徐复《秦直道考》。此文作为徐复著《秦会要订补》附录,作者写道:

> 《史记·李斯列传》:"作阿房之宫,治直驰道。"王念孙《读书杂志》曰:"当作直道驰道。直道与驰道不同。"今按孙楷著《秦会要》,其二十五卷"驰道"条内有"直道",未区别言之。其事不显,易致盅惑,作《秦直道考》。
>
> 秦有直道,见于《六国表》:"始皇三十五年,为直道。道九原,通甘泉。"因知直道之作,必在九原设郡之后。而九原设郡,据《匈奴列传》云:始皇三十三年,辟河南地四十余县。全祖望言盖即以此四十余县置九原郡。此时匈奴既见斥逐,九原又已置郡,故得自九原通其道直抵甘泉。此于交通固甚利便,而尤要者在资以捍卫国防矣。
>
> 甘泉所在,据《范雎传》《正义》引《括地志》云:"甘泉山,在雍州云阳县西北九十里。"盖直道之作,原自九原通至甘泉。以道未就,但至云阳耳。《始皇本纪》云:"三十五年,除道,道九原,抵云阳,堑山堙谷,直通之。"可以为证。主其事者,则为将军蒙恬。其《传》云:"始皇欲游天下,道九原,直抵甘泉。乃使蒙恬通道,自九原抵甘泉,堑山堙谷,千八百里,道未就。"更证以始皇三十五年,徙五万家云阳,知亦为蒙恬通道时所徙矣。
>
> 直道通至甘泉与否,史无记载。唯《始皇本纪》云:三十七年,始皇崩在外,行遂从井,陉抵九原,行从直道至咸阳。发丧。余意盖直至始皇归葬之时,而直道始就也。①

---

① 徐复著:《秦会要订补》,附录"徐复《秦直道考》",群联出版社,1955年,第446页。

这是极少见的关于"秦直道"的专题论说。其中"始皇三十五年,徙五万家云阳,知亦为蒙恬通道时所徙矣"的意见,值得深思。

秦直道的科学考察,则由考古学者迈开了第一步。

有学者在总结秦汉考古工作收获时指出:"1974年7月,内蒙古自治区考古工作者首先在伊克昭盟发现一段秦直道遗迹,从此揭开了秦直道调查的序幕。"①史念海在对秦直道考察与研究具有先导性意义的著名论文《秦始皇直道遗迹的探索》文末"附记"中写道:"为了探索秦直道的路线和遗迹,最近曾在子午岭上进行考察工作。临行前,得晤北京大学俞伟超同志,承告知内蒙古自治区文物工作训练班伊克昭盟班的同志们于1974年7月底在伊克昭盟发现一段直道遗迹。随后内蒙古博物馆田广金同志寄示了有关材料和照片。本文第五节就是根据田广金同志寄来材料写成的。谨在此致谢。""又记:此文撰成后,曾先后发表于《陕西师范大学学报》1975年第3期,及《文物》1975年第10期。广金同志所寄照片,即随文附刊。由于当时未留底版,致不能重印。感念广金同志盛情,谨记于此,聊表衷怀。1989年9月,念海记。"②

史念海实地考察秦直道的成果《秦始皇直道遗迹的探索》发表后,引起了历史学界、考古学界、历史地理学界以及交通史志研究者们的普遍重视。此后又有一系列新的考察报告和研究论文发表,尽管对于秦始皇直道具体走向的认识未能完全一致,讨论的热烈,表现出学术空气的活跃,也为更接近历史真实的论点的推出,准备了必要的条件。

关于秦直道的讨论,可以看作反映中国古代交通史研究生动活泼的学术气氛的实例。③

例如,王开《"秦直道"新探》④,贺清海、王开《毛乌素沙漠中秦汉"直道"遗迹探寻》⑤,孙相武《秦直道调查记》⑥,延安地区文物普查队《延安境内秦直道调

---

① 中国社会科学院考古研究所:《中国考古学·秦汉卷》,中国社会科学出版社,2010年,第70页。
② 史念海:《河山集》四集,陕西师范大学出版社,1991年,第454页。
③ 参看王子今:《中国交通史研究一百年》,《历史研究》2002年第2期。
④ 《西北史地》1987年第2期。
⑤ 《西北史地》1988年第2期。
⑥ 《文博》1988年第4期。

查报告之一》①等,都是基于现场考古调查收获进行的研究。这些论著对于史念海起初推定的秦始皇直道的走向进行了新的考论。

史念海《直道和甘泉宫遗迹质疑》②,史念海《与王北辰先生论古桥门与秦直道书》《再与王北辰先生论古桥门与秦直道书》③,就不同意见进行了讨论,大致坚持原有判断。吕卓民《秦直道歧义辨析》④对于秦直道研究进行了学术动态的分析,其立足点,依然肯定史念海说。《中国考古学·秦汉卷》进行了比较具体、比较客观的综述性总结:"1974 年 7 月,内蒙古自治区考古工作者首先在伊克昭盟发现一段秦直道遗迹,从此揭开了秦直道调查的序幕。1975 年史念海对秦直道子午岭段做了实地考察,并研究和勾画了秦直道的大致走向。⑤ 1984 年 5 月,靳之林、孙相武对秦直道进行全程徒步考察,并刊布了考察情况。⑥ 1986 年 6 月,陕西省交通史编写办公室对陕西省境内的秦直道遗迹做了为期 23 天的实地考察,行程 1 300 多公里。⑦ 1989 年 8—9 月,内蒙古交通厅对鄂尔多斯高原的秦直道遗迹,进行了为期 13 天的实地考察,取得了一定的成果。⑧ 此后,伊克昭盟文物工作站对鄂尔多斯境内的秦直道遗迹进行了全程科学调查。20 世纪 90 年代,甘肃省考古工作者又对直道全线进行了专题调查,涉及陕西、甘肃、内蒙古三省区,对直道的具体走向和沿途遗迹状况做了详细记录。⑨ 从 2006 年开始,陕西省考古研究院通过对秦直道沿线的踏查和试掘,又取得新的收获,为秦直道考古

---

① 《考古与文物》1989 年第 1 期。

② 《中国历史地理论丛》1988 年第 3 期,收入《河山集》四集,陕西师范大学出版社,1991 年。

③ 《与王北辰先生论古桥门与秦直道书》《再与王北辰先生论古桥门与秦直道书》,均载《中国历史地理论丛》1989 年第 4 期,收入《河山集》四集,陕西师范大学出版社,1991 年。

④ 《中国历史地理论丛》1990 年第 1 期。

⑤ 原注:"史念海:《秦始皇直道遗迹的探索》,《文物》1975 年第 10 期。"

⑥ 原注:"孙相武:《秦直道调查记》,《文博》1988 年第 4 期。"

⑦ 原注:"王开:《秦直道新探》,《西北史地》1987 年第 2 期。"

⑧ 原注:"A. 张洪川:《内蒙古自治区境内秦直道遗迹考察纪实》,《内蒙古公路交通史资料选辑》第 14 期,1991 年。B. 鲍桐:《鄂尔多斯秦直道遗迹的考察与研究》,《包头教育学院学报》1990 年第 1 期。"

⑨ 原注:"甘肃省文物局:《秦直道考察》,兰州大学出版社,1996 年。"

工作的深入开展奠定了基础,但调查资料至今未发表。"①

(三)直道文化象征意义推想

《史记》卷六《秦始皇本纪》记载,秦始皇三十二年(前215),"巡北边,从上郡入。燕人卢生使入海还,以鬼神事,因奏录图书,曰:'亡秦者胡也'。始皇乃使将军蒙恬发兵三十万人北击胡,略取河南地"。北击匈奴的军事行动的直接动因,竟然是富有神秘主义色彩的一句"亡秦者胡也"的谶言。秦始皇三十三年(前214)又有"西北斥逐匈奴"的大规模的军事行动,并且积极进行了相应的边地建设:"自榆中并河以东,属之阴山,以为四十四县,城河上为塞。又使蒙恬渡河取高阙、阳山、北假中,筑亭障以逐戎人。徙谪,实之初县。"三十四年(前213),又组织了大规模"筑长城"的工程。在"三十五年,除道,道九原抵云阳,堑山堙谷,直通之"的记载之后,司马迁接着还写道:"于是始皇以为咸阳人多,先王之宫廷小,吾闻周文王都丰,武王都镐,丰镐之间,帝王之都也。乃营作朝宫渭南上林苑中。先作前殿阿房,东西五百步,南北五十丈,上可以坐万人,下可以建五丈旗。周驰为阁道,自殿下直抵南山。表南山之颠以为阙。"可见,直道的修筑和咸阳宫殿区的规划建设,也有一定的联系。直通"北边"的直道,很可能又与所谓"表南山之颠以为阙"有着相对应的关系。

交通"北边"的道路与交通"南山"的道路的关系,透露出秦王朝交通规划的宏观思考。

沿秦直道自秦甘泉宫北行,经过马栏河川道,即登上作为陕西、甘肃省界的子午岭,循岭脊北行。

陕西考古学者指出,"直道遗存自淳化北部的秦林光宫北门始,沿旬邑、黄陵的子午岭向北,经富县、甘泉、志丹、安塞、榆林等地延入内蒙古自治区"②。正如辛德勇所指出的,在史念海对秦始皇直道率先进行考察之后,还有一些学者进行了实地考察和考古调查等工作,对直道遗迹的有些看法,与史念海的论述有所

---

① 中国社会科学院考古研究所:《中国考古学·秦汉卷》,中国社会科学出版社,2010年,第70页。

② 张在明主编:《中国文物地图集·陕西分册》,西安地图出版社,1998年,上册第116页。

不同。"史念海便又相继撰写一组文章,与诸家商榷,并进一步阐释了自己的见解。"相关讨论,"对于阐明秦直道的历史状况,起到了重大作用;特别是对直道南北两端地段的研究,已经比较清楚地复原出这条道路的经行地点。但是,就直道的总体状况而言,其基本走势,目前似乎还不足以做出完全肯定的最终结论"。① 不过,对于子午岭路段的直道走向,考古学者和历史地理学者的判断没有太大的分歧。

"子午",是确定正南正北的方位基线。"子午"和"直",后者可以理解为前者的快读合音。而"子午"和"直"的方位定义,既是对甘泉而言的,而且基本上也是对咸阳——长安而言的。

《中国文物地图集·陕西分册》对于"秦直道遗址旬邑段",即主要路段在子午岭上的遗存有如下记述:

48 - A₄₈ 秦直道遗址旬邑段〔石门、后掌、马栏乡·秦~汉〕南北走向,基本沿山梁分布。南于七里川南岸接淳化县秦直道,向北越七里川,经大草沟、庙沟、石门关、碾子院东、前陡坡、越马栏河谷,经两女寨折向东北,沿子午岭平坦宽阔的山脊,经黑麻湾、破山子、雕灵关、景家台与黄陵县秦直道相连,境内全长约80公里。沿线发现路面和堑山遗迹多处,路面一般宽10~20米。直道沿线及其东侧的马栏河川道等地,发现秦汉时期的建筑、关隘、烽燧等遗址及墓群10余处。采集有砖、瓦、陶器等残片,并出土铜器、陶器等。②

关于黄陵县直道遗存,有如下考察收获:

56 - A₅₆ 黄陵县秦直道遗址(秦直道遗址黄陵段)〔双龙乡·秦代·省文物保护单位〕秦直道自旬邑县马栏乡向北延入本县,沿陕甘交界的子午岭山脊延伸,经艾蒿店、五里墩、东吊庄、老芦保、桂花,至咀源关(兴隆关)折向东,沿蚰蜒岭山脊至三面窑一带折向北,入富县境,境内全长约50公里。一线发现夯筑或堑山路面、土桥及人口开凿的垭口等遗迹10余处,路面一般宽约15米。沿线两侧的高地上发现秦汉

---

① 辛德勇:《秦汉直道研究与直道遗迹的历史价值》,《秦汉政区与边界地理研究》,中华书局,2009年,第286页。

② 张在明主编:《中国文物地图集·陕西分册》,下册第414—415页。

烽燧遗址7座,直道东侧的沮河河谷地带,还发现同期遗址5处,出土铜兵器、车马饰、陶器和绳纹瓦等。有学者认为,这些遗址可能是秦直道沿线兵站性质的遗址。①

富县秦直道遗迹南段也沿子午岭分布:

> 87-A$_{87}$秦直道遗址富县段〔直罗镇、张家湾乡·秦代〕秦直道由黄陵县三面窑村向北延入本县直罗镇防火门村,经八面窑、油坊台、梨树庄、椿树庄、张家湾乡的松树庄、大麦秸、桦树梁过葫芦河,再经坡根底、牙路梁、水磨坪、松树嶂崄、山西沟、烟囱沟、架子梁等地,在墩梁伸入甘泉县。本县境内基本呈南北走向,全长约125公里。一线暴露有夯筑路面及堑山痕迹,路面一般宽30~40米,最宽处达58米。并发现有秦汉城址及烽燧遗址。采集有绳纹筒瓦、板瓦、瓦当及陶器等。②

秦直道现存最典型的路面遗迹,正是在子午岭山脊上。

值得注意的是,秦始皇规划咸阳的建设时,曾经有"周驰为阁道,自(阿房)殿下直抵南山,表南山之颠以为阙"的设想。

"表南山之颠以为阙"这一特别值得重视的构想,说明秦都咸阳有南行的重要通路,也说明当时的建筑蓝图包含有贯通南北,即颜师古"通南北道相当"的意识。《汉书》卷九九上《王莽传上》说到"子午道",颜师古注:"子,北方也;午,南方也。言通南北道相当,故谓之子午耳。"③

"子午道"是自咸阳、长安向南通往汉中巴蜀的道路,上文已有论说。《司隶校尉杨君孟文石门颂序》:"高祖受命,兴于汉中,道由子午,出散入秦。"④《资治通鉴》卷九"汉高帝元年":"夏,四月,诸侯罢戏下兵,各就国。项王使卒三万人从汉王之国。楚与诸侯之慕从者数万人,从杜南入蚀中。"胡三省注:"汉京兆杜县之南也。如淳曰:蚀,入汉中道川谷名。近世有程大昌者著《雍录》曰:以地望求之,关中南面背碍南山,其有微径可达汉中者,唯子午谷在长安正南,其次向西

---

① 张在明主编:《中国文物地图集·陕西分册》,下册第894页。
② 张在明主编:《中国文物地图集·陕西分册》,下册第906页。
③ 《汉书》,第4076页。
④ [宋]洪适:《隶释·隶续》卷四,中华书局据洪氏晦本斋刻本1985年11月影印版,第49页。

则骆谷。此蚀中,若非骆谷,即是子午谷。李奇:蚀,音力。"①

《汉书》卷九九上《王莽传上》又说到交通史上的一个重要事件,竟然与一位后宫女子的生理现象有关:

> (元始四年)其秋,(王)莽以皇后有子孙瑞,通子午道。②

子午道由杜陵直绝南山,径汉中。皇后,即汉平帝王皇后。《汉书》卷九七下《外戚传下》:"孝平王皇后,安汉公太傅大司马(王)莽女也。平帝即位,年九岁,成帝母太皇太后称制,而莽秉政。莽欲依霍光故事,以女配帝,太后意不欲也。莽设变诈,令女必入,因以自重。""太后不得已而许之。"③道路的开通和"皇后有子孙瑞"有什么关系呢?颜师古注引张晏的说法:"时年十四,始有妇人之道也。子,水;午,火也。水以天一为牡,火以地二为牝,故火为水妃,今通子午以协之。"颜师古写道:

> 子,北方也。午,南方也。言通南北道相当,故谓之子午耳。今京城直南山有谷通梁、汉道者,名子午谷。又宜州西界,庆州东界,有山名子午岭,计南北直相当。此则北山者是子,南山者是午,共为子午道。④

颜师古将子午岭与子午谷联系起来考虑,以为"共为子午道"的意见,给我们有益的启示。

"子午岭"或与"子午谷"存在某种神秘的关系。这一认识为后世学者所承袭。如康熙《陕西通志》卷三《山川·庆阳府合水县》"子午山"条:

> 直南直北,随地异名。南有子午峪,北有子午岭。⑤

将"子午峪"与"子午岭"的南北对应关系,理解为"直南直北"。"子午峪"就是"子午谷"。"子午岭"就是"子午山"。又道光《鄜州志》卷一《山川》"子午岭"条写道:

> 子午岭。州西二百里,与终南子午谷相对。蜿蜒数百里,跨鄜、庆

---

① [宋]司马光编著,[元]胡三省音注,"标点资治通鉴小组"校点:《资治通鉴》,中华书局,1956年,第308页。
② 《汉书》,第4076页。
③ 《汉书》,第4009页。
④ 《汉书》,第4076页。
⑤ [清]王功成续纂,韩奕续修:《陕西通志》,清康熙五十年刻本。

二境之间。秦直道在此。①

《鄜州志》执笔者谭瑀不仅指出"子午岭""与终南子午谷相对",特别强调"秦直道在此"。

黄盛璋考察古代川陕道路时指出:"此次开凿或即沿汉高祖由汉中之旧路,但本意并非为交通之便而开。"②《元和郡县图志》卷一《关内道一》"长安县"条:"子午关,在县东南百里。王莽通子午道,因置此关。魏遣钟会统十万余众,分从斜谷、骆谷、子午谷趋汉中。晋桓温伐秦,命司马勋出子午道。今洋州东二十里曰龙亭,此入子午谷之路。梁将军王神念以旧道缘山避水,桥梁多坏,乃别开乾路,更名子午道,即此路是也。"③看来,王莽"通子午道",当是修整了通行道路,加强了交通管理。但这一行为成为子午道交通史的重要标志。《长安志》卷一二《县二·长安》引《括地志》:"《汉书》王莽以皇后有子孙瑞,通子午道,盖以子、午为阴、阳之王气也。《风土记》云:'王莽以皇后有子,通子午道,从杜陵直抵终南。'"④

颜师古将"子午岭"和"子午道"联系起来理解,这位唐代学者应当引起我们重视的意见,还有将直道所循子午岭和子午道所循子午谷"计南北直相当"者联系在一起的说法,即所谓"此则北山者是'子',南山者是'午',共为'子午道'"。

确实,如我们在前面所说到的,秦直道循子午岭北行,而"直"正是"子午"的快读合音,由杜陵南行直通梁、汉的子午道也有类似的情形。宋敏求《长安志》卷一一《县一·万年》写道:"福水即交水也。《水经注》曰:'上承樊川御宿诸水,

---

① [清]谭瑀:道光《鄜州志》,清道光十三年刻本。
② 黄盛璋:《川陕交通的历史发展》,《历史地理论集》,人民出版社,1982年。
③ [唐]李吉甫撰,贺次君点校:《元和郡县图志》,中华书局,1983年,第6页。《方舆胜览》卷六八《洋州》引"(洋)州东二十里曰龙亭。此入子午谷之路"句后,又说:"至谷六百六十里。"又写道:"《洋川志》:'杨妃嗜生荔支,诏驿自涪陵由达州取西乡入子午谷,至长安才三日,香色俱未变。'杜甫诗:'百马死山谷,至今耆旧悲。'"[宋]祝穆撰,祝洙增订,施和金点校,中华书局,2003年,第1194—1195页。
④ [唐]李泰等著,贺次君辑校:《括地志辑校》,中华书局,1980年,第14页。辛德勇、郎洁点校《长安志·长安志图》卷一二《县二·长安》"子午关"条作:"《括地志》曰:'《汉书》王莽以皇后有子孙瑞,通子午道。盖以子午为阴阳之王气也。《风土记》曰:'王莽以皇后有子,通子午道,从杜陵直抵终南。'"《长安志·长安志图》,第383页。

出县南山石壁谷①,南三十里与直谷②水合,亦曰子午谷水。'"③又《长安志》卷一二《县二·长安》:"豹林谷④水。出南山,北流三里,有竹谷水自南来会。又北流二里,有子午谷水自东来会。⑤ 自此以下,亦谓之子午谷水。"⑥"直谷"应当也是"子午谷"的快读合音。⑦ 另外,特别值得我们注意的,还有汉魏子午道秦岭南段又曾经沿池河南下汉江川道的情形。⑧ 明嘉靖《陕西通志》卷三《土地三·山川中》"石泉县"条则有作"迟河"。编者写道:"迟河在县东五十里,源自长安县腰竹岭来,至莲花石南入汉江。相传此河易涨难退,故名。"⑨然而根据当地方言发音特点,我们有理由推测,"池""迟",或为"直"之音转。也就是说,很可能子午道循行的河道,也曾经被称作"直河""直水"。严耕望《唐代交通图考》第三卷《秦陵仇池区》图十一《唐代秦岭山脉东段诸谷道图》中,这条北方正对"子午镇""子午谷""子午关"的河流,正是被标注为"直水(迟河)(池河)"的。⑩

严耕望对"直水"的判断自当有据。我们看到,《水经注》卷二七《沔水上》明确著录"直水":

> 汉水又东合直水,水北出子午谷岩岭下,又南枝分,东注旬水。又南径蓰阁下,山上有戍,置于崇阜之上,下临深渊,张子房烧绝栈阁,示无还也。又东南历直谷,径直城西,而南流注汉。汉水又东径直城南,

---

① 今案:亦作石鳖谷,今称石砭峪。
② 今案:今子午谷。
③ 据毕沅案语,今本《水经注》无此文。"《太平寰宇记》文与此同,而不云出《水经注》。"《长安志·长安志图》,第365页。
④ 今案:今称抱龙峪。
⑤ 今案:"自东来会"疑当作"自西来会"。
⑥ 《长安志·长安志图》,第388页。
⑦ 《咸宁县志》卷一《南山诸谷图》中,"石鳖峪"旁侧标注"竹",由此可以推想"竹谷"或许也应从音读的线索考虑与"子午谷"的关系。
⑧ "池河",见《陕西省地图册》,西安地图出版社,1988年,第88页。
⑨ [明]赵廷瑞修,马理、吕柟纂,董健桥总校点:《陕西通志》,三秦出版社,2006年,第112页。
⑩ 严耕望:《唐代交通图考》第3卷《秦岭仇池区》,第811页后附图十一《唐代秦岭山脉东段诸谷道图》。

又东径千渡而至虾蟇颐。①
"直水""北出子午谷岩岭下",暗示"直"与"子午"的关系。而"南径莅阁下,山上有戍",以及"下临深渊"之说,体现古子午道循"直水"谷道通行的史实。所谓"张子房烧绝栈阁,示无还也",更明确指出此即刘邦入汉中道路。"直谷""直城"地名,应当都与"直水"有关,也与"子午谷"有关。

五　北边道与并海道

以往论者多从秦帝国中央集权的特点出发,预设了咸阳作为交通格局中心的主题,过分强调了所谓以咸阳为中心向四方辐射(或者说向东作折扇式展开)的道路规划方针②,忽视了北边道和并海道的存在。从现有资料看,这两条道路的通行状况,对于秦帝国的生存,具有非常重要的意义。

(一) 长城与北边交通

秦统一后,在战国长城基础上营建新的长城防线。因施工与布防的需要,沿长城出现了横贯东西的交通大道。

《史记》卷六《秦始皇本纪》:秦始皇三十二年(前215),"巡北边,从上郡入"。三十七年(前210),出巡途中病故,李斯、赵高秘不发丧,棺载辒辌车中,"从井陉抵九原"而后归,特意绕行北边,说明此次出巡的既定路线是巡行北边后回归咸阳。③

---

① [北魏]郦道元著,陈桥驿校证:《水经注校证》,中华书局,2007年,第649页。
② 研究秦汉交通的论著大多持与此类同的见解。一些国外学者也赞同这一观点,例如汤因比《历史研究》一书中就写道:"古代中国统一国家的革命的建立者秦始皇帝,就是由他的京城向四面八方辐射出去的公路的建造者。"曹未风等译节录本,上海人民出版社,1966年,下册第25—26页。
③ 《史记》,第252、264页。后来,汉武帝亦曾巡行北边。《史记》卷二八《封禅书》:汉武帝元封元年(前110)"自辽西历北边至九原","反至甘泉"。《史记》,第1399页。

秦二世出巡,"遂至辽东而还"①。应当亦曾经行这条道路。②

显然,北边道自有可适应浩荡的帝王乘舆车骑队列通过的规模。③

修筑长城调用工役数以 10 万计,沿线又常年集结重兵警备戍守,并曾以北边各郡为基地出军北击匈奴。显然,北边道必须具备可供组织施工、调动部队、转运军需物资的通行条件。在内地移民参与"北边"经济生活之后,北边道又成为繁忙的民用运输线。④

以往讨论秦时交通,一般未曾重视这条道路的重要作用。关于秦代北边道的形制特征及历史意义,应当予以重视。⑤

(二) 秦始皇、秦二世巡行与并海交通

《史记》卷六《秦始皇本纪》记载,秦始皇统一天下后凡五次出巡,其中四次行至海滨,往往并海而行。二十八年(前219)第二次出巡,上泰山,随后即"并勃海以东,过黄、腄,穷成山,登之罘,立石颂秦德焉而去。南登琅邪"。二十九年(前218)第三次出巡,又"登之罘","旋,遂之琅邪"。三十二年(前215)第四次出巡,"之碣石","刻碣石门"。三十七年(前210)第五次出巡,上会稽,望于南海,"还过吴,从江乘渡,并海上,北至琅邪",又由之罘"并海西","至平原津"。⑥

---

① 《史记》卷六《秦始皇本纪》,第 267 页。后来汉武帝出巡,也曾经行历并海道。《史记》卷二八《封禅书》记载,汉武帝曾自泰山"并海上,北至碣石"。《汉书》,第 1398 页。《汉书》卷六《武帝纪》记载,元封元年(前 110),"行自泰山,复东巡海上,至碣石"。元封五年(前110),由江淮"北至琅邪,并海,所过礼祠其名山大川"。《汉书》,第 192、196 页。

② 王子今:《秦二世元年东巡史事考略》,《秦文化论丛》第 3 辑,西北大学出版社,1994 年。

③ 汉代对秦王朝营建的长城防线又增修延长,据《汉书》卷六九《赵充国传》,"北边自敦煌至辽东万一千五百余里"。第 2989 页。

④ 汉顺帝时,乌桓侵扰云中,一次就曾"遮截道上商贾车牛千余两"。《后汉书》卷九〇《乌桓传》,第 2983 页。

⑤ 参看王子今:《秦汉长城与北边交通》,《历史研究》1988 年第 6 期。

⑥ 《史记》,第 244、250、251 页,第 263—264 页。

秦二世巡行郡县,曾"到碣石,并海,南至会稽",又"遂至辽东而还"。①

显然,沿渤海、黄海海滨,当时有一条交通大道。这条大道与三川东海道、邯郸广阳道相交,将富庶的齐楚之地与其他地区沟通,用以调集各种物资,具有直接支撑中央专制政权的重要作用。以往关于秦汉交通的论著大多忽视了这条重要道路,几种秦汉交通图中也往往只绘出秦始皇出巡时行经的并海路线,即循黄海海岸和渤海南岸的地段②,而忽略了这条道路的北段。由秦二世"并海"而行至于辽东的记载,可知当时沿渤海西岸亦有大道通行。《汉书》卷六《武帝纪》:"北至琅邪,并海。"颜师古注:"并读曰傍。傍,依也。音步浪反。"③"并海道",就是东汉所谓"傍海道"。④

六 关于"甬道"

"甬道"是为满足安全需求,在特殊工程技术条件下形成的特殊的道路形式。秦"甬道",在中国古代交通道路史中具有显著的时代特征。

(一)秦宫"甬道"

《史记》卷六《秦始皇本纪》记载,秦始皇曾经在咸阳附近宫殿区筑作"甬道",以实现保密程度较高的交通往来:

---

① 《史记》卷六《秦始皇本纪》,第267页。后来汉武帝出巡,也曾经行历并海道。《史记》卷二八《封禅书》记载,汉武帝曾自泰山"并海上,北至碣石"。第1398页。《汉书》卷六《武帝纪》记载,元封元年(前110),"行自泰山,复东巡海上,至碣石"。元封五年(前106),由江淮"北至琅邪,并海,所过礼祠其名山大川"。《汉书》,第192、196页。

② 史念海曾指出:"江乘渡江,北即广陵,广陵为邗沟所由始,可循之北越淮水,以达彭城。古时海滨尚未淤积,广陵、彭城之东距海较今为近,史文所言并海北行者,亦犹二十八年东行之时并渤海以至成山、之罘也。平原濒河水,沙丘属巨鹿,其间平坦,当有驰道。"《秦汉时期国内之交通路线》,《文史杂志》3卷第1、2期,收入《河山集》四集,陕西师范大学出版社,1991年。

③ 《汉书》,第196页。

④ 《三国志》卷一《魏书·武帝纪》:"秋七月,大水,傍海道不通,田畴请为向导,公从之。"第29页。参看王子今:《秦汉时代的并海道》,《中国历史地理论丛》1988年第2期。

> （秦始皇二十七年）自极庙道通郦山。作甘泉前殿，筑甬道，自咸阳属之。

所谓"甬道"，裴骃《集解》："应劭曰：'筑垣墙如街巷。'"张守节《正义》："应劭云：'谓于驰道外筑墙，天子于中行，外人不见。'"①

秦始皇三十五年（前212），卢生进言："人主所居而人臣知之，则害于神"，"愿上所居宫毋令人知，然后不死之药殆可得也"。于是秦始皇下令进一步营造以"甬道"为主要形式的交通条件：

> 乃令咸阳之旁二百里内宫观二百七十复道甬道相连，帷帐钟鼓美人充之，各案署不移徙。行所幸，有言其处者，罪死。②

甬道作为欲禁秘宫事，以令"外人不见"的特殊道路，如《风俗通义·正失》"王阳能铸黄金"条：

> 谨按《太史记》：秦始皇欺于徐市之属，求三山于海中，通甬道，隐形体，弦诗想蓬莱，而不免沙丘之祸。③

既言"通甬道，隐形体"，其形式可能确实为"筑垣墙如街巷"。《淮南子·本经》关于宫殿建筑豪华靡丽，也说到"修为墙垣，甬道相连"④。前引《太平御览》卷一九五引陆机《洛阳记》说当时宫门及城中大道皆分作三，在中央御道两边筑作高四尺余的土墙，其主要作用在于严格分划路面，以避两侧扰攘，保证中央御道的畅通，并不足以遮蔽车马旌旗，而"毋令人知"。然而这种路侧筑墙的方式，当与"甬道"形制有某种关联。

与秦宫殿区的"甬道"极其类似的建筑形式，有唐长安城的所谓"夹城"。唐长安城的"夹城"，是紧傍城东墙又另筑一墙，与城东墙之间仅留一通道，宽10至23米。修筑目的，是为保证皇帝安全潜行于大明宫、兴庆宫和曲江风景区之

---

① 《史记》，第241—242页。
② 《史记》卷六《秦始皇本纪》，第257页。
③ [东汉]应劭撰，吴树平校释：《风俗通义校释》，天津人民出版社，1980年，第89页。
④ 高诱注："甬道，飞阁复道也。"张双棣：《淮南子校释》，北京大学出版社，1997年，第860、870页。混淆"甬道""复道"，似未得"甬道"之确识。

间。通道走向与城墙平行,全长 7 970 米。其修筑年代,当唐玄宗开元时期。①《资治通鉴》卷七"秦始皇帝二十七年":"作甘泉前殿,筑甬道自咸阳属之。"胡三省注:"甬道,唐夹城之类也。"②由唐长安城"夹城"的情形,可以推想秦宫殿区甬道的形式。

《汉书》卷五一《邹阳传》说,梁孝王"尝上书,愿赐容车之地,径至长乐宫,自使梁国士众筑作甬道朝太后"③。王先谦《汉书补注》:"自王邸至太后宫门,筑甬道通往来。"④此事因"天子不许"⑤,终于未遂。如王先谦说不误,当主要因梁王专用"甬道"构筑于长安城中,作为天下之尊的皇帝的威权受到损害。推想各地诸王所居可能也都存在"甬道"建筑。

"甬道",曾经是交通特权的标志。

(二) 章邯军、刘邦军、项羽军的"甬道"

还有专门作为军事运输道路形式的"甬道"。

秦末,反秦武装与秦军主力章邯部在钜鹿决战。《史记》卷七《项羽本纪》有关战事的记载说到"甬道":

> 章邯令王离、涉间围钜鹿,章邯军其南,筑甬道而输之粟。

裴骃《集解》:"应劭曰:'恐敌抄辎重,故筑墙垣如街巷也。'"项羽军破釜沉舟,"与秦军遇,九战,绝其甬道,大破之"⑥。看来,破坏或阻断秦章邯军"甬道",是钜鹿之战取胜关键。《史记》卷八九《张耳陈余列传》也说,章邯军"筑甬道属河,饷王离。王离兵食多,急攻钜鹿","项羽兵数绝章邯甬道,王离军乏食,项羽悉

---

① 陕西省文物管理委员会:《唐长安城地基初步探测》,《考古学报》1958 年第 3 期;中国科学院考古研究所:《唐长安大明宫》,科学出版社,1959 年;宿白:《隋唐长安城和洛阳城》,《考古》1978 年第 6 期。宿白又称此"夹城"为"复壁"。

② [宋]司马光编著,[元]胡三省音注,"标点资治通鉴小组"校点:《资治通鉴》,中华书局,1956 年,第 238 页。

③ 《汉书》,第 2353 页。

④ 王先谦:《汉书补注》,中华书局据清光绪二十六年虚受堂刊本 1983 年 9 月影印版,第 1098 页。

⑤ 《汉书》,第 2353 页。

⑥ 《史记》,第 304—307 页。

引兵渡河,遂破章邯"。①

楚汉战争期间,项羽、刘邦两军曾数次于荥阳、成皋一带对峙。刘邦军"筑甬道"运军粮,为项羽军"侵夺"。《史记》卷八《高祖本纪》:

> 汉王军荥阳南,筑甬道属之河,以取敖仓,与项羽相距岁余。项羽数侵夺汉甬道,汉军乏食,遂围汉王。汉王请和,割荥阳以西者为汉。

《项羽本纪》所记略同。②"甬道",张守节《正义》:"韦昭云:'起土筑墙,中间为道。'"③"甬道"之争夺,又成为胜负的关键。

不唯刘邦军曾于荥阳修筑"甬道"以转运军粮,项羽军亦然。《史记》卷一八《高祖功臣侯者年表》:

> (博阳侯陈濞)击项羽荥阳,绝甬道。

> (蒯成侯周緤)击项羽军荥阳,绝甬道。④

是刘、项军各有输粮"甬道",其位置、走向当各不同。刘邦取粮敖仓。《史记》卷九八《傅靳蒯成列传》谓周緤"东绝甬道"⑤,可知项羽军粮当输自东方。

"甬道"的基本形式是在道路两侧夯土筑壁。我们现在或者会以为工程浩巨,不可思议。然而这种特殊的道路形式,正如恩格斯所指出,是历史上确曾存在的"形式比较奇特,而且现在已经过时的工事"。恩格斯说,"野战筑城工事具有和军队同样悠久的历史。在野战筑城法方面,古代军队甚至比现代军队掌握得还要好得多"。⑥ 罗马军团的营地四周有围墙、壕沟和土堤,"所有这些工事都由兵士自己构筑,他们使用丁字镐和铲子像使用剑和矛一样灵巧"。⑦ 克劳塞维茨曾指出,"经常补给军队的交通线"的价值"取决于有无要塞或地形障碍作掩护"。他在《战争论》这部军事学名著中还强调,"只有那些有专门设施的道路才

---

① 《史记》,第2579页。
② 《史记》卷七《项羽本纪》:"汉军荥阳,筑甬道属之河,以取敖仓粟。汉之三年,项王数侵夺汉甬道,汉王食乏,恐,请和,割荥阳以西为汉。"第325页。
③ 《史记》,第372—373页。
④ 《史记》,第886、927页。
⑤ 《史记》,第2711页。
⑥ 恩格斯:《筑城》,《马克思恩格斯全集》第14卷,第351—352页。
⑦ 恩格斯:《野营》,《马克思恩格斯全集》第14卷,第279页。

构成真正的交通线体系"。① 从中国军事史的资料看,先秦秦汉时期战争中工事构筑、道路开通、桥梁架设等任务都已由直接作战的车、步、骑兵兼而承当。据《司马法》,周代军队辎重车辆配备掘土所用的"锄"和筑墙工具"板筑"。②《史记》卷九一《黥布列传》:

> 项王伐齐,身负板筑,以为士卒先。

裴骃《集解》:"李奇曰:'板,墙板也。筑,杵也。'"③可知担任攻击任务的野战部队也有"板筑"一类工具作为必备的军用器材,士兵需承担构造壁垒等土方工程任务。当时,在必要的情况下,可以在往复通过的重要的交通线两侧构筑土壁,形成"甬道",以隐匿运输车队,或阻遏敌军兵车骑队的冲击,以使运行迟缓的辎重车取得躲避转移的时机,从而保证军需物资运输的安全。

"甬道"这种特殊道路,在军事上的应用年代并不很长。曹操击马超、韩遂,在河潼大战中应用的"甬道",形式已发生重要变化,即所谓"连车树栅,为甬道而南",裴松之注:"今魏武不筑垣墙,但连车树栅以扞两面。"④"甬道"这一道路形式的衰微,可能主要由于野战部队的机动性加强了,战争中长期对垒的情形已渐少见,而运输车队的车速加快,运输效率显著提高,可能也是促成这一演变的重要原因之一。⑤ 而"连车"所需车数可以得到满足,也是以拥有车辆之充备为条件的。

"甬道"这种交通道路形式最初出现于秦史记录。尚不可排除"甬道"是秦交通道路建设者重要发明的可能。

---

① 《战争论》,第 622—623 页。
② 《左传·宣公十一年》:"称畚筑。"孔颖达疏:"《正义》曰:畚者盛土之器,筑者筑土之杵。《司马法》:'辇车所载二筑'是也。"《十三经注疏》,第 1875 页。《周礼·地官司徒·乡氏》郑玄注:"《司马法》曰:'夏后氏谓辇曰余车,殷曰胡奴车,周曰辎辇。辇有一斧、一斤、一凿、一梩、一锄,周辇加二版、二筑。'"《十三经注疏》,第 714 页。参看田旭东:《司马法浅说》,解放军出版社,1989 年,第 102 页。
③ 《史记》,第 2600 页。
④ 《三国志》卷一《魏书·武帝纪》,第 35—36 页。
⑤ 参看王子今:《秦汉"甬道"考》,《文博》1993 年第 2 期。

七　农田道路的开通和养护

秦重视农耕生产。农田道路的规划、修建和养护，体现出交通制度与重农原则的密切关系。秦的农田道路一如社会的微循环系统，活跃了经济生产与经济生活，也完善了行政控制的条件。

(一) 秦武王更修为田律木牍

四川青川郝家坪 50 号战国墓出土了秦更修为田律木牍，内容是秦武王时关于田制的律令，值得注意的是其中有关于田间道路的明确规定：

　　田广一步，袤八则，为畛。亩二畛，一百(陌)道。百亩为顷，一千(阡)道，道广三步。

其中还确定了田间道路与稍高等级的交通设施的养护制度：

　　以秋八月，修封捋(埒)，正疆(疆)畔，及發千(阡)百(陌)之大草。九月，大除道及阪险。十月，为桥，修波(陂)隄，利津沱(渡)，鲜草离。非除道之时而有陷败不可行，辄为之。

新的《为田律》规定，农田宽 1 步，长 240 步，就要造畛。每亩两条畛，一条陌道。100 亩为 1 顷，一条阡道，道宽 3 步。在秋季八月，修筑封埒，划定田界，并除去阡陌上生长的草；九月，大规模修治道路和难行的地方；十月，造桥，修筑池塘水堤，使渡口和桥梁畅通，清除杂草。不在规定修治道路的时节，如道路破坏不能通行，也应立即修治。①

这样，农田和道路的规划相结合，以道路作田界，同时在农田间结成了阡、陌、畛纵横交错的有系统的交通网络。而且，又以法令的形式，规定对农田道路为主的一系列交通设施定期进行修治养护。律文确定阡道应宽 3 步，即 18 尺，约合今 4.16 米，可以两车交会，畅行无碍。律文内容对陌和畛的宽度没有规定。

---

①　四川省博物馆、青川县文化馆：《青川县出土秦更修田律木牍——四川青川县战国墓发掘简报》，《文物》1982 年第 1 期；李学勤：《青川郝家坪木牍研究》，《文物》1982 年第 10 期；胡平生、韩自强：《解读青川秦墓木牍的一把钥匙》，《文史》第 26 辑，中华书局，1986 年。

《说文·田部》又反映田制与农田道路之关系的内容,有的明确指出了与"秦制"的关系:

  田,陈也。树谷曰田。象形。口十,千百之制也。

段玉裁注:"此说象形之恉。谓口与十合之,所以象阡陌之一纵一横也。各本作阡陌,《𠂤部》无此二字,今正。《周礼·遂人》曰:凡治野,夫间有遂,遂上有径。十夫有沟,沟上有畛。百夫有洫,洫上有涂。千夫有浍,浍上有道。万夫有川,川上有路,以达于畿。百夫之涂谓之为百,千夫之道谓之为千,言千百以包径畛路也。南畞则畛纵遂横,沟纵洫横,浍纵川横。遂径畛涂道路纵横同之。东畞则畛横遂纵,沟横洫纵,浍横川纵。径畛涂道路之横纵同之。故十与口皆象其纵横也。阡陌则俗字也。"《说文·田部》又有:

  畮,六尺为步,步百为畮。秦田二百四十步为畮。

关于"六尺为步,步百为畮",段玉裁注:"《司马法》如是。《王制》曰:方一里者为田九百畮,谓方里而井。"关于"秦田二百四十步为畮",段玉裁注:"秦孝公之制也。商鞅开阡陌封疆。则邓展曰:古百步为畮,汉时二百四十步为畮。按汉因秦制也。"《说文·田部》又可见:

  畂,畮或从十久。

段玉裁注:"十者,阡陌之制。久声也。每久古音皆在一部。今惟《周礼》作畮。《五经文字》曰:经典相承作畝。《干禄字书》曰:畝通,畂正。"《说文·田部》又有:

  畷,两陌间道也。百广六尺。

关于"两陌间道也",段玉裁注:"陌者,百夫洫上之涂也。两百夫之间而有洫,洫上有涂。两千夫之间而有浍,浍上有道,所谓阡也。洫横则浍纵,涂横则道纵。故道在中纵,而左右各十涂皆横,是谓两陌间道,是之谓畷。《郊特牲》:飨农及邮表畷。注云:邮表畷,谓田畯所以督约百姓于井间之处。引《诗》为下国畷邮。按畷之言缀也,众涂所缀也。于此为田畯督约百姓之处,若街弹室者然。曰邮表畷。"关于"百广六尺",段玉裁注:"百字各本无,今补。所以知必有百者,郑注《周礼》云:径容牛马,畛容大车,涂容乘车一轨,道容二轨,路容三轨。轨者,彻也。《考工记》曰:彻广六尺。涂容一轨,是陌容六尺也。道容二轨,是阡容丈二尺也。许只言陌之广，使径、畛、道、路之广皆可意知。"①

《说文·田部》所言农田道路"百广六尺"即"陌广六尺"，而《史记》卷六《秦始皇本纪》说秦制"舆六尺"。② 陌道"广六尺"，正适合车轨的尺度。即所谓"涂容一轨，是陌容六尺也"。

(二) 睡虎地秦律所见"田道"

云梦睡虎地秦简《语书》中说到南郡守腾修"田令"事，《秦律十八种》又有所谓《田律》③，汉代也有《田令》《田律》。④ 萧何挶摭秦法，汉律多有继承秦代律令的内容。湖北江陵张家山西汉前期墓葬出土竹简所载汉律，也有与四川青川郝家坪木牍秦武王二年（前309）更修《为田律》诏令类同的内容，"袤八则"，作"袤二百卌步"，"阡"的规划有所不同，而且以"乡部主邑中道，田主田道"明确了田间道路养护的责任：

> 田广一步，袤二百卌步，为畛，亩二畛，一佰（陌）道；百亩为顷，十顷一千（阡）道，道广二丈。恒以秋七月除千（阡）佰（陌）之大草；九月大除（二四六）道□阪险；十月为桥，修波（陂）堤，利津梁。虽非除道之时而有陷败不可行，辄为之。乡部主邑中道，田主田（二四七）道。道有陷败不可行者，罚其啬夫、吏主者黄金各二两。盗侵饲道，千（阡）佰（陌）及堑土〈之〉，罚金二两。（二四八）

据整理小组的意见，"田主田道"，"上'田'字，官名，此处应指田典"。⑤ 秦汉时

---

① ［汉］许慎撰，［清］段玉裁注：《说文解字注》，上海古籍出版社据经韵楼藏版1981年10月影印版，第694—696页。

② 《史记》卷六《秦始皇本纪》，第237页。

③ 睡虎地秦墓竹简整理小组：《睡虎地秦墓竹简》，文物出版社，1990年，释文注释第13页，第19—22页。

④ 《后汉书》卷八〇上《文苑传上·黄香》："（黄）香曰：'《田令》："商者不农"……'"第2615页。《周礼·秋官司寇·士师》郑玄注："野有《田律》。"《十三经注疏》，第874页。

⑤ 张家山二四七号汉墓竹简整理小组：《张家山汉墓竹简〔二四七号墓〕》（释文修订本），文物出版社，2006年，第42页。最后一句整理小组释文："□□□□□及□土，罚金二两。"据彭浩、陈伟、工藤元男主编《二年律令与奏谳书》补释。《二年律令与奏谳书：张家山二四七号汉墓出土法律文献释读》，上海古籍出版社，2007年，第189页。最后"〈之〉"的处理方式，似可存疑。

期政府关于农田制度的律令中一直有关于田间道路的严格规定,可见对农田运输的重视。张家山汉简与郝家坪秦牍比较,"阡"的密度有所不同,但是宽度达4.62米,通行规格更高了。

成书于秦昭王以后的云梦睡虎地秦简《法律答问》中,有这样关于"田千佰"即耕田中"阡陌"的条文:

"盗徙封,赎耐。"可(何)如为"封"?"封"即田千佰。顷半(畔)"封"殹(也),且非是?而盗徙之,赎耐,可(何)重也?是,不重。(六四)

指出,"封"就是田地的阡陌,如私加移动,便判处赎耐,判处并不算重。① "封"即阡陌禁止"盗徙"的制度,体现田间道路除交通作用之外,又是具有法定意义的绝不允许私自移动的田界。

先秦时期田亩形式有所谓"东亩""南亩"之说。② 田间道路的方向,也与田亩制度相关。③

八 复道与宫廷建设

据《史记》卷六《秦始皇本纪》,秦始皇大治宫室,曾经营造"复道"这种特殊的道路形式:

---

① 整理小组译文:"'私自移封,应赎耐。'什么叫'封'?'封'就是田地的阡陌。百亩田的田界是算做'封',还是不算做'封'?如私加移动,便判处赎耐,是否太重?算做'封',判处并不算重。"睡虎地秦墓竹简整理小组:《睡虎地秦墓竹简》,文物出版社,1990年,释文注释第108页。

② 《史记》卷三二《齐太公世家》:"晋军追齐至马陵。齐侯请以宝器谢,不听;必得笑克者萧桐叔子,令齐东亩。"裴骃《集解》:"服虔曰:'欲令齐陇亩东行。'"司马贞《索隐》:"垄亩东行,则晋车马东向齐行易也。"第1497—1498页。《史记》卷三〇《平准书》:"民不齐出于南亩。"第1430页。《汉书》卷二四下《食货志下》:"民不齐出南亩。"颜师古注:"言农人尚少,不皆务耕种也。"第1166页。又《汉书》卷七五《李寻传》:"皆使就南亩。"颜师古注:"遣归农业。"第3191页。《汉书》卷四九《晁错传》:"离南畮。"颜师古注:"畮,古亩字也。南亩,耕种之处也。"第2285页。

③ 王子今:《秦汉农田道路与农田运输》,《中国农史》1991年第3期。

> 秦每破诸侯，写放其宫室，作之咸阳北阪上，南临渭，自雍门以东至泾、渭，殿屋复道周阁相属。
>
> （三十五年）为复道，自阿房渡渭，属之咸阳，以象天极阁道绝汉抵营室也。
>
> 乃令咸阳之旁二百里内宫观二百七十复道甬道相连，帷帐钟鼓美人充之，各案署不移徙。①

《史记》卷五五《留侯世家》记述如下史事：

> （汉六年）上已封大功臣二十余人，其余日夜争功不决，未得行封。
>
> 上在雒阳南宫，从复道望见诸将往往相与坐沙中语。上曰："此何语？"
>
> 留侯曰："陛下不知乎？此谋反耳。"

刘邦于是从张良计，先封"平生所憎"之雍齿以示群臣，平息了不安定情绪。汉并天下之初，没有来得及在洛阳营建宫殿。这里"雒阳南宫"的所谓"复道"，应是秦宫廷建筑。"复道"形制，裴骃《集解》引如淳曰："上下有道，故谓之复道。"②看来，复道是类似陆上高架桥式的空中道路，因而刘邦可以居高临下窥见诸将"相与坐沙中语"。

"复"字，甲骨文作䧹（《粹》1058），金文作䧹（《鬲从盨》），金文与《说文·𠂤部》𠂤字有相近处。《说文·𠂤部》："𠂤，度也，民所度居也，从回，象城郭之重，两亭相对也。"段玉裁注："内城外郭，两亭相对。"③复道，正是相对的亭楼之间相与连通的空中道路。

复道，即上下有道。尊贵者行复道上，有利于保证安全。然而，这样的理解仍不足以完整地说明复道的作用。应当看到，复道抬升路面，凌空通行，并不必与下边的道路方向一致。因此，在行人车马繁错拥杂的地段，复道的出现，可以实现双层分流与立体交叉，显然可以起到便利交通的作用。

复道不仅仅是一种宫室建筑形式，又是军事防御系统中的有效结构之一。

---

① 《史记》，第239、256、257页。

② 《史记》，第2042—2043页。

③ ［汉］许慎撰，［清］段玉裁注：《说文解字注》，上海古籍出版社据经韵楼藏版1981年10月影印版，第228页。

《墨子》书中《号令》《杂守》等篇都说到作为城防工事的复道。①

九　交通道路工程技术

秦时修筑驰道,"隐以金椎",即以金属工具夯击使路基坚实稳固。

通过考古发掘所发现的秦汉道路遗迹多呈中央高、两侧低的形式,以利排水。调查和发掘简报中常描述为"呈鱼脊形""龟背形""断面呈弧形"②。栎阳故城中的古道路遗迹路中与两侧高差达20至30厘米。③ 驰道则表现出更高级的形式,即经多层夯筑,使整个路面高于地表。这种厚筑路基以保证土质道路良好排水性能的方式,较西方要早许多年。④

为增强道路的抗水性和稳定性,保证通行免受天时影响,筑路工匠们不仅将传统的夯土技术应用于道路建设,对刚性路面的追求还使得有条件的地方出现了沙质路面和石质路面。西安阎家村古建筑遗址发现沙质路面,在估计早至秦代的斜坡道上则用河砾和褐红色灰泥掺和墁成地面,"至今仍很光滑整齐"⑤。

---

① 《墨子·号令》:"守宫三难,外环隅为之楼,内环为楼,楼入葆宫丈五尺为复道。"苏时学云:"上下有道故曰复。"《墨子·杂守》:"阁通守舍,相错穿室。治复道,为筑墉,墉善其上。"〔清〕孙诒让著,孙以楷点校:《墨子间诂》,中华书局,1986年,第563页,第581—582页。《杂守》篇"復道",岑仲勉注:"復道即複道。"岑仲勉:《墨子城守各篇简注》,中华书局,1958年,第151页。

② 《说文·九部》:"馗,九达道也,似龟背,故谓之馗。"段玉裁注:"龟背中高而四下,馗之四面无不可通,似之。"《说文解字注》,第738页。道中隆起,以利于排水,是秦汉交通大道的普遍形式。多条道路会合交叉的地方则自然"似龟背","中高而四下"。

③ 陕西省文物管理委员会:《秦都栎阳遗址初步勘探记》,《文物》1966年第1期。

④ 〔苏〕A. K. 比鲁利亚《交通运输学概论》中指出:"在16世纪到17世纪间,法国模仿罗马的型式进行了一些道路建筑,而将道路石子层的厚度减少到了0.50~0.65公尺","结构的主要缺点是它的表面部分与地面一样高。因此,周围的水流入了敷石子的槽子内,也就使泥土松软,石子下陷。通常,这些道路的通行性能不良"。"以后,在道路建筑中产生了新的观念。已经认识到必须用提高路面的方法使泥土路基干燥。还是在18世纪末叶,第一条这种结构的道路在俄国筑成了。在欧洲其他国家,类似结构的道路到19世纪才推广起来。"周明镜译,人民交通出版社,1956年,第34—36页。

⑤ 刘致平:《西安西北郊古代建筑遗址勘查初记》,《文物参考资料》1957年第3期。

用石片、卵石、砾石铺筑的道路遗迹有多处发现,秦始皇陵园就有具备典型性的实例。①

《韩非子·有度》:"先王立司南以端朝夕。"②是磁针定向技术至迟在战国时已被应用。秦汉城市规划较先秦有显著的演变,方正规整者居多,城内道路也大多端正平直,磁针指向仪器可能已应用于市政工程。长途运输线路的规划也要求不失方向,以求近捷,在往往由政府官员主持勘测设计的情况下,可能也已使用这类先进的测量工具。有学者根据远距离人文地理景观之间有一定规律性关系的情形,推定当时有"超长建筑基线"存在,其显示空间可涉及数百公里。③这样的观念和技术,也会影响到交通道路的规划。

《管子·地图》强调,"凡兵主者,必先审知地图",尤其所谓"轘辕之险,滥车之水","通谷、经川"之所在以及"道里之远近",对于"兵主"特别重要,因此"必尽知之"。④《周礼·夏官司马·量人》:"营军之垒舍,量其市朝州涂军社之所里,邦国之地与天下之涂数皆书而藏之。"⑤天水放马滩1号秦墓出土7幅绘在松木板上的地图,其中4幅绘有关隘,M1:7B、8B、11B面"特别用醒目的图例标出关隘的位置,注名为'闭'"。M1:12A面绘有"道路以及重要关卡"。M1:21A

---

① 徐苹芳:《中国秦汉魏晋南北朝时代的陵园和茔域》,《考古》1981年第6期。

② 陈奇猷注:"旧注:司南,即指南车也,以喻国之正法。""太田方曰:崔豹《古今注》:'越裳氏使者迷其归路,周公锡以文锦二匹,軿车五乘,皆设司南之制。'《鬼谷子》:'郑人之取玉也,载司南之车,为其不惑也。'曰设司南之制,曰载司南之车,可见司南与车二物,旧说司南即指南车,恐误。司南其制盖如今罗盘针,故可以正朝夕也。《考工记》:'为规识日出之景,与日入之景,昼参诸日中之景,夜考之极星,以正朝夕。'《管子》:'犹立朝夕于运钧之上,担竿而欲正其末。'注:'定朝夕所以定东西也。'王振铎曰:《论衡》:'司南之杓,投之地,其柢南指。'《说文》:'杓,枓柄也。'司南为受载之物,固非车驾,古之司南用在辨别方向,常与车乘发生关系,故开后人以古之司南为指南车之大错。王充所谓司南,似一微细如挹注器之小勺,其发明时代至晚当居战国之末。指南车之名始于崔豹《古今注》。指南车为机械之构造,与指南针毫无关系,其发明动机在于代替古之司南,创制期当居东汉之末叶。(见《大公报》《史地周刊》一百十六期《指南车之车制模型说》)奇猷案:太、王二氏说是。朝夕犹言东西,日朝出自东,夕入于西,故以朝夕为东西也。"《韩非子集释》,第88、105、106页

③ 参看秦建明、张在明、杨政:《陕西发现以汉长安城为中心的西汉南北向超长建筑基线》,《文物》1995年第3期。

④ 黎翔凤撰,梁运华整理:《管子校注》,中华书局,2004年,第529页。

⑤ 《十三经注疏》,第842页。

面也绘有"关隘"。M1∶9"标出大小关口5处",还有6处注明间距之里程,如"苦谷最到口廿五里""杨谷材八里""松材十五里""大松材八里""卅里相谷"等。① 这些地图绘制的年代大致可确定为秦王政八年(前239)。地图制作技术的成熟,当然可以提升道路规划的水准。

十 澄清历史成见:非秦帝国交通网"以咸阳为中心"说

以为直道起点在"咸阳"或曰"云阳""甘泉"的看法,与秦帝国交通网的营建"以咸阳为中心"的成见有关。

《史记》卷六《秦始皇本纪》记载:秦始皇二十七年(前220),"治驰道"②。《史记》卷一五《六国年表》则说秦始皇二十八年(前219)"治驰道"③。驰道的修筑,是秦汉交通建设事业中最具时代特色的成就。通过秦始皇和秦二世出巡的路线,可以知道驰道当时已经结成全国陆路交通网的基本要络。曾经作为秦中央政权主要决策者之一的左丞相李斯被赵高拘执,在狱中上书自陈,以"罪一也""罪二也"直至"罪七也"的反语,历数功绩凡七项,其中包括"治驰道,兴游观,以见主之得意"④。可见修治驰道是统治短暂的秦王朝行政活动的主要内容之一。对于秦帝国交通建设的成就,史家往往予以重视。不过,对秦交通格局的形势,认识未必切近历史真实。

比如,全国交通道路的规划和营建,多以为"从咸阳出发"。张荫麟《中国史纲》写道:"(灭六国)次年,始皇开始一件空前的大工程:建筑脉通全国的'驰道',分两条干线,皆从咸阳出发,其一东达燕、齐,其一南遂吴、楚。……这宏大的工程,乃是始皇的军事计划的一部分。他灭六国后防死灰复燃,当然不让各国

---

① 何双全:《天水放马滩秦墓出土地图初探》,《文物》1989年第2期;曹婉如:《有关天水放马滩秦墓出土地图的几个问题》,《文物》1989年第12期;甘肃省文物考古研究所:《天水放马滩秦简》,中华书局,2009年,第120页。

② 《史记》,第241页。

③ 《史记》,第757页。

④ 《史记》卷八七《李斯列传》,第2561页。

余剩的军队留存。但偌大的疆土若把秦国原有的军队处处分派驻守,则分不胜分。而且若分得薄,一旦事变猝起,还是不够应付;若分得厚,寝假会造成外重内轻的局面。始皇不但不肯采用重兵驻防的政策,并且把旧有六国的边城,除燕、赵北边的外,统统拆毁了。他让秦国原有的军队,依旧集中在秦国的本部,少数的地方兵只是警察的性质。驰道的修筑,为的是任何地方若有叛乱,中央军可以迅速赶到去平定。历来创业之主的军事布置没有比始皇更精明的了。(1896年李鸿章聘使欧洲,过德国,问军事于俾斯麦,他的劝告有云:'练兵更有一事须知:一国的军队不必分驻,宜驻中权,扼要地,无论何时何地,有需兵力,闻令即行,但行军的道路,当首先筹及。'这正是秦始皇所采的政策。)"① 秦帝国的版图不宜与19世纪的德国比较。"一国的军队不必分驻,宜驻中权,扼要地"的做法,并不适合当时秦王朝的国情。而秦始皇二十八年(前219)东巡琅邪,"立石刻,颂秦德,明得意",有"东抚东土,以省卒士。事已大毕,乃临于海"的文字,② 明确指出"东土"当时是驻扎"卒士"的。秦二世元年(前209),陈胜、吴广发起反秦暴动,"二年冬,陈涉所遣周章等将西至戏,兵数十万。二世大惊,与群臣谋曰:'奈何?'少府章邯曰:'盗已至,众强,今发近县不及矣。郦山徒多,请赦之,授兵以击之。'二世乃大赦天下,使章邯将,击破周章军而走,遂杀章曹阳"。③ 这里说到的"今发近县不及矣",说明即使在交通条件比较完备的地方,"发近县不及"的严重危机确曾发生。"中央军可以迅速赶到去平定"的设想即使"在秦国的本部"也没有实现。张荫麟"(驰道)分两条干线,皆从咸阳出发,其一东达燕、齐,其一南遂吴、楚"的说法,应据《汉书》卷五一《贾山传》记述贾山对驰道制度的追忆:"为驰道于天下,东穷燕齐,南极吴楚,江湖之上,濒海之观毕至。道广五十步,三丈而树,厚筑其外,隐以金椎,树以青松。为驰道之丽至于此,使其后

---

① 张荫麟:《中国史纲》,上海古籍出版社,1999年,第147页。
② 《史记》卷六《秦始皇本纪》,第244—245页。
③ 《史记》卷六《秦始皇本纪》,第270页。

世曾不得邪径而托足焉。"①所谓"东穷燕齐,南极吴楚"是以咸阳为中心坐标的,于是被理解为"(驰道)分两条干线,皆从咸阳出发,其一东达燕、齐,其一南遂吴、楚"。劳榦《秦汉史》也取用驰道"从咸阳出发"说:"开始作贯通天下的驰道,从咸阳出发,东穷燕齐,南极吴楚……"②所谓"东穷燕齐,南极吴楚",沿用《贾山传》原文。

　　以为驰道"从咸阳出发"的认识,有的论著表达为"以咸阳为中心"。范文澜《中国通史》有分析秦"促进共同的经济生活——'车同轨'"的内容,其中说到秦始皇"意义极为重大"的经济措施,其中第一条就是驰道工程:"修驰道——以秦京咸阳为中心,全国修筑驰道(行车大路)。""驰道的修成,对陆路交通有很大的便利。"驰道与海上及内河"水路","构成相当发达的交通网"。③ 何兹全《秦汉史略》说:"(秦)以国都咸阳为中心,修治了通往全国各重要地区的驰道。主要的干线'东穷燕齐,南极吴楚,江湖之上,滨海之观毕至'。驰道很宽、很坚固,这和罗马帝国以罗马为中心,修筑通往各地的大道有同样的历史意义,便利了皇帝对各地方政府和各地人民的统治。"④林剑鸣《秦史稿》也写道:"公元前二二〇年(秦始皇二十七年),修建以首都咸阳为中心的驰道。秦国驰道主要干线有两条:一条向东直通过去的齐、燕地区;一条向南直达过去的吴、楚地区。"⑤他的《秦汉史》也采用同样的说法。⑥ 何汉《秦史述评》介绍秦始皇"开辟"的"全国性

---

① 《汉书》,中华书局,1962年,第2328页。对于"厚筑其外,隐以金椎"的理解,张荫麟以为"路身筑得坚而且厚,遇着容易崩坏的地段,并且打下铜桩"。《中国史纲》,第147页。此说误。"厚筑其外",指路基构筑务求坚实,两侧形成宽缓的路坡。所谓"隐以金椎",王先谦《汉书补注》:"周寿昌曰:'隐'即'稳'字,以金椎筑之使坚稳也。"陈直《汉书新证》又举《全后汉文》卷九八《开通褒斜道石刻》中"益州东至京师,去就安隐"句借稳为隐,证实周说不误。敦煌汉简可见"诸子途中皆安隐"简文(161),亦可以为补证。参看王子今:《秦汉交通史稿》(增订本),中国人民大学出版社,2013年,第33页。

② 劳榦:《秦汉史》,中国文化学院出版部,1980年,第8页。

③ 范文澜:《中国通史》,人民出版社,1978年,第2册第9—10页。

④ 何兹全:《秦汉史略》,上海人民出版社,1955年,第10页。

⑤ 林剑鸣:《秦史稿》,上海人民出版社,1981年,第380页;中国人民大学国学院出版社,2009年,第304页。

⑥ 林剑鸣:《秦汉史》,上海人民出版社,2003年,第142页。又《新编秦汉史》,五南图书出版有限公司,1992年,第198页。

的交通网",主要叙述了"以咸阳为中心的几条重要路线"。① 傅筑夫、王毓瑚编《中国经济史资料·秦汉三国编》第二章"交通与运输"的"绪言"中写道:"就其整个交通布局来看,大体上是这样:以京师所在的关中为中心,以干线数条,向四面辐射,以遍达全国。"②田昌五、安作璋《秦汉史》如此评价秦帝国的交通规划:"这个交通网以咸阳为中心伸向四面八方。"③邹纪万《秦汉史》也写道:"以首都为中心,建筑贯通全国的'驰道'。"④白寿彝总主编《中国通史》秦汉时期"国内外交通"部分,高敏在介绍秦代"直道、驰道的修建"时写道:"这时已形成从咸阳向西、向北、向东南和正南的驰道网。"⑤王云度、张文立主编《秦帝国史》也说:"秦统一初期所筑驰道是以咸阳为起点,向东、南伸展,遍及原六国各地",这样的交通建设,"不仅便利了咸阳通往各地的交通,使秦中央能加强对地方的控制,而且亦有利于各地经济文化的交流,对维护国家的统一起着纽带作用"。⑥尚钺主编《中国历史纲要》也说:"为了便于控制新征服的地区,又于秦始皇二十七年(公元前二二〇年)修驰道,以咸阳为中心,东通燕、齐,南至吴、楚。"⑦前引李学勤《东周与秦代文明》"秦统一后建设的交通道路,有由咸阳通向各地的驰道"的说法⑧,也体现了以咸阳为中心的交通格局认识。

若干具有权威性的论著,使得这种观点形成很大的影响。《中国大百科全书·中国历史》的条目选辑《秦汉史》中,吴慧撰写的"交通运输"条是这样表述的:"秦始皇时以首都咸阳为中心,修筑了东通燕齐、南连吴楚的两条'驰道'(专供帝王出巡时行驶车马的道路,即御道),'道广五十步,三丈而树,厚筑其外,隐

---

① 何汉:《秦史述评》,第202—205页。
② 傅筑夫、王毓瑚:《中国经济史资料·秦汉三国编》,人民出版社,1982年,第33页。
③ 田昌五、安作璋:《秦汉史》,人民出版社,1993年,第49页。
④ 邹纪万:《秦汉史》,众文图书股份有限公司,1994年,第19页。
⑤ 白寿彝、高敏、安作璋:《中国通史》第4卷《中古时代·秦汉时期》,上海人民出版社,1995年,第668页。
⑥ 王云度、张文立:《秦帝国史》,陕西人民教育出版社,1997年,第102页。
⑦ 尚钺:《中国历史纲要》,人民出版社,1955年,第40页。
⑧ 李学勤:《东周与秦代文明》,上海人民出版社,2007年,第153页。

以金椎,植以青松'。① 规模宏伟,不次于罗马帝国的国道。"②《中国大百科全书·中国历史》"秦"条,田余庆写道:"秦始皇还修建有首都咸阳通到全国各地的驰道,东穷燕齐,南极吴楚。"③

作为教材的论著使得相关观点更为普及。张帆《中国古代简史》写道:"为控制辽阔的国土,秦始皇下令修建了以首都咸阳为中心的道路交通工程。由咸阳'东穷燕、齐,南及吴、楚'④,向东和东南分别修成两条交通干线,称为'驰道'。……其规模被后人叹为观止。"⑤安作璋主编《中国史简编·古代卷》在总结秦王朝交通建设史时同样立足"以京师咸阳为中心"的认识:"秦始皇统一六国后不久,就下令把原来东方六国设立的城郭、关卡、要塞全部拆毁,以京师咸阳为中心修筑了东达燕齐(今河北、山东),南通吴楚(今江苏、湖南),北至九原(今内蒙古河套地区)的几条驰道。"⑥韩复智等编著《秦汉史》也写道:"(秦始皇)为了防止六国的后裔死灰复燃,因此修筑了脉通全国的'驰道'。这驰道分为两条干线,都以咸阳为中心,向东方面可以达到燕、齐;向南方面可以达到吴、楚。"⑦

研究秦汉交通的论著大多持与此类同的见解,一些国外学者也持这一观点,例如汤因比《历史研究》一书中就写道:"古代中国统一国家的革命的建立者秦始皇帝,就是由他的京城向四面八方辐射出去的公路的建造者。"⑧《剑桥中国秦汉史》也写道:"从公元前220年开始,建造了以咸阳为中心呈一巨大弧形向北

---

① 今按:"植以青松",应作"树以青松"。
② 中国大百科全书总编辑委员会《中国历史》编辑委员会秦汉史编写组、中国大百科全书出版社编辑部:《中国大百科全书·中国历史·秦汉史》,中国大百科全书出版社,1986年,第86页。
③ 田余庆:《秦》,《中国大百科全书·中国历史》,中国大百科全书出版社,1992年,第786页。
④ 《汉书》卷五一《贾山传》:"东穷燕齐,南极吴楚……"第2328页。
⑤ 张帆:《中国古代简史》,北京大学出版社,2001年,第76页。
⑥ 安作璋:《中国史简编·古代卷》,高等教育出版社,2014年,第109页。
⑦ 韩复智、叶达雄、邵台新等:《秦汉史》(增订本),里仁书局,2007年,第46页。
⑧ 曹未风等译节录本,上海人民出版社,1966年,下册第25—26页。

面、东北、东面和东南辐射的一批称为驰道的帝国公路……"①

其实,"以咸阳为中心""以咸阳为起点"的说法,是不符合秦交通史的实际的。

秦统一后,在战国长城基础上营建新的长城防线。因施工与布防的需要,沿长城出现了横贯东西的交通大道。我们可以称之为"北边道"。《史记》卷六《秦始皇本纪》:秦始皇三十二年(前215),"巡北边,从上郡入"②。三十七年(前210),出巡途中病故,李斯、赵高秘不发丧,棺载辒辌车中,"从井陉抵九原"③而后归,特意绕行北边,说明此次出巡的既定路线是巡行北边后回归咸阳。④

《史记》卷六《秦始皇本纪》记载,秦始皇统一天下后凡五次出巡,其中四次行至海滨,往往并海而行。显然,沿渤海、黄海海滨,当时有一条交通大道。这条道路,可以称之为"并海道"。"并海道",东汉时曾经称"傍海道"。⑤

"北边道"和"并海道"因秦始皇、秦二世出巡经历体现出地位的重要,然而显然都并非"以咸阳为中心""以咸阳为起点"。

---

① 〔英〕崔瑞德、鲁惟一编,杨品泉等译:《剑桥中国秦汉史》,中国社会科学出版社,1992年,第76页。台湾译本作:"在西元前220年初期,一连串的道路,就是我们所知道的驰道,以咸阳为中心向北、东北、东及东南等方向修筑的……"Denis Twitchett and Michael Loewe 编,韩复智主译:《剑桥中国史》第1册《秦汉篇,前221—220》,南天书局有限公司,1996年,第92页。

② 《史记》,第252页。

③ 《史记》,第264页。

④ 王子今:《秦汉长城与北边交通》,《历史研究》1988年第6期。

⑤ 《三国志》卷一《魏书·武帝纪》,中华书局,1959年,第29页。王子今:《秦汉时代的并海道》,《中国历史地理论丛》1988年第2期。

第十章　秦舟车制造业

舟车制作，可以看作标志进入文明时代的最重要的发明。《汉书》卷二八上《地理志上》："昔在黄帝，作舟车以济不通，旁行天下，方制万里，画壄分明，得百里之国万区。"①《后汉书》卷四〇下《班固传》："分州土，立市朝，作舟车，造器械，斯轩辕氏之所以开帝功也。"②《续汉书·郡国志一》刘昭注补引《帝王世纪》："黄帝受命，始作舟车，以济不通。"③

舟车作为水路交通与陆路交通使用最普遍的交通工具，是交通史考察不能忽视的技术要素。

秦舟车制造业的发展，为秦交通事业的开拓提供了重要的条件。

一　"车马之好"与车制革命

《说文·车部》："军，圜围也"，"从包省，从车。车，兵车也"。段玉裁注："包省当作勹。勹，裹也。勹车，会意也。"对于所谓"车，兵车也"，段玉裁说："此释从车之意。惟车是兵车，故勹车为军也。"④扬之水指出："因为大规模车战的需要，先秦的制车业格外发达。"她注意到《秦风·小戎》有关车辆形制的"活跃着的语言"，以为"写车、写马、写兵、写饰、写御，无一不实，无一不确"。扬之水尤其肯定了《诗·秦风·小戎》车制史料的意义，指出："先秦古车特有的轭靷式

---

① 《汉书》，第1523页。
② 《后汉书》，第1361页。
③ 《后汉书》，第3374页。
④ ［汉］许慎撰，［清］段玉裁注：《说文解字注》，上海古籍出版社据经韵楼藏版1981年10月影印版，第727页。

系驾方式,更因《小戎》描写了最为关键的部件,以最为简洁的语言,留下了准确的也是唯一的记录。"①

秦国车辆制造业所提供的运输工具,较此前车辆性能有所改进,型式有所创新,数量亦大为增加。这一情形可以通过对军车和军运的分析得到说明。

自春秋晚期起,车战作为主要作战方式走向衰落,然而秦代以至两汉之际,兵车在战争中仍然发挥着相当重要的作用。秦始皇陵兵马俑的军阵构成仍然表现为以战车为主辅以步骑的形式。② 秦始皇陵封土西侧出土的一号铜车上除御官俑的佩剑之外,还装备有弩、矢、盾、承弓器等兵器③,有的学者指出:"这车上虽只有御者居中,但从武器的配置情况看,左面还应有持弩的车左,右面还应有持盾和长兵器的车右。""从一号车上装备武器这一重要特征看来,它应当代表当时的战车,也就是古书中常提到的兵车、戎路之类。"④其实,秦末战争以及楚汉战争中,仍可看到车战是基本作战形式之一。⑤

据《史记》卷一二九《货殖列传》记载,秦时迁孔氏于南阳,后致富,"连车骑,游诸侯,因通商贾之利"。周地有师史,"转毂以百数,贾郡国,无所不至"。⑥ 丞相李斯为寿,"置酒于家","门廷车骑以千数"。⑦

---

① 扬之水:《诗经名物新证》,北京古籍出版社,2000 年,第 252—253 页。
② 参看始皇陵秦俑坑考古发掘队:《临潼县秦俑坑试掘第一号简报》,《文物》1975 年第 11 期;皇陵秦俑坑考古发掘队:《秦始皇陵东侧第二号兵马俑坑钻探试掘简报》,《文物》1978 年第 5 期;秦俑坑考古队:《秦始皇陵东侧第三号兵马俑坑清理简报》,《文物》1979 年第 12 期。
③ 陕西省秦俑考古队:《秦始皇陵一号铜车马清理简报》,《文物》1991 年第 1 期。
④ 孙机:《略论始皇陵一号铜车》,《文物》1991 年第 1 期。
⑤ 《史记》卷四八《陈涉世家》记载,陈涉为首的起义军集结兵车以壮大反秦军事实力,攻陈时,已有"车六七百乘"。周文至关,则有"车千乘"。第 1952、1954 页。《史记》卷七《项羽本纪》也说到"沛公则置车骑,脱身独骑"。第 314 页。《史记》卷五四《曹相国世家》与卷五七《绛侯周勃世家》可见所谓"击章邯车骑",第 2021、2065 页。以及《樊郦滕灌列传》:"从击秦军砀东,攻济阳,下户牖,破李由军雍丘,以兵车趣攻战疾,赐爵执帛。""常以太仆奉车从击章邯军东阿、濮阳下,以兵车趣攻战疾,破之,赐爵执珪。""因复常奉车从击秦军洛阳东,以兵车趣攻战疾,赐爵封转为滕公。""以兵车趣攻战疾,至霸上。"第 2664—2665 页。"以兵车趣攻战疾"论功赐爵的记述,也都说明兵车在战争中的作用。
⑥ 《史记》,第 3278—3279 页。
⑦ 《史记》卷八七《李斯列传》,第 2547 页。

(一) 凤翔高庄战国秦墓:最早的双辕车模型

最早的双辕车模型发现于战国时期秦墓中。① 甘肃平凉庙庄战国秦墓发掘简报告知我们,甘肃秦安上袁家秦代墓葬中曾经发现"驾一马的轺车"的遗迹。可知秦人已经使用双辕轺车。②

双辕车可驾一马或一牛,节省了运输动力,提高了运输效率,促进了运输生产中畜力的应用。双辕车的普遍使用,对于交通事业的发展具有划时代的意义。

双辕车普遍采用胸带式系驾法,承力部位在马的胸前,使轭变成一个支点,只起支撑衡、辕的作用,于是较早期轭靷式系驾法更为简便实用,实现了系驾方式的重大进步。据孙机考论,在西方,装置双辕的车辆到中世纪才开始推广,在这种车辆上出现胸带式系驾法,则不早于公元8世纪。然而到那时,中国车辆的系驾方式则已经向鞍套式过渡了。③

(二) 独轮车的发明

刘仙洲研究中国古代交通运输机械曾经有极其重要的发现。他由《说文·车部》中所谓"𨏲,车轹规也,一曰一轮车",推断在许慎著此书时,独轮车已经应用于交通活动中。史籍中多有汉时人使用"鹿车"的记载。如《后汉书》卷一六《邓训传》李贤注引《东观记》:"从黎阳步推鹿车于洛阳市药。"《后汉书》卷二六《赵熹传》:赵熹"以泥涂仲伯妇面,载以鹿车,身自推之"。《后汉书》卷二七《杜

---

① 吴镇烽、尚志儒:《陕西凤翔八旗屯秦国墓葬发掘简报》,《文物资料丛刊》第3辑,文物出版社,1980年。
② 魏怀珩:《甘肃平凉庙庄的两座战国墓》,《考古与文物》1982年第5期。简报中谈到。
③ 孙机:《从胸式系驾法到鞍套式系驾法:我国古代车制略说》,《考古》1980年第5期;《始皇陵二号铜车马对车制研究的新启示》,《文物》1983年第7期;《中国古代马车的系驾法》,《自然科学史研究》1984年第2期。

林传》:杜林"身推鹿车,载致弟丧"。①"鹿车",瞿中溶《汉武梁祠堂石刻画像考》解释说:"鹿,当是鹿卢之谓,即辘轳也。"刘仙洲同意这种意见,并以王重民等编《敦煌变文集》卷八句道兴撰《搜神记》不用"鹿车"而用"辘车"作旁证,以为"鹿车"即独轮车,认为其创始时期当在西汉晚期。② 史树青也提出论证,指出:"鹿车的鹿字","应作辘轳解,是轮轴类的引重器","传世汉代铜器中,有一种活轴铜灯,灯碗可仰可合,俗称辘轳灯,意也取此。所以鹿车就是一个轮轴的车"。③

《盐铁论》中《非鞅》《遵道》《散不足》《世务》等篇都说到所谓"椎车"。《散不足》:"古者,椎车无柔,栈舆无植及其后……"或以为"柔"同"䡅"。王利器注"柔",直接写道:"《说文·车部》:'䡅,车网也。'段玉裁注:'车网者,轮边围绕如网然。《考工记》谓之牙,牙也着,以为固抱也。又谓之䡅,行泽者反䡅,行山者仄䡅。'"④张敦仁《盐铁论考证》说:"椎车者,但斫一木使外圆,以为车轮,不用三材也。"萧统《文选序》也说:"椎轮为大辂之始。"早期独轮车车轮的制作可能和这种原始车轮相近,即直接截取原木并不进行细致加工,轮体有一定厚度,正便于推行时操纵保持平衡。由于车轮浑整厚重酷似辘轳,因而得名辘车。辘车后又称鹿车。句道兴《搜神记》述千乘人董永故事:"小失其母,独养老父,家

---

① 《后汉书》,第 609、912、913、936 页。又如《后汉书》卷七九下《儒林列传·任末》:"友人董奉德于洛阳病亡,末乃躬推鹿车,载奉德丧致其墓所。"第 2572 页。《后汉书》卷八一《独行列传·范冉》:"遭党人禁锢,遂推鹿车,载妻子,捃拾自资。"第 2689 页。《后汉书》卷八四《列女传·鲍宣妻》:"妻乃悉归侍御服饰,更著短布裳,与宣共挽鹿车归乡里。"第 2782 页。《三国志》卷一二《魏书·司马芝传》:"以鹿车推载母。"第 386 页。《三国志》卷一六《魏书·苏则传》裴松之注引《魏略》:"则笑曰:'我诚不能效汝蹇蹇驱鹿车驰也。'"第 493 页。《三国志》卷一八《魏书·庞淯传》裴松之注引皇甫谧《列女传》:庞娥亲"遂弃家事,乘鹿车伺(李)寿"。第 549 页。《三国志》卷四四《蜀书·费祎传》:"(董)允白父和请车,和遣开后鹿车给之。允有难载之色,祎便从前先上。"第 1060 页。"鹿车",又写作"露车"。《后汉书》卷八《灵帝纪》:"帝与陈留王协夜步逐荧光行数里,得民家露车,共乘之。"第 358 页。《三国志》卷六《魏书·董卓传》裴松之注引张璠《汉纪》:"兄弟独夜步行欲还宫,闇瞑,逐萤火而行,数里,得民家以露车载送。"第 173 页。

② 刘仙洲:《我国独轮车的创始时期应上推到西汉晚年》,《文物》1964 年第 6 期。

③ 史树青:《有关汉代独轮车的几个问题》,《文物》1964 年第 6 期。

④ 《盐铁论校注》(定本),第 350、369 页。

贫困苦,至于农月,与辘车推父于田头树荫下,与人客作,供养不阙。"又谓事本"昔刘向《孝子图》",而董永"前汉人也",其中"辘车"之称,或许即保留古意。《说文·车部》所谓"䡇,车輮规也。一曰一轮车",又说明这种车轮与"车輮规"相似。段玉裁注:"规者,圜之匡郭也。《考工记》曰:规之以眡其圜,萬之以眡其匡。注曰:轮中规则圜矣,等为萬蒌以运轮上,轮中萬蒌则不匡刺也。按此谓作輮之范。"亦即"輮之范"。《说文·车部》:"輮,车戾也。"段玉裁注:"戾者,曲也。《考工记》曰:萬之以眡其匡也。注云:等为萬蒌以运轮上,轮中萬蒌则不匡刺也。"曲弯木材制作车辋所用之规范,正应当是略小于车轮的规整的实体圆柱形。《说文·车部》又说,"軖,纺车也。从车,㞷声,读若狂。一曰一轮车"。① 軖为绞线之筐象形,而"一曰一轮车"者,除纺车与独轮车有形近之处而外,或许也与"軖"的读音与"圜之匡郭"之"匡"相近有关。②

据秦始皇陵兵马俑坑 2 号坑发掘资料,当时地面有"印痕清晰,辙与辙之间无明显对应关系"的车辙印迹,发掘报告执笔者说,这些车辙"疑为独轮车遗迹",相应图版直接标明为"独轮车印"。③ 如果"独轮车印"的判断成立,可以证明这种车型当时已经投入使用,则独轮车的发明和使用,可以提前到秦代。有学者据此认为,"至晚在秦代时独轮车已经发明,并已应用于生产运输"。考虑到从最初发明到实际应用之间的过程,"那么独轮车很可能在秦统一前即先秦时期已经发明"。联系许多历史迹象,可以推定独轮车的发明权很可能应当归于秦人。④

(三)秦始皇陵铜车

《周礼·考工记》:"一器而工聚焉者,车为多。"⑤《续汉书·舆服志上》:"一

---

① [汉]许慎撰,[清]段玉裁注:《说文解字注》,上海古籍出版社据经韵堂藏版 1981 年 10 月影印版,第 724、728、730 页。

② 参看王子今:《秦汉交通史稿》(增订本),中国人民大学出版社,2013 年,第 117—119 页。

③ 秦始皇兵马俑博物馆:《秦始皇陵二号兵马俑坑发掘报告》,科学出版社 2009 年,第 1 册第 113—118 页,图版四一。

④ 赵宠亮:《独轮车至晚在秦代已经发明》,《中国文物报》2010 年 7 月 21 日。

⑤ 《十三经注疏》,第 907 页。

器而群工致巧者,车最多。"①生产和流通的发展推动交通运输业的进步,促进车辆制造业生产水平的提高。由于车辆的设计和制作可以较为及时地反映当时科学技术的发展水平,可以较为集中地体现手工业部门各个行业的生产技能,因而不仅车辆制造业产品的数量可以作为当时社会生产力发展程度的重要标志之一,其性能和质量,尤其可以提供较具体的例证。

秦始皇陵封土西侧出土的铜车马作为第一个大一统专制主义帝国第一代君主的乘舆模型,体现了最高等级的交通出行条件。出土物为"车马"一体的形式显现,并有御者形象。所见车辆,可以代表当时制车工艺的顶峰。通过对已经修复的一号铜车及二号铜车的研究,可以发现其性能在许多方面显然已经超过了先秦时期的车辆。

例如,《周礼·考工记》说:"凡察车之道,必自载于地者始也。故察车自轮始。"又写道:"凡察车之道,欲其朴属而微至。不朴属无以为完久也,不微至无以为戚速也。"②车辆设计及制作,除了力求坚致牢固即"朴属"以外,还应追求所谓"微至",以利于提高行驶速度。考古工作者曾着重分析过二号铜车车轮形制的特点:"牙的着地面窄便于在泥途行驶;牙的中部圆鼓和毂呈圆柱体可以利用离心力作用,使车行泥地不易带泥;毂中的穿中部大,这样贯轴后,只有毂穿之两端与轴相接,可以减少摩擦力,使车行比较轻捷。"③据秦始皇帝陵兵马俑博物院的考古工作者见告,已经修复的秦陵铜车,车轮仍可转动自如。对毂的结构,我们还可以做这样的补充:毂中的穿贯轴后中有空隙,当是为了储注一定的润滑油。《史记》卷四六《田敬仲完世家》:"豨膏棘轴,所以为滑也。"④云梦睡虎地秦

---

① 《后汉书》,第3641页。
② 《十三经注疏》,上册第907页。
③ 袁仲一、程学华:《秦陵二号铜车马》,《考古与文物丛刊》1983年第1期。
④ 《史记》,第1890页。

简《司空》律中也可以看到关于车辆养护和使用时加润滑用"脂"的详细规定。①秦始皇帝陵一号铜车轮径超过二号铜车,毂穿的形制与二号铜车相近,而牙的尺度则更突出"微至"的要求,因而两辆车相比,"一号车较为轻巧灵便"。②

  车辕长度的变化也可以作为体现车辆形制进步的标志之一。殷周车辆辕长多在 3 米以下,仅洛阳下瑶村 151 号墓 16 号车达到 320 厘米。春秋时期车辕长度多在 3 米左右。而秦始皇帝陵兵马俑坑发现的车辕遗迹分别长 350 厘米、370 厘米、380 厘米、390 厘米、396 厘米。作为实物模型的秦始皇陵一号铜车辕长 183.4 厘米,铜马约为真马的 1/2,依此可以推定,这一模型所代表的真实车辆辕长约为 366.8 厘米,与兵马俑坑辕长资料相当。而二号铜车辕长达到 246 厘米,按比例推算则辕长可达 492 厘米。辕长的增加,必然以材料强度和制车工匠技术的提高为保证。《战国策·韩策一》记载,张仪说韩王时宣扬秦的军威,称"秦带甲百余万,车千乘,骑万匹"。又说到"秦马之良":"探前趹后,蹄间三寻者,不可称数也。"鲍本"趹"作"蹶"。吴师道注:"《说文》:趹,马行貌。《西都赋》:要趹追踪。字古穴反。《索隐》云:谓马前足探向前,后足趹于后。趹,谓抉地,言马走势疾,前后蹄间一掷而过三寻也。八尺曰寻。"③《史记》卷七〇《张仪列传》作"探前趹后蹄间三寻腾者,不可胜数",司马贞《索隐》:"谓马前足探向前,后足趹于后。趹音乌穴反。趹谓后足抉地,言马之走执疾也。""按:七尺曰寻。言马走之疾,前后蹄间一掷过三寻也。"④与所谓"库车不便马"⑤同样,增长车辕,方能系驾更高大的马种。同样的马,车辕较长亦更利于驰骋,同时在高速行驶时可以减弱由系马跃行所引起的颠簸震动的幅度。而且以轴为杠杆支点,车辆前部

---

① 云梦睡虎地秦简《司空》律规定:"官有金钱者自为买脂、胶、毋(无)金钱者乃月为言脂、胶、期蹙。""一脂,攻间大车一辆(两),用胶一两、脂二锤。""为车不劳,称议脂之。"据睡虎地秦墓竹简整理小组译文,大意为:"有钱财的官府应自为车辆购买脂、胶,没有钱财的可每月报领脂、胶,以足用为度。""每加油和修缮一辆大车,用胶一两、脂三分之二两。""如车运行不快,可酌量加油。"《秦律十八种·司空》,睡虎地秦墓竹简整理小组:《睡虎地秦墓竹简》,文物出版社,1990 年,释文注释第 50 页。
② 陕西省秦俑考古队:《秦始皇陵一号铜车马清理简报》,《文物》1991 年第 1 期。
③ [西汉]刘向集录:《战国策》,上海古籍出版社,1985 年,第 934、936 页。
④ 《史记》,第 2293 页。
⑤ 《史记》卷一一九《循吏列传》,第 3100 页。

与后部重量不当悬殊,因而辕长总与车舆进深成正比。辕长增加,可适当提高装载量,作为乘车,则亦可为乘者提供较大的空间,此外,还可以明显改善御者的工作条件。秦始皇帝陵二号铜车将车舆分作封闭的前后二室的形制,是目前考古资料中所见较早的一例。

马克思曾经指出:"交通工具的增加和改良,自然会对劳动生产力发生影响:使生产同一商品所需要的劳动时间减少,并建立了精神与贸易的发展所必需的交往。"①秦车辆制造业的进步,使得车辆数量的"增加"与质量的"改良",确实曾为当时经济与文化的发展"所必需的交往"提供了重要的条件。

然而,在车辆制造业取得空前发展,交通运输也体现出历史性进步的另一面,我们看到在作为生产资料的运输车辆尚不能满足社会需求,多数劳役者不得不以"步担"②方式从事长途运输的情况下,贵族、官僚和豪富却使数以万千计的车辆归于单纯消费资料的事实。

二 秦造船技术的进步

《淮南子·氾论》说:"古者大川名谷,冲绝道路,不通往来也,乃为窬木方版以为舟航,故地势有无得相委输。"③最初的"舟航"用以横渡"大川名谷"。《史记》卷九二《淮阴侯列传》记载秦汉之际战争史,说韩信击魏,"益为疑兵,陈船欲度临晋,而伏兵从夏阳以木罂缶渡军,袭安邑"。裴骃《集解》:"服虔曰:'以木押缚罂缶以渡。'韦昭曰:'以木为器如罂缶,以渡军。无船,且尚密也。'"④韩信利用这种奇特的水上运载工具抢渡黄河天险,终于平定河东。这是在船舶缺乏的

---

① 马克思:《机器。自然力和科学的应用》,人民出版社,1978年,第220页。
② 《新语·资质》:"广者无舟车之通,狭者无步担之蹊。"王利器:《新语校注》,中华书局,1986年,第102页。
③ 张双棣注:"于省吾云:'冲绝'不词,'冲'。"张双棣:《淮南子校释》,北京大学出版社,1997年,第1331、1338页。
④ 《史记》,第2613—2614页。

情况下的特殊进军方式。回顾秦史,又可以看到使用充备船舶"水通粮"的记录。① 有迹象表明,秦统一进程中已经使用大量船舶用于运送兵员和物资。秦始皇出巡,浮江及行于海上,均应乘坐高等级的航船。船舶制造业是以多种工艺技术为基础的综合性产业,因而可以较全面地反映社会生产水平。秦造船业的成就,在一定意义上标志着当时手工业制作技艺的最高水准,为社会经济的繁荣和社会交往的发展提供了作为必要条件的数量多、性能良好的各种型式的船舶。

(一)"秦夺楚黔中地"与"浮船牂牁江"

西南地方史料可见水运与造船业发展的迹象。早期船舶系泊多使用缆索和带缆桩等设备,传说"牂柯"地名由来即与此有关。《史记》卷一一六《西南夷列传》记述汉武帝时"浮船牂牁江"击南越的设想:"建元六年,大行王恢击东越,东越杀王郢以报。恢因兵威使番阳令唐蒙风指晓南越。南越食蒙蜀枸酱,蒙问所从来,曰'道西北牂柯,牂柯江广数里,出番禺城下'。蒙归至长安,问蜀贾人,贾人曰:'独蜀出枸酱,多持窃出市夜郎。夜郎者,临牂柯江,江广百余步,足以行船。南越以财物役属夜郎,西至同师,然亦不能臣使也。'蒙乃上书说上曰:'南越王黄屋左纛,地东西万余里,名为外臣,实一州主也。今以长沙、豫章往,水道多绝,难行。窃闻夜郎所有精兵,可得十余万,浮船牂柯江,出其不意,此制越一奇也。诚以汉之强,巴蜀之饶,通夜郎道,为置吏,易甚。'上许之。乃拜蒙为郎中将,将千人,食重万余人,从巴蜀筰关入,遂见夜郎侯多同。蒙厚赐,喻以威德,约为置吏,使其子为令。夜郎旁小邑皆贪汉缯帛,以为汉道险,终不能有也,乃且听蒙约。还报,乃以为犍为郡。发巴蜀卒治道,自僰道指牂柯江。蜀人司马相如亦言西夷邛、筰可置郡。使相如以郎中将往喻,皆如南夷,为置一都尉,十余县,属蜀。"这是西南夷交通经营的重大事件。然而牂柯江水路的开通可能相当早。张守节《正义》:"崔浩云:'牂柯,系船杙也。'常氏《华阳国志》云:'楚顷襄王时,遣庄蹻伐夜郎,军至且兰,椓船于岸而步战。既灭夜郎,以且兰有椓船柯处,乃改其名为牂柯。'"司马贞《索隐》:"道牂柯江。崔浩云:'牂柯,系船杙也,以为地

---

① 《战国策·赵策一》记载,赵豹警告赵王应避免与秦国对抗:"秦以牛田,水通粮,其死士皆列之于上地,令严政行,不可与战。王自图之!"[西汉]刘向集录:《战国策》,上海古籍出版社,1985年,第618页。

名.'道犹从也。《地理志》夜郎又有豚水,东至南海四会入海,此牂柯江。"①《汉书》卷二八上《地理志上》"牂柯郡",颜师古注:"牂柯,系船杙也。《华阳国志》云,楚顷襄王时,遣庄蹻伐夜郎,军至且兰,椓船于岸而步战。既灭夜郎,以且兰有椓船牂柯处,乃改其名为牂柯。"②《华阳国志》卷四《南中志》记载庄蹻伐夜郎事:"楚顷襄王遣将军庄蹻泝沅水出且兰以伐夜郎,植牂柯,系船于是。且兰既克,夜郎又降,而秦夺楚黔中地,无路得反,遂留王滇池。蹻,楚庄王苗裔也。以牂柯系船,因名且兰为牂柯国。"③

"牂柯"地名较早见于《管子·小匡》。④"牂柯"得名或说因江中两山远望似系船杙,也很有可能只是当地少数民族语地名之音译。楚军"道牂柯江"事与"秦夺楚黔中地"相关。秦军与楚军应当都继承了当地的交通传统,利用了当地水运条件,采纳了当地的造船技术。

(二) 司马错攻楚,"大舶船万艘"

秦在发起统一战争的历史进程中,往往可以集结数量相当惊人的水军用船。据说司马错率秦军顺江而下攻楚,调用大型运输船舶"万艘"。《华阳国志》卷三《蜀志》:

> 司马错率巴、蜀众十万,大舶船万艘,米六百万斛,浮江伐楚,取商於之地,为黔中郡。⑤

所谓"大舶船万艘,米六百万斛",船载600斛,是当时排水量较大的船舶。⑥

---

① 《史记》,第2993—2995页。

② 《汉书》,第1602页。

③ 《华阳国志校补图注》,上海古籍出版社,1987年,第229页。

④ 《管子·小匡》:"桓公曰:'余乘车之会三,兵车之会六,九合诸侯,一匡天下,北至于孤竹、山戎、秽貉,拘秦夏,西至流沙、西虞,南至吴、越、巴、牂柯、𩨳、不庚、雕题、黑齿,荆夷之国。'"黎翔凤注:"张佩纶云:'𩨳',字书无之。'不庚'未详。疑'𩨳不'乃'髳'之坏,'庚'乃'庸'之误,盖袭《牧誓》'庸、蜀、羌、髳'之文。""张佩纶云:历考诸说,齐桓之迹,无至牂柯理。翔凤案:文意但言莫违其命,非亲至其地也。"黎翔凤撰,梁运华整理:《管子校注》,中华书局,2004年,第425—437页。

⑤ 《华阳国志校补图注》,第128页。

⑥ 《释名·释船》以排水量列举船型,只有"五百斛以上""三百斛""二百斛以下"三种。任继昉:《释名汇校》,齐鲁书社,2006年,第436—437页。

《太平御览》卷七六九引《蜀王本纪》言秦沿江"攻楚"的战争准备,船队规模也大致相当:

> 秦为舶舡万艘,欲攻楚。①

其实,司马错等谋伐蜀时,已经有利用巴蜀造船能力东进伐楚的准备。《华阳国志》卷三《蜀志》:"蜀王别封弟葭萌于汉中,号苴侯。命其邑曰葭萌焉。苴侯与巴王为好。巴与蜀仇,故蜀王怒,伐苴。苴侯奔巴。巴为求救于秦。秦惠王方欲谋楚,与群臣议曰:'夫蜀,西僻之国,戎狄为邻,不如伐楚。'司马错、中尉田真黄曰:'蜀有桀纣之乱。其国富饶,得其布帛金银,足给军用。水通于楚。有巴之劲卒,浮大舶船以东向楚,楚地可得。得蜀则得楚。楚亡,则天下并矣。'惠王曰:'善!'"②所谓"浮大舶船以东向楚"的战争形式,值得军事史研究者和交通史研究者重视。

张仪说楚王,曾经炫耀秦国水运优势:"秦西有巴蜀,方船积粟,起于汶山,循江而下,至郢三千余里。舫船载卒,一舫载五十人,与三月之粮,下水而浮,一日行三百余里,里数虽多,不费马汗之劳,不至十日而至扞关。"③楚汉战争时,郦食其说齐王,溢誉刘邦军威,也说到"蜀汉之粟方船而下"的强大的水路军运能力。司马贞《索隐》:

> 方船谓并舟也。④

"舫"即"方船""并舟"。这种以旧有船型两两相并的新型运载方式的普及,使得"舫"成为船舶的通称。《说文·舟部》:"舫,船也。《明堂月令》曰'舫人'。'舫人',习水者。"段玉裁注:"《篇》《韵》皆曰:并两船。是认'船'为'方'也。'舫'行而'方'之本义废矣,'舫'之本义亦废矣。《尔雅·释言》曰:'舫,舟也。'其字作'舫'不误。又曰:'舫,泭也。'其字当作'方',俗本作'舫'。《释水》:'大夫方舟。'亦或作'舫'。"⑤

---

① 《太平御览》,第3410页。
② 《华阳国志校补图注》,第126页。
③ "舫船载卒",鲍彪注:"舫,并船也。"[西汉]刘向集录:《战国策》,上海古籍出版社,1985年,第506页。
④ 《史记》卷九七《郦生陆贾列传》,第2695—2696页。
⑤ [汉]许慎撰,[清]段玉裁注:《说文解字注》,上海古籍出版社据经韵楼臧版1981年10月影印版,第403—404页。

而《华阳国志》卷三《蜀志》说到楚汉战争时"蜀汉之粟"水运规模,也使用了"万艘"这样的文辞:

> 汉祖自汉中出三秦伐楚,萧何发蜀、汉米万艘,南,给助军粮。①

所谓"万艘"自然只是概数,然而亦大致反映了秦汉之际船运规模。输送"蜀汉之粟"或曰"蜀、汉米"的船舶,应当有秦时制作者。

(三)番禺"为舟"遗存

《山海经·海内经》有"番禺是始为舟"的说法,说"番禺"是发明早期船舶制造技术的神话人物。②"番禺"作为地名指示的地方在今广东广州,为秦南海郡治所在,曾为尉佗所都,为南越政权长期经营,是南海最大的海港,其地理形势"负山险,阻南海"③。所谓"阻南海",交通条件受到"南海"的阻碍。然而另一方面,又可以利用海洋航运的便利,向南洋发展。《史记》卷一二九《货殖列传》写道:"九疑、苍梧以南至儋耳者,与江南大同俗,而杨越多焉。番禺亦其一都会也,珠玑、犀、瑇瑁、果、布之凑。"④《汉书》卷二八下《地理志下》也说:"(粤地)处近海,多犀、象、毒冒、珠玑、银、铜、果、布之凑,中国往商贾者多取富焉。番禺,其一都会也。"⑤因"处近海",番禺当时已成为国际性商港。广州南越王墓出土物之绮丽华贵,说明其地之富足。而所谓"珠玑、犀、瑇瑁、果、布之凑",说明番禺作为贸易"都会",海运是重要的条件。"番禺……水路四通八达,沿江而走可通南越境内的许多郡县。东南是珠江出海口,在对外交通贸易方面占有非常优越的地理条件。广州西汉墓中出土的木船模型,种类很多,有适合在浅窄河涌划行的货艇;有作交通用的渡船;有行驶于江河湖泊上的航船。此外,还有航行海上的'楼船'之属。这种'楼船'模型,形体高大,结构复杂。船上建重楼,船后设舵,有 10 桨 1 橹,船板施彩画。"从事南越国考古的学者认为,"这批木船模型所反映的造船技术水平在南越时期是能够达到的","到西汉末年,番禺已成为海

---

① 《华阳国志校补图注》,第 141 页。
② 郭郛注:"番禺生活在海滨,舟可能不是独木舟,而是大型的舟。"郭郛注:《山海经校注》,中国社会科学出版社,2004 年,第 926—927 页。
③ 《史记》卷一一三《南越列传》,第 2967 页。
④ 《史记》,第 3268 页。
⑤ 《汉书》,第 1670 页。

外贸易的集散地,跃居当时全国十九个著名的都会之一。这不能不说是基于南越国打下的基础"①。其实,年代稍早,经济生活密切衔接的秦代"打下的基础"也不能忽视。斯里兰卡出土的半两钱②,说明番禺出发的海船开通南洋航路,可能在秦代已经实现。

有学者判定为广州秦汉造船工场遗址的宏大遗存,其性质如果确实与造船业有关,也可以反映番禺在南海航运系统中的地位。③ 发掘者和研究者指出,这处年代大致为秦始皇统一岭南至西汉初文景时代的造船工场遗址,位于广州市区中心的中山四路西段,旧称"禺山"。经试掘,揭露出一部分船台区和木料加工场地。遗址上层出土秦半两钱、汉初半两钱、秦汉瓦当以及西汉初期的陶器等文物。

据发掘者记述,船台区有3个呈东西走向平行排列的造船台。试掘情况表明,1号、2号两个船台,都是由枕木、滑板和木墩组成的水平式船台,结构大致相同,均为两行平行铺设的厚重滑板构成一组滑道,滑道下垫枕木,以保证地基受力均匀,从而使船台具有稳固的基础和必要的水平度。滑道上平置两两相对,用以承架船体的木墩。由残存高度推测,木墩原高大约1米。木墩的纵向间距不等,其位置当大致与船体的肋骨或船舱的间距相对应。特别值得注意的是,在滑道的滑板与枕木之间不做固定处理,滑道的轨距可以调整。1号船台的木墩与滑板之间也不做固定处理,纵向墩距也可以自由调整。这样,一个船台就可以根据需要生产大小不等的船舶。两个或两个以上的船台,可以分别修造规格不同的船舶,也可以修造同一规格的船舶,而且甚至能够并台修造更大型的船舶。据

---

① 广州市文物管理委员会、中国社会科学院考古研究所、广东省博物馆:《西汉南越王墓》,文物出版社,1991年,第345、357页。

② 据介绍,一枚半两钱发现于斯里兰卡耶波弗伐,现藏于阿努拉达普拉博物馆。研究者写道:"据大英博物馆的统计资料及耶波弗伐出土半两的形制和工艺等,笔者认为这枚'半两'当铸造于秦代。"查迪玛(A. Chandima):《斯里兰卡藏中国古代文物研究——兼谈古代中斯贸易关系》,山东大学博士学位论文,2011年4月,导师:于海广教授。然而后来发表的意见则认为:"据大英博物馆的统计资料及耶波弗伐出土半两的形制及工艺等,笔者认为这枚'半两'当铸造于公元前175至公元前150年间。"〔斯里兰卡〕查迪玛·博嘎哈瓦塔,柯莎莉·卡库兰达拉:《斯里兰卡藏中国古代钱币概况》,《百色学院学报》2016年第6期。

③ 广州市文物管理处、中山大学考古专业75届工农兵学员:《广州秦汉造船工场遗址试掘》,《文物》1977年第4期。

1号船台的钻探材料推测,船台长度达100米以上。当时可能已经有与船台相衔接的斜坡或下水滑道。船台木料经鉴定,木墩采用质坚可承重压的格木,滑板采用格木和耐腐的樟木,枕木采用富有弹性的杉木、蕈树等。据C^{14}年代测定,1号船台年代为距今2190±190年(即前240±90)。据船台滑道的宽距估算,1号船台所造船舶的船体宽度为3.6至5.4米,2号船台所造船舶的船体宽度为5.6至8.4米。总的说来,这一造船工场可以建造宽5至8米,长20至30米,排水量达25至30吨的大型木船。1号船台和2号船台间距3.65米,若二者并合,则可以生产规模更大的船舶。1号船台出土有铁凿、铁锛、铁挣凿、木垂球、磨刀石等造船工具,并发现几种不同类型的铁钉以及划线用的铅球等物。在1号船台南侧还揭露出一部分造船木料加工场地,场地上存留有造船剩余木料。西侧又有一个由木桩、横木构成的用以烤弯造船木料的井字形木架,即称作"弯木地牛"的造船设备。[1]

这处被判定为"广州秦汉造船工场"的遗存,研究者有关较为巨大的规模和较为先进的船台结构的意见如果确实,可以表明中国两千多年前造船业的技术设备和生产能力已经达到相当高的水平。《中国考古学·秦汉卷》有关"秦汉地方城邑"的内容中,只是在说明与其他发现的时间关系和空间关系时称此为"秦汉的'造船遗址'""造船场遗址",没有进行具体的介绍。[2]

秦始皇时,"使尉屠睢将楼船之士南攻百越"[3]。所谓"楼船之士",可以理解为类似于军种兵种的标示。据《淮南子·人间》,远征军调用兵力竟然至于"发

---

[1] 广州市文物管理处、中山大学考古专业75届工农兵学员:《广州秦汉造船工场遗址试掘》,《文物》1977年第4期。对于这处遗址的性质,还存在着不同的意见。有人认为这是一处古代建筑基址,枕木、滑板应是一种柱础结构。参看广东省博物馆:《广东考古结硕果,岭南历史开新篇》,《文物考古工作三十年(1949~1979)》,文物出版社,1979年,第332页。

[2] 中国社会科学院考古研究所:《中国考古学·秦汉卷》,中国社会科学出版社,2010年,第295—296页。

[3] 《史记》卷一一二《平津侯主父列传》,第2958页。《汉书》卷六四下《严安传》:"使尉屠睢将楼船之士攻越。"第2811页。有学者据此论述:"楼船,顾名思义,就是有楼的船","秦朝以后,楼船不断发展,成为水军的主力战舰之一。《汉书·严安传》记载,秦始皇已经派大将率领用楼船组成的舰队攻打越国"。金秋鹏:《中国古代的造船和航海》,中国青年出版社,1985年,第84页。

卒五十万"。① 可以推想"楼船"部队应当有相当可观的数量。这一规模甚大的军事远征,对造船业生产技术和生产规模无疑都提出了相当高的要求。

(四)秦造船能力的文物实证

上文说到的有的学者以为"造船工场"的广州的考古发现,未能取得学界共识。但是在"番禺"旧地寻找秦时造船遗址的思路,是正确的。

云南晋宁出土铜鼓有滇人水上行船图案,侧舷用短桨推进,船尾置被称作"梢桨"的大桨。② 有的学者根据相关资料推定,这些"滇族在江、湖上所使用的船只,可能是独木舟"。③

福建连江、岱江下游近海处,曾发掘出土一条长7米多的年代大致相当于秦汉之际的独木舟。④ 这一资料,也可以为秦造船史考察提供参考。

独木舟当然是制作技术要求最简易的船舶。

四川地区出土战国船棺遗存⑤,体现独木舟在水运中的普及。其中应包括秦占有巴蜀之后属于秦工匠制作的产品。

广州4013号汉墓出土的木船"据部分复原,得知船上是建有重楼的"。发

---

① 《淮南子·人间》:"(秦皇)又利越之犀角、象齿、翡翠、珠玑,乃使尉屠睢发卒五十万,为五军,一军塞镡城之岭,一军守九疑之塞,一军处番禺之都,一军守南野之界,一军结余干之水,三年不解甲弛弩,使监禄无以转饷,又以卒凿渠而通粮道,以与越人战。"张双棣:《淮南子校释》,北京大学出版社,1997年,第1907页。

② 云南省博物馆考古发掘工作组:《云南晋宁石寨山古遗址及墓葬》,《考古学报》1956年第1期;云南省博物馆:《云南晋宁石寨山古墓群发掘报告》,文物出版社,1959年;冯汉骥:《云南晋宁出土铜鼓研究》,《文物》1974年第1期。

③ 夏鼐:《考古学和科技史——最近我国有关科技史的考古新发现》,《考古学和科技史》,科学出版社,1979年,第5页。

④ 福建省博物馆、连江县文化馆:《福建连江发掘西汉独木舟》,《文物》1979年第2期。

⑤ 四川省博物馆编:《四川船棺葬发掘报告》,文物出版社,1960年;四川省文物考古研究所编:《四川考古报告集》,文物出版社,1998年;四川省文物考古研究院等编著:《什邡城关战国秦汉墓地》,文物出版社,2006年;段渝、邹一清:《日落船棺》,巴蜀书社,2007年;成都文物考古研究所编著:《成都商业街船棺葬》,文物出版社,2009年;陈云洪:《四川地区船棺葬的考古学观察》,《边疆考古研究》第17辑,科学出版社,2015年,《成都考古研究》三,科学出版社,2016年;曾咏霞、夏辉:《成都蒲江战国船棺出土"战国半两"钱》,《中国钱币》2015年第4期。

掘者发现,这一木船模型有的部件已经"腐朽及散失了",存留"桨十支和橹一支"。"大部分木板都有彩绘花纹",有的镂空木板绘有"龙虎相斗的画面",有的被推定为"可能是船舱上镂空的天花板,画有相背向的鸟和云气纹",还有"船上的俑"的残件。① 有学者以为这一遗存可以看作"楼船"模型。② 这一发现结合前引《史记》卷一一二《平津侯主父列传》所谓秦始皇"使尉屠睢将楼船之士南攻百越",可以充实有关秦"楼船"的知识。

秦封泥"厎柱丞印"说明经由砥柱的黄河漕运路线秦时已经开通③,则载运量及冲越河险所要求的达到一定坚固程度的运船的制作,应当已经可以满足运输需求。

近年考古学发展的趋势使得我们满怀信心地期待,今后考古工作的进步,将获取新的发现,可以提供能够反映秦造船生产技术水准的较多数量、较高等级的新鲜、充备的资料。

(五)秦"都船丞印"封泥

秦封泥发现中可以看到"都船丞印"。④

据《汉书》卷一九上《百官公卿表上》,"中尉"设置沿袭"秦官"旧制。其属下有"都船""令丞":

> 中尉,秦官,掌徼循京师,有两丞、候、司马、千人。武帝太初元年更名执金吾。属官有中垒、寺互、武库、都船四令丞。都船、武库有三丞,中垒两尉。又式道左右中候、候丞及左右京辅都尉、尉丞兵卒皆属焉。初,寺互属少府,中属主爵,后属中尉。

颜师古注引如淳曰:"都船狱令,治水官也。"⑤《汉书》卷八三《薛宣传》:"少为廷

---

① 广州市文物管理委员会、广州市博物馆:《广州汉墓》,文物出版社,1981 年,第 356 页。
② 广州市文物管理委员会、中国社会科学院考古研究所、广东省博物馆:《西汉南越王墓》,文物出版社,1991 年,第 345 页。
③ 《秦封泥选——西安中国书法艺术博物馆藏》,《书法》2017 年第 10 期;王子今:《说秦"厎柱丞印"封泥》,《故宫博物院院刊》2019 年第 3 期。
④ 《秦封泥选——西安中国书法艺术博物馆藏》,《书法》2017 年第 10 期。
⑤ 《汉书》,第 732、733 页。

尉书佐、都船狱史。"①《汉书》卷八六《王嘉传》:"廷尉收嘉丞相新甫侯印绶,缚嘉载致都船诏狱。"②陈直《汉书新证》写道:

> 都船。　直按:西安汉城遗址中,出土有"船司空丞"封泥。疑为都船丞之初名。《地理志》,京兆尹有船司空县,颜师古注,本主船之官。③

吕宗力主编《中国历代官制大辞典》有"都船令"及"都船丞"条:"都船令,官名。西汉置。初属中尉,主都船狱,有三丞。或以都船狱令为治水官。武帝太初元年(前104)更名执金吾后改属之。东汉省。""都船丞,官名。秦置,属中尉。入汉因之,武帝太初元年(前104)更属执金吾,为都船令副贰,员三人。东汉省。"④以为"都船令""西汉置",或与"都船丞""秦置""为都船令副贰"的说法存在矛盾。然而明确指出"都船丞""秦置",是正确的。此说得到秦"都船丞印"封泥的印证。

也许颜师古以为"船司空""本主船之官"与陈直"疑为都船丞之初名"之所谓"本""初"的判断是正确的。

"都船狱令,治水官也"之说不确。其所以出现,应出自"船"与"水"的联想。陈直以为"船司空""疑为都船丞之初名"的意见可能接近历史真实。陈直指出:"造舟的官府手工业,在西汉初期由船司空主管,三辅范围以内则由辑濯令丞主管。"他在《汉书新证》中还写道:

> 汉代官府造舟的手工业,《汉书·百官表》无明文;《汉书·地理志》,京兆尹有船司空县。颜师古注:"本主船之官,遂以为县。"足证在西汉初期有船司空,专主造船的事业,此官之废,及是否属于将作大匠,均难稽考。⑤

"在西汉初期有船司空,专主造船的事业",而"都船丞"作为"秦官",应为秦时"主船之官",也就是主管"造舟的官府手工业","专主造船的事业"的职官。

---

① 《汉书》,第3385页。

② 《汉书》,第3502页。

③ 陈直:《汉书新证》,天津人民出版社,1979年,第110页。

④ "秦置"误排为"奉置"。张政烺名誉主编,吕宗力主编:《中国历代官制大辞典》,商务印书馆,2015年,第725页。

⑤ 陈直:《两汉经济史料论丛》,陕西人民出版社,1980年,第172页。

(六)北京大学藏秦《道里书》所见"都船"

北京大学藏秦简有记述江汉地区交通线路里程等信息的册书。整理者称《道里书》。辛德勇改称《水陆里程简册》,晏昌贵从辛说。①

这一文书出现"都船"地名,值得我们注意。

"都船"作为行政机构名号见于《汉书》卷一九上《百官公卿表上》。颜师古注引如淳曰:"都船狱令,治水官也。"②晏昌贵指出:"然《百官公卿表》另有'都水'。都水亦见秦封泥及张家山汉简《二年律令·秩律》,里耶秦简牍有'洞庭都水''参川都水'。《续汉书·百官志》:'其郡有盐官、工官、都水官者,随事广狭置令、丞。'本注曰:'有水池及鱼利多者置水官,主平水收渔税。'可见'都水'应为水官,'都船'则应为船官。"③辛德勇则推测这一简册所见"都船""乃为秦廷都船官署设在南郡的造船机构"。④

联系到秦始皇出巡经行"南郡"的情形,"都船"如果确是"秦廷都船官署设在南郡的造船机构",当有制作载运等级较高且稳性较好的大型船舶的可能。

(七)秦始皇江航、海航用船

秦交通史所涉及的水运主题,有对舟船制作的需求。适应不同的水域、水情、水文条件与不同的运输性质、运输对象、运输量,对直接关系运输条件的造船技术各有要求。而满足最高技术等级标准的舟船设计与舟船制作,无疑当应用于秦始皇出行用船。

秦始皇出巡,有济渡江河与经行江河航道的经历。而后者使用时限较长,更值得交通史学者关注。

---

① 北京大学出土文献研究所:《北京大学藏秦简牍概述》,《文物》2012 年第 6 期;辛德勇:《北京大学藏秦水陆里程简册的性质和拟名问题》,《简帛》第 8 辑,上海古籍出版社,2013 年;辛德勇:《北京大学藏秦水陆里程简册初步研究》,《出土文献》第 4 辑,中西书局,2013 年;晏昌贵:《秦简牍地理研究》,武汉大学出版社,2017 年,第 232 页。

② 《汉书》,第 733 页。

③ 晏昌贵:《秦简牍地理研究》,武汉大学出版社,2017 年,第 243 页。

④ 辛德勇:《北京大学藏秦水陆里程简册初步研究》,《出土文献》第 4 辑,中西书局,2013 年。

历史记忆最深刻的故事，见于《史记》卷六《秦始皇本纪》有关秦始皇二十八年（前219）第一次东巡"渡淮水"及"浮江"的记载：

> 始皇还，过彭城，斋戒祷祠，欲出周鼎泗水。使千人没水求之，弗得。乃西南渡淮水，之衡山、南郡。浮江，至湘山祠。逢大风，几不得渡。上问博士曰："湘君何神？"博士对曰："闻之，尧女，舜之妻，而葬此。"于是始皇大怒，使刑徒三千人皆伐湘山树，赭其山。上自南郡由武关归。

关于"衡山"，张守节《正义》："《括地志》云：'衡山，一名岣嵝山，在衡州湘潭县西四十一里。'"关于"之衡山、南郡"，张守节《正义》："今荆州也。言欲向衡山，即西北过南郡，入武关至咸阳。"关于"湘山祠"，张守节《正义》："《括地志》云：'黄陵庙在岳州湘阴县北五十七里，舜二妃之神。二妃冢在湘阴北一百六十里青草山上。盛弘之《荆州记》云青草湖南有青草山，湖因山名焉。《列女传》云舜陟方，死于苍梧。二妃死于江湘之间，因葬焉。'按：湘山者，乃青草山。山近湘水，庙在山南，故言湘山祠。"关于"由武关归"，裴骃《集解》："应劭曰：'武关，秦南关，通南阳。'文颖曰：'武关在析西百七十里弘农界。'"张守节《正义》："《括地志》云：'故武关在商州商洛县东九十里，春秋时少习也。杜预云少习，商县武关也。'"①

秦始皇"还"，曾经"欲出周鼎泗水。使千人没水求之"。又"渡淮水"，"自南郡由武关归"，"即西北过南郡，入武关至咸阳"。应当有经行汉江水道的路线选择。而秦始皇此次行迹最重要的，是"浮江，至湘山祠"，竟然"逢大风，几不得渡"，于是"大怒"的情形。

此段行程，应有"浮江"亦经历湘江航线的经历。"逢大风，几不得渡"，说风浪之大严重威胁航行安全。与此类似的风向风力影响船舶航行的情形，可见《史记》卷二八《封禅书》言"勃海中""三神山"探求情形："自威、宣、燕昭使人入海求蓬莱、方丈、瀛洲。此三神山者，其傅在勃海中，去人不远；患且至，则船风引而去。盖尝有至者，诸仙人及不死之药皆在焉。其物禽兽尽白，而黄金银为宫阙。未至，望之如云；及到，三神山反居水下。临之，风辄引去，终莫能至云。世主莫不甘心焉。及至秦始皇并天下，至海上，则方士言之不可胜数。始皇自以为

---

① 《史记》，第248—249页。

至海上而恐不及矣,使人乃赍童男女入海求之。船交海中,皆以风为解,曰未能至,望见之焉。"所谓"以风为解",司马贞《索隐》:"顾野王云:'皆自解说,遇风不至也。'"①凡"且至,则船风引而去""临之,风辄引去""船交海中""遇风不至"等说,均言海风致使船行方向失去控制。又有《史记》卷一一四《东越列传》:"至元鼎五年,南越反,东越王余善上书,请以卒八千人从楼船将军击吕嘉等。兵至揭扬,以海风波为解,不行,持两端,阴使南越。及汉破番禺,不至。是时楼船将军杨仆使使上书,愿便引兵击东越。"②这是关于海上风浪阻碍航行的较早较明确的记录。南洋航道类同记载,有《汉书》卷二八下《地理志下》:"苦逢风波溺死,不者数年来还。"③情形当然更为严重。而秦始皇"浮江,至湘山祠","逢大风,几不得渡"情节,说明其乘船在大风浪面前虽然不能保证行旅的舒适性。然而他的船队大致能够抗击这种异常气候条件、异常水文条件带来的困难,船舶稳性是达到一定水准的。

汉代船舶模型,集中发现于广州和长沙。④ 长沙出土的汉代木船模型,所表现的当然是有历史渊源的造船业的产品。我们曾讨论过长沙走马楼简所见舟船属具的简文,测算湘江水运使用船舶的满载排水量,有可能达到103吨。⑤ 这虽

---

① 《史记》,第1369—1370页。"患且至,则船风引而去",《汉书》卷二五上《郊祀志上》:"患且至,则风辄引船而去。"第1204页。

② 《史记》,第2982页。

③ 《汉书》,第1671页。

④ 陈直关于汉代"造舟的官府手工业"的论述中,说到"现今有长沙汉墓中木船、广州汉墓中陶船模型的发现"。《两汉经济史料论丛》,陕西人民出版社,1980年,第172页。

⑤ 简文"大樯""长七丈","上▽""下▽"各"长六丈",比例与中国传统帆船结构相符合。船帆横竿长至六丈,根据三国吴尺实物资料换算,可知帆宽约14.36米。中国古代帆船主桅长度约等于或小于船长,主帆宽度有的超过船宽2倍。又知帆的总面积(以平方米计)与船的满载排水量(以吨计)有一定的经验比例关系,中国帆船一般在2:1和3:1之间。石阶池:《帆船》,《中国大百科全书·交通》,中国大百科全书出版社,1986年,第112页。如此则可推知走马楼简1384说到的运船规模,大致为长度超过16.75米,宽度则大约为7.2米。从"大樯"长七丈而帆高六丈左右,即使用四角形方帆的认识基点出发,则帆的总面积约为206.21平方米。就是说,走马楼简提供的有关这艘运船尺度的资料,反映当时湘江水运已经使用排水量70吨至100吨的船舶。而这艘船的满载排水量,甚至有可能达到103吨。王子今:《走马楼舟船属具简与中国帆船史的新认识》,《文物》2005年第1期。

然是稍后的资料,然而也可以作为重要参考,据以推知秦时湘江流域造船业的技术水准。而秦始皇乘船的等级,应当超过一般民用船只。

秦始皇二十八年(前219),于琅邪曾经与随行重臣"议功德于海上"①。当有海上船舶提供这种特殊议政形式的技术条件。秦始皇三十七年(前210)行至海滨,又有浮海射大鱼的表现。"始皇梦与海神战,如人状。问占梦,博士曰:'水神不可见,以大鱼蛟龙为候。今上祷祠备谨,而有此恶神,当除去,而善神可致。'乃令入海者赍捕巨鱼具,而自以连弩候大鱼出射之。自琅邪北至荣成山,弗见。至之罘,见巨鱼,射杀一鱼。遂并海西。"②这是秦始皇最后一次行临海滨,却有表现出英雄主义精神的敢于抗击"海神"的最极端的表演。所谓"自琅邪北至荣成山",又"至之罘",应是在海上航行。只是秦始皇乘坐的船舶,我们目前没有具体的资料可以作为考察条件。然而其安全性能,是可以大致想见的。

(八)徐市船队规模推想

徐市是向秦始皇宣传神仙学说获得信任的方士。依恃秦始皇提供的支持,徐市启动了大规模的"入海求神异物""入海求仙人"的海上航行。《史记》卷一一八《淮南衡山列传》载伍被语:

> 使徐福入海求神异物,还为伪辞曰:"臣见海中大神,言曰:'汝西皇之使邪?'臣答曰:'然。''汝何求?'曰:'愿请延年益寿药。'神曰:'汝秦王之礼薄,得观而不得取。'即从臣东南至蓬莱山,见芝成宫阙,有使者铜色而龙形,光上照天。于是臣再拜问曰:'宜何资以献?'海神曰:'以令名男子若振女与百工之事,即得之矣。'"秦皇帝大说,遣振男女三千人,资之五谷种种百工而行。徐福得平原广泽,止王不来。③

此言"遣振男女三千人,资之五谷种种百工而行",仅"振男女"就多达"三千人"。《史记》卷六《秦始皇本纪》则说"数千人":

> 齐人徐市等上书,言海中有三神山,名曰蓬莱、方丈、瀛洲,仙人居之。请得斋戒,与童男女求之。于是遣徐市发童男女数千人,入海求

---

① 《史记》卷六《秦始皇本纪》张守节《正义》,第247页。
② 《史记》,第263页。
③ 《史记》,第3086页。

仙人。

张守节《正义》引《括地志》对徐市这支海上探索队伍的去向试图有所说明。其中写道：

> 亶洲在东海中，秦始皇使徐福将童男女入海求仙人，止在此州，共数万家，至今洲上人有至会稽市易者。吴人《外国图》云亶洲去琅邪万里。①

关于徐市远航随行队伍的规模，一说"振男女三千人"，一说"童男女数千人"，一说定居亶洲者"共数万家"。则数量更为惊人。

《史记》卷一一五《朝鲜列传》记载："天子募罪人击朝鲜。其秋，遣楼船将军杨仆从齐浮渤海；兵五万人，左将军荀彘出辽东：讨右渠。"②此据中华书局标点本，"兵五万人"与"楼船将军杨仆从齐浮渤海"分断，可以理解为"兵五万人"随"左将军荀彘出辽东"。其实，也未必不可以"遣楼船将军杨仆从齐浮渤海，兵五万人"连读。有的研究论著就写道："楼船将军杨仆率领楼船兵5万人"进攻朝鲜。③《汉书》卷九五《朝鲜列传》即作："天子募罪人击朝鲜。其秋，遣楼船将军杨仆从齐浮勃海，兵五万，左将军荀彘出辽东，诛右渠。"④在"兵五万"之后不使用分号。《史记》卷一一五《朝鲜列传》又说："楼船将军将齐兵七千人先至王险"，"楼船将齐卒，入海"。⑤如果杨仆"楼船军"只有"齐兵七千人"，按照《后汉书》卷二四《马援传》"楼船大小二千余艘，战士二万余人"的比例⑥，应有"楼船大小七百余艘"。按照文渊阁《四库全书》本《太平御览》卷七六八引《后汉书》"楼船大小三千余艘，士二万余人"⑦的比例，则应有"楼船大小一千又五十余

---

① 《史记》，第247—248页。
② 《史记》，第2987页。
③ 张炜、方堃：《中国海疆通史》，中州古籍出版社，2003年，第65页。
④ 《汉书》，第3865页。
⑤ 《史记》，第2987—2988页。
⑥ 王子今：《马援楼船军击交阯九真与刘秀的南海经略》，《社会科学战线》2015年第5期。
⑦ 中华书局用上海涵芬楼影印宋本1960年2月复制重印版《太平御览》作"楼舡大小二千余艘，士二万余人"，与《后汉书》卷二四《马援传》同。第3407页。

艘"。无论如何,这都是一支规模相当庞大的舰队。① 而徐市船队即使主要人数构成是"振男女三千人",则也超过"楼船将军将齐兵七千人"的42.86%。按照《后汉书》卷二四《马援传》"楼船大小二千余艘,战士二万余人"的比例,应有船舶300艘。如果按照《后汉书》卷二四《马援传》"楼船大小二千余艘,战士二万余人"的比例,则应有船舶450艘。这当然是十分惊人的数字。应当知道,这只是依"振男女三千人"的数字推算,尚不包括人数至少应当超过数百的同行的"百工",以及数量必然可观的船员水手们。300艘与450艘,是相当保守的估算。如若《括地志》所谓定居之后"共数万家"之说可靠,则船队规模必然更为宏大。

可见,徐市出海必然显著促进出发地方造船业的发展。而西汉时期这一地区造船业的突出发展与航海事业的进步,是可以通过对秦始皇时代造船业生产水准的考察发现其历史基础的。②

---

① 王子今:《论杨仆击朝鲜楼船军"从齐浮渤海"及相关问题》,《鲁东大学学报》(哲学社会科学版)2009年第1期。
② 王子今:《"博昌习船者"考论》,《齐鲁文化研究》2013年总第13辑,泰山出版社,2013年。

第十一章　秦交通动力开发之一：畜力运输

开发和利用自然力,以节省人力,提高效率,是生产方式进步的重要条件。这种动力革命对于历史前进的意义,其实是十分重要的。

秦史肇始,由于秦人在养马业方面的突出成就,很早就在交通动力开发、占有、利用诸多方面占有优势地位。有迹象表明,秦人在畜力运输方面,也较早利用了驴骡等中原人起初以为"奇畜"[①]的动力资源。

一　马政

秦汉马政,是关心秦汉社会文化的人们不可以忽视的一个重要的历史主题。但是回顾秦汉马政研究的学术史,可以看到对秦马政的研究学界投入力量不足。秦马政对于秦交通史的重要意义,突出表现于军事交通。然而对于经济生活和文化生活的更多方面,也有显著的作用。

(一) 秦马政研究学术史简说

张传玺主编《战国秦汉史论文索引》(1900—1980)[②]"军事"部分列有"兵种"一栏,列目可见昌彼得《西汉的马政》一文。[③] 而张传玺主编的《战国秦汉史论著索引续编》(论文 1981—1990,专著 1900—1980)[④]则列有"兵种、兵器、马

---

① 《史记》卷一一〇《匈奴列传》:"(匈奴)居于北蛮,随畜牧而转移。其畜之所多则马、牛、羊,其奇畜则橐驼、驴、骡、駃騠、騊駼、驒騱。"第 2879 页。
② 北京大学出版社 1983 年 3 月版。
③ 《大陆杂志》5 卷 3 期,1952 年 8 月。
④ 北京大学出版社 1992 年 11 月版。

"政"条目,收有陈直《汉代的马政》①;赵梦涵《西汉的养马业》②。陈直的论文影响较大,后来又收入《文史考古论丛》③。这可能是专列"马政"一目的重要原因。当然,"马政"列入"军事"名类,应是考虑其直接关系,未必有利于认识"马政"于社会历史的全面影响。但是对"马政"有所重视,已是一种学术进步。后来出版的《战国秦汉史论著索引三编》(1991—2000)④,同样列"兵种、兵器、马政"条,所收录直接与"马政"相关的论文已有周凯军《秦汉时期的马政》⑤;何平立《略论西汉马政与骑兵》⑥;雍际春《西汉牧苑考》⑦。其他论著,还有余华青《秦汉边郡牧师苑的兴衰及其影响》⑧、米寿祺《先秦至两汉马政述略》⑨、文会堂《"马政"源流考》⑩等。我们所看到的 2000 年以后的相关论著,又有陈伟《张家山汉简〈津关令〉涉马诸令研究》⑪,曹旅宁《秦律〈厩苑律〉考》⑫,臧知非《张家山汉简所见汉初马政及相关问题》⑬,王裕昌、宋琪《汉代的马政与养马高峰》⑭,龚留柱《论张家山汉简〈津关令〉之"禁马出关"——兼与陈伟先生商榷》⑮,黄敬愚《简牍所见西汉马政》⑯,董平均《〈津关令〉与汉初关禁制度论考》⑰,陈蓓《西汉"禁

---

① 《西北大学学报》1981 年第 3 期。
② 《中国社会经济史研究》1987 年第 4 期。
③ 天津古籍出版社,1988 年。
④ 北京大学出版社,2002 年。
⑤ 《军事经济研究》1993 年第 8 期。
⑥ 《军事历史研究》1995 年第 2 期。
⑦ 《中国历史地理论丛》1996 年第 2 期。
⑧ 《人文杂志》1984 年第 1 期。
⑨ 《社会科学》1990 年第 2 期。
⑩ 《周口师专学报》1994 年第 S2 期。
⑪ 《考古学报》2003 年第 1 期。
⑫ 《中国经济史研究》2003 年第 3 期。
⑬ 《史林》2004 年第 6 期。
⑭ 《西北师大学报》(社会科学版)2004 年第 6 期。
⑮ 《史学月刊》2004 年第 11 期。
⑯ 《南都学坛》2006 年第 3 期。
⑰ 《中华文化论坛》2007 年第 3 期。

马出关"令辨析》①等。通过答辩的学位论文还有陈芳《秦汉牧苑考》②、沈明得《汉代马政研究》③等。就秦汉马政这一学术主题的研究,又有陈宁的学术专著《秦汉马政研究》④问世。

可以发现,秦汉"马政"研究的深入,突出表现为出土资料的应用。相关研究的前沿品质和创新追求均得到展现。然而区分时段,我们注意到有关西汉马政研究成果集中。而秦马政的研究还有相当大的拓展空间。

(二)"好马及畜""马大蕃息"

使用马匹作为运输动力对于秦汉时期的交通发展有显著的推进作用。因而秦汉马政以及以养马业为主的畜牧经济与交通事业的进步有直接的关系。

秦人久有重视养马、努力提升马匹繁育技术的传统。非子"好马及畜,善养息之",曾为周人"主马于汧渭之间",以"马大蕃息"开始活跃于社会政治生活中。⑤ 西北地方久有畜牧业经营方面的优越能力,《史记》卷三《殷本纪》:"西伯之臣闳夭之徒,求美女奇物善马以献纣,纣乃赦西伯。"⑥即西北地方多"善马"的实例。而秦人在经济进步和文化发展的历程中,利用了这一条件。

"息马"的技术优势,是秦文化传统的特色之一。在马作为最先进的交通动力的时代,"马大蕃息"成为秦立国进而迅速富强的重要条件。秦人時祠最早使用"木禺车马"⑦,即木制车马模型作为祭品,实物证明可以通过考古工作获得。而数量颇多的仿拟社会生活中实用骏马形象的最生动、最强壮的陶制马匹模型等文物的出土,也是相关历史迹象的直接反映。

战国时七雄兼并,秦国以"秦马之良,戎兵之众,探前趹后,蹄间三寻者,不可胜数也"⑧,显示出与其他各国军事实力对比因动力之强所实现机动性和进击

---

① 《阴山学刊》2007 年第 4 期。
② 西北大学 2006 年硕士学位论文,导师:黄留珠。
③ 台湾中兴大学 2005 年博士学位论文,导师:刘增贵。
④ 陈宁:《秦汉马政研究》,中国社会科学出版社,2015 年。
⑤ 《史记》卷五《秦本纪》,第 177 页。
⑥ 《史记》,第 106 页。
⑦ 《史记》卷二八《封禅书》,第 1376 页。
⑧ 《战国策·韩策一》,[西汉]刘向集录:《战国策》,上海古籍出版社,1985 年,第 934 页。

速度方面的明显优势。

(三) 秦官职所见"司马"

《七国考》卷一分述七国"职官","田齐职官"有"司马","楚职官"有"司马""大司马""右司马""左司马","赵职官"有"左司马","燕职官"补"司马""御司马"。"田齐职官"中"司马"一条写道：

> 齐王建入朝于秦,雍门司马前谏,见《国策》〔《齐》六〕。余按：齐桓公时,置王子成〔父〕为大司马。景公以穰苴为司马。盖春秋列国皆置司马也。
>
> 〔补〕王子成父为大司马,见《吕氏春秋·勿躬篇》。穰苴为司马,见《史记·司马穰苴列传》。①

虽然说"盖春秋列国皆置司马也",然而"秦职官""赵职官""魏职官""韩职官""燕职官"均未见"司马"。

秦官印未见"司马"职官。然而秦封泥有"公车司马丞",傅嘉仪《秦封泥汇考》著录14品,有考论：

> 公车司马丞,官名。公车司马令之副职。战国秦置,属卫尉。《汉书·百官公卿表》："卫尉属官有公车司马、卫士、旅贲三令丞。"颜师古注曰："《汉官仪》云：公车司马掌殿司马门,夜徼宫中,天下上事及阙下所征召皆总领之。令秩六百石。"②

此官职中"司马"字样当与"掌殿司马门"职任有关,与所谓"春秋列国皆置司马"以"司马"为军事主官不同。而"司马门"设置及定名缘由,也是宫廷制度史值得思考的问题。

《周礼·夏官司马·叙官》："惟王建国,辨方正位,体国经野,设官分职,以为民极。乃立夏官司马,使帅其属而掌邦政,以佐王平邦国。政官之属：大司马,卿一人；小司马,中大夫二人；军司马,下大夫四人；舆司马,上士八人；行司马,中

---

① 〔明〕董说原著,缪文远订补：《七国考订补》,上海古籍出版社,1987年,第47页。
② 傅嘉仪：《秦封泥汇考》,上海书店出版社,2007年,第23—24页。

士十有六人……"①《白虎通义·封公侯》:"司马主兵。不言兵言司马者,马阳物,《乾》之所为,行兵用焉。不以伤害为文,故言马也。"②《艺文类聚》卷四七引韦昭《辩释名》也说:"大司马,司马,武也,大总武事也。大司马掌军。古者兵车一车四马,故以马名官。"③

秦国不以"司马"名武官,应当自有原因。④

(四)关于秦"厩"

秦始皇陵兵马俑坑出土的形态高大强健的陶马,可以反映秦人养马业的成就。考古工作者在秦始皇陵东侧的上焦村西还探出马厩坑93座,试掘了37座,出土器物上的刻辞,有"三厩""中厩""宫厩""左厩""大厩"等字样,有的考古学家曾依此推测:"秦王朝的宫廷厩苑名称至少有8个,即大厩、宫厩、左厩、中厩、右厩、一厩、二厩、三厩等。"⑤

秦封泥可见两种"中厩丞印",又有"中厩""中厩马府""中厩将马""小厩将""小厩丞印""章厩丞印"等。⑥ 可知"厩"的设置的多样性。"小厩"超出秦陵的发现,或与"大厩"形成对应关系。

李斯《谏逐客书》说到"外厩"。"外厩"可能是与"中厩"相对应的其他诸厩

---

① [清]孙诒让撰,王文锦、陈玉霞点校:《周礼正义》,中华书局,1987年,第2235—2236页。

② [清]陈立撰,吴则虞点校:《白虎通疏证》,中华书局,1994年,第132页。

③ [唐]欧阳询撰,汪绍楹校:《艺文类聚》,上海古籍出版社,1982年,第833页。

④ 《战国策·赵策一》:"张孟谈曰:'左司马见使于国家,安社稷,不避其死,以成其忠,君其行之。'君曰:'子从事。'乃许之。"关于"左司马",鲍彪注:"失其名。"[西汉]刘向集录:《战国策》,上海古籍出版社,1985年,第594—595页。《七国考》卷一"赵职官"中"左司马条"引录此文:"张孟谈告赵襄子曰:'左司马见使于国家,安社稷不避〔其〕死,以成其忠。'〔吴师道〕注:'左司马,〔恐〕张孟谈自谓〔之辞〕也。'见《国策》〔《赵》一〕。余按:赵必有左右司马。"《七国考订补》,第115页。赵国此"左司马""失其名",可能并非显臣,或许非"总武事"之官。秦国和赵国都有予"马"以特殊重视的传统,然而可能不以"司马"作军事长官名号,是值得思考的。

⑤ 袁仲一:《秦代陶文》,三秦出版社,1987年,第67—69页;秦俑坑考古队:《秦始皇陵东侧马厩坑钻探清理简报》,《考古与文物》1980年第4期。

⑥ 《秦封泥选——西安中国书法艺术博物馆藏》,《书法》2017年第10期。

的统称。"外厩"名号又见于楚史记录。①

云梦睡虎地出土秦简《厩苑律》中,也有关于"其大厩、中厩、宫厩马牛"的内容:"将牧公马牛,马【牛】死者,亟谒死所县,县亟诊而入之,其入之其弗亟而令败者,令以其未败直(值)赏(偿)之。其小隶臣(一六)疾死者,告其□□之;其非疾死者,以其诊书告官论之。其大厩、中厩、宫厩马牛殹(也),以其筋、革、角及其贾(价)(一七)钱效,其人诣其官。……(一八)"②

传世官印有"龙马厩将""右马厩将""左马厩将""左中马将""小马厩将""小田南厩"等,著名印学家罗福颐判定为秦官印。③

秦养马机构之完备,还表现在地方行政部门中也有"厩"的设置。《史记》卷九五《樊郦滕灌列传》记载,从高祖起兵,以功封汝阴侯的夏侯婴,原先即"为沛厩司御"④。这些制度,应继承了战国秦的传统。

秦封泥所见"上家马丞""下家马丞""泾下家马""骑马丞印""代马丞印""东晦□马"等例⑤,虽然没有出现"厩"字样,也可以体现秦马政管理形式复杂的特征。所谓"骑马丞"是负责"舆马"事务的"太仆"属官。《汉书》卷二五上《百官公卿表上》:"太仆,秦官,掌舆马,有两丞。属官有大厩、未央、家马三令,各五丞一尉。又车府、路軨、骑马、骏马四令丞;又龙马、闲驹、橐泉、騊駼、承华五监长丞……"颜师古注解释"家马":"家马者,主供天子私用,非大祀戎事军国所须,故谓之家马也。"⑥由此可以理解"上家马丞""下家马丞""泾下家马"的职能。

---

① 《战国策·楚策》:"(苏秦)说楚威王曰:'大王诚能听臣,赵、代良马橐他,必实于外厩。'"[西汉]刘向集录:《战国策》,上海古籍出版社1985年,第502页。

② 《秦律十八种》,睡虎地秦墓竹简整理小组:《睡虎地秦墓竹简》,文物出版社,1990年,释文注释第24页。

③ 罗福颐:《秦汉南北朝官印征存》,文物出版社,1987年版,第5—6页。此外,《史记》卷一八《高祖功臣侯者年表》说张良"以厩将从起下邳",王陵"以客从起丰,以厩将别定东郡、南阳"。第891、924页。也证明秦时有"厩将"官职。

④ 《史记》,第2663页。

⑤ 《秦封泥选——西安中国书法艺术博物馆藏》,《书法》2017年第10期。

⑥ 《汉书》,第729页。

(五)"刍稾之税"

"入刍稾",即所谓"入刍稾之税,以供国用",是秦政苛暴的标志之一。①《史记》卷六《秦始皇本纪》:"下调郡县转输菽粟刍稾。"所谓"蜚刍挽粟""蜚刍",就是"刍稾"转输。对作为牲畜饲料"刍稾"的强行征收,反映秦对作为交通动力的牛马的特殊重视。

云梦睡虎地秦简《秦律十八种》中的《田律》,有关于与"入禾稼"并列的"入""刍稾"的条文:

入顷刍稾,以其受田之数,无豤(垦)不豤(垦),顷入刍三石、稾二石。刍自黄䎡及麇束以上皆受之。入刍稾,相(八)

输度,可殴(也)。　　田律(九)

禾、刍稾彻(撤)木、荐,辄上石数县廷。勿用,复以荐盖。　　田律(十)

整理小组译文:"每顷田地应缴的刍稾,按照所受田地的数量缴纳,不论垦种与否,每顷缴纳刍三石、稾二石。刍从干叶和乱草够一束以上均收。缴纳刍稾时,可以运来称量。""谷物、刍稾撤下木头和草垫,应即向县廷报告粮草石数。木头和草垫不要移作他用,要再用来垫盖粮草。"②

《秦律十八种》中的《仓律》,又有关于"刍稾"入仓"为廥籍,上内史",出仓"言县廷""上数"等详尽规定:

入禾稼、刍稾,辄为廥籍,上内史。·刍稾各万石一积,咸阳二万一积,其出入、增积及效如禾。　　仓(二八)

禾、刍稾积索(索)出日,上赢不备县廷。出之未索(索)而已备者,言县廷,廷令长吏杂封其廥,与出之,辄上数(二九)

廷;其少,欲一县之,可殴(也)。廥才(在)都邑,当□□□□□□者与杂出之。　　仓(三〇)

---

① 《淮南子·氾论》:"秦之时,高为台榭,大为苑囿,远为驰道,铸金人,发适戍,入刍稾,头会箕赋,输于少府。""入刍稾",高诱注:"入刍稾之税,以供国用也。"张双棣:《淮南子校释》,北京大学出版社,1997年,第1380—1381页,第1385页。

② 《秦律十八种》,睡虎地秦墓竹简整理小组:《睡虎地秦墓竹简》,文物出版社,1990年,释文注释第21—22页。

整理小组译文:"谷物、刍稾入仓,都要记入仓的簿籍,上报内史。刍稾都以万石为一积,在咸阳以二万石为一积,其出仓、入仓、增积和核验的手续均同上条关于谷物的规定。""一积谷物、刍稾出尽的时候,应向县廷上报多余或不足之数。如未出尽而数额已足,应报告县廷,由县廷命长吏会同一起将仓封缄,并参预出仓,向县廷上报所出数量,如余数较少,可以整个称量。仓如在都邑,应由……参预共同出仓。"①

(六)秦人畜牧"蕃息"技术的传统优势

秦人有重视畜牧业的传统,与早期习于游徙生活相关。传说中秦先祖事迹多以致力于交通活动著称于世。而"御",是他们的特长。"费昌当夏桀之时,去夏归商,为汤御。"孟戏、中衍亦才技不凡,"帝太戊闻而卜之使御,吉,遂致使御而妻之"。而"蜚廉善走""以材力事殷纣"。其后造父更是交通史上著名的人物,《史记》卷五《秦本纪》:

> 造父以善御幸于周缪王,得骥、温骊、骅騮,䯄耳之驷,西巡狩,乐而忘归。徐偃王作乱,造父为缪王御,长驱归周,一日千里以救乱。缪王以赵城封造父,造父族由此为赵氏。②

"造父"又成为天文秩序体系中星的名号,③而后来居于犬丘的非子,则以畜牧经营的成功,受到周天子信用,地位得以上升:

> 非子居犬丘,好马及畜,善养息之。犬丘人言之周孝王,孝王召使主马于汧渭之间,马大蕃息。孝王欲以为大骆適嗣。申侯之女为大骆妻,生子成为適。申侯乃言孝王曰:"昔我先郦山之女,为戎胥轩妻,生中潏,以亲故归周,保西垂,西垂以其故和睦。今我复与大骆妻,生適子

---

① 《秦律十八种》,睡虎地秦墓竹简整理小组:《睡虎地秦墓竹简》,文物出版社,1990年,释文注释第27页。

② 《史记》,第175页。《史记》卷四三《赵世家》:"造父幸于周缪王。造父取骥之乘匹,与桃林盗骊、骅骝、绿耳,献之缪王。缪王使造父御,西巡狩,见西王母,乐之忘归。而徐偃王反,缪王日驰千里马,攻徐偃王,大破之。乃赐造父以赵城,由此为赵氏。"第1779页。

③ 《晋书》卷一一《天文志上》:"传舍南河中五星曰造父,御官也,一曰司马,或曰伯乐。星亡,马大贵。"中华书局,1974年,第290页。又见《隋书》卷一九《天文志上》,中华书局,1973年,第530页。

成。申骆重婚,西戎皆服,所以为王。王其图之。"于是孝王曰:"昔伯翳为舜主畜,畜多息,故有土,赐姓嬴。今其后世亦为朕息马,朕其分土为附庸。"邑之秦,使复续嬴氏祀,号曰秦嬴。①

"息",是畜牧业成就的突出标志。"主畜,畜多息""好马及畜,善养息之",同样表现以繁育为特点的畜产数量的显著增殖。正如有的学者所指出的:"秦的祖先非子就是一个在周孝王时代以养马起家的,而秦的地理环境也正是最适于养马的西北地区。"②"好马及畜,善养息之",言其成功在于畜牧生产繁育技术的成熟。

我们确实看到,中国古代畜牧史中有关"配种繁殖制度"的较早记载,正是存留于成书于秦地的《吕氏春秋》之中。有学者说:"如从《吕氏春秋》做进一步的研究,则更知周秦时代,已初步掌握了家畜的发情配种规律。"《吕氏春秋·季春纪》:"是月也,乃合累牛腾马,游牝于牧。"有研究者认为:"这个制度是将越冬系养的牛、马,于开春后,共同放入草场牧地,促其发情,让其本交,以便孳生。"③"什么时候,牝牡再分群呢?他们也有制度,从仲夏月起'游牝别群,则絷腾驹,班马政'。因为由三月至五月,有两个多月的合群,应已受孕,此刻分群,正可防止其踢咬流产,来保护孕畜。"④

(七)秦律关于"公马"的规定

秦文化系统中"御"的地位的重要,可以通过秦人先祖"善御"的传说得以体

---

① 《史记》,第177页。
② 谢成侠:《中国养马史》(修订版),农业出版社,1991年,第66页。
③ 《礼记·月令》:"季春之月,……是月也,乃合累牛腾马,游牝于牧。"郑玄注:"累腾皆乘匹之名。是月所合牛马,谓系在厩者,其牝欲游则就牧之牡而合之。"《十三经注疏》,中华书局据原世界书局缩印本1980年10月影印本,第1363—1364页。
④ 朱先煌:《周秦畜牧业》,见张仲葛、朱先煌主编:《中国畜牧史料集》,科学出版社,1986年,第47页。《礼记·月令》:"仲夏之月,……游牝别群,则絷腾驹。"郑玄注:"孕妊之欲止也。""为其牡气有余相蹄啮也。"《十三经注疏》,第1369—1370页。[宋]张虙《月令解》卷五."季春游牝于牧,至是则别群。春合累牛腾马,至是则执腾驹。皆防物之性,恐其伤生也。"文渊阁《四库全书》本。

现。① 前引"造父以善御幸于周缪王",指出造父继承了费昌、中衍等先辈的事业。而所谓造父"得骥、温骊、骅骝、騄耳之驷",显示他有相马的技能。秦人对相马的重视,又体现于《淮南子·道应》所记载伯乐、九方堙为秦穆公"求马"的故事。② 相马术的成熟,以及秦穆公喜好"善马"的故事,都说明秦社会生活中"马"的重要。而秦律中有关官有马匹的若干规定,也是值得重视的历史文化信息。

睡虎地秦墓竹简《秦律十八种》中可见题名不可辨识,研究者以为属于《厩苑律》的规定:

> 将牧公马牛,马【牛】死者,亟谒死所县,县亟诊而入之,其入之其弗亟而令败者,令以其未败直(值)赏(偿)之。其小隶臣(一六)
>
> 疾死者,告其□□之;其非疾死者,以其诊书告官论之。其大厩、中厩、宫厩马牛殹(也),以其筋、革、角及其贾(价)(一七)
>
> 钱效,其人诣其官。其乘服公马牛亡马者而死县,县诊而杂买(卖)其肉,即入其筋、革、角,及索(索)入其贾(价)钱。钱(一八)
>
> 少律者,令其人备之而告官,官告马牛县出之。今课县、都官公服牛各一课,卒岁,十牛以上而三分一死;不【盈】(一九)
>
> 十牛以下,及受服牛者卒岁死牛三以上,吏主者、徒食牛者及令、丞皆有罪。内史课县,大(太)仓课都官及受服者。　□□(二〇)

律文规定,放牧官有的马即"公马",死亡应急向死时所在的县呈报。有检验并将死马上缴的制度。③

睡虎地秦墓竹简《效律》规定,马烙印标记如果出现差误,作为责任人的官啬夫要受到惩处:

> 马牛误职(识)耳,及物之不能相易者,赀官啬夫一盾。(四四)④

---

① 王子今:《论秦先祖"善御""善走"传说》,《秦汉研究》第12辑,西北大学出版社,2018年。

② 何宁:《淮南子集释》,中华书局,1998年,第859—862页。

③ 睡虎地秦墓竹简整理小组:《睡虎地秦墓竹简》,文物出版社,1990年,释文注释第24—25页。

④ 睡虎地秦墓竹简整理小组:《睡虎地秦墓竹简》,文物出版社,1990年,释文注释第74页。

《田律》规定了"驾传马"饲料的额度:

> 驾传马,一食禾,其顾来有(又)一食禾,皆八马共。其数驾,毋过日一食。驾县马劳,有(又)益壶〈壹〉禾之。　　仓律(四七)

《秦律杂抄》可见对"骛马"即骑乘用的战马的体高、体能及驯使水准均有要求,不合格的,责任官员要受到惩处:

> 骛马五尺八寸以上,不胜任,奔挚(絷)不如令,县司马赀二甲,令、丞各一甲。先(九)

> 赋骛马,马备,乃粼从军者,到军课之,马殿,令、丞二甲;司马赀二甲,法(废)。……(一〇)

整理小组注释:"骛马,供骑乘的军马。《说文》:'骛,上马也。'意即骑马。"整理小组译文:"骛马体高在五尺八寸以上,如不堪使用,在奔驰和羁系时不听指挥,县司马罚二甲,县令、丞各罚一甲。先征取骛马,马数已足,即在从军人员中选用骑士。到军后进行考核,马被评为下等,县令、丞罚二甲;司马罚二甲,革职永不叙用。"[1]

《秦律杂抄》可见对军马严格考核的详备内容。"负从马"的管理,严禁用来从事贸易以牟利。还规定,已驾车奔驰过的马,若不及时卸套,当罚一盾。马服役的劳绩考核,不参加或评为下等的,都要处罚。[2] 对于入境外来马匹,也有严格的检疫防疫制度。[3]

秦国"公马"即官有马匹管理制度的严密,体现出秦行政生活中畜力开发和利用所受到的特殊重视。相应规定无疑都有利于交通动力资源的充分开发与

---

[1] 睡虎地秦墓竹简整理小组:《睡虎地秦墓竹简》,文物出版社,1990年,释文注释第31页,第80—82页。

[2] 《秦律杂抄》:"吏自佐、史(一〇)以上负从马、守书私卒,令市取钱焉,皆迁(迁)。(一一)""伤乘舆马,夬(决)革一寸,赀一盾;二寸,赀二盾;过二寸,赀一甲。·课驵骡,卒岁(二七)六匹以下到一匹,赀一盾。·志马舍乘车马后,毋(勿)敢炊饬,犯令,赀一盾。已驰马不去车,(二八)赀一盾。……(二九)"睡虎地秦墓竹简整理小组:《睡虎地秦墓竹简》,文物出版社,1990年,释文注释第82、86页。

[3] 《法律答问》:"'者(诸)侯客来者,以火炎其衡厄(轭)。'炎之可(何)?当者(诸)侯不治骚马,骚马虫皆丽衡厄'轭'鞅靳鞁辕靷,是以炎之。……(一七九)"睡虎地秦墓竹简整理小组:《睡虎地秦墓竹简》,文物出版社,1990年,释文注释第135页。

利用。

二 牛车的应用

《战国策·赵策一》记载赵豹对赵王的警告:"秦以牛田,水通粮,其死士皆列之于上地,令严政行,不可与战。王自图之!"①徐中舒曾经指出:"牛耕的普遍推行是战国时代秦国的事。""如果没有牛耕,秦国也就不能抽出更多的壮丁和积聚更多的粮食来作长期的战争。"②许多资料表明,牛除了耕作之外,也作为交通动力应用于秦运输生产过程中。陕西凤翔高庄战国秦墓出土牛车模型,是确定的文物实证。而出土秦律相关资料,可以就此提供更全面的说明。

(一) 秦律所见"公牛""公车牛"管理制度

云梦睡虎地秦简《金布律》规定,官吏以不同级别根据不同标准配予车牛和看牛的人:

都官有秩吏及离官啬夫,养各一人,其佐、史与共养;十人,车牛一两(辆),见牛者一人。都官之佐、史冗者,十人,养一人;(七二)

十五人,车牛一两(辆),见牛者一人;不盈十人者,各与其官长共养、车牛,都官佐、史不盈十五人者,七人以上鼠(予)车牛、(七三)

仆,不盈七人者,三人以上鼠(予)养一人;小官毋(无)啬夫者,以此鼠(予)仆、车牛。狼生者,食其母粟一斗,旬五日而止之,别(七四)

以叚(假)之。　金布律(七五)

整理小组译文:"都官的有秩吏及其分支机构的啬夫,每人分配做饭的一人,他们的佐、史和他们一起使用;每十人,分配牛车一辆,看牛的一人。都官的佐、史人数多的,每十人分配作③饭的一人;每十五人,分配牛车一辆,看牛的一人;不满十人的,各自与他们的官长共用做饭的和牛车。都官的佐、史不满十五人的,

---

① [西汉]刘向集录:《战国策》,上海古籍出版社,1985年,第618页。
② 徐中舒:《论东亚大陆牛耕之起源》,《成都工商导报》,《学林》副刊,1951年12月。
③ "作"似应为"做",以与上下文一致。

七人以上分配牛车和赶车的仆,不满七人的,三人以上分配做饭的一人;不设啬夫的小机构,按此标准配予赶车的和牛车。牛产仔困难,每天饲给母牛粮谷一斗,至十五天截止,分开喂养以备借出使用。"①

这里所"分配"使用的"牛",均用作运输。

《司空》律的内容中,又可见关于"公车牛"和"公牛乘马"使用与管理的规定:

> 官府叚(假)公车牛者□□□叚(假)人所。或私用公车牛,及叚(假)人食牛不善,牛觜(膌);不攻间车,车空失,大车轵绞(鳌);及不芥(介)车,车(一二六)
> 蕃(藩)盖强折列(裂),其主车牛者及吏、官长皆有罪。　　司空(一二七)

整理小组译文:"官府借用官有牛车……借用者的地方。有私用官有牛车的,以及借用者不好好喂牛,使牛瘦瘠了;不修缮车,使车翻倒,大车的轵扭曲了;以及不把车盖好,车围和车伞生生断裂了,主管牛车的人和领用牛车的吏和官长都有罪。"又规定:

> 官长及吏以公车牛禀其月食及公牛乘马之禀,可殹(也)。官有金钱者自为买脂、胶,毋(无)金钱者乃月为言脂、胶,期(一二八)
> 蹛。为铁攻(工),以攻公大车。　　司空(一二九)

整理小组译文:"官长和吏可以用官有牛车领取自己每月的口粮和官有驾车牛马的饲料。有钱财的官府应自为车辆购买脂、胶,以足用为度。要设立铁工作坊,来修缮官有的大车。"

同一条律文上下可见"公车牛"与"公大车"同时出现,可知此"大车"应即"牛车"。如此可知下一条律文所谓"大车"也应当是"牛车":

> 一脂、攻间大车一辆(两),用胶一两、脂二锤。攻间其扁解,以数分胶以之。为车不劳称议脂之。　　司空(一三〇)

整理小组译文:"每加油和修缮一辆大车,用胶一两、脂三分之二两。修理车辆

---

① 《秦律十八种》,睡虎地秦墓竹简整理小组:《睡虎地秦墓竹简》,文物出版社,1990年,释文注释第37—38页

开胶,按开离的多少分胶使用。如车运行不快,可酌量加油。"①

《厩苑律》中,可见关于马牛畜牧、使用和管理的条文。规定县级行政机构有控制"公马牛"生存数字的责任。又规定每年对各县、各都官的官有驾车用牛考核一次,死亡数字超过定额的,主管牛的吏、饲牛的徒和令、丞都有罪。由内史考核各县,太仓考核各都官和领用牛的人。律文写道:

> 以四月、七月、十月、正月膚田牛。卒岁,以正月大课之,最,赐田啬
> 夫壶酉(酒)束脯,为旱〈皂〉者除一更,赐牛长日三旬;殿者,(一三)
>
> 谇田啬夫,罚冗皂者二月。其以牛田,牛减絜,治(笞)主者寸十。
>
> 有(又)里课之,最者,赐田典日旬殿,治(笞)卅。 厩苑律(一四)

整理小组译文:"在四月、七月、十月和正月评比耕牛。满一年,在正月进行大考核,成绩最优秀的,赏赐田啬夫酒一壶、干肉十条,免除饲牛者一次更役,赏赐牛长资劳三十天;成绩最低劣的,申斥田啬夫,罚饲牛者们资劳两个月。如果用牛耕田,牛的腰围减瘦了,每减瘦一寸要笞打主事者十下。又在乡里进行考核,成绩最优秀的,赏赐里典资劳十天;成绩最低劣的,笞打三十下。"

另一条可能也属于《厩苑律》的律文,涉及"官厩马牛"中"乘服公马牛"包括"服牛"的保护:

> 将牧公马牛,马【牛】死者,亟谒死所县,县亟诊而入之,其入之其
> 弗亟而令败者,令以其未败直(值)赏(偿)之。其小隶臣(一六)
>
> 疾死者,告其□□之;其非疾死者,以其诊书告官论之。其大厩、中
> 厩、宫厩马牛殹(也),以其筋、革、角及其贾(价)(一七)
>
> 钱效,其人诣其官。其乘服公马牛亡马者而死县,县诊而杂卖
> (卖)其肉,即入其筋、革、角,及索(索)入其贾(价)钱。钱(一八)
>
> 少律者,令其人备之而告官,官告马牛县出之。今课县、都官公服
> 牛各一课,卒岁,十牛以上而三分一死;不【盈】(一九)
>
> 十牛以下,及受服牛者卒岁死牛三以上,吏主者、徒食牛者及令、丞
> 皆有罪。内史课县,大(太)仓课都官及受服者。 □□(二〇)

整理小组译文:"率领放牧官有的牛马,牛马有死亡的,应急向牛马死时所

---

① 《秦律十八种》,睡虎地秦墓竹简整理小组:《睡虎地秦墓竹简》,文物出版社,1990年,释文注释第49—50页。

在的县呈报,由县加以检验后将已死的牛马上缴,如因不及时而使死牛马腐败,则令按未腐败时价格赔偿。如小隶臣病死,应告其……处理,如小隶臣不是因病而死亡,应将检验文书报告主管官府论处。如系大厩、中厩、宫厩的牛马,应以其筋、皮、角和肉的价钱呈缴,由这个率领放牧的人送抵该官府。如驾用官有牛马而牛马死于某县,应由该县将肉全部卖出,然后上缴其筋、皮、角,并将所卖价钱全部上缴。所卖钱如少于规定数目,令该驾用牛马的人补赔而向主管官府报告,由主管官府通知卖牛马的县销帐。现在每年对各县、各都官的官有驾车用牛考核一次,有十头牛以上的,一年间死了三分之一,不满十头牛的,以及领用牛的一年间死了三头以上,主管牛的吏、饲牛的徒和令、丞都有罪。由内史考核各县,太仓考核各都官和领用牛的人。"①其中"其小隶臣疾死者,告其□□之;其非疾死者,以其诊书告官论之",译作"小隶臣病死,应告其……处理,如小隶臣不是因病而死亡,应将检验文书报告主管官府论处",恐理解有误。这里说的应当还是"公马牛"死亡,而并非"小隶臣"死亡。

秦"公马牛"管理制度的严密,体现出秦行政生活中畜力开发和利用所受到的特殊重视。其中"服牛",应指驾车的牛。

(二)"盗马者罪死,盗牛者加"

《盐铁论·刑德》载"文学""刺刑法繁"之说:"今盗马者罪死,盗牛者加。"而与"鲁厩焚,孔子罢朝,问人不问马,贱畜而贵人也"对照,其论说暗示与"昔秦法繁于秋荼,而网密于凝脂"有渊源关系。并发表强调"爱人"的政论:"《传》曰:'凡生之物,莫贵于人;人主之所贵,莫重于人。'故天之生万物以奉人也,主爱人以顺天也。闻以六畜禽兽养人,未闻以所养害人者也。"②所见"文学"以"爱人""贵人""重人"宣传简单否定物权法的逻辑合理性,我们在这里不做讨论。应当注意的是,睡虎地秦墓竹简所见律文关于"盗牛"罪行的处罚,确实有具体的规定。

《法律答问》:"甲告乙盗牛若贼伤人,今乙不盗牛、不伤人,问甲可(何)论?

---

① 《秦律十八种》,睡虎地秦墓竹简整理小组:《睡虎地秦墓竹简》,文物出版社,1990年,释文注释第22—25页。

② 王利器校注:《盐铁论校注》(定本),中华书局,1992年,第565—567页。

端为,为诬人;不端,为告不审。(四三)""甲告乙盗牛,今乙贼伤人,非盗牛殴(也),问甲当论不当? 不当论,亦不当购;或曰为告不审。(四四)"①

《后汉书》卷八一《独行列传·王烈》记载一件"盗牛"案例:"王烈字彦方,太原人也。少师事陈寔,以义行称。乡里有盗牛者,主得之,盗请罪曰:'刑戮是甘,乞不使王彦方知也。'烈闻而使人谢之,遗布一端。或问其故,烈曰:'盗惧吾闻其过,是有耻恶之心。既怀耻恶,必能改善,故以此激之。'后有老父遗剑于路,行道一人见而守之,至暮,老父还,寻得剑,怪而问其姓名,以事告烈。烈使推求,乃先盗牛者也。"②事又见《三国志》卷一一《魏书·王烈传》裴松之注引《先贤行状》。③"盗牛者"言"刑戮是甘",可知依照当时法律,惩罚依然相当严厉。④

对于"盗牛"罪行处罚的严厉,体现政府对"牛"这种牲畜的所有权的看重。这当然与"牛"作为在社会生产中的作用有关。"牛"除了"牛田"即耕作中的意义而外,作为交通动力的意义应当也是受到普遍重视的。

(三)"大船积粟","下水而浮","不费牛马之力"

《战国策·楚策一》记载张仪曾经借秦国优越的水上航运能力威胁楚王,宣扬秦军可以由巴蜀"循江而下",直驱"至郢":"秦西有巴蜀,方船积粟,起于汶山,循江而下,至郢三千余里。舫船载卒,一舫载五十人,与三月之粮,下水而浮,一日行三百余里;里数虽多,不费马汗之劳,不至十日而距扞关。"⑤

《史记》卷七〇《张仪列传》中关于张仪此次游说,有大致同样的记述,而文字略异:

> 秦西有巴蜀,大船积粟,起于汶山,浮江已下,至楚三千余里。舫船载卒,一舫载五十人与三月之食,下水而浮,一日行三百余里,里数虽

---

① 《法律答问》,睡虎地秦墓竹简整理小组:《睡虎地秦墓竹简》,文物出版社,1990年,释文注释第103—104页。
② 《后汉书》,第2696页。
③ 《三国志》,第355、356页。《梁书》卷四九《文学传上·庾肩吾》:"同彼盗牛,遥羞王烈。"中华书局,1973年,第691页。可知这一故事的长久影响。
④ 后世可以参照的法令,有《元史》卷三九《顺帝纪二》:"强盗皆死;盗牛马者劓;盗驴骡者黥额,再犯劓;盗羊豕者墨项,再犯黥,三犯劓;劓后再犯者死。"中华书局,1976年,第836页。
⑤ 《战国策》,第506页。

多,然而不费牛马之力,不至十日而距扞关。①

"方船"作"舫船","循江而下,至郢三千余里"作"浮江已下,至楚三千余里","与三月之粮"作"与三月之食","不费马汗之劳"作"不费牛马之力"。

所谓"不费牛马之力"明确告知我们,战国时期秦的陆路运输,曾经使用"牛"作为主要动力。

三　駃騠故事

就李斯《谏逐客书》所见"駃騠"进行的考察,可以发现上古时代北方民族关系和民族文化交往的历史趋势,也可以察知交通动力开发史上的重要情节。相关研究也有益于说明秦人在北边及西北方向交通交往的主动态势以及后人称作丝绸之路的交通线路的早期开发。

(一) 骏良駃騠:秦王"娱心意说耳目者"

因韩国策动秦人"作注溉渠"即经营"郑国渠"以损耗国力的阴谋败露,秦有"一切逐客"之议。来自楚上蔡的客卿李斯也在被遣退之列,于是上书劝止。此即著名的政论杰作《谏逐客书》。据《史记》卷八七《李斯列传》,其中说到秦王喜爱的外来的消费生活形式:

> 今陛下致昆山之玉,有随、和之宝,垂明月之珠,服太阿之剑,乘纤离之马,建翠凤之旗,树灵鼍之鼓。此数宝者,秦不生一焉,而陛下说之,何也?必秦国之所生然后可,则是夜光之璧不饰朝廷,犀象之器不为玩好,郑、卫之女不充后宫,而骏良駃騠不实外厩,江南金锡不为用,西蜀丹青不为采。所以饰后宫充下陈娱心意说耳目者,必出于秦然后可,则是宛珠之簪,傅玑之珥,阿缟之衣,锦绣之饰不进于前,而随俗雅化佳冶窈窕赵女不立于侧也。夫击瓮叩缶弹筝搏髀,而歌呼呜呜快耳者,真秦之声也;《郑》《卫》《桑间》《昭》《虞》《武》《象》者,异国之乐也。今弃击瓮叩缶而就《郑》《卫》,退弹筝而取《昭》《虞》,若是者何

---

① 《史记》,第2290页。

也? 快意当前,适观而已矣。今取人则不然。不问可否,不论曲直,非秦者去,为客者逐。然则是所重者在乎色乐珠玉,而所轻者在乎人民也。此非所以跨海内制诸侯之术也。

李斯说:"夫物不产于秦,可宝者多;士不产于秦,而愿忠者众。今逐客以资敌国,损民以益仇,内自虚而外树怨于诸侯,求国无危,不可得也。"李斯的批评意见打动了秦王。于是,"秦王乃除逐客之令,复李斯官,卒用其计谋。官至廷尉。二十余年,竟并天下,尊主为皇帝,以斯为丞相"。

所谓"駃騠",司马贞《索隐》:"决提二音。《周书》曰'正北以駃騠为献。'《广雅》曰'马属也'。郭景纯注《上林赋》云'生三日而超其母也'。"①

(二)《短长》乌氏倮"駃騠"传说的史实背景

《史记》卷一一〇《匈奴列传》说,"秦穆公得由余,西戎八国服于秦,故自陇以西有绵诸、绲戎、翟、獂之戎,岐、梁山、泾、漆之北有义渠、大荔、乌氏、朐衍之戎。"关于"乌氏",裴骃《集解》:"徐广曰:'在安定。'"张守节《正义》:"氏音支。《括地志》云:'乌氏故城在泾州安定县东三十里。周之故地,后入戎,秦惠王取之,置乌氏县也。'"②《史记》卷一二九《货殖列传》:"乌氏倮畜牧,及众,斥卖,求奇缯物,间献遗戎王。戎王什倍其偿,与之畜,畜至用谷量马牛。秦始皇帝令倮比封君,以时与列臣朝请。"③《汉书》卷九一《货殖传》"乌氏倮"作"乌氏嬴"。④乌氏倮受到秦始皇爱重的情形,也是可以说明秦与北方民族关系的一件实例。

明代学者王世贞《弇州四部稿》卷一四二《说部》"《短长上》二十三条",说到古墓发现简牍文书,叙战国秦至汉初事:"耕于齐之野者,地坟,得大篆竹册一袠,曰《短长》。其文无足取,其事则时时与史抵牾云。按刘向叙《战国策》,一名《国事》,一名《短长》,一名《长书》,一名《修书》。所谓'短长'者,岂战国逸策欤? 然多载秦及汉初事,意亦文景之世好奇之士假托以撰者。余怪其往往称嬴项,薄炎德,诞而不理。至谓四皓为建成侯,伪饰淮阴侯毋反状,乃庶几矣。因录

---

① 《史记》,第2543—2546页。
② 《史记》,第2883—2884页。
③ 《史记》,第3260页。
④ 《汉书》,第3685页。

之以佐秤官。一种凡四十则。"论者言"其文无足取","其事""与史抵牾",政治史理念"诞而不理"等,其实不应妨碍我们以其中若干内容作为读史的参考。

比如,其中有涉及"乌氏倮"的一段文字:"乌倮以所畜馲䮀百足、橐驼十双献。而始皇封之戎王之瓯脱,使比列侯以朝。"①这段记录虽然并非出自信史,但是与秦于西北方向主动沟通精于"畜"的北方民族,亦可能因此接近成熟的驯畜技术的历史真实是相符合的。"所畜馲䮀百足"者,可以在我们讨论与"馲䮀"相关的问题时引为有参考价值的信息。

(三)馲䮀:"北蛮""奇畜"

所谓"正北""为献",说"馲䮀"所产在北方民族地区。《史记》卷一一〇《匈奴列传》也记载:

> 匈奴,其先祖夏后氏之苗裔也,曰淳维。唐虞以上有山戎、猃狁、荤粥,居于北蛮,随畜牧而转移。其畜之所多则马、牛、羊,其奇畜则橐驼、驴、骡、馲䮀、駃騠、騨騱。

裴骃《集解》:"徐广曰:'北狄骏马。'"司马贞《索隐》:"《说文》云:'馲䮀,马父赢子也。'《广异志》:'音决蹄也。'《发蒙记》:'刳其母腹而生。'《列女传》云:'生七日超其母。'"②《史记》卷一一七《司马相如列传》载《上林赋》也可以看到"馲䮀驴骡"字样:

> 其北则盛夏含冻裂地,涉冰揭河;兽则麒麟角䚟,騊駼橐驼,蛩蛩驒騱,馲䮀驴骡。③

也说"馲䮀"生于北方寒冷地带。《文选》卷八司马相如《上林赋》李善注引郭璞曰:"騨騱,駏驉类也。馲䮀,生三日而超其母。騨音颠,騱音奚,馲音玦,䮀音提,骡赢同。"④《太平御览》卷九一三引《史记》曰:"匈奴畜则馲䮀、騨騱。"⑤直接称

---

① [明]王世贞:《弇州四部稿》,文渊阁《四库全书》本。
② 《史记》,第2879—2880页。《列女传》卷六《辩通传·齐管妾婧》:"馲䮀生七日而超其母。"张涛:《列女传译注》,山东大学出版社,1990年,第203页。
③ 《史记》,第3025页。
④ [梁]萧统编,[唐]李善注:《文选》,中华书局据胡克家嘉庆十四年刻本1977年11月缩印版,第125页。
⑤ 《太平御览》,第4044页。

之为"匈奴畜"。《淮南子·齐俗》:"世多称古之人而高其行,并世有与同者而弗知贵也,非才下也,时弗宜也。故六骐骥、四駃騠,以济江河,不若窾木便者,处世然也。"许慎注:"駃騠,北翟之良马也。"①

《史记》卷八三《鲁仲连邹阳列传》司马贞《索隐》:"案:《字林》云'决啼二音,北狄之良马也,马父骡母。'"②《史记》卷一一〇《匈奴列传》司马贞《索隐》引《说文》云:"駃騠,马父蠃子也。"③按照段玉裁《说文解字注》的提示,应作"马父驴母蠃也":"谓马父之骡也。言'马父'者,以别于驴父之骡也。今人谓马父驴母者为马骡,谓驴父马母者为驴骡。不言'驴母'者,疑夺。盖当作'马父驴母蠃也'六字。"段玉裁理解,"駃騠"是"马父驴母"生育的"蠃"。④

(四)燕王"駃騠"与赵简子"白骡"

据《史记》卷八三《鲁仲连邹阳列传》引录邹阳文字,燕王也有"駃騠"。燕王"駃騠"在史籍中的出现,却显现极异常情态:

> 苏秦相燕,燕人恶之于王,王按剑而怒,食以駃騠;白圭显于中山,中山人恶之魏文侯,文侯投之以夜光之璧。何则?两主二臣,剖心坼肝相信,岂移于浮辞哉!⑤

关于"駃騠",裴骃《集解》:"《汉书音义》曰:'駃騠,骏马也,生七日而超其母。敬重苏秦,虽有谗谤,而更膳以珍奇之味。'"司马贞《索隐》:"案:《字林》云'决啼二音,北狄之良马也,马父蠃母。'"张守节《正义》:"食音寺。駃騠音决蹄。北狄良马也。"⑥明董说《七国考订补》卷六《燕群礼·燕飨》题下有"駃騠食"条:

---

① 张双棣:《淮南子校释》,北京大学出版社,1997年,第1189、1192页。
② 《史记》,第2472页。
③ 《史记》,第2879页。
④ [汉]许慎撰,[清]段玉裁注:《说文解字注》,上海古籍出版社据经韵楼藏版1981年10月影印版,第469页。《尔雅翼》卷二二《释兽五》"駃騠"条:"《说文》曰:骡,驴父马母也。駃騠,马父驴母也。故《传》称'駃騠生三日而超其母'。言其过于驴尔。"文渊阁《四库全书》本。
⑤ 《白孔六帖》卷三八《君臣相信》"白食以駃騠"条:"人谮乐毅于燕王,燕王按剑怒谮者,而食乐毅以駃騠。駃騠,良马肉也。"燕王所"食""駃騠"者为"乐毅",与《史记》卷八三《鲁仲连邹阳列传》"苏秦"说不同。[唐]白居易原本,[宋]孔传续:《白孔六帖》(外三种),四库类书丛刊,上海古籍出版社,1992年,第604页。
⑥ 《史记》,第2472页。

"〔《史记·鲁仲连邹阳传》载〕邹阳《书》：'苏秦相燕，燕人恶之于王。王按剑而怒，食以駃騠。'〔《集解》引〕《汉书音义》云：'駃騠，骏马也，生七日而超其母。王重苏秦，虽有谗谤，而更膳以珍奇之味。'"又有"千里马肝"条："《燕丹子》云：'太子有千里马。轲曰："千里马肝美。"太子即〔杀马〕进肝。'"① 通过"駃騠食"和"千里马肝"并说，可以体会此类故事共同的特点，其实也不免王世贞言《短长》"诞而不理"的批评。

由所谓"燕飨""駃騠食"传说，可知"駃騠"不独在秦，也曾为燕王视为"珍奇"。

《吕氏春秋·爱士》记录了秦穆公乘车服马佚而为野人取食故事。秦穆公不治罪而"遍饮"野人。② 事又见《史记》卷五《秦本纪》。③《吕氏春秋·爱士》随后说到赵简子的"白骡"：

> 赵简子有两白骡而甚爱之。阳城胥渠处广门之官，夜款门而谒曰："主君之臣胥渠有疾，医教之曰：'得白骡之肝，病则止，不得则死。'"谒者入通。董安于御于侧，愠曰："嘻！胥渠也，期吾君骡，请即刑焉。"简子曰："夫杀人以活畜，不亦不仁乎？杀畜以活人，不亦仁乎？"于是召庖人杀白骡，取肝以与阳城胥渠。处无几何，赵兴兵而攻翟。广门之

---

① 《七国考订补》，上海古籍出版社，1987年，第455—456页。《乐府诗集》卷二九《相和歌辞四》薛道衡《明君词》："何用单于重，讵假阏氏名。駃騠聊强食，挏酒未能倾。心随故乡断，愁逐塞云生。"〔宋〕郭茂倩：《乐府诗集》，中华书局，1979年，第433页。仍用"駃騠食"古典。

② 《吕氏春秋·爱士》："昔者，秦缪公乘马而车为败，右服失而埜人取之。缪公自往求之，见埜人方将食之于岐山之阳。缪公叹曰：'食骏马之肉而不还饮酒，余恐其伤女也！'于是遍饮而去。处一年，为韩原之战，晋人已环缪公之车矣，晋梁由靡已扣缪公之左骖矣，晋惠公之右路石奋投而击缪公之甲，中之者已六札矣。埜人之尝食马肉于岐山之阳者三百有余人，毕力为缪公疾斗于车下，遂大克晋，反获惠公以归。此《诗》之所谓曰'君君子则正，以行其德；君贱人则宽，以尽其力'者也。人主其胡可以无务行德爱人乎？行德爱人则民亲其上，民亲其上则皆乐为其君死矣。"《吕氏春秋集释》，中华书局，2009年，第189—191页。

③ 《史记》卷五《秦本纪》："初，缪公亡善马，岐下野人共得而食之者三百余人，吏逐得，欲法之。缪公曰：'君子不以畜产害人。吾闻食善马肉不饮酒，伤人。'乃皆赐酒而赦之。三百人者闻秦击晋，皆求从，从而见缪公窘，亦皆推锋争死，以报食马之德。于是缪公虏晋君以归。"第189页。

官,左七百人,右七百人,皆先登而获甲首。人主其胡可以不好士!①
宋黄震《黄氏日抄》卷五六《读诸子二·吕氏春秋》注意到事在《吕氏春秋·仲秋纪》,系列论说的主题在于"言兵"。② 我们更为关注的,是秦穆公"骏马"故事和赵简子"白骡"故事的相近情节,即都是君王爱畜,都杀以为食料,都因此换取了战功回报。

而燕王"駃騠"和赵简子"白骡"故事,都发生在邻近"北蛮""北狄"的国度。《谏逐客书》所见"駃騠",言秦王"快意""所重者",也有同样的生态地理和文化地理背景。

(五)《秦律杂抄》所见"课駃騠"

睡虎地秦墓竹简《秦律杂抄》已经出现"駃騠"字样,说明这种西方"奇畜"已经为当时社会所熟悉:

……伤乘舆马,央(决)革一寸,赀一盾;二寸,赀二盾;过二寸,赀一甲。·课駃騠,卒岁(二七)

六匹以下到一匹,赀一盾。……(二八)③

"駃騠"似乎已经可以驯用,并成为可以使役的运输动力。

(六)畜产史的重要一页

顾炎武《日知录》卷二九《驴骡》讨论了"驴"和"骡"引入中原的历史:"自秦以上,《传》《记》无言驴者,意其虽有,而非人家所常畜也。"原注:"《尔雅》无驴而有䑕鼠,身长须而贼,秦人谓之'小驴'。""驴"的畜养,可能始自"秦人",是值得特别注意的现象。顾炎武又写道:

《逸周书》:伊尹为献令,正北空同、大夏、莎车、匈奴、楼烦、月氏诸

---

① 《吕氏春秋集释》,第191—192页。
② 黄震写道:"《仲秋纪》,次曰《论威》,谓必反于已,则三军可使一心。次曰《简选》,以汤、武、齐桓、晋文、吴阖闾为证。次曰《决胜》,以必义、必智、必勇为本。次曰《爱士》,谓秦缪公饮盗骏马者以酒,而脱韩原之急;赵简子以白骡救其臣阳城胥渠之疾,而获翟人之首。凡以秋,故言兵。"文渊阁《四库全书》本。
③ 睡虎地秦墓竹简整理小组:《睡虎地秦墓竹简》,文物出版社,1990年,释文注释第85—86页。

国,以橐驼、野马、駒駼、駃騠为献。

原注:"驴父马母曰'蠃',马父驴母曰'駃騠'。《古今注》以牡马牝驴所生谓之'駏'。"随后顾炎武先前说三则故事:

> 《吕氏春秋》:"赵简子有两白骡甚爱之。"李斯上秦王书言"骏良駃騠"。邹阳上梁王书亦云"燕王按剑而怒,食以駃騠"。是以为贵重难得之物也。

虽当时"以为贵重难得之物也",然而赵、秦、燕中原北边地方已经引入"駃騠""白骡"等西方奇畜,在畜产史上留下了重要的记录。

顾炎武综述了"驴骡"随后引入畜养的历史:"司马相如《上林赋》:'駒駼橐驼,蛩蛩驒騱,駃騠驴蠃。'王褒《僮约》:'调治马驴,兼落三重。'其名始见于文。而贾谊《吊屈原赋》:'腾驾罢牛兮骖蹇驴。'《日者列传》:'骐骥不能与罢驴为驷。'东方朔《七谏》:'要裹奔亡兮腾驾橐驼。'刘向《九叹》:'却骐骥以转运兮,腾驴蠃以驰逐。'扬雄《反离骚》:'骋骅骝以曲囏兮,驴骡连蹇而齐足。'则又贱之为不堪用也。尝考驴之为物,至汉而名,至孝武而得充上林,至孝灵而贵幸。"① 顾炎武强调"驴骡"来自"北蛮""北狄"地方:"然其种大抵出于塞外。"顾炎武写道:"自赵武灵王骑射之后,渐资中国之用。《盐铁论》:'蠃驴馲驼,衔尾入塞;驒騱騵马,尽为我畜。'杜笃《论都赋》:'虏僮侲,驱骡驴,驭宛马,鞭駃騠。'《霍去病传》:'单于遂乘六骡。'《匈奴传》:'其奇畜则橐驼、驴骡、駃騠、駒駼、驒騱。'《西域传》:'鄯善国有驴马,多橐它,乌秅国有驴,无牛。'而龟兹王学汉家仪,外国人皆曰:'驴非驴,马非马,若龟兹王所谓骡也。'"分析"驴骡"原产"北蛮""北狄"而后传入中原的情形,顾炎武说:

> 可见外国之多产此种,而汉人则以为奇畜耳。今中原亦自产骡,任重致远之资,胜于驽骀百倍,且习见,而无复以为奇畜者矣。②

从"以为奇畜",到"无复以为奇畜",是因为"中原亦自产骡","且习见"的缘故。正是由于繁育的普遍,以往"以为贵重难得之物"的地位于是丧失。

---

① 原注:"《后汉书·五行志》:'灵帝于宫中西园驾四白驴,躬自操辔,驱驰周旋,以为大乐。于是公卿贵戚转相仿效,至乘辎軿,以为骑从,互相侵夺,贾与马齐。'"黄汝成案:"如《僮约》,则驴亦人家所常畜矣。"

② [清]顾炎武著,黄汝成集释,秦克诚点校:《日知录集释》,岳麓书社,1994年,第1009—1010页。

"单于"乘"駃騠"是北族行为,而由《九叹》"腾驴骡以驰逐",可知其奔走能力亦受到重视。《论都赋》所谓"鞭駃騠"者,则很可能体现已经用于运输,即所谓"任重致远"。"駃騠"应当已经不再只是作为宫廷宠物,而很可能用以挽、驮,成为运输动力。前引《淮南子·齐俗》所谓"六骐骥、四駃騠,以济江河,不若窾木便者","四駃騠"与"六骐骥"并称,显然是说这种野生马科畜类已经可以胜任中原系挽车辆的运输方式的要求。

于是,"駃騠"已经不仅仅为个别上层人物"快意""所重",或曰"甚爱之",而因为服务于运输生产,为社会普遍欢迎。

如果赞同"駃騠"就是"骡"的判断,则所谓"腾驴骡以驰逐"和"鞭駃騠"情形的出现,可以理解为这种北方民族最初驯育的"奇畜",其耐力、挽力和奔走能力受到中原人的肯定。然而,如果"駃騠"确实是"骡",则因一般无生殖能力,难以达到民间"习见"的数量。

"中原亦自产骡"情形的实现,应当有成熟的畜产繁育技术以为保证。而最大可能实现这一技术突破的,应当是秦人。

(七)"駃騠"名义解说的其他可能性

《说文·马部》关于若干北方"奇畜"分别有所解释:"駃,駃騠,马父臝子也。""騠,駃騠也。""臝,驴父马母者也。""驴,似马,长耳。""騾,驴子也。""驒,驒騱,野马属。……一曰驒马,青骊白鳞,文如鼍鱼也。""騱,驒騱也。""駒,駒騟,北野之良马也。""騟,駒騟也。"

按照段玉裁注修正的文字,《说文》以为"駃騠"是马父驴母所生,也就是"骡"。《史记》卷八三《鲁仲连邹阳列传》司马贞《索隐》引《字林》谓駃騠"马父臝母",也是大体相近的意思。然而《说文·马部》所列,"駃騠"之外,又有"臝"。① 《史记》卷一一〇《匈奴列传》说:"其奇畜则橐驼、驴、骡、駃騠、駒騟、驒騱。"② 又《上林赋》也"駃騠驴骡"并说。似乎可以理解为在有些秦汉文字执笔者的意识中,"駃騠"应当并不是骡。

---

① [汉]许慎撰,[清]段玉裁注:《说文解字注》,上海古籍出版社据经韵楼臧版1981年10月影印版,第469页。

② 《史记》,第2879页。

现在看来,对于駃騠、駒䭾、騨騱的解释尚未形成定论。"駃騠"或为马父驴母之騾,或为其他马科动物的可能性是存在的。比如"野马"。《史记》卷一一七《司马相如列传》载《子虚赋》说到"野马":"轶野马而轊騊駼。""野马"和"騊駼"并说。裴骃《集解》:"徐广曰:'轊音锐。'駰案:郭璞曰:'野马,如马而小。騊駼,似马。轊,车轴头。'"司马贞《索隐》:"轊騊駼。上音卫。轊,车轴头也。谓车轴冲杀之。騊駼,野马。"据司马贞说,二者都是"野马"。"野马",似被看作执获和猎杀的对象。其《上林赋》又言校猎事时写道:"生貔豹,搏豺狼,手熊羆,足野羊,蒙鶡苏,绔白虎,被豳文,跨野马。"司马贞《索隐》:"跨壄马。案:壄音野。跨,乘之也。"①所谓"跨野马"或写作"跨壄马"。"跨"当然可能有超越的意思,但是更直接的理解应是言驯用骑乘"野马"。也就是说,"跨壄马",应当可以理解为对北方游牧民族驯养草原马科野生动物劳作方式的描述。

汉武帝时代,初至河西地方的汉人注意到"野马"并有捕获驯用的尝试。《史记》卷二四《乐书》:"……又尝得神马渥洼水中,复次以为《太一之歌》。歌曲曰:'太一贡兮天马下,沾赤汗兮沫流赭。骋容与兮跇万里,今安匹兮龙为友。'"其中"得神马渥洼水中"句下,裴骃《集解》引李斐曰:"南阳新野有暴利长,当武帝时遭刑,屯田燉煌界。人数于此水旁见群野马中有奇异者,与凡马异,来饮此水旁。利长先为土人持勒靽于水旁,后马玩习久之,代土人持勒靽,收得其马,献之。欲神异此马,云从水中出。"②所谓"野马"在特殊情况下被看作"神马""天马"。其特征,是"与凡马异"。所谓"群野马"的表述方式,也值得注意。

居延汉简中可以看到有关记录,可以帮助我们理解汉代人笔下所谓"野马"。例如:

(1)☐野马除☐(50.9)

(2)☐即野马也尉亦不诣迹所候长迹不穷☐(E.P.T8:14)

(3)☐野马一匹出殄北候长皆☐(E.P.T43:14)

(4)☐□以为虏举火明旦踵迹野马非虏政放举火不应☐(E.P.F22:414)

(2)(4)均言"野马""迹",似可说明这种原先成群频繁活动于草原戈壁的野生

---

① 《史记》,第3009—3010页,第3034—3035页。

② 《史记》,第1178页。

动物,可能已经经常避开人类开始占有的定居地。(3)"野马一匹",则言原本群居的"野马"离群独自活动情形。(4)又言成群"野马"夜间驰行曾经被误认为匈奴"虏"入侵,烽燧值班士兵于是"举火明旦踵迹"方判定只是"野马"群经过。①汉代西北边塞戍守者亲身接触到的"野马",尚不清楚典籍中保留的文人记录是否会写作"駃騠""駃騠",等等。但是,北方草原民族熟悉的这些野生动物作为"正北""为献"的"奇畜"进入中原的可能性是存在的,中原人起初多数未得亲见,信息传递中发生名号歧异的可能性也是存在的。

根据现代生物学考察收获,因生存条件恶化,"野马"现今分布情形未可乐观。"产于我国甘肃西北部和新疆邻近地区及准噶尔盆地,蒙古亦产"的野马,"数量稀少。为世界上唯一生存的野马,在学术上有重要意义"。② 现今野马已经是世界甲级濒危动物,据说20世纪70年代以后,已经没有发现野马在野外活动的记载。居延"野马"简文也很有可能是世界比较早的对于这一野生动物品种的文字记录之一,可以看作珍贵的生态史资料。作为汉王朝基层军官和士兵近距离直接感受的文字表述,其真实性值得看重。但是,中原人年代更早的相关记录,或许存留在嬴政和李斯时代有关"駃騠"的文书之中。当然,这些信息的获得,是经过秦与北方民族交通往来的渠道实现的。

(八)"駃騠"驯用骑乘推想

前引《淮南子·齐俗》所谓"六骐骥、驷駃騠","驷"字已经体现"駃騠"用于系驾的情形。那么,这种由北方草原地方进入中土的"奇畜",是否可以作为另一种运输动力,即经驯养之后,服务于北方民族惯用的交通方式——骑乘呢?

《太平御览》卷三五六引《董卓传》说到西北名将董卓对"年七岁"的孙子的特别爱重:

> 卓孙年七岁,爱以为己子。为作小铠胄,使骑駃騠马,与玉甲一具,

---

① 王子今:《简牍资料所见汉代居延野生动物分布》,《鲁东大学学报》(哲学社会科学版)2012年第4期。

② 上海辞书出版社:《辞海·生物分册》,上海辞书出版社,1975年,第571页。

俱出入,以为麟驹凤雏。至杀人之子如蚤虱耳。①

这位七岁童子按照董卓设计的衣装行为,所谓"使骑驳骡马,与玉甲一具,俱出入"者,是"驳骡"用于骑乘的明确史例。

董卓出身陇西临洮,以骑术高明闻名,"有才武,旅力少比,双带两鞬,左右驰射"②。曾与羌人友好,又任西域戊己校尉、并州刺史,常年与北方民族密切交往,"数讨羌、胡,前后百余战"③。董卓爱孙"骑驳骡马"的"出入"形式,很可能受到北方民族的影响。我们知道,草原游牧族儿童喜好,或者说成人社会鼓励未成年人的骑乘训练,是很早就开始的。《史记》卷一一〇《匈奴列传》记载:"儿能骑羊,引弓射鸟鼠;少长则射狐兔:用为食。士力能毌弓,尽为甲骑。"④

除了前引《论都赋》所谓"鞭驳骡"或许有可能与骑乘"驳骡"有关而外,现在我们看到的体现"骑驳骡马"的确切史例绝少。在现代人的生物学和畜牧学知识中,骡可骑乘,野马则难以驯用。但是,我们还不能完全否定古代北方民族以至中原民族曾经驯用野马的可能。

应当注意到,隋唐制度,服务宫廷的机构有"奉乘"部门,与"奉辇"部门并列,应当是管理骑乘之事的。"奉乘局"属下有"驳骡闲"。⑤ 由此可以推知,隋唐时人意识中的"驳骡",是可以服务于"乘"的。此外,清人连斗山《周易辨画》卷

---

① 《太平御览》,第1635页。清代学者杭世骏《三国志补注》卷二《魏书》注意到了这条涉及古代未成年人生活史以及古代骑乘史的重要史料,言出《董卓传》。文渊阁《四库全书》本。宋马永易《实宾录》卷八"龙驹凤雏"条引此说,不具出处。文渊阁《四库全书》本。

② 《三国志》卷六《魏书·董卓传》,第171页。

③ 《三国志》卷六《魏书·董卓传》裴松之注引《英雄记》,第172页。

④ 《史记》,第2879页。

⑤ 《隋书》卷二八《百官志下》:"尚乘局置左右六闲:一左右飞黄闲,二左右吉良闲,三左右龙媒闲,四左右駼骏闲,五左右驳骡闲,六左右天苑闲。有直长十四人,又有奉乘十人。"第795页。《新唐书》卷四七《百官志二》:"尚乘局,奉御二人,直长十人。掌内外闲厩之马。左右六闲:一曰飞黄,二曰吉良,三曰龙媒,四曰駼骏,五曰驳骡,六曰天苑。凡外牧岁进良马,印以三花、飞凤之字。飞龙厩日以八马列宫门之外,号南衙立仗马,仗下,乃退。大陈设,则居乐县之北,与象涖治。龙朔二年改尚乘局曰奉驾局。有……习驭五百人,掌闲五千人……习驭掌调六闲之马;掌闲,掌饲六闲之马,治其乘具鞍辔……"第1220页。所谓"乘具鞍辔",可知用于骑乘。《新唐书》卷五〇《兵志》:"以尚乘掌天子之御,左右六闲:一曰飞黄,二曰吉良,三曰龙媒,四曰駼骏,五曰驳骡,六曰天苑。总十有二闲……"第1337页。

七《否》所谓"駃騠之骑难縶弱木"体现了同样的认识,也可以为我们讨论"駃騠"是否可以"骑"的问题提供有参考价值的信息。

四 驴和骆驼早期引入的文物实证

前引《盐铁论·力耕》:"贏驴馲驼,衔尾入塞,驒騱騵马,尽为我畜。"说骡、驴、骆驼大规模进入中土,成为生产动力和运输动力,是在丝绸之路开通之后。

然而有一些迹象表明,骡、驴、骆驼这些畜力的早期引入和开发,可能秦人有特殊的贡献。

(一)秦"王驴"印

骡的繁育,必然以驴的驯养为条件。《史记》卷一一〇《匈奴列传》司马贞《索隐》引《说文》云:"駃騠,马父贏子也。"按照段玉裁《说文解字》注的提示,应作"马父驴母贏也":"谓马父之骡也。言'马父'者,以别于驴父之骡也。今人谓马父驴母者为马骡,谓驴父马母者为驴骡。不言'驴母'者,疑夺。盖当作'马父驴母贏也'六字。"[①]段玉裁注意到,"駃騠"与"骡"有"驴母""驴父之骡"的不同。

《盐铁论》有关张骞"凿空"之后"驴"得以大规模引入的说法,可以与汉宣帝平陵从葬坑发现驴的骨骼的情形相互说明。[②] 前引《史记》卷一一七《司马相如列传》载司马相如《上林赋》已经可以看到"駃騠驴骡"字样:"其北则盛夏含冻裂地,涉冰揭河;兽则麒麟角䚦,騊駼橐驼,蛩蛩驒騱,駃騠驴骡。"[③]《汉书》卷五七上《司马相如传上》:"其兽则麒麟角端,騊駼橐驼,蛩蛩驒騱,駃騠驴臝。"[④]可知汉武帝时代人们对这种新奇畜种的重视。

还有迹象表明,秦人可能较早认识了这种西方"奇畜"。

---

① [汉]许慎撰,[清]段玉裁注:《说文解字注》,上海古籍出版社据经韵楼藏版1981年10月影印版,第469页。

② 袁靖:《动物考古学揭密古代人类和动物的相互关系》,《西部考古》第2辑,三秦出版社,2007年,第94页。王子今:《论汉昭帝平陵从葬驴的发现》,《南都学坛》2015年第1期。

③ 《史记》,第3025页。

④ 《汉书》,第2556页。

上文说到许雄志编《秦代印风》收录"王驴"印,是秦人对驴有所认识的实证。前引张孟伦《汉魏人名考》关于"以畜为名"情形,举出汉魏史例。汉魏"以畜为名"其中以"马""骏""騧骆"作为人名的情形。① 秦汉时期人名用"狗""犬""猋""雏"等字,例证颇多。如陈直《汉书新证》"王子侯表第三下"关于"侯狗嗣免"有所讨论:"直按:汉印文字征第十、六页,有'左狗','张厌狗'二印,知汉代多以狗名者,与本表正合。"② 这些情形,体现当时人们与畜养动物的关系,也体现了人与自然的关系。"王驴"秦印的发现,可以说明"驴"在当时社会生活中的地位。

(二)放马滩秦简《日书》所见"驴"

此外,放马滩《日书》中《三十六禽占》中"三十六禽"列名,有学者指出其中"间"应为"驴":

日中至日入投中蕤宾:间(驴)殹,长面,长颐,兔耳,□□=殹,白皙,善病□。(225)

论者有如下解说:

"间"当读为"驴",参加复旦大学出土文献与古文字研究中心网站学术讨论区《天水放马滩秦简所见"驴"字考》一帖中中聿(蔡伟先生网名)与 s21679(陈炫玮先生网名)两位网友的讨论(http://www.gwz.fudan.edu.cn/ShowPost.asp?ThreadID=2232,2009 年 11 月 3 日)。网友"子居"认为"驴"与"间"非同一动物,似求之过深。"兔耳"原释"尖耳",从陈剑(2011)改释。③

"'间'当读为'驴'"的意见,是有说服力的。这也是秦人较早对驴有所认识的实证。

(三)鄂尔多斯"圆雕立驴青铜竿头饰"

鄂尔多斯青铜器博物馆藏征集品"圆雕立驴青铜竿头饰",长 8.9 厘米,高

---

① 张孟伦:《汉魏人名考》,兰州大学出版社,1988 年,第 37 页。
② 陈直:《汉书新证》,天津人民出版社,1979 年,第 63 页。
③ 程少轩:《放马滩简所见式占古佚书的初步研究》,《历史语言研究所集刊》第八十三本第二分 2012 年第 2 期。

11.5厘米。另外一件类同器物,驴的形象也是明确无疑的。

另一件"圆雕立驴青铜竿头饰",驴的形象头部略低垂,与前例有所不同。①

这些可以证明畜牧史与交通史重要现象的珍贵文物的发现地点,正在秦文化与西北草原文化交接地带,应当可以看作秦人交通动力开发的历史迹象的遗存。

注意到"戎王"部族经"乌氏倮"等为中介对秦畜牧生产形成积极影响的情形,则可以理解汉代成为内地重要交通动力的"驴"由秦人较早利用的可能。

(四)天水出土"骆驼"形象银饰

甘肃礼县秦墓出土多种型式的金箔。以鸟形为主流纹样的此类文物因盗掘活动流散到海外文物市场,有些得以返回。

甘肃张家川马家塬战国墓出土的装饰精美的车辆,引起考古学界与历史学界的重视。其中金属饰件,式样华丽,制作细致,被看作体现冶铸技术水准与设计构思及审美情趣的文物精品。

天水博物馆收藏的征集品"骆驼"形象银饰,性质很可能与邻近地区战国秦墓出土的金银箔片类似。显现的"骆驼"形象为双峰驼。这两件银饰,应当是我们看到的最早的表现这种中原人以为"奇畜"的"骆驼"形象的文物。

在秦交通史的考察中重视这种文物的发现,应当有助于深化关于交通动力开发的思考。

---

① 秦始皇帝陵博物院编,曹玮主编:《萌芽·成长·融合——东周时期北方青铜文化臻萃》,三秦出版社,2012年。

第十二章 秦交通动力开发之二：水运

利用水力以为交通动力，是上古史最重要的发明之一。秦人在"水通粮"运输方式方面所体现的优势，表现出交通建设方面的特殊智慧。而国力、军力的强盛，亦由此显示。水运能力的优胜，可以看作秦最终实现统一功业的技术层面的因素之一。

一　"水通粮"：秦"不可与战"的运输能力强势

《石鼓文·霝雨》说到"舫舟"的使用："淒淒□□，舫舟囪遴。□□自廊，徒驭汤汤。隹舟以衎（行），或阴或阳。极深以㇏，□于水一方。"① 可见秦人很早就沿境内河流从事水上运输。《左传·僖公十三年》记述秦输粟于晋"自雍及绛，相继"的所谓"汎舟之役"，杜预《集解》："从渭水运入河、汾。"② 这是史籍所载规模空前的运输活动。中国历史上第一次大规模河运的记录，是由秦人创造的。在"汎舟之役"的历史基点上，秦人发展水运的努力持续不衰。战国史所见国力的比较，有鲜明的史例显示"水通粮"所表现出来的优越能力的作用。

秦人较早开发水运的情形值得注意。

《战国策·赵策一》记载，赵豹曾经明确警告赵王应避免与进行秦国直接的军事对抗：

> 秦以牛田，水通粮，其死士皆列之于上地，令严政行，不可与战。王

---

① 郭沫若：《石鼓文研究　诅楚文考释》，科学出版社，1982年，第45—48页。
② 《春秋左传集解》，第284页。

自图之!①

缪文远说,明人董说《七国考》卷二《秦食货》"牛田"条"'水通粮'原作'通水粮',误"。② 所谓"水通粮",是形成"不可与战"之优越国力的重要因素。

《说文·水部》:"漕,水转谷也。"段玉裁注:"如淳《汉书注》曰:水转曰漕。《百官志》曰:大仓令主受郡国传漕谷。""按《史记索隐》作'一云车运曰转,水运曰漕'十字,当从之。"《说文·广部》:"庾,水漕仓也。"段玉裁注:"《汉书·孝文纪》应劭注同。谓水转谷至而仓之也。"③

由赵豹秦以"水通粮"语可知,"漕"即"水转谷"这种运输方式的早期应用,或许可以归功于秦人。徐中舒曾经指出秦的军事优势与此有直接关系:"如果没有水通粮(即后来的漕运),也就不能把它所积聚的粮食,输送到远方去征服其他的国家。"④考察"漕"这种对于中国古代社会经济交流和政治控制意义重大的运输方式的启用,应当重视秦人曾经有过的重要贡献。

二 李冰开通水道,"坐致材木"

据《华阳国志·蜀志》,李冰在设计并实践成都平原的水利建设时,曾经开通多处水上航路:

(李)冰乃壅江作堋。穿郫江、捡江,别支流,双过郡下,以行舟船。

岷山多梓、柏、大竹,颓随水流,坐致材木,功省用饶。⑤

岷山林业资源的开发,因李冰的经营,可以通过水运"坐致材木"。这可能是最早的比较明确的水运材木的记录。⑥

天水放马滩秦木板地图提供的林业史与交通史信息,说明"颓随水流,坐致

---

① [西汉]刘向集录:《战国策》,第618页。
② 《七国考订补》,上册第183页。
③ [汉]许慎撰,[清]段玉裁注:《说文解字注》,上海古籍出版社据经韵楼臧版1981年10月影印版,第566、444页。
④ 徐中舒:《论东亚大陆牛耕之起源》,《成都工商导报》,《学林》副刊,1951年12月。
⑤ 《华阳国志校补图注》,第133页。
⑥ 参看王子今:《秦统一原因的技术层面考察》,《社会科学战线》2009年第9期。

材木",是秦国比较成熟的运输方式。

三 司马错"浮江伐楚"

《战国策·楚策一》记载张仪威胁楚王时,曾经炫耀秦国的水上航运能力,称秦军可以由巴蜀"循江而下",直驱"至郢":

> 秦西有巴蜀,方船积粟,起于汶山,循江而下,至郢三千余里。舫船载卒,一舫载五十人,与三月之粮,下水而浮,一日行三百余里;里数虽多,不费马汗之劳,不至十日而距扞关。①

《史记》卷七〇《张仪列传》记述略同,"方船"作"大船","循江而下,至郢三千余里"作"浮江以下,至楚三千余里","与三月之粮"作"与三月之食","不费马汗之劳"作"不费牛马之力"。② 说士的语言恐吓,也许可以从一个侧面反映历史的真实。这种"循江而下"或说"浮江以下"的特殊的军运形式,运载对象包括军事物资,也包括军队兵员。③

据《华阳国志·蜀志》,秦人伐楚,确实动用了水上运输力量,"浮江"而下,取得了控制"黔中"的胜利:

> (周赧王)七年,封公子恽④为蜀侯。司马错率巴、蜀众十万,大舶船⑤万艘,米六百万斛,浮江伐楚,取商於之地,为黔中郡。⑥

《华阳国志·蜀志》还记述,秦汉之际,在刘邦建国的军事实践中,巴蜀水运优势又曾经被利用:

> 汉祖自汉中出三秦伐楚,萧何发蜀、汉米万船,南⑦给助军粮,收其精锐,以补伤疾。

---

① 《战国策》,第 506 页。
② 《史记》,第 2290 页。
③ 参看王子今:《秦统一原因的技术层面考察》,《社会科学战线》2009 年第 9 期。
④ 任乃强注:"《史记》作𢟪。"
⑤ 任乃强注:"张本作舡。"
⑥ 《华阳国志校补图注》,第 128 页。
⑦ 任乃强注:"旧各本作西,廖本改作南。"

任乃强就此有所说明:"《汉中志》言汉高祖还定三秦,萧何'居守汉中,足食足兵。既定三秦,萧何镇关中。资其众卒平定天下'。是据《萧何传》。此言'发蜀、汉米万船',亦是据《萧何传》鄂秋语:'上与楚相距五岁,失军亡众……与楚相守荥阳数年,军无见粮,萧何转漕关中,给食不乏。'然蜀郡与汉中米,皆不可能运至关中,转漕以给荥阳。然则此船字误耶? 不惟未误,又适足以补《萧何传》所未尽。盖荥阳、成皋间拉锯战数年中,萧何供给之人力,可由栈道入秦川,以舟运补给。若粮食,则三秦所给者殊有限。其仰给于蜀、巴、汉中者,必先舟运入楚,再由楚自南阳车輓入洛。楚汉战争时,汉必先得黥布、彭越据有楚地者,即在于卫此漕运,否则项羽不能被阻于荥阳也。此为马迁、班固所未注意,鄂秋所不及知。惟蜀人能知其然。故谯周、常璩独能传此'万船'之文也。'伐楚'军事在蜀、汉东,廖本改旧刻四字,不改作东而改作'南'者,盖元丰本字原作南,李㙉疑南非向,误改作西,由不知水道必先转南故也。"①

"萧何发蜀、汉米万船","舟运入楚,再由楚自南阳车輓入洛"的推测未得实证。但是这种可能性也不宜轻易否定。

四　灵渠工程

如果《战国策·楚策一》记载张仪说楚王语所谓"秦西有巴蜀,方船积粟,起于汶山,循江而下,至郢三千余里"以及"舫船载卒,一舫载五十人,与三月之粮,下水而浮,一日行三百余里;里数虽多,不费马汗之劳,不至十日而距扞关"可以看作说士的语言恐吓,则灵渠的遗存,明确提供了秦人在统一战争期间开发水利工程以水力用于军运的确定的实例。

《淮南子·人间》记述,"(秦皇)发卒五十万,使蒙公、杨翁子将,筑修城,西属流沙,北击辽水,东结朝鲜,中国内郡輓车而饷之",除了北河方向的进取之外,又有南海方向的经营:

又利越之犀角、象齿、翡翠、珠玑,乃使尉屠睢发卒五十万,为五军,一军塞镡城之岭,一军守九疑之塞,一军处番禺之都,一军守南野之界,

---

① 《华阳国志校补图注》,第141、143页。

一军结余干之水,三年不解甲弛弩,使监禄无以转饷,又以卒凿渠而通粮道,以与越人战,杀西呕君译吁宋。而越人皆入丛薄中,与禽兽处,莫肯为秦虏。相置桀骏以为将,而夜攻秦人,大破之,杀尉屠睢,伏尸流血数十万。乃发適戍以备之。①

所谓"以卒凿渠而通粮道",即灵渠工程的开通。

《水经注》卷三八《漓水》:"漓水与湘水,出一山而分源也。湘、漓之间,陆地广有百余步,谓之始安峤。峤,即越城峤也。峤水自峤之阳南流注漓,名曰始安水,故庾仲初之赋扬都云,判五岭而分流者也。"②秦人正是巧妙地利用了"漓水与湘水,出一山而分源""分流",而"湘、漓之间",距离仅"百余步"的地理形势,"以卒凿渠而通粮道"的。

"灵渠"又称"零渠"。《太平御览》卷六五引《临桂图经》:"漓水出县南二十里柘山之阴,西北流至县西南,合零渠,五里始分为二水。昔秦命御史监史禄自零陵凿渠,出零陵下漓水是也。"③

"灵渠"又直接称作"秦凿渠"。《太平寰宇记》卷一六二《岭南道六·桂州·兴安县》记载:"秦凿渠,在县南二十里。本漓水自柘山之阴西北流,至县西南合灵渠五里,始分为二水。昔秦命御史监史禄,自零陵凿渠至桂林。故汉归义侯严为戈舡将军,出零陵,下漓水,即此郡。"④

灵渠工程沟通湘江水道和漓江水道,成为连贯湘桂的人工运河。明解缙《兴安渠》诗写道:"石渠南北引湘漓,分水塘深下作堤。若是秦人多二纪,锦帆直是到天涯。"⑤又鲁铎《分水岭》诗:"一道原泉却两支,右为湘水左为漓。谁知万里分流去,到海还应有会时。"⑥

在最便捷的地方,以有限的工程量,连接南北两个水系,实现通航条件的完

---

① 张双棣:《淮南子校释》,北京大学出版社,1997年,第1907页。
② 《水经注校证》,第899页。
③ 《太平御览》,第311页。
④ 《太平寰宇记》,第3103—3104页。
⑤ [清]汪森:《粤西文载》卷二三,转见唐兆民:《灵渠文献粹编》,中华书局,1982年,第70页。
⑥ [清]汪森:《粤西文载》卷二三,[清]金鉽纂修:《广西通志》卷一二四《艺文》,转见唐兆民:《灵渠文献粹编》,第71页。

善,不仅需要平面测量技术达到很高水准,也必须满足高程测量准确度的要求。灵渠于是成为水利史上的成功典范。

五　放马滩木板地图水运史料

放马滩秦墓出土木板地图显示的信息,对于中国古代地图史、测量学史和地理学研究均有重要意义。关于某种"材"运程若干"里",以及如何"道最"等运输信息,乃至"关"(或释作"闭")的设置等,均体现林区交通开发的记录和导引的图示。相关信息对于认识当时的交通制度和交通意识,也是有积极意义的。

放马滩秦地图作为交通史料的价值是明确的。图中往往明确绘出交通道路,有些还标记道里数字及交通便利程度,如:

木板地图三(M1:9)　卅里相谷　杨谷材八里　松材十三里　松材十五里　七里松材刊　最到口廿五里

木板地图四(M1:12A)　北谷口道最　去谷口可五里櫧材　谷口可八里大楠材

里程的标记,应有林区运输组织导向和工效管理的功用。

图中关隘用特殊形象符号表示,发掘者和研究者多称"闭",共见8处。即木板地图二(M1:7、8、11B)2处,木板地图三(M1:9)5处,木板地图四(M1:12A)1处。由此也可以了解秦交通管理制度的严格。① 承甘肃省文物考古研究所张俊民研究员提示,肩水金关汉简有简文"张掖肩水塞闭门关啬夫粪土臣"(73EJT1:18),其中"'闭''关'二字的写法,虽有稍许差异,但仍可以看作一个字"。又如"囗肩水都尉步安谓监领关囗"(73EJT3:110A),其中"关"字形"像'闭'字","按照文义可以做'关'字释读"。② 这一意见可以赞同。

木板地图四(M1:12A)有一横贯直线,与曲折的河流不同,应是交通道路的

---

① 何双全:《天水放马滩秦墓出土地图初探》,《文物》1989年第2期;曹婉如:《有关天水放马滩秦墓出土地图的几个问题》,《文物》1989年第12期;王子今:《秦人经营的陇山通路》,《文博》1990年第5期。

② 张俊民:《肩水金关汉简〔壹〕释文补例》,《考古与文物》待刊。

示意。在这条线上,表现"关"的图形,如《天水放马滩墓葬发掘报告》所说,以"束腰形"图标表示,①正显示扼守在交通道路上的控制性设置。

而另一种情形,木板地图二(M1:7、8、11B)2处与木板地图三(M1:9)5处的"关"②,则如雍际春所说,"以两个半月形点对称绘于河流两岸"③,均显示对河流航道的控制,应理解为水运木材的交通方式的体现。承陕西省考古研究院《考古与文物》编辑部张鹏程见告,榆林以北河道两侧发现的汉代建筑遗存,与放马滩秦地图表现的这种设置十分相近。秦人较早开发水运的情形值得注意。

前引《华阳国志·蜀志》言李冰事迹,涉及岷山林业资源的开发,得以通过水运"坐致材木"。这可能是最早的比较明确的水运材木的记录。而放马滩秦地图透露的相关信息,更可以通过文物资料充实这一知识。

还应当看到,木板地图二(M1:7、8、11B)标记"关"字(或释读为"闭")附近2处控制水路的"关"的近旁,在两条河流上划出了两组双线标示符号。这一标记是否显示津渡或桥梁,抑或是控制河面的特殊设置,作为交通结构,也值得研究者关注。

六 "厎柱丞印"封泥

秦封泥可见"厎柱丞印",傅嘉仪《秦封泥汇考》释作"厎柱丞印"。

傅嘉仪《秦封泥汇考》的相关考论,引用了王辉的意见,亦列举《书·禹贡》及《水经注》的相关内容:

> 王辉先生考:厎柱,山名,在山西平陆县东五十里,黄河中流,南与河南陕县(今三门峡市)接界,修三门峡水库后此山已炸除。
>
> 《尚书·禹贡》:"导河……东至于厎柱。"又云:"厎柱析城,至于王屋。"伪孔传:"厎柱,山名。河水分流,包山而过,山见水中,若柱然。

---

① 《天水放马滩秦简》,第120页。
② 《天水放马滩墓葬发掘报告》以为"加圆点"表示的也是"关口"。《天水放马滩秦简》,第150页。
③ 雍际春:《天水放马滩木板地图研究》,第96页。

在西虢之界。"可见最迟战国时已有此称。又《水经》:"(河水)又东过砥柱间。"郦道元注:"昔禹治洪水,山陵当水者凿之,故破山以通河。……三穿既决,水流疏分,指状表目,亦谓之三门矣……《搜神记》称齐景公渡于江沈之河,鼋衔左骖没之,众皆惕。古冶子于是拔剑从之,邪行五里,逆行三里,至于砥柱之下,乃鼋也,左手持鼋头,右手挟左骖,燕跃鹄踊而出,仰天大呼,水为逆流三百步,观者皆以为河伯也。"底柱是传说中大禹治水所凿,其地势险要,时有怪物作祟,需河神镇守,或由力士铲除之。秦时于底柱设官,是为了祭祀河神,震慑异物,底柱丞殆治水官。封泥作"底"不作"砥"与《禹贡》同,亦可见《禹贡》之成书年代在先秦。①

所谓"故破山以通河""三穿既决,水流疏分",直接的理解即泄洪,而由"通"之字义,也可以进行有关河运的思考。② "厎柱""底柱"或"砥柱"作为明确的地理坐标,而"厎柱丞"作为官职名号,使人联想到黄河三门峡河段漕运或许已经得到开发。

"船漕"的历史记载,最早见于秦史。《左传·僖公十三年》记载,"冬,晋荐饥",秦于是乎输粟于晋,自雍及绛,相继。命之曰'汎舟之役'"。杜预《集解》:"从渭水运入河、汾。"③《史记》卷五《秦本纪》:"(秦穆公十二年)晋旱,来请粟。丕豹说缪公勿与,因其饥而伐之。缪公问公孙支,支曰:'饥穰更事耳,不可不与。'问百里傒,傒曰:'夷吾得罪于君,其百姓何罪?'于是用百里傒、公孙支言,卒与之粟。以船漕车转,自雍相望至绛。"④这是我国历史上第一次大规模河

---

① 傅嘉仪:《秦封泥汇考》,上海书店出版社,2007年,第19页。
② 据《华阳国志·蜀志》,李冰在经营灌溉工程的同时,曾经开通多处水上航路,于所谓"触山胁溷崖,水脉漂疾,破害舟船"之处,"发卒凿平溷崖,通正水道"。"乃壅江作堋。穿郫江、捡江,别支流,双过郡下,以行舟船。岷山多梓、柏、大竹,颓随水流,坐致材木,功省用饶。"《华阳国志校补图注》,第133页。
③ 《春秋经传集解》,第284页。
④ 《史记》,第188页。

运的记录。① 然而,"从渭水运入河、汾",并不经历"厎柱"或"砥柱"之险。《国语·晋语三》也写道:"是故汎舟于河,归粜于晋。"随后又记载:"秦饥,公令河上输之粟。"韦昭注:"河上,所许秦五城也。"晋输秦粟事,因虢射的反对没有实现:"虢射曰:'弗予赂地而予之粜,无损于怨而厚于寇,不若勿予。'公曰:'然。'庆郑曰:'不可。已赖其地,而又爱其实,忘善而背德,虽我必击之。弗予,必击我。'公曰:'非郑之所知也。'遂不予。"② 计划输粟于秦的"河上"是"所许秦五城"还是其他地方,都不大可能由经历"厎柱"或"砥柱"的航线实现转输任务。

统一实现之后,所谓"转漕"是秦王朝重要行政主题之一。李斯、冯劫进谏秦二世:"盗多,皆以戍漕转作事苦,赋税大也。"③ 人们关心较多的,是"负海之郡""转输北河"的长途运输。④ 有关经由"厎柱"或"砥柱"的漕运线路的信息并不明朗。

西汉时期,关中地方粮食消费仰仗关东转漕提供保障。《史记》卷二九《河渠书》说关东漕转关中事所导致运输的"烦费",于是有"漕渠"工程的启动:

> 是时郑当时为大农,言曰:"异时关东漕粟从渭中上,度六月而罢,而漕水道九百余里,时有难处。引渭穿渠起长安,并南山下,至河三百余里,径,易漕,度可令三月罢;而渠下民田万余顷,又可得以溉田:此损漕省卒,而益肥关中之地,得谷。"天子以为然,令齐人水工徐伯表,悉发卒数万人穿漕渠,三岁而通。通,以漕,大便利。其后漕稍多,而渠下之民颇得以溉田矣。
>
> 其后河东守番系言:"漕从山东西,岁百余万石,更砥柱之限,败亡

---

① 秦人发展水运有悠久的传统,形成了显著的交通能力方面的优势。《战国策·赵策一》记载,赵豹警告赵王应避免与秦国对抗:"秦以牛田,水通粮,其死士皆列之于上地,令严政行,不可与战。王自图之!"《战国策》,第618页。缪文远说,明人董说《七国考》卷二《秦食货》"牛田"条"'水通粮'原作'通水粮',误"。《七国考订补》,上册第183页。徐中舒指出:"如果没有水通粮(即后来的漕运),也就不能把它所积聚的粮食,输送到远方去征服其他的国家。"徐中舒:《论东亚大陆牛耕之起源》,《成都工商导报》,《学林》副刊,1951年12月。参看王子今:《秦统一原因的技术层面考察》,《社会科学战线》2009年第9期。

② 《国语》,第323—324页。

③ 《史记》卷六《秦始皇本纪》,第271页。

④ 《史记》卷一一二《平津侯主父列传》:"发天下丁男以守北河,……又使天下蜚刍挽粟,起于黄、腄、琅邪负海之郡,转输北河,率三十钟而致一石。"第2954页。

甚多,而亦烦费。穿渠引汾溉皮氏、汾阴下,引河溉汾阴、蒲坂下,度可得五千顷。五千顷故尽河壖弃地,民茭牧其中耳,今溉田之,度可得谷二百万石以上。谷从渭上,与关中无异,而砥柱之东可无复漕。"天子以为然,发卒数万人作渠田。数岁,河移徙,渠不利,则田者不能偿种。久之,河东渠田废,予越人,令少府以为稍入。①

后来又有人提出"通褒斜道及漕"的建议,设计出发点有"便于砥柱之漕"的考虑:"其后人有上书欲通褒斜道及漕事,下御史大夫张汤。汤问其事,因言:'抵蜀从故道,故道多阪,回远。今穿褒斜道,少阪,近四百里;而褒水通沔,斜水通渭,皆可以行船漕。漕从南阳上沔入褒,褒之绝水至斜,间百余里,以车转,从斜下下渭。如此,汉中之谷可致,山东从沔无限②,便于砥柱之漕⋯⋯'"③所谓"漕从山东西""更砥柱之限,败亡甚多",所谓"穿渠引汾溉皮氏、汾阴下,引河溉汾阴、蒲坂下""砥柱之东可无复漕",所谓"通褒斜道及漕""便于砥柱之漕",都说到"砥柱"是河渭漕运的最严重阻障。

没有明确的文献依据可以具体说明"砥柱之漕"的最初开启时间。但是秦"厎柱丞印"封泥可以告知我们,秦时已经存在名号为"厎柱"的行政设置。这应当是考察"砥柱之漕"交通开发史与交通经营史必须注意的具有标志性意义的重要信息。

"厎柱丞"的行政职任很可能与"砥柱之漕"直接相关。如前引《秦封泥汇考》,有的学者曾推想,"厎柱是传说中大禹治水所凿,其地势险要,时有怪物作祟,需河神镇守,或由力士铲除之。秦时于厎柱设官,是为了祭祀河神,震慑异物,厎柱丞殆治水官"。所谓"祭祀河神,震慑异物"的目的,也应当是为了"砥柱之漕"的畅通。否则"厎柱"或"砥柱""地势险要",只是河上自然风景。而"怪

---

① 《史记》,第1409—1410页。对于这两项与漕运有关的水利工程,《史记》卷三〇《平准书》记述:"番系欲省厎柱之漕,穿汾、河渠以为溉田,作者数万人;郑当时为渭漕渠回远,凿直渠自长安至华阴,作者数万人。"第1424页。

② 张守节《正义》:"无限,言多也。山东,谓河南之东,山南之东及江南、淮南,皆经砥柱上运,今并从沔,便于三门之漕也。"《史记》,第1411页。

③ 《史记》卷二九《河渠书》,第1411页。参看王子今:《两汉漕运经营与水资源形势》,《陕西历史博物馆馆刊》第13辑,三秦出版社,2006年,又《长安学丛书·经济卷》,陕西师范大学出版社,2009年。

物作祟",亦与地方人文行政没有直接关系,祈祝"河神",求助"力士"的必要性并不明朗。以此解说设置政府机构,任命专职官员的用意,似乎缺乏说服力。思考"厎柱丞印"封泥是否"祭祀河神,震慑异物"机构的遗存,从封泥本身提供的文化信息看,现在应当说可能性不大。考察所知秦封泥资料,所见主管"祭祀"的官署及长官名号,大都有比较明确的与神学职任相关的文字标示。如"祝印"①"祠祀"②"丽山飤官"③"上寝"④"泰上寝印"⑤"泰上寝左田""康泰□寝"⑥等。可以与"厎柱丞印""秦时于厎柱设官,是为了祭祀河神"说对应理解的,或许有"雝祠丞印"。⑦ 如果"厎柱丞"负责"祭祀河神",则印文应出现"祝""祠祀"等字样。

对于"厎柱丞殆治水官"的判断,应当注意到《史记》关于"鲧治水""禹治水"的相关记载。⑧ 所言"治水",都是指抗御洪水危害。《汉书》卷一九上《百官公卿表上》:"中尉,秦官,掌徼循京师。……属官有中垒、寺互、武库、都船四令丞。"颜师古注引如淳曰:"都船狱令,治水官也。"⑨"都船"按照如淳的理解,"治水官也",有"令丞"。似言"治水"与"船"有关。然而"厎柱丞"与"中尉""掌徼循京师"职任的行政空间颇有距离。

---

① 《秦封泥汇考》,第4—5页。编者所举列"辅助资料",有《秦汉南北朝官印征存》"长沙祝长",湖南省博物馆藏西汉"长沙祝长",上海博物馆藏西汉"齐太祝印",《临淄封泥文字》"齐太祝印",《封泥存真》"齐太祝印"等。

② 《秦封泥汇考》,第7—8页。编者所举列"辅助资料",有西汉"祠官",西汉"齐祠祀印",《建德周氏藏封泥拓影》西汉"齐祠祀长",《两罍轩印考漫存》"沛祠祀长"等。

③ 《秦封泥汇考》,第11—12页。编者所举列"辅助资料",有秦始皇帝陵出土陶壶盖刻辞铭文"丽山飤官""丽山飤官左""丽山飤官右",秦始皇帝陵出土陶盘刻辞铭文"丽邑二斗八厨",秦始皇陵出土陶壶盖刻辞铭文"丽山食官"。

④ 《秦封泥汇考》,第126—127页。编者所举列"辅助资料",有《封泥考略》"孝惠寝丞"等。

⑤ 《秦封泥汇考》,第127页。编者所举列"辅助资料",有上海博物馆藏"泰上寝左田"。

⑥ 《秦封泥汇考》,第127页。

⑦ 《秦封泥汇考》,第10页。

⑧ 《史记》卷二《夏本纪》:"鲧治水",第50页。《史记》卷三《殷本纪》:"禹治水。"第91页。

⑨ 《汉书》,第732—733页。

谭其骧主编《中国历史地图集》秦"三川郡"计13县,在渑池与陕县之间以"山峰"符号标示"砥柱"。有学者主要依据文物资料考论秦代"三川郡"有22属县。① 正如有的学者所指出的,秦封泥资料中,"反映县名、佐丞的内容比较多"②。据秦"厎柱丞印"封泥,可知秦代或许有"厎柱"县存在。很可能以"厎柱"为名号的行政设置,与以"厎柱"为显著标志的黄河漕运线路有关。

《史记》卷三〇《平准书》写道,汉初,"漕转山东粟,以给中都官,岁不过数十万石。"汉武帝时代,"山东漕益岁六百万石"。③ 如《史记》卷一二九《货殖列传》所说,"关中之地,于天下三分之一,而人众不过什三;然量其富,什居其六"④。秦时如果开通了"砥柱之漕",运输量应当是相对有限的。刘邦入关,约法三章,"秦人大喜,争持牛羊酒食献飨军士。沛公又让不受,曰:'仓粟多,非乏,不欲费人'"。⑤ 关中因秦人的长期积累,有较充备的粮食储积。睡虎地秦墓竹简《秦律十八种·仓律》:"入禾仓,万石一积而比黎之为户。""栎阳二万石一积,咸阳十万一积,其出入禾、增积如律令。"⑥也说明了这一史实。但是这种优势的形成,不排除"漕转山东粟"以充实包括"咸阳""栎阳"的"关中"仓储的可能。"砥柱之漕"的早期开发,很可能对于秦关中重心地方"仓粟多"的经济储备优势的形成,发挥过积极的作用。

从这一思路考虑,也许有的学者曾经指出的秦始皇时代"决通隄防""决通川防"⑦事,应当理解为有交通开发意义之工程的意见⑧,有一定的合理性。在这

---

① 后晓荣:《秦代政区地理》,社会科学文献出版社,2009年,第186—198页。
② 周晓陆、路东之:《秦封泥集》,三秦出版社,2000年,第271页。
③ 《史记》,第1418、1441页。
④ 《史记》,第3262页。
⑤ 《史记》,第362页。
⑥ 《秦律十八种》,睡虎地秦墓竹简整理小组:《睡虎地秦墓竹简》,文物出版社,1990年,图版第17页,释文注释第25页。
⑦ 《史记》卷六《秦始皇本纪》,第251—252页。
⑧ 何兹全《秦汉史略》指出,"决通川防"针对的是战国时期各国"阻碍交通"的行为。上海人民出版社,1955年,第10页。马非百《秦始皇帝传》说,"决通川防"即"决通战国时各国不合理的川防",意义在于"水利资源的开发"。江苏古籍出版社,1985年,第506页。田昌五、安作璋主编《秦汉史》写道:"秦统一后,'决通川防'","便利了交通"。人民出版社,1993年,第56页。

样的背景下，黄河水运通路或许曾经发起"铲除""河阻"一类水道浚通的交通治理行为。

《禹贡》写道："壶口雷首，至于太岳。厎柱析城，至于王屋。""导河积石，至于龙门。南至于华阴，东至于厎柱，又东至于孟津。"①正如王辉所说："最迟战国时已有此称。"《水经注》说："昔禹治洪水，……破山以通河。"②看来人们对"厎柱"的地理形势与水文条件是熟悉的。只是西汉时期相当忙碌的"砥柱之漕"，其最初开发时间，以往并不清楚。秦"厎柱丞印"封泥的发现因而值得我们重视。

克服"厎柱"导致的"河阻"的工程，历史文献有所记录。《水经注》卷四《河水》："砥柱，山名贝。……河水分流，包山而过，山见水中若柱然，故曰砥柱页。三穿既决，水流疏分，指状表目，亦谓之三门矣。""自砥柱以下，五户已上，其间百二十里，河中竦石杰出，势连襄陆，盖亦禹凿以通河，疑此阙流也。其山虽辟，尚梗湍流，激石云洄，澴波怒溢，合有十九滩，水流迅急，势同三峡。破害舟船，自古所患。汉鸿嘉四年，杨焉言，从河上下，患砥柱隘，可镌广之。上乃令焉镌之。裁没水中，不能复去，而令水益湍怒，害甚平日。魏景初二年二月，帝遣都督沙丘部、监运谏议大夫寇慈，帅工五千人，岁常修治，以平河阻。晋泰始三年正月，武帝遣监运大中大夫赵国、都匠中郎将河东乐世，帅众五千余人，修治河滩。事见《五户祠铭》。虽世代加功，水流濗濟，涛波尚屯，及其商舟是次，鲜不踟蹰难济。故有众峡诸滩之言。五户，滩名也。有神祠，通谓之五户将军，亦不知所以也。"③其"神祠""不知所以"，且以"五户"为名，不称"厎柱"，也值得注意。

关于东汉晚期"厎柱"河段水上交通的实例，见于《后汉书》卷七二《董卓传》李贤注引《袁宏纪》曰："（李）傕、（郭）汜绕营叫呼，吏士失色，各有分散意。李乐惧，欲令车驾御舡过砥柱，出盟津。杨彪曰：'臣弘农人也。自此以东，有三十六难，非万乘所当登。'宗正刘艾亦曰：'臣前为陕令，知其危险。旧故有河师，犹时有倾危，况今无师。太尉所虑是也。'"④所谓"鲜不踟蹰""时有倾危"的情形，

---

① 《十三经注疏》，第 151 页。
② 《水经注》卷四《河水》，《水经注校证》，第 116 页。
③ 《水经注校证》，第 116—118 页。
④ 《后汉书》，第 2341 页。

看来"河阻"长期以来"虽世代加功",仍未能解决。在由气候变迁所导致的黄河水量减少的年代①,情况有可能更为严重。

秦"厎柱丞印"所见"厎柱丞"可能是"厎柱"县丞。其职任,应当包括主持"厎柱"附近水文条件"尚梗湍流,激石云洄,濆波怒溢"之航道的运输管理,可能也需承当克服"厎柱"航段"河阻"的"镌广""修治"等工程的指挥。

秦"厎柱丞印"封泥提示的年代信息,增进了我们对秦交通史的认识,于中国古代水运开发与交通管理史研究,也有重要的意义。②

七　孙家南头遗址与秦汧河水运

陕西凤翔孙家南头村发掘了西汉汧河仓储建筑遗址。

这处仓储建筑遗址,发掘报告称"西汉仓储建筑遗址"或"汉代仓储建筑遗址"。孙家南头村位于"汧河东岸一级台地上,地处秦都雍城近郊",附近有文化内涵丰富的周秦汉遗址。向南 300 米为东周时期的"马道口遗址",1973 年出土有"羽阳宫鼎""今汧共厨"铭文的西汉铜鼎。向北 1 千米有西周时期的"化原遗址",曾出土西周早期的"公父乙"铜甗和青铜爵。向东 300 米的台塬之上是战国至秦汉时期著名的"蕲年宫"。

发掘者判断,这一仓储建筑,"是西汉中央政府设在关中西部的一个水上转运站,其目的是将在这一带征集的粮食及时运抵长安"。然而又说:"目前对该仓储建筑的用途无法得出定论,但可以肯定的是,在当时某些特定的环境中,它具有仓储转运、存储和军需守备多重功能。"联系凤翔采集"百万石仓"瓦当,发掘报告执笔者"推断该仓储建筑可能就是当时的'百万石仓'"。③ 联系遗址发现的通风设施遗存,作为粮食仓储建筑的可能性是很大的。

附近地方考古调查所获同类建筑材料说明,春秋战国时期汧河沿岸有可能

---

① 竺可桢:《中国近五千年来气候变迁的初步研究》,《考古学报》1972 年第 1 期。
② 王子今:《说秦"厎柱丞印"封泥》,《故宫博物院院刊》2019 年第 3 期。
③ 陕西省考古研究院、宝鸡市考古研究所、凤翔县博物馆:《凤翔孙家南头——周秦墓葬与西汉仓储建筑遗址发掘报告》,科学出版社,2015 年,第 2 页,第 304—305 页。

已经建造了仓储设施以及水运码头。汧河水文条件的历史变化与仓储码头的使用与废弃有关。据发掘报告记述,"该建筑可能毁于火灾,而后被水流冲积的泥沙湮没形成淤积层"。① 由此可以推知汧河水资源条件的历史变化。考虑到秦人由西而东进入关中平原初期对"汧渭之会"地理条件的重视,利用汧河水运条件,应是秦人立足雍城向东扩张进程中发展交通事业的重要选择。

考古学者认为这样的建筑可以看作秦都雍城交通格局的一部分,应当是合理的判断。

---

① 《凤翔孙家南头——周秦墓葬与西汉仓储建筑遗址发掘报告》,第 304 页。

第十三章　秦桥梁建造技术

中国古代桥梁史记录了秦人的发明。秦长于桥梁建造工程的技术水准,是交通能力优越的表现。相关迹象,在交通史与建筑史上同时保留有深刻的历史记忆。① "秦桥"成为具有纪念意义的文化象征符号,不是偶然的。有学者指出,周秦时期,随着农业的进步,"手工业和商业也相当地活跃起来,对道路交通,需求日益增长。列国纷争,各发展境内和与邻国之间的工农商与交通。但强弱悬殊,昏明不一"。"齐、鲁大邦,却未见有十分著名的桥,名桥仍集中在中原秦、晋。特别是秦,吸纳六国英才,重农而兴修水利,重商而贸迁天下,重武而统一中国。桥梁的建设都与此有关。"②我们曾经讨论过秦国对于交通的重视,大有利于统一的实现。③ 回顾秦桥梁史,可以深化相关认识。

---

① 人们通常说"桥梁建筑",以为"桥梁是一种既普遍而又特殊的建筑物"。如茅以升主编:《中国古桥技术史》,北京出版社,1986 年,第 1 页;唐寰澄:《中国科学技术史·桥梁卷》,科学出版社,2000 年,第 1 页。然而关于"建筑"的历史论著往往对"桥梁"不做重点考述。如刘敦桢主编《中国古代建筑史》只在论说"隋、唐、五代时期的建筑"时介绍了"安济桥"。中国建筑工业出版社,1980 年,第 152—153 页。刘叙杰主编《中国古代建筑史》自"汉代桥梁"开始有所介绍。中国建筑工业出版社,2003 年,第 510—513 页。孙机《汉代物质文化资料图说》(增订本)在"建筑"类别 14 个部分之"建筑 XIII"中列有"桥"。上海古籍出版社,2008 年,第 243、245 页。《中国大百科全书·交通》"交通史"部分有"桥梁发展史"词条,在"公路运输"部分有"赵州桥""芦沟桥""洛阳桥""宝带桥""泸定桥"等词条。中国大百科全书出版社,1986 年,第 400—404 页,第 629、330、343、7、331 页。将"桥梁史"归入"交通史",大概是很多学者通常的思路。
② 《中国科学技术史·桥梁卷》,第 11 页。
③ 王子今:《秦国交通的发展与秦的统一》,《史林》1989 年第 4 期;《秦统一原因的技术层面考察》,《社会科学战线》2009 年第 9 期。

庚信文句"伍员道阻,燕丹路遥,南奔楚塞,北避秦桥"①,"燕丹""秦桥"故事,当然是交通史研究者应当关注的。而又多有以所谓"秦桥"言海上栈桥者,如李贺诗"海沙变成石,鱼沫吹秦桥"②,梅尧臣诗"朝日下天窗,东海无秦桥;秦桥不可度,织女不可邀"③,都是对于相关现象的文学表述。《初学记》卷六《地部中·海》"事对"列有"秦桥,汉柱"。④《渊鉴类函》卷三六《地部十四·海三》同样以"秦桥""汉柱"为对。⑤ 又唐诗"蟾蜍同汉月,蟠蛛异秦桥"⑥,元诗"秦桥遗蟠蛛,汉土赖玄纁"⑦,明人文字"秦桥汉庙,埋没芜墟"⑧,则以"秦桥"分别与"汉月""汉土""汉庙"为对。宋刘筠《汉武》诗"夏鼎几迁空象物,秦桥未就已沈波"⑨,以"秦桥"对"夏鼎"。明王世贞《和峻伯蓬莱阁六绝》其四"风雷忽卷秦桥去,日月还依禹碣悬"⑩,以"秦桥"对"禹碣"。唐沈佺期《登瀛州南城楼寄远》"北尽燕王馆,东余秦帝桥;晴光七郡蒲,春色两河遥"⑪,以"秦帝桥"对"燕王馆"。将"秦桥"视为一种象征,看作秦文化的代表性遗存与秦政的时代性标志,

---

① [北周]庚信:《周大将军司马裔神道碑》,[北周]庚信撰,[清]倪璠注,许逸民校点:《庾子山集注》,中华书局,1980年,第806页。

② [唐]李贺:《古悠悠行》,见[清]王琦等注:《李贺诗歌集注》卷二,上海古籍出版社,1978年,第97页。

③ [宋]梅尧臣:《王平甫惠画水卧屏》,《宛陵集》卷五七,《四部丛刊》景明万历梅氏祠堂本。

④ [唐]徐坚等:《初学记》,中华书局,1962年,第117页。

⑤ [清]张英、王士祯等:《渊鉴类函》卷三六,北京市中国书店据1887年上海同文书局石印本1985年8月影印版,第3页。"汉柱"解说,引张勃《吴录》曰:"象林海中有小洲,生柔金。自北南行三十里,有西属国,人自称汉子孙。有铜柱,汉之疆场之表。"前引李贺《古悠悠行》"海沙变成石,鱼沫吹秦桥",下句言"空光远流浪,铜柱从年消"。《李贺诗歌集注》,第97页。其实也可以说是以"秦桥"对"汉柱"。

⑥ [唐]顾况:《送从兄使新罗》,《文苑英华》卷二九七《诗》,见[宋]李昉等编:《文苑英华》,中华书局,1966年,第1512页。

⑦ [元]吾衍:《游大涤呈介石先生二十韵》,见孟宗宝:《洞霄诗集》卷一四,清嘉庆《宛委别藏》本。

⑧ [明]黄卿:《碣石篇》,《海岱会集》卷一《古乐府》,文渊阁《四库全书》本。

⑨ [宋]杨亿编:《西昆酬唱集》卷上,《四部丛刊》景明嘉靖本。

⑩ [明]王世贞:《弇州四部稿》卷四八《诗部》,明万历刻本。

⑪ [宋]李昉等编:《文苑英华》卷三一二《居处二·楼》,第1601页。

是体现出真切历史观察的认识。

一 秦后子鍼"造舟于河"

秦人最早在黄河上建造浮桥的记载,显示出服务于交通的工程能力。

秦后子鍼"造舟于河",在中国古代桥梁史上留下了鲜明的记忆。《左传·昭公元年》记载:

> 秦后子有宠于桓,如二君于景。其母曰:"弗去,惧选。"癸卯,鍼适晋,其车千乘。书曰"秦伯之弟鍼出奔晋",罪秦伯也。后子享晋侯,造舟于河,十里舍车,自雍及绛。归取酬币,终事八反。

杜预《集解》言"造舟为梁,通秦晋之道"①,指出这是实现"秦晋"交通条件改善的重要工程。但是以为"明河上桥非常设,以后子之富,其车千乘,故临时造舟而渡也"。

"河桥",是征服黄河险阻的重要交通工程。唐人《毛诗正义》:"然则'造舟'者,比船于水,加板于上,即今之'浮桥'。故杜预云'造舟为梁',则河桥之谓也。"②《尔雅·释水》郭璞注解释"造舟",谓"比舡为桥"。邢昺疏:"言造舟者,比舡于水,加版于上,即今之浮桥。"③排列船舶,相互连系,上施木板,以形成便利的通行条件,是交通史上的重大发明。

《说文·辵部》:"造,就也。从辵,告声。""艁,古文造,从舟。"④陆德明《经典释文》卷七《毛诗音义下》对"造舟"的解释中说道:"《广雅》作'艁',音同。

---

① 《春秋左传集解》,第1191—1192页。

② 文渊阁《四库全书》本。《晋书》卷三四《杜预传》说,杜预"博学多通",曾经发明所谓"人排新器"。又曾经主持修造富平津黄河浮桥,设计理念涉及古人"造舟为梁"方式:"(杜)预又以孟津渡险,有覆没之患,请建河桥于富平津。议者以为殷周所都,历圣贤而不作者,必不可立故也。预曰:'"造舟为梁",则河桥之谓也。'及桥成,帝从百僚临会,举觞属预曰:'非君,此桥不立也。'对曰:'非陛下之明,臣亦不得施其微巧。'"《晋书》,第1028页。

③ 《十三经注疏》,第2619页。

④ [汉]许慎撰,[清]段玉裁注:《说文解字注》,上海古籍出版社据经韵楼藏版1981年10月影印版,第71页。

《说文》：'艁',古'造'字。"①朱骏声《说文通训定声》卷六说：造，"古文从舟"，"又为桥"。"《诗·大明》'造舟为梁'，……推之天子，当并七船，加板其上，如今浮桥是也。"②《说文·非部》："靠，相韦也。从非，告声。"段玉裁注做这样的解释："相韦者，相背也。故从非。今俗谓相依曰靠，古人谓相背曰靠，其义一也。犹分之合之皆曰离。"③其实，"从非"未必即"相背"，如《说文·车部》："辈，若军发车百两为辈。从车，非声。"段玉裁注也说："引申之为什伍同等之称。"④应当说，"辈"字非声，原本也有"相依"之义。《六韬》卷六《犬韬·均兵》："六十骑为一辈。"⑤以司马迁《史记》为例，"辈"形成批次组合。《史记》卷六《秦始皇本纪》："（赵）高使人请子婴数辈，子婴不行。"⑥《史记》卷六五《孙子吴起列传》："（田）忌数与齐诸公子驰逐重射。孙子见其马足不甚相远，马有上、中、下辈。于是孙子谓田忌曰：'君弟重射，臣能令君胜。'田忌信然之，与王及诸公子逐射千金。及临质，孙子曰：'今以君之下驷与彼上驷，取君上驷与彼中驷，取君中驷与彼下驷。'既驰三辈毕，而田忌一不胜而再胜，卒得王千金。"⑦又《史记》卷七三《白起王翦列传》："王翦将兵六十万人，始皇自送至灞上。王翦行，请美田宅园池甚众。始皇曰：'将军行矣，何忧贫乎？'王翦曰：'为大王将，有功终不得封侯，故及大王之向臣，臣亦及时以请园池为子孙业耳。'始皇大笑。王翦既至关，使使还请善田者五辈。"⑧又《史记》卷八七《李斯列传》："赵高使其客十余辈诈为御史、谒者、侍中，更往覆讯（李）斯。"⑨《史记》卷八九《张耳陈余列传》："舍中皆笑曰：'使者往十余辈，辄死，若何以能得王？'乃走燕壁。"⑩《史记》卷九二《淮阴

---

① ［唐］陆德明撰，黄焯断句：《经典释文》，中华书局，1983年，第90页。
② ［清］朱骏声撰：《说文通训定声》，武汉市古籍书店据湖北省图书馆藏临啸阁版1983年6月影印版，第282页。
③ 《说文解字注》，第583页。
④ 《说文解字注》，第728页。
⑤ ［周］吕望等撰：《六韬》，《丛书集成初编》，新文丰出版公司，1986年，第32册第67页。
⑥ 《史记》，第275页。
⑦ 《史记》，第2162—2163页。
⑧ 《史记》，第2340页。
⑨ 《史记》，第2561页。
⑩ 《史记》，第2576—2577页。

侯列传》:"(韩信)坐法当斩,其辈十三人皆已斩……"①《史记》卷九九《刘敬叔孙通列传》:"使者十辈来,皆言匈奴可击。""(刘邦)曰:'吾不用公言,以困平城。吾皆已斩前使十辈言可击者矣。'"②《史记》卷一〇一《袁盎晁错列传》:"梁刺客后曹辈果遮刺杀盎安陵郭门外。"③《史记》卷一〇六《吴王濞列传》:"汉系治使者数辈。"④《史记》卷一〇八《韩长孺列传》:"汉使十辈至梁。"⑤《史记》卷一一〇《匈奴列传》:"汉使留匈奴者前后十余辈。"⑥《史记》卷一一六《西南夷列传》:"至滇,滇王尝羌乃留,为求道西十余辈。"⑦《史记》卷一二二《酷吏列传》:"天子果以(张)汤怀诈面欺,使使八辈簿责汤。"⑧《史记》卷一二三《大宛列传》:"诸使外国一辈大者数百,少者百余人。""汉率一岁中使多者十余,少者五六辈。""遣使柏始昌、吕越人等岁十余辈。""汉使数百人为辈来。""汉发使十余辈至宛西诸外国,求奇物。"⑨这里所说的"辈",以批、队、伙、群的解释应当较为接近原义。"辈"后来又写作"拨"。如《宋史》卷一二一《礼志二十四·军礼》"阅武"条写道:"……共一千二百六十人,每六十人作一拨。"⑩现代汉语作为量词一般"用于成批的人或物"的所谓"拨儿"⑪,或许正是由此而来。

实际上,"造舟"之"造"以及"艁",都可以从"辈"字发现其原始之义。所谓"造舟"或"艁舟",其实就是以舟船比靠联并构成浮桥。《方言》卷九:"艁舟谓之浮梁。"郭璞注:"即今浮桥。"⑫张衡《东京赋》:"造舟清池,惟水泱泱。"薛综也

---

① 《史记》,第 2610 页。
② 《史记》,第 2718 页。
③ 《史记》,第 2745 页。
④ 《史记》,第 2823 页。
⑤ 《史记》,第 2859 页。
⑥ 《史记》,第 2915 页。
⑦ 《史记》,第 2996 页。
⑧ 《史记》,第 3143 页。
⑨ 《史记》,第 3170、3174、3179 页。
⑩ 《宋史》,中华书局,1977 年,第 2831 页。
⑪ 中国社会科学院语言研究所词典编辑室编:《现代汉语词典》(第 6 版),商务印书馆,2014 年,第 96 页。
⑫ 华学诚汇证,王智群、谢荣娥、王彩琴协编:《扬雄方言校释汇证》,中华书局,2006 年,第 623 页。

解释说:"造舟,以舟相比次为桥也。"①

《元和郡县图志》卷二《关内道二·同州》"朝邑县"条:"河桥,本秦后子奔晋,造舟于河,通秦、晋之道。今属河西县。"而"朝邑县""本汉临晋县地","县西南有蒲津关"。② 以为后子鍼"造舟于河",在"朝邑"即"汉临晋"地方。据谭其骧主编《中国历史地图集》,其地在今陕西大荔东。③

汉代"西河"置郡,治地横跨黄河。可以说明当时河东与河西往来,有较好的济渡条件。④ 据《元和郡县图志》保留的历史记忆,后子鍼"造舟于河"之处在汉西河郡辖地以外的河段,看来黄河南向切割的东西两岸,往来交通相当便利。春秋以来秦晋相互间文化联系之密切⑤,有交通条件的因素。而克服河险的努力,显然秦人有较为积极的表现。

顾颉刚总结在皋兰、临洮、柳州和湖北涑水上浮桥的形制特点,曾经发表这样的认识,"是此风在吾国之久且广如是"。"吾国行用浮桥之历史,估计至少已越三、四千年。"⑥关于"造舟"方式的理解,可以进行更具体的讨论。⑦

后子鍼"造舟于河",营造了最早的黄河浮桥。并非国家行为的后子鍼"造舟于河"创制,其实可以明确地体现秦人桥梁建造技术的水准。

二 秦昭襄王"初作河桥"

黄河历史上第一座常设的浮桥,也是秦国修建,即《史记》卷五《秦本纪》记载秦昭襄王五十年(前257)事:

---

① [梁]萧统编,[唐]李善注:《文选》,中华书局据胡克家嘉庆十四年刻本1977年11月缩印版,第56页。
② [唐]李吉甫撰,贺次君点校:《元和郡县图志》,中华书局,1983年,第37页。
③ 《中国历史地图集》,第40—41页。
④ 王子今:《西河郡建置与汉代山陕交通》,《晋阳学刊》1990年第6期。
⑤ 王子今:《古晋语"天开之"索解——兼论秦晋交通的早期发展》,《史志研究》1998年第2期。
⑥ 顾颉刚:《造舟为梁》,《史林杂识(初编)》,中华书局,1963年,第128页。
⑦ 王子今:《"造舟为梁"及早期浮桥史探考》,《文博》1998年第4期。

五十年十月，武安君白起有罪，为士伍，迁阴密。张唐攻郑，拔之。十二月，益发卒军汾城旁。武安君白起有罪，死。龁攻邯郸，不拔，去，还奔汾军。二月余攻晋军，斩首六千，晋楚流死河二万人。攻汾城，即从唐拔宁新中，宁新中更名安阳。初作河桥。

当时，秦军事进攻的主要方向在三晋地方。"汾城"，张守节《正义》："《括地志》云：'临汾故城在绛州正平县东北二十五里，即古临汾县城也。'按：汾城即此城是也。""晋楚流死河二万人"，裴骃《集解》引徐广曰："楚，一作'走'。"张守节《正义》："按：此时无楚军，'走'字是也。""宁"，裴骃《集解》引徐广曰："一作'曼'。此赵邑也。""从唐拔宁新中"，张守节《正义》："唐，今晋州平阳，尧都也。《括地志》云：'宁新中，七国时魏邑，秦昭襄王拔魏宁新中，更名安阳城，即今相州外城是也。'""安阳"，裴骃《集解》："徐广曰：'魏郡有安阳县。'"张守节《正义》："今相州外城古安阳城。"对于"初作河桥"。张守节《正义》："此桥在同州临晋县东，渡河至蒲州，今蒲津桥也。"①位于"蒲津"方位"河桥"的修作，必然对秦攻击三晋的战争形成了强有力的支持。《春秋战国异辞》卷首下写道："秦武安君白起有罪免为士伍，迁阴密，秦益发卒军汾城旁。秦武安君白起有罪赐死于杜邮，益遣郑安平击赵。魏公子无忌矫杀晋鄙，夺其军以救赵，大破秦军于邯郸，秦王龁解围走郑安平，以二万人降赵，无忌因留赵不敢归。秦王龁还奔汾军，二月余攻晋军，斩首六千，晋走流死河二万人，攻汾城，即从唐拔宁新中。秦张唐攻郑拔之。三晋距秦。秦初作河桥。秦太子之子异人自赵逃归，更名曰楚。韩魏楚救赵新中，秦兵罢。秦将军摎攻韩，取阳城、负黍，斩首四万，攻赵，取二十余城，斩首九万。"②"河桥"营造，是与对赵、魏、韩的猛烈的军事攻击大致同时的工程。虽然白起"有罪免为士伍"，又"赐死于杜邮"，但是这一工程很可能在白起主持对"三晋"方向战争指挥时即已设计规划并进行了施工准备。与所谓"秦初作河桥"直接对应的战争形势，是"三晋距秦"。"三晋距秦"之说，出自《史记》卷四《周本纪》："五十八年，三晋距秦。周令其相国之秦，以秦之轻也，还其行。客谓相国曰：'秦之轻重未可知也。秦欲知三国之情。公不如急见秦王曰：请为王听东方之变，秦王必重公。重公，是秦重周，周以取秦也；齐重，则固有周聚以

---

① 《史记》，第214、217、218页。
② [清]陈厚耀：《春秋战国异辞》卷首下《春秋战国通表下》，文渊阁《四库全书》本。

收齐:是周常不失重国之交也。'秦信周,发兵攻三晋。"①据《周本纪》,"三晋距秦"在先,秦"发兵攻三晋"在后。

"秦太子之子异人自赵逃归",对于后来秦国最高权力继承与秦统一历史的走向有重要意义。异人自赵归秦,不排除经过此"河桥"的可能。

《艺文类聚》卷九引《史记》曰:"秦昭王四十九年,初作河桥。"②与今本《史记》"(秦昭襄王)五十年"十二月"初作河桥"不同。《春秋战国异辞》卷二五上据《史·秦本纪》言,"五十年","初作河桥",而同书卷首下在"秦初作河桥"条下又写道:"一载上年。"③指出有记载秦昭襄王"四十九年"的说法。据"(秦昭襄王)五十年"之"上年"即秦昭襄王四十九年(前258)"初作河桥"的记载,则白起有可能参与规划的这一工程,军事性质更为明朗。

《史记》卷五《秦本纪》的这一记载,或作"秦始作浮桥"。又有将"秦始作浮桥"误解为"秦始皇作浮桥"的错误判断。于是因这一误解,此工程进行的年代后延了三十多年。明方以智《通雅》卷三八《宫室》:"艒梁,浮桥也。秦始皇作浮桥,见《春秋后传》。《史记》:秦昭襄五十年,初作河桥。《元和志》:河阳浮桥,驾黄河为之,列船亘篝。《通典》曰:孟津,亦曰富平津。杜元凯造浮桥。东晋有朱雀浮桁与丹阳、竹格、骠骑,为四航。孝武宁康元年,除四桁税。《唐六典》:造舟之梁,四河三洛,一河则蒲津、太阳、明津。洛则孝义也。段国《沙州记》:吐谷浑于河上作桥,曰河厉。"④《管城硕记》卷二九《通雅》:"《通雅》曰:'秦始皇作浮桥。见《春秋后传》。'按:乐资《春秋后传》:'赧王三十六年,秦始作浮桥于河。'《史记·秦本纪》:'秦昭襄王五十年,初作河桥。'《周本纪》:赧王在位五十九年。卒。'后七岁,秦庄襄王灭东西周。'赧王时安得有始皇作浮桥乎?盖《后传》言秦始作,谓初作耳,非始皇也。"⑤这样的辨析,是有说服力的。

还应当有以讨论的是,秦昭襄王五十年(前257)"初作河桥"与后子鍼"造舟于河"的关系。所谓"初作河桥"是否可以动摇我们对于后子鍼"造舟于河"乃

---

① 《史记》,第168页。

② 《艺文类聚》,第182页。

③ [清]陈厚耀:《春秋战国异辞》卷二五上《秦·昭襄王》,《春秋战国异辞》卷首下《春秋战国通表下》,文渊阁《四库全书》本。

④ [明]方以智:《通雅》,文渊阁《四库全书》本。

⑤ [清]徐文靖著,范祥雍点校:《管城硕记》,中华书局,1998年,第542页。

最早的黄河浮桥的认识呢?

现在看来,后子𬭁营造的,应当是第一座临时性的黄河浮桥。而秦昭襄王"初作河桥",则是黄河上第一座常设的浮桥。①

三 李冰造七桥

《华阳国志》卷三《蜀志》记载,李冰治蜀,除兴修水利、开通水路而外,亦注重桥梁建设:

> 州治大城。郡治少城。西南两江有七桥:直西门郫江上曰冲里桥。西南石牛门曰市桥。其下,石犀所潜渊也。大城南门曰江桥。南渡流江曰万里桥。西上曰夷里桥。上曰笮桥。从冲里桥西北折曰长升桥。郫江上,西有永平桥。长老传言:李冰造七桥,上应七星。故世祖谓吴汉曰:"安军宜在七星桥间。"城北十里有升仙桥,有送客观。司马相如初入长安,题市门曰"不乘赤车驷马,不过汝下"也。于是江众多作桥,故蜀立里多以桥为名。②

成都附近"七桥"的密度,就水系发达的环境条件看,其实并不令人吃惊。而所谓"李冰造七桥,上应七星"的天文与地理、天文与水文的对应关系,与秦始皇规划咸阳"焉作信宫渭南,已更命信宫为极庙,象天极","为复道,自阿房渡渭,属之咸阳,以象天极阁道绝汉抵营室也"的做法,③可能存在建筑理念方面的关系。"李冰造七桥,上应七星",其实可以看作秦始皇时代渭桥设计"以象天极阁道绝汉抵营室"的历史先声。

秦人较早征服巴蜀。秦国控制巴蜀的政策比较成功,巴蜀地方较早实现了与秦文化的认同。④ 巴蜀城市建设有仿拟秦地的情形。如成都城规划,"修整里阓,市张列肆,与咸阳同制","蜀人因名北门为咸阳门"。在交通礼俗方面也可

---

① 王子今:《秦汉交通史稿》(增订本),中国人民大学出版社,2013年,第16—17页。
② 《华阳国志校补图注》,第152页。
③ 《史记》卷六《秦始皇本纪》,第241、256页。
④ 王子今:《秦兼并蜀地的意义与蜀人对秦文化的认同》,《四川师范大学学报》1998年第2期。

以看到来自秦本土文化的明显影响:"工商致结驷连骑","归女有百两之徒车……原其由来,染秦化故也"。①

李冰在成都平原经营桥梁建设的积极性,或许也可以曲折反映秦人在关中地方对于桥梁建设史的贡献。

李冰建造的"七桥"或"七星桥"的推定位置,《桥梁史话》载四川省博物馆提供的示意图可以参考。②

四 咸阳"渭桥"

秦始皇时代"为复道,自阿房渡渭,属之咸阳,以象天极阁道绝汉抵营室也"③,新的宫廷规划以"复道"方式"渡渭","以象天极阁道绝汉",应当在渭水上建造了高等级的桥梁。其实,早在此工程之前,秦行政重心地区咸阳附近的渭水桥梁已经长期发挥了交通效能。

咸阳位于关中水利条件最优越的地方。《史记》卷二八《封禅书》说,咸阳附近的河流虽然都并不是"大川",然而祠祀等级都比较高:"霸、产、长水、沣、涝、泾、渭皆非大川,以近咸阳,尽得比山川祠,而无诸加。"④这些便于"近咸阳"地方提供水资源优势的河流,应当都有通行条件比较好的桥梁。

被评为2013年十大考古新发现的"陕西西安西汉长安城渭桥遗址",其文化内涵包括战国至秦代遗存。据发掘者判断,厨城门四号桥的修建年代可以确定为战国晚期。⑤ 考察秦的桥梁建设成就,不能忽略西汉长安城厨城门渭水桥的前身。

厨城门一号桥桥桩年代的上限在公元前370年。这座南北向木梁柱桥长达880米,其发现与考察对于桥梁史研究有重要学术意义。有桥梁史论著曾经指出:"秦始皇是一个有魄力的统治者,他统一了中国,造成了规模宏大的咸阳渭

---

① 《华阳国志》卷三《蜀志》,《华阳国志校补图注》,第128—129页,第148页。
② 《桥梁史话》编写组:《桥梁史话》,上海科学技术出版社,1979年,第15—16页。
③ 《史记》卷六《秦始皇本纪》,第241、256页。
④ 《史记》,第1374页。
⑤ 刘瑞、李毓芳、王志友等:《西安市汉长安城北渭桥遗址》,《考古》2014年第7期。

水桥,长 400~500 米,共 68 跨。桥为石柱或木柱木梁,宽 13~15 米。桥头水中还置石刻半身水神雕像。秦始皇统一中国后一年(前 220),从咸阳出发,修治通天下各地的驰道。为了交通'车同轨',路放宽。东南至于海,西、北至于边,规模宏大。也能想见其桥梁之盛。只可惜没有详细的桥梁记载。"①

论者所说"咸阳渭水桥"的文献依据,见于《水经注》卷一九《渭水》及所引《三辅黄图》:

> (丰水)又东注渭水,水上有梁,谓之渭桥,秦制也,亦曰便门桥。秦始皇作离宫于渭水南北,以象天宫,故《三辅黄图》:渭水贯都,以象天汉,横桥南度,以法牵牛。南有长乐宫,北有咸阳宫,欲通二宫之间,故造此桥。广六丈,南北三百八十步,六十八间,七百五十柱,百二十二梁。桥之南北有堤,,激立石柱,柱南,京兆主之;柱北,冯翊主之。有令丞,各领徒千五百人。桥之北首,垒石水中,故谓之石柱桥也。旧有忖留神像,此神尝与鲁班语,班令其人出。忖留曰:我貌很丑,卿善图物容,我不能出。班于是拱手与言曰:出头见我。忖留乃出首,班于是以脚画地,忖留觉之,便还没水,故置其像于水,惟背以上立水上。②

有桥梁史研究者肯定了《三辅黄图》记述的价值:"这座桥是多跨梁式桥。共有六十八跨,由七百五十柱组成了六十七个桥墩,每墩由十一根或十二根柱组成。《三辅旧事》说此桥是'汉承秦制',也就是说汉朝的渭桥和秦朝的差不多。上述的文字记载是非常可贵的。它是第一个明确地说明了秦汉桥型和详细记载了尺寸的历史资料。秦时一丈约等于现今 2.3 米,六丈约合 13.8 米,这个数字接近于我国现代大中城市四车道城市桥的宽度(15 米)。"③

所谓"渭水贯都,以象天汉,横桥南度,以法牵牛",桥梁建筑规划设计带有神秘主义色彩的意识背景,应当是符合当时社会观念基础的。而鲁班造作"忖留神像"的故事,则体现了技术层面的神学理念,也可以从一个侧面反映上古工匠阶层桥梁施工时的神秘主义意识。

所谓秦"只可惜没有详细的桥梁记载"的遗憾,可以因考古发现所获资料得

---

① 《中国科学技术史·桥梁卷》,科学出版社,2000 年,第 13 页。
② 《水经注校证》,第 452 页。
③ 《桥梁史话》,第 23 页。

以消除。所谓"南北三百八十步",依汉代尺度,达 526.68 米,"长 400～500 米"的估测略显保守。"广六丈",按照战国尺度约为 23.1 厘米的比率计算,①相当于 13.86 米。沟通"渭水南北"的作用,可以通过向北正对可能是驰道遗存的古道路的情形得以证实。②

黄河上最早的临时性浮桥与常设浮桥都为秦人修建。厨城门一号桥和四号桥的秦工程史的元素,特别值得学界重视。

唐寰澄《中国科学技术史·桥梁卷》写道:"1986 年咸阳附近发掘出的沙河桥木柱桩,桩顶焦枯,是火烧后残迹,测定年代在西汉初期,甚可怀疑是项羽所焚,是中国较古桥梁的遗迹。"③以为沙河古桥年代可能为秦代的意见,也值得交通史研究者注意。

五 《燕丹子》:"秦王为机发之桥"

《水经注·渭水下》引录《燕丹子》,说到秦王为谋害燕太子丹,特意"为机发之桥"事:

> 《燕丹子》曰:燕太子丹质于秦,秦王遇之无礼,乃求归。秦王为机发之桥,欲以陷丹。丹过之,桥不为发。又一说:交龙扶舆而机不发。但言④,今不知其故处也。

虽然说"今不知其故处也",但是郦道元将这段文字置于"(渭水)又东过长安县北"句下。《燕丹子》载录"秦王为机发之桥,欲以陷丹"故事曾经形成相当广泛

---

① 丘光明《中国历代度量衡考》在《先秦尺度总述》中写道:"就目前材料来看,战国每尺仍沿用 23.1 厘米为宜。"文物出版社,1992 年,第 11 页。

② 考古工作者曾在陕西咸阳窑店镇南的东龙村以东 150 米处,发现一条南北向古道路遗迹,路宽 50 米,筑于生土之上,两侧为汉代文化层。这条道路应当是南北沟通咸阳宫与阿房宫的交通干道,当时自然当归入驰道交通系统之中。孙德润、李绥成、马建熙:《渭河三桥初探》,《考古与文物》丛刊第 3 号《陕西省考古学会第一届年会论文集》,1983 年。

③ 《中国科学技术史·桥梁卷》,第 14 页。

④ 陈桥驿《水经注校证》:"殿本在此下《案》云:'案此下有脱文。'《注疏》本《疏》:'朱《笺》曰:谢云,疑有脱误。'"中华书局,2007 年,第 452—453 页,第 470 页。

的社会影响。① 对于所谓"丹过之,桥不为发",还有一种解说,言"丹驱驰过之,而桥不发"②,就是说燕太子丹因快速通过可能使得"机发之桥"的启动装置来不及反应。

"秦王为机发之桥"的传说,其实很可能是有秦人机械发明的历史实际以为真实背景的。

《墨子·备城门》说到城防体系中"为发梁而机巧之"的防卫技术,有"引机发梁"的设计:

> 去城门五步大堑之,高地丈五尺,下地至泉,三尺而止,施栈其中,上为发梁而机巧之,比传薪土,使可道行,旁有沟垒,毋可逾越,而出佻且北,适人遂入,引机发梁,适人可禽。适人恐惧,而有疑心,因而离。

岑仲勉称之为"发梁诱敌之法"。他解释说:"编板曰栈,小桥亦曰栈,施栈横堑,栈面傅以薪土,状若通道,栈之上预悬机械性之发梁,然后佻(同挑)战诈败(即通俗之'且战且北'),诱敌入来,发县梁以阻之。《太白阴经》:'转关桥一梁;为桥梁,端着横栝,拔去栝,桥转关,人马不得渡,皆倾水,秦用此桥以杀燕丹。'《通典》认为转关板桥。'因而离'者,言敌恐中机,不敢追入而离去也。"③对于这种防卫设施,有学者解释说:"在壕沟上架设栈道,栈板上设'悬梁',即吊桥,装置可以活动的机关。""派兵出城挑战,并假装战败逃回,引诱敌人走栈道板,引发悬梁之机关,吊起悬梁,敌人便可擒拿。"这种"为发梁而机巧之"的特殊桥梁,《武经总要》称作"机桥"。④

《墨子》书比较集中地体现了早期机械学的成就,于是《抱朴子》内篇《辩问》

---

① 《艺文类聚》卷九引《燕丹子》曰:"燕太子丹质于秦,秦王遇之无礼,乃求归。秦王为机发之桥,故以陷丹。丹过之无虞。"《艺文类聚》,第181页。《太平御览》卷一四七引《燕丹子》曰:"太子丹质于秦,秦王遇之无礼,不得意,欲归。秦王不听,谬言令乌白头、马生角乃可。丹仰天而叹,乌即白头,马生角。秦不得已而遣之。为机发之桥,欲陷丹。丹过之,桥为不发。夜到关,丹为鸡鸣,遂得逃归。故怨于秦,欲报之。"《太平御览》,第718页。《七国考》卷一四《秦琐征》"机发桥"条:"《燕丹子》:'秦王为机发之桥,欲陷丹。'"《七国考订补》,第746页。

② 《博物志》卷八《史补》,见[晋]张华撰,[宋]周日用等注,范宁校证:《博物志校证》,中华书局,1980年,第95页。

③ 岑仲勉:《墨子城守各篇简注》,中华书局,1958年,第37—38页。

④ 谭家健:《墨子研究》,贵州教育出版社,1995年,第338页。

有"夫班输倕狄,机械之圣也"的说法。①《抱朴子》内篇《论仙》作"班狄",即公输班和墨翟的并称。②"班狄",或写作"班墨"。③《吕氏春秋》研究者曾经指出《墨子》学说在秦地的影响。④ 有墨学研究者以为:"《号令》篇所言令丞尉、三老、五大夫、太守、关内侯、公乘,皆秦时官,其号令亦秦时法,而篇首称王,更非战国以前人语,此盖出于商鞅辈所为,而世之为墨学者取以益其书也。"⑤蒙文通说:"自《备城门》以下诸篇,备见秦人独有之制,何以谓其不为秦人之书?""其为秦墨之书无惑矣!"⑥岑仲勉说,《墨子》"城守","这几篇最少一部分是秦人所写,殆已毫无疑问"。⑦《城守》诸篇,陈直以为是秦代兵家著作,⑧于豪亮判定"是秦国墨家的著作,叙述的是秦国的事"⑨,李学勤则论证是秦惠文王及其以后秦国墨者的著作⑩。类似的意见如果能够成立,⑪则《墨子·备城门》所谓"为发梁而机巧之"的设计,是可以为《燕丹子》"机发之桥"故事提供助证的。有的学者指出,"秦国的墨者是'从事'一派","这些墨者在秦所从何事"?"这至少体现在两个方面:一是从事兵法的应用研究提供军事技术服务;二是从事官营手工

---

① 王明:《抱朴子内篇校释》(增订本),中华书局,1985 年,第 225 页.
② 《抱朴子内篇校释》(增订本),第 13、25 页。《抱朴子》外篇《尚博》:"盖刻削者比肩,而班、狄擅绝手之称。"《抱朴子》外篇《文行》又说:"夫斫削者比肩,而班、狄擅绝手之名。"杨明照:《抱朴子外篇校笺》,中华书局,1991 年,下册第 111、446 页。
③ 《抱朴子》外篇《名实》:"放斧斤而欲双巧于班、墨,……不亦难乎?"《抱朴子外篇校笺》,上册第 506—507 页。
④ 李峻之:《〈吕氏春秋〉中古书辑佚》,刘汝霖:《〈吕氏春秋〉之分析》,《古史辨》第 6 辑,上海古籍出版社,1982 年。
⑤ 苏时学:《墨子刊误》,转见[清]孙诒让著,孙以楷点校:《墨子间诂》,中华书局,1986 年,第 540 页。
⑥ 蒙文通:《论墨学源流与儒墨汇合》,《蒙文通文集》第 1 卷《古学甄微》,巴蜀书社,1987 年,第 211—229 页。
⑦ 岑仲勉:《墨子城守各篇简注》,中华书局,1958 年,第 8 页。
⑧ 陈直:《〈墨子·备城门〉等篇与居延汉简》,《中国史研究》1980 年第 1 期。
⑨ 于豪亮、李均明:《秦简所反映的军事制度》,《云梦秦简研究》,中华书局,1981 年。
⑩ 李学勤:《秦简与〈墨子〉城守各篇》,《云梦秦简研究》,中华书局,1981 年。
⑪ 参看史党社:《〈墨子〉城守诸篇研究述评》,《秦文化论丛》第 7 辑,西北大学出版社,1999 年。

业的生产管理和技术支持。"①《墨子·备城门》所谓"为发梁而机巧之",是"军事技术",也是交通技术、建筑技术。其中最具先进意义的内容,自然是所谓"机巧"。②

《燕丹子》"秦王为机发之桥,欲以陷丹"故事,提供了有关秦人机械发明的重要信息。当然,作为交通史料的意义尤其重要。③

六 基层行政:"为桥"及"道桥毋有绝不通者"

四川青川郝家坪出土战国秦牍关于农闲时节基层行政任务中有关交通与水利建设工程的项目,说到"除道""利津沱(渡)",即道路养护及津渡维修,"为桥"列为特别优先强调的工作:

> 十月,为桥,修波(陂)隄,利津沱(渡),鲜草离。非除道之时而有陷败不可行,辄为之。④

"为桥"即营建及养护维修桥梁,成为季节性基层行政管理的重要内容。

睡虎地秦墓竹简《为吏之道》宣布"吏"的责任时,将"千(阡)佰(陌)津桥"(一四叁)与"囷屋蘠(墙)垣"(一五叁)、"沟渠水道"(一六叁)并说⑤,共同作为"为吏"必须重视修造并维护的工作。《里耶秦简》(贰)第九层简牍可见与"桥"有关的简文:

> ☐□色爰书吏以卒戍上造涪陵亭桥　虽有赀钱千三百卌四贫
> ☐县官日除六钱(正)
> ☐　　得守(背)(八一五)

---

① 臧知非:《〈墨子〉、墨家与秦国政治》,《人文杂志》2002年第2期。
② 参看王子今:《秦人的机械发明》,《国学学刊》2009年第1期(创刊号)。
③ 参看王子今:《"秦桥"考议——再论秦交通优势》,《史学月刊》2020年第5期。
④ 四川省博物馆、青川县文化馆:《青川县出土秦更修田律木牍——四川青川县战国墓发掘简报》,《文物》1982年第1期;李学勤:《青川郝家坪木牍研究》,《文物》1982年第10期;胡平生、韩自强:《解读青川秦墓木牍的一把钥匙》,《文史》第26辑,中华书局,1986年。
⑤ 睡虎地秦墓竹简整理小组:《睡虎地秦墓竹简》,文物出版社,1990年,释文注释第170页。

> 道桥毋有绝不通者☐(一九四九)①

简八一五"亭桥"是否人名尚可存疑,而简一九四九"道桥毋有绝不通者☐"则无疑是有关保障"道桥"畅通的行政要求。

秦简牍所见"桥",均是规模等级比较低的桥梁。简文体现当时民间桥梁建造与养护的技术普及。而行政力量对保障"道桥"通行能力的要求,也发挥了促进交通水准提升的作用。

七 直道九原"度河"方式

《史记》卷六《秦始皇本纪》记载秦始皇直道的营建:"三十五年,除道,道九原抵云阳,堑山堙谷,直通之。"②《史记》卷一五《六国年表》记载:"(秦始皇)三十五年,为直道,道九原,通甘泉。""三十七年十月,帝之会稽、琅邪,还至沙丘崩。子胡亥立,为二世皇帝。杀蒙恬。道九原入。"③司马迁在《史记》卷八八《蒙恬列传》中写道:"吾适北边,自直道归,行观蒙恬所为秦筑长城亭障,堑山堙谷,通直道,固轻百姓力矣。"④在中国早期交通建设的历史记录中,秦直道是首屈一指的重要工程。其规划、选线、设计和施工,显示出空前的技术水准和组织效率。秦直道的开通和应用,在中国古代交通史上具有极其重要的地位。对于军事交通的发展历程而言,秦直道也表现出里程碑式的意义。这条重要陆路干线"道九原抵云阳"而"直通之"的交通功能和文化意义,受到历史地理学者和交通史学者的重视。⑤然而直道的形制和作用,还有诸多问题等待研究和说明。

---

① 湖南省文物考古研究所:《里耶秦简》(贰),文物出版社,2017年,释文第33、74页。
② 《史记》,第256页。
③ 《史记》,第758页。
④ 《史记》,第2570页。
⑤ 关于直道研究,可参看史念海:《秦始皇直道遗迹的探索》,《陕西师范大学学报》1975年第3期,《文物》1975年第10期,收入《河山集》四集,陕西师范大学出版社,1991年;王子今:《秦直道的历史文化观照》,《人文杂志》2005年第5期;辛德勇:《秦汉直道研究与直道遗迹的历史价值》,《中国历史地理论丛》2006年第1辑,收入《秦汉政区与边界地理研究》,中华书局,2009年。

(一)"秦直道沿途所经最大的一条河流"

有桥梁史研究者指出:"秦始皇时,为了抗击北方匈奴的侵扰,从甘泉宫起,填山削谷,修筑直道通往九原,①全长一千八百余里。直道有跨河越谷之处,是应当构筑桥梁的,可惜史书上没有记载。"②而直道于九原地方"度河"的方式,尤其值得认真探讨。

《中国考古学·秦汉卷》作为一部成功的总结秦汉考古成就和考古方法的论著,对于秦直道的重视,超过了以往同类著作。其中"秦直道"一节关于"秦直道的修筑技术",涉及桥梁修造。撰写者写道:"乌兰木伦河是秦直道沿途所经最大的一条河流,河床宽达100米,深20米,秦直道在此唯一的通过方式是架桥,当时是用什么方式、什么材料来架桥的?这些问题都有待于今后的考古工作来解答。"③提出秦直道通过河流的方式这样的问题是有重要意义的,不过,此前上文已经写道:"(秦直道)北至九原(今内蒙古包头市西)","直道大致在黄河南岸昭君坟附近过河,终止于秦九原郡治所在地,即今包头市西南麻池古城"。④此处所谓"过河"自然是过黄河。事实上,"秦直道沿途所经最大的一条河流"并非"乌兰木伦河",而是黄河。

陕西考古学者对于秦直道调查和发掘的收获,提供了直道通过洛河(陕西甘泉)和葫芦河(陕西富县)方式的信息,有益于研究直道通过黄河的方式时参考。

(二)赵武灵王经营北河与"直南袭秦"计划

赵武灵王有经营北河的实践,并且曾经计划"直南袭秦"。据《战国策·赵策二策》,赵武灵王"变服骑射","入胡,出于遗遗之门,逾九限之固,绝五径之

---

① 关于秦始皇直道的走向,正确的说法是司马迁所谓"道九原抵云阳","道九原,通甘泉"。"从甘泉宫起""通往九原"的表述是错误的。王子今:《秦始皇直道起点辨正》,《人文杂志》2017年第1期。

② 《桥梁史话》,第19页。

③ 中国社会科学院考古研究所:《中国考古学·秦汉卷》,中国社会科学出版社,2010年,第17、75页。

④ 《中国考古学·秦汉卷》,第70—71页。

险,至榆中,辟地千里"。①《史记》卷四三《赵世家》写道,赵武灵王"胡服骑射","攘地北至燕、代,西至云中、九原"。② 又记载:"武灵王自号为主父。主父欲令子主治国,而身胡服将士大夫西北略胡地,而欲从云中、九原直南袭秦,于是诈自为使者入秦。秦昭王不知,已而怪其状甚伟,非人臣之度,使人逐之,而主父驰已脱关矣。审问之,乃主父也。秦人大惊。主父所以入秦者,欲自略地形,因观秦王之为人也。"③刘师培《九盦集》卷五《秦四十郡考》"附秦郡建置沿革考"说,九原郡"秦得之赵"。④ 史念海指出,九原本来是赵国旧有边郡。⑤ 这一意见有学者支持。⑥ 辛德勇指出:"史氏所说,信而有征,可以信从。九原是赵国西北角上的边郡。"⑦又说,据《史记》卷四三《赵世家》,"'云中'与'九原'并列,依此,似乎应该把'九原',理解成为与'云中'同一等级的郡名,即赵武灵王时战国已经设立九原郡"。"秦九原郡应当是直接承袭战国赵九原郡而来。既然如此,赵国的西北边境,就很有可能与秦朝一样,抵达狼山山脉一带。"⑧考古学者对阴山南麓赵长城的考察,证实了《水经注·河水三》的记录:"芒干水又西南径白道南谷口,有城在右,萦带长城……顾瞻左右,山椒之上,有垣若颓基焉。沿溪亘岭,东西无极,疑赵武灵王之所筑也。"⑨也就是说,赵武灵王时代已经将势力扩展到北河地区,其九原行政,既享有"河"之水利对农耕生产的恩惠,同时也不得不面对"河"之天险对交通通行的阻障。

---

① 《战国策》,第 657、675 页。
② 《史记》,第 1806、1811 页。
③ 《史记》,第 1813 页。
④ 刘师培:《刘师培全集》,中共中央党校出版社,1997 年,第 3 册第 60 页。
⑤ 史念海:《论秦九原郡始置的年代》,《河山集》七集,陕西师范大学出版社,1999 年,第 376—384 页。
⑥ 陈仓:《战国赵九原郡补说》,《中国历史地理论丛》1994 年第 2 期。
⑦ 辛德勇:《张家山汉简所示汉初西北隅边境解析——附论秦昭襄王长城北端走向与九原云中两郡战略地位》,《历史研究》2006 年第 1 期,收入《秦汉政区与边界地理研究》,第 267 页。
⑧ 辛德勇:《阴山高阙与阳山高阙辨析》,《文史》2005 年第 3 期,收入《秦汉政区与边界地理研究》,第 187 页。
⑨ 盖山林、陆思贤:《阴山南麓的赵长城》,《中国长城遗迹调查报告集》,文物出版社,1981 年,第 21—24 页。

赵武灵王曾经亲自来到九原,又有"欲从云中、九原直南袭秦"的战略谋划。赵武灵王从九原南向袭击秦国的路线和所谓"诈自为使者入秦"的路线,应当与后来的秦直道走向大体一致。赵武灵王"诈自为使者入秦"的特殊行为,应当有南渡黄河的实践经历。而他"欲从云中、九原直南袭秦"的预想,也必然有关于远征军渡河方式的设计。与赵武灵王"欲从云中、九原直南袭秦"的思路相同,秦人似乎也有"直北"利用九原战略地位的设想。① 而这样的军事行动,同样需要经历在九原"度河"的行动。

(三)战国策士关于"秦下甲云中、九原"的设想

《战国策·燕策一》记载,"苏秦将为从,北说燕文侯",说到秦军控制"云中、九原"继续东进的战略动向:"秦之攻燕也,逾云中、九原,过代、上谷,弥垫踵道数千里。"②秦"攻燕"远征军"逾云中、九原",当有"度河"行动。

而"张仪为秦破从连横",威胁燕王,也以"大王不事秦,秦下甲云中、九原,驱赵而攻燕,则易水、长城非王之有也"相恫吓。于是,燕王表示"请奉社稷西面而事秦,献常山之尾五城"。③ 看来,张仪"秦下甲云中、九原"的说法,并非全无根据。而秦人在云中、九原推行军事计划,必定需要"度河"。

(四)蒙恬"临河"军事建设的交通条件

"北河"军事形势在秦始皇时代蒙恬九原军事经营之后,因"北逐戎狄"的成功又有改观。《史记》卷八八《蒙恬列传》说:"秦已并天下,乃使蒙恬将三十万众北逐戎狄,收河南。筑长城,因地形,用制险塞,起临洮,至辽东,延袤万余里。于是渡河,据阳山,逶蛇而北。"④其中"渡河"作为军事行为记录尤其醒目。《史记》卷一一〇《匈奴列传》:"后秦灭六国,而始皇帝使蒙恬将十万之众北击胡,悉收河南地。因河为塞,筑四十四县城临河,徙適戍以充之。而通直道,自九原至

---

① 由赵武灵王"直南袭秦"战略和有关秦军相反方向运动即"直北"的设想,或可推想"直道"定名"直"与这种空间意识有关的可能。
② 《战国策》,第1039页。
③ 《战国策》,第1050、1052页。
④ 《史记》,第2566页。

云阳,因边山险堑溪谷可缮者治之,起临洮至辽东万余里。又度河据阳山北假中。"①所谓"因河为塞"与"临河""渡河""度河"等文字,体现蒙恬对北边的苦心经营,对于"河"可以阻遏敌骑,同时又对自己的军事行动亦不免有所限定的作用,是予以特殊重视的。

秦九原郡是跨河而治的特殊的行政区域。《汉书》卷二八下《地理志下》"五原郡"条记载:

> 五原郡,秦九原郡,武帝元朔二年更名。东部都尉治稒阳。莽曰获降。属并州。户三万九千三百二十二,口二十三万一千三百二十八。县十六:九原,莽曰成平。固陵,莽曰固调。五原,莽曰填河亭。临沃,莽曰振武。文国,莽曰繁聚。河阴,蒱泽,属国都尉治。南兴,莽曰南利。武都,莽曰桓都。宜梁,曼柏,莽曰延柏。成宜,中部都尉治原高,西部都尉治田辟。有盐官。莽曰艾虏。稒阳,北出石门障得光禄城,又西北得支就城,又西北得头曼城,又西北得呼河城,又西得宿虏城。莽曰固阴。莫䕮,西安阳,莽曰鄣安。河目。②

据谭其骧主编《中国历史地图集》,固陵、文国、蒱泽、莫䕮四县无考,又有九原县。则县址可以确定者十三县中,九原、五原、临沃、宜梁、成宜、稒阳、西安阳、河目八县在河北;河阴、南兴、武都、曼柏四县在河南。这种跨河而治的情形,尚有云中郡、东郡、魏郡、勃海郡。③ 而下游河道摆动频繁,情况比较特殊。较为典型如西河郡,我们曾经有所讨论。④ 这种行政区域划分形式,必然是以方便的"度河"方式为重要条件的。

(五)直道"度河"的可能形式

秦始皇直道"度河"的可能形式值得讨论。《史记》卷六《秦始皇本纪》记载:"三十五年,除道,道九原抵云阳,堑山堙谷,直通之。"《史记》卷一五《六国年表》也写道:"(秦始皇)三十五年,为直道,道九原,通甘泉。""三十七年十月,帝之会

---

① 《史记》,第2886页。

② 《汉书》,第1619—1620页。

③ 《中国历史地图集》,第17—18页,第19—20页,第26页,第27—28页。《中国历史地图集》标识,"蒱泽"作"蒲泽","南兴"作"南与"。

④ 参看王子今:《西河郡建置与汉代山陕交通》,《晋阳学刊》1990年第6期。

稽、琅邪,还至沙丘崩。子胡亥立,为二世皇帝。杀蒙恬。道九原入。"九原作为直道的北端,是明确无疑的。而直道的畅通,必然有便捷且通行条件稳定可靠的"度河"形式。

后世卫青"梁北河"史事,①"五原郡"属下"宜梁"县名,以及王莽改"五原"为"填河亭",这些历史迹象都可以作为交通史的参考,帮助我们理解秦始皇直道"度河"方式。

八 海上"秦桥"

在与交通史有关的建筑史考论中,有将"桥"的定义模糊化,以致将并非严格意义的"桥"也作为考察对象的情形。

比如,有的论著写道:"秦时为贸迁与兼并造有很多的特殊类型的桥——栈道。""栈道修筑是万山丛中,循涧沿溪,缘山傍谷,万木向联,形成可以行走车马的道路。栈道是特种的道路,也是特殊的桥梁。"②栈道沿线必然有跨越溪涧的桥梁。但是栈道总体有明晰的界定。以为栈道"是特殊的桥梁"的认识,是不正

---

① 《史记》卷一一一《卫将军骠骑列传》记载:"汉令将军李息击之,出代;令车骑将军青出云中以西至高阙。遂略河南地,至于陇西,捕首虏数千,畜数十万,走白羊、楼烦王。遂以河南地为朔方郡。以三千八百户封青为长平侯。青校尉苏建有功,以千一百户封建为平陵侯。使建筑朔方城。青校尉张次公有功,封为岸头侯。"汉武帝宣布了对卫青的奖励:"今车骑将军青度西河至高阙,获首虏二千三百级,车辎畜产毕收为卤,已封为列侯,遂西定河南地,按榆溪旧塞,绝梓领,梁北河,讨蒲泥,破符离,斩轻锐之卒,捕伏听者三千七十一级,执讯获丑,驱马牛羊百有余万,全甲兵而还,益封青三千户。"所谓"梁北河",用以表彰卫青的突出功绩。第2923—2924页。曹丕《汉武帝论》赞颂汉武帝历史功绩,其中包括"梁北河":"自元光以迄征和,四五十载之间,征匈奴四十余举。逾广汉,绝梓岭,封狼居胥,禅姑幕,梁北河,观兵瀚海。刘单于之旗,剿闵氏之首,探符离之窟,扫五王之庭,纳休屠昆耶之附,获祭天金人之宝。斩名王以十数,馘首虏以万计。既穷追其败亡,又摧破其积聚。""逾广汉"句校注:"广汉:辽阔空旷。原本作'广漠',今据《艺文类聚》改。魏宏灿校注:《曹丕集校注》,安徽大学出版社,2009年,第327—328页。今按,对应下句"绝梓岭"校注:"梓岭:地名。"则"广汉"仍应以"广漠"为是。

② 《中国科学技术史·桥梁卷》,第13页。

确的。

也有言海上"秦桥"的文例。如前引李贺诗"海沙变成石,鱼沫吹秦桥",梅尧臣诗"朝日下天窗,东海无秦桥"。马非百《秦集史》列有《遗迹表》,"山东省"一栏可见"遗迹名称"为"秦皇宫及秦桥"者。表中可见"传说内容":"秦皇宫在成山上,秦始皇东巡时所筑。后人即其遗址,建始皇庙。又成山下海中,有秦桥,亦始皇建。""备考"一栏说明了资料来源:"《山东通志·古迹·掖县》"。又有题"秦桥"者:"荣成县成山下海中有秦桥,始皇建。""备考"一栏说明资料出处为"《山东通志·古迹四》"。虽然前说在"掖县",此说在"荣成县",但都在"成山下海中",或许是重复载录,也有可能"成山下海中"不同方位各有"秦桥"。①

唐顾况《送从兄使新罗》诗:"曙色黄金阙,寒声白鹭潮。楼船非习战,骢马是嘉招。帝女飞衔石,鲛人卖泪绡。管宁虽不偶,徐市傥相邀。独岛缘空翠,孤霞上汐寥。蟾蜍同汉月,蟏蛸异秦桥。水豹横吹浪,花鹰迥拂霄。晨装凌莽渺,夜泊记招摇。几路通员峤,何山是沃焦。"②主题为送使新罗者,诗句可见"帝女飞衔石,鲛人卖泪绡",言海上故事,又有"徐市""独岛"语。宋刘筠《汉武》诗也说"秦桥":"汉武天台切绛河,半涵非雾郁嵯峨。桑田欲看他年变,瓠子先成此日歌。夏鼎几迁空象物,秦桥未就已沈波。相如作赋徒能讽,却助飘飘逸气多。"③其中"桑田欲看他年变",可知"秦桥"的空间定位指向"沧海"。

明杨慎《毛女引》诗:"雌鼇架涛擎海巘,秦桥远见扶桑翠。徐福楼船去不还,江璧俄传苍水使。椒烟兰雾卷衣人,化作乌雅一炬尘。老龙鳞下毛衣女,独坐莲峰问几秦。"④诗中弥漫仙风,而"架涛""海巘",以及"徐福楼船"诸语,尤其"秦桥远见扶桑翠",海上之桥的意思是明朗的。王世贞《和峻伯蓬莱阁六绝》其四:"早晚苍龙自在眠,春波织就蔚蓝天。风雷忽卷秦桥去,日月还依禹碣悬。"⑤说"秦桥"在"蓬莱"地方。清王士禄《虎头崖观奇石歌》:"虎头之厓渤海隅,共

---

① 马非百:《秦集史》,中华书局,1982年,第1035、1040页。又有所谓"秦石":"秦石在莱阳县东四十里。秦始皇驱石塞海,至今不去。"资料来源为"《古今图书集成·职方典·石部》引《一统志》"。《秦集史》,第1038页。其形制,可能与称"秦桥"者类似。
② [唐]顾况:《送从兄使新罗》,《文苑英华》卷二九七《诗》,《文苑英华》,第1512页。
③ [宋]杨亿:《西昆酬唱集》卷上,《四部丛刊》景明嘉靖本。
④ [明]杨慎:《升庵集》卷二五,文渊阁《四库全书》补配文津阁《四库全书》本。
⑤ [明]王世贞:《弇州四部稿》卷四八,文渊阁《四库全书》本。

言奇绝天下无。""嬴皇鞭石渡海水,秦桥如指通瀛壶。"①所说也是通往"瀛壶"的海上"秦桥"。这些建筑形式,可能是深入海中用以船舶停靠,以便人员上下与货物装卸的桥式结构。前引李贺诗作所谓"鱼沫吹秦桥",有人即与"徐福不归"相联系。论者在注出"李贺诗句"后又写道:"《三齐记》有'青城山,秦始皇登此山,筑城,造石桥,入海十里'的记载。"②《初学记》卷七《地部下·桥》"叙事"部分有如下文字:"东海有石桥,秦始皇造,欲过海也。……此皆晋魏已前昭昭尤著也。"《初学记》卷六《地部中·海》"事对"部分"秦桥"条引《三齐记》曰:"青城山,秦始皇登此山,筑城,造石桥,入海三十里。"③所谓"入海三十里",又见《太平御览》卷九三六引《三齐记》曰:"青城山,始皇祭此山,筑石城,入海三十里,射鱼。水四里变色如血,于今犹尔。"④与《初学记》所引不同,"筑城,造石桥"作"筑石城"。又如《太平御览》卷七五〇引《三齐记略》曰:"秦始皇求与海神相见。神云:'我形丑,约莫图我形,当与帝会。'始皇入海三十里,与神相见。左右有巧者,潜以脚画神形。神怒帝负约,乃令帝速去。始皇即〔退〕,马前脚犹立,后脚随陷,仅得登岸。画者溺死。"⑤故事情节,与前引《水经注》卷一九《渭水》引《三辅黄图》言以脚画忖留神传说非常相似。此《三齐略记》引文虽然没有出现"桥"字,所说"始皇入海三十里""与海神相见"的路径,其实就是经行"入海""秦桥"。

"秦桥"或写作"秦帝桥"。唐刘长卿《登东海龙兴寺高顶望海简演公》"烟开秦帝桥,隐隐横残虹;蓬岛如在眼,羽人那可逢"⑥,以及前引沈佺期《登瀛州南城楼寄远》"北尽燕王馆,东余秦帝桥;晴光七郡蒲,春色两河遥"诗句,皆是其证。"东海""蓬岛""东余""瀛洲"等字样,显示海洋文化语境。"秦桥""秦帝桥"又作"秦皇桥"。宋人谢翱《采药候潮山宿山顶精蓝夜中望海》:"土植皆为

---

① 乾隆《山东通志》卷三五之一上《艺文志一·乐府》,文渊阁《四库全书》本。
② 房仲甫、李二和:《中国水运史》(古代部分),新华出版社,2003年,第71—73页,第98页。
③ 〔唐〕徐坚等:《初学记》,中华书局,1962年,第157、117页。
④ 《太平御览》,第4156页。"始皇祭此山",文渊阁《四库全书》本引作"始皇登此山"。
⑤ 《太平御览》,第3330页。"始皇即",文渊阁《四库全书》本引《三齐略记》作"始皇即退"。
⑥ 〔唐〕刘长卿:《刘随州集》卷六,《四部丛刊》景明正德本。

药,山枝不满樵。暗光珠母徙,秋影石花消。拟候槎回汉,宁甘客老辽。却寻徐福岛,因问秦皇桥。于彼看日出,羽旌焉可招。"①嘉靖《山东通志》卷一四《桥梁·济南府》言:"淄川县,秦王桥,在城西北二十五里。"②则并不"入海",但亦在海滨,可能是附会秦始皇巡行事迹而命名的桥梁。③

所谓"渡海水""通瀛壶",或据说"入海十里""入海三十里"的桥式建筑,虽然并不属于我们在这里讨论的主题,然而有可能服务于海港作业,也是交通史研究应当关注的对象。

---

① [宋]谢翱:《晞发集》卷八《五言近体下》,明万历刻本。
② [明]陆釴纂修:《山东通志》,明嘉靖刻本。
③ 这样的情形很多。如《嘉庆重修一统志》所见凤阳府"秦桥"、杭州府"秦望桥"等。中华书局,1986年,第5527、13854页。后者注文:"秦始皇尝升此桥,故名。"又清顾祖武《读史方舆纪要》卷三二《山东三·兖州府鱼台县》"菏水"条所言"秦梁"或许亦类似:"菏水又东迳秦梁,夹岸积石一里,高五丈。世传秦始皇东巡所造。"上海书店出版社,1998年,第238页。马非百《秦集史》《遗迹表》载录"秦梁"据"《山东通志·山川》引《方舆纪要》","菏水"作"荷水"。第1038页。

第十四章 秦地交通枢纽的形成

秦地交通建设在战国时期已经受到特殊重视。长期形成的交通优势的表现,除交通能力、交通管理的先进之外,交通格局的合理也非常重要。秦地重要交通枢纽的作用,在秦交通史进程中有突出的体现。

一 雍的交通地位与战国秦代"西—雍"交通

"西"与"雍"都曾经是秦国崛起时代的政治文化中心。两地之间的交通联系,在秦交通史进程中具有至为重要的地位。这一交通道路对于秦的立国、崛起以及后来实现统一,表现出极其重要的意义。秦始皇二十七年(前220)出巡,应当经行这条交通线的部分路段。秦实现统一后,"西""雍"共同的神学影响,使得执政者频繁往来"西—雍"恭敬礼祀,促成这条交通线路的建设和养护,应达到帝王乘舆顺利通行的水准。西汉时期,这一情形依然继续。受到高度重视的"西—雍"交通线,其实也是自关中平原中部向西实现与西域联系的"丝绸之路"交通系统的构成内容之一。

(一)"西—雍"早期交通

秦人有重视交通的悠久传统。[①] 据《史记》卷五《秦本纪》:"非子居犬丘,好马及畜,善养息之。犬丘人言之周孝王,孝王召使主马于汧渭之间,马大蕃息。"关于"汧渭之间",张守节《正义》:"言于二水之间,在陇州以东。"[②]秦人的产业

---

① 王子今:《秦国交通的发展与秦的统一》,《史林》1989 年第 4 期。
② 《史记》,第 177 页。

经营,发展空间已经由长江流域的西汉水上游转移至黄河流域的"汧渭之间"。这一变化应当与联系"犬丘"与"汧渭之间"两地的交通道路开拓有关。从"好马""主马"及"马大蕃息"等记载看,这一交通线路的使用,或许已经以"马"作为主要运输动力。

秦襄公时代,秦人向东进取的交通行为又明确见于《史记》卷五《秦本纪》的记载:"秦襄公将兵救周,战甚力,有功。周避犬戎难,东徙雒邑,襄公以兵送周平王。"这成为秦立国的重要契机。秦襄公"始国"后,"祠上帝西畤。十二年,伐戎而至岐,卒。生文公"。① 秦襄公东行"救周"之后,又回到"西""祠上帝"。随后又东进"伐戎"。从"至岐,卒"的文字,可知秦襄公大概在"岐"去世。《秦本纪》又记载:"文公元年,居西垂宫。三年,文公以兵七百人东猎。四年,至汧渭之会。曰:'昔周邑我先秦嬴于此,后卒获为诸侯。'乃卜居之,占曰吉,即营邑之。十年,初为鄜畤,用三牢。……十六年,文公以兵伐戎,戎败走。于是文公遂收周余民有之,地至岐,岐以东献之周。"② 看来秦人当时往来"西—岐"之间,似乎并不需要克服很严重的交通困难。

还应当注意,导致"秦襄公将兵救周"的"西戎犬戎与申侯伐周,杀幽王郦山下"这一民族史与战争史事件③,其实也可以看作交通史信息。也就是说,"西戎犬戎""伐周"的军事行为,也曲折体现出秦人之外的西北少数民族对这一交通线路建设的历史贡献。

(二)"西"与"雍"的畤

秦人对于"畤"的设置和经营,表现出与东方诸国神学信仰有所不同的极具个性的文化精神。司马迁记述相关历史事实时所谓"僭端见矣"的评论,透露出人们对于秦人作"畤"行为其背后的文化意义的重视。关于秦诸畤的陆续设立,《史记》卷二八《封禅书》中可以看到这样的记录:

> 秦襄公既侯,居西垂,自以为主少暤之神,作西畤,祠白帝,其牲用

---

① 《史记》,第179页。
② 《史记》,第179页。
③ 《史记》,第179页。

骊驹黄牛羝羊各一云。①

这是史籍记载最早的白帝纪念的记录。裘锡圭研究上海博物馆藏战国楚简《子羔》篇有关商得金德传说的内容引录秦襄公"作西畤,祠白帝"事,指出:"《封禅书》记秦人祀神之事颇详,当有秦人记载为据。如此处所记无误,则早在东西周之交,以少皞为白帝的说法即已存在。"②秦人的"西畤"经营与"始国"的历史变化直接相关。《史记》卷五《秦本纪》:"周避犬戎难,东徙雒邑,襄公以兵送周平王。平王封襄公为诸侯,赐之岐以西之地。曰:'戎无道,侵夺我岐、丰之地,秦能攻逐戎,即有其地。'与誓,封爵之。襄公于是始国,与诸侯通使聘享之礼,乃用骊驹、黄牛、羝羊各三,祠上帝西畤。"司马贞《索隐》:"襄公始列为诸侯,自以居西,西,县名,故作西畤,祠白帝。畤,止也,言神灵之所依止也。亦音市,谓为坛以祭天也。"③秦襄公虽然已经得到"岐以西之地",却仍然"自以居西","故作西畤"。《史记》卷二八《封禅书》秦襄公"作西畤,祠白帝"事之后紧接着又记载:

> 其后十六年,秦文公东猎汧渭之间,卜居之而吉。文公梦黄蛇自天下属地,其口止于鄜衍。文公问史敦,敦曰:"此上帝之征,君其祠之。"于是作鄜畤,用三牲郊祭白帝焉。

> 自未作鄜畤也,而雍旁故有吴阳武畤,雍东有好畤,皆废无祠。或曰:"自古以雍州积高,神明之隩,故立畤郊上帝,诸神祠皆聚云。盖黄帝时尝用事,虽晚周亦郊焉。"其语不经见,缙绅者不道。

此后有"陈宝"之祠的设立,"作鄜畤后九年,文公获若石云,于陈仓北阪城祠之。其神或岁不至,或岁数来,来也常以夜,光辉若流星,从东南来集于祠城,则若雄鸡,其声殷云,野鸡夜雊。以一牢祠,命曰陈宝"。《封禅书》又记载:

> 作鄜畤后七十八年,秦德公既立,卜居雍,"后子孙饮马于河",遂都雍。雍之诸祠自此兴。用三百牢于鄜畤。作伏祠。磔狗邑四门,以

---

① 《史记》,第1358页。
② 裘锡圭:《释〈子羔〉篇"铦"字并论商得金德之说》,《裘锡圭学术文集·简牍帛书卷》,复旦大学出版社,2012年,第501页。
③ 《史记》,第179页。

御蛊菑。①

德公立二年卒。其后〔四〕年,秦宣公作密畤于渭南,祭青帝。②

畤,作为秦人基于自己神学理念的文化发明,在上古信仰史上有重要的地位。随着秦人东进的足迹,神祠建设的新格局又在东方得以开创。于是出现了"西""雍"礼祀共同对象的畤。③ 畤由"西"而"雍"的营造,一方面体现了进取精神,一方面体现了对传统的坚持。从交通史的视角观察相关现象,也是有意义的。

(三)《史记》"西雍"辨正

《史记》卷六《秦始皇本纪》:"二世皇帝元年,年二十一。赵高为郎中令,任用事。"随即有关于"始皇庙"的讨论:

二世下诏,增始皇寝庙牺牲及山川百祀之礼。令群臣议尊始皇庙。群臣皆顿首言曰:"古者天子七庙,诸侯五,大夫三,虽万世世不轶毁。今始皇为极庙,四海之内皆献贡职,增牺牲,礼咸备,毋以加。先王庙或在西雍,或在咸阳。天子仪当独奉酎祠始皇庙。自襄公已下轶毁。所置凡七庙。群臣以礼进祠,以尊始皇庙为帝者祖庙。皇帝复自称'朕'。"

所谓"先王庙或在西雍,或在咸阳"之"西雍",张守节《正义》:"西雍在咸阳西,今岐州雍县故城是也。又一云西雍,雍西县也。"④

张守节《正义》提出了两种解说:第一:"西雍在咸阳西,今岐州雍县故城是也。"第二:"又一云西雍,雍西县也。"其实,"西雍"应断读为"西、雍"。是说"西"和"雍"。

"西",在天水礼县。这里发现了秦早期遗迹,其中包括祭祀建筑基址。《汉书》卷二八下《地理志下》:

陇西郡,秦置。莽曰厌戎。户五万三千九百六十四,口二十三万六千八百二十四。有铁官、盐官。县十一:狄道,白石山在东。莽曰操虏。上邽,

---

① 关于"磔狗邑四门,以御蛊菑"的理解,参看王子今:《秦德公"磔狗邑四门"宗教文化意义试说》,《中国文化》总 12 期,又《周秦文化研究》,陕西人民出版社,1998 年。
② 《史记》,第 1358—1360 页。
③ 王子今:《秦人的三处白帝之祠》,《早期秦文化研究》,三秦出版社,2006 年。
④ 《史记》,第 266—267 页。

安故,氐道,《禹贡》养水所出,至武都为汉。莽曰亭道。首阳,《禹贡》鸟鼠同穴山在西南,渭水所出,东至船司空入河,过郡四,行千八百七十里,雍州浸。予道,莽曰德道。大夏,莽曰顺夏。羌道,羌水出塞外,南至阴平入白水,过郡三,行六百里。襄武,莽曰相桓。临洮,洮水出西羌中,北至枹罕东入河。《禹贡》西顷山在县西,南部都尉治也。西。《禹贡》嶓冢山,西汉所出,南入广汉白水,东南至江州入江,过郡四,行二千七百六十里。莽曰西治。①

其中有关"西"的内容值得重视:"西,《禹贡》嶓冢山,西汉所出,南入广汉白水,东南至江州入江,过郡四,行二千七百六十里。莽曰西治。"

《史记》卷五《秦本纪》:"周宣王乃召庄公昆弟五人,与兵七千人,使伐西戎,破之。于是复予秦仲后,及其先大骆地犬丘并有之,为西垂大夫。"张守节《正义》:"《注水经》云:'秦庄公伐西戎,破之,周宣王与大骆犬丘之地,为西垂大夫。'《括地志》云:'秦州上邽县西南九十里,汉陇西西县是也。'"②明确指出其地在"汉陇西西县"。

所谓"先王庙或在西雍,或在咸阳",应当读作"先王庙或在西、雍,或在咸阳"。理解此说,应关注"先王庙"分置于"西""雍""咸阳"的事实。

(四)"西""雍"神祀中心

自春秋时期起,中原以外地方政治势力崛起,即《史记》卷四《周本纪》所谓"齐、楚、秦、晋始大"③,《史记》卷五《秦本纪》所谓"齐、晋为强国"④,《史记》卷三二《齐太公世家》所谓"唯齐、楚、秦、晋为强"⑤,《史记》卷一一〇《匈奴列传》所谓"当是之时,秦晋为强国"⑥。

这些原先处于边缘地位的政治实体迅速强盛,出现了《荀子·王霸》所谓"虽在僻陋之国,威动天下","皆僻陋之国也,威动天下,强殆中国"的局面。⑦

---

① 《汉书》,第1610页。
② 《史记》,第178页。
③ 《史记》,第149页。
④ 《史记》,第183页。
⑤ 《史记》,第1491页。
⑥ 《史记》,第2883页。
⑦ [清]王先谦撰,沈啸寰、王星贤点校:《荀子集解》,中华书局,1988年,第205页。

战国七雄的迁都方向则多显示向中原靠拢的趋势,说明中原在统一进程中的文化重心地位重新受到重视。秦由西而东的迁都方向尤其典型。

在这样的历史背景下,秦人的神祀重心实现了由西向雍继而向咸阳的转移。这与秦向东发展的战略方向是一致的。"西—雍—咸阳"神祀重心的变化,也符合秦"公—霸—王—帝"的政治影响力上升的历史进程。

据前引《史记》卷六《秦始皇本纪》,在"始皇庙"营造之前,"先王庙或在西、雍,或在咸阳"。而位于"西""雍"的其他诸神祠,如《史记》卷二八《封禅书》记载:

> 雍有日、月、参、辰、南北斗、荧惑、太白、岁星、填星、辰星、二十八宿、风伯、雨师、四海、九臣、十四臣、诸布、诸严、诸逑之属,百有余庙。①
> 西亦有数十祠。

所谓"西亦有数十祠",司马贞《索隐》:"西即陇西之西县,秦之旧都,故有祠焉。"这些"庙""祠","各以岁时奉祠"。《封禅书》还写道:"雍菅庙亦有杜主。杜主,故周之右将军,其在秦中,最小鬼之神者。"②"雍……百有余庙。西亦有数十祠。"形成了两个神祀重心。这一情形在西汉时依然得以继承。《汉书》卷二五上《郊祀志上》说,汉兴,"(高祖)悉召故秦祀官,复置太祝、太宰,如其故仪礼。因令县为公社。下诏曰:'吾甚重祠而敬祭。今上帝之祭及山川诸神当祠者,各以其时礼祠之如故'"。③

"各以岁时奉祠"的制度,自然要求"西—雍"之间必须有高等级的交通道路。即使"上不亲往",但是仍必须"有司进祠",这一道路的建造和养护,应保证良好的通行条件。而"西"与"雍"作为重要的交通节点,作用是显著的。④

---

① 《汉书》卷二五上《郊祀志上》颜师古注:"风伯,飞廉也。雨师,屏翳也,一曰屏号。而说者乃谓风伯箕星也,雨师毕星也。此《志》既言二十八宿,又有风伯、雨师,则知非箕、毕也。九臣、十四臣,不见名数所出。诸布、诸严、诸逐,未闻其义。逐字或作述。"第1207页。

② 《史记》,第1375页。《汉书》卷二五上《郊祀志上》颜师古注:"其鬼虽小而有神灵也。"第1209页。

③ 《史记》,第1210页。

④ 王子今:《战国秦代"西—雍"交通》,《东方论坛》2016年第6期。

（五）"西—雍"交通路径与丝绸之路"陇道"线路

"西—雍"交通的具体路径，有多种可能的线路方向：

（1）由咸阳、长安西行，经今陕西长武、彬县进入陇东，是人们通常以为丝绸之路通行路段，"西—雍"交通可能由雍北上接连这一交通线路，"逾陇"后南行向今甘肃天水方向。

（2）因"汧渭之会"历史交通地理信息提示，可知沿汧水河谷可能有古道路通行。

（3）沿渭水河谷开拓交通道路，需克服险峻山地，但是陕西宝鸡风阁岭发现的重要秦墓，可以推想这条很可能经由渭北山地的交通路径已经为秦人开发利用的可能性不能排除。① 相关地区方塘堡等重要佛教石窟的遗存，可以作为这一交通史信息的文物助证。

（4）由渭水河谷南岸进入秦岭山地，利用蜀道部分路段经陕西凤县地方进入甘肃天水地区的道路，也很可能得到早期开通。

秦始皇二十七年（前220）西巡事，《资治通鉴》卷七"秦始皇帝二十七年"记载："二十七年，始皇巡陇西、北地，至鸡头山，过回中焉。"胡三省注文就此行交通线路有所讨论，涉及对"鸡头山"和"回中"经行先后的不同理解："范《史·隗嚣传》：王孟塞鸡头道。贤《注》曰：在原州高平县西。《括地志》：成州上禄县东北二十里有鸡头山。应劭曰：回中在安定高平。孟康曰：回中在北地。贤曰：回中在汧。《括地志》：回中宫在雍西四十里。《史记正义》曰：言始皇西巡，出陇右，向西北，出宁州，西南行至成州，出鸡头山，东还过岐州之回中宫也。"胡三省的判断是："余谓上书巡陇西、北地，则先至原州之鸡头山而还过回中，道里为顺。若出成州之鸡头，则须先过回中而后至鸡头。以书法之前后观之，居然可见。"②有关"始皇巡陇西、北地，至鸡头山，过回中焉"的不同说法，告知我们"陇西、北地"地方交通格局的复杂。其中所谓"原州高平""安定高平"作为丝绸之路"陇道"的重要坐标值得注意。

---

① 王子今：《秦人经营的陇山通路》，《文博》1990年第5期。
② ［宋］司马光编著，［元］胡三省音注，"标点资治通鉴小组"校点：《资治通鉴》，中华书局，1956年，第237页。

（六）雍："隙陇蜀之货物而多贾"

《史记》卷一二九《货殖列传》分析了秦人长期经营的关中地方的经济形势与交通格局：

> 关中自汧、雍以东至河、华，膏壤沃野千里，自虞夏之贡以为上田，而公刘适邠，大王、王季在岐，文王作丰，武王治镐，故其民犹有先王之遗风，好稼穑，殖五谷，地重，重为邪。及秦文、德、缪居雍，隙陇蜀之货物而多贾。

雍"隙陇蜀之货物而多贾"之"隙"的字义，裴骃《集解》："徐广曰：'隙者，间孔也。地居陇蜀之间要路，故曰隙。'"司马贞《索隐》："徐氏云隙，间孔也。隙者，陇雍之间闲隙之地，故云'雍隙'也。"张守节《正义》："雍，县。岐州雍县也。"①

"雍"与"陇"因交通结构之特殊形成密切关系，而所谓"秦文、德、缪居雍，隙陇蜀之货物而多贾"又指出了"雍"与"蜀"的经济联系。

二　栎邑"东通三晋"

栎阳作为在秦史上表现出重要作用的城市，长期受到研究者关注。以栎阳为秦都的认识为一些学者长期坚持。其原因之一，即秦献公"徙治栎阳"的文献记载形成深刻的历史记忆，秦汉之际这里又曾成为政治军事中心，而栎阳的考古工作也获得了城防、宫室等建筑遗存及其他重要发现。诸多迹象表明，栎阳作为关中东部的经济重心，承担着与三晋交通联系之枢纽的作用。

（一）"亦多大贾"：交通优势与经济重心的形成

前引《史记》卷一二九《货殖列传》言"及秦文、德、缪居雍，隙陇蜀之货物而多贾"之后，又说到"栎邑"的地位：

> 献公徙栎邑，栎邑北却戎翟，东通三晋，亦多大贾。②

---

① 《史记》，第3261—3262页。
② 《史记》，第3261页。

《史记》中7次使用"大贾"称谓。即：

(1) 于是县官大空，而富商大贾或蹛财役贫……（卷三〇《平准书》）①

(2) 如此，富商大贾无所牟大利……（卷三〇《平准书》）②

(3) 吕不韦者，阳翟大贾人也。往来贩贱卖贵，家累千金。（卷八五《吕不韦列传》）③

(4) 于是丞上指，请造白金及五铢钱，笼天下盐铁，排富商大贾，出告缗令……（卷一二二《酷吏列传》）④

(5) 汉兴，海内为一，开关梁，弛山泽之禁，是以富商大贾周流天下，交易之物莫不通，得其所欲……（卷一二九《货殖列传》）

(6) 栎邑北却戎翟，东通三晋，亦多大贾。（卷一二九《货殖列传》）

(7) 关中富商大贾，大抵尽诸田，田啬、田兰。（卷一二九《货殖列传》）⑤

其中(1)(2)(4)(5)(7)均言西汉事，只有(3)(6)可以读作战国经济史料。栎阳"亦多大贾"之"大贾"之财富等级与经济实力，可以与"阳翟大贾人"或说"阳翟大贾"吕不韦相当。

楚汉战争时，"萧何转漕关中，给食不乏"⑥。汉并天下，娄敬劝刘邦建都关中，刘邦"疑之"。而张良以关中"沃野千里""天府之国""诸侯有变，顺流而下，足以委输"的有利条件，力促刘邦做出定都长安的正确决策。⑦ 当时有"秦富十倍天下"的说法。⑧ 刘邦军至霸上时，亦说："仓粟多，不欲费民。"⑨关中经济之

---

① 《史记》，第1425页。
② 《史记》，第1441页。
③ 司马贞《索隐》："郑玄注《周礼》云'行曰商，处曰贾'。"裴骃《集解》引徐广曰："一本云'阳翟大贾也，往来贱买贵卖'也。"司马贞《索隐》："王劭卖音作育。案：育卖义同，今依义。"《史记》，第2505页。
④ 张守节《正义》："出此令，用锄筑豪强兼并富商大贾之家也。"《史记》，第3140页。
⑤ 《史记》，第3261、3281页。
⑥ 《史记》卷五三《萧相国世家》，第2016页。
⑦ 《史记》卷五五《留侯世家》，第2044页。
⑧ 《史记》卷八《高祖本纪》，第364页。
⑨ 《汉书》卷一上《高帝纪第一上》，第23页。

丰饶富足与关东经济之凋敝残破形成鲜明的对比。睡虎地秦墓竹简《秦律十八种·仓律》："入禾仓，万石一积而比黎之为户。""栎阳二万石一积，咸阳十万一积，其出入禾、增积如律令。""刍稾各万石一积，咸阳二万一积。"①栎阳仓储规模超过一般额度，仅次于咸阳。

（二）献公时代的军事基地与指挥中心

《史记》卷五《秦本纪》记载，秦献公时代，秦政治军事中心有向栎阳转移的迹象：

> （秦献公）二年，城栎阳。

裴骃《集解》："徐广曰：'徙都之，今万年是也。'"张守节《正义》："《括地志》云：'栎阳故城一名万年城，在雍州东北百二十里。汉七年，分栎阳城内为万年县，隋文帝开皇三年，迁都于龙首川，今京城也。改万年为大兴县。至唐武德元年，又改曰万年，置在州东七里。'"②

《史记》卷五《秦本纪》又记载：

> （秦献公）十八年，雨金栎阳。

张守节《正义》："言雨金于秦国都，明金瑞见也。"③

徐广以为"城栎阳"即"徙都之"，裴骃似予以认可。张守节亦以为栎阳即"秦国都"。然而去，《秦本纪》没有说秦献公"徙都"，也没有栎阳即"秦国都"的判定。就秦献公事迹，有"孝公元年""下令国中曰"的文字：

> 昔我缪公自岐雍之间，修德行武，东平晋乱，以河为界，西霸戎翟，广地千里，天子致伯，诸侯毕贺，为后世开业，甚光美。会往者厉、躁、简公、出子之不宁，国家内忧，未遑外事，三晋攻夺我先君河西地，诸侯卑秦，丑莫大焉。献公即位，镇抚边境，徙治栎阳，且欲东伐，复缪公之故地，修缪公之政令。寡人思念先君之意，常痛于心。宾客群臣有能出奇计强秦者，吾且尊官，与之分土。④

---

① 《秦律十八种》，睡虎地秦墓竹简整理小组：《睡虎地秦墓竹简》，文物出版社，1990年，释文注释第25、27页。

② 《史记》，第201页。

③ 《史记》，第201页。

④ 《史记》，第202页。

只是说"徙治栎阳",并不以为"国都"。这是非常明朗的表述。《史记》卷一五《六国年表》记载:

(秦献公二年)城栎阳。

(秦献公十一年)县栎阳。

(秦献公十七年)栎阳雨金,四月至八月。①

"栎阳雨金"作为"瑞",体现其地经济之繁荣。而所谓"县栎阳",因"县"作为边地行政设置,与秦献公"镇抚边境,徙治栎阳"说呼应,正是栎阳非秦都的确证。据《秦本纪》,秦"徙都"咸阳后,"并诸小乡聚,集为大县,县一令,四十一县"。这是商鞅变法的重要内容之一。②《史记》卷六八《商君列传》说:"集小乡邑聚为县,置令、丞,凡三十一县。"③显然,秦献公所居栎阳,行政等级低于变法之后的"大县"。这样的"大县",全国数量多至"三十一"甚至"四十一"。以为栎阳为"秦国都"之认识,显然是不合理的。

秦孝公任用商鞅推行变法之后,遂有对新的政治中心——咸阳的经营。《史记》卷五《秦本纪》:

十二年,作为咸阳,筑冀阙,秦徙都之。

关于"咸阳",张守节《正义》:"《括地志》云:'咸阳故城亦名渭城,在雍州咸阳县东十五里,京城北四十五里,即秦孝公徙都之者。今咸阳县,古之杜邮,白起死处。'"④此说"秦孝公徙都之",并没有说自何地"徙都"至"咸阳"。而《史记》卷六八《商君列传》的记载是明确无疑的:

作为筑冀阙宫庭于咸阳,秦自雍徙都之。⑤

秦自雍徙都咸阳,是确定的历史真实。杨宽《战国史》认定这样的事实:"这是秦国为了争取中原,图谋向东发展势力,把国都从雍迁到咸阳。咸阳位于秦国的中心地点,靠近渭河,附近物产丰富,交通便利。而旧都雍,旧贵族的习惯势力较大,不利于变法的开展。"⑥

---

① 《史记》,第714、716、718页。
② 《史记》,第203页。
③ 《史记》,第2232页。
④ 《史记》,第203页。
⑤ 《史记》,第2232页。
⑥ 杨宽:《战国史》,上海人民出版社,1998年,第206页。

当然,秦献公长期居栎阳,宫室建筑应当有较高等级。栎阳作为"东通三晋,亦多大贾"的经济重心,其区域交通枢纽地位,是毋庸置疑的。

(三)交通地位与栎阳的持续繁荣

《史记》卷七《项羽本纪》:"项梁尝有栎阳逮。"①可知秦时栎阳居民成分的复杂。而楚国贵族能够在此留下行迹,可以理解为交通条件相对优越。秦亡,项羽控制关中,立章邯为雍王,王咸阳以西,都废丘;立司马欣为塞王,王咸阳以东至河,都栎阳;立董翳为翟王,王上郡,都高奴。②刘邦曾经"令太子守栎阳,诸侯子在关中者皆集栎阳为卫"③。也说明终秦之末,栎阳的城市规模依然可以作为地区行政中心。这当然也可以理解为体现交通优势的信息。

刘敬曾经从军事地理分析的角度,建议刘邦移民充实关中。《史记》卷九九《刘敬叔孙通列传》记载:

> 刘敬从匈奴来,因言"匈奴河南白羊、楼烦王,去长安近者七百里,轻骑一日一夜可以至秦中。秦中新破,少民,地肥饶,可益实。夫诸侯初起时,非齐诸田,楚昭、屈、景莫能兴。今陛下虽都关中,实少人。北近胡寇,东有六国之族,宗强,一日有变,陛下亦未得高枕而卧也。臣愿陛下徙齐诸田,楚昭、屈、景,燕、赵、韩、魏后,及豪桀名家居关中。无事,可以备胡;诸侯有变,亦足率以东伐。此强本弱末之术也"。上曰:"善。"乃使刘敬徙所言关中十余万口。

司马贞《索隐》:"案:小颜云'今高陵、栎阳诸田,华阴、好畤诸景,及三辅诸屈、诸怀尚多,皆此时所徙也'。"④《后汉书》卷二二《景丹传》记载:

> 景丹字孙卿,冯翊栎阳人也。……建武二年,定封景丹栎阳侯。帝谓丹曰:"今关东故王国,虽数县,不过栎阳万户邑。夫'富贵不归故乡,如衣绣夜行',故以封卿耳。"景丹顿首谢。⑤

可知两汉之际,"栎阳万户邑"的地位依然超过"关东故王国"。《汉书》卷四三

---

① 《史记》,第296页。
② 《史记》卷七《项羽本纪》,第316页。
③ 《史记》卷八《高祖本纪》,第372页。
④ 《史记》,第2719—2720页。
⑤ 《后汉书》,第772—773页。

《娄敬传》颜师古注:"今高陵、栎阳诸田,华阴、好畤诸景,及三辅诸屈、诸怀尚多,皆此时所徙。"①虽说"今高陵、栎阳诸田,华阴、好畤诸景",然而景丹"栎阳人也",则证"诸景"也曾经居"栎阳"。

三 咸阳"四方辐凑"

许多论著以为,咸阳是秦帝国全国交通网的中心。然而分析秦交通史的实际情状,可知咸阳作为控制全国郡县的行政重心,有"存定四极""周定四极""经纬天下""经理宇内"②的地位,但是对全国交通网中心的理解,似不宜做简单化、绝对化的解说。

(一)"四方辐凑并至而会"

《史记》卷一二九《货殖列传》说到"及秦文、德、缪居雍,隙陇蜀之货物而多贾",而"献公徙栎邑,栎邑北却戎翟,东通三晋,亦多大贾",随后言及秦都"咸阳":

> 孝、昭治咸阳,因以汉都,长安诸陵,四方辐凑并至而会,地小人众,故其民益玩巧而事末也。③

《史记》卷五《秦本纪》记载:"(秦孝公)十二年,作为咸阳,筑冀阙,秦徙都之。"④
《史记》卷六《秦始皇本纪》:"孝公享国二十四年。……其十三年,始都咸阳。"⑤
《史记》卷六八《商君列传》也写道:"于是以鞅为大良造。……居三年,作为筑冀阙宫庭于咸阳,秦自雍徙都之。"⑥定都咸阳,是秦史具有重大意义的事件,也形

---

① 《汉书》,第2124页。
② 《史记》卷六《秦始皇本纪》,第245、249、250页。
③ 《史记》,第3261页。
④ 《史记》,第203页。
⑤ 《史记》,第288页。
⑥ 《史记》,第2232页。

成了秦国兴起的历史过程中的显著转折。定都咸阳,是秦政治史上的辉煌亮点。① 这一商鞅时代的重要决策,也影响到交通史的进程。

秦迁都咸阳的决策,有将都城从农耕区之边缘转移到农耕区之中心的用意。迁都咸阳实现了重要的历史转折。一些学者将这一举措看作商鞅变法的内容之一,是十分准确的历史认识。②《史记》卷六八《商君列传》记载,商鞅颁布的新法,有这样的内容:"僇力本业,耕织致粟帛多者复其身。事末利及怠而贫者,举以为收孥。"③扩大农耕的规划,奖励农耕的法令,保护农耕的措施,使得秦国掀起了一个新的农业跃进的高潮。而推进这一历史变化的策划中心和指挥中心,就设在咸阳。

(二) 交通条件与秦的东向进取

秦经营咸阳的时代,交通战略也有了新的思路。因东向进取的需要,函谷关和武关道路首先受到重视。而蜀地的占领,必须有蜀道的交通条件以为可靠的军事保障。对于秦兼并蜀地这一重要的历史事实,我们在《史记》中可以看到司马迁如下的记述:

---

① 参看王子今:《秦定都咸阳的生态地理学与经济地理学分析》,《人文杂志》2003年第5期。在秦定都雍与定都咸阳之间,有学者提出曾经都栎阳的意见。笔者认为,司马迁的秦史记录多根据《秦记》,因而较为可信的事实,是值得重视的。而可靠的文献记载中并没有明确说明秦迁都栎阳的内容。就考古文物资料而言,栎阳的考古工作也没有提供秦曾迁都栎阳的确凿证据,其城址遗迹年代均判定为秦代或汉代。中国社会科学院考古研究所栎阳发掘队:《秦汉栎阳城遗址的勘探和试掘》,《考古学报》1985年第3期。根据现有材料依然可以肯定:栎阳始终未曾作为秦都。参看王子今:《秦献公都栎阳说质疑》,《考古与文物》1982年第5期;《栎阳非秦都辨》,《考古与文物》1990年第3期。

② 翦伯赞主编《中国史纲要》在"秦商鞅变法"题下写道:"公元前356年,商鞅下变法令。""公元前350年,秦从雍(今陕西凤翔)迁都咸阳,商鞅又下第二次变法令……"人民出版社,1979年,第75页。杨宽《战国史》(增订本)在"秦国卫鞅的变法"一节"卫鞅第二次变法"题下,将"迁都咸阳,修建宫殿"作为变法主要内容之一,又写道:"咸阳位于秦国的中心地点,靠近渭河,附近物产丰富,交通便利。"上海人民出版社,1998年,第206页。林剑鸣《秦史稿》在"商鞅变法的实施"一节,也有"迁都咸阳"的内容。其中写道:"咸阳(在咸阳市窑店东)北依高原,南临渭河,适在秦岭怀抱,既便利往来,又便于取南山之产物,若浮渭而下,可直入黄河;在终南山与渭河之间就是通往函谷关的大道。"上海人民出版社,1981年,第189页。

③ 《史记》,第2230页。

(秦惠公)十三年,(1)伐蜀,取南郑;①

(秦惠文王更元)九年,(2)司马错伐蜀,灭之;②(3)击蜀,灭之;③(4)起兵伐蜀,十月,取之,遂定蜀,贬蜀王更号为侯,而使陈庄相蜀;④(5)惠王使错将伐蜀,遂拔,因而守之;⑤

(秦惠文王更元十四年)(6)蜀相壮杀蜀侯来降;⑥(7)蜀相杀蜀侯;⑦

(秦武王元年)(8)诛蜀相壮;⑧(9)诛蜀相壮;⑨(10)蜀侯煇、相壮反,秦使甘茂定蜀;⑩

(秦昭襄王)六年,(11)蜀侯煇反,司马错定蜀;⑪(12)蜀反,司马错往诛蜀守煇,定蜀。⑫

从起初(2)(3)(4)的"伐蜀,灭之""击蜀,灭之""伐蜀""取之,遂定蜀",到(10)(11)(12)之最终"定蜀"⑬,秦人征服蜀地,经历了三代秦王前后十数年的时间。这一系列军事行动,都必然是在蜀道畅通的条件下完成的。

秦大举向东方进军,是在得到巴蜀地方战略掩护和经济支持的条件下实现的战略成功。

此后楚汉相争时期萧何的军运成功,有可能在刘邦"召诸县父老豪桀""与

---

① 《史记》卷五《秦本纪》,第200页。
② 《史记》卷五《秦本纪》,第207页。
③ 《史记》卷一五《六国年表》,第732页。
④ 《史记》卷七〇《张仪列传》还写道:"蜀既属秦,秦以益强,富厚,轻诸侯。"第2284页。
⑤ 《史记》卷一三〇《太史公自序》,第3286页。
⑥ 《史记》卷五《秦本纪》,第207页。
⑦ 《史记》卷一五《六国年表》,第733页。
⑧ 《史记》卷五《秦本纪》,第209页。
⑨ 《史记》卷一五《六国年表》,第734页。
⑩ 《史记》卷七一《樗里子甘茂列传》,第2311页。
⑪ 《史记》卷五《秦本纪》,第210页。
⑫ 《史记》卷一五《六国年表》,第736页。
⑬ 其中(10)与(11)(12)有关"蜀侯煇""蜀守煇"的记载相互抵牾,当有一误,疑(10)中"侯煇"二字为衍文。参看王子今:《秦兼并蜀地的意义与蜀人对秦文化的认同》,《四川师范大学学报》(社会科学版)1998年第2期。

父老约""使人与秦吏行县乡邑,告喻之""诸吏人皆案堵如故"①,即普遍留用"秦吏"的政策基础上,既借用了秦的交通条件,也继承了秦交通组织管理的经验。

(三)秦皇"南阙"经营与刘邦南下"蚀中"

《史记》卷六《秦始皇本纪》记载:秦始皇三十五年(前212),"始皇以为咸阳人多,先王之宫廷小,吾闻周文王都丰,武王都镐,丰镐之间,帝王之都也。乃营作朝宫渭南上林苑中。先作前殿阿房,东西五百步,南北五十丈,上可以坐万人,下可以建五丈旗。周驰为阁道,自殿下直抵南山。表南山之颠以为阙。为复道,自阿房渡渭,属之咸阳,以象天极阁道绝汉抵营室也"。② 秦始皇规划咸阳的建设时,曾经有"周驰为阁道",又"自(阿房宫)殿下直抵南山,表南山之颠以为阙"的设想。"表南山之颠以为阙"这一特别值得重视的构想,说明当时的建筑蓝图包含有贯通南北(即"子午")的意识。"南山"之"阙"的设计,可以说明秦都咸阳有南行的重要通路。这样的规划,与沿子午岭北上直通九原的直道形成对应关系。而"子午"快读,与"直"音近。在咸阳、长安以南,确实有"子午道"通往汉中、巴蜀。而子午道也有与"直道"—"子午岭"类似的情形。宋敏求《长安志》卷一一《县一·万年》写道:"福水。即交水也。《水经注》曰:'上承樊川御宿诸水,出县南山石壁谷③,南三十里与直谷水合,亦曰子午谷水。'"④所谓"直谷水",也就是"子午谷水"。又《长安志》卷一二《县二·长安》:"子午镇。在县南四十里,……以南山子午谷为名。""子午关。在县南一百里。""豹林谷⑤水。出南山,北流三里,有竹谷水自南来会,又北流二里,有子午谷水自东来会⑥,自此以下,亦谓之子午谷水。"⑦"直谷"应当也是"子午谷"的快读合音。另外,还特别值得

---

① 《史记》卷八《高祖本纪》,第362页。
② 《史记》,第256页。
③ 今案:亦作石鳖谷,今称石砭峪。
④ 毕沅校正:"《水经注》……此所引无之。《太平寰宇记》文与此同,亦不云出《水经注》。"《长安志·长安志图》,第365页。
⑤ 今案:今称抱龙峪。
⑥ 今案:"自东来会"疑当作"自西来会"。
⑦ 《长安志·长安志图》,第382、383、388页。

我们注意的是,汉魏子午道秦岭南段又曾经沿池河南下汉江川道。"池"或为"直"之音转。也就是说,很可能子午道循行的河道,也曾经被称作"直河"。① 严耕望《唐代交通图考》第 3 卷《秦陵仇池区》图十一《唐代秦岭山脉东段诸谷道图》中,这条北方正对"子午镇""子午谷""子午关"的河流,正是被标注为"直水(迟河)(池河)"的。②

《史记》卷八《高祖本纪》说,汉王之国,"从杜南入蚀中"。裴骃《集解》:"李奇曰:'蚀音力,在杜南。'如淳曰:'蚀,入汉中道川谷名。'"③史家大都据《司隶校尉杨君孟文石门颂序》所谓"高祖受命,兴于汉中,道由子午,出散入秦"④,以为"蚀中"可能就是子午谷。《三国志》卷四〇《蜀书·魏延传》记述魏延向诸葛亮建议,"欲请兵万人,与亮异道会于潼关,如韩信故事"。裴松之注引《魏略》说,其具体路线是"直从褒中出,循秦岭而东,当子午而北",直抵长安。⑤ 由三国时人所谓"韩信故事",可知"道由子午,出散入秦"或许确是刘邦北定三秦的路线。看来,子午道在秦汉之际已经通行大致是没有疑义的。

李之勤曾经对子午道的历史变迁进行过深入的考证。⑥ 我们在对子午道秦岭北段遗迹进行实地考察时,也发现了相当丰富的古栈道的遗存。⑦《汉书》卷九九上《王莽传上》颜师古注将"子午岭"和"子午道"并说:"子,北方也。午,南方也。言通南北道相当,故谓之子午耳。今京城直南山有谷通梁、汉道者,名子午谷。又宜州西界,庆州东界,有山名子午岭,计南北直相当。此则北山者是子,南山者是午,共为子午道。"⑧这位唐代学者应当引起我们重视的意见,还有将直道所循子午岭和子午道所循子午谷"计南北直相当"者联系在一起的说法,即所

---

① 参看王子今:《秦直道的历史文化观照》,《人文杂志》2005 年第 5 期。

② 严耕望:《唐代交通图考》第 3 卷《秦陵仇池区》,1985 年,第 811 页后附图十一《唐代秦岭山脉东段诸谷道图》。

③ 《史记》,第 367 页。

④ [宋]洪适:《隶释·隶续》,中华书局,1985 年 11 月据洪氏晦木斋刻本影印版,第 49 页;王子今:《秦岭"四道"与刘邦"兴于汉中"》,《石家庄学院学报》2016 年第 5 期。

⑤ 《三国志》,第 1003 页。

⑥ 李之勤:《历史上的子午道》,《西北大学学报》(哲学社会科学版)1981 年第 2 期。

⑦ 王子今、周苏平:《子午道秦岭北段栈道遗迹调查简报》,《文博》1987 年第 4 期。

⑧ 《汉书》,第 4076 页。

谓"此则北山者是'子',南山者是'午',共为'子午道'"。

(四) 早期中西交通线路上的咸阳

虽然在中国正史的记录中,汉代外交家张骞正式开通丝绸之路的事迹被誉为"凿空"。① 但是,从新石器时代陶器器型和纹饰的特点,已经可以看到早期中西文化交流的相关迹象。小麦、家马和制车技术的由来,有自西而东的线索。一些古希腊雕塑和陶器彩绘人像表现出所着衣服柔细轻薄,因而有人推测公元前5世纪中国丝绸已经为古希腊上层社会所喜好。

西周王朝和东周秦国以至后来的秦王朝,都曾经在关中中部(今陕西西安附近地区)设置行政中心。西周都城丰镐和秦都咸阳,在早期中西交通的开创事业中均曾据于重要的地位。

西周中期周穆王时代,史传这位君王向西北远行,创造了黄河流域居民开拓联络西方的交通道路的历史记录。在《史记》卷五《秦本纪》和《史记》卷四三《赵世家》中,也记述了造父为周穆王驾车西行巡狩,见西王母,乐而忘归的故事。②

西周时期黄河中游地区交通西方的尝试,确实有历史遗迹可寻。云塘西周骨器制作遗址出土骆驼骨骼。位于丰镐的张家坡墓地出土玉器数量众多,玉质优异,制作精美。据检测,多为透闪石软玉的材料来自多个产地。上村岭 M2009 出土的 724 件(组)玉器,经鉴定,可知大部分为新疆和田玉。当时玉器由西而东的转输道路应当是畅通的。大致正是在周穆王时代前后,随葬车马与主墓分开,整车随马埋葬,舆后埋殉葬人的传统葬俗发生了变化,改变为将随葬的车辆拆散,将轮、轴、辕、衡、舆等部件陈放在主墓内,而将驾车马匹另行挖坑埋葬的形式。③ 这种葬俗可能更突出地表现了墓主和车辆的密切关系。这些历史迹象,或许也与周穆王时代崇尚出行的风习有关。

作为周穆王西行出发点的宗周,可以看作前张骞时代中西交通线路的起点。

---

① 《史记》卷一二三《大宛列传》,第 3169 页。
② 《史记》,第 175、1779 页。
③ 张长寿、殷玮璋:《中国考古学·两周卷》,中国社会科学出版社,2004 年,第 193、187、75 页。

司马迁笔下为周穆王驾车的造父,是秦人的先祖。题东方朔撰《海内十洲记》说"昆仑""西王母之所治也",这里与中土的空间距离:"咸阳去此四十六万里。"①这里不言"宗周""丰镐"或者"长安",而说"咸阳",是因为秦都咸阳在中西文化交流的交通体系中占有重要位置。商鞅变法,秦自雍迁都咸阳,确定了在关中中心方位领导农耕发展和东向进军的优胜条件,也同时继承了丰镐王气。秦人与西北民族有密切的交往,于是东方人以为"秦与戎翟同俗,有虎狼之心,贪戾好利无信,不识礼义德行"②,因而"夷翟遇之"③。秦墓出土的"铲脚袋足鬲",有学者认为体现了"西北地区文化因素"。④ 战国中期以后出现并成为墓葬形制主流的洞室墓,也被判定"并不是秦文化的固有因素"。有学者认为"可能是秦人吸收其它古文化的结果"。⑤ 其渊源大致来自西北甘青高原。源自更遥远地方的文化因素对秦文化风格的影响,突出表现于黄金制品在墓葬中的发现。马家塬墓地埋葬车马的特殊装饰,也显示了从未见于中原文化遗存的审美意识和制作工艺。至于秦文化对遥远的西北方向的影响,我们看到,哈萨克斯坦巴泽雷克5号墓出土了织锦刺绣,其风格表明来自中国。在这一地区公元前4世纪至前3世纪的墓葬中,还出土了有典型关中文化风格的秦式铜镜。史载西汉时匈奴人使役"秦人",颜师古解释说:"秦时有人亡入匈奴者,今其子孙尚号'秦人'。"⑥其实,匈奴人使用的"秦人"称谓,应当理解为秦人经营西北,与草原民族交往的历史记忆的遗存。有的学者认为,"CHINA"的词源,应与"秦"的对外影响有关。实现统一之后的秦王朝对西北方向的特别关注,还表现"有大人长五丈,足履六尺,皆夷狄服,凡十二人,见于临洮",于是"销天下兵器,作金人十二以象之"。⑦ "金人十二,重各千石,置廷宫中"⑧,成为咸阳宫的重要景观。

咸阳继承了丰镐的作用,承担了联系中西交通的主导责任。此后,汉唐长安

---

① 《海内十洲记》,文渊阁《四库全书》本。
② 《史记》卷四四《魏世家》,第1857页。
③ 《史记》卷五《秦本纪》,第202页。
④ 滕铭予:《秦文化——从封国到帝国的考古学观察》,学苑出版社,2003年,第138页。
⑤ 王学理主编:《秦物质文化史》,三秦出版社,1994年,第308页。
⑥ 《汉书》卷九四上《匈奴传上》,第3783页。
⑦ 《汉书》卷二七下之上《五行志下之上》,第1472页。
⑧ 《史记》,第239页。

也同样是在这一地区,建设了表现出充沛的进取精神和能动力量的丝绸之路的东端起点。探索以咸阳为枢纽的早期交通史,应当考虑到其交通文化之作用伸展至于域外的历史性成功。

第十五章　秦交通礼俗

作为交通文化的重要内容,社会民间礼俗比较典型地反映了较广阔社会层面的交通意识与生产方式、生活场景的诸多现象。考察交通史,不能忽略这一文化遗存的意义。

一　《日书》"行归宜忌"选择

睡虎地秦简《日书》和放马滩秦简《日书》作为选择用书,用以在日常生活中择吉避凶,都有关于"行"的内容。这一文化现象,提示我们注意秦交通文化内涵中,有观念史或说意识史的构成。当时人们有关"行"的神秘理念,是影响了交通史进步的历程的。

(一)出行禁忌

湖北云梦睡虎地秦墓和甘肃天水放马滩秦墓相继出土成书于战国时期,然而于秦代依然应用的《日书》。《日书》是选择时日吉凶的数术书,其中多有涉及交通文化的内容。比如,表现"行归宜忌"的文字,不仅数量颇为可观,其禁忌方式亦备极繁密。

以睡虎地秦简《日书》为例,其中有以出行时日预测吉凶者,如《日书》甲种:"达日,利以行帅(师)"(七正贰)、"外害日,不可以行并"(九正贰)、"外阴日""不可以之野外"(一〇正贰)、"夬光日""行有得"(一二正贰)、"挚(执)日,不可以行"(一九正贰)等。① 在"到室"题下，又有：

正月丑，二月戌，三月未，四月辰，五月丑，六月戌，七月未，八月辰，十月戌、丑，十一月未，十二月辰。·凡此日不可以行，不吉。

己酉从远行入，有三喜。（一三四正）

禹须臾：戊己丙丁庚辛旦行，有二喜。甲乙壬癸丙丁日中行，有五喜。庚辛戊己壬癸铺时行，有七喜。壬癸庚辛甲乙夕行，有九喜。（一三五正）②

又如：

正月七日、·二月十四日、·三月廿一日、·四月八日、·五月十六日、·六月廿四日、·七月九日、·八月十八日、·九月廿七日、·十月十日、·十一月廿日、·十二月卅日（一〇七背）

是日在行不可以归，在室不可以行，是是大凶（一〇八背）

正月乙丑、·二月丙寅、·三月甲子、·四月乙丑、·五月丙寅、·六月甲子、·七月乙丑、·八月丙寅、·九月甲子、·十月乙丑、·十一月丙寅、·十二月甲子以（一〇九背）

以行，从远行归，是谓出亡归死之日也（一一〇背）③

---

① 睡虎地秦墓竹简整理小组：《睡虎地秦墓竹简》，文物出版社，1990年，释文注释第181、183页。

② 睡虎地秦墓竹简整理小组：《睡虎地秦墓竹简》，文物出版社，1990年，释文注释第201页。同书另有一种题为"禹须臾"的行忌规则，即："禹须臾·辛亥、辛巳、甲子、乙丑、乙未、壬申、壬寅、癸卯、庚戌、庚辰、莫（暮）市以行有九喜"（九七背壹），"癸亥、癸巳、丙子、丙午、丁丑、丁未、乙酉、乙卯、甲寅、甲申、壬戌、壬辰，日中以行有五喜"（九八背壹），"已亥、已巳、癸丑、癸未、庚申、庚寅、辛酉、辛卯、戊戌、戊辰、壬午，市日以行有七喜"（九九背壹），"丙寅、丙申、丁酉、丁卯、甲戌、甲辰、乙亥、乙巳、戊午、己丑、已未，莫（暮）食以行有三喜"（一〇〇背），"戊甲、戊寅、巳酉、巳卯、丙戌、丙辰、丁亥、丁巳、庚子、庚午、辛丑、辛未，旦以行有二喜"（一〇一背）。睡虎地秦墓竹简整理小组：《睡虎地秦墓竹简》，文物出版社，1990年，释文注释第222页。《后汉书》卷八二上《方术列传上》："其流又有风角、遁甲，七政、元气、六日七分、逢占、日者、挺专、须臾、孤虚之术。"李贤注："须臾，阴阳吉凶立成之法也。"第2703—2704页。

③ 睡虎地秦墓竹简整理小组：《睡虎地秦墓竹简》，文物出版社，1990年，释文注释第223页。

简文所说的"行",包括作为交通行为的"行旅",少数可能也指涵盖相当宽泛的"行事",即简文所谓"有为"。而其中有关出行禁忌的内容,可以为我们提供反映当时交通文化的重要信息。①《日书》乙种"行日"题下又有:

> 庚☐(一三八)
> 節(即)有急行,以此行吉。(一三九)

又"行者"题下可见:

> 远行者毋以壬戌、癸亥到室。以出,凶。(一四〇背)

简文涉及"远行"。此外,又有题为"行忌"的内容:

> 凡行者毋犯其大忌,西☐☐☐巳,北毋以☐☐☐☐戊寅,南毋以辰、
> 中·行龙戌、己,行忌(一四二)
> 凡行,祠常行道右,左☐(一四三)②

睡虎地秦简《日书》甲种有关于同一条件下出行方向不同则各有宜忌的内容,如:"辰,北吉,南得,东西凶,毋行"(一三六正贰),"午,北吉,东得,南凶,西不反(返)"(一三八正贰),"未,东吉,北得,西凶,南毋行"(一三九正贰)。③ 在"归行"题下又严格规定:

> 凡春三月己丑不可东,夏三月戊辰不可南,秋三月己未不可西,冬三月戊戌不可北。百中大凶,二百里外必死。岁忌。(一三一正)

> 毋以辛壬东南行,日之门也。毋以癸甲西南行,月之门也。毋以乙丙西北行,星之门也。毋以丁庚东北行,辰之门也。
> ·凡四门之日,行之敦也,以行不吉(一三二正)④

在睡虎地秦简《日书》甲种"行"题下,又写道"凡且有大行、远行","毋以正月上

---

① 参看王子今:《睡虎地秦简〈日书〉所反映的秦楚交通状况》,《国际简牍学会会刊》第1号,兰台出版社,1993年;《睡虎地秦简〈日书〉秦楚行忌比较》,《秦文化论丛》第2辑,西北大学出版社,1993年;《睡虎地秦简〈日书〉所见行归宜忌》,《江汉考古》1994年第2期。

② 睡虎地秦墓竹简整理小组:《睡虎地秦墓竹简》,文物出版社,1990年,释文注释第243页。

③ 睡虎地秦墓竹简整理小组:《睡虎地秦墓竹简》,文物出版社,1990年,释文注释第202页。

④ 睡虎地秦墓竹简整理小组:《睡虎地秦墓竹简》,文物出版社,1990年,释文注释第201页。

旬午,二月上旬亥,三月上旬申,四月上旬丑,五月上旬戌,六月上旬卯,七月上旬子,八月(一二七正)上旬巳,九月上旬寅,十月上旬未,十一月上旬辰,十二月上旬酉·凡是日赤啻(帝)恒以开临下民而降其英(殃),不可具为百事,皆毋所利。節(即)有为也(一二八正),其央(殃)不出岁中,大小必至。有为而禺(遇)雨,命曰央(殃)蚤(早)至,不出三月,必有死亡之志至(一二九正)"。① 所谓"大行",可能是指意义比较重要的出行行为。对于官吏来说,可能是指仪卫比较众多,程式比较隆重的出行行为。对于商贾来说,可能是指携运货资比较丰足,交易数额比较可观的出行行为。所谓"远行",当是指路程比较遥远的出行行为,与所谓"大行"有所不同。《御定星历考原》卷六"远行"条写道:"《纪岁历》云:'凡远旅求谋出入兴贩等事,宜月恩日取索,宜收日,忌大耗、小耗、天贼、四击日。出入兴贩忌劫杀,宜出行上吉日。'"②

睡虎地秦简《日书》甲种简八三背贰～九〇背贰有图:

八月酉	九月戌	十月亥
七月申	三月辰二月卯	
	四月己正月寅	十一月子
六月未	五月午十二月丑	

图侧有文字"直此日月者不出"(九一背贰),显然也是出行时日禁忌。③ 图中月次顺序形成的⊓形,是否有什么特别的象征意义,我们现在还并不理解。

睡虎地秦简《日书》所列行忌凡14种,若简单合计,"不可以行"之日数总合竟然超过355日。其中当然存在颇多相重合的情形。

如果将《日书》甲种中"除"题下"外害日不可以行"(九正贰)、"秦除"题下"挚日不可以行"(一九正贰)、"稷辰"题下"危阳是胃(谓)不成行"(三六正)几种情形结合外害日(九正)、挚日(一四正壹～二五正壹)、危阳日(二六正壹～三一正壹)历月日次,以及"行"(一二七正～一二九正),"归行"(一三三正)、"到

---

① 睡虎地秦墓竹简整理小组:《睡虎地秦墓竹简》,文物出版社,1990年,释文注释第200页。

② 文渊阁《四库全书》本。

③ 睡虎地秦墓竹简整理小组:《睡虎地秦墓竹简》,文物出版社,1990年,释文注释第223页。

室"(一三四正)题下所列出行忌日并"直此日月者不出"图示内容(八三背贰～九一背贰),可以列表显示主要的出行禁忌:

表2　睡虎地秦简《日书》甲种所见行归忌日表

出行禁忌	时间											
	正月	二月	三月	四月	五月	六月	七月	八月	九月	十月	十一月	十二月
(1)除:外害日不可以行	酉	戌	亥	子	丑	寅	卯	辰	巳	午	未	申
(2)秦除:挚日不可以行	未	申	酉	戌	亥	子	丑	寅	卯	辰	巳	午
(3)稷辰:危阳是胃不成行	卯	卯	巳	巳	未	未	酉	酉	亥	亥	丑	丑
(4)行:是日赤帝降其英	上旬午	上旬亥	上旬申	上旬丑	上旬戌	上旬卯	上旬子	上旬巳	上旬寅	上旬未	上旬辰	上旬酉
(5)归行:此日以归死行亡	七日	四日	廿一日	八日	十九日	廿四日	九日	九日	廿七日	十日	廿日	卅日
(6)到室:此日不可以行吉	丑	戌	未	辰	丑	戌	未	辰	辰	戌、丑	未	辰
(7)直此日月者不出	寅	卯	辰	巳	午	未	申	酉	戌	亥	子	丑

可以看到,(1)(2)(3)(4)并无重合,(6)与(1)1/3重合。(7)与(3)1/2重合。十二支相继轮回,则(1)至(4)全年出行忌日合计约100日,(5)姑且不计,加上(6)(7)不重合的日数则共计135日。又可见"毋以亥行"(一三九正叁)的行忌,全年亥日30日,减除(1)至(4)可能出现的11日,仍有19日。又数见所谓"六庚不可以行"(甲种九九背贰、一二八背,乙种四四贰),"六庚"全年计36日,与上述行忌日交逢当不超过15日。这样,14种行忌中6种姑且不计,仅已排除重复可能的上述8种,全年行忌日已多达165日,占全年日数的45.2%以

上,可见当时交通禁忌之苛繁严密。①

固然睡虎地秦简《日书》包容分属秦、楚两大文化体系的数术,两种不同禁忌系统都严格遵行的情形在民间未必普遍,但我们由此仍可以看到当时交通活动所受到的来自观念方面的严重影响。尽管秦汉时代是交通事业得到空前发展的时代,然而在战国晚期至于睡虎地秦简《日书》仍得通用于民间的秦代,至少在《日书》出土的楚地,人们的出行活动是受到多方面限制的。在对当时社会的政治、经济、文化进行考察时,不能不注意到这种交通史的背景。

天水放马滩秦简《日书》甲种中也有"执日不可行行远必执而于公"(一八)的内容,"执日"历月日次(一~一二)与云梦睡虎地秦简《日书》相同。此外,又有:

禹须臾行日(四二)

禹须臾吏行得择日出邑门禹步三向北斗质画(六六)

地视之日禹有直五横今利行行毋咎为禹前除得(六七)

吉囗(六八)②

放马滩秦简《日书》的年代,研究者认为,其"入葬时间在秦始皇三十年,但其成书和流行时间当在秦统一前"③。不过,《日书》所反映的民间禁忌对交通的影响,许久之后仍保留有明显的历史文化惯性。

秦始皇是中国历史上著名的游踪甚广的帝王,在他的政治实践中,特别重视"巡行郡县,以示强,威服海内"④。史载其平生凡8次出巡。其具体行期,则唯见《史记》卷六《秦始皇本纪》记载:"三十七年十月癸丑,始皇出游。"⑤这是秦始

---

① 王子今:《睡虎地秦简〈日书〉所见行归宜忌》,《江汉考古》1994年第2期。
② 甘肃省文物考古研究所编:《天水放马滩秦简》,中华书局,2009年,第84、83、86页。天水放马滩秦简最初相关信息的披露,见秦简整理小组:《天水放马滩秦简甲种〈日书〉释文》,《秦汉简牍论文集》,甘肃人民出版社,1989年。又据任步云:《放马滩出土竹简〈日书〉刍议》,可知放马滩《日书》乙种中也有"甲乙毋东行辰西毋行北凶南得东吉"(二一六)等有关出行宜忌的内容。《西北史地》1989年第3期。
③ 何双全:《天水放马滩秦简甲种〈日书〉考述》,《秦汉简牍论文集》,甘肃人民出版社,1989年,第20页。
④ 《史记》卷六《秦始皇本纪》,第267页。
⑤ 《史记》,第260页。

皇最后一次出巡。十月癸丑,睡虎地秦简《日书》中属于秦人建除系统的"秦除"和"稷辰"中皆未见与"行"有关的文字,而在可能属于楚人建除系统的"除"中则正当"交日"。而"交日,利以实事。凿井,吉。以祭门行、行水,吉"(甲种四正贰)①。所谓"祭门行"仪式的意义,或即"告将行也"②,"行水"则是水路交通形式。秦始皇此次出行先抵江汉地区,"十一月,行至云梦"③,很可能因此而据楚数术书择日。另一方面,"秦除""稷辰"虽未言"行吉"④,但"十月癸丑"亦不值行忌日。可见,事实确如李学勤所指出的,"楚、秦的建除虽有差别",但"又有一定的渊源关系"。⑤ 另一方面,当时占日之学流派纷杂⑥,而"齐、楚、秦、赵为日者,各有俗所用"⑦,重要的交通活动,大约需要事先综合考虑不同建除系统的出行宜忌。

饶宗颐曾比较睡虎地秦简《日书》"秦除"与《淮南子·天文》之建除法,指出:"《淮南》与秦简文字微异,如秦《日书》之'盈',《淮南》作'满'。荀悦曰:'讳盈之字为满',则作'满'者,乃避惠帝讳也。其他'执',秦简作'挚''破',秦简作'柀',余悉同。"⑧又睡虎地秦简《日书》之"盈""挚""柀",放马滩《日书》作"盈""执""彼",似亦可由另一侧面提供有助于理解饶宗颐"《淮南》与秦简文字

---

① 睡虎地秦墓竹简整理小组:《睡虎地秦墓竹简》,文物出版社,1990 年,释文注释第 181 页。

② 《仪礼·聘礼》郑玄注,《十三经注疏》,第 1047 页。

③ 《史记》,第 260 页。

④ 属于秦人建除系统的"秦除"和"稷辰"中,均未见"行吉"日。据此或许可以推想,秦人有可能是将"不可行"日之外的其他的日子都作为"利以行""行有得"或"行吉"之日看待的。这样,秦人建除中虽不注明"行吉"之日,而事实上的"行吉"日是存在的。

⑤ 李学勤:《睡虎地秦简〈日书〉与楚、秦社会》,《江汉考古》1985 年第 4 期。

⑥ 《史记》卷一二八《龟策列传》:"《太史公之传》曰:'三王不同龟,四夷各异卜,然各以决吉凶……'"第 3225 页。《史记》卷一三〇《太史公自序》:"三王不同龟,四夷各异卜,然各以决吉凶。"第 3318 页。《史记》卷一二七《日者列传》褚先生补述:"孝武帝时,聚会占家问之,某日可取妇乎?五行家曰可,堪舆家曰不可,建除家曰不吉,丛辰家曰大凶,历家曰小凶,天人家曰小吉,太一家曰大吉。辩讼不决,以状闻。制曰:'避诸死忌,以五行为主。'"第 3222 页。

⑦ 《史记》卷一三〇《太史公自序》,第 3318 页。

⑧ 饶宗颐:《云梦秦简日书研究》,《饶宗颐二十世纪学术文集》,新文丰出版股份有限公司,2003 年,第 377 页。

微异"说的例证。《汉书》卷九九上《王莽传上》:"十一月壬子,直建冬至。"颜师古注:"壬子之日冬至,而其日当建。"又王莽至高庙拜受金匮神嬗,下书曰:"赤帝汉氏高皇帝之灵,承天命,传国金策之书,予甚祗畏,敢不钦受!以戊辰直定,御王冠,即真天子位,定有天下之号曰新。其改正朔,易服色,变牺牲,殊徽帜,异器制。以十二月朔癸酉为建国元年正月之朔,以鸡鸣为时。""戊辰直定",颜师古注"于建除之次,其日当定"。① 此日亦在十一月。② 睡虎地秦简《日书》甲种"秦除"中写道:"建日,良日也。可以为啬夫,可以祠。利枣(早)不利莫(暮)。可以入人、始寇(冠)、乘车。有为也,吉。"(一四正贰)"定日,可以臧(藏),为官府室祠。"(一八正贰)③《三国志》卷二《魏书·文帝纪》裴松之注引《献帝传》载禅代众事,谓"太史官择吉日""今月十七日己未直成,可受禅命",又谓"太史令择元辰,今月二十九日,可登坛受命"。《献帝传》曰:"辛未,魏王登坛受禅。"自称"谨择元日,与群寮登坛受帝玺绶"。④ 事在汉献帝延康元年(220)冬十月。十月己未、辛未均"直成",与睡虎地秦简《日书》甲种"秦除"(二三正壹)相合。而"成日,可以谋事、起□、兴大事"(二二正贰),因而被择定为受禅之"吉日""元辰""元日"。看来,秦数术对后世社会曾经产生相当久远的影响。

(二)"徙"的吉凶

迁徙也是影响社会层面较广的重要的交通运动,在秦汉时期同样受到种种禁忌的制约。睡虎地秦简《日书》甲种可见有关迁徙禁忌的内容,如:

> 正月五月九月,北徙大吉,东北少吉,若以是月殹(也)东徙,毄,东南刺离,南精,西南室毁,西困,西北辱。(五九正壹)

> 二月六月十月,东徙大吉,东南少吉,若以【是】月殹(也)南徙,毄,西南刺离,西精,西北毄,北困辱。(六〇正壹)

> 三月七月十一月,南徙大吉,西南少吉,若以是只月殹(也)北徙,

---

① 《汉书》,第4095—4096页。
② 又据方诗铭、方小芬:《中国史历日和中西历日对照表》,上海辞书出版社,1987年。核正不误。
③ 睡虎地秦墓竹简整理小组:《睡虎地秦墓竹简》,文物出版社,1990年,释文注释第183页。
④ 《三国志》,第68、75页。

毁,西北刺离,北精,东毁,东北困,东南辱。(六一正)

九月八月十二月,西徙大吉,西北少吉,若以是月殹(也)北徙,毁,东北刺离,南精,东南毁,南困辱。(六二正)①

□□□毁者,死殹(也)。刺者,室人妻子父母分离。精者,□□□□□□□□□□□。困者□□□□。辱者不孰而为□人矢□。(六三正)

睡虎地秦墓竹简整理小组注释:"本条毁疑读为毇,《尔雅·释诂》:'尽也。'刺疑读为谪。简末疑为'用人矢哭'。"②又如:

以甲子、寅、辰东徙,死。丙子、寅、辰南徙,死。庚子、寅、辰西徙,死。壬子、寅、辰北徙,死。(一二六背)③

《日书》乙种又可见:

☐徙,死。庚子、寅、辰北徙,死。(八八壹)④

禁忌内容与《日书》甲种有所不同。

《史记》卷六《秦始皇本纪》记载,秦始皇三十六年(前 211),有人于华阴平舒道持璧遮使者,预言"今年祖龙死"⑤,"使御府视璧,乃二十八年行渡江所沈璧也。于是始皇卜之,卦得游徙吉。迁北河榆中三万家。拜爵一级"。⑥ 可知以天子之尊,亦卜问迁徙之吉凶。如果其占卜方式与睡虎地秦简《日书》属同一系统,时在秋季,而北河榆中地当咸阳正北,其卜问结果当与简五九正壹一致,"迁北河榆中三万家",其时当在九月。

---

① "九月"当作"四月"。

② 睡虎地秦墓竹简整理小组:《睡虎地秦墓竹简》,文物出版社,1990 年,释文注释第 189 页。

③ 睡虎地秦墓竹简整理小组:《睡虎地秦墓竹简》,文物出版社,1990 年,释文注释第 225 页。

④ 睡虎地秦墓竹简整理小组:《睡虎地秦墓竹简》,文物出版社,1990 年,释文注释第 237 页。

⑤ 《史记会注考证》引梁玉绳曰:"'今年',《搜神记》'明年'。《初学记》《文选》注引《史》文,正作'明年'。"《史记会注考证附校补》,第 169 页。钱锺书《管锥编》亦有补证。中华书局,1979 年,第 1 册第 264 页。

⑥ 《史记》,第 259 页。

(三)"伏""闭""引避""辍解"

传说中多见道行遇鬼怪的故事。《风俗通义·怪神》:"昔晋文公出猎,见大蛇,高如堤,其长竟路。"①于是以为"见妖"而请庙自责修政。据《史记》卷六《秦始皇本纪》,卢生说始皇曰:"方中,人主时为微行以辟恶鬼,恶鬼辟,真人至。"于是秦始皇"乃令咸阳之旁二百里内宫观二百七十复道甬道相连","行所幸,有言其处者,罪死"。可见虽贵为天子,对行道恶鬼也不敢不忌避。睡虎地秦简《日书》甲种"诘"题下可见:

鬼恒从男女,见它人而去,是神虫伪为人,以良剑刺其颈,则不来矣。(三四背贰~三五背贰)

鬼恒从人游,不可以辞,取女笄以拓之,则不来矣。(四六背贰)

鬼恒逆人,入人宫,是游鬼,以广灌为戟以橎之,则不来矣。(五〇背贰)

人行而鬼当道以立,解发奋以过之,则已矣。(四六背叁)②

都说出行遇鬼的应对方式。《史记》卷二八《封禅书》记载,汉武帝用齐人少翁言,"乃作画云气车,及各以胜日驾车辟恶鬼"。司马贞《索隐》:"乐产云'谓画青车以甲乙,画赤车丙丁,画玄车壬癸,画白车庚辛,画黄车戊己。将有水事则乘黄车,故下云"驾车辟恶鬼"是也'。"③"胜日",《汉书》卷二五上《郊祀志上》颜师古注引服虔曰:"甲乙五行相克之日。"④《潜夫论·卜列》说:"欲使人而避鬼,是即道路不可行……"⑤看来在当时人的意识中,行道之鬼是最为集中而绝对无法完全避除的。所谓"鬼恒从男女""鬼恒从人游,不可以辞""鬼恒逆人""人行而鬼当道以立"等,都是交通生活的严重危害。

从某些令人已难以理解的神秘主义观念出发,当时还曾形成若干特殊的交

---

① [东汉]应劭撰,吴树平校释:《风俗通义校释》,天津人民出版社,1980年,第350页。
② 睡虎地秦墓竹简整理小组:《睡虎地秦墓竹简》,文物出版社,1990年,释文注释第213—215页。
③ 《史记》,第1388页。
④ 《汉书》,第1220页。
⑤ [汉]王符著,[清]汪继培笺,彭铎校正:《潜夫论笺校正》,中华书局,1985年,第299页。

通禁忌。《史记》卷五《秦本纪》:"(秦德公)二年,初伏,以狗御蛊。"张守节《正义》:"六月三伏之节起秦德公为之,故云初伏。伏者,隐伏避盛暑也。"①《史记》卷一四《十二诸侯年表》:秦德公二年(前676),"初作伏,祠社,磔狗邑四门"②。于城门以狗御蛊,暗示仪式内容与交通有关。这种形式在一些民族调查资料中也有发现。③《后汉书》卷四《和帝纪》:汉和帝永元六年(94)"六月己酉,初令伏闭尽日"。李贤注引《汉官旧仪》:"伏日万鬼行,故尽日闭,不干它事。"④又如汉章帝元和二年(85)"冬十一月壬辰,日南至,初闭关梁"。元和三年(86)春二月乙丑,"敕侍御史、司空曰:'方春,所过无得有所伐杀。车可以引避,引避之;騑马可辍解,辍解之'"。⑤ 所谓"伏""闭""引避""辍解",都是交通禁忌形式。

(四)关于"反枳(反支)"

以睡虎地秦墓竹简《日书》为例,分析其中"俗禁",可以了解当时与交通相关的社会心理与社会行为。

《日书》有关"反枳"的内容,有助于深入认识当时社会的交通"俗禁"。

饶宗颐《睡虎地秦简〈日书〉研究》是最早的《日书》研究专门论著。⑥ 其中"反枳(反支)""归行""禹符""禹步""《禹须臾》"诸条,均涉及当时人表现为"俗禁"的对于交通的观念。⑦

睡虎地秦简《日书》甲种有"反枳"题。题下写道:"子、丑朔,六日反枳(支);寅、卯朔,五日反枳(支);辰、巳朔,四日反枳;午、未朔,三日反【支】;申、酉朔,二日反(一五三背)枳(支);戌、亥朔,一日反枳(支),复卒其日,子有(又)复

---

① 《史记》,第184页。
② 《史记》,第573页。
③ 王子今:《秦德公"磔狗邑四门"宗教文化意义试说》,《中国文化》第12期。
④ 《后汉书》,第179页。
⑤ 《后汉书》,第153、155页。李贤注:"《易》曰:'先王以至日闭关,商旅不行。'"《后汉书》卷三《章帝纪》,第154页。
⑥ 此节讨论引录饶宗颐《睡虎地秦简〈日书〉研究》内容,据《饶宗颐二十世纪学术文集》卷三《简帛学》,中国人民大学出版社,2009年。
⑦ 《礼记·王制》:"析言破律,乱名改作,执左道以乱政,杀。"郑玄注:"'左道',若巫蛊及俗禁。"孔颖达疏:"'俗禁',若前汉张竦行辟反支,后汉《郭躬传》有陈伯子者出辟往亡,入辟归忌是也。"《十三经注疏》,第1344页。

反枳(支)。一月当有三反枳(支)……(一五四背)"①饶宗颐指出:"按反枳即反支也。"又引王符之说:"王符《潜夫论·爱日》篇,明帝敕公车受章,无避反支。《后汉书·王符传》:'公车以反支日不受章奏。'李贤注云:凡反支日用月朔为正。戌、亥朔一日反支,申、酉朔二日反支,午、未朔三日反支,辰、巳朔四日反支,寅、卯朔五日反支,子、丑朔六日反支。见《阴阳书》也。"饶宗颐说,秦简内容,"与李贤所引《阴阳书》完全符合。反枳之即反支,可以论定"。又据汉简宣帝本始四年(前70)历谱与和帝永元六年(94)历谱对照,指出:"西汉以来,忌反支日,日历明记明建、除日之名,兼志反支日。今由秦简,知此俗不始于汉,秦已有之,则向来所未知。"这当然是很重要的发现。

饶宗颐接着又写道:"反支日之说,《汉书·游侠传》颜注引李奇叙张竦会反支日不去,因为贼所杀。《颜氏家训·杂艺》称:'反支不行,竟以遇害。'"②这是对于"反支"的最早的比较全面的解说。后来整理小组的释文和注释,均采用饶说。③

(五)避"反支":不可行走的禁忌

历史文献中可以看到秦汉时期与"反支"有关的观念影响交通活动的实例。《后汉书》卷四九《王符传》记载:"明帝时,公车以反支日不受章奏,帝闻而怪曰:'民废农桑,远来诣阙,而复拘以禁忌,岂为政之意乎!'于是遂蠲其制。"④《潜夫论·爱日》:"孝明皇帝尝问:'今旦何得无上书者。'左右对曰:'反支故。'帝曰:'民既废农远来诣阙,而复使避反支,是则又夺其日而冤之也。'乃敕公车

---

① 睡虎地秦墓竹简整理小组:《睡虎地秦墓竹简》,文物出版社,1990年,释文注释第227页。

② 饶宗颐又写道:"此事人所习知,不具论。《日书》反枳亦但称曰反,银雀山元光元年历谱于日辰之下间书'反'字,即反枳、反支日也。"《饶宗颐二十世纪学术文集》卷三《简帛学》,第268页。

③ 整理小组释文:"反枳(支)"。整理小组注释:"《后汉书·王符传》注:'凡反支日,用月朔为正;戌亥朔,一日反支;申酉朔,二日反支;午未朔,三日反支;辰巳朔,四日反支;寅卯朔,五日反支;子丑朔,六日反支。见阴阳书也。'与简文相合。"《睡虎地秦墓竹简》,文物出版社,1990年,释文注释第227页。

④ 《后汉书》,第1640页。

受章,无避反支。"①

民"远来诣阙"而执政机构"复拘以禁忌",受到汉明帝"岂为政之意乎"的批评。所谓"复使避反支",似乎体现维护涉及交通行为的"俗禁",其实"为政"者有时表现更为积极的情形。

《汉书》卷九二《游侠传·陈遵》:"竦为贼兵所杀。"颜师古注引李奇曰:"竦知有贼当去,会反支日,不去,因为贼所杀。桓谭以为通人之弊也。"②《颜氏家训·杂艺》:"凡阴阳之术,与天地俱生。亦吉凶德刑,不可不信;但去圣既远,世传术书,皆出流俗,言辞鄙浅,验少妄多。至如反支不行,竟以遇害;归忌寄宿,不免凶终。拘而多忌,亦无益也。"王利器解释"至如反支不行,竟以遇害",引李奇"竦知有贼当去,会反支日,不去,因为贼所杀"语,谓"郑珍、李慈铭、龚道耕先生说同"。又写道:"《礼记·王制》:'执左道以乱政。'郑玄注:'谓诬蛊俗禁。'《正义》曰:'俗禁者,若张竦反支、陈伯子往亡归忌是也。'③案:今临沂银雀山出土《汉元光元年历谱》,在日干支下间书'反'字,即所谓反支日也。王符《潜夫论·爱日》篇亦言反支事。"④刘乐贤据张竦事迹说,"可见,反支日又有不可行走的禁忌"⑤是正确的。

居延汉简111·6及E.P.T65:425B均出现"反支"字样⑥,又敦煌汉简1691

----

① 《潜夫论笺校正》,第221页。《旧唐书》卷一七四《李德裕传》称"光武至仁,反支不忌"。中华书局,1975年,第4515页。将汉明帝事归于汉光武帝。王应麟《困学纪闻》卷一三《考史》:"祖君彦檄:'光武不隔于反支。'乃明帝事。见王符《潜夫论》。"翁元圻注:"唐李德于裕《丹扆六箴》亦云:'光武至仁,反支不忌。'"[宋]王应麟著,[清]翁元圻等注,栾保群、田松青、吕宗力校点:《困学纪闻》(全校本),上海古籍出版社,2008年,第1572页。
② 《汉书》,第3714页。
③ 今按:《十三经注疏》本作:"《礼记·王制》:'析言破律,乱名改作,执左道以乱政,杀。'郑氏注:'左道,若巫蛊及俗禁。'孔颖达疏:'俗禁,若前汉张竦行辟反支,后汉《郭躬传》有陈伯子者出辟往亡,入辟归忌是也。'"中华书局,1980年,第1344页。
④ [北齐]颜之推撰,王利器集解:《颜氏家训集解》,上海古籍出版社,1980年,第521、524页。
⑤ 刘乐贤:《睡虎地秦简日书研究》,文津出版社,1994年,第307页。
⑥ 谢桂华、李均明、朱国炤:《居延汉简释文合校》,文物出版社,1987年,第181页;甘肃省文物考古研究所、甘肃省博物馆、文化部古文献研究室等:《居延新简——甲渠候官与第四燧》,文物出版社,1990年,第447—448页。

和 1968A 可以看到同样的简文。① 有的同篇内容出现"忌"字,还有只写"反"字者,其实是"反支"的省写。② 看来,汉代社会"避反支"的"俗禁"有相当广泛的影响。这一文化现象与秦的继承关系,是明确的。

《武经总要》后集卷二〇《占候五》引《黄帝占》曰:"反支日不可出军。"③"出军",当然是特殊的"行走"即交通形式。这一禁忌,可能起源相当早。

(六)"反枳"原义推想

饶宗颐最早提出"反枳即反支"。以为"枳"与"枝"通用,"枝即是支,故反枳即反支"。④ 刘乐贤又据马王堆汉墓出土帛书《五十二病方》"魅:禹步三,取桃东枳(枝),中别为□□□之倡而笄门户上各一","为饶氏的论证提供一个新证据"。⑤

传统医学典籍可见妇产科有关"反支"的禁忌。隋巢元方撰《诸病源候总论》卷四三《妇人将产病诸候》有"产法"条,其中写道:"人处三才之间,禀五行之气,阳施阴化,故令有子。然五行虽复相生,而刚柔刑杀互相害克,至于将产,则有日游反支禁忌。若犯触之,或横致诸病。故产时坐卧产处须顺四时五行之气。故谓之产法也。"又"产防晕法"条说:"防晕者,诸临产若触犯日游反支诸所禁忌,则令血气不调理而致晕也。其晕之状,心烦闷气欲绝是也,故须预以法术防之。"⑥ 与"产"有关的其他行为也不能"犯触""反支"。唐孙思邈撰《备急千金要方》卷三:"妇人产乳忌反支。"⑦唐王焘撰《外台秘要方》卷三五关于"藏儿衣"法,也说:"若有遇反支者宜以衣内新瓶盛密封塞口,挂于宅外福德之上向阳高

---

① 吴礽骧、李永良、马建华释校:《敦煌汉简释文》,甘肃人民出版社,1991 年,第 176、210 页。
② 饶宗颐说:"《日书》反枳亦但称曰反,银雀山武帝元年历谱于日辰之下间书'反'字,即反枳、反支日也。"《饶宗颐二十世纪学术文集》卷三《简帛学》,第 268 页。
③ 文渊阁《四库全书》本。
④ 饶宗颐:《饶宗颐二十世纪学术文集》卷三《简帛学》,第 267—268 页。
⑤ 《睡虎地秦简日书研究》,第 301 页。
⑥ 文渊阁《四库全书》本。
⑦ 文渊阁《四库全书》本。

燥之处,待过月然后,依法埋藏之大吉。"①言"产法"之类而多涉及"反支"禁忌,很可能与难产恐惧有关。常见难产情形即如《左传·隐公元年》"庄公寤生,惊姜氏"事。②"寤生",如黄生《义府》卷上:"'寤'当与'牾'通;逆生,则产必难。"钱锺书说,《困学纪闻》卷六引《风俗通》解"寤生",全祖望注:"寤生,牾生也;与黄暗合。莎士比亚历史剧中写一王子弑篡得登宝位,自言生时两足先出母体……,即'牾生'也。"③

"反枳"即"反支"一语的原始意义,或许即说肢体"先出母体"的难产现象。难产的反义是顺产。"反支不行""俗禁"影响交通行为,是因为这种"逆""牾""必难"的情形,是和交通生活期望顺畅的追求完全相反的。

刘乐贤在讨论《日书》"反支"问题时写道:"需要指出的是,汉元光元年历谱九月的'甲子'、'丙子'二日下标有一个'子'字。根据推算,这两天正好是反支日,这两个'子'字的含义很令人费解,它们是否是反支的另一种特殊表示法,现在尚难断定。"④作为特殊标记的"子"字,可能确实"是反支的另一种特殊表示法"。如果将这里的"子"字联系"寤生""牾生"等"生子"的情形思考,也许可以不再以为"很令人费解"。刘乐贤又指出:"《日书》'反支篇'中有一句重要的话,我们以前没有重视。反支篇原文讲完以各种地支为朔日的反支日后紧接着有'复卒其日,子有(又)复反枳(支)'一句。这句话是什么意思?""我们认为'复卒其日',乃是再接着数完十二地支中剩下的那些日子。举例来说,假如朔日的地支是子,第六日巳日是反支日,然后再接着数完十二地支中巳日以后的日子,那样就轮到了下一个子日,所以简文接着说'子有(又)复反枳(支)'。"⑤我们注意这种现象,以为更值得深思的是,《日书》有关"反枳(支)"的文字中对于"子"的这种特别的重视。

《说文·鬼部》称作"小儿鬼"的"魃",也许即以难产多发引起的恐惧为心理背景。刘钊讨论"魃"时联系到睡虎地秦简《日书》甲种《诘咎》篇所见"鬼婴儿"

---

① 文渊阁《四库全书》本。
② 《春秋左传集解》,第5页。
③ 钱锺书:《管锥编》,中华书局,1979年,第1册第167—168页。
④ 《睡虎地秦简日书研究》,第302页。
⑤ 《睡虎地秦简日书研究》,第303页。

"哀乳之鬼"等,以及其他典籍记载的"形象为小儿的鬼"①,给我们以有益的启示。《急救篇》卷三:"射魃辟邪除群凶。"颜师古注:"'射魃''辟邪',皆神兽名也。'魃',小儿鬼也。'射魃',言能射去魃鬼。'辟邪',言能辟御妖邪也。谓以宝玉之类刻二兽之状,以佩带之用,除去凶灾而保卫其身也。一曰'射魃',谓天刚卯也。以金玉及桃木刻而为之。一名'毅改',其上有铭而旁穿孔,系以彩丝,用系臂焉。亦所以逐精魅也。"②所谓"射去""辟御""除""逐"这些"小儿鬼",有特殊的方术形式。其说编入汉代"小学"教材《急就篇》中,③可知当时是社会生活的基本常识。其知识来源,当与秦民间"鬼婴儿""哀乳之鬼"等观念相关。④

人的生殖通道和交通道路有某种象征性的关联,还可以由西汉晚期的一则例证得到说明,即《汉书》卷九九上《王莽传上》记汉平帝元始五年(5)事:"其秋,莽以皇后有子孙瑞,通子午道。子午道从杜陵直绝南山,径汉中。"颜师古注引张晏曰:"时年十四,始有妇人之道也。子,水;午,火也。水以天一为牡,火以

---

① 刘钊:《说"魃"》,"简帛·经典·古史"国际论坛论文,香港,2011年11月30日至12月2日。

② 管振邦译注,宙浩审校:《颜注急就篇译释》,南京大学出版社,2009年,第160页。

③ 《汉书》卷三〇《艺文志》中,"小学十家,四十五篇",列有:"《急就》一篇。元帝时黄门令史游作。"汉代的初级教育"小学",其实可以和近代教育之"小学"相模拟。王国维说:"刘向父子作《七略》,'六艺'一百三家,于《易》《书》《诗》《礼》《乐》《春秋》之后,附以《论语》《孝经》、'小学'三目,'六艺'与此三者,皆汉时学校诵习之书。以后世之制明之:'小学'诸书者,汉小学之科目;《论语》《孝经》者,汉中学之科目;而'六艺'则大学之科目也。"《汉魏博士考》,《王国维遗书》,上海古籍书店,1983年,第1册,《观堂集林》卷四第7页。

④ 王子今:《秦汉民间意识中的"小儿鬼"》,《秦汉研究》第6辑,陕西人民出版社,2012年。

地二为牝,故火为水妃,今通子午以协之。"①

(七)"□与枳刺艮山之胄离日"试释读

《日书》甲种"艮山"题下也有涉及"枳"的内容:"此所胄艮山,禹之离日也。从上左方数朔之初日及枳各一日,数之而复从上数。□与枳刺艮山之胄离日。离日不可以家女、取妇及入人民畜生,唯利以分异。离日不可以行,行不反。"(四七正三至五三正三)其中"枳",整理小组释文:"枳(支)。"研究者多认为是指"反支"。值得注意的是,《日书》文字出现了"枳刺"字样。

"刺",李学勤说:"'离日'怎么推算呢?《艮山图》说:'□与支刺艮山之谓离日。''刺'字不可解,应为'夹'字之误。当时'刺'字左边写成'夹',如《颜氏家训》说'刺字之旁应作朿,今亦作夹'。与'反支'夹艮山的日子便是'离日'。也就是说和'反支'日紧贴在《艮山图》中线两侧的日子是'离日'。"②关于"离日",李学勤解释说:"《艮山图》是推定一月中'离日'的方法。按照这一数术,遇到'离日'不宜嫁娶,不可入纳奴婢或牲畜,也不宜出行,因为据说这一天曾是夏

---

① 《汉书》,第4076页。《资治通鉴》卷三六"汉平帝元始五年"胡三省注引张晏说之后,又写道:"案:男八月生齿,八岁毁齿,二八十六阳道通,八八六十四阳道绝。女七月生齿,七岁毁齿,二七十四阴道通,七七四十九阴道绝。"[宋]司马光编著,[元]胡三省音注,"标点资治通鉴小组"校点:《资治通鉴》,中华书局,1956年,第1155页。亦暗示了交通地理与人体生理的对应。此说更早见于《史记》卷四七《孔子世家》张守节《正义》:"男八月生齿,八岁毁齿,二八十六阳道通,八八六十四阳道绝。女七月生齿,七岁毁齿,二七十四阴道通,七七四十九阴道绝。"第1906页。《太平寰宇记》卷二五《关西道一·雍州一·万年县》"子午谷"条引《风土记》作:"王莽以皇后有子,通子午道,从杜陵直抵终南山。"[宋]乐史撰,王文楚等校点:《太平寰宇记》,中华书局,2007年,第522页。[宋]宋敏求《长安志》卷一二《县二·长安》毕沅校正:"沅案:《括地志》曰:'《汉书》王莽以皇后有子孙瑞,通子午道。盖以子午为阴阳之王气也。'《风土记》曰:'王莽以皇后有子,通子午道,从杜陵直抵终南。'"《长安志·长安志图》,第383页。《太平御览》卷三八引《风土记》曰:"王莽以皇后有子,通子午道,从杜陵直抵终南。"《太平御览》,第184页。或说"有子孙瑞",或说"有子"。子午道的开通或与皇后有妊的事实有关,或与皇后有妊的期望有关,都反映了母体"产"的通路和交通道路在当时人的意识中有所对应的神秘关系。

② 李学勤:《〈日书〉中的〈艮山图〉》,《简帛佚籍与学术史》,时报文化出版企业有限公司,1994年,第159—160页。

禹的'离日'。"①

我曾经考虑，所谓"离日"，或许可以读作"罹日"。《史记》卷三五《管蔡世家》："无离曹祸。"司马贞《索隐》："'离'即'罹'。"②《文选》卷一五张衡《思玄赋》："循法度而离殃。"李善注："'离'，遭也。'殃'，咎也。"③现在思索，"离日"之"离"的理解，似乎还可以试作他说。

《韩非子·外储说左下》："树枳棘者，成而刺人。"④睡虎地秦简《日书》甲种所谓"枳刺"，或可从这一思路理解。《汉书》卷八七上《扬雄传上》："枳棘之榛榛兮，蝯狖拟而不敢下。"⑤《后汉书》卷一七《岑彭传》："视事二年，舆人歌之曰：'我有枳棘，岑君伐之。'"⑥关于"枳棘"的感叹，由"舆人"歌咏，暗示其交通文化的意义。《后汉书》卷六一《黄琼传》："创基冰泮之上，立足枳棘之林。"李贤注："枳棘喻艰难。"⑦《焦氏易林》卷一《屯·贲》："路多枳棘，步刺我足。不利旅客，为心作毒。"⑧杭世骏撰《三国志补注》卷一《魏书·武帝纪》："魏武乃入，抽刃劫新妇。与绍还出，失道坠枳棘中，绍不能得动。"⑨《孔丛子》卷二《记问》："夫子作《丘陵之歌》曰：'……枳棘充路，陟之无缘……'"⑩"枳棘"阻碍道路的情形，又增加了新的证明。《文选》卷二张衡《西京赋》："揩枳落，突棘藩。"李善注："杜预《左氏传》注曰：'藩，篱也。落，亦篱也。'"⑪而"枳""棘"的对应关系也是明

---

① 李学勤：《〈日书〉中的〈艮山图〉》，《简帛佚籍与学术史》，第 158 页。
② 《史记》，第 1573 页。
③ [梁]萧统编，[唐]李善注：《文选》，中华书局，1977 年，第 214 页。参看王子今：《睡虎地秦简〈日书〉所见行归宜忌》，《江汉考古》1994 年第 2 期；《睡虎地秦简〈日书〉甲种疏证》，湖北教育出版社，2003 年，第 147 页。
④ 《韩非子集释》，第 704 页。
⑤ 《汉书》，第 3517 页。
⑥ 《后汉书》，第 663 页。
⑦ 《后汉书》，第 2037—2038 页。
⑧ 《焦氏易林》卷一《履·遯》、卷三《家人·艮》、卷三《损·损》同。卷三《遯·艮》："路多枳棘，前刺我足。不利旅客，为心作毒。"〔旧题汉〕焦延寿撰，徐传武、胡真校点集注：《易林汇校集注》，上海古籍出版社，2012 年，第 113、411、1406、1520、1257 页。
⑨ 文渊阁《四库全书》本。
⑩ 傅亚庶：《孔丛子校释》，中华书局，2011 年，第 96 页。
⑪ [梁]萧统编，[唐]李善注：《文选》，中华书局，1977 年，第 46 页。

朗的。《后汉书》卷二八下《冯衍传下》："揵六枳而为篱兮,筑蕙若而为室。"李贤注:"揵,立也。枳,芬木也。《晏子》曰:'江南为橘,江北为枳。'枳之为木,芳而多刺,可以为篱。"①《资治通鉴》卷五九"汉灵帝中平六年":"(董)卓又发何苗棺,出其尸,支解节断,弃于道边;杀苗母舞阳君,弃尸于苑枳落中。"胡三省注:"落,篱落也。枳似棘,多刺。江南为橘,江北为枳。人以栫篱。"②所谓"枳落",可以对照张衡《西京赋》"揩枳落,突棘藩"理解。

以枳棘为篱的"篱"解释"离日"之"离"的初义,或许也是一个可以试探的思路。

(八)关于"禹之离日"

同样是涉及"枳"的"俗禁",在所谓《艮山图》下的文字中说道:"此所胃艮山,禹之离日也。"

李学勤在关于"离日"的讨论中说:"在传说里,禹是长期离家在外的典型,他娶涂山氏之女后,第四天便出去治水,居外十三年,过家门不敢入,连儿子都不及抚养。'离日'既象征分离,所以只利于'分异'。秦商鞅之法,'民有二男以上不分异者,倍其赋','分异'就是分家。"③刘乐贤则认为:"'离日'是一种根据每月反支日推算出来的日子,似乎不宜理解为与某英雄人物之某一具体日子有关。至于有人径将'离日'与《日书》中的'禹以取涂山女之日'视为一事,④则明显不对。我们认为日者本有一套推算'离日'之法,后来为了使此法更能吸引观众,就把它与当时最有名的传说人物大禹联系起来,称之为'禹之离日'。这可以与《日书》'禹须臾'之得名同样看待。"⑤

饶宗颐最早考论睡虎地秦简《日书》的"禹符""禹步""《禹须臾》"。他曾经指出:"一向以为道教兴起以后才有之"的"禹步","今观《日书》所记,渊源已肇

---

① 《后汉书》,第1000页。

② [宋]司马光编著,[元]胡三省音注,"标点资治通鉴小组"校点:《资治通鉴》,第1904—1905页。

③ 李学勤:《〈日书〉中的〈艮山图〉》,《简帛佚籍与学术史》,第158页。

④ 王柱钧:《〈日书〉所见早期秦俗发微——信仰、习尚、婚俗及贞节观》,《文博》1988年第4期。

⑤ 刘乐贤:《睡虎地秦简日书研究》,第96页。

于秦代"。"《法言·重黎》篇：'姒氏治水土，而巫步多禹。'李轨注：'俗巫多效禹步。'可见巫俗效法禹步，由来已久，出行到邦门，可施禹步，秦俗已然。"又说："《日书》且言'禹符左行'，则施用符亦出于秦以前之巫术，不始于道教徒矣。"饶宗颐还写道："按须臾义如立成。《后汉书·方术传》序：'其流有挺专（即筵篿）、须臾、孤虚之术。'李贤注：'须臾，阴阳吉凶立成之法也。'《七志》有《武王须臾》一卷，《隋书·经籍志》收《武王须臾》二卷。此云《禹须臾》，当如《武王须臾》一类之书。"饶宗颐先生释"禹之离日也"作"《禹》之离日也"，以为："《禹》必是禹之书。《汉志·杂家》有《大禽》三十七篇，注传言禹作。①《日书》之《禹》，疑即出此。"②这些意见，都对《日书》交通史料研究有所启示。

以交通为主题的巫术形式和数术论著借用"禹"的名字，应当有取其宣传效用的动机。而作为"俗禁"内容的部分也以"禹"为标识，其原因或许与《论衡·四讳》所谓"夫忌讳非一，必托之神怪，若设以死亡，然后世人信用畏避"类同。③ "禹"在这里成为被借用的"神怪"，也与这位传说中的治水英雄非同寻常的交通业绩有关。正如前引李学勤说："在传说里，禹是长期离家在外的典型，他娶涂山氏之女后，第四天便出去治水，居外十三年，过家门不敢入……"他开发交通的实践，据司马迁的记述，即所谓："劳身焦思，居外十三年，过家门不敢入。""陆行乘车，水行乘船，泥行乘橇，山行乘檋。左准绳，右规矩，载四时，以开九州，通九道，陂九泽，度九山。""命后稷予众庶难得之食。食少，调有余相给，以均诸侯。禹乃行相地宜所有以贡，及山川之便利。"④禹的辛苦行程，因成功得到敬仰，也因伤残获取同情。仿残疾体态行走，即"病足""行跛"的所谓"禹步"，于是

---

① 《汉书》卷三〇《艺文志》："《大禽》三十七篇。传言禹所作，其文似后世语。"颜师古注："禽，古禹字。"第1741—1742页。

② 《饶宗颐二十世纪学术文集》卷三《简帛学》，第269—270页。

③ 黄晖撰：《论衡校释》，中华书局，1990年，第979页。

④ 《史记》卷二《夏本纪》。其贡献据说亦包括交通工具的发明。关于"泥行乘橇"，裴骃《集解》引徐广曰："他书或作'蕝'。"又引孟康曰："橇形如箕，擿行泥上。"引如淳曰："橇音'茅蕝'之'蕝'。谓以板置（其）泥上以通行路也。"张守节《正义》："按：橇形如船而短小，两头微起，人曲一脚，泥上擿进，用拾泥上之物。今杭州、温州海边有之也。"关于"山行乘檋"，裴骃《集解》引徐广曰："檋，一作'桥'，音丘遥反。"又引如淳曰："檋车，谓以铁如锥头，长半寸，施之履下，以上山不蹉跌也。"张守节《正义》："按：上山，前齿短，后齿长；下山，前齿长，后齿短也。檋音与是同也。"第51—52页。

成为巫术仪礼内容的一部分。①

《史记》卷一《五帝本纪》说："禹之功为大"，而其首要之功，司马迁直接称"披九山"。②《史记》卷二《夏本纪》表彰"禹行"之功③，尤强调他开发山地交通的贡献："禹乃遂与益、后稷奉帝命，命诸侯百姓与人徒以傅土，行山表木，定高山大川。"他领导"治水"的实践，就包括所谓"山行乘檋，行山栞木""通九道""度九山"。司马迁在《史记》卷二《夏本纪》中还引述了《禹贡》关于禹治水时"道九山"的记载："道九山：汧及岐至于荆山，逾于河；壶口、雷首至于太岳；砥柱、析城至于王屋；太行、常山至于碣石，入于海；西倾、朱圉、鸟鼠至于太华；熊耳、外方、桐柏至于负尾；道嶓冢，至于荆山；内方至于大别；汶山之阳至衡山，过九江，至于敷浅原。"④其行迹已经遍及上古时期所有重要交通线路。《史记》卷二《夏本纪》与《禹贡》个别文字略有不同，而"道九山"三字，是司马迁总结性的手笔。⑤ 其意义于交通事业的开发而言，自然非常重要。

江绍原《中国古代旅行之研究——侧重其法术的和宗教的方面》运用文化人类学思想和方法，对于中国古代旅行生活遭遇的精灵、鬼魅，以及相应的精神生活时代背景进行考察，使交通史的研究别开生面。他在讨论"行途遭逢的神奸（和毒恶生物）"时曾经指出："由种种证据，我们知道古中国人把无论远近的出行认为一桩不寻常的事；换句话说，古人极重视出行。"无论出行何所为，"总是离开自己较熟悉的地方而去之较不熟习或完全陌生的地方之谓。古人，原人，儿童，乃至禽兽，对于过分新奇过分不习见的事物和地方，每生恐惧之心"。在古人的观念中，"言语风尚族类异于我，故对我必怀有异心的人们而外，虫蛇虎

---

① 《法言·重黎》："巫步多禹。"李轨解释说，"姒氏，禹也。治水土，涉山川，病足，故行跂也。""而俗巫多效禹步。"汪荣宝撰，陈仲夫点校：《法言义疏》，中华书局，1987年，第317页。所谓"病足，故行跂"，《帝王世纪》又写作"世传禹病偏枯，足不相过，至今巫称禹步是也"。徐宗元辑：《帝王世纪辑存》，中华书局，1964年，第50页。而后来的巫人却有意模仿这种特殊的步式。

② 《史记》，第43页。

③ 《北堂书钞》卷一五八引《王子年拾遗记》言禹曾"昼夜并行"。[唐]虞世南编撰：《北堂书钞》，中国书店据光绪十四年南海孔氏刊本1989年7月影印版，第684页。

④ 《史记》，第51、79、67页。

⑤ 参看王子今：《"度九山"——夏禹传说的农耕开发史解读》，《河南科技大学学报》（社会科学版）2003年第4期。

豹,草木森林,深山幽谷,大河急流,暴风狂雨,烈日严霜,社坛丘墓,神鬼妖魔,亦莫不欺我远人,在僻静处,在黑暗时,伺隙而动,以捉弄我,恐吓我,伤害我,或致我于死地为莫上之乐","熟习的地方,非无危险——来自同人或敌人的,自然的或'超自然'的——然这宗危险,在或种程度内是已知的,可知的,能以应付的。陌生的地方却不同:那里不但是必有危险,这些危险而且是更不知,更不可知,更难预料,更难解除的"。"古代营远行或近行的人在沿路各种地方所遭逢或自以为不免遭逢的危险物中,山林川泽里的毒恶生物以及种种鬼神妖魔",导致形成严重的心理压力。"这些危险,异于平日家居所也不免的危险;它们并没来寻我,乃是我自己去找他们,去尝试他们的网罗,去给它们一个加害于我的机会。既然如此,谓出行非一大事得乎?可无故而以身去尝试危险乎?苟因为实有重大的理由,迫切的需要,不得不去惊动它们和甘心去和它们一拼矣,周密的戒备,有效的应付,焉可无乎?"①面对这样的"危险","以身""尝试"和"甘心""一拼"的"重大的理由,迫切的需要",必须尽力控制和压抑。"周密的戒备",首先表现于最大可能地减少"它们""加害于我的机会"。限制交通行为的"俗禁"于是因此生成并逐渐严整完备。

在原始山林尚未遭遇人类大规模开发的时代,山地交通往往会有更多的艰险。据《抱朴子·登涉》记载:"不知入山法者,多遇祸害。故谚有之曰,太华之下,白骨狼籍。"又写道,"行旅不免灾异",除了"令人遭虎狼毒虫犯人"之外,又有"或被疾病及伤刺,及惊怖不安;或见光影,或闻异声;或令大木不风而自摧折,岩石无故而自堕落,打击煞人;或令迷惑狂走,堕落坑谷"等情形。② 在这样的心理背景下,依赖巫术求得庇护和支持,是很自然的事情。应当看到,托名以因"行山""度九山""道九山"的交通实践而成为领袖人物的"禹"的巫术表演,可能正是在这样的文化条件下形成了社会影响。涉及"枳"的"俗禁"中所谓"禹之离日",或许应当在这样的认识基础上予以理解和说明。

---

① 江绍原:《中国古代旅行之研究——侧重其法术的和宗教的方面》,商务印书馆,1935年,第5—6页。

② 王明著:《抱朴子内篇校释》(增订本),中华书局,1985年,第299页。

二　刑弃灰于道者

秦法有"刑弃灰于道者"的内容,历来为法律史研究者所关注。其实,这一法律史、行政史的现象又涉及交通史和社会意识史。其中有关神秘主义观念的内容,对于考察秦文化内涵中的交通意识,有探索说明的必要。

(一) 关于"殷之法,弃灰于公道者断其手"

《韩非子·内储说上》论述"必罚明威",即强调严厉法治以强化权势的道理时,曾经这样写道:"爱多者则法不立,威寡者则下侵上。是以刑罚不必则禁令不行。其说在董子之行石邑,与子产之教游吉也。故仲尼说陨霜,而殷法刑弃灰;将行去乐池,而公孙鞅重轻罪。"①所谓"殷法刑弃灰",是刑罚严酷的典型。同篇又有孔子与子贡关于"殷法刑弃灰"的讨论:

> 殷之法刑弃灰于街者,子贡以为重,问之仲尼,仲尼曰:"知治之道也。夫弃灰于街必掩人,掩人人必怒,怒则斗,斗必三族相残也。此残三族之道也,虽刑之可也。且夫重罚者,人之所恶也,而无弃灰,人之所易也。使人行之所易,而无离所恶,此治之道。"
>
> 一曰。殷之法,弃灰于公道者断其手,子贡曰:"弃灰之罪轻,断手之罚重,古人何太毅也?"曰:"无弃灰所易也,断手所恶也,行所易不关所恶,古人以为易,故行之。"

陈奇猷《韩非子集释》:"董桂新曰:此以商鞅之法为殷法。奇猷案:《盐铁论·刑德篇》云:'商君刑弃灰于道者而秦民治',即董氏所本。案董说非也,秦孝公用商鞅变法,孔子已卒后一百二十年,子贡安得以其法询之仲尼。殷法今虽无考,或商鞅定刑弃灰于道者(见《史记·李斯传》)即本殷法,故韩子有此言也。"②陈奇猷说以孔子与子贡对话否定"此以商鞅之法为殷法",忽视了韩非其实只是借仲尼之名以为政治寓言。而所谓"殷法刑弃灰""公孙鞅重轻罪",如后一句作

---

① 《韩非子集释》,第516、519页。
② 《韩非子集释》,第541、542页。

"卫鞅重轻罪",则排比整齐几近对仗,似乎也已经暗示其间存在的某种联系。

(二)"商君之法,刑弃灰于道者"

从司马迁在《史记》中的记载看,"刑弃灰于道者"确是秦法而非殷法。《史记》卷八七《李斯列传》记载,李斯上书秦二世,述贤明之主当"行督责之道,专以天下自适"之意。他说:

> 故韩子曰"慈母有败子而严家无格虏"者,何也?则能罚之加焉必也。故商君之法,刑弃灰于道者。夫弃灰,薄罪也,而被刑,重罚也。彼唯明主为能深督轻罪。夫罪轻且督深,而况有重罪乎?故民不敢犯也。

"商君之法,刑弃灰于道者",张守节《正义》:"弃灰于道者黥也。"①李斯从政于秦多年,对于秦史和秦法的熟悉无可置疑。如果司马迁的记述确实,则"商君之法,刑弃灰于道者"之说可信。

以为"刑弃灰于道者"是"商君之法",并不是司马迁一个人的认识。汉代人说秦法严厉,多以此作为最极端的例证。如应当未曾看到《史记》的桓宽在《盐铁论·刑德》中就写道:

> 大夫曰:"文学言王者立法,旷若大路。今驰道不小也,而民公犯之,以其罚罪之轻也。千仞之高,人不轻凌,千钧之重,人不轻举。商君刑弃灰于道,而秦民治。故盗马者死,盗牛者加,所以重本而绝轻疾之资也。武兵名食,所以佐边而重武备也。盗伤与杀同罪,所以累其心而责其意也。犹鲁以楚师伐齐,而春秋恶之。故轻之为重,浅之为深,有缘而然。法之微者,固非众人之所知也。"②

这是对"商君刑弃灰于道"持肯定态度的意见。而《史记》卷六八《商君列传》裴骃《集解》引《新序》论则批判其严酷,其文曰:

> 今卫鞅内刻刀锯之刑,外深铁钺之诛,步过六尺者有罚,弃灰于道者被刑,一日临渭而论囚七百余人,渭水尽赤,号哭之声动于天地,畜怨积仇比于丘山……

也说"弃灰于道者被刑"是卫鞅"内刻""外深"之法的内容。又同篇司马贞《索

---

① 《史记》,第2555—2556页。
② 《盐铁论校注》(定本),第566页。

隐》：

> 《新序》是刘歆所撰，其中论商君，故裴氏引之。……《说苑》云"秦法，弃灰于道者刑"，是其事也。①

这里"《说苑》云：'秦法，弃灰于道者刑'"，《北堂书钞》卷四三引作《说苑》云："殷法，弃灰于街者刑。"而今本《说苑》中这句话已经佚失。对于所谓"殷法"之说，《困学纪闻》卷一○表示明确的否定意见："以商君之法为殷法，而又托之仲尼，法家之侮圣言如此。"近世仍有学者以为"刑弃灰于道，乃殷时旧法"，有云商君之法者，"当是殷人原有此法，商君又仿而行之"。② 王利器则指出："是弃灰之法，始于商君，其以为秦法者，乃商君之法也；其以为殷法者，盖秦人立此法而托之于殷也。"③此说可以信从。

班固《汉书》中也有有关秦法"刑弃灰于道者"的文字。如卷二七中之下《五行志中之下》：

> 秦连相坐之法，弃灰于道者黥，罔密而刑虐，加以武伐横出，残贼邻国，至于变乱五行，气色谬乱。

关于"弃灰于道者黥"，颜师古注："孟康曰：'商鞅为政，以弃灰于道必坋人，坋人必斗，故设黥刑以绝其原也。'臣瓒曰：'弃灰或有火，火则燔庐舍，故刑之也。'师古曰：'孟说是也。'"④正如王利器所说，"孟康之说，盖本之《韩非子》。"⑤

后人说到秦法，也有于过于酷毒的批评中涉及"刑弃灰于道者"之说。如《隋书》卷二五《刑法志》："落严霜于政教，挥流电于邦国，弃灰偶语，生愁怨于前，毒网凝科，害肌肤于后。"⑥以"弃灰"之责罚过重作为秦政批判的例证，以为可以与焚书之令中所谓"有敢偶语《诗》《书》者弃市"⑦并列。

沈家本《历代刑法考》中《律令》卷一"汤刑"条下引录《韩非子·内储说上》"殷之法，刑弃灰于街者"之说，而按语称："此法太重，恐失其实，即前后两说已

---

① 《史记》，第2238页。
② 马非百：《盐铁论简注》，中华书局，1984年，第392页。
③ 《盐铁论校注》（定本），第572—573页。
④ 《汉书》，第1438—1439页。
⑤ 《盐铁论校注》（定本），第572页。
⑥ 《隋书》，第696页。
⑦ 《史记》卷六《秦始皇本纪》，第255页。

不甚同矣。"又卷二"商鞅变法"条下引录《史记》卷八七《李斯列传》"商君之法，刑弃灰于道者"之说，按语称"实改律之事，乃变法之大者也"①。并未置疑，似乎也有以此为商君之法的倾向。今人陈登原《国史旧闻》卷一〇有"移木弃灰"条，引录有关商鞅移木立信及"刑弃灰于道者"诸史料后写道："登原案：弃灰之刑，师古以为孟康说是，韩非以为此乃殷制，二者疑皆不衷于是。轻罪而罚，诚如李斯云云。要之，亦当如徙木之微功而赏，同于表示不欺其民而已。"②马非百《秦集史·法律志》于"关于庶民方面者"中列"弃灰法"。③ 林剑鸣《秦史稿》虽然在《封建制在秦国的建立》一章中"法律制度"一节没有提到"刑弃灰于道者"，然而在讨论商鞅变法的内容中也说道："据说连'弃灰于道者'（即将灰倒在路上），也要处以黥刑。"④

（三）"刑弃灰于道者"立法动机的分析

《史记》卷八七《李斯列传》所谓"刑弃灰于道者"，张守节《正义》："弃灰于道者黥也。《韩子》云：'殷之法，弃灰于衢者刑。子贡以为重，问之。仲尼曰："灰弃于衢必燔，人必怒，怒则斗，斗则三族，虽刑之可也。"'"⑤对于所谓"刑弃灰于道者"或者"弃灰于道者刑"，历代均以为"督深""刑虐"。⑥ 对于其立法的动机，则有不同的认识。或说"使人行之所易，而无离所恶"，如韩非拟仲尼说；

---

① 《历代刑法考》，中华书局，1985 年，第 2 册第 820 页，第 846—847 页。

② 《国史旧闻》，三联书店，1958 年，第 1 分册第 249—250 页。以"弃灰"与"徙木"并列，已见于苏轼《东坡志林》卷五"赵高李斯"条："商鞅立信于徙木，立威于弃灰。刑其亲戚师傅，积威信之极。"

③ 《秦集史》，中华书局，1982 年，第 838 页。

④ 《秦史稿》，上海人民出版社，1981 年，第 186 页。

⑤ 《史记》，第 2556 页。

⑥ 《史记》卷八七《李斯列传》："夫罪轻且督深，而况有重罪乎？"第 2555 页。除前引《汉书》卷二七中之下《五行志中之下》言"秦连相坐之法，弃灰于道者黥，罔密而刑虐"外，《七国考》卷一三《秦灾异》"渭水赤"条："《洪范五行传》：'秦武王三年，渭水赤三日。昭王三十四年，渭水又大赤三日。'《集异》云：'秦有连坐之法，弃灰于道者黥。网密而刑虐，加以征伐横出，残灭邻国，至于变乱五行，气色谬乱。'"《七国考订补》，第 720 页。

或说"深督"轻罪,则民不敢犯重罪,如李斯、桑弘羊说①;或说防微杜渐,"以绝其原",如孟康、颜师古说;或说余烬"或有火",恐致"燔庐舍",如臣瓒说。明时则有学者发表了独异于前人的见解,如张萱《疑耀》卷三有"秦法弃灰"条,说道:

> 秦法,弃灰于道者弃市。此固秦法之苛,第弃灰何害于事,而苛酷如此?余尝疑之,先儒未有发明者。偶阅《马经》,马性畏灰,更畏新出之灰,马驹遇之辄死,故石矿之灰,往往令马落驹。秦之禁弃灰也,其为畜马计耶?一日又阅《夏小正》及《月令》,乃毕得其说。仲夏之月毋烧灰。郑氏注谓为伤火气是矣。是月王颁马政,游牝别群,是毋烧灰者,亦为马也。固知弃灰于道,乃古人先有此禁,但未必刑之如秦法。古人惟仲夏乃行此禁,秦或四时皆禁,故以为苛耳。②

又张燧《千百年眼》卷四有"秦法弃灰有故"条,其文字除"余尝疑之"作"盖尝疑之"外,竟然与张萱《疑耀》卷三"秦法弃灰"条完全相同。③ 二张均为万历举人,我们已经难以辨别此论发表之先后。而《四库全书总目》卷一一九《子部·儒家类三》说,《疑耀》"旧本题明李贽撰",而"此书确出于萱","盖以万历中贽名最盛,托贽以行","今改题萱名,从其实也"。④ 更使人们对"秦法弃灰"之议论所出难消疑云。

以上诸说,多从道德教化和执法效能的角度分析。臣瓒说关涉消防制度,而张萱、张燧则论及有关畜马技术的禁忌。其实,我们如果从社会礼俗的视角观察,又可以看到这一现象的形成,可能有神秘主义文化的背景。

(四)神秘的"灰"

"灰",在秦汉人的意识中,体现着某种特殊的象征,潜涵着若干奇异的神

---

① 秦法确实有这一特征。《商君书·说民》:"行刑重其轻者,轻者不生,则重者无从至矣。"《靳令》:"行罚:重其轻者,轻其重者,轻者不至,重者不来。"又《赏刑》:"重刑,连其罪,则民不敢试。民不敢试,故无刑也。……故禁奸止过,莫若重刑。刑重而必得,则民不敢试,故国无刑民。"又《画策》:"刑重者,民不敢犯,故无刑也,而民莫敢为非,是一国皆善也。"《商君书注译》,第55、108、130、140页。林剑鸣对秦"'轻罪重刑'的立法指导思想"有所论述,见《秦史稿》,上海人民出版社,1981年,第229—230页。
② 《岭南遗书》第12册。
③ [明]张燧:《千百年眼》,河北人民出版社,1987年,第56—57页。
④ [清]永瑢等:《四库全书总目》,中华书局,1965年,第1026—1027页。

力。《淮南子·览冥》:"画随灰而月运阙。"①又:"女娲炼五色石以补苍天,断鳌足以立四极,杀黑龙以济冀州,积芦灰以止淫水。"②《史记》卷一二八《龟策列传》褚少孙补述:"玉灵必信以诚,知万事之情,辩兆皆可占。不信不诚,则烧玉灵,扬其灰,以征后龟。"③《续汉书·律历志上·候气》说"候气之法":"夫五音生于阴阳,分为十二律,转生六十,皆所以纪斗气,效物类也。天效以景,地效以响,即律也。阴阳和则景至,律气应则灰除。""为室三重,户闭,涂衅必周,密布缇缦。室中以木为案,每律各一,内庳外高,从其方位,加律其上,以葭莩灰抑其内端,案历而候之。气至者灰动。其为气所动者其灰散,人及风所动者其灰聚。殿中候,用玉律十二。惟二至乃候灵台,用竹律六十。候日如其历。"④都可以曲折反映当时人神秘主义观念中"灰"的作用。⑤

"灰"又有厌胜辟鬼的神力。睡虎地秦简《日书》甲种《诘》题下有关于"诘咎"之术的内容。其引言部分称:

(1)·诘咎鬼害民罔行为民不羊告如诘之 ⚌ ⑥(二四背壹)

道令民毋丽凶央……(二五背壹)

据整理小组释文,应当读作:"·诘咎。鬼害民罔(妄)行,为民不羊(祥),告如诘之,⚌。道(导)令民毋丽凶央(殃)。"其中"丽",似应读作"罹"。简文有明确的

---

① 高诱注:"运,读连围之围也。运者,军也。将有军事相围守,则又月运出也。以芦草灰随牖下月光中令圜画,缺其一面,则月运亦缺于上也。"张双棣:《淮南子校释》,北京大学出版社,1997年,第642、646页。《初学记》卷一引《淮南子》许慎注:"有军事相围守,则月晕。以芦灰环,缺其一面,则月晕亦阙于上。"[唐]徐坚等:《初学记》,中华书局,1962年,第9页。《太平御览》卷八七一引《淮南子》曰:"月晕,以芦灰环之,缺一面,则晕亦阙一面焉。"《太平御览》,第3862页。

② 高诱注:"芦,苇也,生于水,故积聚其灰以止淫水。平地出水为淫水。"张双棣:《淮南子校释》,第678、684页。

③ 《史记》,第3239页。

④ 《后汉书》,第3016页。

⑤ 又如《太平御览》卷八七一引《汉书》:"武帝穿昆明池,得黑灰。有外国胡云:'此是天地劫灰之余也。'问东方朔,信然。"《太平御览》,第3861页。

⑥ 整理小组注释:"⚌,本简两见,似'召'字,惟下部填实,不与上下文连接,疑为一种标记,表示至此即向左阅读。"睡虎地秦墓竹简整理小组:《睡虎地秦墓竹简》,文物出版社,1990年,释文注释第216页。

以"灰"辟鬼的内容,例如:

(2)人毋故鬼昔其宫是是丘鬼取故丘之土(二九背壹)

以为伪人犬置藞上五步一人一犬畏(三〇背壹)

其宫鬼来阳灰毄箕以枭之则止(三一背壹)

整理小组释文作"人毋(无)故鬼昔(藉)其宫,是是丘鬼。取故丘之土以为伪人犬,置藞(墙)上,五步一人一犬,畏(环)其宫,鬼来阳(扬)灰毄(击)箕以枭(谍)之,则止"。最后一句,似应读作"鬼来阳(扬)灰,毄(击)箕以枭(谍)之,则止"。所谓"鬼来阳(扬)灰",看来应当与"毄(击)箕以枭(谍)之"分断。与"鬼来阳(扬)灰"的做法类似的,又可见:

(3)杀虫豸断而能属者渍以灰则不属矣(六二背壹)

整理小组释文作:"杀虫豸,断而能属者,渍以灰,则不属矣。"又释"属"为"连接",释"渍",则疑为"渍"字之误。又如:

(4)女子不狂痴歌以生商是阳鬼乐从之(四七背贰)

以北乡□之辨二七燔以灰□食食之鬼去(四八背贰)

整理小组释文作:"女子不狂痴,歌以生商,是阳鬼乐从之,以北乡(向)□之辨二七,燔,以灰□食食之,鬼去。"注释引《荀子·王制》注:"商谓商声,哀思之音。"又指出,"乡"下一字疑为"廥","辨"疑读为"瓣","食"字上一字左侧从"糸"。又如:

(5)鬼恒嬴入人宫是幼殇死不葬以灰渍之则不来矣(五〇背贰)

整理小组释文:"鬼恒嬴(裸)入人宫,是幼殇死不葬,以灰渍之,则不来矣。"又如:

(6)人生子未能行而死恒然是不辜鬼处之以庚日日始出时(五二背贰)

濆门以灰卒有祭十日收祭裹以白茅貍野则毋央矣(五三背贰)

整理小组释文:"人生子未能行而死,恒然,是不辜鬼处之。以庚日日始出时濆门以灰,卒,有祭,十日收祭,裹以白茅,貍(埋)野,则毋(无)央(殃)矣。"又如:

(7)人恒亡赤子是水亡伤取之乃为灰室而牢之(六五背贰)

县以蒚则得矣刊之以蒚则死矣享而食之不害矣(六六背贰)

整理小组释文:"人恒亡赤子,是水亡伤(殇)取之,乃为灰室而牢之,县(悬)以蒚,则得矣;刊之以蒚,则死矣;享(烹)而食之,不害矣。"又有注释:"灰室,似指铺灰于室。《艺文类聚·果部》引《庄子》:'插桃枝于户,连灰其下,童子入不畏,而鬼畏之。'是古人以为鬼畏灰。牢,圈禁。""蒩,即茜草,见帛书《五十二病方》。""刊,斫削。"①

(3)(5)(6)所见"濆",有的学者以为"有施、布、敷之义,读为班、布"②,有的学者释为"喷洒""抹洒"。③ 而对(7)所谓"灰室"的解释:"灰室,似指铺灰于室",似乎可以商榷。"室",或许即"窒"。窒碍、窒塞、窒闷,都有堵塞遏制之义,正与下文"牢"相呼应。

前引《日书》简文,其中(3)有实用内容。《周礼·秋官司寇》:"赤犮氏,掌除墙屋,以蜃炭攻之,以灰洒毒之。凡隙屋,除其狸虫。蝈氏,掌去蛙黾,焚牡蘜,以灰洒之则死。"④与《日书》内容相对照,可以有接近实际的具体的理解。

所谓"古人以为鬼畏灰",或说"古人以为灰可以避鬼"⑤,应当说是对于民间信仰和礼俗文化的重要发现。

睡虎地秦简《日书》的资料体现秦时社会精神生活的信息,可以与商君之法所谓"刑弃灰于道者"联系起来考察。而年代相距可能其实并不遥远的其他资料,也可以帮助我们理解有关现象。例如睡虎地秦墓竹简整理小组注释引录《艺文类聚·果部》"插桃枝于户,连灰其下,童子入不畏,而鬼畏之",即《艺文类聚》卷八六引《庄子》语:

> 《庄子》:"插桃枝于户。连灰其下。童子入不畏。而鬼畏之。是鬼智不如童子也。"⑥

又《玉烛宝典》卷一引《庄子》:

> 斫鸡于户,县苇灰于其上,插桃其旁,连灰其下,而鬼畏之。⑦

"连灰"于户下,即阻断鬼的通路,可以与睡虎地《日书》所谓"濆门以灰""为灰

---

① 睡虎地秦墓竹简整理小组:《睡虎地秦墓竹简》,文物出版社,1990年,释文注释第212—218页。
② 刘乐贤《睡虎地秦简日书研究》引郑刚说,第235页。
③ 吴小强:《秦简日书集释》,岳麓书社,2000年,第142页。
④ 《十三经注疏》,第889页。
⑤ 《睡虎地秦简日书研究》,第239页。
⑥ [唐]欧阳询撰,汪绍楹校:《艺文类聚》,上海古籍出版社,1982年,第1648页。
⑦ 文渊阁《四库全书》本。

室而牢之"等做法联系起来理解。

汉代史籍中也有涉及以"灰"辟鬼的礼俗故事。例如《汉书》卷五三《景十三王传·广川惠王刘越》记述刘去事迹：

> 后去立昭信为后；幸姬陶望卿为脩靡夫人，主缯帛；崔脩成为明贞夫人，主永巷。昭信复谮望卿曰："与我无礼，衣服常鲜于我，尽取善缯匀诸宫人。"去曰："若数恶望卿，不能减我爱；设闻其淫，我亨之矣。"后昭信谓去曰："前画工画望卿舍，望卿袒裼傅粉其傍。又数出入南户窥郎吏，疑有奸。"去曰："善司之。"以故益不爱望卿。后与昭信等饮，诸姬皆侍，去为望卿作歌曰："背尊章，嫖以忽，谋屈奇，起自绝。行周流，自生患，谅非望，今谁怨！"使美人相和歌之。去曰："是中当有自知者。"昭信知去已怒，即诬言望卿历指郎吏卧处，具知其主名，又言郎中令锦被，疑有奸。去即与昭信从诸姬至望卿所，羸其身，更击之。令诸姬各持烧铁共灼望卿。望卿走，自投井死。昭信出之，椓杙其阴中，割其鼻唇，断其舌。谓去曰："前杀昭平，反来畏我，今欲靡烂望卿，使不能神。"与去共支解，置大镬中，取桃灰毒药并煮之，召诸姬皆临观，连日夜靡尽。①

碎尸肢解，又"取桃灰毒药并煮之"，是期望陶望卿死后不能为"厉鬼"复仇，"使不能神"。"灰"可以辟鬼的作用也受到重视。

与"火"的崇拜有关的以为"灰"具有特殊神力的迷信，作为原始观念的遗存，其实是许多民族所共有的精神现象。据弗雷泽在《金枝》一书中的记述，基督徒把四旬斋第一周的星期三称为"圣灰星期三"，在这一天把"祝圣"的树木灰搽在教徒额上，表示思罪忏悔。天主教国家的人们往往把复活节篝火的灰以及神圣棕榈树枝的灰在播种时和种子拌在一起。有些地方，"用燕麦或大麦做一个大圆饼，从篝火灰上滚过"。"等所有的柴火都烧完了之后，人们把灰烬远远地撒开"。在波希米亚，有些人把仲夏篝火的灰埋在自家播了种的田里和草地上，埋在菜园里，"放在屋顶上，作为一种护符，避免雷打或坏天气；他们认为放在屋顶的灰可以防止房屋发生火灾"。在英国和法国，也有同样的风俗。在北非的穆斯林中，篝火的灰还以具有致福的特性而著名，所以有的人用篝火灰擦头

---

① 《汉书》，第2429页。

发或身体。法国有些省有烧圣诞木柴的习俗,人们相信将灰撒在田里,"可以防止小麦发霉"。在有的地方,人们小心地把灰保存起来,"用以医治腺肿"。弗雷泽写道:"值得注意的是,人们普遍相信:把圣诞木柴的余炭保存起来,能保护房子免受火灾,特别是免遭雷击。由于圣诞木柴常常用的是橡树,很可能这种信念是亚利安人把雷神与橡树联系起来的古老信念的遗迹。至于圣诞木柴的灰烬具有治疗和增殖的功效,如使人畜保健,母牛产仔,大地增产等的想法,是否也是从同一个古代根源发展出来的呢,倒是一个特别值得考虑的问题。"

据弗雷泽记述,欧洲许多地方有点燃"净火"的风习,人们赶着有病的牲畜从火上走过,随后,"青年人就在灰烬上乱跑,彼此撒灰涂黑;涂得最黑的人胜利地随着牲口走进村去,保持很长时候不洗掉"。"净火"的灰也撒在田里以保护庄稼不受虫害。有时拿回家去,当作治病的药物:"把它撒在患病的地方,或是用水调好,让病人喝掉。"①

西方原始意识中"灰"的医药效用,在中国古代礼俗中也有反映。马王堆汉墓出土帛书《五十二病方》中已经有以"灰"入药的实例。② 直到《本草纲目》中,仍然可以看到"烧灰"为药者,有些特例,显然保留原始巫术的遗存。如"历日",主治邪疟,"用隔年全历,端午午时烧灰,糊丸",发病时服用。又如"钟馗",主治辟邪止疟,"妇人难产,钟馗左脚烧灰,水服"。"鬼疟来去,画钟馗纸烧灰二钱",与阿魏、砒霜、丹砂制丸服用,"正月十五日、五月初五日修和"。③

在各地民俗中可以看到,"灰"也有极其特殊的应用。例如弗雷泽说,出于偷盗的目的,为了使屋中的人酣睡不醒,"印度教徒在门口扔火葬后的柴火灰,秘鲁的印第安人撒死人的骨灰"。④

"灰"的神秘功用,可能与人类最初使用火的时代的某些观念有关。许多民

---

① 〔英〕詹姆斯·乔治·弗雷泽著,徐育新等译:《金枝——巫术与宗教之研究》,大众文艺出版社,1998年,第864—865页,第872、880、886页,第893—894页,第897页。

② 参看马继兴:《马王堆古医书考释》,湖南科学技术出版社,1992年;魏启鹏、胡翔骅:《马王堆汉墓医书校释》,成都出版社,1992年;张显成:《简帛药名研究》,西南师范大学出版社,1997年。

③ 陈贵廷主编:《本草纲目通释》,学苑出版社,1992年,第1792页。

④ 〔英〕詹姆斯·乔治·弗雷泽著,徐育新等译:《金枝——巫术与宗教之研究》,大众文艺出版社,1998年,第46页。

族有关于"火的起源"的神话传说。在"火"的争夺和传递过程中,常常有鸟类、蛙类处理"跌落的燃灰""散落的余烬"的情节。它们或是"拾取"这些"燃灰",或是"熄灭"这些"余烬"。① 可见,在人类最初的意识中,"灰"与"火"相类似,具有可以为善亦可以为恶、可以为益亦可以为害的双重的宗教文化品性。

依这一思路分析,可以推想商君之法所严禁的"弃灰于道"的行为,可能有某种神秘主义含义。

(五)关于"巫祠道中"

"刑弃灰于道者"的刑罚,惩处犯事现场"于道者"。由此我们自然会联想到汉代亦曾为法令禁止的"于道中祠,排祸咎"的礼俗。《汉书》卷六《武帝纪》记载:"(天汉二年)秋,止禁巫祠道中者。"颜师古注引文颖曰:"始汉家于道中祠,排祸咎移之于行人百姓。以其不经,今止之也。"师古曰:"文说非也。祕祝移过,文帝久已除之。今此总禁百姓巫觋于道中祠祭者耳。"②

吕思勉曾经反驳颜师古说,指出:"案汉家若无此事,文颖岂得妄说？则师古之言非也。此与祕祝移过,并非一事。祕祝移过,盖如荧惑守心,而子韦欲移诸相,移诸民,移诸岁;赤云夹日飞,而周太史谓可移诸将相之类。使宋景、楚昭听之,官司必有职其事者,非行诸道中者也。礼以正俗,而人心未变,则有仍弃礼而徇俗者。《王嘉传》:嘉奏封事言:'董贤母病,长安厨给祠具,道中过者皆饮食。'如淳曰:'祷于道中,故行人皆得饮食。'此即所谓巫祠道中者。宰相行之,安保皇室之不出此乎？《潜夫论·巫列》篇曰:'人有爵位,鬼神有尊卑。巫觋之语,小人所畏;及民间缮治,微蔑小禁;本非天王所当惮。旧时京师,不防动功,造禁以来,吉祥应瑞,子孙昌炽,不能当前。且以君畏臣,以上需下,则必示弱而取陵,殆非致福之招也。'然则汉世祠祭禁忌,同于民间习俗者多矣,又安必巫祠道中之独不然乎？故知文颖之言,必有所据也。"③

今按,吕思勉《潜夫论》引文有所删略,原文为:"人有爵位,鬼神有尊卑。天

---

① 〔法〕李维斯陀著,周昌忠译:《神话学——生食和熟食》,时报文化出版企业有限公司,1992年,第94—101页。

② 《汉书》,第203页。

③ 《吕思勉读史札记》,上海古籍出版社,1982年,第768页。

地山川、社稷五祀、百辟卿士有功于民者,天子诸侯所命祀也。若乃巫觋之谓独语,小人之所望畏,土公、飞尸、咎魅、北君、衔聚、当路、直符七神,及民间缮治微蔑小禁,本非天王所当惮也。旧时京师不防,动功造禁,以来吉祥应瑞,子孙昌炽,不能过前。且夫以君畏臣,以上需下,则必示弱而取陵,殆非致福之招也。"①其中所谓"当路"之神在当时社会信仰系统中的地位,是值得重视的。其实,祕祝移过,如"荧惑守心""赤云夹日飞"等,也是有民间礼俗为背景的,同样,"汉世祠祭禁忌,同于民间习俗者多矣"。则"汉家于道中祠,排祸咎移之于行人百姓",应当是事实。而作为"民间习俗",应当在更广泛的社会层面有相类同的历史表现。

从睡虎地秦简《日书》"诘咎"之术中有关"灰"的内容看,以"灰"辟去鬼害凶殃的意识十分明显。而"弃灰于道",不能排除"排祸咎移之于行人"的危害。禁止这一行为,合于商鞅之法否定"私斗"的原则。② 从这一角度解释商君之法"刑弃灰于道者"的意义,或可聊备一说。笔者曾经从睡虎地秦简《日书》中发掘有关文化信息以解释秦式葬俗③,尝试未必成功。这里发表的意见,从分析礼俗迷信的角度试解秦法,更不敢期望得到多数学者的首肯。如果有心的学界朋友能够由此发现点滴借益,则内心深以为幸甚!④

三　行神崇拜

远古时期已初步形成的行神或道路神崇拜,对于当时交通的发展也产生了

---

① ［汉］王符著,［清］汪继培笺,彭铎校正:《潜夫论笺校正》,中华书局,1985年,第306—307页。

② 《史记》卷六八《商君列传》:"(商君之法)为私斗者,各以轻重被刑大小。""行之十年,秦民大说,道不拾遗,山无盗贼,家给人足。民勇于公战,怯于私斗,乡邑大治。"第2230—2231页。《商君书·战法》:"凡战法必本于政胜,则其民不争;不争则无以私意,以上为意。故王者之政,使民怯于邑斗,而勇于寇战。民习以力攻难,故轻死。"又《画策》:"国乱者,民多私义,兵弱者,民多私勇。"《商君书注译》,第92、42页。

③ 参看王子今:《秦人屈肢葬仿象"窑卧"说》,《考古》1987年第12期。

④ 参看王子今:《秦法"刑弃灰于道者"试解——兼说睡虎地秦简〈日书〉"鬼来阳(扬)灰"之术》,《陕西历史博物馆馆刊》第8辑,三秦出版社,2001年。

不容忽视的重要影响。秦人精神世界中可以看到相关现象的进一步凝定化,其覆盖社会层面亦相当广阔。

(一)祀行·祠行

据《礼记·祭法》,王及诸侯有"国行"之祭,大夫、士有"行"之祭。①《吕氏春秋·孟冬季》:"孟冬之月,……其祀行。"②《仪礼·聘礼》:"又释币于行。"郑玄注:"告将行也,行者之先其古人之名未闻。天子、诸侯有常祀,在冬。大夫三祀:曰'门',曰'行',曰'厉'。""今时民春秋祭祀有行神,古之遗礼乎。"孔颖达疏:"此谓平地道路之神。""至于出城,又有軷祭,祭山川之神,喻无险难也。"③《管子·小问》说,齐桓公北伐孤竹,曾路遇"登山之神",曾予以引导,如管仲说:"霸王之君兴而登山,神见,且走马前疾,道也。袪衣,示前有水也。右袪衣,示从右方涉也。"④《说苑·辨物》亦记载此事,而作"知道之神"⑤。《说文·车部》:"軷,出将有事于道,必先告其神。立坛四通,尌茅以依神为軷。既祭祀軷,轹牲而行为范軷。"段玉裁注:"山行之神主曰軷,因之山行曰軷。"⑥《诗·大雅·生民》:"取萧祭脂,取羝以軷。"毛亨传:"軷,道祭也。"郑玄笺:"取萧草与祭牲之脂,爇之于行神之位,馨香既闻,取羝羊之体以祭神。"⑦《仪礼·聘礼》:"出祖释軷,祭酒脯,乃饮酒于其侧。"郑玄注:"行出国门,止陈车骑,释酒脯之,奠于軷,为行始也。"軷,"谓祭道路之神"。"道路以险阻为难,是以委土为山,或伏牲其上,使者为軷,祭酒脯祈告也。卿大夫处者于是饯之,饮酒于其侧,礼毕,乘车轹之而遂行。"⑧《周礼·夏官司马·大驭》:"大驭掌驭玉路以祀,及犯軷,王自左驭,驭下祝,登受辔,犯軷,遂驱之。"郑玄注:"行山曰軷,犯之者封土为山象,以

---

① 《十三经注疏》,第1590页。
② 许维遹撰,梁运华整理:《吕氏春秋集释》,中华书局,2009年,第215—216页。
③ 《十三经注疏》,第1047页。
④ 黎翔凤撰,梁运华整理:《管子校注》,中华书局,2004年,第972页。
⑤ 程翔评注:《说苑》,商务印书馆,2018年,第855页。
⑥ [汉]许慎撰,[清]段玉裁注:《说文解字注》,上海古籍出版社据经韵楼藏版1981年10月影印版,第727页。
⑦ 《十三经注疏》,第531页。
⑧ 《十三经注疏》,第1072页。

菩刍棘柏为神主,既祭之,以车轹之而去,喻无险难也。"①可见"行神"有"登山之神""山行之神""山川之神""道路之神""知道之神""平地道路之神"等种种,祭祀形式也有一定的区别。② 有关"行神""道神"的社会意识有广泛而复杂的表现。而《吕氏春秋》的记载也许可以体现出与秦地礼俗较多的联系。

《史记》卷五九《五宗世家》说临江闵王刘荣故事:"荣行,祖于江陵北门。"司马贞《索隐》:"祖者行神,行而祭之。""崔浩云:'黄帝之子累祖,好远游而死于道,因以为行神。'"③《风俗通义·祀典》:"谨按《礼传》:'共工之子曰脩,好远游,舟车所至,足迹所达,靡不穷览,故祀以为祖神。'祖者,徂也。《诗》云:'韩侯出祖,清酒百壶。'《左氏传》:'襄公将适楚,梦周公祖而遣之。'是其事也。《诗》云:'吉日庚午。'汉家火行,盛于午,故以午祖也。"④"行神"或"祖神",《宋书》卷一二《律历志中》:"崔寔《四民月令》曰:祖者,道神。黄帝之子曰累祖,好远游,死道路,故祀以为道神。"⑤以为即黄帝之子累祖。

对于"行神"神话原型的不同记述,体现早期鬼神观念较为凌乱错杂而缺乏系统性的特点,同时又说明民间行神崇拜非正统化,非殿堂化的倾向。相关文化现象,能够在秦时民间礼俗中发现早期的形式。

睡虎地秦简《日书》中可以看到明确的关于"祠行"择日的内容。如《日书》甲种:

　　祠行良日,庚申是天昌,不出三岁必有大得。(七九正贰)⑥

以"三岁"为期,推想当是远行。又《日书》乙种:

---

① 《十三经注疏》,第 857 页。
② 《礼记·曾子问》孔颖达疏:"《诗》云'取羝以軷',谓诸侯也。卿大夫以酒脯。既行,祭軷竟,御者以酒祭车轼前及车左右毂末。故《周礼·大驭》云:'及犯軷,王自左驭,驭下祝,登受辔,犯軷,遂驱之。'又云:'及祭,酌仆,仆左执辔,右祭两軹,祭軓,乃饮。'軹即毂末,所谓车轼前是也。其祭宫内行神之軷及城外祖祭之軷,其制不殊。崔氏云:'宫内之軷,祭古之行神;城外之軷,祭山川与道路之神。'义或然也。"《十三经注疏》,第 1390 页。
③ 《史记》,第 2094 页。
④ [东汉]应劭撰,吴树平校释:《风俗通义校释》,天津人民出版社,1980 年,第 318—319 页。
⑤ 《宋书》,第 260 页。
⑥ 睡虎地秦墓竹简整理小组:《睡虎地秦墓竹简》,文物出版社,1990 年,释文注释第 194 页。

> 祠行日，甲申、丙申、戊（三七贰）
>
> 申、壬申、乙亥，吉。龙、戊、己。（三八贰）①

"行忌"题下可见：

> 凡行，祠常行道右，左☐（一四三）。

"行祠"题下可见：

> 祠常行，甲辰、甲申、庚申、壬辰、壬申，吉。·毋以丙、丁、戊、壬☐（一四四）

睡虎地秦墓竹简整理小组注释："常行，疑即道路之神行。"② 又有题为"行行祠"者：

> 行祠，东行南〈南行〉，祠道左；西北行，祠道右。其谲（号）曰大常行，合三土皇，耐为四席。席毁（馂）。其后，亦席三毁（馂）。其祝（一四五）
>
> 曰："毋（无）王事，唯福是司，勉饮食，多投福。"（一四六）③

详细记述了通行的仪式规程。《礼记·月令》孟冬之月"其祀行"郑玄注可以作为补充：

> 行在庙门外之西，为軷壤，厚二寸，广五尺，轮四尺，祀行之礼，北面设主于軷上，乃制肾及脾为俎，奠于主南，又设盛于俎东，祭肉、肾一、脾再，其他皆如祀门之礼。④

这段文字，完全可以作为理解前引《吕氏春秋·孟冬季》"孟冬之月，……其祀行"时的参考。行神虽然平时并没有绝对的威严，然而王者与平民当远行时均谦恭礼祀，不敢有所疏慢。

---

① 睡虎地秦墓竹简整理小组：《睡虎地秦墓竹简》，文物出版社，1990年，释文注释第236页。

② 睡虎地秦墓竹简整理小组：《睡虎地秦墓竹简》，文物出版社，1990年，释文注释第243页。

③ 睡虎地秦墓竹简整理小组：《睡虎地秦墓竹简》，文物出版社，1990年，释文注释第243页。

④ 《十三经注疏》，第1380页。

(二)神异"当道"故事

《墨子·贵义》:"子墨子北之齐,遇日者。日者曰:'帝以今日杀黑龙于北方,而先生之色黑,不可以北。'子墨子不听,遂北,至淄水,不遂而反焉。日者曰:'我谓先生不可以北。'子墨子曰:'南之人不得北,北之人不得南,其色有黑者,有白者,何故皆不遂也?且帝以甲乙杀青龙于东方,以丙丁杀赤龙于南方,以庚辛杀白龙于西方,以壬癸杀黑龙于北方,若用子之言,则是禁天下之行者也。是围心而虚天下也,子之言不可用也。'"①由日者之言,可知行忌有时源于天帝崇拜。睡虎地秦简《日书》甲种"行"题下可见"是日赤帝(帝)恒以开临下民而降其英(殃),不可具为百事,皆毋(无)所利",尤其不能"大行、远行"(一二七正~一三〇正)的内容。②《日书》乙种也有大体相近的条文(一三二~一三七)。③史籍中往往可以看到神灵当路的传说。《风俗通义·怪神》:"谨按《管子书》:'齐公出于泽,见衣紫衣,大如毂,长如辕,拱手而立。还归,寝疾,数月不出。有皇士者见公,语惊曰:"物恶能伤公,公自伤也。此所谓泽神委蛇者也,唯霸主乃得见之。"于是桓公欣然笑,不终日而病愈。'"④又如《史记》卷六《秦始皇本纪》记载:

> (三十六年)秋,使者从关东夜过华阴平舒道,有人持璧遮使者曰:"为吾遗滈池君。"因言曰:"今年祖龙死。"使者问其故,因忽不见,置其璧去。使者奉璧具以闻。始皇默然良久,曰:"山鬼固不过知一岁事也。"退言曰:"祖龙者,人之先也。"使御府视璧,乃二十八年行渡江所沈璧也。⑤

神灵虽未启示世事,仅在道中显身者,有《史记》卷八《高祖本纪》所载同样发生于秦末的著名事件,即刘邦被酒夜经丰西泽中遇"大蛇当径","拔剑击斩蛇"史

---

① [清]孙诒让著,孙以楷点校:《墨子间诂》,中华书局,1986年,第410—411页。
② 睡虎地秦墓竹简整理小组:《睡虎地秦墓竹简》,文物出版社,1990年,释文注释第200页。
③ 睡虎地秦墓竹简整理小组:《睡虎地秦墓竹简》,文物出版社,1990年,释文注释第242页。
④ [东汉]应劭撰,吴树平校释:《风俗通义校释》,天津人民出版社,1980年,第328页。
⑤ 《史记》,第259页。

事,传谓"白帝子也,化为蛇,当道"。①《史记》卷二八《封禅书》还记述如下故事:"文帝出长门,若见五人于道北,遂因其直北立五帝坛,祠以五牢具。"后"长门五帝使祠官领,以时致礼"。②"若见"五帝临道之幻觉,竟导致增置了祠礼制度完备的新的祀所。

江绍原在研究中国古代旅行者"行途遭逢的神奸(和毒恶生物)"时指出:"古中国人把无论远近的出行认为一桩不寻常的事;换句话说,古人极重视出行。夫出行必有所为,然无论何所为,出田、出渔、出征、出吊聘、出亡、出游、出贸易……总是离开自己较熟悉的地方而去之较不熟习或完全陌生的地方之谓。"古人"对于过分新奇过分不习见的事物和地方每生恐惧之心",陌生的地方"不但是必有危险,这些危险而且是更不知,更不可知,更难预料,更难解除的。言语风尚族类异于我,故对我必怀有异心的人们而外,虫蛇虎豹,草木森林,深山幽谷,大河急流,暴风狂雨,烈日严霜,社坛丘墓,神鬼妖魔,亦莫不欺我远人"。江绍原还指出:"上古人自以为出行不论远近,随时随处有为超自然物所乘之可能。这些超自然物,或在山林川泽,或在木石水火,或在道途丘墓,或在馆舍庙堂。他们大抵不出自然精灵与人鬼两大类;其中较大较有力者,有时被呼为'神'。"③秦始皇东巡封禅泰山,不从儒生博士"为蒲车""埽地而祭"诸议,径直登山,"中阪遇暴风雨"④,诸儒生于是讥之,以为神灵惩戒。又有湘山祠"大风"影响行程事:"浮江,至湘山祠,逢大风,几不得渡。上问博士曰:'湘君何神?'博士对曰:'闻之,尧女,舜之妻,而葬此。'于是始皇大怒,使刑徒三千人皆伐湘山树,赭其山。"⑤秦始皇侮蔑湘君之神的狂暴行为,固然是政权强压神权之例,然而这一事件又同样可以说明交通活动中山川神崇拜的强有力的影响。《史记》卷二八《封禅书》还记述,汉武帝"独与侍中奉车子侯上泰山","既已封泰山,无

---

① 《史记》,第347页。

② 《史记》,第1383页。

③ 江绍原:《中国古代旅行之研究》,上海文艺出版社1989年7月据商务印书馆1935年版影印,第5、75页。

④ 《史记》卷二八《封禅书》,第1367页。《史记》卷六《秦始皇本纪》:"二十八年,始皇东行郡县,上邹峄山,立石,与鲁诸儒生议,刻石颂秦德,议封禅望祭山川之事。乃遂上秦山,立石,封,祠祀。下,风雨暴至。"第242页。

⑤ 《史记》卷六《秦始皇本纪》,第248页。

风雨灾,而方士更言蓬莱诸神若将可得,于是上欣然庶几遇之,乃复东至海上望,冀遇蓬莱焉。奉车子侯暴病,一日死。上乃遂去"。① 行程中种种意外事件,往往都被看作神灵有意识的暗示。

(三)"祖道"风习

道路神及行神崇拜的发展,致使上古社会祖道风习的盛行。

《史记》卷五九《五宗世家》记载,临江王刘荣因罪被汉景帝征召,临行,"祖于江陵北门,既已上车,轴折车废"。江陵父老私叹曰:"吾王不反矣!"刘荣后来果然自杀,葬于蓝田。张守节《正义》引《荆州图副》云:"自此后北门存而不启,盖为荣不以道终也。"②《汉书》卷六六《刘屈氂传》:"贰师将军李广利将兵出击匈奴,丞相为祖道,送至渭桥。"③汉宣帝时,太博疏广与其兄子疏受一同"归老故乡","公卿大夫故人邑子设祖道,供张东都门外,送者车数百两"。④《淮南子·主术》:"尧、舜、禹、汤、文、武,皆坦然天下而南面焉。……行不用巫祝,鬼神弗敢祟,山川弗敢祸,可谓至贵矣。"高诱注:"至德之可贵也。"⑤追念先古圣王不行祀行祖道之礼,以批评当时祖道等礼仪之隆重与殷勤。

甚至偏远至河西边塞基层守备军人之中,也流行"祖道"风习。居延汉简可见如下简例:

> 侯史襃予万岁候长祖道钱　出钱十付第十八候长祖道钱
> □道钱　出钱十付第廿三候长祖道钱
> □道钱　出钱十
> 出钱□(104·9,145·14)⑥

"祖道",已经成为汉代民间最为引人注目的交通礼俗。⑦ 东汉著名文士蔡邕曾作用于祖道时祝诵的文字《祖饯祝文》,其中写道:"今岁淑月,日吉时良。爽应

---

① 《史记》,第1398页。
② 《史记》,第2094—2095页。
③ 《汉书》,第2883页。
④ 《汉书》卷七一《疏广传》,第3040页。
⑤ 《淮南子校释》,第1009、1015页。
⑥ 谢桂华、李均明、朱国炤:《居延汉简释文合校》,文物出版社,1987年,第173页。
⑦ 参看许志刚:《祖道考》,《世界宗教研究》1984年第1期。

孔嘉,君当迁行。神龟吉兆,林气煌煌。著卦利贞,天见三光。鸾鸣雍雍,四牡彭彭。君既升舆,道路开张。风伯雨师,洒道中央。阳遂求福,蚩尤辟兵。仓龙夹毂,白虎扶行。朱雀道引,玄武作侣。勾陈居中,厌伏四方。往临邦国,长乐无疆。"①通过祝文的内容,可以知道当时的祖道仪式,主要是为了祈祝行旅的安全。"鬼神弗敢祟,山川弗敢祸",正是旅行者在交通实践中最基本的愿望。

汉代社会盛行的"祖道"风习,其前源见于先秦。典型史例有秦统一进程中的荆轲故事。《史记》卷八六《刺客列传》记述了这一在秦史中形成重要影响的"荆轲刺秦王"事件②:

> 太子及宾客知其事者,皆白衣冠以送之。至易水之上,既祖,取道,高渐离击筑,荆轲和而歌,为变徵之声,士皆垂泪涕泣。又前而为歌曰:"风萧萧兮易水寒,壮士一去兮不复还!"复为羽声忼慨,士皆瞋目,发尽上指冠。于是荆轲就车而去,终已不顾。③

另有秦史中比较明确的著名事例,即王翦伐蜀,秦王政"自送至灞上"。《史记》卷七三《白起王翦列传》记载:

> 于是王翦将兵六十万人,始皇自送至灞上。王翦行,请美田宅园池甚众。始皇曰:"将军行矣,何忧贫乎?"王翦曰:"为大王将,有功终不得封侯,故及大王之向臣,臣亦及时以请园池为子孙业耳。"始皇大笑。④

王翦出征,"始皇自送至灞上",是与燕太子丹送荆轲赴秦"至易水之上"相同的"祖"的仪程。

---

① [汉]蔡邕著,邓安生编:《蔡邕集编年校注》,河北教育出版社,2002年,第235页。
② 《史记》卷六《秦始皇本纪》:"二十年,燕太子丹患秦兵至国,恐,使荆轲刺秦王。"第233页。《史记》卷一五《六国年表》:"太子丹使荆轲刺秦王。"第755页。《史记》卷三四《燕召公世家》:"因袭刺秦王。"第1561页。
③ 《史记》,第2534页。
④ 《史记》,第2340页。

(四)"陆行不遇兕虎"

《老子·德经》有"陆行不遇兕虎"语。① 前引《潜夫论·巫列》说到"小人之所望畏"的"士公、飞尸、咎魅、北君、衔聚、当路、直符七神"。其中"当路"神,当有主宰行旅吉凶的威力。而《抱朴子·登涉》说:"山中寅日,有自称虞吏者,虎也。称当路君者,狼也。"②包括山行虎狼毒虫之凶害在内的交通风险,也是行忌规则之繁密与行神崇拜之狂热的基本因素之一。例如《后汉书》卷七九上《儒林列传·刘昆》:"崤、黾驿道多虎灾,行旅不通。"③虎患之严重,甚至曾经阻断最重要的交通干道。④

秦史中出行遇"虎"的故事,见于秦二世事迹中相关情节。《史记》卷六《秦始皇本纪》记载:

> 二世梦白虎啮其左骖马,杀之,心不乐,怪问占梦。卜曰:"泾水为祟。"⑤

"占梦"这一职任在《史记》秦史记录中出现两次。除此例外,另有秦始皇与"海神"较量的故事:"始皇梦与海神战,如人状。问占梦,博士曰:'水神不可见,以大鱼蛟龙为候。今上祷祠备谨,而有此恶神,当除去,而善神可致。'乃令入海者赍捕巨鱼具,而自以连弩候大鱼出射之。自琅邪北至荣成山,弗见。至之罘,见巨鱼,射杀一鱼。遂并海西。"⑥秦交通史迹中两位秦皇有关出行的梦,"始皇梦与海神战",张扬了英雄气势;"二世梦白虎啮其左骖马",则显露出悲悸心态。而二者都反映了当时交通生活与神秘主义意识的联系,这一点是共同的。

---

① 全句为:"盖闻善摄生者,陆行不遇兕虎,入军不被甲兵。"马王堆帛书甲本:"盖〔闻善〕执生者,陵行不〔避〕矢(兕)虎,入军不被兵革(甲)。"乙本:"盖闻善执(摄)生者,陆行不辟(避)兕虎,入军不被兵革(甲)。"高明:《帛书老子校注》,中华书局,1996年,第67页。

② 王明著:《抱朴子内篇校释》(增订本),中华书局,1985年,第304页。

③ 《后汉书》,第2550页。

④ 王子今:《秦汉虎患考》,《华学》第1期,中山大学出版社,1995年;《秦汉驿道虎灾——兼质疑几种旧题"田猎"图像的命名》,《中国历史文物》2004年第6期,《崤函古道研究》,三秦出版社,2009年。

⑤ 《史记》,第273页。

⑥ 《史记》,第263页。

《抱朴子·登涉》:"抱朴子曰:'山无大小,皆有神灵,山大则神大,山小即神小也。入山而无术,必有患害。'"包括疾病伤刺,光影异声,大木摧折,岩石坠落,猛兽犯人等,都严重威胁交通安全。据孙星衍校刊本,"入山之大忌,正月午,二月亥,三月申,四月丑,五月戌,六月卯,七月子,八月巳,九月寅,十月未,十一月辰,十二月酉"①,恰恰与睡虎地秦简《日书》甲种"行"题下"大行远行"的忌日基本相同。只是《日书》仅限于各月上旬。与秦汉多种交通禁忌所表现出的历史延续性同样,秦汉祀行与祖道礼俗对于后世也曾保持长久的历史影响。

四 关于"马禖祝"

睡虎地秦简《日书》甲种可见"马■"题下记述的礼祀形式,出现"清酒"等字样,祝祠的对象似是"主君":

马■:(一五六背～一五七背)

禖祝曰:先牧日丙,马禖合神。■东乡(向)南(向)各一马□□□□□中土,以为马禖,穿壁直中,中三腏,(一五六背)

四厩行大夫先□次席②,今日良日,肥豚清酒美白粱,到主君所。主君笱(苟)屏詷马,驱(驱)其央(殃),去(一五七背)

其不羊(祥),令其口者(嗜)□③,□者(嗜)饮,律律弗御自行,弗驱(驱)自出,令其鼻能糗(嗅)乡(香),令耳悤(聪)目明,令(一五八背)

---

① 王明:《抱朴子内篇校释》,中华书局,1985年,第299、301页,第315—316页。
② 睡虎地秦墓竹简整理小组释文作"四厩行:大夫先攸兕席"。此据陈伟:《睡虎地秦简日书〈马禖祝〉校读》,《湖南大学学报》(社会科学版)2014年第4期。陈伟写道:"'四厩行大夫'连读,从刘信芳先生之说。'兕'改读为'次',从郭永秉先生之说。"
③ 睡虎地秦墓竹简整理小组《睡虎地秦墓竹简》释文作"令其□耆(嗜)□"。睡虎地秦墓竹简整理小组:《睡虎地秦简竹简》,释文注释第228页。陈伟指出,"'令其口嗜'的'口',早先发表时无误(《云梦睡虎地秦墓》编组:《云梦睡虎地秦墓》,图版143,文物出版社,1981年),后来正式刊布时,大概因为转写或排版的疏失,误作'□'。"陈伟:《睡虎地秦简日书〈马禖祝〉校读》,《湖南大学学报》(社会科学版)2014年第4期。

头为身衡,勒(脊)为身刚,(胠)为身[张],尾善驱□①,腹为百草囊,四足善行。主君勉饮勉食,吾(一五九背)

　　岁不敢忘。(一六〇背)②

整理小组释文"马禖"另行书写,作标题处理。整理小组注释:"'马禖'系标题。《礼记·月令》:'仲春之月,玄鸟至。至之日,以大牢祠于高禖。'《续汉书·礼仪志》注引蔡邕《月令章句》云:'高,尊也。禖,媒也。吉事先见之象也。盖为人所以祈子孙之祀。③ 玄鸟感阳而至,其来主为字乳蕃滋,故重其至日,因以用事。'据此高禖为祈子孙之祀,则马禖为祈祷马匹繁殖的祭祀。《周礼·校人》:'春祭马祖,执驹。'疏:'春时通淫,求马蕃息,故祭马祖。'马禖或即祭祀马祖。"④

　　整理小组有的意见或许还可以商榷。比如,从睡虎地秦简《日书》相关内容和肩水金关发现简文看,简单地说"马禖为祈祷马匹繁殖的祭祀",似乎并不妥当。"马禖祝"还有更重要的内容,即祈祝马匹健康免疫。

　　也有学者定名此篇为《马》篇。⑤ 饶宗颐称此篇为"马禖祝辞"。认为"日简所记祝辞为有韵之文,为出土古代祝辞极重要之资料"。然而其释文作:"马:禖

---

① 《汉书》卷九四下《匈奴传下》:"其视戎狄之侵,譬犹蚊虻之螫,驱之而已。"

② 睡虎地秦墓竹简整理小组:《睡虎地秦墓竹简》,文物出版社,1990年,图版第115—116页。若干字据陈伟说校正。陈伟:《睡虎地秦简日书〈马禖祝〉校读》,《湖南大学学报》(社会科学版)2014年第4期。

③ 《汉书》卷五一《枚皋传》:"武帝春秋二十九乃得皇子,群臣喜,故皋与东方朔作皇太子生赋及立皇子禖祝,受诏所为,皆不从故事,重皇子也。"颜师古注:"《礼·月令》:'祀于高禖。'高禖,求子之神也。武帝晚得太子,喜而立此禖祠,而令皋作祭祀之文也。"第2366—2367页。《汉书》卷六三《武五子传·戾太子刘据》:"戾太子据,元狩元年立为皇太子,年七岁矣。初,上年二十九乃得太子,甚喜,为立禖,使东方朔、枚皋作禖祝。"颜师古注:"禖,求子之神也,解在《枚皋传》。""祝,禖之祝辞也。"第2741—2742页。明王世贞《弇州四部稿》卷一六九《说部·宛委余编十四》说:"禖祝,禖求子之神也。"文渊阁《四库全书》本。由睡虎地秦简《日书》相关内容看,这样的判断是不完整的。

④ 睡虎地秦墓竹简整理小组:《睡虎地秦墓竹简》,文物出版社,1990年,释文注释第227—228页。

⑤ 贺润坤《从云梦秦简〈日书〉看秦国的六畜饲养业》一文中有"《马》篇:中国最早的相马经"一节,《文博》1989年第6期。又刘信芳:《云梦秦简〈日书·马〉篇试释》,《文博》1991年第4期;陈伟:《睡虎地秦简日书〈马禖祝〉校读》,《湖南大学学报》(社会科学版)2014年第4期。

祝曰：……""马"与"禖祝"分断。① 刘乐贤指出，"本篇的标题其实应当是'马禖祝'"，并有充分的论证。② 今按：指出这篇文字的内容是"马禖祝辞"或称"马禖祝"，都是正确的。但是我们首先应当注意并尊重《日书》书写者的原意。从书写形式看，简一五六背简端为"马"字，简一五七背简端为符号"■"。此篇标题应为"马■"。"■"，可能有某种特殊含义。③

"清酒"作为上古礼制常规祠祀敬献饮品，多见于文献记载。然而简牍资料出现，首见于《肩水金关汉简（贰）》发表的简文：

(1) 不蚤不莫得主君闻微肥□□□乳黍饭清酒至主君所主君□方 □□□☑(73EJT11:5)④

《诗·小雅·信南山》："祭以清酒，从以骍牡，享于祖考。"又《大雅·旱麓》："清酒既载，骍牡既备。以享以祀，以介景福。"都说到"清酒"与"骍牡"。又《大雅·韩奕》："韩侯出祖，出宿于屠。显父饯之，清酒百壶。"⑤ 明确言"出祖"。朱熹《诗集传》卷一三释《信南山》"清酒"："清酒，清洁之酒，郁鬯之属也。"⑥《周礼·天官冢宰·酒正》："辨三酒之物，一曰事酒，二曰昔酒，三曰清酒。"郑玄注："郑

---

① 饶宗颐：《云梦秦简日书研究·马禖祝辞》，见饶宗颐、曾宪通：《云梦秦简日书研究》，香港中文大学中国文化研究所中国考古艺术中心专刊（三），1982年，第42页。

② 《睡虎地秦简日书研究》，第312—313页。

③ 睡虎地秦简《日书》两字标题有两种书写形式。一种形式，是两字写于篇首同一支简的简端，如"秦除"（一四正）、"稷辰"（二六正）、"玄戈"（四七正）、"室忌"（一〇二正）、"土忌"（一〇四正）、"作事"（一一〇正）、"毁弃"（一一一正）、"直室"（一一四正）、"归行"（一三一正）、"到室"（一三四正）、"生子"（一四〇正）、"取妻"（一五五正）、"反枳"（一五三背）。另一种形式，则是两字分写于前两支简的简端，如"盗者"（六九背、七〇背）、"土忌"（一二九背、一三〇背）。"直室门"（一一四正壹、一一五正壹）则第一支简简端写"直室"，第二支简简端写"门"。"马■"，似应看作第二种形式。王子今：《睡虎地秦简日书甲种疏证》，湖北教育出版社，2003年，第515—517页。据陈伟《睡虎地秦简日书〈马禖祝〉校读》提示，林清源亦将"马■"看作篇题，"林清源：《简牍帛书标题格式研究》，130—135页，艺文印书馆2004年。"

④ 甘肃省简牍保护研究中心、甘肃省文物考古研究所、甘肃省博物馆、中国文化遗产研究院古文献研究室、中国社会科学院简帛研究中心编：《肩水金关汉简（贰）》，中西书局，2012年，中册第2页，下册第1页。

⑤ 《十三经注疏》，第471、571、516页。

⑥ 文渊阁《四库全书》本。

司农曰:'清酒,祭祀之酒。'……今中山冬酿,接夏而成。"①《春秋繁露·求雨》则说"求雨"祭祷使用"清酒""玄酒"的礼俗。②

对照图版,释文"闻微"二字,存在疑问。"肥"后一字,字形明确从"肉",有可能是"豚"。

肩水金关发现"……乳黍饭清酒至主君所主君……"简文,应亦以祭祀请求"主君"为主题,是珍贵的礼俗史和信仰史资料。不过,简文对于礼祀对象"主君"的身份,并没有明确的表现。

肩水金关与简(1)同出的简例,简文可见很可能即体现所谓"为马祷无疾"的内容:

(2)☐肖强毋予皮毛疾以币☐刚毋予胁疾以成☐(73EJT11:23)③

"毋予",是战国秦汉习惯用语。《史记》卷七六《平原君虞卿列传》:"赵王与楼缓计之,曰:'予秦地(何)如毋予?孰吉?'"④《汉书》卷九五《南粤传》:"别异蛮夷,出令曰:'毋予蛮夷外粤金铁田器;马牛羊即予,予牡,毋与牝。'"⑤可知"毋予"又可以写作"毋与"。

简(1)与简(2)很可能属于一件文书。推想所谓"乳黍饭清酒至主君所主

---

① 《十三经注疏》,第 669 页。

② 《春秋繁露·求雨》:"春旱求雨。令县邑以水日祷社稷山川,……于邑东门之外为四通之坛,方八尺,植苍缯八。其神共工,祭之以生鱼八,玄酒,具清酒、膊脯……""凿社通之于闾外之沟,取五虾蟆,错置社之中。池方八尺,深一尺,置水虾蟆焉。具清酒、膊脯。""为四通之坛于邑南门之外,方七尺,植赤缯七。其神蚩尤,祭之以赤雄鸡七,玄酒,具清酒、膊脯……""季夏祷山陵以助之。……为四通之坛于中央,植黄缯五。其神后稷,祭之以母䜭五,玄酒,具清酒、膊脯。""秋……为四通之坛于邑西门之外,方九尺,植白缯九。其神少昊,祭之以桐木鱼九,玄酒,具清酒、膊脯。""冬……为四通之坛于邑北门之外,方六尺,植黑缯六。其神玄冥,祭之以黑狗子六,玄酒,具清酒、膊脯。"苏舆撰,锺哲点校:《春秋繁露义证》,中华书局,1992 年,第 426—435 页。《艺文类聚》卷一〇〇引董仲舒曰:"敬进清酒甘羞,再拜请雨。""其神蚩尤,祭之以赤雄鸡七、玄酒、清酒,祝斋三日,服赤衣,跪陈祝如辞辞。"《艺文类聚》,第 1726—1727 页。《春秋繁露·止雨》又说到"雨太多"时的"止雨"仪式,祝辞说:"今淫雨太多,五谷不和。敬进肥牲清酒,以请社灵,幸为止雨,除民所苦。"《春秋繁露义证》,第 437—438 页。

③ 《肩水金关汉简(贰)》,中册第 4 页,下册第 2 页。

④ 《史记》,第 2373 页。

⑤ 《汉书》,第 3851 页。

君"简文所反映的,应是河西边防部队祈祝所畜养和使用的马匹免除病疫的礼祀形式。"毋予""疾",应是祈求"主君"不要使马染患"皮毛疾""胁疾"等病痛。对照睡虎地秦简《日书》相关文字,推想简文内容或应为"……毋予□疾,以□脊强;毋予皮毛疾,以□身刚;毋予胁疾,以成□□;……""脊强""身刚"语义相近。刘信芳考论睡虎地秦简《日书》"勶(脊)为身刚"句即指出:"《国语·周语》:'旅力方刚。'韦昭注:'刚,强也。'《诗·北山》:'旅力方刚',《一切经音义》引作'旅力方强'。《初学记》二十九引《相马经》:'脊为将军欲得强',是'脊为身刚'即'脊为身强'。"①联系睡虎地秦简《日书》反映"马禖祝"礼俗的文字中整理小组释为"脚为身□",陈伟改释为"(胠)为身张",并指出:"其实此字从'劫'作,应释为'胠'之异文。《集韵·业韵》:'胠,腋下也,或从劫。'《广雅·释亲》:'胠,胁也。'"理解"胠(胁)"为"马身体部位"。②此说合理,有助于我们理解肩水金关简"毋予胁疾"。

肩水金关相关简文的发现,可以帮助我们增益对于汉代民间有关"马"的神秘意识的认识,并理解其思想史的渊源。

有学者注意到汉代画像所见"多数在西王母座前出现"的"马首人身神怪",以为与"马神崇拜"有关。③肩水金关简的研究,应当有助于这一学术主题考察的深入。肩水金关简文所见"主君",不排除与汉代画像资料中看到的所谓"马首人身神怪"存在某种内在联系的可能。《说文·示部》有"祃":"祃,师行所止,恐有慢其神,下而祀之曰祃。"段玉裁注:"祃,师祭也。《王制》注云:为兵祷。《周礼·肆师》《甸祝》皆作貉,杜、郑貉读为十百之百,云为师祭造军法者,祷气势之十百增倍。许说不同者,许时古今说具在,《五经》异义今已亡。又贾氏《周礼解诂》亦亡,不详其所本也。"可知"祃"的理解,汉时已有"古今说"。秦代情形,应体现"古"义。《说文·示部》"祃"之后即"禡"字:"禡,祷牲马祭也。"段玉裁注:"《甸祝》:'禡牲禡马。'杜子春曰:'禡,祷也,为马祷无疾,为田祷多获禽牲。'《诗》云:'既伯既祷。'《尔雅》曰:'既伯既祷。'伯,马祭也。玉裁按:此许说

---

① 刘信芳:《云梦秦简〈日书·马〉篇试释》,《文博》1991年第4期。
② 陈伟:《睡虎地秦简日书〈马禖祝〉校读》,《湖南大学学报》(社会科学版)2014年第4期。今按:整理小组释文"脚"与下文"四足"所言重叠,确实不妥。
③ 李姗姗:《论汉画像马首人身神怪的祭祀与升仙意义》,《河南教育学院学报》(哲学社会科学版)2011年第2期。

所本。杜引《诗》者,以'伯'证祷马。毛《传》云:'伯,马祖也。重物慎微,将用马力,必先为之祷其祖。'此《周礼》之'祠马'也。"① 我们通过汉代相关社会意识,可以沿循其继承关系探索秦时礼俗。

---

① [汉]许慎撰,[清]段玉裁注:《说文解字注》,上海古籍出版社据经韵堂臧本1981年10月影印版,第7页。参看王子今:《河西汉简所见"马祺祝"礼俗与"马医""马下卒"职任》,《秦汉研究》第8辑,陕西人民出版社,2014年;《肩水金关简"马祺祝"祭品用"乳"考》,《金塔居延遗址与丝绸之路历史文化研究》,甘肃教育出版社,2014年。

第十六章　秦通信制度

克劳塞维茨在《战争论》中指出,军队和它的基地必须看成一个整体,"交通线是这个整体的一个组成部分,它们构成基地和军队之间的联系,应该看作是军队的生命线"。交通线的构成因素颇多,其中包括"沿线"的"邮局和信差"。"只有那些有专门设施的道路才构成真正的交通线体系。只有设有仓库、医院、兵站和邮局,指定有警备长,派有宪兵队和守备部队的道路,才是真正的交通线。"①"邮局和信差"的作用在交通线的构成中受到重视,说明军事通信系统在军事交通体系中的特殊作用。

秦高效率的行政制度,也提供了信息传递的条件。

一　军事情报与行政信息的获取与传递

中国古代兵学重视对敌情及时准确的了解,称之为"形人"。②《孙子·军争》写道:"《军政》曰:'言不相闻,故为金鼓;视不相见,故为旌旗。'夫金鼓旌旗者,所以一人之耳目也。"杜佑注:"听其音声,以为耳候","瞻其指挥,以为目候"。③ 所谓"耳候""目候"体现的军中信息及时准确的传递,意义同样重要。《说文·人部》:"候,司望也。"段玉裁注:"司,各本作伺,非,今正司者今之伺字也。""按凡觇伺皆曰候。"④银雀山汉简《孙膑兵法·陈忌问垒》:"……去守五里

---

① 《战争论》第 2 卷,第 622—623 页。
② 《孙子·虚实》:"故形人而我无形,则我专而敌分。"梅尧臣曰:"他人有形,我形不见,故敌分以备我。"曹操等注,郭化若译:《十一家注孙子》,中华书局,1962 年,第 93 页。
③ 《十一家注孙子》,第 117 页。
④ 《说文解字注》,第 374 页。

置候,令相见也。"银雀山汉墓竹简整理小组注释:"候,即斥候。意谓距守望之处五里设置哨所。"① 也许"守"非"守望之处",应是镇守、守卫之处。"候"才承担"望"的职任。传诸葛亮所著《便宜十六策》兼言军政,第三即为《视听》,其中强调"为政之道,务于多闻""视微形,听细声""视微之几,听细之大"。② 其中包含关注多方面信息的意思,自然也包括军事情报的收集。

准确敌情获得之后,迅速传递至决策部门尤为重要。行政信息的准确获取与迅速传递,也是秦政体现出高效能的突出特征之一。

军事情报与行政信息有时以同一的形式呈现。如苏秦言:"臣窃以天下之地图案之,诸侯之地五倍于秦,料度诸侯之卒十倍于秦,六国为一,并力西乡而攻秦,秦必破矣。今西面而事之,见臣于秦。夫破人之与破于人也。"③这里"地图"可能即关于军事情势的体现。而荆轲献秦"督亢之地图",则是包括土地、资源、人口信息的行政资料。荆轲向燕太子丹建议:"微太子言,臣愿谒之。今行而毋信,则秦未可亲也。夫樊将军,秦王购之金千斤,邑万家。诚得樊将军首与燕督亢之地图,奉献秦王,秦王必说见臣,臣乃得有以报。""(荆轲)至秦,持千金之资币物,厚遗秦王宠臣中庶子蒙嘉。嘉为先言于秦王曰:'燕王诚振怖大王之威,不敢举兵以逆军吏,愿举国为内臣,比诸侯之列,给贡职如郡县,而得奉守先王之宗庙。恐惧不敢自陈,谨斩樊於期之头,及献燕督亢之地图,函封,燕王拜送于庭,使使以闻大王,唯大王命之。'秦王闻之,大喜,乃朝服,设九宾,见燕使者咸阳宫。荆轲奉樊於期头函,而秦舞阳奉地图柙,以次进。""秦王谓轲曰:'取舞阳所持地图。'轲既取图奏之,秦王发图,图穷而匕首见。"④所谓"秦王闻之,大喜,乃朝服,设九宾,见燕使者咸阳宫",体现出对燕地行政信息获得的兴奋。秦执政者对于相关资料的全面收集和运用,还表现在统一实现之后出巡刻石所谓"远近毕理""咸知所辟""举错必当,莫不如画""细大尽力,莫敢怠荒""远迩辟

---

① 银雀山汉墓竹简整理小组:《孙膑兵法》,文物出版社,1975 年,第 50、52 页。
② [三国]诸葛亮撰:《便宜十六策》,清刻《诸葛武侯全书》本,第 1 页。
③ 《史记》卷六九《苏秦列传》,第 2248 页。
④ 《史记》卷八六《刺客列传》,第 2532、2534 页。相关记载又有《史记》卷三四《燕召公世家》:"(太子丹)使荆轲献督亢地图于秦。"第 1561 页。

隐,专务肃庄"。① 所谓"经理宇内,视听不怠"②,还具体体现于"天下之事无小大皆决于上,上至以衡石量书,日夜有呈,不中呈不得休息"的工作风格。③

军事情报与行政信息的获取与传递,都需要交通条件提供保障。

二 邮驿形式

秦有较为完备的邮驿制度。《晋书》卷三〇《刑法志》载《魏律序》说到"秦世"相关行政设置对后世有积极的影响:"秦世旧有厩置、乘传、副车、食厨,汉初承秦不改,后以费广稍省,故后汉但设骑置而无车马,而律犹著其文,则为虚设,故除《厩律》,取其可用合科者,以为《邮驿令》。"④

现在看到的秦邮驿史料多见于出土文献。

(一)《行书律》

秦时有关厩置、乘传、副车、食厨等涉及驿传建设的法律,其内容已经颇为完备。云梦睡虎地秦简可见关于传送文书的法律规定《行书律》:

> 行命书及书署急者,辄行之;不急者,日觱(毕),勿敢留。留者以律论之。行书(一八三)
>
> 行传书、受书,必书其起及到日月夙莫(暮),以辄相报殹(也)。书有亡者,亟告官。隶臣妾老弱及不可诚仁者勿(一八四)
>
> 令。书廷辟有日报,宜到不来者,追之。行书(一八五)

整理小组译文:"传送命书及标明急字的文书,应立即传送;不急的,当天送完,不准搁压。搁压的依法论处。""传送或收到文书,必须登记发文或收文的月日朝夕,以便及时回覆。文书如有遗失,应当立即报告官府。隶臣妾年老体弱及不足信赖的,不要派去送递文书。征召文书上写明须急到的,该人已应来到而没有

---

① 《史记》卷六《秦始皇本纪》,第 243、245 页。
② 《史记》卷六《秦始皇本纪》,第 250 页。
③ 参看王子今:《秦始皇的阅读速度》,《博览群书》2008 年第 1 期。
④ 《晋书》,第 924 页。

到达,应加追查。"①

又有《传食律》,规定了行传人员米、酱、菜羹、盐及"刍槀"的定量。②《仓律》中也有关于"传食"及"驾传马""食禾"的内容。如:"有事军及下县者,赍食,毋以传貣(贷)县。"(四五)"月食者已致禀而公使有传食,及告归尽月不来者,止其后朔食,而以其来日致其食;有秩吏不止。"(四六)"驾传马,一食禾,其顾来有(又)一食禾,皆八马共。其数驾,毋过日一食。驾县马劳,有(又)益壶〈壹〉禾之。"(四七)③《金布律》中亦可见有关"葆缮""传车"的条文。例如:"传车、大车轮,葆缮参邪,可殹(也)。韦革、红器相补缮。取不可葆缮者,乃粪之。"(八九)④

(二)睡虎地秦简"令轻足行其书"

睡虎地秦简《田律》中有要求将关于农作的信息及时上报上级行政部门的法律规定:

> 雨为澍〈澍〉,及诱(秀)粟,辄以书言澍〈澍〉稼,诱(秀)粟及恳(垦)田畼毋(无)稼者顷数。稼已生后而雨,亦辄言雨少多,所(一)利顷数。早〈旱〉及暴风雨、水潦、螽(蚉)蚰、群它物伤稼者,亦辄言其顷数。近县令轻足行其书,远(二)县令邮行之,尽八月□□之。　田律(三)

睡虎地秦墓竹简整理小组译文:"下了及时的雨和谷物抽穗,应即书面报告受雨、抽穗的顷数和已开垦而没有耕种的田地的顷数。禾稼生长后下了雨,也要立即报告雨量多少,和受益田地的顷数。如有旱灾、暴风雨、涝灾、蝗虫、其他害虫等灾害损伤了禾稼,也要报告受灾顷数。距离近的县,文书由走得快的人专程递

---

① 《秦律十八种》,睡虎地秦墓竹简整理小组:《睡虎地秦墓竹简》,文物出版社,1990年,释文注释第61页。

② 《秦律十八种》,睡虎地秦墓竹简整理小组:《睡虎地秦墓竹简》,文物出版社,1990年,释文注释第60页。

③ 《秦律十八种》,睡虎地秦墓竹简整理小组:《睡虎地秦墓竹简》,文物出版社,1990年,释文注释第31页。

④ 《秦律十八种》,睡虎地秦墓竹简整理小组:《睡虎地秦墓竹简》,文物出版社,1990年,释文注释第41页。

送,距离远的县由驿站传送,在八月底以前【送达】。"①

律文中的"轻足",整理小组解释为"走得快的人"。

上古文献可见"轻足者"之说多例。《前汉纪》卷四《高祖四》:"秦失其鹿,天下争逐之,高材轻足者先得。"②《淮南子·览冥》也写道:"质壮轻足者为甲卒千里之外。"③这里所说的"轻足者",大致也是指足力轻捷矫健,"走得快的人"。或直接作"轻足善走者",《吴子·图国》:"能逾高超远,轻足善走者,聚为一卒。"④然而这些言及"轻足"的文例,与睡虎地秦简《田律》作为身份称谓之所谓"轻足"在文字表现形式上有所不同。也有以"轻足"指代"轻足者"的文例。如《淮南子·齐俗》:"江河决沉一乡父子兄弟相遗而走,争升陵阪,上高丘,轻足先升,不能相顾也。"⑤又《东观汉记》卷一《世祖光武皇帝》:"……连胜,遂令轻足将书与城中诸将……"⑥此"令轻足将书与……"与睡虎地秦简《田律》"令轻足行其书"句式大致相同。刘秀有意透露援军已到的情报,其具体情节是"令轻足将书与城中诸将,言宛下兵复到,而阳坠其书",可知这里所说的"轻足",应当是传递军书的邮驿系统专业人员。

"近县令轻足行其书,远县令邮行之",整理小组译为"距离近的县,文书由走得快的人专程递送,距离远的县由驿站传送"。从译文字面上看,似乎这些"走得快的人"并非属于"驿站"的专职邮递人员——"邮人"。其实,"轻足"亦不排除步行"邮人"的可能。律文内容是说,"近县"由他们传送,是因为可以不

---

① 《秦律十八种》,睡虎地秦墓竹简整理小组:《睡虎地秦墓竹简》,文物出版社,1990年,释文注释第19页。
② 《两汉纪》,第51页。
③ 《淮南子集释》,第494页。
④ 《续古逸丛书》景宋刻《武经七书》本。
⑤ 《淮南子集释》,第825页。
⑥ 《东观汉记》记载:"(王)寻、(王)邑遣步骑数千合战,帝奔之,斩首数十级。诸部将喜曰:'刘将军平生见小敌怯,今见大敌勇甚,可怪也!'帝复进,寻、邑兵却,诸部共乘之,斩首百千级,连胜。乃遂令轻足将书与城中诸将,言宛下兵复到,而阳坠其书。寻、邑得书,读之,恐。帝遂选精兵三千人,从城西水上奔阵,寻、邑兵大奔北。于是杀寻,而昆阳城中兵亦出,中外并击,会天大雷风,暴雨下如注,水潦成川,滍水盛溢。邑大众遂溃乱,奔走赴水,溺死者以数万,滍水为之不流。邑与严尤、陈茂轻骑乘死人渡滍水逃去。"[东汉]刘珍等撰,吴树平校注:《东观汉记校注》,中州古籍出版社,1987年,第4页。

必接力交递,能够直接送达。"远县"则需要经"邮"的系统线路,一个邮站一个邮站地传递。所谓"轻足",说明他们需要达到一定的体质要求,以保证信息传递的效率。①

关于睡虎地秦简《田律》所谓"辄以书言""辄言",并"近县令轻足行其书,远县令邮行之"的制度,许多研究者均予以注意,但有的只说"及时""报告"②"向上级报告""立即报告""随时向主管部门报告"③,不涉及有关"轻足行其书"与"邮行之"等规定。言及"轻足"者,或直接采用整理小组的解说:"距离近的县,文书由走得快的人专程递送,距离远的县,由驿站传送。"④有的对睡虎地秦简语词进行专门研究的论著,亦未就"轻足"语义(即体现的社会身份)进行说明。⑤

前引《淮南子·览冥》"质壮轻足者"语,下文说到其艰苦的交通实践:"质壮轻足者为甲卒千里之外,家老羸弱,凄怆于内,厮徒马圉,䚽车奉饷,道路辽远,霜雪亟集,短褐不完,人羸车弊,泥涂至膝,相携于道,奋首于路,身枕格而死。"⑥这里所说的"轻足者",与睡虎地秦简《田律》作为身份称谓的所谓"轻足"似乎有所不同。然而其行为方式又应当与"轻足"身份有密切关系。所谓"道路辽远,霜雪亟集,短褐不完,人羸车弊,泥涂至膝,相携于道,奋首于路,身枕格而死",是可以作为表现服务于邮驿的"轻足"们具体形象生活情状的参考的。

我们看到后世史籍中有言及"轻足"者。如《宋史》卷一九〇《兵志四·乡兵一》"河东、陕西弓箭手"条载"政和三年秦凤路经略安抚使何常奏":"西贼有山间部落谓之'步跋子'者,上下山坡,出入溪涧,最能逾高超远,轻足善走;有平夏骑兵谓之'铁鹞子'者,百里而走,千里而期,最能倏往忽来,若电击云飞。每于

---

① 王子今:《迁陵"邮人"的历史足音》,《邮苑春秋》2016年第3期。
② 高敏:《从云梦秦简看秦的土地制度》,《云梦秦简初探》(增订本),河南人民出版社,1979年,第156页。唐赞功《云梦秦简所涉及土地所有制形式问题初探》作"及时报告",中华书局编辑部编:《云梦秦简研究》,中华书局,1981年,第55页。
③ 林甘泉:《中国封建土地制度史》第1卷,中国社会科学出版社,1990年,第116页。
④ 徐富昌:《睡虎地秦简研究》,文史哲出版社,1993年,第69页。
⑤ 如魏德胜:《〈睡虎地秦墓竹简〉语法研究》,首都师范大学出版社,2000年;《〈睡虎地秦墓竹简〉词汇研究》,华夏出版社,2003年。
⑥ 《淮南子集释》,第494—495页。

平原驰骋之处遇敌,则多用铁鹞子以为冲冒奔突之兵;山谷深险之处遇敌,则多用步跋子以为击刺掩袭之用。此西人步骑之长也。"①又《宋史》卷二七三《何承矩传》:"齐桓、晋文皆募兵以服邻敌,故强国之君,必料其民有胆勇者聚为一卒,乐进战效力以显忠勇者聚为一卒,能逾高赴远轻足善斗者聚为一卒,此三者兵之练锐,内出可以决围,外入可以屠城。""且聚胆勇、乐战、轻足之徒,古称良策,请试行之。"②言军事者说到"轻足",强调其作战机动性。所谓"最能倏往忽来,若电击云飞",即如《史记》卷一一〇《匈奴列传》:"其见敌则逐利,如鸟之集;其困败,则瓦解云散矣。"③以及《汉书》卷五二《韩安国传》言"匈奴,轻疾悍亟之兵也,至如猋风,去如收电"④。所谓"上下山坡,出入溪涧,最能逾高超远,轻足善走"以及"能逾高赴远轻足善斗者",可以帮助我们理解睡虎地秦简"轻足"原义。

(三) 里耶秦简"邮人"

湖南龙山里耶秦代古城遗址 1 号井出土的 38 000 余枚简牍,以及北护城壕 11 号坑出土的 51 枚简牍,学界通称为"里耶秦简"。"里耶秦简"的主要内容是秦洞庭郡迁陵县的公文档案遗存,书写年代为秦统一进程中的秦王政二十五年(前 222)至秦二世二年(前 208)。秦统一的历史,秦王朝地方行政管理的方式以及秦代邮驿史的诸多信息,可以通过"里耶秦简"的研究得以认识。

通过简文可以得知,战国时期楚国可能已在迁陵设县。秦王政二十五年(前 222),"王翦遂定荆江南地"⑤,于是置洞庭郡和苍梧郡,大致应如《里耶秦简》(壹)编著者所说:"迁陵设县与此同时。"⑥

"里耶秦简"出现公文传递"以邮行"的形式。如第五层简牍:"酉阳以邮行Ⅰ洞庭Ⅱ"(5-34)以及"迁陵洞庭Ⅰ以邮行Ⅱ"(5-35)等。"以邮行"的文书传递形式也见于睡虎地秦简《语书》,如:"以次传;别书江陵布,以邮行。"⑦

---

① 《宋史》,第 4720—4721 页。
② 《宋史》,第 9331 页。
③ 《史记》,第 2892 页。
④ 《汉书》,第 2401 页。
⑤ 《史记》卷六《秦始皇本纪》,中华书局,1959 年,第 234 页。
⑥ 湖南省文物考古研究所:《里耶秦简》(壹),文物出版社,2012 年,第 5 页。
⑦ 睡虎地秦墓竹简整理小组:《睡虎地秦墓竹简》,文物出版社,1978 年,第 16 页。

特别值得注意的,是简文中出现了"邮人"称谓。例如第八层简牍可见如下三枚简牍:

(1) 廿八年七月戊戌朔辛酉,启陵乡赵敢言之:令曰二月Ⅰ壹上人臣治(笞)者名。·问之,毋当令者。敢Ⅱ言之。Ⅲ8-767

　　七月丙寅水下五刻,邮人敞以来。/敬半。　贝手。8-767 背

(2) 卅二年正月戊寅朔甲午,启陵乡夫敢言之:成里典、启陵Ⅰ邮人缺。除士五(伍)成里匀、成,成为典,匀为邮人,谒令Ⅱ尉以从事。敢言之。Ⅲ8-157

　　正月戊寅朔丁酉,迁陵丞昌卻之启陵:廿七户已有一典,今有(又)除成为典,何律令Ⅰ瘛(应)?尉已除成、匀为启陵邮人,其以律令。/气手。/正月戊戌日中,守府快行。Ⅱ正月丁酉旦食时,隶妾冉以来。/欣发。　壬手。Ⅲ8-157 背

(3) 卅三年二月壬寅朔朔日,迁陵守丞都敢言之:令曰恒以Ⅰ朔日上所买徒隶数。·问之,毋当令者,敢言之。Ⅱ8-154

　　二月壬寅水十一刻刻二,邮人得行。　圂手。8-154 背①

这三枚简都出现了"邮人"字样,简(2)出现三次。从简(2)的内容看,"启陵邮人"即"启陵乡"充任"邮人"的身份,需要"乡"的长官的推荐和上级"迁陵丞"的认可。通过简(1)和简(3)的简文记录,可知"邮人"执行公务有严格的效率检查的制度,如简(1)"七月丙寅水下五刻邮人敞以来",简(3)"二月壬寅水十一刻刻二,邮人得行",时刻记录具体明确。

根据简(2)的内容,"启陵乡夫敢言之:成里典、启陵邮人缺,除士五成里匀成,成为典,匀为邮人",可见"启陵乡"的长官"夫"推荐"成里典、启陵邮人"人选之郑重。而三天之后迁陵县丞"昌"回复:"启陵廿七户,已有一典",否决"今又除成为典"的建议,又宣布"尉已除成、匀为启陵邮人"。说明"邮人"身份的确定,需经历相当严肃的行政程序。从"启陵邮人"的称谓形式看,"邮人"似乎归属于"乡",但是其人选的明确,则是由"迁陵"县级机关决定的。

---

① 释文据陈伟主编《里耶秦简牍校释》第 1 卷,武汉大学出版社,2012 年,第 220—221 页,第 94、93 页。

(四) 里耶秦简"以邮利足行"

思考里耶秦简所见迁陵"邮人",有必要关注同样从迁陵出发承担"邮"的任务的"邮利足"。我们看到这样出现"以邮利足行"字样的简文:

(4) ☐迁陵以邮利足行洞庭,急。8-90

(5) ☐☐利足行☐8-117

(6) 少内。☐8-527

迁陵以邮利足行洞☐8-527 背

据(4)(6)文例,推想(5)"☐利足"很可能就是"邮利足"。《里耶秦简牍校释》(第一卷)就简(4)内容有所解说:

> 利足,也见于8-117、8-527,指善于行走。《荀子·劝学》:"假舆马者,非利足也,而致千里。"睡虎地秦简《秦律十八种·田律》简2-3"近县令轻足行其书,远县令邮行之",其中"轻足"指走得快的人,与"利足"文义相近。不过里耶简"利足"和"邮"连言,似指邮人中行走尤快者。①

"'利足'和'邮'连言"的情形,确实值得注意。以为"邮利足""似指邮人中行走尤快者"的意见,是有道理的。

《荀子·劝学》:"假舆马者,非利足也,而致千里。"梁启雄解释说:"言假藉舆马的人,并不是他的脚比别人利便,却能到达千里。"②又《荀子·非十二子》:"利足而迷,负石而坠,是天下之所弃也。"梁启雄就此"利足"没有解说。而王先谦《荀子集释》解释"利足而迷":"苟求利足而迷惑不顾祸患也。"又解释"负石而坠":"谓申徒狄负石投河。言好名以至此也,亦利足而迷者之类也。"又引郝懿行说:"利足而迷,所谓'捷径以窘步'也。负石而坠,所谓'力小而任重','高位实疾颠'也:二句皆譬况之词。"王先谦赞同郝懿行的判断:"先谦案:郝说

---

① 陈伟:《里耶秦简牍校释》第1卷,武汉大学出版社,2012年,第60页。
② 梁启雄:《荀子简释》,中华书局,1983年,第2—3页。《大戴礼记》卷七《劝学》:"假车马者,非利足也,而致千里。"与《荀子》文句类同。[清]王聘珍撰,王文锦点校:《大戴礼记解诂》,中华书局,1983年,第131页。

是。"①所谓"捷径以窘步"见于屈原《离骚》。②《周易·系辞下》:"子曰:'德薄而位尊,知小而谋大,力小而任重,鲜不及矣。'"③《国语·周语下》:"高位实疾颠,厚味实腊毒。"④《汉书》卷二七中之上《五行志中之上》:"高位实疾颠,厚味实腊毒。"⑤对于"利足"的这些理解,似乎与里耶秦简"邮利足"之"利足"的语义存在一定距离。或许可以说,从称谓史的视角看,里耶秦简"邮利足"对于我们认识秦史,透露了新的信息,提供了新的知识。

汉代文献亦见"利足"。《史记》卷二七《天官书》:"云气各象其山川人民所聚集。"张守节《正义》引《淮南子》:"土地各以类生人。""轻土多利足,重土多迟。"⑥《淮南子·地形》:"土地各以其类生。""轻土多利,重土多迟。"王念孙已经指出:"此本作'土地各以类生人'。今本衍'其'字,脱'人'字。""《史记·天官书》《正义》、《艺文类聚·水部》上、《白帖》六、《太平御览·天部》十五、《地部》二十三、《疾病部》一、《疾病部》三引此并无'其'字,有'人'字。"⑦然而引《淮南子》"轻土多利足"者,仅《史记》卷二七《天官书》张守节《正义》一例。

(五)"邮利足"身份

简(2)从事公文传递的不是"邮人",而是"隶妾冉",这可能与"启陵邮人"职任正在确定与未确定之间有关。而"隶妾"即女性官奴婢承担了"邮人"的工作,体现出比较特别的行政管理方式。

《里耶秦简》(壹)的编著者指出:"以往出土的秦汉简牍,很少有刑徒从事何种劳动记录。据文献记载,徒隶多从事于土木工程,如修城、筑路等。里耶简文,

---

① [清]王先谦撰,叶啸寰、王星贤点校:《荀子集解》,中华书局,1988年,第99页。
② 《离骚》:"何桀纣之猖披兮,夫唯捷径以窘步。"王逸注及洪兴祖补注:"捷,疾也。径,邪道也。窘,急也。言桀、纣违愚惑,违背天道,施行惶遽,衣不及带,欲涉邪径,急疾为治,故身触陷阱,至于灭亡,以法戒君也。……五臣云:言桀、纣苦人使乱,用捷疾邪径急步而理之。"[宋]洪兴祖撰,白化文、许德楠、李如鸾等点校:《楚辞补注》,中华书局,1983年,第8页。"捷疾""急步"的说法值得注意。
③ 《十三经注疏》,第88页。
④ 《国语》,第92页。
⑤ 《汉书》,第1377页。
⑥ 《史记》,第1338页。
⑦ 《淮南子集释》,第338、340页。

为我们提供了刑徒所从事的多种劳动。""有刑徒参加田间农业劳动之外，还可作园、捕羽、为席、牧畜、库工、取薪、取漆、输马、买徒衣、徒养、吏养、治传舍、治邸，乃至担任狱卒或信差的工作，行书、与吏上计或守囚、执城旦。"①除多种形式的劳作之外，又有"担任狱卒或信差的工作，行书、与吏上计或守囚、执城旦"等体现出比较高的信任度的工作。简(2)所见"隶妾冉"承担了"邮人"的职任，可能可以理解为"担任""信差的工作"的实例。

秦的社会形态研究，是比较复杂的工作。以往多有学者将商鞅变法解释为由奴隶制走向封建制的社会形态进步的标志，以为秦的统一体现出先进的制度战胜了落后的制度，然而考古发现提供的资料告诉我们，历史真实显然要复杂得多。正如李学勤所指出的："必须重新描绘晚周到秦社会阶级结构的图景。""有的著作认为秦的社会制度比六国先进，笔者不能同意这一看法，从秦人相当普遍地保留野蛮的奴隶制关系来看，事实毋宁说是相反。"②就这一历史文化主题进行深入的研究，对于通过中国历史走向说明社会发展的若干规律是必要的。我们一方面不应忽视"秦人相当普遍地保留野蛮的奴隶制关系"的历史事实，同时对于秦时"刑徒""徒隶"的管理方式，应当有多方位、多视角的考察，应当力求避免简单化、片面化倾向的理解。"刑徒""徒隶"们在某种程度上参与了管理程序，也是不宜忽视的行政史的事实。

关于"邮利足"身份的考察，现在资料并不充备。但是通过相关迹象推测，这些邮驿系统从业人员身份构成可能是比较复杂的。③

(六) 里耶秦简水驿资料

《周礼·考工记》："作车以行陆，作舟以行水。"④云梦睡虎地秦简中用于选择时日吉凶的民间数术用书《日书》中，也有"行水，吉""可以行水"的文字。这里所谓"行水"，是指水上交通。有的日子"不可以行"，却"可以行水"，可见，"行水"是与一般陆路交通不同的交通形式。在睡虎地秦简《日书》的表述形式

---

① 湖南省文物考古研究所：《里耶秦简》(壹)，第4—5页。
② 李学勤：《东周与秦代文明》，上海人民出版社，2007年，第290—291页。
③ 王子今：《里耶秦简"邮利足"考》，《首都师范大学学报》(社会科学版)2018年第2期。
④ 《十三经注疏》，第906页。

中,水上交通,有时也写作"船行"。①

湖南龙山里耶秦简可以看到"以邮行"简文,如"迁陵以邮行洞庭""迁陵以邮行洞庭郡",甚至有"轵以邮行河内"等,又有"邮人"称谓。②

其中一枚写有"十一刻……快行"字样,作为研究中国古代邮驿史的重要资料,体现出当时邮驿系统对于传递速度的要求。

李学勤指出,睡虎地南郡守腾文书末云:"以次传;别书江陵布,以邮行。"是该文书有两种传送方式,"以次传"即在郡内各县、道以驿传依次传送,"以邮行"则为由专门设立的邮人送达。秦简《行书律》还规定:"行传书、受书,必书其起及到日月夙莫(暮),以辄相报也。"看里耶简,这一点确得到切实的执行,文书的送出或收到常有准确记录,不仅记日,还记出时刻。③

里耶秦简可见"邮人"身份,有的乡只设一名邮人。由于邮人数量少,除一些紧急必须交邮人专办的文书外,多数文书是由下级吏员、一般民众,甚至隶臣妾递送的。睡虎地秦简《行书律》说:"隶臣妾老弱及不可诚仁者勿令。"即不要命年老体弱的隶臣妾或不堪信赖的人传送文书,正反映当时这种情况。④ 也就是说,真正为中国古代邮驿事业承担风险和付出辛劳的人们,其实数量远远多于在正式编制中的"邮人"和"驿卒"。从这一情形出发,我们有理由推想,诸多承负邮驿劳作者,有可能是以兼职形式完成这样的工作的。

在已经发表的部分简牍资料中,我们看到有反映当时邮传制度的内容。例如这样的简文:

> 迁陵以邮行洞庭。

---

① 《日书》甲种九七背贰、九八背贰、一二八背,《日书》乙种四四贰。睡虎地秦墓竹简整理小组编:《睡虎地秦墓竹简》,文物出版社,1990 年,释文注释第 223、225、236 页。参看王子今:《睡虎地秦简〈日书〉甲种疏证》,湖北教育出版社,2003 年,第 24—25 页,第 105—106 页,第 477—479 页,第 493—494 页。

② 湖南省文物考古研究所、湘西土家族苗族自治州文物处、龙山县文物管理所:《湖南龙山里耶战国——秦代古城一号井发掘简报》,《文物》2003 年第 1 期。

③ 李学勤:《初读里耶秦简》,《文物》2003 年第 1 期。

④ 李学勤:《初读里耶秦简》,《文物》2003 年第 1 期。

"迁陵",秦汉县名。秦时迁陵县治所,据说就在出土这批简牍的龙山里耶。①"洞庭",即洞庭郡。"以邮行",秦汉文书习用语。睡虎地秦简《语书》:"别书江陵布以邮行。"张家山汉简《行书律》:"诸狱辟书五百里以上及郡县官相付受财物当校计者书,皆以邮行。"

唐代学者颜师古注《汉书》,有三处对于"邮"的解释,涉及"邮"与"行书"制度的关系。《汉书》卷二七中之下《五行志中之下》注:"邮谓行书之舍。"《汉书》卷四四《淮南厉王刘长传》注:"邮,行书之舍。"《汉书》卷七五《京房传》注:"邮,行书者也。"《汉书》卷八三《薛宣传》注:"邮,行书之舍,亦如今之驿及行道馆舍也。"《汉书》卷八九《循吏传·黄霸》注:"邮,行书舍,谓传送文书所止处,亦如今之驿馆矣。"②

里耶秦简"迁陵以邮行洞庭"所谓"邮"的性质,应当也归于"驿"的系统之中。

里耶秦简中还可以看到有关邮程的内容:

鄢到销百八十四里。

销到江陵二百四十里。

江陵到孱陵百一十里。

孱陵到索二百九十五里。

索到临沅六十里。

临沅到迁陵九百一十里。

□□千四百卅里。

据谭其骧主编《中国历史地图集》:鄢,在今湖北宜城南;江陵,在今湖北荆州;孱陵,在今湖南安乡;索,在今湖南汉寿;销,也是当时县名,其地望不详。③ 李学勤据《中国历史大辞典》历史地理卷,列出简文所记地名的位置:鄢,今湖北宜城东南;销,待考;江陵,今湖北荆州;孱陵,今湖北公安西南;索,今湖南常德东北;临沅,今湖南常德西。④ 看来,对于这些地名所当今地的认识,存在不同的意见:

---

① 湖南省文物考古研究所、湘西土家族苗族自治州文物处:《湘西里耶秦代简牍选释》,《中国历史文物》2003 年第 1 期。

② 《汉书》,第 1413、2142、3164、3397、3629 页。

③ 《中国历史地图集》,第 2 册第 11—12 页。

④ 李学勤:《初读里耶秦简》,《文物》2003 年第 1 期。

表3　里耶秦简地名与《中国历史地图集》《中国历史大辞典》位置对应表

里耶秦简地名	《中国历史地图集》对应位置	《中国历史大辞典·历史地理卷》对应位置
鄢	今湖北宜城南	今湖北宜城东南
销	?	?
江陵	今湖北荆州	今湖北荆州
孱陵	今湖南安乡	今湖北公安西南
索	今湖南汉寿	今湖南常德东北
临沅	?	今湖南常德西

分析这一邮程表，推想当时的邮路，应当是陆路和水路并用。虽然"销"的地望不能确定，然而据在今湖北宜城附近的"鄢"临汉水，"鄢"到"江陵"方向与汉水流向大体一致分析，"鄢到销百八十四里"，很可能是经由水路的。据"江陵到孱陵百一十里"及"孱陵到索二百九十五里"分析，《中国历史大辞典》历史地理卷所谓"孱陵"在今湖北公安西南的说法比较合理。"孱陵"已经进入当时的洞庭湖区。"江陵到孱陵百一十里"，可顺流走长江水路，再进入洞庭湖水网地带。"孱陵到索二百九十五里"，同样经行洞庭湖区。"索到临沅"，则循沅江上行。那么，实际上"江陵到孱陵百一十里""孱陵到索二百九十五里""索到临沅六十里"，基本都是经由水路通邮。

这条邮路不自"鄢"（今湖北宜城南）直行"迁陵"（今湖南龙山），也不自"江陵"（今湖北荆州）直行"迁陵"（今湖南龙山），而看似迂行至"孱陵"（今湖北公安西南）、"索"（今湖南汉寿或常德东北）、"临沅"，应当主要是为了利用水路交通的方便。有研究者指出，从"鄢—销—江陵—孱陵—索—临沅—迁陵"的"里程表"可以证明，当时交通已经注重利用"汉水、长江、洞庭湖水道"。[①] 这一判断是正确的。

或许可以说，里耶秦简所见这一邮程表，是已知最早的反映水驿通信运作的重要的交通史资料。

从"临沅到迁陵九百一十里""索到临沅六十里"简文可以推知，"迁陵以邮

---

① 湖南省文物考古研究所、湘西土家族苗族自治州文物处：《湘西里耶秦代简牍选释》，《中国历史文物》2003年第1期。

行洞庭",必然利用了沅江水路。①

北京大学藏秦简《道里书》有关于水路交通的行程信息,有学者已经进行了研究。② 其中有的路线,当时也应当作为水驿通路。

三 烽燧制度

《墨子·号令》曾经说到军事情报信息传递的特殊方式:"出候无过十里,居高便所树表,表三人守之,比至城者三表,与城上烽燧相望,昼则举烽,夜则举火。"③又《墨子·杂守》:"寇烽、惊烽、乱烽,传火以次应之,至主国止,其事急者引而上下之。烽火以举,辄五鼓传,又以火属之,言寇所从来者少多,旦弇还,去来属次烽勿罢。望见寇,举一烽;入境,举二烽;射妻,举三烽一蓝;郭会,举四烽二蓝;城会,举五烽五蓝;夜以火,如此数。守烽者事急。"④

墨子学说在秦地有所传播。《墨子》有关"城守"的军事学设计,应当对秦国军事生活有所影响。

(一)边防"谨烽火"

战国时期使用烽燧备边的史例,有《史记》卷八一《廉颇蔺相如列传》比较明确的记载:

> 李牧者,赵之北边良将也。常居代雁门,备匈奴。……习射骑,谨烽火,……匈奴每入,烽火谨,辄入收保,不敢战。如是数岁,亦不

---

① 王子今:《秦汉时期湘江洞庭水路邮驿的初步考察——以里耶秦简和张家山汉简为视窗》,《湖南社会科学》2004 年第 5 期。

② 北京大学出土文献研究所:《北京大学藏秦简牍概述》,《文物》2012 年第 6 期;辛德勇:《北京大学藏秦水陆里程简册的性质和拟名问题》,《简帛》第 8 辑,上海古籍出版社,2013 年;辛德勇:《北京大学藏秦水陆里程简册初步研究》,《出土文献》第 4 辑,中西书局,2013 年;晏昌贵:《秦简牍地理研究》,武汉大学出版社,2017 年,第 233—285 页。

③ [清]孙诒让著,孙以楷点校:《墨子间诂》,中华书局,1986 年,第 564 页。

④ 《墨子间诂》,第 574—576 页。

亡失。①

和燕国、赵国同样在"北边""筑长城""以拒胡"②的秦人，无疑也在防务制度中设置了"烽火"系统。

（二）秦虎符"燔燧之事"

秦国调兵所用虎符铭文中，可以看到"燔燧"字样。可知秦"用兵兴事"有采用"燔燧"的形式。如杜虎符：

> 兵甲之符，右在君，左在杜。凡用兵兴士被甲五十人以上，必会君符，乃敢行之。燔燧之事，虽毋会符，行殴。

又如新郪虎符："甲兵之符，右在君，左在新郪。凡用兵兴士被甲五十人以上，必会君符，乃敢行之。燔燧事，虽毋会符，行殴。"都说通常调兵50人以上，"必会君符，乃敢行之"，然而"燔燧之事，虽毋会符，行殴（也）"。可见"燔燧"的意义。据陈直考证，这两件"秦兵甲之符""甲兵之符""当为始皇八年以前之物"。③

罗福颐对杜虎符提出质疑。④ 马非百、戴应新、朱捷元、陈尊祥不同意罗说，所提出的辩驳有说服力。⑤ 有学者明确说，"杜虎符是战国时期秦惠文王至秦昭襄王在位时（前337—前251）铸造的，也是目前所知铸造时间最早的一件战国时期秦国的虎符"，而新郪虎符则制作于汉武帝时代。⑥ 通过杜虎符文字的内容，可以得知秦以"燔燧"传递军事情报的制度早已成熟。

（三）秦直道烽燧

史念海1975年发表了对秦始皇直道进行考察的收获。⑦ 此后，多有学者进

---

① 《史记》，第2449页。

② 《史记》卷一一〇《匈奴列传》，第2886页。

③ 陈直：《秦兵甲之符考》，《文史考古论丛》，天津古籍出版社，1988年，第310页。

④ 罗福颐：《商周秦汉青铜器辨伪录》，香港中文大学中国文化研究所，1981年。

⑤ 马非百：《关于秦国杜虎符之铸造年代》，《文物》1982年第11期；戴应新：《杜虎符的真伪及其有关问题》，《考古》1983年第11期；朱捷元：《秦国杜虎符小议》，《西北大学学报》1983年第1期；陈尊祥：《杜虎符真伪考辨》，《文博》1985年第6期。

⑥ 晏新志：《"杜虎符"的发现与研究述论》，《文博》2018年第6期。

⑦ 史念海：《秦始皇直道遗迹的探索》，《陕西师范大学学报》（哲学社会科学版）1975年第3期，《文物》1975年第10期，收入《河山集》四集，陕西师范大学出版社，1991年。

行秦直道的调查和研究①,虽然论点尚有分歧②,这一工作的收获,意义依然是应当肯定的。

考古工作者沿秦直道或于秦直道左近地方发现了密集的烽燧遗址。这些遗址构成了体系完备的传送军事情报和战争信息的通信设施。这种通信建设大体也属于秦直道交通系统,可以在北部边疆和最高指挥中心之间迅速传递情报信息。

陕西省考古研究所1990年夏季组织的秦直道考察,参与者有焦南峰、张在明、周苏平、王子今。考察组在子午岭上的刘家店林场看到有一座主要用以监测林区火情的瞭望台,修建在秦汉烽燧遗址上,四坡及附近的地面有明显的秦汉建筑材料残件分布。从刘家店到雕岭关的路段,道路两侧依地势每隔相当距离就有一烽燧遗址存在。史念海当年考察时虽然没有专门就烽燧遗址发表调查记录,但是他在论文中写道:"登上子午岭主脉路旁的制高点,极目远望,但见群峰起伏,如条条游龙分趋各方,苍翠松柏与云霞相映。"③实际上已经明确说到了登临烽燧遗址时的感受。

站在古烽燧当时所据制高点上,可以看到子午岭纵贯南北,形势雄壮,左右两侧,百山纵会,深谷之间,川流如线。依据这样的地形优势,烽火传递可以取得良好的视觉效应,从而增益军情上达和军令下传的效率。

在子午岭上,沿直道利用自然高地修筑的烽燧遗址形成了相次传递军事消息的通信系统。据文物工作者记录,黑马湾林业站附近的烽燧遗址,"位于秦直道东侧的子午岭山梁上,夯筑圆台,底径8米,残高4米,夯层厚7~9厘米。附

---

① 《为摸清秦代另一巨大的国防工程故迹,画家靳之林徒步三千里考察秦始皇直道》,《光明日报》1984年8月19日;王开:《"秦直道"新探》,《西北史地》1987年第2期;贺清海、王开:《毛乌素沙漠中秦汉"直道"遗迹探寻》,《西北史地》1988年第2期;孙相武:《秦直道调查记》,《文博》1988年第4期;延安地区文物普查队:《延安境内秦直道调查报告之一》,《考古与文物》1989年第1期。《陕西交通史志通讯》1986年第5期,还曾刊出《秦直道实地考察专辑》。

② 参看吕卓民:《秦直道歧义辨析》,《中国历史地理论丛》1990年第1期。

③ 史念海:《秦始皇直道遗迹的探索》,《陕西师范大学学报》1975年第3期,《文物》1975年第10期,收入《河山集》四集,陕西师范大学出版社,1991年。

近散布绳纹砖、瓦及陶器残片"。① 考察者在烽燧遗址之外,还发现了当时的居住遗址。

这样的烽燧遗址相隔一定距离就有一处,形制大致相同,有同样规模的夯土台,以及散落在附近的秦砖汉瓦。据陕西文物工作者总结,直道在陕西境内遗迹总长498公里,沿途发现秦汉时期的行宫、城址、兵站、关隘、烽燧等遗址及墓葬一共有近60处。②《中国文物地图集·陕西分册》著录的旬邑石门关遗址、两女寨遗址、黑麻湾烽燧遗址、雕灵关遗址、转角烽燧遗址、土窑烽燧遗址;黄陵艾蒿店烽燧遗址、五里墩烽燧遗址、五里墩东烽燧遗址、五里墩西烽燧遗址、老芦堡烽燧遗址、桂花烽燧遗址、兴隆关烽燧遗址;富县寨子山烽燧遗址、五里铺烽燧遗址;志丹白杨树湾烽燧遗址、白草湾烽燧遗址、柠条湾烽燧遗址、杨崖根烽燧遗址;安塞堡山烽燧遗址、东里畔烽燧遗址、贺庄烽燧遗址、阳山梁烽燧遗址、高山峁烽燧遗址、新庄烽燧遗址、宋家坬烽燧遗址等③,都保留有显著的痕迹。

据甘肃省文物工作者考察:"在甘肃庆阳地区境内长达290公里的秦直道沿线上,保存着大量的烽燧,经徒步认真调查,至今尚留有126座。这些烽燧多数建在直道沿线两侧的群山之巅,视野开阔;也有的建在直道大转弯的山峁上和垭口两端,互相对应,遥相瞭望。由此可知,古人修建烽燧时,对其所在地理位置是经过周密勘察的,每烽选址都是严谨审慎的。"秦直道烽燧与汉代和明代长城烽燧有明显的区别:(1)均以黄土夯筑而成,不用土坯垒筑,也不夹植物骨胎;(2)造型全部为圆形;(3)烽顶未发现女墙或掩体设置,守护士兵住宿处另建他处;(4)未见积薪。烽燧遗址现存高度为11米者1处,即黄蒿地畔烽燧,9米者有3处,即涧水坡岭障城、林沟障城、南湾四号烽燧。又白马崾岘烽燧记录高度25米,底周30米④,疑数据有误。这里说到的126座直道烽燧,由于对直道线路走向的认识存在分歧,有些可能不能为多数学者认可。

---

① 张在明主编:《中国文物地图集·陕西分册》,西安地图出版社,1998年,下册第415页。

② 张在明主编:《中国文物地图集·陕西分册》,西安地图出版社,1998年,上册第116页。

③ 张在明主编:《中国文物地图集·陕西分册》,西安地图出版社,1998年,下册第415、894、906、934、789页。

④ 甘肃省文物局:《秦直道考察》,兰州大学出版社,1996年,第64—75页。

有的研究者总结直道附近所见烽燧遗址,称之为"五里一墩"。据说从黄毛塔下到沈家园子一段,每隔2.5公里左右就有一处烽燧遗址。其中尤以李家塔北5公里处的烽燧遗址最为完整,其高9米,底周长24米。① 对于这些烽燧遗址,史念海认为:"如果不是出于后世之手,可能还是有来历的。战国末年,秦昭襄王为了防御匈奴,曾在陇西、北地、上郡筑长城。""事实上,横山山脉上的与秦昭王长城有关的烽火台还不限于这几处,其他地方也还是有所发现的。""如果这几处烽火台确非后世的建筑,其始建之年当在秦昭王之时。"②如果事实确如史念海所说,"这几处烽火台确非后世的建筑,其始建之年当在秦昭王之时",则同样与本文讨论的主题相关。

对于直道其他有关遗迹,有的调查者还发现,"现存古代窑洞近百孔",而且"地面遗存大量粗、细绳纹板,筒瓦残片",于是又推测道:"这里可能是当年军营及辎重仓库,或为过往军旅驿站。"③有的调查者则直接采用现代军事术语,称之为"兵站"。④ 所谓"军旅驿站"或"兵站",名义或可斟酌。

司马迁曾经亲自经行直道。关于直道,保留了珍贵的文字记录。《史记》卷八八《蒙恬列传》写道:

> 吾适北边,自直道归,行观蒙恬所为秦筑长城亭障,堑山堙谷,通直道,固轻百姓力矣。⑤

直道与"长城亭障"构成北边防御体系。这种军事建筑遗址中,是不是也包括当时的"亭障"呢?

我们可以参考汉代"长城亭障"的形制理解秦直道沿线的军事建筑遗存。

汉代西北边塞工程多有"亭障"。这种"亭障",当与前说"亭候"有关,既是防卫系统,也是军事通信系统。《史记》卷一二三《大宛列传》司马贞《索隐》述赞说到西域的开发:"大宛之迹,元因博望。始究河源,旋窥海上。条枝西入,天马

---

① 孙相武:《秦直道调查记》,《文博》1988年第4期。
② 史念海:《直道和甘泉宫遗迹质疑》,《中国历史地理论丛》1988年第3期,收入《河山集》四集,陕西师范大学出版社,1991年。
③ 甘肃省文物局:《秦直道考察》,兰州大学出版社,1996年,第10页。
④ 孙相武:《秦直道调查记》,《文博》1988年第4期。
⑤ 《史记》,第2570页。

内向。葱岭无尘,盐池息浪。旷哉绝域,往往亭障。"①而司马迁的记述是:"敦煌置酒泉都尉;西至盐水,往往有亭。而仑头有田卒数百人,因置使者护田积粟,以给使外国者。"②《汉书》卷九六下《西域传下》也说:"益垦溉田,稍筑列亭,连城而西,以威西国……"③这里所说的"亭",虽然有军事意义,但是主要作用不是防卫,而是交通通信服务。《史记》卷三〇《平准书》曾经记载,汉武帝有新秦中之行,"北出萧关,从数万骑,猎新秦中,以勒边兵而归。新秦中或千里无亭徼,于是诛北地太守以下"。关于所谓"无亭徼",裴骃《集解》引瓒曰:"既无亭候,又不徼循,无卫边之备也。"④这一情形,或许继承了秦边政的传统。

(四)雍祠祀"通权火"

《史记》卷二八《封禅书》记载,秦汉诸畤间礼祀活动曾经采用"通权火"的信息发布形式,在"上不亲往"的情况下传递对"上帝"的敬意:

> 唯雍四畤上帝为尊,其光景动人民唯陈宝。故雍四畤,春以为岁祷,因泮冻,秋涸冻,冬塞祠,五月尝驹,及四仲之月月祠,若陈宝节来一祠。春夏用骍,秋冬用駵。畤驹四匹,木寓龙栾车一驷,木寓车马一驷,各如其帝色。黄犊羔各四,珪币各有数,皆生瘗埋,无俎豆之具。三年一郊。秦以冬十月为岁首,故常以十月上宿郊见,通权火,拜于咸阳之旁,而衣上白,其用如经祠云。西畤、畦畤,祠如其故,上不亲往。

"通权火",裴骃《集解》:"张晏曰:'权火,烽火也,状若井絜皋矣。其法类称,故谓之权。欲令光明远照通祀所也。汉祠五畤于雍,五里一烽火。'如淳曰:'权,举也。'"司马贞《索隐》:"权,如字,解如张晏。一音爟,《周礼》有'司爟'。爟,火官,非也。"⑤所谓"权火""状若井絜皋",即类同桔槔的形式,一如当时称重工具状如天平的"权"。简单的"权,举也"的解说,未能准确地表现"权火"的具体形制。

以"烽火""欲令光明远照通祀所也",是利用光的传递速度的一种特殊的信

---

① 《史记》,第3180页。

② 《史记》,第3179页。

③ 《汉书》,第3912页。

④ 《史记》,第1438页。

⑤ 《史记》,第1376—1377页。

息交通方式。这种形式秦时已经采用,汉世仍然继承,"汉祠五畤于雍,五里一烽火"。"雍"与"咸阳"之间的这种信息传递形式,由下文"西畤、畦畤,祠如其故,上不亲往"推想,"西"与"雍"之间,也很有可能同样采用。①

---

① 王子今:《试说秦烽燧——以直道军事通信系统为中心》,《文博》2004 年第 2 期。

第十七章　秦交通管理

秦制细密严峻。秦始皇琅邪刻石所谓"端平法度,万物之纪""除疑定法,咸知所辟""举错必当,莫不如画""细大尽力,莫敢怠荒",以明确的"法度""法式"①施行严格有效的管理。其中交通管理形式,对于行政史与交通史研究,都值得关注。

一　关制

"关"是重要的交通设置。

"关"的意义首先在于军事政治方面的隔闭,"闭关绝约"②以及"开关通币"③,往往首先出于军事政治需要。而经济生活与一般社会生活中的"关"的作用,又关系人口控制、物资控制等多个方面。

天水放马滩 1 号秦墓出土的年代为战国晚期的木板地图,可以提供重要的交道史料。图中往往明确绘出交通道路,有些还标记道里数字,如"去谷口可五

---

① 《史记》卷六《秦始皇本纪》,第 245 页。
② 《史记》卷七〇《张仪列传》:"仪说楚王曰:'大王诚能听臣,闭关绝约于齐,臣请献商於之地六百里……'""陈轸对曰:'夫秦之所以重楚者,以其有齐也。今闭关绝约于齐,则楚孤。秦奚贪夫孤国,而与之商於之地六百里?'""于是遂闭关绝约于齐。"第 2287 页。
③ 《史记》卷七六《平原君虞卿列传》:"赵郝对曰:'……他日三晋之交于秦,相善也。今秦善韩、魏而攻王,王之所以事秦必不如韩、魏也。今臣为足下解负亲之攻,开关通币,齐交韩、魏,至来年而王独取攻于秦,此王之所以事秦必在韩、魏之后也。'"第 2372 页。

里""宛到口廿五里"等,图中关隘称"闭",用特殊形象符号表示,共计6处。① 有学者认为,这是对两处关隘的标记。② 甘肃省文物考古研究所张俊民指出:根据河西汉简的字形,此"闭"字可以读作"关"。通过标记交通条件的古地图的遗存,也可以了解秦交通制度的完备。③

云梦睡虎地秦简《秦律十八种》中有《关市》一种。其内容,似主要针对"市",即规定征收市税的方式,而并未涉及"关":

> 为作务及官府市,受钱必辄入其钱缿中,令市者见其入,不从令者赀一甲。关市(九七)

整理小组注释:"关市,官名,见《韩非子·外储说左上》,管理关和市的税收等事务。《通鉴·周纪四》胡注认为关市即《周礼》的司关、司市,'战国之时合为一官'。④ 此处《关市律》系关于关市职务的法律。"⑤陈松长据岳麓书院秦简《金布律》推断,睡虎地秦简《关市律》实际是《金布律》。简后署为"关市",很可能是抄写者所根据的底本有误,或者是抄写者本身误抄所致。陈伟则认为,在秦律中,"入钱缿中"律可能同时出现于《关市》《金布》二律而各有侧重。⑥

推想当时关于关税征收,法律亦应有相应的严格规定。《商君书·垦令》提出多项鼓励"垦草"的政策,其中涉及"关市之赋":

> 重关市之赋,则农恶商,商有疑惰之心。农恶商,商疑惰,则草必垦矣。

所谓"关市之赋",或许包括通常所谓"关税"。高亨注:"关市之赋,在关口市场

---

① 甘肃省文物考古研究所、天水市北道区文化馆:《甘肃天水放马滩战国秦汉墓群的发掘》,《文物》1989年第2期;何双全:《天水放马滩秦墓出土地图初探》,《文物》1989年第2期。

② 雍际春:《天水放马滩木板地图研究》,甘肃人民出版社,2002年,第140—141页。

③ 参看王子今、李斯:《放马滩秦地图林业交通史料研究》,《中国历史地理论丛》2013年第2期。

④ 《资治通鉴》卷四"周赧王三十二年":"过关市,赂之以金。"胡三省注以为"关市"即《周礼》中"司关""司市","战国之时合为一官"。[宋]司马光编著,[元]胡三省音注,"标点资治通鉴小组"校点:《资治通鉴》,中华书局,1956年,第132页。

⑤ 《秦律十八种》,睡虎地秦墓竹简整理小组:《睡虎地秦墓竹简》,文物出版社,1990年,释文注释第42—43页。

⑥ 陈伟:《秦简牍合集——释文注释修订本》(壹),武汉大学出版社,2016年,第97—98页。

征收商人的商品税。"①

关于秦代关税征收制度的细节尚无确切材料可以说明。当时秦始皇时代虽曾"决通川防,夷去险阻"②,以促进各地交通,但是据贾谊《过秦论》所谓秦"缮津关,据险塞,修甲兵而守之""赋敛无度,天下多事,吏弗能纪"③分析,很可能也曾征敛较重的关税。

岳麓书院藏秦简《数》中有关于"关"的管理的算题,其中可见涉及"兑(税)"的内容:

> 有金以出三关,(关)五兑(税)除金一两,问始盈金几可(何)?曰:一两有(又)六十四分两之六十一。其述(术)曰:直(置)两而参四之(0832)

萧灿注释:"简文'兑(税)'后脱'一'字。""'除'通'余'。""'(关)五兑(税)除金一两',意为每一关收五分之一的税,最后余下的金为一两。"④对照《九章算术》反映的汉代关税,有"十分而取一"的情形,也有"二而税一"的情形,⑤岳麓书院藏秦简《数》所见携金出关时所征税率,也并不很高。

对于"关"控制社会流动的作用,可以通过孟尝君东行通过函谷关的故事有所说明。《史记》卷七五《孟尝君列传》:

---

① 《商君书注译》,第 28 页。
② 《史记》卷六《秦始皇本纪》,第 252 页。
③ 《史记》卷六《秦始皇本纪》,第 276、284 页。
④ 萧灿:《岳麓书院藏秦简〈数〉研究》,中国社会科学出版社,2015 年,第 95 页。
⑤ 《九章算术·衰分》中有算题:"今有甲持钱五百六十,乙持钱三百五十,丙持钱一百八十,凡三人俱出关,关税百钱。欲以钱数多少衰出之,问:各几何?"答案为甲 51 钱,乙 32 钱,丙 16 钱,关税为出关"持钱"的 9.17%。又如《九章算术·均输》中算题:"今有人持金十二斤出关。关税之,十分而取一。今关取金二斤,偿钱五千。问金一斤值钱几何?"关税率"十分而取一",与前题相近。然而有些算题所反映的关税率之高则达到惊人的程度。如:"今有人持米出三关,外关三而取一,中关五而取一,内关七而取一,余米五斗。问本持米几何?答曰:十斗九升八分升之三。"持米近十一斗,出三关后仅"余米五斗"。又如:"今有人持金出五关,前关二而税一,次关三而税一,次关四而税一,次关五而税一,次关六而税一。并五关所税,适重一斤。问:本持金几何?答曰:一斤三两四铢五分铢之四。"出五关后,所缴纳税金竟然超过"本持金"的 83.3%。郭书春汇校:《汇校九章算术》增补版(上),辽宁教育出版社,2004 年,第 107 页,第 249—250 页,第 259、260 页。

齐湣王二十五年，复卒使孟尝君入秦，昭王即以孟尝君为秦相。人或说秦昭王曰："孟尝君贤，而又齐族也，今相秦，必先齐而后秦，秦其危矣。"于是秦昭王乃止。囚孟尝君，谋欲杀之。孟尝君使人抵昭王幸姬求解。幸姬曰："妾愿得君狐白裘。"此时孟尝君有一狐白裘，直千金，天下无双，入秦献之昭王，更无他裘。孟尝君患之，遍问客，莫能对。最下坐有能为狗盗者，曰："臣能得狐白裘。"乃夜为狗，以入秦宫臧中，取所献狐白裘至，以献秦王幸姬。幸姬为言昭王，昭王释孟尝君。孟尝君得出，即驰去，更封传，变名姓以出关。夜半至函谷关。秦昭王后悔出孟尝君，求之已去，即使人驰传逐之。孟尝君至关，关法鸡鸣而出客，孟尝君恐追至，客之居下坐者有能为鸡鸣，而鸡齐鸣，遂发传出。出如食顷，秦追果至关，已后孟尝君出，乃还。始孟尝君列此二人于宾客，宾客尽羞之，及孟尝君有秦难，卒此二人拔之。自是之后，客皆服。①

陕西临潼秦东陵一号墓出土漆豆针刻文字有"相邦薛君"字样，②证实孟尝君确实在秦昭襄王时代确曾入秦"为秦相"。"鸡鸣狗盗"传说，应当有一定的真实性背景。《史记》记述孟尝君"出关"故事，可以看作说明秦"关法"制度之严格的有价值的史例。

二　津桥管理

云梦睡虎地秦简《为吏之道》中有"除害兴利"（五○贰）一节，每句四字，内容多为官吏常用词语，整理者推测是供学习做吏的人使用的识字课本。③ 其中可见"千（阡）佰（陌）津桥"语，看来，津桥管理是当时政府行政内容的重要项目之一。

秦印有"宜阳津印"，罗福颐以为，"此为宜阳掌津关渡口之官印"。④ 王辉也

---

① 《史记》，第2354—2355页。
② 王辉、尹夏清、王宏：《八年相邦薛君、丞相殳漆豆考》，《考古与文物》2011年第2期。
③ 睡虎地秦墓竹简整理小组：《睡虎地秦墓竹简》，文物出版社，1990年，释文注释第170页。
④ 罗福颐：《秦汉南北朝官印征存》，文物出版社，1987年，第6页。

指出:"津本指渡口,关津。秦汉时常于县内渡口置吏管理。《后汉书·王莽传》:'吏民出入,持布钱以别符传……不持者,厨、传勿舍,关津苛留。'"论者又引录了一则关于"守津吏"的文献记载。《后汉书》卷八二上《方术列传上·段翳》:"(段翳)尝告守津吏曰:'某日当有诸生二人,荷担问翳舍处者,幸为告知。'后竟如其言。"①认为"宜阳津印","是宜阳县关津之吏所用印"。②

秦印又可见"长夷泾桥"③,赵新来《介绍一批古代官印》一文赞同"秦印"的判定。④ 王辉等认为,"夷训平","长夷疑即长平,为长平阪之简称,此泾桥在长平阪附近,故称长夷泾桥。《三辅黄图》:'长平观,在池阳宫,临泾水'"。又引陈直按:"即本书池阳宫之长平阪。《汉书·宣帝纪》:甘露三年三月,'上自甘泉宿池阳宫,上登长平阪'。如淳注:'阪名也,在池阳南上原之阪,有长平观,去长安五十里。'颜师古注:'泾水之南原,即今所谓眭城阪。'《元和郡县志》:'长平阪在泾阳县西南五里,池阳宫在县西北八里,池阳宫为汉甘泉宫之一,秦称林光宫。'《三辅黄图》称:'林光宫,胡亥所造,纵横各百里,在云阳县界。'"王辉等认为:"由咸阳通往林光宫,须渡泾水,而长平阪正是必经之地,故于此造桥。"⑤

其实,秦印"长夷泾桥"以"夷训平","长夷疑即长平,为长平阪之简称,此泾桥在长平阪附近,故称长夷泾桥"解说未必贴切。应当注意,长平观侧临泾水有秦"望夷宫"。秦末政治史有重要情节发生在这里。

理解"长夷泾桥"印文的含义,不宜忽略"望夷宫"的存在。在这条重要通路上,"泾桥"的地位是显著的。

王辉、程学华《秦文字集证》一书中研究秦印的内容,曾列有"交通运输官印"一题,除"长夷泾桥""宜阳津印"有所讨论外,还论及"都水丞印":

《汉书·百官公卿表》奉常属官有"均官、都水两长丞"。颜师古注引如淳曰:"律,都水治渠隄水门。《三辅黄图》曰:'三辅皆有都水也。'"《汉书补注》何焯曰:"都水属太常,治都以内之水,故其官曰长。山陵所在,尤以流水为急,故太常有专责也。"王先谦曰:"都,总也,谓

---

① 《后汉书》,第2719页。
② 《秦汉南北朝官印征存》,第6页;《秦文字集证》,第213页。
③ 《秦汉南北朝官印征存》,第6页。
④ 赵新来:《介绍一批古代官印》,《中原文物》1984年第4期。
⑤ 《秦文字集证》,第212—213页。

总治水之工,故曰都水,非都以内之水也。"二说以王说为近。《封泥汇编》37.1 有汉"齐都水印"封泥,64.5 有"琅玡都水"封泥,上文还提到"浙江都水"及县邑"都水",皆非都内之官。《百官公卿表》治粟内史、少府、内史、主爵都尉属官皆有都水。都水既是治水之官,所以与掌谷货的治粟内史、掌治三辅的内史(管京兆及左冯翊)、主爵都尉(掌治右扶风)皆有关;少府是皇室服务机构,兼管内苑池泽水道,亦与都水有关。汉武帝元鼎二年(前 115 年),置水衡都尉,治山林池苑,亦有都水。上"长夷泾桥"条引《三辅旧事》云:"秦造横桥,汉承秦制,广六丈,三百八十步,置都水令以掌之。"可见都水管桥,与交通有关,故附列于此。当然,都水所管灌溉等事,则与交通无关。①

引《三辅旧事》"秦造横桥,汉承秦制,广六丈,三百八十步,置都水令以掌之",言"都水管桥,与交通有关",值得注意。如果发现更多史料支持此说,当然是我们期盼的。

秦封泥有"都水丞印"。《秦封泥汇考》举列 5 品,以为"由此封泥可知秦时已有'都水丞'之官吏,以专司水利之责"。"专司水利之责"的说法,或可因"都水管桥"说的充分印证修正。《秦封泥汇考》除王辉等举"齐都水印""琅玡都水""浙江都水"封泥外,又有"长沙都水"封泥,可以助证"都水""皆非都内之官"。又提示"秦官印有'水印'半通印"②,也有益于这一问题的深入思考。

三 军事交通与交通工程建设的军事化形式

秦始皇直道工程与秦始皇长城工程实为一体,由秦帝国北边军事统帅蒙恬统一规划实施。关于蒙恬对于北边的军事经营,在《史记》卷六《秦始皇本纪》中有明确的表述:秦始皇三十二年(前 215),"始皇巡北边,从上郡入。燕人卢生使入海还,以鬼神事,因奏录图书,曰'亡秦者胡也'。始皇乃使将军蒙恬发兵三十

---

① 《秦文字集证》,第 214—215 页。
② 《秦封泥汇考》,第 18—19 页。

万人北击胡,略取河南地"①。使蒙恬北击胡,与"始皇巡北边,从上郡入"的交通实践有关。随后,三十三年(前214),"西北斥逐匈奴。自榆中并河以东,属之阴山,以为四十四县,城河上为塞。又使蒙恬渡河取高阙、阳山、北假中,筑亭障以逐戎人。徙谪,实之初县……三十四年,適治狱吏不直者,筑长城"②。《史记》卷八八《蒙恬列传》也记载:"秦已并天下,乃使蒙恬将三十万众北逐戎狄,收河南。筑长城,因地形,用制险塞,起临洮,至辽东,延袤万余里。于是渡河,据阳山,逶蛇而北。暴师于外十余年,居上郡。"司马迁以"太史公曰"的方式结合亲身考察长城与直道工程现场的感受所发表的评价,更为明确地指出了直道工程与长城工程一体性的事实:"太史公曰:吾适北边,自直道归,行观蒙恬所为秦筑长城亭障,堑山堙谷,通直道,固轻百姓力矣。夫秦之初灭诸侯,天下之心未定,痍伤者未瘳,而恬为名将,不以此时强谏,振百姓之急,养老存孤,务修众庶之和,而阿意兴功,此其兄弟遇诛,不亦宜乎!何乃罪地脉哉?"这里明白指出"筑长城亭障,堑山堙谷,通直道"是蒙恬"兴功"成就。

在蒙恬人生悲剧的终点,有言及"地脉"的感叹:"蒙恬喟然太息曰:'我何罪于天,无过而死乎?'良久,徐曰:'恬罪固当死矣。起临洮属之辽东,城堑万余里,此其中不能无绝地脉哉?此乃恬之罪也。'乃吞药自杀。"③司马迁则否定蒙恬"罪固当死"应归于"地脉"的认识,以为"长城"工程与"直道"工程构成"其兄弟遇诛,不亦宜乎"的罪责。就蒙恬悲剧故事与有关"地脉"的文化意识的关系,可以另文讨论。④而蒙恬"筑长城亭障,堑山堙谷,通直道"事迹的记述,提示我们直道建设的规划与施工,应当由蒙恬位于北边的军事指挥中心启动。⑤

---

① 《史记》,第252页。
② 《史记》,第253页。
③ 《史记》,第2565—2566页,第2570页。
④ 王子今:《蒙恬悲剧与大一统初期的"地脉"意识》,《首都师范大学学报》(社会科学版)2016年第4期。
⑤ 参看王子今:《秦始皇直道起点辨正》,《人文杂志》2017年第1期。

四　军事交通与交通经营管理的军事化形式

"军"字"从车"。《说文·车部》:"军,圜围也。""从包省,从车。车,兵车也。"段玉裁注:"此释从车之意。惟车是兵车,故勹车为军也。"①所谓"勹车为军",可以通过岳麓书院藏秦简《数》有关"营军之术"的内容有所体现:

营军之述(术)曰:先得大卒数而除两和各千二百人而半弃之,有(又)令十而一,三步直(置)戟,即三之,四直(置)戟,(0883)

即四之,五步直(置)戟,即五之,令卒万人,问延几可(何)里?其得☐(1836)

☐〔袤〕三里二百卌步,此三步直(置)戟也。(0800)

对"两"的解释,或以为"车兵"。②"营军之述(术)"规定了与军队营地规划设置相关的计算方式,而对"车"的行动方便的考虑,是必须注意的。所谓"〔袤〕三里二百卌步",使用了"里""步"计算单位,也值得重视。

军队是最富于交通机动性的社会组织。克敌制胜首先要求交通方面的优势。快速集结、快速运动、快速进击,都考验交通能力与诸多方面的交通条件。

上文讨论了秦战地运输的军事化管理方式。汉代多见"卒"参与交通实践的情形。如居延"戍卒""隧卒""卒"兼任"车父"的情形,有简牍资料以为证明。③前引娄敬"戍陇西,过洛阳","脱挽辂"见刘邦故事,也说明戍卒承担运输任务的情形。秦汉之际娄敬个人经历所体现的军运形式,应是秦制的沿承。《三国志》卷四〇《蜀书·魏延传》裴松之注引《魏略》记载,魏延建议,以"精兵五千,负粮五千,直从褒中出"④,提示了山地交通条件下作战部队与运输部队的人员比例。

---

① 《说文解字注》,第 727 页。
② 萧灿:《岳麓书院藏秦简〈数〉研究》,中国社会科学出版社,2015 年,第 59—62 页。
③ 王子今:《居延汉简所见〈车父名籍〉》,《中国历史博物馆馆刊》1992 年总第 18、19 期;王子今:《关于居延"车父"简》,《简帛研究》第 2 辑,法律出版社,1996 年。
④ 《三国志》,第 1003 页。

然而如《汉书》卷二四上《食货志上》所见"漕卒"[1]，《后汉书》卷一七《岑彭传》所见"委输棹卒"[2]，则承担了军运以外的运输劳作。据《史记》卷二九《河渠书》，漕渠的开通，可以"损漕省卒"[3]。也说明承担漕运主体任务的人力由军人充任。这些信息，都说明"卒"经常作为国家运输活动的主要人力队伍。《商君书·垦令》要求"送粮无取僦"，"又使军市无得私输粮者"，体现可以服务于军事运输的民间交通能力受到压抑，其经营空间也被严格压缩。

这样的制度，便利执政者对于交通行为的直接控制，也便利交通运输效率的保证。

五　国家交通控制

除上文说到的驰道制度外，秦通过制度设计强化交通管理，还有许多重要措施。例如全国交通道路网的规划与施工，交通道路形制的统一，以及运输方式的统筹控制等等。

（一）"堕坏城郭，决通川防，夷去险阻"

秦始皇东巡，三十二年（前215）来到碣石，宣布了一项有益于交通便利的重要决策。《史记》卷六《秦始皇本纪》记载：

> 三十二年，始皇之碣石，使燕人卢生求羡门、高誓。刻碣石门。坏城郭，决通堤防。其辞曰：

> 遂兴师旅，诛戮无道，为逆灭息。武殄暴逆，文复无罪，庶心咸服。惠论功劳，赏及牛马，恩肥土域。皇帝奋威，德并诸侯，初一泰平。堕坏城郭，决通川防，夷去险阻。地势既定，黎庶无繇，天下咸抚。男乐其畴，女修其业，事各有序。惠被诸产，久并来田，莫不安所。群臣诵烈，请刻此石，垂著仪矩。

---

[1] 《汉书》，第1141页。
[2] 《后汉书》，第661页。
[3] 《史记》，第1410页。

"堕"即"墮""隳"。张守节《正义》："墮,毁也。坏,圻也。言始皇毁圻关东诸侯旧城郭也。夫自颓曰坏。"①

"坏城郭,决通堤防""堕坏城郭,决通川防,夷去险阻",直接意义是便利交通。

第二年,即秦始皇三十三年(前214),有南海与北河两个方向的扩张:"三十三年,发诸尝逋亡人、赘壻、贾人略取陆梁地,为桂林、象郡、南海,以適遣戍。西北斥逐匈奴。自榆中并河以东,属之阴山,以为四十四县,城河上为塞。又使蒙恬渡河取高阙、阳山、北假中,筑亭障以逐戎人。徙谪,实之初县。……三十四年,適治狱吏不直者,筑长城及南越地。"②所谓"城河上为塞""筑亭障""筑长城",都是破坏交通条件,阻断交通、限制交通的措施。在直接控制的地方"坏城郭,决通堤防""堕坏城郭,决通川防,夷去险阻",在面对"匈奴""戎人"军事威胁的方向,则设置"险阻"。

所谓"坏城郭,决通堤防""堕坏城郭,决通川防,夷去险阻",正是消除战国时代各地为军事自卫阻断交通的"城郭""堤防""川防""险阻"。

(二)"车同轨"

"车同轨",曾经是先古圣贤的政治理想。《礼记·中庸》以"子曰"形式引孔子语:"今天下车同轨,书同文,行同伦。"郑氏注:"今,孔子谓其时。"③所谓"车同轨"与"书同文,行同伦"形成组合,可以看作儒学学者对于统一的理想模式中,交通的规划和建设,与思想文化、道德风俗具有大致等同的地位。

《管子·君臣上》:"衡石一称,斗斛一量,丈尺一绰制,戈兵一度,书同名,车同轨,此至正也。"④与度量衡统一、手工业产品规格统一、文字统一并列,也强调了"车同轨"。

秦始皇二十六年(前221)实现统一之后,曾经将"车同轨,书同文"理想付诸行政实践。《史记》卷六《秦始皇本纪》记述,"初并天下",议定"皇帝"号之后,

---

① 《史记》,第251—252页。
② 《史记》卷六《秦始皇本纪》,第253页。
③ 《十三经注疏》,第1634页。
④ 黎翔凤撰,梁运华整理:《管子校注》,中华书局,2004年,第559页。

确定了若干制度规范:"始皇推终始五德之传,以为周得火德,秦代周德,从所不胜。方今水德之始,改年始,朝贺皆自十月朔。衣服旄旌节旗皆上黑。数以六为纪,符、法冠皆六寸,而舆六尺,六尺为步,乘六马。更名河曰德水,以为水德之始。"又取李斯"置诸侯不便"的意见,确定"海内""皆为郡县,诸子功臣以公赋税重赏赐之",随即宣布郡县制度的确定及维护统一的措施:

> 分天下以为三十六郡,郡置守、尉、监。更名民曰"黔首"。大酺。
> 收天下兵,聚之咸阳,销以为钟鐻,金人十二,重各千石,置廷宫中。一法度衡石丈尺。车同轨。书同文字。

司马迁又写道:"地东至海暨朝鲜,西至临洮、羌中,南至北向户,北据河为塞,并阴山至辽东。徙天下豪富于咸阳十二万户。诸庙及章台、上林皆在渭南。秦每破诸侯,写放其宫室,作之咸阳北阪上,南临渭,自雍门以东至泾、渭,殿屋复道周阁相属。所得诸侯美人钟鼓,以充入之。"①秦帝国版图的确定,"南至北向户,北据河为塞"均体现对"北河"与"南海"的控制。政治地理意义,实际上已经超越了所谓"六王咸伏其辜,天下大定"②。而史无前例的制度建设特别值得重视的还有:"一法度衡石丈尺。车同轨。书同文字。"

其中"车同轨",是新成立的统一帝国重要的制度规范之一,于交通史进程也有特别重要的意义。

秦始皇二十八年(前219)琅邪刻石:"普天之下,抟心揖志。器械一量,同书文字。日月所照,舟舆所载。皆终其命,莫不得意。"其中"器械一量",张守节《正义》:"内成曰器,甲胄兜鍪之属。外成曰械,戈矛弓戟之属。壹量者,同度量也。"③这里解释"器械"只说军械,似不全面。琅邪刻石只说"度量"的统一和"文字"的统一,没有直接涉及"车同轨",可能由于文体限制,不能一一说明。所谓"器械一量,同书文字",或许可以理解为概括了包括"车同轨"的所有促进和维护统一的制度设定。

(三)对海上交通开发的行政支持

秦始皇实现统一之后五次出巡,其中四次来到海滨。这当然与战国以来的

---

① 《史记》,第238—239页。
② 《史记》卷六《秦始皇本纪》,第236页。
③ 《史记》卷六《秦始皇本纪》,第245—246页。

"天下""海内"理念以及《史记》卷六《秦始皇本纪》所见关于秦帝国海疆"东有东海""地东至海"①的政治地理意识有关。在秦始皇的交通经历中,曾经多次长途"并海"巡行,②这种出巡的规模和次数仅次于汉武帝,在中国古代帝王行旅记录中居于前列。《史记》卷六《秦始皇本纪》记载,"二十八年,始皇东行郡县",登泰山之后,"于是乃并勃海以东,过黄、腄,穷成山,登之罘,立石颂秦德焉而去"。③ 秦始皇行至琅邪地方的特殊表现,尤其值得史家重视:"南登琅邪,大乐之,留三月。乃徙黔首三万户琅邪台下,复十二岁。作琅邪台,立石刻,颂秦德,明得意。"④远程出巡途中留居三月,是极异常的举动。这也是秦始皇在咸阳以外地方居留最久的记录。而"徙黔首三万户",达到关中以外移民数量的极点。"复十二岁"的优遇,则是秦史仅见的一例。这种特殊的行政决策,应有特殊的动机。战国秦汉时期位于今山东胶南的"琅邪"作为"四时祠所"所在,曾经是"东海"大港,也是东洋交通线上的名都。《史记》卷六《秦始皇本纪》张守节《正义》引吴人《外国图》云"亶洲去琅邪万里"⑤,指出往"亶洲"的航路自"琅邪"起始。又《汉书》卷二八上《地理志上》说秦置"琅邪郡"王莽改称"填夷",而"琅邪郡"属县临原,王莽改称"填夷亭"。⑥ 以所谓"填夷"(即"镇夷")命名地方,体现其联系外洋的交通地理地位。《后汉书》卷八五《东夷列传》说到"东夷""君子、不死之国"。对于"君子"国,李贤注引《外国图》曰:"去琅邪三万里。"⑦也指出了"琅邪"往"东夷"航路开通,已经有相关里程记录。"琅邪"也被看作"东海"重要的出航起点。秦始皇在"琅邪"的特殊表现,或许有繁荣这一重要海港,继越王勾践经营琅邪之后建设"东海"名都的意图。这样的推想,也许有成立的理

---

① 《史记》,第 245、239 页。
② 《史记》卷六《秦始皇本纪》:"并海上,北至琅邪。""遂并海西。"第 263 页。又秦二世亦曾"到碣石,并海,南至会稽"。第 267 页。关于秦皇帝"并海"行迹,《史记》卷二八《封禅书》还记载:"后五年,始皇南至湘山,遂登会稽,并海上,冀遇海中三神山之奇药。""二世元年,东巡碣石,并海南,历泰山,至会稽,皆礼祠之,而刻勒始皇所立石书旁,以章始皇之功德。"第 1370 页。
③ 《史记》,第 242—244 页。
④ 《史记》,第 244 页。
⑤ 《史记》,第 248 页。
⑥ 《汉书》,第 1586 页。
⑦ 《后汉书》,第 2807 页。

由。而要探求秦始皇进一步的目的,已经难以找到相关迹象。

秦始皇在琅邪还有一个非常特殊的举动,即与随行权臣"与议于海上"。琅邪刻石记录,秦始皇"至于琅邪",王离等重臣十一人,"与议于海上。曰:'古之帝者,地不过千里,诸侯各守其封域,或朝或否,相侵暴乱,残伐不止,犹刻金石,以自为纪。古之五帝三王,知教不同,法度不明,假威鬼神,以欺远方,实不称名,故不久长。其身未殁,诸侯倍叛,法令不行。今皇帝并一海内,以为郡县,天下和平。昭明宗庙,体道行德,尊号大成。群臣相与诵皇帝功德,刻于金石,以为表经"。司马迁所谓"议于海上",张守节《正义》称"议功德于海上"。① 对照《史记》卷二八《封禅书》汉武帝"宿留海上"的记载,② 可以推测这里"与议于海上"之所谓"海上",很可能并不是指海滨,而是指海面上。秦始皇集合文武大臣"与议于海上",发表陈明国体与政体的文告,应理解为站立在"并一海内""天下和平"的政治成功的基点上,宣示超越"古之帝者""古之五帝三王"的"功德",或许也可以理解为面对陆上已知世界和海上未知世界,陆上已征服世界和海上未征服世界所发表的政治文化宣言。

将秦始皇东巡海上的动机简单归结为求长生,是不妥当的。据司马迁记载,秦始皇第一次东巡来到海滨,似乎还没有得知方士关于海上三神山的学说。他期望接近海上仙人,是稍后的事。《史记》卷二八《封禅书》说,秦始皇即帝位不久,即"东游海上,行礼祠名山大川及八神"③。这里所说的"八神",祀所至少一半在滨海地方。行礼祀"八神",体现出来自西北的帝王对东方神学传统的全面承认和充分尊重。而所谓"冀遇海中三神山之奇药",见于秦始皇最后一次出巡的记录中。④

正是在"东游海上"的行程中,秦始皇逐步接受了方士们的宣传。燕齐海上方士是参与开发环渤海地区早期航运的知识人。他们的海洋探索因帝王们的长生追求,获得了行政支持。方士以富贵为目的的阴险的政治诈骗和以航行为方式的艰险的海上探索,构成了他们知识人生的两面。《汉书》卷三〇《艺文志》列

---

① 《史记》卷六《秦始皇本纪》,第 246—247 页。
② 《史记》,第 1397 页。
③ 《史记》,第 1367 页。
④ 《史记》卷二八《封禅书》,第 1370 页。

入"天文"家的论著:"《海中星占验》十二卷。《海中五星经杂事》二十二卷。《海中五星顺逆》二十八卷。《海中二十八宿国分》二十八卷。《海中二十八宿臣分》二十八卷。《海中日月彗虹杂占》十八卷。"①很可能载录了海上方士们的经验和思想。秦始皇追求海上神山奇药的迷妄,使得帝王和方士的合作,还成就了一次规模空前的海外移民。据《史记》卷一一八《淮南衡山列传》记载伍被的说法,在听到方士转述"海神"的承诺之后,"秦皇帝大说,遣振男女三千人,资之五谷种种百工而行。徐福得平原广泽,止王不来"②。

六 秦皇帝的"远近"理念与"巡行"实践

对于秦行政管理史诸现象进行考察,应当注意到对"远近"这一空间要素的特别关注。距离、行程的把握与交通期限的设定,是秦行政方式的重要侧重点。有迹象表明,对于里程的测定,可能是秦王朝行政管理的重要成就之一。行程、行期的制度性规范,是为了提高行政效率的要求。而秦政的效能,也因此有所体现。

(一)"小大远近,莫不怀柔"

追求宏大行政规模的政治理念,很早就出现了对"远近"的关心。《史记》卷一《五帝本纪》颂扬舜的政治成功:"三岁一考功,三考绌陟,远近众功咸兴。"③司马迁以"太史公曰"的方式说到自己通过亲身辛苦的实地考察,追寻先古圣王的历史遗存:"余尝西至空桐,北过涿鹿,东渐于海,南浮江淮矣,至长老皆各往往称黄帝、尧、舜之处,风教固殊焉,总之不离古文者近是。"④远古"黄帝、尧、舜"通

---

① 《汉书》,第 1764 页。
② 《史记》,第 3086 页。
③ 《史记》,第 39 页。
④ 《史记》,第 46 页。

过交通行为实现的政治功业①,司马迁也通过交通行为予以体察和理解。

对于"远近众功咸兴"的成就,《史记》卷一《五帝本纪》司马贞《索隐述赞》的表述是"小大远近,莫不怀柔"。

对于舜以"巡狩"方式视察四方,又"同律度量衡"的行政方式,张守节《正义》:

> 律之十二律,度之丈尺,量之斗斛,衡之斤两,皆使天下相同,无制度长短轻重异也。《汉律历志》云:"《虞书》云'同律度量衡',所以齐远近,立民信也。"②

这里陈说了"使天下相同""齐远近"的政治理念追求。所谓"《汉律历志》云"者,见于《汉书》卷二一上《律历志上》:

> 《虞书》曰"乃同律度量衡",所以齐远近立民信也。③

《汉书》卷二一上《律历志上》关于"权""衡""规""矩""准""绳"等标准的作用,强调其"法式"的意义:"准绳连体,衡权合德,百工繇焉,以定法式,辅弼执玉,以翼天子。"又说:"中央者,阴阳之内,四方之中,经纬通达,乃能端直,于时为四季。土稼啬蕃息。信者诚,诚者直,故为绳也。五则揆物,有轻重圜方平直阴阳之义,四方四时之体,五常五行之象。厥法有品,各顺其方而应其行。职在大行,鸿胪掌之。"指出在这一制度层面上"中央"与"四方"的关系。而颜师古注则明确写道:

> 师古曰:"平均曲直,齐一远近,故在鸿胪。"④

再次强调了"齐一远近"。而所谓"阴阳之内,四方之中,经纬通达,乃能端直",可以帮助我们理解"齐远近""齐一远近"的行政理念的原则追求。

"中央"与"四方"的管控与统治意义的沟通,以实现"齐远近""齐一远近"的境界,是以大一统政治格局作为基本条件的。

---

① 王子今:《轩辕传说与早期交通的发展》,《炎黄文化研究》第8期(《炎黄春秋》增刊,2001年9月);《神农"连山"名义推索》,《炎黄文化研究》第11辑,大象出版社,2010年;《交通史视角的早期国家考察》,《历史研究》2017年第5期。
② 《史记》,第24、26页。
③ 《汉书》,第955页。
④ 《汉书》,第970—972页。

(二)秦王朝政治宣言所见"远近""远迩"

秦实现统一,建设了大一统政治体制。"中央"政权全面控制"四方",以求"齐远近"的政治理想具备了初步推行的基础。

《史记》卷六《秦始皇本纪》记载:"二十八年,始皇东行郡县,上邹峄山。立石,与鲁诸儒生议,刻石颂秦德,议封禅望祭山川之事。乃遂上泰山,立石,封,祠祀。下,风雨暴至,休于树下,因封其树为五大夫。禅梁父。刻所立石,其辞曰:'皇帝临位,作制明法,臣下修饬。二十有六年,初并天下,罔不宾服。亲巡远方黎民,登兹泰山,周览东极。'"刻石内容又直接出现涉及"远近"的文辞:

皇帝躬圣,既平天下,不懈于治。夙兴夜寐,建设长利,专隆教诲。训经宣达,远近毕理,咸承圣志。①

所谓"远近毕理,咸承圣志",宣示了秦帝国的空前政治权威与全面的行政控制。琅邪刻石又写道:

方伯分职,诸治经易。举错必当,莫不如画。皇帝之明,临察四方。尊卑贵贱,不逾次行。奸邪不容,皆务贞良。细大尽力,莫敢怠荒。远迩辟隐,专务肃庄。端直敦忠,事业有常。皇帝之德,存定四极。

"远迩"字样,也是明确的。"远迩"就是"远近"。"远"之终点,即所谓"四极"。同一篇刻石文字还明确了"远"至"四极"的空间定位:"六合之内,皇帝之土。西涉流沙,南尽北户。东有东海,北过大夏。人迹所至,无不臣者。"②

琅邪刻石于君行臣从,"议于海上"的文辞中,对于前世帝王的行政空间幅度标示了藐视,对他们"远方"政策的失败也有所指摘:"古之帝者,地不过千里,诸侯各守其封域,或朝或否,相侵暴乱,残伐不止,犹刻金石,以自为纪。古之五帝三王,知教不同,法度不明,假威鬼神,以欺远方,实不称名,故不久长。其身未殁,诸侯倍叛,法令不行。"对于所谓"假威鬼神,以欺远方",张守节《正义》:"言五帝、三王假借鬼神之威,以欺服远方之民,若苌弘之比也。"③对于"古之五帝三

---

① 《史记》,第242—243页。
② 《史记》,第245页。
③ 《史记》,第247页。中华书局标点本1959年9月版将张守节《正义》这段文字标注与"假威鬼神"四字后,是不妥的。点校本二十四史修订本2013年9月版同,第312—313页。《史记会注考证》则置于"以欺远方"四字后,是正确的。《史记会注考证附校补》,第164页。

王,知教不同,法度不明,假威鬼神,以欺远方,实不称名,故不久长。其身未殁,诸侯倍叛,法令不行"的评判,表达了自身引"法度"明确故可以"久长"的充分自信。

在琅邪刻石之后,《秦始皇本纪》记述:"既已,齐人徐市等上书,言海中有三神山,名曰蓬莱、方丈、瀛洲,仙人居之。请得斋戒,与童男女求之。于是遣徐市发童男女数千人,入海求仙人。"张守节《正义》:"《汉书·郊祀志》云:'此三神山者,其传在渤海中,去人不远,盖曾有至者,诸仙人及不死之药皆在焉。其物禽兽尽白,而黄金白银为宫阙。未至,望之如云;及至,三神山乃居水下;临之,患且至,风辄引船而去,终莫能至云。世主莫不甘心焉。'"所谓"未至,望之如云;及至,三神山乃居水下;临之,患且至,风辄引船而去,终莫能至云"的记述,符合海洋气象海市蜃楼现象。而所谓"去人不远"涉及"远"字的说法,值得重视。张守节《正义》又引《括地志》云:"亶洲在东海中,秦始皇使徐福将童男女入海求仙人,止在此州,共数万家。至今洲上人有至会稽市易者。吴人《外国图》云亶洲去琅邪万里。"①至于"去琅邪万里",秦始皇指使与支持的海外探险,其"远"的追求,早已远远超过了"东抚东土""乃临于海"②的境地。由此或可有益于理解其"东有东海"期求的深意。

随后,"二十九年,始皇东游",虽然"至阳武博狼沙中,为盗所惊",依然"登之罘,刻石",称"皇帝东游,巡登之罘,临照于海",又回顾统一实现的功业:"烹灭强暴,振救黔首,周定四极。普施明法,经纬天下,永为仪则。大矣哉!宇县之中,承顺圣意。"其东观曰:"圣法初兴,清理疆内,外诛暴强。武威旁畅,振动四极,禽灭六王。阐并天下,灾害绝息,永偃戎兵。皇帝明德,经理宇内,视听不怠。"同样以"四极""天下""宇内""宇县之中"言成功的行政空间之广阔。下文又有"黔首改化,远迩同度,临古绝尤"语,③再次使用了与"远近"同义的"远迩"这一词语。

秦始皇三十七年(前210)最后一次"出游","上会稽,祭大禹,望于南海,而立石刻颂秦德"。其文曰:

---

① 《史记》,第246—248页。
② 秦始皇琅邪刻石,《史记》卷六《秦始皇本纪》,第245页。
③ 秦始皇之罘刻石,《史记》卷六《秦始皇本纪》,第249—250页。

皇帝休烈，平一宇内，德惠修长。三十有七年，亲巡天下，周览远方。……圣德广密，六合之中，被泽无疆。皇帝并宇，兼听万事，远近毕清。①

"宇内""并宇""天下""远方""六合之中"并见。所谓"远近毕清"可以与前引"远近辟隐"对照理解。

（三）公子扶苏："远方黔首未集"，"臣恐天下不安"

在秦始皇关于帝国行政空间政治宣传的另一面，我们看到《史记》卷六《秦始皇本纪》记载，秦始皇三十五年（前212），侯生、卢生"亡去"，"始皇闻亡，乃大怒曰：'……卢生等吾尊赐之甚厚，今乃诽谤我，以重吾不德也。诸生在咸阳者，吾使人廉问，或为訞言以乱黔首'"。随即发生史称"坑儒"的事件：

……使御史悉案问诸生，诸生传相告引，乃自除。犯禁者四百六十余人，皆坑之咸阳，使天下知之，以惩后。益发谪徙边。始皇长子扶苏谏曰："天下初定，远方黔首未集，诸生皆诵法孔子，今上皆重法绳之，臣恐天下不安。唯上察之。"始皇怒，使扶苏北监蒙恬于上郡。②

公子扶苏的谏言34字，然而两说"天下"，"天下初定""臣恐天下不安"，而且特别说到"远方"："远方黔首未集……"语调显然与秦始皇东巡刻石所谓"远近毕理""远近毕清"，天下"罔不宾服"，"六合之中，被泽无疆"，"人迹所至，无不臣者"，"宇县之中，承顺圣意"的宣传形成鲜明对照。

此后二三年间，"（秦二世元年）七月，戍卒陈胜等反故荆地，为'张楚'。胜自立为楚王，居陈，遣诸将徇地。山东郡县少年苦秦吏，皆杀其守尉令丞反，以应陈涉，相立为侯王，合从西乡，名为伐秦，不可胜数也"。"二年冬，陈涉所遣周章等将西至戏，兵数十万。"赵高"诛二世"，宣布："秦故王国，始皇君天下，故称帝。今六国复自立，秦地益小，乃以空名为帝，不可。宜为王如故，便。"③秦王朝占有"天下""远近"的形势，发生了显著变化。从"始皇表河以为秦东门"④，到"立石

---

① 秦始皇会稽刻石，《史记》卷六《秦始皇本纪》，第261—262页。
② 《史记》，第258页。
③ 《史记》卷六《秦始皇本纪》，第269、270、275页。
④ 《史记》卷六《秦始皇本纪》张守节《正义》引《三辅旧事》，第241页。

东海上朐界中,以为秦东门"①的进取态势,发生了急剧逆转。

(四)秦二世"黔首未集附"忧虑与"东行郡县"事

据司马迁在《史记》卷六《秦始皇本纪》中的记载,秦二世元年(前209),李斯、冯去疾等随从新主往东方巡行。这次出行,时间虽然颇为短暂,行程却甚为辽远。《史记》卷一五《六国年表》止于秦二世三年(前207),然而不记此事。由于秦二世是所谓"以六合为家,崤函为宫,一夫作难而七庙隳,身死人手,为天下笑"②的亡国之君,后世史家对秦二世东巡也很少予以注意。可是从交通史研究的角度考察,其实是应当肯定这一以强化政治统治为目的的行旅过程的历史意义的。从文化史研究的角度分析,也可以由此深化对秦文化某些重要特质的认识。

《史记》卷六《秦始皇本纪》记载:"二世皇帝元年,年二十一。"即位初,就刻意维护专制的基础,炫耀皇权的尊贵,于是有巡行东方郡县之议:

> 二世与赵高谋曰:"朕年少,初即位,黔首未集附。先帝巡行郡县,以示强,威服海内。今晏然不巡行,即见弱,毋以臣畜天下。"春,二世东行郡县,李斯从。到碣石,并海,南至会稽而尽刻始皇所立刻石,石旁著大臣从者名,以章先帝成功盛德焉:皇帝曰:"金石刻尽始皇帝所为也。今袭号而金石刻辞不称始皇帝,其于久远也如后嗣为之者,不称成功盛德。"丞相臣斯、臣去疾、御史大夫臣德昧死言:"臣请具刻诏书刻石,因明白矣。臣昧死请。"制曰:"可。"
>
> 遂至辽东而还。……
>
> 四月,二世还至咸阳。③

根据《史记》卷六《秦始皇本纪》的明确记述,秦二世及其随从由咸阳东北行,"到碣石,并海,南至会稽",又再次北上至辽东,然后回归咸阳。

所谓"东行郡县","到碣石,并海,南至会稽,而尽刻始皇所立刻石",《史记》卷二八《封禅书》则写道:"二世元年,东巡碣石,并海南,历泰山,至会稽,皆礼祠

---

① 《史记》卷六《秦始皇本纪》,第256页。
② 贾谊:《过秦论》,《史记》卷六《秦始皇本纪》,第282页。
③ 《史记》,第267—268页。

之,而刻勒始皇所立石书旁,以章始皇之功德。"①可见,秦二世此次出巡,大至曾行经碣石(秦始皇三十二年东行刻石)、邹峄山(秦始皇二十八年东行刻石)、泰山(秦始皇二十八年东行刻石)、梁父山(秦始皇二十八年东行刻石)、之罘(秦始皇二十八年东行立石,二十九年东行刻石)、琅邪(秦始皇二十八年东行刻石)、朐(秦始皇三十五年立石)、会稽(秦始皇三十七年东行刻石)等地。可以看到,秦二世此行所至,似乎在重复秦始皇十年内四次重大出巡活动的轨迹。此次出巡的直接目的,是对"先帝巡行郡县,以示强,威服海内"的效仿。否则即"见弱"的判断,是有合理因由的。

秦二世不敢比拟先帝的"成功盛德",但求"臣畜天下"的基本执政能力显示,选择了"东巡郡县"的方式,是值得秦交通史研究者特别注意的。

七 秦王朝的交通"数"学

有学者考察"秦王朝在行政运行中,对于算术的应用",以为可以看作"开创性的事业"。② 秦王朝在交通方面体现的标准化追求与数据学成就,亦有值得重视的历史文化亮点。借用岳麓书院藏秦简《数》的篇名,我们这里姑且称这一现象的理念背景为"交通'数'学"。

(一)"临官莅政兴事""数无不急"

对于经济生活和政治生活中的种种数据进行统计、记录、核实、上报,是秦王朝行政工作的重要任务。

陈伟注意到里耶秦简资料中,迁陵县"垦田记录""包括舆田数、税田数、户数和田租数",有具体"记列"各乡的"数值"。简文所见"田提封计","表明田地的登记、管理,是秦行政的一项重要工作"。他还指出:"在耕地之外,秦王朝通过对地图的测量绘制,对全国土地资源进行掌握。"而"对于一些特别资源,则有更详细的记录",如《贰春乡枳枸志》,记录了"枳枸即枳枸"这种"贡品"的生长

---

① 《史记》,第1370页。
② 陈伟:《秦简牍校读及所见制度考察》,武汉大学出版社,2017年,第145、147页。

位置、数量、分布面积,以及其"格"和"高"的数据。陈伟认为相关信息的采集、核证和记录上报,"其中必然涉及复杂的算术作业"。服务于秦王朝行政的这一工作,是一项"开创性的事业"。

就这一"事业",即"秦王朝在行政运行中,对于算术的应用"或者说"算术在行政中的广泛运用"的认识基点,陈伟有以简牍资料为例的说明:"北京大学秦简算书甲篇记载久次与陈起的一段对话。久次问:'临官莅政兴事,何数为急?'陈起回答说:'数无不急者。'接着列举与'数'有关的多个事项,如'米粟髹漆''甲兵筋革''锻铁铸金''锦绣文章''堑篱凿壕''和攻(功)度事'。① 里耶秦简中涉及算术的领域,其实更为广泛,可以说是遍及官府的各个部门、行政运作的各个领域和各个环节。"②

睡虎地秦简《为吏之道》要求"慎谨坚固"(三壹)、"微密纤(纤)察"(五壹),另外,若干具体的行政内容,如所谓"千(阡)佰(陌)津桥(一四叁),囷屋蔵(墙)垣(一五叁),沟渠水道(一六叁),犀角象齿(一七叁),皮革橐(蠹)突(一八叁),久刻职(识)物(一九叁),仓库禾粟(二〇叁),兵甲工用(二一叁),楼楳矢阅(二二叁),枪閭(蔺)环殳(二三叁),比(庀)臧(藏)封印(二四叁),水火盗贼(二五叁),金钱羽旄(二六叁),息子多少(二七叁),徒隶攻丈(二八叁),作务员程(二九叁),老弱癃(癃)病(三〇叁),衣食饥寒(三一叁),槀靳瀆(渎)(三二叁),扇(漏)屋涂塈(墍)(三三叁),苑囿园池(三四叁),畜产肥胔(胔)(三五叁),朱珠丹青(三六叁)"。③ 其内容,与前引陈起说"数无不急者"之所谓"米粟髹漆""甲兵筋革""锻铁铸金""锦绣文章""堑篱凿壕""和攻(功)度事"大略相当,这些可以作为政绩考量因素的多方面的表现,如其中"息子多少"之"多少",

---

① 原注:"韩巍:《北大秦简中的数学文献》,《文物》2012年第6期。'和攻'疑是'程攻'误写。《秦律十八种·徭律》122至123号:'县为恒事及蘩有为殹,吏程攻(功),赢员及减员自二日以上,为不察。'"

② 陈伟:《秦简牍校读及所见制度考察》,武汉大学出版社,2017年,第148—149页,第145—146页。

③ 睡虎地秦墓竹简整理小组:《睡虎地秦墓竹简》,文物出版社,1990年,释文注释第167、170页。

都是要依靠"数"来显示的。下文"操邦柄,慎度量"(五伍)①,所谓"度量",或可理解为"数"的统计。

《为吏之道》所见"千(阡)佰(陌)津桥"等,明确是指交通条件的修建与养护。

(二)秦文物遗存所见"道里"测定

上文说到荆轲献秦"督亢之地图",很可能是包括土地、资源、人口信息的行政资料。秦执政者对此类信息的收集和掌控,是积极的、全面的。典型的史例,是萧何进入秦统治中枢后得到了相关资料。《史记》卷五三《萧相国世家》记载:

> 及高祖起为沛公,何常为丞督事。沛公至咸阳,诸将皆争走金帛财物之府分之,何独先入收秦丞相御史律令图书藏之。沛公为汉王,以何为丞相。项王与诸侯屠烧咸阳而去。汉王所以具知天下阸塞,户口多少,强弱之处,民所疾苦者,以何具得秦图书也。②

《汉书》卷三九《萧何传》:"沛公具知天下阸塞,户口多少,强弱处,民所疾苦者,以何得秦图书也。"③这些所谓"秦图书",可能是比较完备的政区地理、自然地理、生态地理、人口地理的资料汇编。其中"天下阸塞"(或曰"天下厄塞")列位最先,应当是刘邦、萧何们最急切关注的。其性质应为军事地理资料,当然直接包含着交通地理资料。

秦初并天下,自以为"秦代周德,从所不胜",除"改年始""衣服旄旌節旗皆上黑"之外,又确定"数以六为纪,符、法冠皆六寸,而舆六尺,六尺为步,乘六马"。④其中"六尺为步"作为长度测定标准单位,意义重大。秦始皇琅邪刻石:"普天之下,抟心揖志。器械一量,同书文字。日月所照,舟舆所载。皆终其命,

---

① 睡虎地秦墓竹简整理小组:《睡虎地秦墓竹简》,文物出版社,1990年,释文注释第173页。
② 《史记》,第2014页。
③ 《汉书》,第2006页。
④ 《史记》,第237—238页。裴骃《集解》:"张晏曰:'水,北方,黑,终数六,故以六寸为符,六尺为步。'瓒曰:'水数六,故以六为名。'谯周曰:'步以人足为数,非独秦制然。'"司马贞《索隐》:"《管子》《司马法》皆云六尺为步。谯周以为步以人足,非独秦制。又按:《礼记·王制》曰'古者八尺为步',今以周尺六尺四寸为步,步之尺数亦不同。"

莫不得意。"张守节《正义》："壹量者,同度量也。"①秦文化有鲜明的重"实用"的风格。② 在交通管理中,长度标准的法定规范,必然有积极的作用。

天水放马滩秦墓出土木板地图有清晰的里程标记。有的研究者称之为"道路里程类"的"注记内容"。雍际春指出："这类注记共8个,3号图有6个,4号图有2个,这些注记都是说明从图上某一点到主流河口处里程的,其中有6个涉及由水系支流侧畔伐木点至主流汇合处的里程。这些注记不仅反映了图上两地间的距离,而且也提供了这一带交通道路和信息,弥足珍贵。"③这些里程数据,应当是经过认真测定的。晏昌贵就这组文物遗存有如下的分析："由木板地图的内容,可知其性质是墓主人生前实用地图,各图所反映地域的大小,或系墓主人生前职掌地域范围有所变化之故。墓主人所以要将这些地图随葬地下,或可表明墓主希求死后仍享有生前的权力。由木板地图的组合方式、地图内容,以及地图注记里程,可以推断木板地图乃是以墓主人的墓地——放马滩为中心,此亦显示墓主人有将其死后墓地置于'地图世界'中心之企图。"④如晏说,随葬木板地图体现的空间即"墓主人生前职掌地域范围",其意义,犹如以墓主为"中心"的表现其"生前的权力"之"远近"的图形象征。

北京大学藏秦简牍有《道里书》："其形式一般为'某地至某地××里'。一栏之内的地名往往前后相连,如'甲至乙''乙至丙''丙至丁',形成链条状的交通线。"简例可见:

麤邮渚到麤口七十二里仓下到麤邮渚二百步麤口到皇津廿里

（205）

杨口水道上到武庚千二百五十四里

武阳到蛋城八十里（213）

这些里程信息是重要的交通史料。晏昌贵指出："北京大学藏水陆里程简册详细记载交通路线每个节点的里程数,有的还精确到'步',可知是当时实际测量的结果。秦在新占领地区测量里程、规划道路,构建交通网络,从而有效地保证

---

① 《史记》卷六《秦始皇本纪》,第245—246页。
② 王子今：《秦文化的实用之风》,《光明日报》2013年7月15日15版。
③ 雍际春：《天水放马滩木板地图研究》,甘肃人民出版社,2002年,第99页。
④ 晏昌贵：《秦简牍地理研究》,武汉大学出版社,2017年,第325页。

了帝国境内物资运输的畅通和行政命令的通达,举功至伟。"①秦交通"道里"测定的规划、实施及其对于交通建设与交通管理的重要意义,确实是应当充分肯定的。

里程数"精确到'步'",体现出距离测定的认真细致。"步"的设置,也是秦制度标准化的体现。"六尺为步"②,是秦统一后正式宣布的定制。《说文·田部》:"畮,六尺为步,步百为畮。秦田二百四十步为畮。"段玉裁注:"秦孝公之制也。商鞅开阡陌封疆。则邓展曰:古百步为畮。汉时二百四十步为畮。按汉因秦制也。"③又《说文·田部》:"畷,两陌间道也。百广六尺。"段玉裁注:"百字各本无,今补。所以知必有百者,郑注《周礼》云:径容牛马,畛容大车。涂容乘车一轨,道容二轨,路容三轨。轨者,彻也。《考工记》曰:彻广六尺。涂容一轨,是陌容六尺也。道容二轨,是阡容丈二尺也。许只言陌之广。使径畛道路之广皆可意知。"④所谓"百广六尺"即"陌广六尺",显然与农田道路的规划有密切关系。⑤岳麓书院藏秦简《数》有关于"宇""巷"的内容:

宇方百步,三人居之,巷广五步,问宇几可(何)。其述(术)曰:除巷五步,余九十五步,以三人乘之,以为法;以百乘九十(0884)

五步者,令如法一步,即陲宇之从(纵)也。(0825)⑥

"六尺为步"应用于"宇""巷"的规划。"巷广五步"的信息对于我们认识秦都市与一般聚落的交通形制,也是有重要意义的。

(三)秦交通效率"数"的保障

史载汉武帝时代推行"均输"制度,并取得了成效:"桑弘羊为大农丞,筦诸

---

① 晏昌贵:《秦简牍地理研究》,武汉大学出版社,2017年,第285页。
② 《史记》卷六《秦始皇本纪》,第238页。《说文·止部》:"步布,行也。"段玉裁注:"《行部》曰:人之步趋也。步徐,趋疾。《释名》:徐行曰步。"《说文·走部》:"赴,半步也。"段玉裁注:"今字作跬。《司马法》曰:一举足曰跬。跬三尺。两举足曰步。步六尺。"[汉]许慎撰,[清]段玉裁注:《说文解字注》,第68、66页。
③ 《说文解字注》,第695—696页。
④ 《说文解字注》,第696页。
⑤ 王子今:《秦汉农田道路与农田运输》,《中国农史》1991年第3期。
⑥ 萧灿:《岳麓书院藏秦简〈数〉研究》,中国社会科学出版社,2015年,第57—58页。

会计事,稍稍置均输以通货物矣。""大农以均输调盐铁助赋,故能赡之。""请置大农部丞数十人,分部主郡国,各往往县置均输盐铁官,令远方各以其物贵时商贾所转贩者为赋,而相灌输。""边余谷诸物均输帛五百万匹。"①通常的解释,往往把"均输"与"平准"混同。有的学者将桑弘羊主持推行的均输制度归入官营商业的范畴,②这其实是不符合史实的。其实,"均输"是完善官营运输业的管理,同时改进调整以全国为规模的运输调度,从而使以往重复运输、过远运输、对流运输等不合理运输所导致的"天下赋输或不偿其僦费"③的现象得以扭转的制度。④"均输"之称,早于汉武帝时代。有记载说,战国楚有"均输"仓名。⑤ 张家山汉简《二年律令》有《均输律》。⑥ 有学者指出:"鉴于秦汉律之间的承袭关系,江陵张家山汉简中的律令、奏谳书,可与秦简中的有关内容互相参照,进行比较研究,因而也是研究秦代法制史的重要资料。"⑦通过张家山汉简《均输律》或可

---

① 《史记》卷三〇《平准书》,第1432页,第1440—1441页。
② 例如范文澜《中国通史》第二册将均输法的实行列于"官营商业"条下。人民出版社,1978年,第80页。傅筑夫、王毓瑚《中国经济史资料·秦汉三国编》也将其归入官营商业的内容之中,中国社会科学出版社,1982年,第383—387页。
③ 《史记》卷三〇《平准书》,第1441页。
④ 王子今:《西汉均输制度新议》,《首都师范大学学报》(社会科学版)1994年第2期。
⑤ 陈直《汉书新证》:"《越绝书》卷二云:'吴两仓春申君所造,西仓名曰均输。'据此均输之名,在战国末期已有之。"天津人民出版社,1979年,第177页。
⑥ 李学勤最早指出"其年代上限为西汉初年,下限不会晚于景帝"的湖北江陵张家山汉墓出土汉简可见《均输律》。李学勤:《中国数学史上的重大发现——江陵张家山汉简一瞥》,《文物天地》1985年第1期;荆州地区博物馆:《江陵张家山三座汉墓出土大批竹简》,《文物》1985年第1期;张家山汉墓竹简整理小组:《江陵张家山汉简概述》,《文物》1985年第1期。整理小组确定的律文只有三条:"船车有输,传送出津关,而有传啬夫、吏,啬夫、吏与敦长、方长各□□而□□□□□发□出□置皆如关□"(二二五),"诸(?)行(?)津关门(?)东(?)囗□□□"(二二六),"■均输律"(二二七)。对于"均输"语,整理小组注释:"均输,《汉书·百官公卿表》注引孟康曰:'均输,谓诸当所输于官者,皆令输其土地所饶,平其所在时价,官更于它处卖之,输者既便,而官有利也。'张家山二四七号汉墓竹简整理小组:《张家山汉墓竹简〔二四七号墓〕》(释文修订本),文物出版社,2006年,第39页。今按:"它处",《汉书·百官公卿表》颜师古注引孟康曰原作"佗处"。从不完整的《均输律》律文看,《均输律》规范的是应当主要还是"输""送""行"等运输行为。
⑦ 徐世虹等:《秦律研究》,武汉大学出版社,2017年,第21页。

推知,秦代制度有关"均输"的交通文化精神或许已经发生历史作用。

《九章算术·均输》说到一般载货运车的运行速度:"重车日行五十里,空车日行七十里。"①交通行程中"重车"与"空车"行驶里程不一,是符合运输生产的实际的。而前者"日行五十里",后者"日行七十里",体现运行常规已经大致定型。北京大学藏秦简牍《道里书》有简文体现水运行程相类规范的形成。如:

· 用船江汉员(涢)夏日重船上日行八十里下百卌里空船上日行百里下百六十里。(编号211)

江陵水行=夏水到汉=内=上到淯口千六百六【里】

春秋重船上日行七十里下百廿里空船上日行八十五里下百卌里(编号219*)

甗乡南【到】都乡界卅一里百五十六步;冬日重船上日行百卌里下五十三里空船上日行五十里下七十四里(编号046)

这些简文"记录了江汉流域水路交通的航道里程,以及不同季节'重船'(即装载货物的船)、'空船'分别逆水上行和顺水下行的日行里数"。② 重船上下行程不同,又与空船上下各有不同。而不同的航段各自形成不一样的数据。这应当与地形和流速有关。而"夏日""冬日""春秋"也有不同,应当与不同季节的水文条件相关,也可能与"夏日""冬日"日夜时间比例不同相关。正如《九章算术·商功》关于土木工程的劳动定额,"冬程"与"夏程"也显著不同。③

诸多现象表明秦行政秩序中"数"的保障作用。陈伟称作"秦代行政对算术的应用和依赖"。行政学和数学的这种关系,正如陈伟所说,"促进了算术的普及和发展"。他还指出:"行政运行中繁芜的算术作业,其实在一定程度上降低了秦王朝的工作效率和官吏队伍的素质。"④然而,我们看到的"数"应用于交通

---

① 郭书春汇校:《汇校九章算术》增补版(上),辽宁教育出版社,2004年,第241、246页。
② 晏昌贵:《秦简牍地理研究》,武汉大学出版社,2017年,第233、232页。
③ 《九章算术·商功》:"今有堤,下广二丈,上广八尺,高四尺,袤一十二丈七尺。问:积几何?""冬程人功四百四十四尺。问:用徒几何?""今有堑,上广一丈六尺三寸,下广一丈,深六尺三寸,袤一十三丈二尺一寸。问:积几何?""夏程人功八百七十一尺,并出土功五分之一,沙砾水石之功作太半,定功二百三十二尺一十五分尺之四。问:用徒几何?"《汇校九章算术》增补版(上),第176—177页。另有涉及"春程""秋程"的算题。
④ 陈伟:《秦简牍校读及所见制度考察》,武汉大学出版社,2017年,第165页。

管理的直接作用,则是交通方面工作效率的提高。

(四)《质日》:秦吏的交通生活与国家的交通行政

陈伟研究岳麓秦简《质日》,指出:"岳麓秦简记有多次旅行。其中行程最远的一次,是《三十五年质日》所记四五月间的咸阳之旅。"其行程,据陈伟考论,"大约四月己未(初一)从南郡出发,逶迤而北,过武关(今陕西商南县西北),越秦岭,丙子(十八日)抵达咸阳;乙酉(二十六日)开始返回,五月壬寅(十四日)'宿环望'。'宿环望'是这次旅行的最后一次记载"。陈伟认为:"动态的旅行记录,有着地理空间的内在关联。《三十五年质日》的相关记载,可以帮助我们了解秦汉时的一些地理问题。"①对于《三十五年质日》中涉及的交通地理问题,周振鹤、王焕林、晏昌贵等都有深入的研究。② 陈伟考论"郦","约在今河南内乡县北","在这之后二日所居的'关',应当是相去不远的武关,而不是宛城东面较远处的方关",以及"返回的时候,经过商(今陕西丹凤县)、析,大致也是相同的路线"的判断,都是有说服力的。③ 除了交通地理研究而外,从宏观交通文化的视角观察,还可以有其他的思考。

例如,关于"禀食"制度的记录中包括"旅行"途中的消费,陈伟指出:"禀食记录在里耶秦简中数量颇多。大致分两种,一是在当地的禀食记载,一是外出用的给食文书。在当地禀食的对象,有官员也有刑徒,有成人也有幼儿。大多按照《效律》的规定,由主管官员、佐或史、禀人三人共同发放,并由史或佐记录。""在官吏、徒隶因公出差时需要由仓主管官员向县长官提出报告,说明已经发放粮食的时限,请求转发公文予'过所县乡以次续食'。"④这样的制度的分析,均有简文"例证"。

作为"动态的旅行记录",反映了秦国家体制内作为吏员的服务者在政治生活层面的交通体验。他们在秦交通行政体系中,同时作为管理主体亦作为管理

---

① 《秦简牍校读及所见制度考察》,第 216 页。
② 周振鹤:《秦代汉初的销县——里耶秦简小识之一》,简帛研究网,2003 年 12 月 11 日;王焕林:《里耶秦简释地》,《社会科学战线》,2004 年;晏昌贵:《秦简牍地理研究》,武汉大学出版社,2017 年,第 233、232 页。
③ 《秦简牍校读及所见制度考察》,第 222 页。
④ 《秦简牍校读及所见制度考察》,第 151—152 页。

对象自有复杂的体验。比较典型的例证,是身为亭长的刘邦曾经经历因公务的"咸阳之旅":"高祖常繇咸阳,纵观,观秦皇帝,喟然太息曰:'嗟乎,大丈夫当如此也!'"而他作为秦行政体制内的人物最后一次预定的公务"旅行",亦准备前往关中,却因反秦意识的普及导致变故:"高祖以亭长为县送徒郦山,徒多道亡。自度比至皆亡之,到丰西泽中,止饮,夜乃解纵所送徒。曰:'公等皆去,吾亦从此逝矣!'徒中壮士愿从者十余人。"①

《质日》一类"动态的旅行记录",体现吏员在秦王朝交通行政管理行为中扮演着双重角色。如刘邦"常繇咸阳",是交通行为的实践者,即可能是交通行政的被管理者。而"高祖以亭长为县送徒郦山",则执行着交通行政管理者的职任。

(五)《里耶秦简》(贰)"宿""留""到""之""临"记录

里耶出土第九层简牍也有类似的吏员"旅行记录"。文字逐日记录,自"四月己巳"至"六月""丙午"共 38 日,其中 13 日只有日期。有 25 日写述了关于"宿""留""到""之""临"的内容:

(1) 四月己巳宿夷邮亭

(2) 庚子宿盈夷乡

(3) 辛未野亭

(4) 壬申到临沅

(5) 癸亥临沅留

(6) 甲戌临沅留

(7) 乙亥临沅留

(8) 五月丙子水大留

(9) 丁丑留

(10) 戊寅留

(11) 己卯留

(12) 庚辛出之监乡

(13) 辛巳复之临沅

---

① 《史记》卷八《高祖本纪》,第 344、347 页。

(14)壬午留

(15)癸未到临沅

(16)甲申宿夷乡

(17)乙酉□

(18)丙戌□□□

(19)丁亥留

(20)戊子留

(21)己丑□

(22)庚寅□□

(23)辛卯□□

(24)壬辰□□

(25)癸巳□

随后则为"甲午""乙未""丙申""丁酉""戊戌""己亥""庚子""辛丑""壬寅""癸卯""甲辰""六月乙巳""丙午"(二二八二)13 日只存日期,没有活动内容的记录。①

这位人物的"旅行"轨迹:夷邮亭—盈夷乡—野亭—临沅(在此"留"7 日)—监乡—临沅—夷乡,此后,(17)可能是"乙酉留",(18)可能"到"另一地点,(21)可能是"己丑留",(25)可能是"癸巳留",(22)(23)(24)缺字不好推测。

此行程记录空间有限。由(12)"庚辛出之监乡",(13)"辛巳复之临沅"推想,"监乡"可能是"临沅"下属乡。这一文书所见"乡""亭",或许都在"临沅"属下。与岳麓书院藏秦简《三十五年质日》所记四五月间的咸阳之旅比较,这一文书的交通史料价值似乎较低。然而体现很可能是一名县吏的活动轨迹,对于我们理解下层行政生活,是有一定意义的。这可能是吏员在日常行政中交通行为更为普遍的情形。

(8)"五月丙子水大留"或许反映水运交通因水文条件急剧变化受到影响。②里耶秦简第九层出土简例:

---

① 湖南省文物考古研究所:《里耶秦简》(贰),文物出版社,2017 年,释文第 85 页。

② 史籍所见运通路受阻情形,还有《后汉书》卷八五《东夷传·东沃沮》:"至冬船道不通。"第 2816 页。应是因冰封阻道。

☐道衞有湍不湍問何☐(二一一〇)①

所谓"湍",或许与(8)"水大"有关。《说文·水部》:"湍,疾瀨也。"段玉裁注:"瀨,水流沙上也。疾瀨,瀨之急者也。赵注《孟子》曰:湍者,圜也。谓湍湍縈水也。赵语为下文决东决西张本。"②所谓"疾瀨",应是说水道的激流险滩。这在湘西水路交通环境中是必须关注的水文条件。然而,《孟子·告子上》:"告子曰:'性犹湍水也,决诸东方则东流,決诸西方则西流。人性之无分于善不善也,犹水之无分于东西也。'孟子曰:'水信无分于东西,无分于上下乎?人性之善也,犹水之就下也。人无有不善,水无有不下。言水诚不分东西矣,然岂不分上下乎?性即天理,未有不善者也。今夫水,搏而跃之,可使过颡;激而行之,可使在山。是岂水之性哉?其势则然也。人之可使为不善,其性亦犹是也。'"③所说"决诸东方则东流,決诸西方则西流"言"湍水"即漫流的洪水。

当然,"水大留"情形,也有可能指遭遇了与陈胜、吴广行戍"会天大雨,道不通"④类似的因气候原因影响行程的情形。又如《三国志》卷一《魏书·武帝纪》"大水,傍海道不通"⑤,文字形式只是"水大""大水"有所不同。四川青川郝家坪秦牍:"十月,为桥,修波(陂)隄,利津沱(渡),鲜草离。非除道之时而有陷败不可行,辄为之。"⑥所谓"陷败不可行",也说水害影响交通条件的情形。

---

① 湖南省文物考古研究所:《里耶秦简》(贰),文物出版社,2017年,释文第79页。
② [汉]许慎撰,[清]段玉裁注:《说文解字注》,上海古籍出版社用经韵堂臧本1981年10月影印版,第549页。焦循《孟子正义》引作"湍湍濚水"。[清]焦循撰,沈文倬点校:《孟子正义》下,中华书局,1987年,第735页。
③ 兰州大学中文系孟子译注小组:《孟子译注》,中华书局,1960年,第254页。
④ 《史记》卷四八《陈涉世家》,第1950页。
⑤ 《三国志》,第29页。又同卷裴松之注引《山阳公载记》:"引军从华容道步归,遇泥泞,道不通……"第31页。
⑥ 四川省博物馆、青川县文化馆:《青川县出土秦更修田律木牍——四川青川县战国墓发掘简报》,《文物》1982年第1期;李学勤:《青川郝家坪木牍研究》,《文物》1982年第10期;胡平生、韩自强:《解读青川秦墓木牍的一把钥匙》,《文史》第26辑,中华书局,1986年。

第十八章　秦政终结:交通史视角的考察

秦王朝短促而亡。秦走向覆灭的过程有若干交通史现象值得考察。秦始皇出行"逢盗",可以看作不安定因素引致政治危局发生的信号。若干与交通有关的现象被视为秦王朝走向末路的文化象征。"使天下蜚刍挽粟,起于黄、腄、琅邪负海之郡,转输北河,率三十锺而致一石"①,这样大规模的运输行为,是激起民怨的重要因由。陈胜暴动,则以"失期当斩"的严厉的法律为直接诱因。而作为秦王朝倾覆的标志,刘邦轵道受降,秦王子婴的仪式性表演,也是以富有交通文化意义的"白马素车"为道具的。

一　秦始皇出行"逢盗"与政治危局的发生

出行,是秦始皇重要行政方式之一。统一战争中,秦始皇曾3次出行。② 统一之后,又曾5次出行。《史记》卷七《项羽列传》记载:"秦始皇帝游会稽,渡浙江,梁与籍俱观。籍曰:'彼可取而代也。'"③《史记》卷八《高祖本纪》:"高祖常繇咸阳,纵观,观秦皇帝,喟然太息曰:'嗟乎,大丈夫当如此也!'"④可知秦始皇出行有宣示政治权威的意义。由于是秦始皇重要行政方式,《史记》卷六《秦始皇本纪》对于秦始皇行迹的记录比较详尽,而其中博浪沙"为盗所惊"情形及"微行""逢盗兰池"事颇值得重视。

---

① 《史记》卷一一二《平津侯主父列传》,第2954页。
② 王子今:《论秦王政"之河南""之邯郸""游至郢陈"》,《咸阳师范学院学报》2017年第5期。
③ 《史记》,第296页。
④ 《史记》,第344页。

（一）秦始皇出行险情之一：博浪沙"为盗所惊"

秦始皇以"临察四方""存定四极"①为政治志向，实现统一之后，次年，即秦始皇二十七年（前220）就有"巡陇西、北地，出鸡头山，过回中"的巡行。二十八年（前219），"始皇东行郡县"，"上泰山"，"禅梁父"，"南登琅邪"，"还，过彭城……乃西南渡淮水，之衡山、南郡。浮江，至湘山祠……上自南郡由武关归"。② 二十九年（前218），再一次"东游"，发生出行遇险事，即博浪沙遇刺事件。《史记》卷六《秦始皇本纪》记载：

> 二十九年，始皇东游。至阳武博狼沙中，为盗所惊。求弗得，乃令天下大索十日。③

事情发生在秦统一实现三年之后，这是为秦所灭六国贵族反抗秦政权的政治行为。《史记》卷五五《留侯世家》记载：

> 留侯张良者，其先韩人也。大父开地，相韩昭侯、宣惠王、襄哀王。父平，相釐王、悼惠王。悼惠王二十三年，平卒。卒二十岁，秦灭韩。良年少，未宦事韩。韩破，良家僮三百人，弟死不葬，悉以家财求客刺秦王，为韩报仇，以大父、父五世相韩故。
>
> 良尝学礼淮阳。东见仓海君。得力士，为铁椎重百二十斤。秦皇帝东游，良与客狙击秦皇帝博浪沙中，误中副车。秦皇帝大怒，大索天下，求贼甚急，为张良故也。良乃更名姓，亡匿下邳。④

"秦皇帝东游，良与客狙击秦皇帝博浪沙中"，即以"刺秦王，为韩报仇"为明确目的的政治事件。

博浪沙事件留下了深刻的历史记忆。李白《经下邳圯桥怀张子房（淮泗）》："子房未虎啸，破产不为家。沧海得壮士，椎秦博浪沙。"⑤胡曾《博浪沙》诗："嬴政鲸吞六合秋，削平天下掳诸侯。山东不是无公子，何事张良独报雠。"⑥王安石

---

① 《史记》卷六《秦始皇本纪》，第245页。
② 《史记》卷六《秦始皇本纪》，第241—242页，第244、248页。
③ 《史记》，第249页。
④ 《史记》，第2033—2034页。
⑤ ［唐］李白：《李太白集》卷二〇，宋刻本。
⑥ ［唐］胡曾：《咏史诗》卷三，《四部丛刊》三编景宋钞本。

《张良》诗:"倾家为主合壮士,博浪沙中击秦帝。脱身下邳世不知,举国大索何能为。"①陈彦升《子房庙》诗:"博浪沙头触副车,潜游东夏识真符。风云智略移秦鼎,星斗功名启汉图。"②陈普《张良四首》之一:"乳口摇牙向白蛇,一朝电拂博浪沙。下邳不得编书读,帷幄何妨佐汉家。"③侯克中《张子房》诗:"眼空宁顾虎狼秦,博浪沙中义已伸。才大尽消韩国耻,功高不作汉廷臣。"④何景明《游猎篇》:"君不见,秦皇叱咤役九有,海东驱石石为走。桥边孺子如妇人,博浪沙中铁椎吼。"⑤都咏唱张良博浪沙刺秦事迹。元人陈孚《博浪沙》诗:"一击车中胆气高,祖龙社稷已惊摇。如何十二金人外,犹有民间铁未销。"⑥联系到秦始皇"收天下兵,聚之咸阳,销以为钟鐻,金人十二,重各千石,置廷宫中"⑦事。

(二) 秦始皇出行险情之二:兰池"逢盗""见窘"

《史记》卷六《秦始皇本纪》又记载秦始皇三十一年(前216)年"微行咸阳""夜出逢盗兰池"的经历:

> 始皇为微行咸阳,与武士四人俱,夜出逢盗兰池,见窘,武士击杀盗,关中大索二十日。

所谓"为微行",裴骃《集解》:"张晏曰:'若微贱之所为,故曰微行也。'"关于"兰池",裴骃《集解》:"《地理志》渭城县有兰池宫。"张守节《正义》引《括地志》云:"兰池陂即古之兰池,在咸阳县界。《秦记》云:'始皇都长安,引渭水为池,筑为

---

① [宋]吕祖谦:《皇朝文鉴》卷二一,《四部丛刊》景宋刊本。
② [宋]何溪汶:《竹庄诗话》卷一六《杂编六》"子房庙"条:"《洞江诗话》云彦升《彭门八咏》为人所称,多以《燕子楼》为绝唱。殊不知《子房庙》诗最为警绝:'博浪沙头触副车,潜游东夏识真符。风云智略移秦鼎,星斗功名启汉图。商老已来宁少海,赤松还约访仙都。雍容进退全天道,凛烈高风万古无。'"文渊阁《四库全书》本。
③ [宋]陈普:《石堂先生遗集》卷二〇,明万历三年薛孔洵刻本。
④ [元]侯克中:《艮斋诗集》卷三,文渊阁《四库全书》本。
⑤ [明]曹学佺:《石仓历代诗选》卷四五八《明诗次集九二》,文渊阁《四库全书》补配文津阁《四库全书》本。
⑥ [元]陈刚中:《陈刚中诗集》卷二《交州稿》,明钞本。"一击车中胆气高",或作"一击沙中胆气高"。[明]陈全之《蓬窗日录》卷七《诗谈一》,明嘉靖四十四年刻本。
⑦ 《史记》,第239页。

蓬、瀛，刻石为鲸，长二百丈。'逢盗之处也。"①

"二十九年"博浪沙"为盗所惊"，"乃令天下大索十日"。"三十一年"兰池"逢盗""见窘"，"关中大索二十日"。前者发生于"始皇东游"途中，后者发生于"始皇为微行咸阳"，即"若微贱之所为"情形之下，然而事在"咸阳"，因而情节严重。

我们曾经指出，"始皇为微行咸阳，与武士四人俱，夜出逢盗兰池，见窘"，因秦始皇特意"微行"，"若微贱之所为"，可以看作并非针对政治权势者的体现为一般治安问题的事件。②

而博浪沙险情则不同。这一事件是韩人张良于"韩破"之后一心"为韩报仇"所精心策划的谋刺。

(三) 先秦"盗杀"权贵者史例：以行途刺杀案为中心

尊贵者为"盗"所"杀"，即死于"盗杀"的史例，已见于春秋时期历史文献记录。

《左传·桓公十六年》记载："初，卫宣公烝于夷姜，生急子，属诸右公子。为

---

① 《史记》，第 251 页。《历代宅京记》卷三《关中一·周秦汉》也引作《秦记》。顾炎武著：《历代宅京记》，中华书局，1984 年，第 43 页。今按：《续汉书·郡国志一》刘昭注补："《三秦记》曰：'始皇引渭水为长池，东西二百里，南北三十里，刻石为鲸鱼二百丈。'"《后汉书》，第 3401 页。此《秦记》可能为《三秦记》，而非战国秦史书。《史记》张守节《正义》四见《括地志》转引《三秦记》，即《史记》卷二《夏本纪》张守节《正义》引《括地志》引《三秦记》言"龙门水"，第 67 页；《史记》卷五《秦本纪》张守节《正义》引《括地志》引《三秦记》言"芷阳"，第 217 页；《史记》卷八《高祖本纪》张守节《正义》引《括地志》引《三秦记》言"霸城""紫泥水"，第 362、363 页；《史记》卷二八《封禅书》张守节《正义》引《括地志》引《三秦记》言"陈仓山"，第 1359 页。《说郛》卷六一上《辛氏三秦记》"兰池"条："秦始皇作兰池，引渭水，东西二百里，南北二十里，筑土为蓬莱山。刻石为鲸鱼，长二百丈。"清钱坫《新斠注地理志》卷二："《三秦记》：'始皇都长安，引渭水为池，筑为蓬、瀛，刻石为鲸，长二百丈。逢盗之处也。'"清同治十三年刻本。与张守节《正义》据《括地志》引文同。清张澍辑《辛氏三秦记》："始皇都长安，引渭水为长池，筑为蓬、瀛，刻石为鲸鱼，长二百丈。逢盗之处也。《括地志》，《史记正义》。"清《二酉堂丛书》本。关于"兰池"形制，参看王子今：《秦汉宫苑的"海池"》，《大众考古》2014 年第 2 期。

② 王子今：《秦王朝关东政策的失败与秦的覆亡》，《史林》1986 年第 2 期。

之娶于齐而美,公取之,生寿及朔,属寿于左公子。夷姜缢。宣姜与公子朔构急子。公使诸齐,使盗待诸莘,将杀之。寿子告之。使行,不可,曰:'弃父之命,恶用子矣!有无父之国则可也。'及行,饮以酒,寿子载其旌以先,盗杀之。急子至曰:'我之求也。此何罪?请杀我乎!'又杀之。"①这是卫宣公亲族矛盾导致的"盗杀"事件。值得注意的是,"公使诸齐,使盗待诸莘,将杀之",即密谋刺杀其出使途中。"盗杀"在"行"的进程中。

又《左传·僖公二十四年》:"郑子华之弟子臧出奔宋,好聚鹬冠。郑伯闻而恶之,使盗诱之。八月,盗杀之于陈、宋之间。"②其中所谓"使盗诱之"值得注意,似乎"诱之""杀之"间有复杂情节。理解此情形,可参考前引《左传·桓公十六年》"使盗待诸莘,将杀之"事。似可透露缜密的预谋。"使盗诱之""盗杀之于陈、宋之间",也是刺杀于出行途中。

其他一些"盗杀"权贵者事件,刺杀现场情形不同。如《春秋·襄公十年》:"冬,盗杀郑公子骓、公子发、公孙辄。"杜预《集解》:"非国讨,当两称名氏。杀者非卿,故称盗。以盗为文,故不得称其大夫。"《左传·襄公十年》:"初,子驷与尉止有争,将御诸侯之师而黜其车。尉止获,又与之争。子驷抑尉止曰:'尔车,非礼也。'遂弗使献。初,子驷为田洫,司氏、堵氏、侯氏、子师氏皆丧田焉。故五族聚群不逞之人,因公子之徒以作乱。于是子驷当国,子国为司马,子耳为司空,子孔为司徒。冬十月戊辰,尉止、司臣、侯晋、堵女父、子师仆帅贼以入,晨攻执政于西宫之朝,杀子驷、子国、子耳,劫郑伯以如北宫。子孔知之,故不死。书曰'盗',言无大夫焉。子西闻盗,不儆而出,尸而追盗,盗入于北宫,乃归授甲。臣妾多逃,器用多丧。子产闻盗,为门者,庀群司,闭府库,慎闭藏,完守备,成列而后出,兵车十七乘,尸而攻盗于北宫。子蟜帅国人助之,杀尉止、子师仆,盗众尽死。侯晋奔晋。堵女父、司臣、尉翩、司齐奔宋。"所谓"攻执政于西宫之朝,杀子驷、子国、子耳,劫郑伯以如北宫",已经带有政变性质。值得注意的是事件起因在于"黜其车"这一与交通有关的情节。"作乱"的"盗"的构成,有所谓"聚群不逞之人"。关于"书曰'盗',言无大夫焉",杜预《集解》:"尉止等五人,皆士也。

---

① 《春秋左传集解》,第121页。
② 《春秋左传集解》,第349—350页。《左传·宣公三年》回顾此事,也说:"使盗杀子臧于陈、宋之间。"第548页。

大夫,谓卿。"①又如《春秋·哀公十三年》:"冬十有一月,……盗杀陈夏区夫。"杜预《集解》:"称盗,非大夫。"②看来,通常"盗"之称谓,指代社会中下层身份。当时史家行文,似乎未必绝对"'盗',言无大夫焉","称盗,非大夫"。《春秋·哀公四年》:"春,王二月庚戌,盗杀蔡侯申。"杜预《集解》:"贱者故称盗,不言杀其君,贱盗也。"《左传·哀公四年》:"春,蔡昭侯将如吴,诸大夫恐其又迁也,承。公孙翩逐而射之,入于家人而亡。"杜预《集解》:"翩,蔡大夫。"③这里"杀蔡侯申"的"盗",属于"大夫"等级。但是总而言之,"贱者故称盗"的语言习惯应当已经生成。

又如《春秋·昭公二十年》:"秋,盗杀卫侯之兄絷。"杜预《集解》:"齐豹作而不义,故书曰盗,所谓求名而不得。"《左传·昭公二十年》:"齐豹、北宫喜、褚师圃、公子朝作乱。""琴张闻宗鲁死,将往吊之。仲尼曰:'齐豹之盗,而孟絷之贼,女何吊焉?'"杜预《集解》:"言齐豹所以为盗,孟絷所以见贼,皆由宗鲁。"④可知孔子政治判断之所谓"盗",又指上层政争中的"作乱"者,"作而不义"者。《史记》卷六七《仲尼弟子列传》:"小人好勇而无义则盗。"⑤也以"义"作为道德尺度,然而所谓"小人",似乎仍体现"贱盗"意识。

这些"盗杀"权贵者事件的"盗"的社会地位,可以帮助我们理解导致秦始皇出行遇险的"盗"的身份。

《史记》记录的"盗杀"权贵者的类似事件,有《史记》卷四《周本纪》:"(周威烈王二十四年)盗杀楚声王。"⑥《史记》卷一五《六国年表》:"盗杀声王。"⑦《史记》卷四〇《楚世家》:"声王六年,盗杀声王。"⑧又如《史记》卷一五《六国年表》:

---

① 《春秋左传集解》,第872—874页。
② 《春秋左传集解》,第1788—1789页。
③ 《春秋左传集解》,第1728—1731页。
④ 《春秋左传集解》,第1445、1446、1450、1452、1456页。
⑤ 《史记》,第2192页。
⑥ 《史记》,第159页。
⑦ 《史记》,第710页。
⑧ 《史记》,第1720页。

"盗杀韩相侠累。"①《史记》卷三九《晋世家》:"十八年,幽公淫妇人,夜窃出邑中,盗杀幽公。魏文侯以兵诛晋乱,立幽公子止,是为烈公。"司马贞《索隐》:"《纪年》云夫人秦嬴贼公于高寝之上。""《系本》云幽公生烈公止。又《年表》云魏诛幽公,立其弟止。"②晋幽公与继承人晋烈公的关系存在疑点。其死因也说法不一,即"魏诛幽公",或"盗杀幽公",或"夫人秦嬴贼公于高寝之上"。后两说也许可能是一致的,也就是说,"夫人秦嬴"指使"盗杀幽公"。至于"幽公淫妇人,夜窃出邑中",即脱离宫禁保安条件陷身危险之中,与秦始皇"逢盗兰池"情形有相近处。

所谓"夫人秦嬴贼公于高寝之上"使用了"贼"字,与《秦始皇本纪》博浪沙故事中"求贼甚急"之"贼",前者指行为方式,后者是身份称谓,但是内在的联系也值得注意。

此外,《史记》卷六六《伍子胥列传》:"盗击王,王走郧。"③则是"盗"的暴力行为导致"王"被迫出走的事件。大概博浪沙事件作为"盗杀"秦始皇的未遂谋杀,也只能称作"盗击"。

前引"使盗待诸莘,将杀之","使盗诱之""杀之"情形,似乎说明"盗杀"情形可能经过周密策划,也反映"盗"可能是受"使"而执行刺杀任务的职业杀手。"盗杀韩相侠累"事,可以说明此种情形,《史记》卷四五《韩世家》:"列侯三年,聂政杀韩相侠累。"司马贞《索隐》:"《战国策》作'杀韩傀',高诱曰'韩傀,侠侯累也'。"④《史记》卷八六《刺客列传》言:"自曹沫至荆轲五人,此其义或成或不成,然其立意较然,不欺其志,名垂后世,岂妄也哉!"⑤对聂政这样的"盗"称作

---

① 《史记》,第711页。《史记》卷四五《韩世家》:"聂政杀韩相侠累。"司马贞《索隐》:"《战国策》作'杀韩傀',高诱曰'韩傀,侠侯累也'。"第1867页。聂政事载《史记》卷八六《刺客列传》:"齐人或言聂政勇敢士也","义甚高"。第2522页。裴骃《集解》引徐广曰:"韩烈侯三年三月,盗杀韩相侠累。侠累名傀。《战国策》曰'有东孟之会',又云'聂政刺韩傀,兼中哀侯'。"第2524页。太史公予以正面评价:"自曹沫至荆轲五人,此其义或成或不成,然其立意较然,不欺其志,名垂后世,岂妄也哉!"第2538页。

② 《史记》,第1687页。

③ 《史记》,第2176页。

④ 《史记》,第1867页。

⑤ 《史记》,第2538页。

"刺客",专为立传,给予"立意较然,不欺其志,名垂后世"的肯定评价。① 而聂政"以屠为事","乃市井之人","自弃于市贩之间"。曹沫"以勇力事鲁庄公",专诸为公子光"客",豫让"事智伯",身份似乎都不高。参考豫让"变名姓为刑人",曾"行乞于市";高渐离"为人庸保""作苦"等事迹②,可知司马迁表扬的"刺客"们的社会身份其实也与"贱者故称盗"颇为接近。而那位张良"东见仓海君"所结识,"为铁椎重百二十斤",协助张良"狙击秦皇帝博浪沙中,误中副车"的"力士",最终连姓名也没有能够留下来。

"聂政杀韩相侠累"事:"韩相侠累方坐府上","聂政直入,上阶刺杀侠累"③。豫让为智伯报仇,刺杀赵襄子,也曾"入宫涂厕,中挟匕首,欲以刺襄子"④。然而最著名的刺杀现场,仍是在出行途中:"襄子当出,豫让伏于所当过之桥下。襄子过桥,马惊,襄子曰:'此必是豫让也。'使人问之,果豫让也。"⑤这种"伏于所当过"途中的情形,与导致秦始皇出行博浪沙遇刺险情张良的谋划大致相同。

二　平舒道有人持璧遮使者

《史记》卷六《秦始皇本纪》记载了秦始皇三十六年(前211)发生的一件神异事件:

---

① 有的辞书以"刺客"解说"盗"之字义。《汉语大词典》说"盗"之一义:"杀人者;刺客。《尉缭子·武议》:'杀人之父兄,盗也。'《旧唐书·代宗纪》:'丁卯夜,盗杀李辅国于其第,窃首而去。'……"汉语大词典编辑委员会、汉语大词典编纂处:《汉语大词典》第7卷,汉语大词典出版社,1991年,第1432页。《汉语大字典》释"盗",有"刺客"一义。书证为前引《左传·桓公十六年》:"宣姜与公子朔构急子。公使诸齐,使盗待诸莘,将杀之。"另一例为前引《史记》卷六《秦始皇本纪》:"始皇为微行咸阳,与武士四人俱,夜出逢盗兰池,见窘,武士击杀盗,关中大索二十日。"汉语大字典编辑委员会:《汉语大字典》(缩印本),四川辞书出版社、湖北辞书出版社,1993年,第1072页。其实,引博浪沙故事说明"盗"与"刺客"的关系似乎更为合适。
② 《史记》,第2522—2523页,第2525、2515、2517页,第2519—2520页,第2536—2537页。
③ 《史记》卷八六《刺客列传》,第2524页。
④ 《史记》,第2519页。
⑤ 《史记》,第2521页,

> 秋，使者从关东夜过华阴平舒道，有人持璧遮使者曰："为吾遗滈池君。"因言曰："今年祖龙死。"使者问其故，因忽不见，置其璧去。使者奉璧具以闻。始皇默然良久，曰："山鬼固不过知一岁事也。"退言曰："祖龙者，人之先也。"使御府视璧，乃二十八年行渡江所沈璧也。于是始皇卜之，卦得游徙吉。迁北河榆中三万家。拜爵一级。①

张守节《正义》引《括地志》："平舒故城在华州华阴县西北六里。《水经注》云：'渭水又东经平舒北，城枕渭滨，半破沦水，南面通衢。昔秦之将亡也，江神送璧于华阴平舒道，即其处也。'"②《水经注》所谓"平舒北"及"南面通衢"，提示"华阴平舒道"是咸阳通往"关东"的"通衢"要道。这一故事的发生，与三则交通史事相关：

(1)使者从关东夜过华阴平舒道。

(2)持璧遮使者曰："为吾遗滈池君。"

(3)使御府视璧，乃二十八年行渡江所沈璧也。

(4)始皇卜之，卦得游徙吉。迁北河榆中三万家。

(1)使者行道；(2)以璧远遗；(3)渡江沈璧；(4)卜卦移民。由(4)可知，以天子之尊，亦卜问迁徙之吉凶。睡虎地秦简《日书》甲种可见有关迁徙禁忌的内容，如："正月五月九月，北徙大吉，东北少吉，若以是月殹(也)东徙，殹，东南刺离，南精，西南室毁，西困，西北辱。"(五九正壹)③如果秦始皇占卜方式与睡虎地秦简《日书》属同一系统，时在秋季，而北河榆中地当咸阳正北，其卜问结果当与简五九正壹一致，"迁北河榆中三万家"，其时当在九月。

《汉书》卷二七中之上《五行志中之上》也有关于有人"持璧"待"关东"来人的记载：

> 史记秦始皇帝三十六年，郑客从关东来，至华阴，望见素车白马从华山上下，知其非人，道住止而待之。遂至，持璧与客曰："为我遗镐池君。"因言"今年祖龙死"。忽不见。郑客奉璧，即始皇二十八年过江所

---

① 张守节《正义》："谓北河胜州也。榆中即今胜州榆林县也。言徙三万家以应卜游徙吉也。"《史记》，第259—260页。

② 《史记》，第259页。

③ 睡虎地秦墓竹简整理小组：《睡虎地秦墓竹简》，文物出版社，1990年，释文注释第189页。

湛璧也。

所谓"道住之而待之",颜师古注:"于道上住而待此车马。"①这一记载没有说到"平舒道",也省略了"始皇卜之,卦得游徙吉"及"迁北河榆中三万家"情节。故事的主角不称"使者"而作"郑客",但是"从关东来,至华阴",行走在交通大道上是没有疑问的。还应当注意的是,出现了另一件交通史事:"素车白马从华山上下"。

钱锺书《管锥编》《史记会注考证》部分就《史记》卷六《秦始皇本纪》所记载此事有所分析:

> "有人持璧遮使者曰:'为吾遗镐池君'"一节,《考证》引梁玉绳据《搜神记》考"今年祖龙死"当作"明年"。按阎若璩《潜丘劄记》卷二早据李白《古风》言此;刘延世《孙公谈圃》卷中记一蓬头小青衣送王安石以白杨木笏,"荆公恶甚,弃之墙下,曰:'明年祖龙死!'"可参证。《搜神记》卷四所记事亦见《水经注》卷一九《渭水》及《后汉书·襄楷传》章怀注所引《春秋后传》;使者至鄗池,见宫阙,授书谒者而待命,闻内"语声言'祖龙死'"。与《史记》《搜神记》情节不同,波折似胜也。②

《史记会注考证》:"梁玉绳曰:'今年',《搜神记》作'明年'。《初学记》《文选》注引《史》文,正作'明年'。"③

"使者从关东夜过华阴平舒道,有人持璧遮使者"或者"郑客从关东来,至华阴,望见素车白马从华山上下,知其非人,道住止而待之。遂至,持璧与客",都是联系"关东"与以"滈池"("镐池""鄗池")为标志的关中重心地方的交通行为,而"二十八年行渡江"及"卦得游徙吉""迁北河榆中三万家"诸事的神秘关联,是治交通史者应当关注的。

---

① 《汉书》,第 1399—1400 页。
② 钱锺书:《管锥编》,中华书局,1979 年,第 264 页。
③ 《史记会注考证附校补》,第 169 页。今按:梁玉绳说未见于《史记志疑》。[清]梁玉绳撰:《史记志疑》,中华书局,1981 年。

三　蜚刍挽粟

《汉书》卷二四上《食货志上》写道,秦时百姓承担的力役达到古时的三十倍,这是民众"亡逃山林,转为盗贼",即成为政权抵制与反抗力量的重要原因。①徭役无疑成为当时人民感受到的最沉重的压迫。值得注意的是,运输是劳役的重要形式之一。

《史记》卷一一二《平津侯主义列传》:"使天下蜚刍挽粟,起于黄、腄、琅邪负海之郡,转输北河,率三十锺而致一石。"②"使蒙恬将兵以北攻胡,辟地进境,戍于北河,蜚刍挽粟以随其后。"③《史记》卷一一八《淮南衡山列传》:"转负海之粟致之西河。"④《淮南子·人间》:"发卒五十万,使蒙公、杨翁子将,筑修城,西属流沙,北击辽水,东结朝鲜,中国内郡,輓车而饷之。"⑤《淮南子·氾论》:"发適戍,入刍槁,头会箕赋,输于少府。丁壮丈夫,西至临洮、狄道,东至会稽、浮石,南至豫章、桂林,北至飞狐、阳原,道路死人以沟量。"⑥"转输"自"负海"至"北河",自"内郡"至"流沙""辽水""朝鲜",运途十分遥远。

沉重的"转输""力役"成为社会负担,也是导致秦王朝灭亡的直接因素之一。《史记》卷一一二《平津侯主父列传》于"使天下蜚刍挽粟,起于黄、腄、琅邪负海之郡,转输北河"之后写道:"男子疾耕不足于粮饷,女子纺绩不足于帷幕。

---

① 《汉书》卷二四上《食货志上》:"(秦)用商鞅之法,改帝王之制,除井田,民得卖买,富者田连仟伯,贫者亡立锥之地。又颛川泽之利,管山林之饶,荒淫越制,逾侈以相高;邑有人君之尊,里有公侯之富,小民安得不困? 又加月为更卒,已复为正,一岁屯戍,一岁力役,三十倍于古;田租口赋,盐铁之利,二十倍于古。或耕豪民之田,见税什五。故贫民常衣牛马之衣,而食犬彘之食。重以贪暴之吏,刑戮妄加,民愁亡聊,亡逃山林,转为盗贼,赭衣半道,断狱岁以千万数。"第1137页。
② 《史记》,第2954页。
③ 《史记》,第2958页。
④ 《史记》,第3086页。
⑤ 《淮南子校释》,第1907页。
⑥ 《淮南子校释》,第1381页。

百姓靡敝,孤寡老弱不能相养,道路死者相望,盖天下始畔秦也。"①又说:"秦祸北构于胡,南挂于越,宿兵无用之地,进而不得退。行十余年,丁男被甲,丁女转输,苦不聊生,自经于道树,死者相望。及秦皇帝崩,天下大叛。陈胜、吴广举陈,武臣、张耳举赵,项梁举吴,田儋举齐,景驹举郢,周市举魏,韩广举燕,穷山通谷豪士并起,不可胜载也。"②贾谊《新书·属远》:"输将起海上而来,一钱之赀耳,十钱之费。上之所得者甚少,而民毒苦之甚深,故陈胜一动而天下不振。"③《淮南子·人间》:"当此之时,男子不得修农亩,妇人不得剡麻考缕,羸弱服格于道,大夫箕会于衢,病者不得养,死者不得葬。"于是陈胜起兵,"遂失天下"。④《淮南子·兵略》:"发闾左之戍,收太半之赋,百姓之随逮肆刑,挽辂首路死者,一旦不知千万之数,天下敖然若焦热,倾然若苦烈,上下不相宁,吏民不相僇。戍卒陈胜兴于大泽,攘臂袒右,称为大楚,而天下响应。"⑤所谓"服格""挽辂首""蚩呙挽粟"等,都是指服事"转输""力役",充作承担艰苦运输劳作的苦力。

四 陈胜暴动的直接起因:"会天大雨,道不通,度已失期"

《淮南子·人间》言秦末政治危局严重:"于是陈胜起于大泽,奋臂大呼,天下席卷,而至于戏。刘、项兴义兵随而定,若折槁振落,遂失天下。"⑥关于陈胜暴动的社会背景,是"天下苦秦久矣"。其直接诱因,则与一次交通行为有关,即"会天大雨,道不通,度已时期",而"失期,法皆斩"。⑦有人据睡虎地秦墓出土竹简《徭律》有关"水雨,除兴"等内容,对《史记》有关陈胜等因"失期,法当斩"因而奋起反秦的历史记录提出质疑。由"鱼腹""丹书""篝火""狐鸣"及"诈称公

---

① 《史记》,第2954页。
② 《史记》,第2958页。
③ [汉]贾谊撰,阎振益、钟夏校注:《新书校注》,中华书局,2000年,第116页。
④ 《淮南子校释》,第1907页。
⑤ 《淮南子校释》,第1568页。
⑥ 《淮南子校释》,第1907页。
⑦ 《史记》卷八《高祖本纪》,第350页;卷四八《陈涉世家》,第1950页。

子扶苏、项燕"等,推想"失期,法皆斩"也是陈胜等宣传鼓动策略。然而考察相关史事,可知秦代"徭"与"兴戍"不同。许多史例可以证明,对于军事行为"失期"的惩处,由于关系到战争胜负,从战国至汉代都是严厉的。《史记》有关秦代制度"失期,法皆斩"的记录真确可信,无可置疑。后世虽然可见"失期""毋斩"事,但是也有处罚更为残酷的情形。

理解有关军法"失期,法皆斩"的全面推行与陈胜暴动及秦末政治变局等历史迹象,应当关注秦政对于战争年代军事管理传统的沿袭。秦通过战争方式以暴力手段实现统一以后,仍然长期以军事管制手段维护军事征服战果的国家控制方式,最终导致了政权的覆亡。

(一)《史记》:"道不通,度已失期"与"失期,法皆斩"

秦二世元年(前209),陈胜、吴广于大泽乡"首起义师"①,发起反秦暴动。这一事件形成了全局性的影响,随后各地兴起的武装民众,最终推翻了秦王朝的强权统治。如贾谊《过秦论》所说:"(陈涉)率罢散之卒,将数百之众,而转攻秦。斩木为兵,揭竿为旗,天下云集响应,赢粮而景从,山东豪俊遂并起而亡秦族矣。"②历代史家对于陈胜、吴广这一政治动作之性质的评价,或称作"发迹",或

---

① 陈玉树:《史记陈涉世家书后》,《后乐堂文钞》卷一,清光绪二十五年铅印本。
② 《史记》,第281—282页。又《新书·属远》:"陈胜一动而天下不振。"俞樾以为"不"为衍字。吴云、李春台校注:《贾谊集校注》(增订版),天津古籍出版社,2010年,第105—106页。贾谊《过秦论》:"奋臂于大泽而天下响应者……"《史记》卷六《秦始皇本纪》,第284页。《汉书》卷四九《晁错传》载晁错语:"陈胜行戍,至于大泽,为天下先倡,天下从之如流水……"中华书局,1962年,第2284页。《史记》卷一一八《淮南衡山列传》载淮南王语:"(陈胜、吴广)奋臂大呼而天下响应。"载伍被语:"陈胜大呼,天下响应。"第3090页。《汉书》卷五一《贾山传》载《至言》:"(秦)兵破于陈涉,地夺于刘氏……"第2331—2332页。《盐铁论·结和》载文学语:"一夫倡而天下合,兵破陈涉,地夺诸侯……"《盐铁论校注》(定本),第481页。

称作"发难"①,或称作"发端"②,或称作"造反"③,或称作"起兵"④,或称作"举兵"⑤,或称作"举事"⑥,或称作"首事"⑦,或称作"起事"⑧,或称作"农民大暴动"⑨,亦多称作"起义"⑩"农民大起义"⑪,也有点燃"农民战争的火焰",举起"革命烽火""揭起了中国历史上第一次大规模农民战争的旗帜"⑫"最初点起革命烽火"⑬等说法。而这一重要事件的直接起因,是九百戍卒往渔阳途中"会天大雨,道不通,度已失期",而秦代制度"失期,法皆斩"。《史记》卷四八《陈涉世家》记载:

> 二世元年七月,发闾左適戍渔阳,九百人屯大泽乡。陈胜、吴广皆次当行,为屯长。会天大雨,道不通,度已失期。失期,法皆斩。陈胜、

---

① 《史记》卷一三〇《太史公自序》:"秦失其政,而陈涉发迹,诸侯作难,风起云蒸,卒亡秦族。天下之端,自涉发难。"第 3310—3311 页。明杨慎《史记题评》也说"陈涉发难",明嘉靖十六年胡有恒刻本。清刘光蕡《史记太史公自序注》:"陈涉之发难,亦可为世家。"《烟霞草堂遗书》,1919 年苏州刊本。
② [清]刘光蕡:《史记太史公自序注》,《烟霞草堂遗书》,1919 年苏州刊本。
③ 钱穆:《秦汉史》,台湾中国文化大学出版部,1980 年,第 13 页。
④ 瞿兑之:《秦汉史纂》,鼎文书局,1979 年,第 84 页。
⑤ 〔日〕鹤间和幸著,马彪译:《始皇帝的遗产——秦汉帝国》,广西师范大学出版社,2014 年,第 105 页。
⑥ [明]郝敬:《史记愚按》卷三,明崇祯间郝氏刻《山草堂集》本。
⑦ 《史记》卷四八《陈涉世家》司马贞《索隐》:"按:胜立数月而死,无后,亦称'系家'者,以其所遣王侯将相竟灭秦,以其首事也。"第 1949 页。吕思勉:《秦汉史》,商务印书馆,2010 年,第 26 页。
⑧ 韩复智、叶达雄、邵台新等编著:《秦汉史》(增订本),里仁书局,2007 年,第 49 页。
⑨ 翦伯赞:《秦汉史》,北京大学出版社,1983 年,第 66 页。
⑩ 如林剑鸣:《秦史稿》,上海人民出版社,1981 年,第 413 页;田昌五、安作璋主编:《秦汉史》,人民出版社,1993 年,第 70 页;张帆:《中国古代简史》,北京大学出版社,2001 年,第 80 页。
⑪ 尚钺主编:《中国历史纲要》,人民出版社,1980 年,第 43 页;安作璋:《中国史简编·古代卷》,高等教育出版社,2014 年,第 114 页。
⑫ 漆侠等著:《秦汉农民战争史》,生活·读书·新知三联书店,1962 年,第 21、19 页。
⑬ 林剑鸣:《秦汉史》,上海人民出版社,1989 年,第 195 页。

吴广乃谋曰："今亡亦死,举大计亦死,等死,死国可乎?"①陈胜曰："天下苦秦久矣。吾闻二世少子也,不当立,当立者乃公子扶苏。扶苏以数谏故,上使外将兵。今或闻无罪,二世杀之。百姓多闻其贤,未知其死也。项燕为楚将,数有功,爱士卒,楚人怜之。或以为死,或以为亡。今诚以吾众诈自称公子扶苏、项燕,为天下唱,宜多应者。"②吴广以为然。乃行卜。卜者知其指意,曰:"足下事皆成,有功。然足下卜之鬼乎!"陈胜、吴广喜,念鬼,曰:"此教我先威众耳。"乃丹书帛曰"陈胜王",置人所罾鱼腹中。卒买鱼烹食,得鱼腹中书,固以怪之矣。又间令吴广之次所旁丛祠中,夜篝火,狐鸣呼曰"大楚兴,陈胜王"。卒皆夜惊恐。旦日,卒中往往语,皆指目陈胜。

　　吴广素爱人,士卒多为用者。将尉醉,广故数言欲亡,忿恚尉,令辱之,以激怒其众。尉果笞广。尉剑挺,广起,夺而杀尉。陈胜佐之,并杀两尉。召令徒属曰:"公等遇雨,皆已失期,失期当斩。藉弟令毋斩,而戍死者固十六七。且壮士不死即已,死即举大名耳,王侯将相宁有种乎!"徒属皆曰:"敬受命。"乃诈称公子扶苏、项燕,从民欲也。袒右,称大楚。为坛而盟,祭以尉首。

关于陈胜"召令徒属"语,裴骃《集解》:"服虔曰:'藉,假也。弟,次弟也。'应劭曰:'藉,吏士名藉也。今失期当斩,就使藉弟幸得不斩,戍死者固十六七。此激怒其众也。'苏林曰:'弟,且也。'"司马贞《索隐》:"苏林云'藉第,假借。且令失期不斩,则戍死者固十七八'。然弟一音'次第'之'第'。又小颜云'弟,但也';刘氏云'藉音子夜反';应劭读如字,云'藉,吏士之名藉也'。各以意言,苏说为近之也。"③

　　"失期,法皆斩",《汉书》卷三一《陈胜传》写作"失期法斩"。④

---

① 对于这句话,清人牛运震评价:"连用四'死'字,句法练。"[清]牛运震撰,崔凡芝校释:《空山堂史记评注校释》,中华书局,2012年,第318页。

② 对于"陈胜曰'天下苦秦久矣'云云,至'宜多应者'",清人牛运震说:"此段屡用'吾闻''或闻''多闻其贤,未知其死也''或以为死,或以为亡',约略闪忽,确是草泽人口气。"《空山堂史记评注校释》,第318页。

③ 《史记》,第1950—1952页。

④ 《汉书》,第1786页。

"陈胜自立为将军,吴广为都尉。攻大泽乡,收而攻蕲。蕲下,……攻铚、酂、苦、柘、谯皆下之。行收兵。比至陈,车六七百乘,骑千余,卒数万人。攻陈,……乃入据陈。……立为王,号为张楚。"①陈胜首义反秦,各地民众纷纷响应。按照《史记》卷一五《六国年表》的说法,七月陈胜起兵,"九月,郡县皆反"。②"楚兵数千人为聚者,不可胜数。""(周文)西击秦。行收兵至关,车千乘,卒数十万,至戏,军焉。"③陈胜军周文部进军到戏(今陕西临潼东),直接威胁秦王朝的统治中心——咸阳。

陈胜、吴广暴动的直接诱因,据司马迁记述,是"適戍渔阳"途中"会天大雨,道不通,度已失期。失期,法皆斩"。吴广已夺剑杀尉,陈胜振臂一呼时,"召令徒属曰:'公等遇雨,皆已失期,失期当斩。藉弟令毋斩,而戍死者固十六七。且壮士不死即已,死即举大名耳,王侯将相宁有种乎'"!也以"遇雨,皆已失期,失期当斩"鼓动号召"徒属"。行赴戍地的交通行为,与最终颠覆一个强大帝国的历史剧变形成直接的关系。

(二)睡虎地《徭律》与"失期,法皆斩"疑问

有人以睡虎地秦简《徭律》有关"水雨,除兴"等内容,对陈胜、吴广因"失期,法当斩"奋起反秦的历史记录提出质疑。《徭律》:

> 御中发征,乏弗行,赀二甲。失期三日到五日,谇;六日到旬,赀一盾;过旬,赀一甲。其得殹(也),及诣。水雨,除兴。

整理小组译文:"为朝廷征发徭役,如耽搁不加征发,应罚二甲。迟到三天到五天,斥责;六天到十天,罚一盾;超过十天,罚一甲。所征发人数已足,应尽速送抵服役处所。遇降雨不能动工,可免除本次征发。"④

有人曾对"失期,法皆斩"是否秦代推行的制度提出疑议。于敬民认为,"失期当斩"并非秦律内容,"它与'鱼腹丹书''篝火狐鸣''诈称扶苏项燕'一样,只是一种发动起义的策略手段"。又据睡虎地秦简《徭律》,指出秦征发徭役"对于

---

① 《史记》卷四八《陈涉世家》,第1952页。
② 《史记》,第758页。
③ 《史记》卷四八《陈涉世家》,第1953—1954页。
④ 睡虎地秦墓竹简整理小组:《睡虎地秦墓竹简》,文物出版社,1978年,第76、79页。

或失期者,或不报到者,处罚都是微不足道的",《徭律》的规定"与《史记》对于'失期'者,全部杀头的处罚相差甚远",以为《史记》记载"难以令人置信"。① 曹旅宁考察秦汉法律有关"不可抗力"的条文,也说陈胜事迹中"失期只是一个借口"。② 金菲菲也说:秦代法律中对"失期"的惩治不可能是"斩","失期,法皆斩"只是陈胜、吴广发动起义的一种策略手段,并非秦律原文。③ 芮乐伟·韩森认为陈胜等是服劳役者,仅仅因为"遇雨误了工期"就面临"失期当斩"的境遇,令人难以理解。于是怀疑汉代人夸大了秦法的严苛,主张必须谨慎对待描述秦朝残暴历史的史料。④

　　质疑"失期,法皆斩"的声音有相当大的影响。有人说:"假如遇到大雨而耽误了时间,处罚首领是正常的情况,但将全体人员全部斩首,这的确是非常残暴的法律。究竟秦朝是不是有这么一条残酷的法律?陈胜的话是不是真的有秦朝的法律作为依据?司马迁在记载的时候并没有说明陈胜的话是出自秦朝哪条法律。由于秦朝的法律被汉朝当局全部毁掉,司马迁也难以从秦朝的法律找出依据。因此这段没有依据的记载就成了秦始皇'残暴'的一个重要的依据。"⑤对"失期当斩"制度持质疑态度者认为:"在出土的《秦律》里面,失期并不是重罪,甚至,因客观原因而失期的无罪。""从这件事我们可以推断:秦朝的法律并不是我们想象中的那样'残酷',有可能是被某些神秘的力量歪曲了。"这被看作"汉朝'黑'前朝(秦朝)的事情"之一。⑥ 具体表述形式或有不同,如:"在出土的《秦律》里面,失期并不是重罪,甚至,因天气而失期的无罪。从这件事我们推理出来,秦朝的法律并不是我们想象中的那样残酷,有可能是被后人抹黑。"论者又

---

① 于敬民:《"失期,法皆斩"质疑》,《中国史研究》1998 年第 1 期。
② 曹旅宁:《陈胜吴广起义原因"失期"辨析——秦汉法律简牍中关于"不可抗力"规定》,武汉大学简帛网,2007 年 6 月 17 日。
③ 金菲菲:《〈史记·陈涉世家〉"失期"考》,《首都师范大学学报》(社会科学版)2011 年增刊。
④ 〔美〕芮乐伟·韩森著,梁侃、邹劲风译:《开放的帝国——1600 年前的中国历史》,江苏人民出版社,2007 年,第 93—94 页。
⑤ 磊光:《陈胜吴广"起义,本身就是一个阴谋"》,铁血网 2012 年 11 月 11 日,网址 https://m.titxue.net/touch/thread_6400328_1.html。
⑥ 蜀山笔侠:《考古出土〈秦竹简〉颠覆了陈胜、吴广起义的理由!》,知乎网 2018 年 1 月 18 日,网址 https://zhuanlan.zhihu.com/p/33073969。

分析:"到底是陈胜吴广利用大家的无知,为了成功起义而故意夸张了失期的惩罚,还是秦二世上台后修改了秦法,这就需要更多出土的文物来考察了。"论者认为,"这个秦代竹简的出土,彻底颠覆了陈胜吴广起义的理由"。①

张志坚注意到睡虎地秦简法律文书有关"乏律"的处罚规定,也以为"很难相信陈胜、吴广等的失期'乏徭'会被斩首",但是也对曹旅宁等人的意见有所质疑。他认为:"从陈胜、吴广这批人要'適戍渔阳'来看,陈胜等所服为兵役,并非一般意义的徭役,这点我们必须要清楚的。"然而"由于所出土文献有限,我们尚不能看到完整的秦律"。② 有关秦兵役征发的具体规定目前尚未能确知。而陈伟武曾考察出土文献有关军法的内容如银雀山竹简《兵令》及《尉缭子·兵令下》,指出陈胜等所犯为"后戍法",即内地戍卒应征戍边未能按时抵达戍所就要定罪服刑。③ 庄小霞指出秦汉时代军法中确实有"失期,法皆斩"的规定,又考辨传世文献相关记载,结合秦汉简牍资料,指出"失期当斩"来自三代以来的军法传统,不能据此认定秦法严苛。④ 赵科学亦根据对《奏谳书》中毋忧事迹不适用于《蛮夷律》和《兴律》的分析,以为应根据军法条文,毋忧没有按照规定到屯戍地点,应该判定为"失期"。"失期当斩"是秦汉时常见的军法。⑤

我们应当注意到,《陈涉世家》的文字,记载"会天大雨,道不通,度已失期"及"失期,法皆斩"在"陈胜、吴广乃谋曰:'今亡亦死,举大计亦死,等死,死国可乎'"之前。显然,此"失期,法皆斩"并非"陈胜、吴广"语,尽管他们在鼓动"徒属"暴动时也说了"公等遇雨,皆已失期,失期当斩"这样的话,但是此处"会天大雨,道不通,度已失期"及"失期,法皆斩",是《史记》作者的语言,而并非"陈胜吴广利用大家的无知,为了成功起义而故意夸张了失期的惩罚",并非"本身就是

---

① 熊小吉讲故事:《这个秦代竹简的出土,彻底颠覆了陈胜吴广起义的理由》,百家号 2018 年 1 月 24 日,网址 https://baijiahao.baidu.com/s?id=1590479101138323685&wfr=spoder&for=pc。
② 张志坚:《陈胜、吴广起义原因辨析》,复旦大学古文字中心网站,2010 年 12 月 29 日。
③ 陈伟武:《简帛所见军法辑证》,《简帛研究》第 2 辑,法律出版社,1996 年。
④ 庄小霞:《"失期当斩"再探——兼论秦律与三代以来法律传统的渊源》,《中国古代法律文献研究》第 11 辑,社会科学文献出版社,2017 年。
⑤ 赵科学:《"毋忧案是桩冤案"辨析——张家山汉简〈奏谳书〉研究之二》,《江汉考古》2007 年第 3 期。

一个阴谋"。有学者在回顾这一主题研究的学术史时也说道:"学界对陈胜的说法提出了质疑。"①所谓"陈胜的说法"也并不准确。

而前引睡虎地秦简《徭律》"其得殹(也),及诣。水雨,除兴",王伟已经指出应当断句为:

> 其得殹(也)及诣水雨。除。兴

"兴"是律名。认为这条律文应是秦《兴律》的内容。② 孙闻博指出:"与日常性'徭''戍'相别,战时征发、调集称'军兴',与'从军'关系密切。从秦汉《兴律》到唐代《擅兴律》,军兴内容逐步被纳入其中,并成为主体,前后存在一个发展的过程。张家山汉简《奏谳书》有涉及'发屯'的案例。蛮夷大男子因逃亡而被处以腰斩重刑。相关量刑,对理解汉代《兴律》多不载军兴内容,或有启发。当时有关军兴的规定,仍属军法范畴。"③

以为睡虎地秦简《徭律》的内容"彻底颠覆了陈胜吴广起义的理由",这种判断生成的关键,即对于"水雨,除兴",理解为如果是因为下雨等天气原因造成失期的,免予处罚。然而应当注意到,一般的"兴",与军事征发即"兴戍"有所不同。孙闻博说:"秦汉'徭戍'包含国家征发的一般性力役与屯戍一类常规性兵役。秦及汉初,'徭''戍'分指两类,不仅睡虎地秦简《秦律十八种》《秦律杂抄》出现《徭律》《戍律》律名,岳麓书院藏秦简《律令杂抄》也出现有《徭律》《戍律》。《史记》卷七《项羽本纪》记'诸侯吏卒异时故繇使屯戍过秦中,秦中吏卒遇之多无状'。'繇使屯戍'应分指两事,可与'徭戍'语对应。"④我们看到,睡虎地秦简《秦律十八种》之《工律》写道:"邦中之繇(徭)及公事官(馆)舍,其叚(假)公,叚(假)而有死亡者,亦令其徒、舍人任其叚(假),如从兴戍然。工律。"整理小组译文:"在都邑服徭役和因有官府事务居于官舍,如借用官有器物,借者死亡,应令服徭役的徒众或其舍人负责,和参加屯戍的情形一样。"⑤可见"繇(徭)"与"兴

---

① 朱锦程、苏俊林:《秦"失期,法皆斩"新证》,《简帛研究》2017 年秋冬卷,广西师范大学出版社,2017 年。
② 王伟:《〈秦律十八种·徭律〉应析出一条〈兴律〉说》,《文物》2005 年第 10 期。
③ 孙闻博:《秦汉"军兴"、〈兴律〉考辨》,《南都学坛》2015 年第 2 期;孙闻博:《秦汉军制演变史稿》,中国社会科学出版社,2016 年,第 305—306 页。
④ 《秦汉军制演变史稿》,第 290—297 页。
⑤ 睡虎地秦墓竹简整理小组:《睡虎地秦墓竹简》,文物出版社,1978 年,第 70—71 页。

戍"是原本不同的。高敏考论"秦时服役"制度,关注过相关主题。他写道:"如果服役者因种种困难而迟到,法令规定:'失期三日五日①,谇;六日到旬,赀一盾;过旬,赀一甲'(《徭律》)……到了秦末,更是'失期,法皆斩','亡亦死'(《史记·陈涉世家》)……"②

不过,以为睡虎地秦墓竹简《徭律》时代的法律"到了秦末"发生如此明显变化的判断,即以为"秦朝的法律越来越严苛,直到末期终于由原来的罚款变成斩首",即"立法体系的根本性调整"的意见,有不同的意见发表。

(三)张家山《兴律》与"失期,法皆斩"疑问

有人可能根据张家山汉简《二年律令·兴律》的如下内容,分析了处理"当戍"情况下"已受令而逋不行"以及"去署及亡"行为的规定:

> 当戍,已受令而逋不行盈七日,若戍盗去署及亡一日到七日,赎耐;
> 过七日,耐为隶臣;过三月,完为城旦。(三九八)

整理小组注释:"逋,逃。""盗,私自。去署,离开岗位,见《睡虎地秦墓竹简·法律答问》之'何谓窦署'条。"③简文:"'窦署'即去殿(也)……"据整理小组的解说:"窦,《说文》:'空也。'""去署,擅离岗位,常见于汉简,如《居延汉简甲编》476 有'第十二燧长张寅酉十月庚戌擅去署',1862 有'迫有行塞者,未敢去署'。即去署也,包括按去署治罪的意思。"④

其中,"戍盗去署"中的"盗",整理小组以为"盗,私自"的理解,或许还可以商榷。

论者指出:汉朝的这个戍边的规定虽然比迟到就要砍头减轻了许多,但较比云梦秦简中的迟到只交罚款,不去也只罚两套盔甲的条款重多了。带着这种疑问对照汉律,又有新的发现:"汉律规定,徭役迟到也是罚款,按天算钱,迟到一天罚十二钱,还要补回原来的徭役。"所读汉律应当即张家山汉简《兴律》的如下

---

① 今按:应作:"失期三日到五日,谇;六日到旬,赀一盾;过旬,赀一甲。""三日到五日","到"字缺写。
② 高敏:《云梦秦简初探》(增订本),河南人民出版社,1981年,第25页。
③ 张家山二四七号汉墓竹简整理小组:《张家山汉墓竹简〔二四七号墓〕》(释文修订本),文物出版社,2006年,第62页。
④ 睡虎地秦墓竹简整理小组:《睡虎地秦墓竹简》,文物出版社,1978年,第236—237页。

文字：

　　已（？）繇（徭）及车牛当繇（徭）而乏之，皆赀日十二钱，有（又）赏（偿）乏繇（徭）日，车□（四〇一）□繇（？）日（？）□（四〇二）□罚有日及钱数者。（四〇三）①

论者注意到："戍边不同于普通的徭役，它是服兵役的范畴，所以秦汉法律都把它与普通徭役分开了。但是出土的云梦秦简残缺不全，当中凑巧没有秦朝戍边的法律条款，所以高教授把它理所当然的归到了徭役法律条款中，认为秦朝法律有一个大的变化。实在是一场误会。"②

上文说到一般的"兴"，与军事征发即"兴戍"有所不同，也就是说，"戍边不同于普通的徭役"。但是，还应当看到《二年律令·兴律》"当戍，已受令而逋不行盈七日，若戍盗去署及亡一日到七日"之"戍"或可能包括维护地方治安的武装执勤，以及前引孙闻博说"屯戍一类常规性兵役"，与陈胜、吴广"適戍渔阳"即直接赴边防前线极可能执行作战任务，进入战争生活是不一样的。我们无法想象"陈胜、吴广皆次当行"的这种军役调发、兵力集结，可能出现"已受令而逋不行盈七日"的情形。

睡虎地秦简《秦律杂抄》中其实也是有"戍律"的。如"●戍律曰：同居毋并行，县啬夫、尉及士吏行戍不以律，赀二甲"。所谓"行戍"，尤其值得注意。另有关于"戍者城及补城"的一条，应当也属于"戍律"。③ 只是我们没有看到与"失期，法皆斩"对应的律文。

（四）司马穰苴"斩庄贾以徇三军"故事

其实，与一般的工程劳务徭役及维护治安的"戍盗"征发性质有别，出于军事目的的部队集结应有更严格的要求。战国时期就有明确的"期而后至者""当斩"的严厉军法。

《史记》卷六四《司马穰苴列传》记载："齐景公时，晋伐阿、甄，而燕侵河上，

---

① 张家山二四七号汉墓竹简整理小组：《张家山汉墓竹简〔二四七号墓〕》（释文修订本），第62页。

② 独此一人：《高敏教授对睡虎地秦简的几个错误认识》，新浪博客2012年10月14日，网址 http://blog.sina.com.cn/s/blog_499b7ab401017qt0.html？tj=1。

③ 睡虎地秦墓竹简整理小组：《睡虎地秦墓竹简》，文物出版社，1978年，第147—148页。

齐师败绩。景公患之。晏婴乃荐田穰苴曰:'穰苴虽田氏庶孽,然其人文能附众,武能威敌,愿君试之。'景公召穰苴,与语兵事,大说之,以为将军,将兵扞燕晋之师。穰苴曰:'臣素卑贱,君擢之闾伍之中,加之大夫之上,士卒未附,百姓不信,人微权轻,愿得君之宠臣,国之所尊,以监军,乃可。'于是景公许之,使庄贾往。穰苴既辞,与庄贾约曰:'旦日日中会于军门。'穰苴先驰至军,立表下漏待贾。贾素骄贵,以为将己之军而己为监,不甚急;亲戚左右送之,留饮。日中而贾不至。穰苴则仆表决漏,入,行军勒兵,申明约束。约束既定,夕时,庄贾乃至。穰苴曰:'何后期为?'贾谢曰:'不佞大夫亲戚送之,故留。'穰苴曰:'将受命之日则忘其家,临军约束则忘其亲,援桴鼓之急则忘其身。今敌国深侵,邦内骚动,士卒暴露于境,君寝不安席,食不甘味,百姓之命皆悬于君,何谓相送乎!'召军正问曰:'军法期而后至者云何?'对曰:'当斩。'庄贾惧,使人驰报景公,请救。既往,未及反,于是遂斩庄贾以徇三军。三军之士皆振栗。久之,景公遣使者持节赦贾,驰入军中。穰苴曰:'将在军,君令有所不受。'问军正曰:'驰三军法何?'正曰:'当斩。'使者大惧。穰苴曰:'君之使不可杀之。'乃斩其仆,车之左驸,马之左骖,以徇三军。遣使者还报,然后行。士卒次舍井灶饮食问疾医药,身自拊循之。悉取将军之资粮享士卒,身与士卒平分粮食。最比其羸弱者,三日而后勒兵。病者皆求行,争奋出为之赴战。晋师闻之,为罢去。燕师闻之,度水而解。于是追击之,遂取所亡封内故境而引兵归。"司马穰苴坚持"军法"原则,得到齐景公的尊重:"景公与诸大夫郊迎,劳师成礼,然后反归寝。既见穰苴,尊为大司马。田氏日以益尊于齐。"①关于"立表下漏",司马贞《索隐》:"立表谓立木为表以视日景,下漏谓下漏水以知刻数也。"关于"仆表决漏",司马贞《索隐》:"仆者,卧其表也。决漏谓决去壶中漏水。以贾失期,过日中故也。"②而"召军正问曰:'军法期而后至者云何?'对曰:'当斩'"的情节,特别值得重视。

司马穰苴坚持"军法期而后至者""当斩"的原则"遂斩庄贾以徇三军"的故事,对于我们理解《陈涉世家》"失期,法皆斩""失期当斩",是有一定的参考意义的。

程树德考察《汉律》"失期当斩",指出:"按《荀子·君道》篇引《书》曰不逮

---

① 《史记》,第 2157—2158 页。

② 《史记》,第 2159 页。

时者,杀无赦,《韩诗外传》引作周制。"①庄小霞关于古军法类似内容,还举出更早的例证,如《史记》卷四《周本纪》:"师尚父号曰:'总尔众庶,与尔舟楫,后至者斩。'"裴骃《集解》引郑玄曰:"号令之军法重者。"②更早则有载于《国语·鲁语》,亦见于《史记》卷四七《孔子世家》的"禹致群神于会稽山,防风氏后至,禹杀而戮之"事。③

(五)汉代军法实例:张骞等"失期,当斩"

《司马穰苴列传》提示的是针对部队主官个人的"军法期而后至者""当斩"的严厉惩处。而如果整个部队"期而后至",无疑是更严重的事情。

秦汉之际的史例,或可说明秦汉制度的继承关系。《史记》卷九〇《魏豹彭越列传》记载彭越起兵时故事:"泽间少年相聚百余人,往从彭越,曰:'请仲为长。'越谢曰:'臣不愿与诸君。'少年强请,乃许。与期旦日日出会,后期者斩。旦日日出,十余人后,后者至日中。于是越谢曰:'臣老,诸君强以为长。今期而多后,不可尽诛,诛最后者一人。'令校长斩之。皆笑曰:'何至是?请后不敢。'于是越乃引一人斩之,设坛祭,乃令徒属。徒属皆大惊,畏越,莫敢仰视。乃行略地,收诸侯散卒,得千余人。"④

《史记》卷一一一《卫将军骠骑列传》有关张骞事迹的记载,说明"失期,当斩""失期,法皆斩""失期,法斩"的规定在汉代军法中依然存在:

> 将军张骞,以使通大夏,还,为校尉。从大将军有功,封为博望侯。
> 后三岁,为将军,出右北平,失期,当斩,赎为庶人。⑤

---

① 程树德:《九朝律考》卷一《汉律考四》"失期当斩"条,中华书局,1963年,第126页。《荀子·君道》:"《书》曰:'先时者杀无赦,不逮时者杀无赦。'"[清]王先谦撰,沈啸寰、王星贤点校:《荀子集解》,中华书局,1988年,第239页。《韩诗外传》卷六:"《周制》曰:'先时者死无赦,不及时者死无赦。'"屈守元笺疏:《韩诗外传笺疏》,巴蜀书社,1996年,第519页。

② 《史记》,第120—121页。

③ 《国语·鲁语下》"孔丘论大骨"条:"禹致群神于会稽之山,防风氏后至,禹杀而戮之。"第213页。《史记》,第1912—1913页。庄小霞:《"失期当斩"再探——兼论秦律与三代以来法律传统的渊源》,《中国古代法律文献研究》2018年第10期。

④ 《史记》,第2591页。

⑤ 《史记》,第2944页。

张骞所受到的处置,在《史记》卷一二三《大宛列传》的记载中,"失期"写作"后期":

> 骞以校尉从大将军击匈奴,知水草处,军得以不乏,乃封骞为博望侯。是岁元朔六年也。其明年,骞为卫尉,与李将军俱出右北平击匈奴。匈奴围李将军,军失亡多;而骞后期当斩,赎为庶人。①

《史记》卷一一一《卫将军骠骑列传》对于张骞以"将军"身份率部出击匈奴,"失期"延误军机的情形还有另外的表述:

> 其夏,骠骑将军与合骑侯敖俱出北地,异道;博望侯张骞、郎中令李广俱出右北平,异道;皆击匈奴。郎中令将四千骑先至,博望侯将万骑在后至。匈奴左贤王将数万骑围郎中令,郎中令与战二日,死者过半,所杀亦过当。博望侯至,匈奴兵引去。博望侯坐行留,当斩,赎为庶人。

"博望侯将万骑在后至""博望侯坐行留,当斩,赎为庶人","失期"即"后至""行留"。这次战役中,骠骑将军霍去病的部队与合骑侯敖的部队未能按计划会师,"骠骑将军出北地,已遂深入,与合骑侯失道,不相得",但是仍获大胜:"骠骑将军逾居延至祁连山,捕首虏甚多。"汉武帝颁布诏书嘉奖霍去病及其他有功军官,而合骑侯受到追究:"合骑侯敖坐行留不与骠骑会,当斩,赎为庶人。"②所谓"坐行留不与骠骑会",受到与张骞"失期,当斩""坐行留,当斩"同样的惩处。而《汉书》卷五五《公孙敖传》的记载,确实明确写作:"以将军出北地,后票骑,失期当斩,赎为庶人。"③

就这一战役,司马迁写道:"诸宿将所将士马兵亦不如骠骑,骠骑所将常选,然亦敢深入,常与壮骑先其大(将)军,军亦有天幸,未尝困绝也。然而诸宿将常坐留落不遇。"关于"坐留落不遇",司马贞《索隐》:"案:谓迟留零落,不偶合也。"④《卫将军骠骑列传》还记述了霍去病"封狼居胥山"战功:"骠骑将军亦将五万骑,车重与大将军军等,而无裨将。悉以李敢等为大校,当裨将,出代、右北平千余里,直左方兵,所斩捕功已多大将军。军既还,天子曰:'骠骑将军去病率

---

① 《史记》,第3167页。
② 《史记》,第2930—2931页。
③ 《汉书》,第2491页。
④ 《史记》,第2931—2932页。

师,躬将所获荤粥之士,约轻赍,绝大幕,涉获章渠,以诛比车耆,转击左大将,斩获旗鼓,历涉离侯。济弓闾,获屯头王、韩王等三人,将军、相国、当户、都尉八十三人,封狼居胥山,禅于姑衍,登临翰海。执卤获丑七万有四百四十三级,师率减什三,取食于敌,逴行殊远而粮不绝,以五千八百户益封骠骑将军。'其他有功军人亦有封侯、益封、升爵、为官者,"赏赐甚多"。据司马迁记述,名列第一者,即:"右北平太守路博德属骠骑将军,会与城,不失期,从至梼余山,斩首捕虏二千七百级,以千六百户封博德为符离侯。"①可见"不失期"②可以列入功绩,说明戈壁荒漠千里行军,"失期"大概是相当常见的情形。同时也从另一侧面证实了"失期"对战局可能造成极其严重的危害。而军法"失期,当斩"具有的合理性因此也得以说明。

名将李广也在大将军卫青与匈奴单于决战时,没有按计划抵达作战地点,因此受到责难,竟至自杀:"大将军之与单于会也,而前将军广、右将军食其军别从东道,或失道,后击单于。大将军引还过幕南,乃得前将军、右将军。大将军欲使使归报,令长史簿责前将军广,广自杀。"③而与李广部"合军出东道"的右将军赵食其"独下吏,当死,赎为庶人"。④ 其罪名,应当也是"失期"。

汉代制度应承自秦法。程树德《九朝律考》卷一《汉律考四》"失期当斩"条引《公孙敖传》"以将军出北地,后票骑失期,当斩,赎为庶人",《西羌传》"庞参

---

① 《史记》,第2936—2937页。
② "不失期"的另一种说法是"会期"。《汉书》卷一七《景武昭宣元成功臣表》:"邳离侯路博德以右北平太守从票骑将军击左王,得重,会期,虏首万二千七百人,侯,千六百户。"颜师古注:"得重,得辎重也。会期,不失期也。"第650—651页。
③ 《史记》卷一一一《卫将军骠骑列传》,第2936页。关于李广之死,《史记》卷一〇九《李将军列传》记述:"广既从大将军青击匈奴,既出塞,青捕虏知单于所居,乃自以精兵走之,而令广并于右将军军,出东道。东道少回远,而大军行水草少,其势不屯行。""(李广)就部,引兵与右将军食其合军出东道。军亡导,或失道,后大将军。大将军与单于接战,单于遁走,弗能得而还。南绝幕,遇前将军、右将军。广已见大将军,还入军。大将军使长史持糒醪遗广,因问广、食其失道状,青欲上书报天子军曲折。广未对,大将军使长史急责广之幕府对簿。广曰:'诸校尉无罪,乃我自失道。吾今自上簿。'至莫府,广谓其麾下曰:'广结发与匈奴大小七十余战,今幸从大将军出接单于兵,而大将军又徙广部行回远,而又迷失道,岂非天哉!且广年六十余矣,终不能复对刀笔之吏。'遂引刀自刭。"第2874—2876页。
④ 《史记》卷一〇九《李将军列传》,第2875—2876页。

以失期兵败抵罪",《李广传》"汉法博望侯后期当死,赎为庶人",《魏志·贾逵传》注引《魏书》"(曹休)欲以后期罪逵"等例,指出:"《陈胜传》度已失期,失期法斩,汉盖沿秦制也。"①

(六)关于"失期当斩""变通"处理的可能

有学者认为:"陈胜起事案例并不属于军法惩治对象,从《岳麓书院藏秦简(叁)》的案例及银雀山汉简、《尉缭子》可知,即便是军法,也会根据事情的严重程度进行区别对待。陈胜等人是被征发前往边郡的戍卒,尚在途中,未到戍地,并未纳入边郡士卒的管理系统,不应适用军法。秦法对于'失期',不会一概而论,一般会根据原因及失期的时间进行'赀甲''赀盾'等经济处罚。在新公布的岳麓秦简中有'病及遇水雨不行者'到其'居所县'开具'诊牒'等凭证的详细规定,可见秦立法者对'失期'的处理有变通之处。陈胜提出'失期皆斩',不只是其谋划起兵的借口,还有可能是其对秦法认知不清。"②有学者提出秦法严苛,没有弹性,明明是大雨连天的缘故,但法令却没有一点可以变通的地方的意见,③亦被否定。认为:"在'失期'问题的处理上",秦王朝的"立法者"是"考虑到实践中客观因素的影响"的。④

上文已经指出,据《史记》文字,"失期当斩"并非首先由"陈胜提出",而是太史公客观的记述。至于所谓"秦法对于'失期',不会一概而论","会根据事情的严重程度进行区别对待",则是有一定道理的分析。论者以为:"秦汉时期军队中存在失期当斩的规定,公孙敖、张骞、赵食其等人都是所在军队的统帅,由于其指挥失误造成失期以致影响战局,依照军法将负有领导责任的三人处斩,但并未见到所有失期士卒都被处斩的记载。秦汉数百年间,史书中尚未见到兵士或戍

---

① 程树德:《九朝律考》,第126页。庄小霞指出:"秦以后的汉朝以及之后的朝代依然存此规定。"庄小霞:《"失期当斩"再探——兼论秦律与三代以来法律传统的渊源》,《中国古代法律文献研究》2018年第10期。

② 朱锦程、苏俊林:《秦"失期,法皆斩"新证》,《简帛研究》2017年秋冬卷,广西师范大学出版社,2017年。

③ 张鸣:《中国政治制度史导论》,中国人民大学出版社,2004年,第42页。

④ 《秦"失期,法皆斩"新证》。

卒因失期而全部被处斩的记载。"①汉代军史可见"负有领导责任"的统帅因"失期"论定死罪甚至确实"处斩"的例证，但是否可以"未见到所有失期士卒都被处斩的记载"，"史书中尚未见到兵士或戍卒因失期而全部被处斩的记载"，就否定真实历史中有这种可能？我们当然可以推测陈胜等"对秦法认知不清"，但事实上也许由于与当时具体的历史环境距离甚远，"对秦法认知不清"更为严重的是我们自己。如果相信秦末若干历史现象反映秦制，则前引彭越故事"期而多后，不可尽诛，诛最后者一人"事值得重视。"诛最后者一人"虽然是一种"变通"，但是彭越所坚持的军法本身，应是要求"尽诛"，即严格执行"后期者斩"的原则的。彭越以为"徒属"的"少年""诸君"是"兵士""士卒"身份，并非"负有领导责任"的统帅。

不过，确实汉代战争史屡见军事将领面对"失期，法皆斩"的惩处，"并未见到所有失期士卒都被处斩的记载"。而且，对照后世所谓"军士失期，治将领之罪"②的制度，似可推知部队"失期"首先治将领之罪可能是典型性军法传统。此前也有学者曾经提出，秦律中失期罪处罚对象应是徒众的率领者、组织者，与众戍卒无关，秦律对刑徒逃亡的最重处罚是肉刑，比照秦对逃亡犯的处罚强度，身份高于刑徒的谪戍之众"失期"不应"法皆斩"。③

我们也同意这样的思路："我们现在无法逐一考察秦汉时期涉及军事行为的诸多法律规定，学界一般认为古代中国的法律规定多有一定的延续性、继承性，不妨借助唐律的某些规定来帮助理解上述问题。"④也有学者对照《北齐书》

---

① 原注："《后汉书·吴汉传》：'（吴）汉选四部精兵黄头吴河等，及乌桓突骑三千余人，齐鼓而进。'注引《续汉书》曰：'躬被甲拔戟，令诸部将曰：闻雷鼓声，皆大呼俱（大）进，后至者斩。遂鼓而进之。'此记载在战争中有'后至者斩'的临时军法，但未有处斩的实际案例。参见《后汉书》卷一八《吴汉传》，中华书局，1965年，680页。"《秦"失期，法皆斩"新证》。

② 《秦"失期，法皆斩"新证》引《明史》卷九〇《兵志二》，第2231页。

③ 丁相顺、霍存福：《"失期，法皆斩"吗？》，《政法丛刊》1991年第2期。

④ 《秦"失期，法皆斩"新证》。

高欢故事分析《史记》陈胜事迹。① 这样,我们不仅一方面看到"军士失期,治将领之罪"的情形,然而对于另一方面相反的例证也应当予以关注。例如,比唐代及北齐时期更早的北魏史记载,即可见《魏书》卷一《序纪·穆帝纪》追述的如下情形:"晋愍帝进帝为代王,置官,属食代、常山二郡。帝忿聪、勒之乱,志欲平之。先是国俗宽简,民未知禁。至是明刑峻法,诸部民多以违命得罪。凡后期者皆举部戮之,或有室家相携而赴死所,人问'何之',答曰'当往就诛'。"②又见《北史》卷一《序纪·魏先世纪·穆帝纪》:"晋愍帝进帝为代王,置官,属食代、常山二郡。先是国俗宽简,至是明刑峻法,诸部人多以违命得罪。凡后期者皆举部戮之,或有室家相携,悉赴死所,人问何之,曰当就诛。"③所谓"凡后期者皆举部戮之"无疑是对"失期"极其严酷的处罚。而"或有室家相携而赴死所",言"当往就诛"或曰"当就诛"情形,体现这种处罚的合法性,当时可能是曾经得到"诸部民""诸部人"一定程度的认同的。

前引《史记》"广故数言欲亡,忿恚尉,令辱之,以激怒其众",而"尉果笞广"语,有学者理解为"尉"的态度显现与"陈胜、吴广是当时下层社会者,更有可能对律令的理解出现偏漏"不同,对律令的理解"或许比较清楚","所以完全没有显示出可能被处斩的心态"。④ 对陈胜一行中"尉"的心态的分析,或可参考《魏书》《北史》所见面对"凡后期者皆举部戮之"的严酷刑法能够"室家相携而赴死所",言"当往就诛"或说"当就诛"的情形。

(七)秦政军事化特征与"失期,法皆斩"的史学判断

《魏书》《北史》"凡后期者皆举部戮之"故事体现了文明进程稍显滞后的部族社会对早期萌芽形态的法制所具有的军事化特征的理解。而成熟的国家管理

---

① 曹旅宁曾经通过对比《北齐书》中高欢的相关记载,推测《史记》对陈胜起兵的记载有文学想象成分。曹旅宁:《陈胜吴广起义原因"失期"辨析——秦汉法律简牍中关于"不可抗力"的规定》。有学者则以为"其实不然",提出"根据成书时间,高欢的举措与《北齐书》的记载方式更有可能是参考《史记》及其所描述的陈胜事迹"的判断。朱锦程、苏俊林:《秦"失期,法皆斩"新证》。
② [北齐]魏收撰:《魏书》,第9页。
③ [清]李延寿撰:《北史》,第5页。
④ 《秦"失期,法皆斩"新证》。

不应当出现这种过于严酷的控制形式。

《荀子·议兵》说:"兼并易能也,唯坚凝之难焉。"又指出:"凝士以礼,凝民以政;礼修而士服,政平而民安;士服民安,夫是之谓大凝。以守则固,以征则强,令行禁止,王者之事毕矣。"李斯与荀子讨论执政原理:"秦四世有胜,兵强海内,威行诸侯,非以仁义为之也,以便从事而已。"追求"便从事",体现出秦文化的实用风格。① 而荀子驳斥道:"非女所知也。女所谓便者,不便之便也;吾所谓仁义者,大便之便也。"他强调"仁义"是"修政"的基本原则,"今女不求之于本而索之于末,此世之所以乱也"。②

《汉书》卷二三《刑法志》说秦始皇时代"毁先王之法,灭礼谊之官,专任刑罚"③,可见在"兵强海内,威行诸侯"历史惯性影响下,行政人员的成分发生了变化。当时关东地区相当一部分地方官可能出身军人。据考证,秦南郡守腾与伐韩"尽内其地"的内史腾可能为一人。云梦睡虎地十一号秦墓主喜作为文吏,也曾有从军经历。④ 琅邪台刻石称"东抚东土,以省卒士"⑤,说明秦始皇东巡的目的之一是省视慰问留驻关东的部队,以及因军功就任地方官吏的"卒士"。

《韩非子·定法》曾对秦国"斩一首者爵一级,欲为官者为五十石之官;斩二首者爵二级,欲为官者为百石之官"的商君之法提出批评:"今有法曰:斩首者令为医匠,则屋不成而病不已。夫匠者,手巧也;而医者,齐药也。而以斩首之功为之,则不当其能。今治官者,智能也;今斩首者,勇力之所加也。以勇力所加而治智能之官,是以斩首之功为医匠也。"⑥秦王朝以军人为官吏主体,必然使各级行政机构都容易形成极权专制的特点,使统一后不久即应结束的军事管制阶段长期延续,终于酿成暴政。秦末暴动发生:"山东郡县少年苦秦吏,皆杀其守尉令丞反,以应陈涉,相立为侯王,合从西乡,名为伐秦,不可胜数也。"⑦甚至秦地方

---

① 参看王子今:《秦文化的实用之风》,《光明日报》2013年7月15日第15版。
② 《荀子集解》,第290页,第280—281页。
③ 《汉书》,第1096页。
④ 睡虎地秦墓竹简整理小组:《睡虎地秦墓竹简》,文物出版社,1978年,第2页。
⑤ 《史记》卷六《秦始皇本纪》,第245页。
⑥ 《韩非子集释》,第907、908页。
⑦ 《史记》卷六《秦始皇本纪》,第269页。

官如沛令、会稽守通等愿发兵响应亦为民众所不容。① 蒯通说范阳令:"足下为范阳令十年矣,杀人之父,孤人之子,断人之足,黥人之首,不可胜数。"武臣说到当时形势:"家自为怒,人自为斗,各报其怨而攻其仇,县杀其令丞,郡杀其守尉。"②西汉人谷永回顾这一段历史时也指出:"秦居平土,一夫大呼而海内崩析者,刑罚深酷,吏行残贼也。"③所谓关东民众"苦秦吏",所谓"吏行残贼"者,都说明秦军吏在关东地区推行苛政的作用是不容忽视的。④

秦行政方式沿承战争时代特征,还表现于大型工程管理的军事化。《史记》卷四八《陈涉世家》记载:"(周文)西击秦。行收兵至关,车千乘,卒数十万,至戏,军焉。秦令少府章邯免郦山徒、人奴产子生,悉发以击楚大军,尽败之。周文败,走出关,止次曹阳二三月。章邯追败之,复走次渑池十余日。章邯击,大破之。周文自刭,军遂不战。"⑤《史记》卷六《秦始皇本纪》也写道:"二年冬,陈涉所遣周章等将西至戏,兵数十万。二世大惊,与群臣谋曰:'奈何?'少府章邯曰:'盗已至,众强,今发近县不及矣。郦山徒多,请赦之,授兵以击之。'二世乃大赦天下,使章邯将,击破周章军而走,遂杀章曹阳。二世益遣长史司马欣、董翳佐章邯击盗,杀陈胜城父,破项梁定陶,灭魏咎临济。楚地盗名将已死,章邯乃北渡河,击赵王歇等于钜鹿。"⑥秦始皇帝陵工程劳役人员即所谓"郦山徒",之所以以劳工身份"授兵"即可作战,并能够连续击败强敌,成为秦王朝的主力部队,很可能施工时就是以军队编制组织劳作的。

---

① 《史记》卷八《高祖本纪》:"秦二世元年秋,陈胜等起蕲,至陈而王,号为'张楚'。诸郡县皆多杀其长吏以应陈涉。沛令恐,欲以沛应涉。掾、主吏萧何、曹参乃曰:'君为秦吏,今欲背之,率沛子弟,恐不听……'沛令后悔,……父老乃率子弟共杀沛令。"第349—350页。《史记》卷七《项羽本纪》:"秦二世元年七月,陈涉等起大泽中。其九月,会稽守通谓梁曰:'江西皆反,此亦天亡秦之时也。吾闻先即制人,后则为人所制。吾欲发兵,使公及桓楚将。'是时桓楚亡在泽中。梁曰:'桓楚亡,人莫知其处,独籍知之耳。'梁乃出,诫籍持剑居外待。梁复入,与守坐,曰:'请召籍,使受命召桓楚。'守曰:'诺。'梁召籍入。须臾,梁眴籍曰:'可行矣!'于是籍遂拔剑斩守头。项梁持守头,佩其印绶。"第297页。
② 《史记》卷八九《张耳陈余列传》,第2574、2573页。
③ 《汉书》卷八五《谷永传》,第3449页。
④ 参看王子今:《秦王朝关东政策的失败与秦的覆亡》,《史林》1986年第2期。
⑤ 《史记》,第1954页。
⑥ 《史记》,第270页。

战国长期军事争夺结束之后,战火余热尚未消退,而秦王朝执政集团严酷的行政风格,也使得战争的影响在社会生活的各个层面均得以延续。战国兵争的历史惯性影响着秦政,也影响着秦帝国统治下的社会不同等级。所谓"秦法重"①"秦法至重"②"秦法酷急"③"秦法密于凝脂"④,都可以与《史记》卷四《周本纪》裴骃《集解》引郑玄曰"号令之军法重者"进行比较。而裴骃《集解》引郑玄这一说法,正是解释周武王伐纣盟津兴师时的号令:"遂兴师。师尚父号曰:'总尔众庶,与尔舟楫,后至者斩。'"⑤其中所谓"后至者斩",与本文讨论的"失期,法当斩"有直接关系。

认识秦代行政史与法制史的相关背景,则前引"陈胜起事案例并不属于军法惩治对象"以及"并未见到所有失期士卒都被处斩的记载"等意见,只能看作后人遥远的回顾式判断,或与当时政治控制、军事指挥、司法处罚的历史真实存在距离。而当时人的社会意识,应当对于"秦法重""秦法至重""秦法酷急""秦法密于凝脂"有更倾向于极端的忧惧。这是因为秦政、秦法本身的极端性。李约瑟对秦代法家政治家的评断,或许在某种意义上也有一定的参考价值。他说:"他们倡导的极权主义颇近于法西斯……"⑥

五 秦二世的噩梦与秦帝国的灭亡

导致望夷宫之变发生的"二世梦白虎啮其左骖马,杀之,心不乐",占梦卜曰"泾水为祟",于是"乃斋于望夷宫,欲祠泾,沈四白马"事,⑦对于秦帝国行政史以及秦帝国交通史研究,是有值得关注的意义的。

---

① 《史记》卷八九《张耳陈余列传》,第 2574 页。
② 《史记》卷九七《郦生陆贾列传》,第 2705 页。
③ 《史记》卷六《秦始皇本纪》张守节《正义》,第 229 页。
④ 《史记》卷一二二《酷吏列传》司马贞《索隐》引《盐铁论》,第 3131 页。
⑤ 《史记》,第 120—121 页。
⑥ 李约瑟著,王铃协助:《中国科学技术史》第 2 卷《科学思想史》,科学出版社、上海古籍出版社,1990 年,第 1 页。
⑦ 《史记》,第 273—274 页。

（一）秦二世"梦白虎啮其左骖马"的数术文化考察

战国秦汉时期，秦人对于出行，怀有浓重的神秘主义意识。前引《秦始皇本纪》"三十七年十月癸丑，始皇出游"，是秦始皇诸多出行实践记录中有关启程时间的唯一信息。《史记》保留这一日期或有深意。这是秦始皇最后一次出巡。十月癸丑，睡虎地秦简《日书》中属于秦人建除系统的"秦除"和"稷辰"中皆未见与"行"有关的文字，而在可能属于楚人建除系统的"除"中则正当"交日"。而"交日，利以实事。凿井，吉。以祭门行、行水，吉"（甲种四正贰）①。"祭门行"仪式的意义，或即"告将行也"②，"行水"则是水路交通形式。秦始皇此次出行先抵江汉地区，"十一月，行至云梦"，很可能因此而据楚数术书择日。另一方面，"秦除""稷辰"虽未言"行吉"，但"十月癸丑"亦不值行忌日。可见，事实确如李学勤所说，"楚、秦的建除虽有差别"，但"又有一定的渊源关系"。③ 现在分析，属于秦人建除系统的"秦除"和"稷辰"中，均未见"行吉"日。据此或许可以推想，秦人有可能是将"不可行"日之外的其他的日子都作为"利以行""行有得"或"行吉"之日看待的。④

秦二世言行也体现出对于出行的重视。《史记》卷六《秦始皇本纪》记载："诸侯咸率其众西乡。沛公将数万人已屠武关，使人私于高，高恐二世怒，诛及其身，乃谢病不朝见。"于是发生了导致其人生悲剧结局的值得注意的情节：

> 二世梦白虎啮其左骖马，杀之，心不乐，怪问占梦。卜曰："泾水为祟。"二世乃斋于望夷宫，欲祠泾，沈四白马。

正是在望夷宫，秦二世与赵高矛盾的激化，致使赵高令阎乐率吏卒入宫，逼迫胡

---

① 睡虎地秦墓竹简整理小组：《睡虎地秦墓竹简》，文物出版社，1990年，释文注释第181页。
② 《仪礼·聘礼》郑玄注，《十三经注疏》，第1047页。
③ 李学勤：《睡虎地秦简〈日书〉与楚、秦社会》，《江汉考古》1985年第4期。
④ 这样说来，秦人建除中虽不注明"行吉"之日，而事实上的"行吉"日则远较楚人建除为多。

亥自杀。①

望夷宫之变,标志秦帝国政治生命的完结。《史记》卷六《秦始皇本纪》:"阎乐归报赵高,赵高乃悉召诸大臣公子,告以诛二世之状。曰:'秦故王国,始皇君天下,故称帝。今六国复自立,秦地益小,乃以空名为帝,不可。宜为王如故,便。'立二世之兄子公子婴为秦王。以黔首葬二世杜南宜春苑中。令子婴斋,当庙见,受王玺。"②望夷宫之变后,秦放弃帝号,恢复"王国"名义。望夷宫,作为空间坐标,同时也是时间坐标,可以看作秦帝国史的终止符。

(二)望夷宫与直道

"梦白虎啮其左骖马,杀之",是体现为交通危难的凶兆。于是秦二世"心不乐,怪",是自然的。所谓"二世乃斋于望夷宫,欲祠泾,沈四白马",似具有某种特别的含义。裴骃《集解》:"张晏曰:'望夷宫在长陵西北长平观道东故亭处是也。临泾水作之,以望北夷。'"张守节《正义》:"《括地志》云:'秦望夷宫在雍州咸阳县东南八里。张晏云临泾水作之,望北夷。'"③"望夷宫"名义,即"望北夷",具有联系北边,面向边疆"夷"族的空间形势。这自然会使人联想到直道的方向。"望夷宫在长陵西北长平观道东故亭处是也",可知正当直道起点云阳甘泉通往咸阳的交通要道上。

"白虎"在方位象征秩序中通常对应西方,然而如果在从自直道南行往咸阳

---

① 《史记》卷六《秦始皇本纪》:"(二世)使使责让高以盗贼事。高惧,乃阴与其婿咸阳令阎乐、其弟赵成谋曰:'上不听谏,今事急,欲归祸于吾宗。吾欲易置上,更立公子婴。子婴仁俭,百姓皆载其言。'使郎中令为内应,诈为有大贼,令乐召吏发卒,追劫乐母置高舍。遣乐将吏卒千余人至望夷宫殿门,缚卫令仆射,曰:'贼入此,何不止?'卫令曰:'周庐设卒甚谨,安得贼敢入宫?'乐遂斩卫令,直将吏入,行射,郎宦者大惊,或走或格,格者辄死,死者数十人。郎中令与乐俱入,射上幄坐帏。二世怒,召左右,左右皆惶扰不斗。旁有宦者一人,侍不敢去。二世入内,谓曰:'公何不蚤告我?乃至于此!'宦者曰:'臣不敢言,故得全。使臣蚤言,皆已诛,安得至今?'阎乐前即二世数曰:'足下骄恣,诛杀无道,天下共畔足下,足下其自为计。'二世曰:'丞相可得见否?'乐曰:'不可。'二世曰:'吾愿得一郡为王。'弗许。又曰:'愿为万户侯。'弗许。曰:'愿与妻子为黔首,比诸公子。'阎乐曰:'臣受命于丞相,为天下诛足下,足下虽多言,臣不敢报。'麾其兵进。二世自杀。"第273—274页。

② 《史记》,第275页。

③ 《史记》,第274页。

的路线上,"左骖"对应的正是东方,即"关东群盗并起"体现的政治危局。①

《太平御览》卷六九七引《拾遗录》曰:"秦王子婴寝于望夷宫,夜梦有人长文须,鬓绝青,纳王舄而乘丹车。告云:天下当乱,王乃杀赵高。所梦则始皇之灵,所着舄则安期所遗者。"②这是另一则关于"望夷宫"的故事。秦王子婴梦中的"始皇之灵",其交通能力借助"纳王舄而乘丹车"得以表现。"望夷宫"在秦代交通系统中的地位亦得昭显。明代诗人王圻《望夷宫》诗:"泾原筑望夷,欲觇边尘起。讵知亡国胡,生长祈年里。"③可知通常人们的理解,"望夷"可以观察"边尘""胡""夷"动向。清人杨鸾《长城》诗:"嗟乎亡秦者胡,北胡何能啮骖者?虎崇乃非径,望夷宫中忽有兵。"④也强调"望夷宫"面对"北胡"即"望北夷"的作用。

裴骃《集解》引张晏曰:"望夷宫在长陵西北长平观道东故亭处是也。临泾水作之,以望北夷。"⑤所言临近"长平观道",参考有关呼韩邪单于入关中路线。《汉书》卷九四下《匈奴传下》:"呼韩邪单于款五原塞,愿朝三年正月。汉遣车骑都尉韩昌迎,发过所七郡郡二千骑,为陈道上。单于正月朝天子于甘泉宫,汉宠以殊礼,位在诸侯王上。""使使者道单于先行,宿长平。上自甘泉宿池阳宫。上登长平,诏单于毋谒,其左右当户之群臣皆得列观,及诸蛮夷君长王侯数万,咸迎于渭桥下,夹道陈。上登渭桥,咸称万岁。"⑥《汉书》卷八《宣帝纪》:"使有司道单于先行就邸长安,宿长平。上自甘泉宿池阳宫。上登长平阪,诏单于毋谒。其左右当户之群皆列观,蛮夷君长王侯迎者数万人,夹道陈。上登渭桥,咸称万岁。单于就邸。置酒建章宫,飨赐单于,观以珍宝。"呼韩邪单于经直道至甘泉宫,又

---

① 将军冯劫谏言。《史记》卷六《秦始皇本纪》,第271页。赵高称关东暴动民众为"关东盗",又言"关东群盗多"。《史记》卷六《秦始皇本纪》,第273页;《史记》卷八七《李斯列传》,第2558页。参看王子今:《秦王朝关东政策的失败与秦的覆亡》,《史林》1986年第2期。
② 《四部丛刊》三编景宋本。《太平广记》卷七一《道术一·赵高》:"秦王子婴常寝于望夷宫。夜梦有人身长十丈。鬓发绝伟。纳玉舄而乘丹车。驾朱马。至宫门,云欲见秦王婴,阍者许进焉、子婴乃与之言。谓婴曰:'予是天使也,从沙丘来。天下将乱,当有欲诛暴者。'翌日乃起,子婴既疑赵高,因囚高于咸阳。"民国景明嘉靖谈恺刻本。
③ [明]王圻:《王侍御类稿》卷一四,明万历刻本。
④ [清]杨鸾:《邈云楼集六种·邈云三编》,清乾隆道光间刻本。
⑤ 《史记》,第274页。
⑥ 《汉书》,第3798页。

南下往长安,途中"宿长平"。可知所谓"长平观"正当"甘泉宫"往咸阳—长安地方的重要通道。关于"长平阪",颜师古注:"如淳曰:'阪名也,在池阳南。上原之阪有长平观,去长安五十里。'师古曰:'泾水之南原,即今所谓眭城阪也。'"①

张荫麟《中国史纲》记述"为谋北边的一劳永逸,始皇于三十三四年间"经营的"宏大的工程",即"从河套外的九原郡治,筑了一条'直道'达到关内的云阳(今陕西淳化县西北。从此至咸阳,有泾渭可通),长一千八百里"……②从云阳"至咸阳,有泾渭可通"的说法值得我们注意。韩复智等编著《秦汉史》也写道:"修筑直道:从九原郡(内蒙古包头市西)直道咸阳西北百余里的云阳,长一千八百里,从云阳到咸阳有泾水可通。"③也强调了"泾水"在直道延长线——云阳至咸阳段的意义。所谓"有泾渭可通"以及"有泾水可通",似考虑到水运因素。④通过自甘泉宫南下的呼韩邪单于在"渭桥"受到欢迎,"咸迎于渭桥下,夹道陈。上登渭桥,咸称万岁"可知,就秦汉时期更为方便的交通方式——陆路而言,"泾渭"是需要克服的交通险阻。当然,自云阳甘泉南下咸阳,不必渡渭,只需要经过泾河。由此或有助于理解秦二世"斋于望夷宫,欲祠泾"与自云阳起始的秦直道交通的神秘关系。

(三)"欲祠泾,沈四白马"

秦二世"欲祠泾,沈四白马"的做法很可能与交通有关。这一推想也许可以通过秦始皇相关事迹得到旁证。《史记》卷六《秦始皇本纪》记载:"(三十六年)秋,使者从关东夜过华阴平舒道,有人持璧遮使者曰:'为吾遗滈池君。'因言曰:'今年祖龙死。'使者问其故,因忽不见,置其璧去。使者奉璧具以闻。始皇默然良久,曰:'山鬼固不过知一岁事也。'退言曰:'祖龙者,人之先也。'使御府视璧,

---

① 《汉书》,第271页。
② 张荫麟:《中国史纲》,上海古籍出版社,1999年,第149—150页。
③ 韩复智、叶达雄、邵台新等:《秦汉史》(增订本),里仁书局,2007年,第49页。
④ 杜笃《论都赋》中,说到"造舟于渭,北航泾流",说明泾河某些区段当时也可以通航。黄盛璋在《历史上的渭河水运》一文中指出,"关中河流能用于水运的只有渭河","此外泾河、洛河虽也是关中大河之一,但古今都无舟楫之利"。黄盛璋:《历史地理论集》,人民出版社,1982年,第148页。"古今"概言,不免绝对。但是秦时泾水通航记录,确实未见于史籍。

乃二十八年行渡江所沈璧也。"①"渡江""沈璧"应用以祈祝平安顺利,或与"祠泾,沈四白马"意义接近。而出行途中渡江河遇到艰难险阻的著名史例,有秦始皇三十七年(前210)出巡,"临浙江,水波恶,乃西百二十里从狭中渡"。而此行"少子胡亥爱慕请从,上许之"②,也就是说,秦二世当时经与秦始皇同行,曾经亲历"临浙江,水波恶"的情形。

还有一则历史记载值得注意,《穆天子传》卷一记述周穆王与河宗柏夭相会的情形,曾经举行祭祀活动,其中有"沈马"的情节:"天子授河宗璧。河宗柏夭受璧,西向沈璧于河,再拜稽首。祝沈马牛豕羊。"③周穆王在河宗柏夭配合下"沈璧于河"又"沈马牛豕羊"的地点,在今内蒙古包头地方,大致接近秦始皇直道的起点。④ 而秦二世"欲祠泾,沈四白马"之所在,在直道终点往咸阳的交通道路上。一北一南两相对应,这一情形也是耐人寻味的。

《汉书》卷九九中《王莽传中》记载了天凤三年(16)五月发生的一起灾异:"是月戊辰,长平馆西岸崩,邕泾水不流,毁而北行。遣大司空王邑行视,还奏状,群臣上寿,以为《河图》所谓'以土填水',匈奴灭亡之祥也。乃遣并州牧宋弘、游击都尉任萌等将兵击匈奴,至边止屯。"⑤时在新莽王朝面临严重政治危局之际,地近"长平馆""泾水",群臣所议,涉及与匈奴的战争关系,可以与秦二世故事联系起来理解。

六 轵道与白马素车:秦王子婴终结秦史的仪式

秦王朝灭亡的历史镜头,聚焦于一个具有标志意义的仪式。《史记》卷六

---

① 《秦始皇本纪》接着记述了又一例神秘主义意识导致的交通行为:"于是始皇卜之,卦得游徙吉。迁北河榆中三万家。拜爵一级。"张守节《正义》:"谓北河胜州也。榆中即今胜州榆林县也。言徙三万家以应卜游徙吉也。"《史记》,第259—260页。

② 《史记》,第260页。

③ 顾实校定:《新校定本穆天子传》,见顾实:《穆天子传西征讲疏》,中国书店,1990年,第3页。

④ 王子今:《秦始皇直道起点辨正》,《人文杂志》2017年第1期。

⑤ 《汉书》,第4144页。

《秦始皇本纪》：

> 子婴为秦王四十六日，楚将沛公破秦军入武关，遂至霸上，使人约降子婴。子婴即系颈以组，白马素车，奉天子玺符，降轵道旁。①

《史记》卷八《高祖本纪》也记载：

> 汉元年十月，沛公兵遂先诸侯至霸上。秦王子婴素车白马，系颈以组，封皇帝玺符节，降轵道旁。②

"白马""素车""轵道"，构成秦帝国灭亡的三个标志性符号，都与交通有关。

《史记》卷八七《李斯列传》："子婴立三月，沛公兵从武关入，至咸阳，群臣百官皆畔，不適。③ 子婴与妻子自系其颈以组，降轵道旁。沛公因以属吏。项王至而斩之。遂以亡天下。"张守节《正义》："轵道在万年县东北十六里。"④这里与《史记》卷六《秦始皇本纪》不同，这里没有说"白马素车"，但是说到了刘邦"以属吏"，而项羽可能"至而斩之"的子婴的"妻子"。关于轵道，还有一个历史故事值得注意。《史记》卷九《吕太后本纪》："（八年）三月中，吕后祓，还过轵道，见物如苍犬，据高后掖，忽弗复见。卜之，云赵王如意为祟。高后遂病掖伤……七月中，高后病甚，……辛巳，高后崩。"⑤有学者认为，《吕太后本纪》"写成了传记文学"，"变成文学压倒史学"。吕后专权，"除了大封诸吕为王、侯，让他们掌握文武大权外，还做了许多怪事"。⑥ 也有学者认为，司马迁作《吕太后本纪》的旨归在于揭示像吕后这样的女性不可逆转的悲剧命运。⑦《汉书》卷二七中之上《五行志中之上》正写作"高后八年三月，祓霸上，还过轵道"。颜师古注："'祓'者，除恶之祭也。"⑧祓禊之后有"赵王如意为祟"，很可能是吕后本人的幻觉。由

---

① 《史记》，第275页。
② 《史记》，第362页。司马贞《索隐》："《汉宫殿疏》云：轵道亭东去霸城观四里，观东去霸水百步。苏林云在长安东十三里也。"张守节《正义》："《括地志》云：'轵道在雍州万年县东北十六里苑中。'"《史记》，第363页。
③ 裴骃《集解》："徐广曰：'適音敌。'"
④ 《史记》，第2563页。
⑤ 《史记》，第405—406页。
⑥ 徐朔方：《读〈史记·吕太后本纪〉》，《史汉论稿》，江苏古籍出版社，1984年。
⑦ 孙佰玲：《女性生命悲剧的形象展示——〈史记·吕太后本纪〉新解读》，《汕头大学学报》2004年第5期。
⑧ 《汉书》，第1397页。

此我们也可以推测她"祓霸上"时所要祓除的主要对象，或许是她以往杀害的冤死者的鬼魂。而《史记》卷九《吕太后本纪》说，吕后召赵王如意："孝惠帝慈仁，知太后怒，自迎赵王霸上。"①"霸上"又正是赵王刘如意短暂生涯中的关键一站。②

关于轵道的空间方位，《史记》卷四九《外戚世家》说薄太后"葬南陵"，又写道："以吕后会葬长陵，故特自起陵，近孝文皇帝霸陵。"裴骃《集解》："徐广曰：'霸陵县有轵道亭。'"③可知"轵道"在霸陵方向。《外戚世家》还记载："武帝祓霸上还，因过平阳主。主见所侍美人。上弗说。既饮，讴者进，上望见，独说卫子夫。是日，武帝起更衣，子夫侍尚衣轩中，得幸。上还坐，欢甚。赐平阳主金千斤。主因奏子夫奉送入宫。"关于"武帝祓霸上还"，裴骃《集解》引徐广曰："三月上巳，临水祓除谓之禊。《吕后本纪》亦云'三月祓还过轵道'。"④可知"轵道"即长安以东往"霸上""霸陵"的交通要道。又《史记》卷六九《苏秦列传》："夫秦下轵道，则南阳危；劫韩包周，则赵氏自操兵；……"张守节《正义》："轵音止。故亭在雍州万年县东北十六里苑中。""言秦兵下轵道，从东渭桥历北道过蒲津攻韩，即南阳危矣。"⑤所谓"夫秦下轵道，则南阳危"，说明轵道是控制往南阳方向的武关道的重要路段。⑥ 刘邦"破秦军入武关，遂至霸上，使人约降子婴"，秦王子婴"系颈以组，白马素车，奉天子玺符，降轵道旁"的历史情节，是符合这一交通地理认识的。⑦

《汉书》两见"轵道"。《汉书》卷一上《高帝纪上》写作"枳道"："元年冬十

---

① 《史记》，第397页。

② 参看王子今：《〈史记〉的文化发掘——中国早期史学的人类学探索》，湖北人民出版社，1997年，第531—532页。

③ 《史记》，第1972页。

④ 《史记》，第1978—1979页。

⑤ 《史记》，第2246页。

⑥ 参看王子今：《武关·武候·武关候——论战国秦汉武关位置与武关道走向》，《中国历史地理论丛》2018年第1期。《苏秦列传》还写道："秦正告魏曰：'……我下轵，道南阳……'"关于此所谓"轵"，裴骃《集解》："徐广曰：'霸陵有轵道亭。'"司马贞《索隐》则以为霸陵之"轵"，"非魏之境"，指徐广曰"疏谬"，认为："下轵道是河内轵县，言'道'者，亦衍字。"第2273页。然而没有提出确证。此"轵"很可能如徐广意见，与"霸陵""轵道亭"有关。

⑦ 参看王子今：《秦二世直道行迹与望夷宫"祠泾"故事》，《史学集刊》2018年第1期。

月,五星聚于东井。沛公至霸上。"①秦王子婴素车白马,系颈以组②,封皇帝玺符节,降枳道旁。"关于"枳道",颜师古注:"苏林曰:'亭名也,在长安东十三里。'师古曰:'枳音轵。轵道亭在霸城观西四里。'"③又《汉书》卷九八《元后传》:"初,汉高祖入咸阳至霸上,秦王子婴降于轵道,奉上始皇玺。"④"轵道"又作"枳道",说明"轵道亭"应当是一个交叉路口。战国秦汉人对于"枳"与交通及人文的神秘意识,或许也值得思考。⑤

《晋书》卷五九《列传序》:"陈项一呼,海内沸腾,陨身于望夷,系颈于轵道。事不师古,二世而灭。"⑥可见"轵道"与"望夷"同样,可以看作秦帝国最终"遂以亡天下"之具有纪念意义的地理坐标。考察秦交通史,不能不关注"望夷""轵道"均以交通地位而成为政治文化象征的事实。

---

① 颜师古注:"应劭曰:'霸上,地名,在长安东三十里,古曰滋水,秦穆公更名霸。'师古曰:'霸水上,故曰霸上,即今所谓霸头。'"

② 颜师古注:"应劭曰:'子婴不敢袭帝号,但称王耳。素车白马,丧人之服。组者,天子韨也。系颈者,言欲自杀也。'师古曰:'此组谓绶也,所以带玺也。'"

③ 《汉书》,第22—23页。

④ 《汉书》,第4032页。

⑤ 参看王子今:《说"反枳"——睡虎地秦简〈日书〉交通"俗禁"研究》,《简帛》第7辑,上海古籍出版社,2012年。

⑥ 《晋书》,中华书局,1974年,第1589页。

附论一
神秘的"四十六日":秦史特殊记录的
交通史视角解读

《史记》记述,白起在长平围攻赵军主力,"赵卒不得食四十六日",终于败降;宋义救赵,在即将与秦章邯、王离军决战前,"行至安阳,留四十六日不进";"子婴为秦王四十六日",向刘邦投降。秦史中三个重要事件都出现了"四十六日"的历史记录,似乎并非巧合。考察宋义"四十六日"事及子婴"四十六日"事,可以发现颇多疑点。联系以秦地为背景的传说中也有"四十六日"情节,可以推知《史记》"四十六日"的记载应有某种文化象征意义。在当时人的意识中,"四十六日"是显示"天道"确定的规律性季候转换的时段,是盛衰转换的过程,也是生死转换的过程。司马迁"四十六日"的记述,似暗示"究天人之际"的史学追求作为潜意识的某种影响。白起"四十六日"、宋义"四十六日"、子婴"四十六日",以及有关秦史的一则传说中梁玉清"四十六日"故事,都有和交通史相关的情节。

一 秦史中的第一个"四十六日":白起"遮绝赵救及粮食"

《史记》中出现三处其过程为"四十六日"的历史记载。这三则记载竟然都与秦史有关。

长平之战,是发生于战国晚期秦国与赵国之间的规模空前的决战。秦军于长平(今山西高平西北)歼灭赵军主力,确定了在兼并战争中的胜局。秦军制胜的关键,是完成了对赵军的包围,并切断了赵军的粮路。秦昭襄王四十七年,也就是赵孝成王六年(前260)九月,在长平山地,秦军与赵军的决战趋向白热化。

经过反复激战,上将军白起指挥的秦军完成了对赵括属下四十余万赵军的分割包围。被围困的长平赵军,军粮补给已经完全断绝。出于对长平之战特殊的战略意义的重视,秦昭襄王风尘仆仆,亲自前往河内(今河南焦作、鹤壁地方)。《史记》卷七三《白起王翦列传》记载:

> (秦昭襄王四十七年)秦王闻赵食道绝,王自之河内,赐民爵各一级,发年十五以上悉诣长平,遮绝赵救及粮食。①

这是秦国国君巡幸秦国国土至于最东端的空前的历史纪录。秦昭襄王在河内下令百姓的爵级都提升一等,年龄在十五岁以上的男子都前往长平集结,又部署军队堵截对于长平赵军兵员和军粮的远方来援。这当然也是重要的交通史事件。长平被秦军牢牢围定的赵军士卒,绝粮长达四十六天。数十万人经历了空前严峻的生存能力的考验,出现了"内阴相杀食"的惨烈境况。在已经找寻不到出路的情况下,心傲志高的赵括指挥部属拼死出击,被秦军射杀。长平赵军于是向秦军投降。《史记》卷七三《白起王翦列传》记述长平之战的过程,说到战役最终结局:

> 至九月,赵卒不得食四十六日,皆内阴相杀食。来攻秦垒,欲出。为四队,四五复之,不能出。其将军赵括出锐卒自搏战,秦军射杀赵括。括军败,卒四十万人降武安君。②

长平被秦军牢牢围定的赵军士卒,绝粮长达"四十六日"。这"四十六日"的悲剧,决定了赵国的军事强势终于落幕,也决定了秦实现统一的大趋势已经没有力量可以改变。

二 秦史中的第二个"四十六日":宋义"留四十六日不进"

《史记》卷七《项羽本纪》记载了秦末战争中章邯率秦军主力在定陶之战击杀项梁后击赵,楚军长驱相救的史事:

---

① 《史记》,第2334页。
② 《史记》,第2335页。

王召宋义与计事而大说之,因置以为上将军,项羽为鲁公,为次将,范增为末将,救赵。诸别将皆属宋义,号为卿子冠军。行至安阳,留四十六日不进。项羽曰:"吾闻秦军围赵王钜鹿,疾引兵渡河,楚击其外,赵应其内,破秦军必矣。"宋义曰:"不然。夫搏牛之蛇不可以破虮虱。今秦攻赵,战胜则兵罢,我承其敝;不胜,则我引兵鼓行而西,必举秦矣。故不如先斗秦赵。夫被坚执锐,义不如公;坐而运策,公不如义。"因下令军中曰:"猛如虎,很如羊,贪如狼,强不可使者,皆斩之。"乃遣其子宋襄相齐,身送之至无盐,饮酒高会。天寒大雨,士卒冻饥。项羽曰:"将戮力而攻秦,久留不行。今岁饥民贫,士卒食芋菽,军无见粮,乃饮酒高会,不引兵渡河因赵食,与赵并力攻秦,乃曰'承其敝'。夫以秦之强,攻新造之赵,其势必举赵。赵举而秦强,何敝之承!且国兵新破,王坐不安席,扫境内而专属于将军,国家安危,在此一举。今不恤士卒而徇其私,非社稷之臣。"项羽晨朝上将军宋义,即其帐中斩宋义头,出令军中曰:"宋义与齐谋反楚,楚王阴令羽诛之。"当是时,诸将皆慴服,莫敢枝梧。皆曰:"首立楚者,将军家也。今将军诛乱。"乃相与共立羽为假上将军。使人追宋义子,及之齐,杀之。使桓楚报命于怀王。怀王因使项羽为上将军,当阳君、蒲将军皆属项羽。①

斩宋义而急行救赵,是后来破釜沉舟、一以当十,钜鹿一战击灭秦军主力的序幕,也是项羽成就英雄大业的最初的突出表现。而就秦史而言,是为一重大转折的历史标志。宋义指挥的楚军"留四十六日不进",本来是章邯的机会。也是值得重视的历史事实。

三 秦史中的第三个"四十六日":子婴"白马素车""降轵道旁"

《史记》卷六《秦始皇本纪》记载秦二世统治时期,诸多社会矛盾日益激烈,赵高杀秦二世立子婴,随即秦迅速覆亡的过程:

---

① 《史记》,第304—305页。

阎乐归报赵高，赵高乃悉召诸大臣公子，告以诛二世之状。曰："秦故王国，始皇君天下，故称帝。今六国复自立，秦地益小，乃以空名为帝，不可。宜为王如故，便。"立二世之兄子公子婴为秦王。以黔首葬二世杜南宜春苑中。令子婴斋，当庙见，受王玺。斋五日，子婴与其子二人谋曰："丞相高杀二世望夷宫，恐群臣诛之，乃详以义立我。我闻赵高乃与楚约，灭秦宗室而王关中。今使我斋见庙，此欲因庙中杀我。我称病不行，丞相必自来，来则杀之。"高使人请子婴数辈，子婴不行，高果自往，曰："宗庙重事，王奈何不行？"子婴遂刺杀高于斋宫，三族高家以徇咸阳。子婴为秦王四十六日，楚将沛公破秦军入武关，遂至霸上，使人约降子婴。子婴即系颈以组，白马素车，奉天子玺符，降轵道旁。沛公遂入咸阳，封宫室府库，还军霸上。居月余，诸侯兵至，项籍为从长，杀子婴及秦诸公子宗族。遂屠咸阳，烧其宫室，虏其子女，收其珍宝货财，诸侯共分之。①

子婴有清醒的政治意识，也有果断的政治举措，然而时势已经不能给他从容整理秦政的机会，"子婴为秦王四十六日"，刘邦即入关。

四 信疑之间

我们已经看到，秦史中的这三则仅见于司马迁《史记》记载的故事，都有"四十六日"的重要情节。这正与《史记》卷二七《天官书》中总结秦史说到的几个关键性历史事实"秦并吞三晋""项羽救钜鹿""诛屠咸阳"②大致对应。

班固《汉书》的相关记述，不取司马迁"四十六日"之说。如卷一上《高帝纪上》、卷三一《项籍传》、卷三四《黥布传》说项羽杀宋义事，卷一上《高帝纪上》、卷二六《天文志》、卷四〇《张良传》、卷九八《元后传》说子婴降轵道旁事，都不言"四十六日"。这是不是体现了王若虚《滹南遗老集》卷一五《史记辨惑》所谓

---

① 《史记》，第275页。
② 《史记》，第1347—1348页。

"迁记事疏略而剩语甚多,固记事详备而删削得当"①呢? 班固的"删削",似表现出对司马迁"四十六日"记述不予取信的态度。

对于《史记》记录的秦史中的这三个"四十六日",后来的多数学者却信而不疑。即使遭受"疑所不当疑"②的批评的梁玉绳《史记志疑》一书也没有提出疑问。有就此发表史论者,如杨慎《丹铅余录》卷一一写道:"计始皇之余分闰位仅十二年,胡亥仅二年,子婴仅四十六日。不啻石火之一敲,电光之一瞥,吹剑之一映,左蜗之一战,南槐之一梦也。须臾之在亿千,稊米之于大块,实似之,是虽得犹不得也。孔子曰:'虽得之,必失之。'秦之谓矣。"③

一些较著名的史学论著多采用司马迁的记载。杨宽《战国史》关于长平之战取《史记》卷七三《白起王翦列传》"赵卒不得食四十六日"之说,有"赵军被困了四十六天,饥饿乏食"语。④ 林剑鸣《秦史稿》也写道:"赵军四十六日无粮,因饥饿以至人相食。"关于宋义安阳停军,也沿用《史记》卷七《项羽本纪》"行至安阳,留四十六日不进"的说法:"一直拖延四十六日还不前进。"子婴当政时间,也取《史记》卷六《秦始皇本纪》"子婴为秦王四十六日"之说,写道:"刚刚当了四十六日秦王的子婴……"⑤全面采纳《史记》三种"四十六日"记录的研究论著还有田昌五、安作璋主编《秦汉史》⑥,白寿彝总主编《中国通史》中的先秦、秦汉部分⑦等。

《剑桥中国秦汉史》对于子婴降刘邦,采用了"子婴即位后46天"的说法,然而对于长平之战,不取"四十六日"之说,而且对于赵军被歼人数的记录表示怀

---

① [宋]王若虚:《滹南遗老集》,《四部丛刊》本。
② 转见贺次君:《〈史记志疑〉点校说明》,《史记志疑》,中华书局,1981年,第1册第2页。
③ 文渊阁《四库全书》本。
④ 杨宽:《战国史》(增订本),上海人民出版社,1998年,第413页。
⑤ 林剑鸣:《秦史稿》,上海人民出版社,1981年,第265、433、436页。林剑鸣著《秦汉史》亦信从宋义"行至安阳,留四十六日不进"及"子婴为秦王四十六日"之说。上海人民出版社,1989年,上册第215、218页。《新编秦汉史》同。五南图书出版有限公司,1992年,上册第287、291页。
⑥ 田昌五、安作璋:《秦汉史》,人民出版社,1993年,第31、82、85页。
⑦ 徐喜辰、斯维至、杨钊:《中国通史》第3卷,上海人民出版社,1994年,上册第525页;白寿彝、高敏、安作璋:《中国通史》第4卷,上海人民出版社,1995年,上册第268—274页。

疑，以为"数字不合理"。① 王云度、张文立主编《秦帝国史》叙述长平之战时，亦不言"赵卒不得食四十六日"事，对于宋义、子婴故事，则采用了"四十六日"的说法。② 李开元《复活的历史——秦帝国的崩溃》总结子婴的执政生涯："末代秦王嬴婴，总共在位四十六天。"然而就宋义安阳"留四十六日不进"事，却并不简单信从司马迁关于"四十六日"的具体记录，只是写道："宋义领军停留于安阳期间，是在二世三年十月到十一月之间。隆冬季节，安阳一带大雨连绵，气候寒冷，道路泥泞，楚军的后勤转运受到影响，防雨防寒的服装、粮食、燃料都出现了供应不足。"③对于其具体的叙写方式似乎还可以讨论，但是不盲目沿用"留四十六日不进"的成说，我们认为是一种清醒的处理方式。钱穆《秦汉史》对于三种"四十六日"之说全然不予取纳④，当然也可能是因为论述不至于具体事件的缘故。

秦始皇焚书，"史官非《秦记》皆烧之"。⑤ 正如司马迁《史记》卷一五《六国年表》中所说：

> 秦既得意，烧天下《诗》《书》，诸侯史记尤甚，为其有所刺讥也。《诗》《书》所以复见者，多藏人家，而史记独藏周室，以故灭。惜哉，惜哉！独有《秦记》，又不载日月，其文略不具。然战国之权变亦有可颇采者，何必上古。秦取天下多暴，然世异变，成功大。传曰"法后王"，何也？以其近己而俗变相类，议卑而易行也。学者牵有所闻，见秦在帝位日浅，不察其终始，因举而笑之，不敢道，此与以耳食无异。悲夫！⑥

孙德谦《太史公书义法·详近》说："《秦记》一书，子长必亲睹之，故所作列传，不详于他国，而独详于秦。今观商君鞅后，若张仪、樗里子、甘茂、甘罗、穰侯、白起、王翦、范睢、蔡泽、吕不韦、李斯、蒙恬诸人，惟秦为多。迁岂有私于秦哉！据《秦记》为本，此所以传秦人特详乎！"《太史公书义法·综观》还辑录了《史记》卷一五《六国年表》中"有本纪、世家不载，而于《年表》见之者"前后四十四

---

① 卜德：《秦国和秦帝国》，[英]崔瑞德、鲁惟一编，杨品泉等译：《剑桥中国秦汉史》，中国社会科学出版社，1992年，第101—118页。
② 王云度、张文立：《秦帝国史》，陕西人民教育出版社，1997年，第257—259页。
③ 李开元：《复活的历史——秦王朝的崩溃》，中华书局，2007年，第215、160页。
④ 钱穆：《秦汉史》，生活·读书·新知三联书店，2004年。
⑤ 《史记》卷六《秦始皇本纪》，第255页。
⑥ 《史记》，第686页。

年中凡五十三件史事,以为"此皆秦事只录于《年表》者"。金德建据此推定:"《史记》的《六国年表》纯然是以《秦记》的史料做骨干写成的。秦国的事迹,只见纪于《六国年表》里而不见于别篇,也正可以说明司马迁照录了《秦记》中原有的文字。"①司马迁痛惜诸侯史记之不存,"独有《秦记》,又不载日月,其文略不具"②。《秦记》可能除了时间记录不很详尽以及文字"略不具"而外,又存在记录"奇怪"和叙事"不经"的特点。

《太平御览》卷六八〇引挚虞《决疑录要》注说到《秦记》:"世祖武皇帝因会问侍臣曰:'旄头之义何谓耶?'侍中彭权对曰:'《秦记》云:国有奇怪,触山截水,无不崩溃,唯畏旄头。故使虎士服之,卫至尊也。'中书令张华曰:'有是言而事不经。臣以为壮士之怒,发踊冲冠,义取于此也。'"③我们今天已经无法看到《秦记》的原貌,从挚虞《决疑录要》注的这段内容可以推知,这部秦人撰著的史书中,可能确有言"奇怪"而语颇"不经"的记载。

《秦记》不免"奇怪""不经"的撰述风格,也可能在一定程度上影响司马迁对于秦史的记录。秦史记录中"四十六日"的重复出现,给人以神秘印象,是否也是这种影响的表现呢?关于长平之战的记录当据《秦记》。宋义事及子婴事很可能是司马迁根据其他资料亲自写述。秦史中的这三次重大事件,竟然都明确以"四十六日"的时间标号相重复,如果说完全是巧合,恐怕难以令人信服。这种叙事特点,或许存在某种较深层的文化背景。

五 宋义"四十六日"事及子婴"四十六日"事试辨正

司马迁很可能非据《秦记》,亲自记述的两例"四十六日",还可以讨论其真实性。

---

① 金德建:《〈秦记〉考征》,《司马迁所见书考》,上海人民出版社,1963年,第415—417页。
② 《史记》卷一五《六国年表》,第686页。
③ 《太平御览》,第3034页。

宋义率楚军救赵,即将进行与章邯军的决战,然而"行至安阳,留四十六日不进"。后来"乃遣其子宋襄相齐,身送之至无盐"情节,所用时日应当也在这"四十六日"中。对于"安阳"所在,研究者有不同意见。颜师古以为唐相州安阳,司马贞《索隐》以为唐宋州楚丘西北四十里安阳故城。张守节《正义》写道:"《括地志》云:'安阳县,相州所理县。七国时魏宁新中邑,秦昭王拔魏宁新中,更名安阳。'《张耳传》云章邯军钜鹿南,筑甬道属河,饷王离。项羽数绝邯甬道,王离军乏食。项羽悉引兵渡河,遂破章邯,围钜鹿下。又云渡河湛船,持三日粮。按:从滑州白马津赍三日粮不至邢州,明此渡河,相州漳河也。宋义遣其子襄相齐,送之至无盐,即今郓州之东宿城是也。若依颜监说,在相州安阳,宋义送子不可弃军渡河,南向齐,西南入鲁界,饮酒高会,非入齐之路。义虽知送子曲,由宋州安阳理顺,然向钜鹿甚远,不能数绝章邯甬道及持三日粮至也。均之二理,安阳送子至无盐为长。济河绝甬道,持三日粮,宁有迟留?史家多不委曲说之也。'"①所谓"宁有迟留"的意见值得注意。

按《史记》卷一六《秦楚之际月表》记载,秦二世二年(前208)九月,"章邯破杀项梁于定陶,项羽恐,还军彭城"。后九月,"(楚)拜宋义为上将军"。"怀王封项羽于鲁,为次将,属宋义,北救赵。"关于赵国的记录,则有:"秦军围(赵)歇钜鹿,陈余出收兵。"②秦军的动向,即《史记》卷七《项羽本纪》:"章邯已破项梁军,则以为楚地兵不足忧,乃渡河击赵,大破之。当此时,赵歇为王,陈余为将,张耳为相,皆走入钜鹿城。章邯令王离、涉间围钜鹿,章邯军其南,筑甬道而输之粟。陈余为将,将卒数万人而军钜鹿之北,此所谓河北之军也。"随后楚军进行军事部署的调整,有集结彭城的动作:"楚兵已破于定陶,怀王恐,从盱台之彭城,并项羽、吕臣军自将之。以吕臣为司徒,以其父吕青为令尹。以沛公为砀郡长,封为武安侯,将砀郡兵。"③而秦军围钜鹿的情报传递到彭城需要时间,如此,则"拜宋义为上将军",率军"救赵",当在后九月稍晚的时候。《史记》卷一六《秦楚之际月表》还记载,秦二世三年(前207)十月,"章邯破邯郸,徙其民于河内"。十

---

① 《史记》卷七《项羽本纪》,第306页。

② 《史记》,第768—769页。

③ 《史记》,第304页。

一月,"(楚)拜(项)籍上将军"。"(项)羽矫杀宋义,将其兵渡河救钜鹿。"① 要知道,项羽杀宋义的消息上报到彭城,以及楚怀王的命令颁布到军前,即《史记》卷七《项羽本纪》所谓"使桓楚报命于怀王,怀王因使项羽为上将军,当阳君、蒲将军皆属项羽",也需要时间。

如此,从《史记》卷一六《秦楚之际月表》看,九月,"章邯破杀项梁于定陶",十月"章邯破邯郸",中间有后九月,则章邯的定陶与邯郸的两次行动在前后三个月间。而后九月楚军"北救赵",十一月"渡河救钜鹿",其事也在前后三个月间。两军行军方向一致,行程亦大体相近,似乎没有理由说楚军"迟留"。而"留四十六日不进"的说法更为可疑。即使将"后九月,秦军围(赵)歇巨鹿"理解为章邯军已至赵地(据《史记》卷七《项羽本纪》,这是王离、涉间的行动②),时间则相差一个月,考虑到楚军出动应在后九月稍晚的日子,以及宋义死事上报和楚怀王"使项羽为上将军"命令的通信往返,楚军在"上将军"宋义指挥下的"迟留",似乎也不存在长达"四十六日"的可能性。

《史记》卷六《秦始皇本纪》所谓"子婴为秦王四十六日",泷川资言《史记会注考证》:"《李斯传》:'子婴立三月。'"③《史记》卷六《秦始皇本纪》:"子婴为秦王四十六日,楚将沛公破秦军入武关,遂至霸上,使人约降子婴。子婴即系颈以组,白马素车,奉天子玺符,降轵道旁。"《史记》卷八七《李斯列传》:"子婴立三月,沛公兵从武关入,至咸阳。群臣百官皆畔不适。子婴与妻子自系其颈以组,降轵道旁。"同样的历史过程,一说"四十六日",一说"三月",司马迁自己记述的

---

① 《史记》,第769—770页。

② 邹贤俊的有关论述是明确的。他在白寿彝总主编《中国通史》中"巨鹿之战"一节写道:"当时,首先率军进攻赵王歇的,是秦将王离。"他率领的部队,"原是秦始皇时戍守北边长城一线的主力军,是当时最精锐的秦兵劲旅。秦末农民战争爆发后,二世为了镇压农民起义和反秦斗争,命令这支部队急速东渡,经太原(今山西太原西南)、井陉(今河北井陉西北)南下,至信都,大败赵王歇,迫使赵歇、张耳等仓皇退至巨鹿(今河北平乡西南)。王离随即团团围住了这座城邑"。事见《史记·王翦列传》。"就在王离围巨鹿后不久,即秦二世三年十月,章邯也率二十余万之众北抵赵地。"白寿彝、高敏、安作璋:《中国通史》第4卷《中古时代·秦汉时期》,上海人民出版社,1995年,上册第266—267页。

③ 《史记会注考证附校补》,第176页。

矛盾,似乎也动摇了"四十六日"说的可信度。①

对于秦汉之际与宋义和子婴事迹密切相关的两个"四十六日",史家在自己的论著中亦各有取舍。兹试举数例(√表示采用此说):

表 4　史家对宋义与子婴"四十六日"事的取舍表

秦汉史论著	(宋义)行至安阳,留四十六日不进	子婴为秦王四十六日
吕思勉《秦汉史》	√②	
翦伯赞《秦汉史》	√③	
李开元《复活的历史——秦帝国的崩溃》		√④

也许这种取舍有偶然性或者另外的原因,不足以增益对于本文讨论主题的认识。姑且记录于此,以供有兴趣的研究者参考。

---

① 据《史记》卷一六《秦楚之际月表》,"八月,赵高杀二世"。"九月,子婴为王。""十一月,沛公出令三章,秦民大悦。"第 773—774 页。《史记》卷八《高祖本纪》记载:"汉元年十月,沛公兵遂先诸侯至霸上。秦王子婴素车白马,系颈以组,封皇帝玺符节,降轵道旁。诸将或言诛秦王。沛公曰:'始怀王遣我,固以能宽容;且人已服降,又杀之,不祥。'乃以秦王属吏,遂西入咸阳。欲止宫休舍,樊哙、张良谏,乃封秦重宝财物府库,还军霸上。召诸县父老豪桀曰:'父老苦秦苛法久矣,诽谤者族,偶语者弃市。吾与诸侯约,先入关者王之,吾当王关中。与父老约,法三章耳:杀人者死,伤人及盗抵罪。余悉除去秦法。诸吏人皆案堵如故。凡吾所以来,为父老除害,非有所侵暴,无恐!且吾所以还军霸上,待诸侯至而定约束耳。'乃使人与秦吏行县乡邑,告谕之。秦人大喜,争持牛羊酒食献飨军士。"第 362 页。其事又在"十月",与《秦楚之际月表》不同。现在看来,"子婴为秦王四十六日"的可能性是存在的。只是司马迁记载的纷乱,使我们无法得到确证。"子婴立三月"之说,有可能是"九月"至"十一月"的概说,也有可能是将《史记》卷一六《秦楚之际月表》"十二月,(项羽)诛秦王子婴"事以为其"为王"生涯的终结。

② 吕思勉:《秦汉史》,上海古籍出版社,1983 年,上册第 33 页。
③ 翦伯赞:《秦汉史》,北京大学出版社,1983 年,第 105 页。
④ 李开元:《复活的历史——秦帝国的崩溃》,中华书局,2007 年,第 215 页。

六 秦人传说中又一例"四十六日":梁玉清子"骖乘""回驭"

有趣的是,我们还看到另一例"四十六日"的故事。《太平广记》卷五九"梁玉清"条记录了这样的传说:

> 《东方朔内传》云:秦并六国,太白星窃织女侍儿梁玉清、卫承庄,逃入卫城少仙洞,四十六日不出。天帝怒,命五岳搜捕焉。太白归位,卫承庄逃焉。梁玉清有子名休。玉清谪于北斗下,常春。其子乃配于河伯,骖乘行雨。子休每至少仙洞,耻其母淫奔之所,辄回驭。故此地常少雨焉。出《独异志》。①

这一故事以"秦并六国"为发生背景,似乎暗示"四十六日不出"的情节与秦史也存在某种联系。

所谓"卫城少仙洞",《天中记》卷二"太白窃织女侍儿"条引《东方朔内传》《独异志》以及《山堂肆考》卷三"侍儿谪春"条引李元《独异志》均作"衙城小仙洞"。②《汉书》卷二八上《地理志上》"左冯翊"条:"衙,莽曰达昌。"颜师古注:"即《春秋》所云'秦晋战于彭衙'。"③很可能"衙"是正字,事在"衙城"而非"卫城"。"太白星窃织女侍儿梁玉清、卫承庄""淫奔"潜居的地点"少仙洞"或"小仙洞"其实位于秦地。而"太白星"在当时人的天体秩序观念中,位置亦正当西方。④

---

① 《太平广记》,第 364 页。
② 文渊阁《四库全书》本。
③ 《汉书》,第 1545 页。
④ 《史记》卷二七《天官书》:"秦之疆也,候在太白,占于狼、弧。"张守节《正义》:"太白、狼、弧,皆西方之星,故秦占候也。"又说:"天库一星,主太白,秦也,在五车中。""西北大星曰天库,主太白,秦也。""《天官占》云:'太白者,西方金之精……'"第 1346、1322 页。《汉书》卷二一上《律历志上》:"金合于太白。"第 985 页。《汉书》卷二五下《郊祀志下》:王莽奏言:"分群神以类相从为五部,兆天地之别神。"其中,"西方帝少皞白灵蓐收畤及太白星、西宿西宫于西郊兆"。第 1268 页。

所谓梁玉清子休"配于河伯骖乘行雨",也使人自然联想到秦人先祖多有御车经历的情形。①

而"子休每至少仙洞,耻其母淫奔之所,辄回驭"的态度,或许也可以理解为与秦国贵族妇女生活较为放纵的传统有关。② 与"耻其母淫奔"类似的最典型的史例,是秦王嬴政发现其生母与嫪毐的私情之后的激烈反应。

七 "四十六日"的文化象征意义及其交通史考察

"四十六日"在战国秦汉时期人们的时间观念中,或许具有某种特殊的文化象征意义。

《管子·轻重己》:"以冬至日始,数四十六日,冬尽而春始。天子东出其国四十六里而坛,服青而绛青,搢玉总,带玉监,朝诸侯卿大夫列士,循于百姓,号曰祭日。""以冬日至始,数九十二日,谓之春至。天子东出其国九十二里而坛。朝诸侯卿大夫列士,循于百姓,号曰祭星。""以春日至始,数四十六日,春尽而夏始。天子服黄而静处,朝诸侯卿大夫列士,循于百姓,发号出令曰:'毋聚大众,毋行大火,毋断大木,诛大臣,毋斩大山,毋戮大衍。灭三大而国有害也。'天子之夏禁也。""以春日至始,数九十二日,谓之夏至,而麦熟。天子祀于大宗,其盛以麦。""以夏日至始,数四十六日,夏尽而秋始,而黍熟。天子祀于太祖,其盛以黍。""以夏日至始,数九十二日,谓之秋至,秋至而禾熟。天子祀于大惢,西出其国百三十八里而坛,服白而绛白,搢玉总,带锡监,吹埙篪之风,凿动金石之音,朝诸侯卿大夫列士,循于百姓,号曰祭月……""以秋日至始,数四十六日,秋尽而冬始。天子服黑绛黑而静处,朝诸侯卿大夫列士,循于百姓,发号出令曰:'毋行

---

① 《史记》卷五《秦本纪》:"费昌当夏桀之时,去夏归商,为汤御……""大廉玄孙曰孟戏、中衍,鸟身人言。帝太戊闻而卜之使御,吉,遂致使御而妻之。""造父以善御幸于周缪王,得骥、温骊、骅骝、騄耳之驷,西巡狩,乐而忘归。徐偃王作乱,造父为缪王御,长驱归周,一日千里以救乱。"第174—175页。

② 参看王子今:《秦国上层社会礼俗的性别关系考察——以秦史中两位太后的事迹为例》,《秦陵秦俑研究动态》2002年第4期;王子今:《秦国女权的演变》,《光明日报》2002年8月20日。

大火,毋斩大山,毋塞大水,毋犯天之隆。'天子之冬禁也。""以秋日至始,数九十二日,〔谓之冬至,〕天子北出九十二里而坛,服黑而绛黑,朝诸侯卿大夫列士,号曰发繇。"所谓"以冬日至始,数四十六日,冬尽而春始",石一参云:"自冬至日夜半子时起顺数,历四十有五日而冬尽,又一日而立春,故合数为四十六日。"①此后"以春日至始,数四十六日,春尽而夏始""以夏日至始,数四十六日,夏尽而秋始""以秋日至始,数四十六日,秋尽而冬始",都体现了同样的由盛而终的转换,随后即开始另一周期。

《淮南子·天文》:"距日冬至四十六日而立春,阳气冻解,音比南吕";"春分则雷行,音比蕤宾";"有四十六日而立夏,大风济,音比夹钟"②;"有四十六日而夏至,音比黄钟";"有四十六日而立秋,凉风至,音比夹钟";"秋分雷戒,蛰虫北乡,音比蕤宾";"有四十六日而立冬,草木毕死,音比南吕";"十一月日冬至,鹊始加巢,人气锺首"。③ 全年有八个"四十六日"的时段。《淮南子·天文》对每一时段的表述是"加十五日……加十五日……加十五日",实际上是四十五日。这样全年为三百六十日。又《淮南子·本经》:"距日冬至四十六日,天含和而未降,地怀气而未扬,阴阳储与,呼吸浸潭,包裹风俗,斟酌万殊,旁薄众宜,以相呕咐酝酿,而成育群生。"④"四十六日"是显示"天道"确定的规律性季候转换的时段,是盛衰转换的过程,也是生死转换的过程。

《灵枢经》卷一一《九宫八风》:"太一常以冬至之日居叶蛰之宫,四十六日;明日居天留,四十六日;明日居仓门,四十六日;明日居阴洛,四十五日;明日居天宫,四十六日;明日居玄委,四十六日;明日居仓果,四十六日;明日居新洛,四十五日;明日复居叶蛰之宫,曰冬至矣。"⑤计六个四十六日,两个四十五日。这一程式,可以与《管子》与《淮南子》所列季节转换秩序对照理解。《续汉书·祭祀志中》刘昭《注补》引《皇览》曰:"迎礼春、夏、秋、冬之乐,又顺天道,是故距冬至日四十六日,则天子迎春于东堂,距邦八里,堂高八尺,堂阶八等。青税八乘,旗旄尚青,田车载矛,号曰助天生。唱之以角,舞之以羽翼,此迎春之乐也。自春分

---

① 马非百:《管子轻重篇新诠》,中华书局,1979年,下册第726—743页。
② 《太平御览》卷二三引《淮南子》曰:"春分加四十六日而立夏。"《太平御览》,第110页。
③ 《淮南子校释》,第297页。
④ 《淮南子校释》,第819页。
⑤ 文渊阁《四库全书》本。

数四十六日,则天子迎夏于南堂,距邦七里,堂高七尺。堂阶七等。赤税七乘,旗旄尚赤,田车载戟,号曰助天养。唱之以征,舞之以鼓鞉,此迎夏之乐也。自夏至数四十六日,则天子迎秋于西堂,距邦九里,堂高九尺,堂阶九等。白税九乘,旗旄尚白,田车载兵,号曰助天收。唱之以商,舞之以干戚,此迎秋之乐也。自秋分数四十六日,则天子迎冬于北堂,距邦六里,堂高六尺,堂阶六等。黑税六乘,旗旄尚黑,田车载甲铁鍪,号曰助天诛。唱之以羽,舞之以干戈,此迎冬之乐也。"① 这段文字,可以帮助我们理解在当时人的"天道"意识中,"四十六日"有着怎样的意义。又《太平御览》卷五二八引《皇览礼》写道:"天子迎四节日,天子迎春夏秋冬之乐,又顺天道,是故距冬至日四十六日,则天子迎春于东堂……;自春分数四十六日,则天子迎夏于南堂……;自夏至数四十六日,则天子迎秋于西堂……;自秋分数四十六日,则天子迎冬于北堂……"②也反映了"四十六日"在季候转换中的意义。

《续汉书·律历志下》刘昭《注补》引张衡《浑仪》:"设一气令十六日者,皆常率四日差少半也。令一气十五日不能半耳,故使中道三日之中差少半也。三气一节,故四十六日而差今三度也。至于差三之时,而五日同率者一,其实节之间不能四十六日也。"③当时天文学家的计算,已经告诉我们以"四十六日"作为确定的时间阶段并不准确。但是当时社会对于季节时段的普遍观念,有对"四十六日"意义的认同。

"四十六日"作为时间过程在历史记忆中的含义,似乎长期有神秘的影响,甚至可以说已经形成了一种特殊的文化符号。明人黄淳耀《陶庵全集》卷三《科举论上》写道:"昔黄庭坚在贡院四十六日,九人半取一人。今主司鉴裁之明,或不如古,而以数十人取一人,又程之于数日之中,日力无余,故所弃之卷,有不及阅二三场者,有不及阅经义者,有并不及阅书义者。所弃如此,则其所取可知也。"④清人蔡世远《二希堂文集》卷一《历代名儒名臣循吏传总序》说:"朱子在朝四十六日,进讲奏疏,名臣风烈,万代瞻仰,及观其浙东南康潭州诸治绩,岂两

---

① 《后汉书》,第3182—3183页。
② 《太平御览》,第2396页。
③ 《后汉书》,第3076页。
④ 文渊阁《四库全书》本。

汉循吏所易及乎?"又卷五《默庐记》:"文公在朝四十六日,进讲者七,奏疏无虑数万言。"①《山堂肆考》卷二五"白鹿"条也有这样的内容:"南康府五老峰下有白鹿洞。""宋宁宗即位,召朱熹入朝为相,因忤权臣,在位四十六日而归。遂入白鹿洞著书。"②《曾文正公诗文集》卷三《季弟事恒墓志铭》写道:"兄弟复会师,进薄金陵之雨花台。江东久虐于兵,疹疫繁兴,将士物故相属。弟病亦屡濒于危,定议假归养疾,适以援贼大至,强起,战守四十六日,贼退而疾甚不可复治矣。"③

对所谓"四十六日"这一时间符号进行全面、深刻的文化解读,也许还需要进一步的认真的工作。然而我们从现有的认识出发,将《史记》中说到的秦史中的三个"四十六日"理解为具有时间寓言意义的记录,也许是读《史记》者未可简单否定的一种思路。也许司马迁"四十六日"的记述,似暗示"究天人之际"的史学追求作为潜意识的某种影响。

《朱子语类》卷一三四《历代一》记录了朱熹这样的评论:"班固作《汉书》,不合要添改《史记》字,行文亦有不识当时意思处。"④《汉书》不取《史记》"四十六日"之说的处理,出发点可能更在于对历史真实的追求。然而司马迁的"当时意思",却是我们应当认真探求的。⑤

我们看到,这一则"四十六日"故事中,白起"遮绝赵救及粮食",即通过阻断敌军交通条件以保证决战大胜;宋义"留四十六日不进",即以消极的交通行为为秦将章邯提供了机会;子婴"白马素车""降轵道旁",即以特殊的交通方式作为亡国的象征;以及传说中梁玉清子"骖乘""回驭","故此地常少雨焉",以神界的交通方式影响了凡界的生存条件。这些故事,都以交通行为作为代表性标志。这体现出交通史对于秦史之重要,交通文化对于秦文化之重要。也反映了一种值得重视的历史现象,即考察秦人的思想和行为,往往可以发现与交通的某种关联。

---

① 文渊阁《四库全书》本。
② 文渊阁《四库全书》本。
③ 文渊阁《四库全书》本。
④ [宋]黎靖德编,王星贤点校:《朱子语类》,中华书局,1983年,第3202页。
⑤ 王子今:《〈史记〉时间寓言试解读——神秘的"四十六日"》,《人文杂志》2008年第2期。

附论二
秦始皇时代海上航路的开通

李白《古风三十二首》有肯定秦始皇的词句："秦皇扫六合,虎视何雄哉。挥剑决浮云,诸侯尽西来。明断自天启,大略驾群才。"下文说到秦始皇东巡海上故事："铭功会稽岭,骋望琅邪台。"他在海上亲自射巨鱼及派遣方士远航寻求蓬莱等三神山的行为,也成为诗人歌咏对象:"连弩射海鱼,长鲸正崔嵬。额鼻象五岳,扬波喷云雷。鬐鬣蔽青天,何由睹蓬莱。徐市载秦女,楼船几时回。"①秦始皇成就一统功业,在击灭六国的基础上于北河和南海两个方向又有所扩张。而统一文字、统一货币、统一度量衡及"治驰道",完成沟通全国的交通网的建设,都对历史进程有重要影响。秦始皇创立的皇帝制度、官僚制度、郡县制度,可以称作影响长久的政治发明。其专制暴虐,"法令繁剧,军期严迫"②等,亦贻害甚大。如谭嗣同所说:"二千年来之政,秦政也,皆大盗也。"③

李贽称秦始皇"千古一帝"。④ 回顾这位政治人物的历史表现,不能忽略他对海洋的特殊关注。在人们对海洋问题予以普遍关心的今天,海疆问题、海权问

---

① ［清］王琦注:《李太白全集》,中华书局,1977年,第92页。
② ［明］张萱:《疑耀》卷三《八分隶楷辨》,上海图书馆藏明万历刻本。
③ 谭嗣同:《仁学》卷上,《谭嗣同全集》卷一,生活·读书·新知三联书店,1954年,第54页。
④ ［明］李贽《藏书·世纪列传总目》:"始皇帝,自是千古一帝也。"［明］李贽:《藏书》,中华书局,1959年,第3页。李贽的历史思想,当世存在争议。正统意识形态以"惑乱人心"予以否定。《神宗实录》指责其论著:"以吕不韦、李园为智谋,以李斯为才力,以冯道为吏隐,以卓文君为善择佳耦,以秦始皇为千古一帝,以孔子之是非为不足据,狂诞悖戾,不可不毁。"其中"以秦始皇为千古一帝"成为罪责。顾炎武写道:"自古以来,小人之无忌惮而敢于叛圣人者,莫甚于李贽。然虽奉严旨,而其书之行于人间自若也。"虽"通行禁止","而士大夫多喜其书,往往收藏,至今未灭。"［清］顾炎武著,黄汝成集释,栾保群、吕宗力校点:《日知录集释》(全校本),上海古籍出版社,2006年,第1069—1071页。

题、海洋航线安全问题、海洋资源开发问题、海洋生态保护问题成为关注热点。在新的海洋观的认识基点上,回顾中国古代海洋探索、海洋开发与海洋学进步的历史,分析秦始皇面对海洋的表现,可能是有益的。

一 秦始皇"东游海上"

在秦军东进的兼并战争中,秦王政曾经三次出巡,至洛阳,至邯郸,至郢陈,都有前敌指挥或抚慰远征将士的意义。统一实现之后,他以"始皇帝"身份五次出巡,则有"临察四方""存定四极"①的意义。其中,秦始皇二十八年(前219)至秦始皇三十七年(前210)十年间四次行临海滨。此后两千年的帝制时代中,只有汉武帝超越了这一记录。而汉武帝较秦始皇多有二十岁年寿,是他得以在巡行东海的频次方面超过秦始皇的条件。

《史记》卷六《秦始皇本纪》记载,秦始皇"东抚东土,以省卒士",而"事已大毕,乃临于海"。②《史记》卷二八《封禅书》也说,秦始皇"东游海上,行礼祠名山大川及八神"③。"八神"即"八主",是齐人传统祀所。其多数在滨海地方。秦始皇行礼祀"八神",体现出对海滨地方神学体系与信仰世界的尊重。

齐人较早即重视海洋资源的开发。太公时代,齐国就"通商工之业,便鱼盐之利"。齐桓公称霸,有"设轻重鱼盐之利"④的经济条件。《管子·海王》提出成就"海王之国"⑤的理想。于是"齐之鱼盐"⑥称颂一时,"致鱼盐之海"⑦,成为齐国富强的重要因素。战国外交史可见"秦齐交合""合秦齐之交"⑧"秦齐之

---

① 《史记》卷六《秦始皇本纪》,第245页。
② 《史记》,第245页。
③ 《史记》,第1367页。
④ 《史记》卷三二《齐太公世家》,第1480、1487页。
⑤ 黎翔凤撰,梁运华整理:《管子校注》,中华书局,2004年,第1246页。
⑥ 《国语·齐语》,上海师范学院古籍整理组校点:《国语》,上海古籍出版社,1978年,第247页。
⑦ 《史记》卷六九《苏秦列传》,第2245页。
⑧ 《史记》卷四〇《楚世家》,第1724页。

交合"①"秦齐雄雌之国"②,以及"齐秦之交""齐秦之合"③"齐秦合"④的情形。这固然符合远交近攻战略,但是也体现出秦对齐的看重。"昭王十九年,秦称西帝,齐称东帝。"⑤《史记》卷一五《六国年表》写道:"(齐)为东帝二月,复为王。"⑥《史记》卷四六《田敬仲完世家》有"秦假东帝"⑦的说法,说明齐"东帝"称号虽使用短暂,却体现出秦视齐为平等国度的态度。秦对齐国力的肯定,也透露出对齐海洋政策的肯定。

秦始皇巡行海滨,经历黄、腄、成山、之罘、琅邪、碣石、会稽等地方。秦始皇沿海岸行进,史称"并海",注家以为应当读作"傍海"。《三国志》卷一《魏书·武帝纪》出现"傍海道"⑧名号,说明这样的解说是正确的。秦驰道经营,通达"燕、齐","濒海之观毕至"。⑨ 辽宁、河北的考古学者在渤海西岸发现了大型秦代宫殿遗址,可以说明"并海道"的交通等级。

秦始皇二十八年(前219)来到琅邪,刻石文字出现"列侯武城侯王离、列侯通武侯王贲、伦侯建成侯赵亥、伦侯昌武侯成、伦侯武信侯冯毋择、丞相隗林、丞相王绾、卿李斯、卿王戊、五大夫赵婴、五大夫杨樛从,与议于海上"的内容。张守节《正义》:"言王离以下十人从始皇,咸与始皇议功德于海上,立石于琅邪台下,十人名字并刻颂。"所谓"与议于海上""议功德于海上",实在是极特殊的议政形式。"海上",作为最高执政集团的议政地点,对于秦王朝政治原则的确立,如所谓"并一海内,以为郡县"等,或许有某种特殊的政治文化象征意义。这篇"王离以下十人从始皇,咸与始皇议功德于海上"的文字,诸臣"名字并刻颂"之前写道:"维秦王兼有天下,立名为皇帝,乃抚东土,至于琅邪"⑩,"临于海",到达

---

① 《史记》卷七〇《张仪列传》,第2288页。
② 《史记》卷七五《孟尝君列传》,第2361页。
③ 《史记》卷四六《田敬仲完世家》,第1900页。
④ 《史记》卷四六《田敬仲完世家》,第1900页;《史记》卷七〇《张仪列传》,第2287页。
⑤ 《史记》卷七二《穰侯列传》,第2325页。
⑥ 《史记》,第739页。
⑦ 《史记》,第1904页。
⑧ 《三国志》,第29页。
⑨ 《汉书》卷五一《贾山传》,第2328页。
⑩ 《史记》卷六《秦始皇本纪》,第246—247页。

了"东抚东土"的空间极点。

二 "琅邪"与"秦东门"

秦始皇在"初并天下"后不久,即"亲巡远方黎民""周览东极"。《史记》卷六《秦始皇本纪》记载:"二十八年,始皇东行郡县,……乃遂上泰山,立石,封,祠祀。"上泰山之后,"并勃海以东,过黄、腄,穷成山,登之罘,立石颂秦德焉",又"南登琅邪,大乐之,留三月。乃徙黔首三万户琅邪台下,复十二岁。作琅邪台,立石刻,颂秦德,明得意"。刻石内容明确说到"琅邪":"维秦王兼有天下,立名为皇帝,乃抚东土,至于琅邪。"①《史记》卷一五《六国年表》:"(二十八年)帝之琅邪,道南郡入。"②秦始皇"南登琅邪",心情甚好,竟然在这里停留了三个月,这是他执政以后在咸阳以外地方居留最久的记录,在出巡途中尤其异常。迁徙三万民户到琅邪在秦强制移民的行为中,是组织向东方迁徙的唯一一例。其规模,也仅次于"徙天下豪富于咸阳十二万户"。而"复十二岁"即免除移民十二年的徭役赋税负担,也是仅见于秦史的优遇。这种特殊的行政决策,应有特殊的动机。

琅邪地位之重要,除了作为齐地"四时主"③(即四季神主)所在而外,曾经是越国都城也是因素之一。越王勾践从会稽迁都琅邪,有经历海路的记载。而诸多迹象表明,琅邪是东海大港。《括地志》引吴人《外国图》说"亶洲去琅邪万里"。④《后汉书》李贤注引《外国图》说:"君子"国"去琅邪三万里"。⑤ 都指出通往东方海上远国的航路自"琅邪"起始,已经有相关里程记录。又《汉书》卷二八上《地理志上》说秦置琅邪郡,王莽改称"填夷",而琅邪郡属县临原,王莽改称"填夷亭"。⑥ 以所谓"填夷"(即"镇夷")命名"琅邪"地方,体现其联系外洋,可

---

① 《史记》,第242、244、246页。
② 《史记》,第757页。
③ 《史记》卷二八《封禅书》,第1367页。
④ 《史记》卷六《秦始皇本纪》张守节《正义》引《括地志》,第248页。
⑤ 《后汉书》卷八五《东夷传》,第2807页。
⑥ 《汉书》,第1586页。

以威慑镇抚远岛"夷"的势力的交通地理地位。汉初王仲"琅邪不其人""浮海东奔乐浪"①，不能排除从"琅邪"直航"乐浪"，到达朝鲜半岛北部的可能。这是距离秦始皇时代并不很远的史例。

《史记》卷六《秦始皇本纪》记载秦始皇三十五年（前212）事："立石东海上朐界中，以为秦东门。"②从秦始皇二十八年（前219）对琅邪的特别关爱到秦始皇三十五年（前212）"立石东海上朐界中，以为秦东门"，似乎对东方海岸线的关注视点或者焦距发生了变化。从琅邪至朐的空间移动，除了"秦东门"在咸阳正东方向之外，或许与南海置郡有关。因为"南海"形势的变化，海岸线的中点向南移动了。

三 徐市远航与东洋航路的早期通行

"燕、齐海上方士"在战国时期即开始活跃。他们不仅以航海实践充实了中原传统的天下认识，又以"海上"经验构筑了神仙学说。

在走向统一的历程中，中原人在当时世界认识的基点上，对"海"有新的关注。《山海经》以"海内""海外"名篇。不同思想流派的文化典籍中，"天下"词语使用频繁，并多见以"天下""海内"并举的语言形式。如《墨子·非攻下》言"一天下之和，总四海之内"③，《荀子·不苟》："总天下之要，治海内之众。"④秦统一时代最为接近，对秦政影响最为显著的法家名著《韩非子》中，"天下"一语出现频次最高，密度最大，亦可见以影响、占有和控制"四海之内"表现的对极端权力的向往："明照四海之内"，"富有四海之内"，"独制四海之内"。⑤ "海内"与"天下"作为政治地理称谓同时使用，反映当时中原居民海洋意识的初步觉醒。王绾、冯劫、李斯等议帝号时所谓"平定天下，海内为郡县"，秦始皇琅邪刻石所

---

① 《后汉书》卷七六《循吏列传·王景》，第2464页。
② 《史记》，第256页。
③ ［清］孙诒让著，孙以楷点校：《墨子间诂》，中华书局，1986年，第130页。
④ ［清］王先谦撰，沈啸寰、王星贤点校：《荀子集解》，中华书局，1988年，第49页。
⑤ 《韩非子·奸劫弑臣》《韩非子·六反》《韩非子·有度》。《韩非子集释》，第247、952、88页。

谓"今皇帝并一海内,以为郡县,天下和平"的说法,也都沿袭着同样的语言范式,体现了同样的政治理念。贾谊《过秦论》总结秦史时有秦始皇"鞭笞天下,威振四海"的说法①,说明汉初政论家继承了这样的语言习惯,也体现出对秦始皇政治意识与政治实践中相关表现的注意。将秦始皇东巡海上的动机简单归结为长生追求,其实并不妥当。秦始皇第一次东巡来到海滨,应当尚未得知海上方士们关于三神山的学说。秦始皇东游"海上",应当与当时社会的天下观和海内观作用于政治生活有关。琅邪刻石所谓"东抚东土""乃临于海",之罘刻石所谓"巡登之罘,临照于海",都告知人们,这位自以为"自上古以来未尝有,五帝所不及"的帝王辛苦巡行,"览省远方,逮于海隅",是在宣示"平定天下""并一海内"的成功。

秦始皇正是在"东游海上"的行程中,接受了方士的宣传。燕齐海上方士是参与开发环渤海地区早期航运的知识人。他们以神秘主义理念为基础的海洋探索因帝王的长生追求,获得了国家行政支持。方士们以个人富贵为目的的狡猾的政治骗术和以艰苦航行为方式的勇敢的海上探索,构成了他们文化人生的正负两面。

据《史记》卷二八《封禅书》记述:"自威、宣、燕昭使人入海求蓬莱、方丈、瀛洲。"②齐威王、齐宣王、燕昭王都曾派遣方士追寻海上"三神山",秦始皇迷信方士,追求海上神山奇药,其力度至于空前。帝王和方士的合作,竟然促成了一次规模空前的海外航行。这次航海行为成为移民史的记录。据《史记》卷一一八《淮南衡山列传》,在听到方士转述"海神"的承诺之后,"秦皇帝大说,遣振男女三千人,资之五谷种种百工而行。徐福得平原广泽,止王不来"③。《后汉书》卷八五《东夷列传》将徐福"止王不来"处于日本列岛相联系,其事系于"倭"条下。④则徐福东渡,使得东洋航路开通至"所在绝远,不可往来"的地方。英国学者崔瑞德、鲁惟一编《剑桥中国秦汉史》写道:"徐一去不复返,传说他们在日本

---

① 《史记》卷六《秦始皇本纪》,第 236、247、280 页。
② 《史记》,第 1369 页。
③ 《史记》,第 3086 页。
④ 《后汉书》,第 2820 页。

定居了下来。"①日本一些学者也确信徐福到达了日本列岛,甚至有具体登陆地点的考证,以及所谓徐福墓和徐福祠的出现。许多地方纪念徐福的组织有常年持续的活动。有的学者认为,日本文化史进程中相应时段发生的显著进步,与徐福东渡有关。

四 南海置郡与南洋航路的早期通行

秦始皇三十三年(前214)置桂林、象郡、南海三郡,应当完成了对岭南(今两广地方)的全面的行政控制。然而《史记》卷六《秦始皇本纪》在秦始皇二十六年(前221)记事内容中已言"南至北向户",二十八年(前219)琅邪刻石有"皇帝之土……南尽北户"语②,可知向岭南的拓进应当在兼并六国后随即开始。《史记》卷七三《白起王翦列传》的记载:"平荆地为郡县。因南征百越之君。而王翦子王贲,与李信破定燕、齐地。秦始皇二十六年,尽并天下。"③指出"秦始皇二十六年"之前,秦军在灭楚之后,随即已经开始"南征百越之君"的军事行动。进军"南海",是秦统一的军事主题之一。由此可知,秦统一的规模,并不限于兼并六国。所谓"六王毕,四海一"④,以为秦统一只是结束了"六王"的统治,是一种对于秦统一规模的认识偏于保守的历史成见。而"四海一"如果理解为秦帝国疆域包括了面对今天"南海"的地方,则是接近历史真实的判断。

秦进军岭南,并置桂林、南海、象郡,使得秦帝国的版图在南方超越了楚国原有疆域,而中原政权控制的海岸线亦得以空前延长。这一举措对于中国海疆史、海洋资源开发史和海上交通史意义十分重要。考察西汉时期南洋航路的开通,不能忽略秦始皇时代前期之功。秦南海郡所在地方后来成为南洋航路的北端起点,是秦代海洋史研究应当关注的现象。

秦始皇三十七年(前210年)出巡,"上会稽,祭大禹,望于南海,而立石刻颂

---

① 〔英〕崔瑞德、鲁惟一编,杨品泉等译:《剑桥中国秦汉史》,中国社会科学出版社,1992年,第74页。
② 《史记》,第239、245页。
③ 《史记》,第2341页。
④ 〔唐〕杜牧:《阿房宫赋》,《文苑英华》卷四七,第212页。

秦德"①。对于"望于南海"一语,或许可以理解为当时秦始皇以为"会稽"面对的海域就是"南海"。但是更有可能是他的海洋知识中已经存留了这样的信息:"南海"郡名指代的"南海"与"会稽"海域已经形成了交通航路。

顾实在《穆天子传西征讲疏》一书中写道,孙中山曾和他谈起上古东西海道交通。"先总理孙公告余曰:'中国山东滨海之名胜,有曰琅邪者,而南洋群岛有地曰琅琊(Langa),波斯湾有地亦曰琅琊(Linga),此即东西海道交通之残迹,故三地同名也。'并手一册英文地图,一一指示余。煌煌遗言,勿能一日忘。"②"琅邪"地名因航海家的活动得以移用至航线上其他地方,是可能的。③ 考古学者在斯里兰卡发现秦半两钱,说明《汉书》卷二八下《地理志下》记述的西汉南洋航路抵达这一地区的情形,在秦代或最晚至汉初已经实现。《史记》卷一二九《货殖列传》说:"九疑、苍梧以南至儋耳者,与江南大同俗,而杨越多焉。番禺亦其一都会也,珠玑、犀、瑇瑁、果、布之凑。"④在秦代以后,"南海"地方逐渐成为中国文化通过海路实现对外影响的强辐射带。而海外文化传入中土,这里也是首先登陆地点。⑤ 从这一角度看,秦始皇"南海"置郡是有世界史意义的事件。⑥

五 "梦与海神战""连弩射海鱼":
秦始皇的航海实践

《史记》卷六《秦始皇本纪》记载,秦始皇三十七年(前210)最后一次出巡,曾经"并海上,北至琅邪"。方士徐市等解释"入海求神药,数岁不得"的原因在于海上航行障碍:"蓬莱药可得,然常为大鲛鱼所苦,故不得至,愿请善射与俱,见则以连弩射之。"随后又有秦始皇与"海神"以敌对方式直接接触的心理记录

---

① 《史记》卷六《秦始皇本纪》,第260页。
② 顾实:《穆天子传西征讲疏》,中国书店,1990年,第24页。
③ 秦汉时期因居民迁徙而发生的类似地名史例证,有"新半""新泰中"等。
④ 《史记》,第3268页。
⑤ 王子今:《东海的"琅邪"和南海的"琅邪"》,《文史哲》2012年第1期。
⑥ 王子今:《论秦始皇南海置郡》,《陕西师范大学学报》(哲学社会科学版)2017年第1期。

和行为记录:"始皇梦与海神战,如人状。问占梦,博士曰:'水神不可见,以大鱼蛟龙为候。今上祷祠备谨,而有此恶神,当除去,而善神可致。'乃令入海者赍捕巨鱼具,而自以连弩候大鱼出射之。自琅邪北至荣成山,弗见。至之罘,见巨鱼,射杀一鱼。遂并海西。"①亲自以"连弩"射海中"巨鱼",竟然"射杀一鱼"。对照历代帝王行迹,秦始皇的这一堪称行为政治的表现,可以看作中国千古之最,也很可能是世界万国之最。

通过司马迁笔下秦始皇"自以连弩"射杀"巨鱼"的故事,我们看到秦始皇挑战"海神"的意志。

"连弩"是可以"连发"或"并射"的可以显著提升射击效率的先进兵器。汉代军事史记录中有在与匈奴作战时使用"连弩"的明确信息。

"连弩"作为军事装备应用于战争较早见于《六韬·虎韬·军用》②和《墨子·备高临》③,很可能已用于秦兼并战争的进攻实践。④ 秦始皇亲自使用"连弩""候大鱼出射之",又"见巨鱼,射杀一鱼",说明他面对海上"恶神",不惜动用最先进的军事装备必欲"除去"的决心。⑤

秦始皇亲身的航海实践,为当时海上航行的社会积极性又提升了热度。秦始皇浮海行进,应当看作秦交通史非常重要的现象。

---

① 《史记》,第263页。
② 文渊阁《四库全书》本。
③ [清]孙诒让著,孙以楷点校:《墨子间诂》,中华书局,1986年,第494页。
④ 王子今:《秦汉"连弩"考》,《军事历史研究》2016年第1期。
⑤ 王子今:《司马迁笔下的秦始皇与海洋》,《光明日报》2019年1月19日10版。

后 记

我在1982年1月从西北大学历史系考古专业毕业后,师从林剑鸣教授攻读硕士学位。研究方向为秦汉史,选定《论秦汉陆路运输》作为学位论文主题。论文写作期间,曾经对古武关道进行实地考察。硕士论文答辩委员会主任委员为方诗铭研究员。我1984年12月中国古代史专业硕士研究生毕业,获历史学硕士学位之后,依然对秦汉交通史多有关注,先后参与了子午道秦岭北段、灙骆道、秦始皇直道南段等古道路考察。对于中国古代交通史的研究,出版有《中国古代交通文化》(三环出版社1990年10月)、《交通与古代社会》(陕西人民教育出版社1993年9月)、《跛足帝国——中国传统交通形态研究》(敦煌文艺出版社1996年3月)、《门祭与门神崇拜》(上海三联书店1996年6月,陕西人民出版社2006年4月)、《中国古代交通》(广东人民出版社、华夏出版社1996年7月)、《中国古代行旅生活》(商务印书馆国际有限公司1996年7月,台湾商务印书馆1998年11月)、《邮传万里——驿站与邮递》(长春出版社2004年1月,长春出版社2008年1月)、《驿道驿站史话》(中国大百科全书出版社2000年1月)、《驿道史话》(社会科学文献出版社2011年9月)、《中国蜀道·历史沿革》(三秦出版社2015年12月)、《中国古代交通文化论丛》(中国社会科学出版社2015年12月);亦曾参与《陕西省志·航运志》(陕西人民出版社1996年3月)、《西安古代交通志》(陕西人民出版社1997年9月)、《陕西航运史》(人民交通出版社1997年12月)的编写。就秦汉时期交通史研究,有《秦汉交通史稿》(中共中央党校出版社1994年7月,中国人民大学出版社2013年1月,增订版)、《秦汉交通史新识》(中国社会科学出版社2015年8月)、《秦汉交通考古》(中国社会科学出版社2015年12月)、《战国秦汉交通格局与区域行政》(中国社会科学出版社2015年12月)、《秦始皇直道考察与研究》(陕西师范大学出版总社2018

年 8 月)等成果,新出《秦汉盐史论稿》(西南大学出版社 2019 年 10 月)亦有"秦汉盐运"一章。

尽管曾经进行过以上有关交通史研究的工作,但对于"秦交通史"这一主题,认识仍然是初步的。在承担"秦史与秦文化研究丛书"中之一种《秦交通史》的撰写任务之前,有颇多学术疑问、颇多学术盲点、颇多学术空白。承考古学界焦南峰、张在明、王建新、高大伦、王鲁茂、霍巍、田亚岐、丁岩等学者的指教与提示,承西北大学出版社马来、张萍,以及淡懿诚等朋友的支持和鼓励,现在书稿大致完成。其中甘苦得失,寸心自知。

杜甫《偶题》诗有"文章千古事,得失寸心知"句。[1] 后人吟咏品味此言,每多感慨。金元好问《自题中州集后五首》之四:"文章得失寸心知,千古朱弦属子期。爱杀溪南辛老子,相从何止十年迟。"[2]明代学者虞堪《答孟章省元》诗:"文章得失寸心知,千载寥寥竟属谁。天象昭回云汉表,人文宣朗古今宜。"[3]清赵翼《即事》诗:"文章得失寸心知,英俊纷纷各负奇。我筑受降城已就,奈他不肯竖降旗。"[4]"文章得失寸心知"成为知识人习用文句,表现出比较接近的文化理念与学术责任心。明人顾璘《与陈鹤论诗》写道:"杜子曰:文章千古事,得失寸心知。此当要诸后世,不可苟悦于目前也。"[5]这些诗文表达的意思,除其中自信不敢攀比,或有点滴片段可以体会其深心对于"古今"及"后世"的清醒认识,也体现出冷静的文化理念。"此当要诸后世",就是开明的态度。"不可苟悦于目前",则坚守了学术原则的底线。

明人王世贞《集句怀李于鳞戏集李杜各一首》,其中《集杜》尤其表现出学者的巧心与深意:"长啸宇宙间,扬马宜同时。前辈复谁继,名家信有之。博采世

---

[1] [唐]杜甫著,[清]钱谦益笺注:《钱注杜诗》,上海古籍出版社,1958 年,第 503 页。
[2] [金]元好问:《遗山先生文集》卷一三,《四部丛刊》景明弘治本。
[3] [明]虞堪:《希澹园诗集》卷三《近体七言》,文渊阁《四库全书》本。
[4] [清]赵翼:《瓯北集》卷四二,清嘉庆十七年湛贻堂刻本。又苗蕃《碧涛楼阅房书用东坡语足而成韵》:"仁知水山千古寿,文章得失寸心知。"[清]苗蕃:《瀑音》卷一《倚楼吟》,清康熙四年自刻本。乔于涧《衍儿应童子试四首》之三:"秘思妍辞竞出奇,文章得失寸心知。"[清]乔于涧:《思居堂集》卷一〇,清乾隆二十一年刻本。也都各有意境。
[5] [明]顾璘:《息园存稿文》卷九《书启》,文渊阁《四库全书》本。

上名,得失寸心知。李侯有佳句,突过黄初诗。伊昔临淄亭,痛饮真吾师。佳人绝代歌,行酒双逶迤。掌中琥珀钟,照耀珊瑚枝。快意八九年,浩荡从此辞。终悲洛阳狱,朱凤日威蕤。千载得鲍叔,弃我忽若遗。饮酣视八极,岁暮有余悲。"①轻吟其中"佳人绝代歌,行酒双逶迤""快意八九年,浩荡从此辞""饮酣视八极,岁暮有余悲"等句,推想同样经历的朋友,或许都可能会沉思感念,怅然久之。人们会因此思想苦乐人生的"得失寸心知"。

这本《秦交通史》,以林剑鸣教授《秦史稿》的学术视角界定"秦"的时代概念。即以秦人在渭水上游及西汉水上游的早期经营为起始点考察秦史,关注有关交通开发、交通建设、交通发明、交通条件利用等方面的历史文化信息,总结秦人重视交通对于政治建设、经济发展和文化进步的历史意义,说明秦文化影响中国历史、主导中国历史的阶段在中国古代交通发展进程中的地位。

作为中国人民大学科学研究基金(中央高校基本科研业务费专项资金资助)项目"秦史与秦文化研究"(项目批准号:18XNLG02)的阶段性成果,《秦交通史》的撰写,注意充分地、具体地利用考古文物资料,特别是对新出考古文物资料的利用,力求坚持实证原则,以客观的考察,说明秦交通发展的实际。而有关《诗·秦风》交通史料的发掘,试图进行文史互证的工作;有关秦先祖"善御""善走"传说的交通史意义的讨论,有关蜀道史与"南山大梓"神话及"金牛""五丁"传说之关系的分析,有关《日书》"行归宜忌"选择及秦法"刑弃灰于道者"交通文化含义的探索,关于行神崇拜及"马禖祝"的研究,以及有关秦二世"梦白虎啮其左骖马"故事的数术文化考察等,则欲进行运用历史人类学方法的尝试。在文献资料与考古收获相结合之外,采用多重证据法的努力,目的在于多视角多方位的探求,以使研究结论尽可能接近历史的真实。这是作者的本心。然而由于见识短浅,能力钝拙,疏误在所难免。诚恳希望方家达人有以教之。

秦交通史迹的探求,得到张德芳、史党社、刘瑞、徐卫民、雍际春等学友的热诚帮助。作为这一工作重要学术基础的秦汉交通遗迹考古调查,同行好友周苏平、杨林、宋超、秦建明、张庆捷、赵瑞民、郎保利、孙家洲、魏坚、于志勇、白岩等,先后多次相偕并肩踏行古道,经历古关,考察古城,共同体验艰辛,共同享受心

---

① [明]王世贞:《弇州四部稿》卷五三《诗部》,文渊阁《四库全书》本。

得，深情厚谊长久感念。这本《秦交通史》得以完成，还得到中国社会科学院古代史研究所曾磊、西北师范大学李迎春、故宫博物院熊长云、首都师范大学孙兆华、首都博物馆李兰芳、人民出版社翟金明、中国人民公安大学吕壮、中国社会科学院古代史研究所杜晓、中国人民大学邱文杰等青年学者的许许多多的帮助。谨此亦深致谢意。

王子今
于北京大有北里
2018 年 10 月 30 日初稿
2020 年 1 月 31 日改定